아 키 텍 토 그 래 피

ARCHITECTOGRAPHY
FRANK LLOYD WRIGHT

MIMESIS

프랭크 로이드 라이트 하우스

*여기에 수록된 작품들의 건축 연도는 기본적으로 프랭크 로이드 라이트 재단의 분류를 따르고 있다.

■ 1889

Frank Lloyd Wright House
| Oak Park, IL

■ 1890

James Charnley Cottage
| Ocean Springs, MS

W. S. MacHarg House
| Chicago, IL

Louis H. Sullivan Cottage
| Ocean Springs, MS

■ 1891

■ **James Charnley House**
| Chicago, IL

찬리 저택

■ 1892

■ 1893

George Blossom House
| Chicago, IL

조지 블로섬 저택

W. Irving Clark House
| La Grange, IL

Robert Emmond House
| La Grange, IL

Thomas Gale House
| Oak Park, IL

Dr. Allison Harlan House
| Chicago, IL

Robert Parker House
| Oak Park, IL

Albert Sullivan House
| Chicago, IL

Walter Gale House
| Oak Park, IL

Robert Lamp Cottage
| Madison, WI

Lake Mendota Boathouse
| Madison, WI

William Winslow House
| River Forest, IL

윈슬로 저택

Francis Wooley House
| Oak Park, IL

FRANK LLOYD WRIGHT

■ 1894

Frederick Bagley House
| Hinsdale, IL

Peter Goan House
| La Grange, IL

Robert Roloson House
| Chicago, IL

■ 1895

Francis Apartments
| Chicago, IL

Francisco Terrace Apartments
| Chicago, IL

Nathan G. Moore House
| Oak Park, IL

Edward C. Waller Apartments
| Chicago, IL

Chauncey Williams House
| River Forest, IL

■ 1896

H.C. Goodrich House
| Oak Park, IL

Isidore Heller House
| Chicago, IL

■ **Romeo and Juliet Tower**
| Spring Green, WI

로미오와 줄리엣

외할아버지의 농장에 세워진 힐 사이드 홈 스쿨을 경영하던 이모들(넬과 제인)을 위해 설계한 풍차형 타워. 엔지니어링 건축을 토대로 한 최초의 건물이다.

1897

George Furbeck House
| Oak Park, IL

Thomas Gale Summer House
| Whitehall, MI

Henry Wallis Boathouse
| Lake Delavan, WI

1898

River Forest Golf Club
| River Forest, IL

Rollin Furbeck House
| Oak Park, IL

George Smith House
| Oak Park, IL

■ 1899

Robert Eckhart House
| River Forest, IL

Cheltenham Beach Resort
| Amusement Park, Chicago, IL

Joseph Husser House
| Chicago, IL

■ 1900

William Adams House
| Chicago, IL

Harley Bradley House
| Kankakee, IL

Stephen A. Foster Summer Cottage
| Chicago, IL

Warren Hickox House
| Kankakee, IL

Fred B. Jones Boathouse
| Lake Delavan, WI

■ **Susan Lawrence Dana House**
| Springfield, IL

다나 하우스

■ 1901

E. Arthur Davenport House
| River Forest, IL

William Fricke House
| Oak Park, IL

F.B. Henderson House
| Elmhurst, IL

Fred B. Jones House
| Lake Delavan, WI

Frank Thomas House
| Oak Park, IL

■ **Ward W. Willits House**
| Highland Park, IL

■ 1902

George Gerts Cottage
| Whitehall, MI

Walter Gerts Cottage
| Whitehall, MI

Arthur Heurtley House
| Oak Park, IL

Hillside Home School
| Spring Green, WI

Francis W. Little House
| Peoria, IL

William E. Martin House
| Oak Park, IL

Charles R. Ross House
| Lake Delavan, WI

George W. Spencer House
| Lake Delavan, WI

윌리츠 하우스

1903

Larkin Company Building
| Buffalo, NY

라킨 빌딩

FRANK LLOYD WRIGHT

1903

Abraham Lincoln Center
| Chicago, IL

■ George Barton House
| Buffalo, NY

조지 바튼 하우스

Edwin H. Cheney
| Oak Park, IL

J. J. Walser House
| Chicago, IL

■ 1904

Robert M. Lamp House
| Madison, WI

■ Darwin D. Martin House
| Buffalo, NY

마틴 저택

FRANK LLOYD WRIGHT

1904

■ **Unity Temple**
| Oak Park, IL

위·왼쪽_ 유니티 교회 | 높은 첨탑과 직사각형의 구조를 벗어나 정방형으로 설계된 교회. 세계 최초의 콘크리트 단일 건물이다.

FRANK LLOYD WRIGHT

로비 하우스 | 프레리 하우스의 정점에 이른 건축으로 평가되는 라이트의 초기 대표작. 주택 내부와 가구 역시 라이트가 직접 디자인했다.

▪ 1905

Mary M. W. Adams House
| Highland Park, IL

Charles E. Brown House
| Evanston, IL

W. A. Glasner House
| Glencoe, IL

Thomas P. Hardy House
| Racine, WI

William R. Heath House
| Buffalo, NY

A. P. Johnson House
| Lake Delavan, WI

▪ 1906

K. C. DeRhodes House
| South Bend, IN

Grace Fuller House
| Glencoe, IL

A. W. Gridley House
| Batavia, IL

E. R. Hills House
| Oak Park, IL

P. D. Hoyt House
| Geneva, IL

George Madison Millard House
| Highland Park, IL

Frederick Nicholas House
| Flossmoor, IL

Pettit Mortuary Chapel
| Belvidere, IL

River Forest Tennis Club
| River Forest, IL

▪ **Frederick C. Robie House**
| Chicago, IL

로비 하우스

1907

Avery Coonley House
| Riverside, IL

쿠레이 저택

Stephen M. M. Hunt House
| La Grange, IL

Larkin Company Exhibition Pavillion
| Jamestown, VA

Emma Martin House
| Oak Park, IL

Pebble and Balch Remodeled Shop
| Oak Park, IL

Tan-y-deri House
| Spring Green, WI

F. F. Tomek House
| Riverside, IL

1908

Robert W. Evans House
| Chicago, IL

로버트 에반스 하우스

E. E. Boynton House
| Rochester, NY

Browne's Bookstore
| Chicago, IL

Walter V. Davidson House
| Buffalo, NY

Eugene A. Gilmore House
| Madison, WI

L. K. Horner House
| Chicago, IL

Meyer May House
| Grand Rapids, MI

■ 1909

J. H. Amberg House
| Grand Rapids, MI

Frank J. Baker House
| Wilmette, IL

Hiram Baldwin House
| Kenilworth, IL

Blythe-Markey City National Bank and Hotel
| Mason City, IA

Robert Clark House
| Peoria, IL

Mrs. Thomas Gale House
| Oak Park, IL

Kibben Ingalls House
| River Forest, IL

E. P. Irving House
| Decatur, IL

Oscar M. Steffens House
| Chicago, IL

George Stewart House
| Montecito, CA

Thurber's Art Gallery, Fine Arts Building
| Chicago, IL

■ 1910

E. P. Irving House
| Decatur, IL

Universal Portland Cement Company Exhibition Pavillion
| Madison Square Garden, NewYork, NY

Rev J. R. Ziegler House
| Frankfort, KY

■ 1911

Herbert Angster House
| Lake Bluff, IL

O. B. Balch House
| Oak Park, IL

Lake Geneva Inn
| Lake Geneva, WI

1911

■ **Taliesin I**
  | Spring Green, WI

텔리에신 I | 라이트의 건축관과 인생관이 표현된 건물. 고대 웨일스어로 〈빛나는 이마〉라는 의미를 가지고 있다.

1912

Avery Coonley Playhouse
| Riverside, IL

William B. Greene House
| Aurora, IL

Francis W. Little House
| Wayzata, MN

1913

Harry S. Adams House
| Oak Park, IL

■ **Midway Gardens**
| Chicago, IL

미드웨이 가든 | 레스토랑과 무도장, 옥외 연주회장을 결합시킨 형태의 아름다운 가든-리조트.

1914

Taliesin II
| Spring Green, WI

탤리에신 II

1914년 8월 일어난 방화로 라이트는 부인 체니와 두 아이, 그리고 탤리에신의 절반을 잃었다. 폐허 속에 홀로 남은 라이트는 고독과 공포를 일에 몰두함으로써 극복하려 한다. 그리하여 그해 가을부터 이듬해에 걸쳐 탤리에신 II가 건설되었다.

■ 1915

Emil Bach House
| Chicago, IL

Sherman Booth House
| Glencoe, IL

E. D. Brigham House
| Glencoe, IL

A. D. German Warehouse
| Richland Center, WI

Ravine Bluffs Bridge and Housing
| Glencoe, IL

■ 1916

Joseph Bagley House
| Grand Beach, MI

■ **Frederick C. Bogk House**
| Milwaukee, WI

보크 하우스

W. S. Carr House
| Grand Beach, MI

■ **Imperial Hotel**
| Tokyo, Japan

Imperial Hotel Annex
| Tokyo, Japan

Arthur Munkwitz Duplex Apartments
| Milwaukee, WI

Richards Company Duplex Apartments
| Milwaukee, WI

Ernest Vosburgh House
| Grand Beach, MI

데이코쿠 호텔
일본의 주거 형태에서 발견한 〈단순함의 미학〉을 수용하면서
자연과 융합하는 라이트의 건축 철학을 완벽하게 구현한 건축물.

홀리혹 하우스

■ 1917

Aisaku Hayashi House
| Tokyo, Japan

Stephen M. B. Hunt House
| Oshkosh, WI

Henry J. Allen House
| Wichita, Kensas

■ **Aline Barnsdall, 'Hollyhock' House**
| Los Angeles, CA

■ 1918

Arinobu Fukuhara House
| Hakone, Japan

Tazaemon Yamamura House
| Ashiya, Japan

홀리혹 하우스 | 접시꽃을 모티브로 하여 설계된 연극인 앨라인 반스달의 주택.

■ 1920 　　　　　　　　■ 1921 　　　　　　　　■ 1922

Residence A for Aline Barnsdall
| Los Angeles, CA

FLLW Tokyo Studio
| Tokyo, Japan

Jiyu Gakuen School
| Tokyo, Japan

Residence B for Aline Barnsdall
| Los Angeles, CA

Harper Avenue Studio
| Los Angeles, CA

FRANK LLOYD WRIGHT

1923

- **Alice Millard, 'La Miniatura' House**
  | Los Angeles, CA
- **John Storer House**
  | Los Angeles, CA
- **Charles Ennis House**
  | Los Angeles, CA

찰스 에니스 하우스

- **Samuel Freeman House**
  | Los Angeles, CA

프리먼 하우스

라 미니아투라(앨리스 밀러드 하우스) | 블록 시스템을 적용해 건설한 최초의 주택

스토어러 하우스

■ 1924

■ 1925

■ 1926

National Insurance Company Building 'The Glass Sky Scraper'
| Chicago, IL

■ **Taliesin III**
| Spring Green, WI

Martin, Isabel Summer House
| Derby, NY

탤리에신 III
1925년 화재로 또다시 탤리에신의 절반 가량이 소실되었다. 그러나 라이트는 멈추지 않고 그 잔해 위에 탤리에신 III를 건설하기 시작한다.

▪ 1927

Arizona Biltmore Hotel
| Phoenix, AZ

Darwin D. Martin, 'Greycliff' House
| Derby, NY

▪ 1929

▪ Richard Lloyd Jones House
| Tulsa, OK

리처드 로이드 존스 하우스

▪ 1932

▪ Taliesin Fellowship Complex
| Spring Green, WI

탤리에신 펠로우십 단지

도제 교육식 건축 프로그램 〈탤리에신 펠로우십〉을 위해 힐 사이드 홈 스쿨에 대규모 설계실과 주거 시설을 추가한 것. 본래의 탤리에신 스튜디오는 라이트 개인 작업실로 전환되었다.

FRANK LLOYD WRIGHT

■ 1933

Hillside Playhouse
| Spring Green, WI

Malcolm Willey
| Minneapolis, MN

■ 1934

Taliesin Farmlands
| Spring Green, WI

Broadacre city
| Spring Green, WI

■ 1935

■ **Edgar J. Kaufmann, 'Falling Water'**
| Bear Run, PA

낙수장(존 카우프만 저택)

피츠버그 백화점의 사장 존 카우프만을 위해 세운 저택으로 라이트의 작품 가운데 가장 시적인 건축으로 평가된다. 천연 폭포 위에 세워져 있는 이 저택은 인공물인 콘크리트의 수평적 구성과 자연적인 바위의 수직면이 서로 대립하며 완벽한 조화를 이루고 있다.

낙수장

1936

- **S. C. Johnson & Son Co. Administration Building(Johnson Wax)**
  | Racine, WI

- **Paul R. and Jean Hanna, 'Honeycomb' House**
  | Stanford, CA

하나 하우스

- **Herbert Jacobs House**
  | Madison, WI

허버트 제이콥스 하우스

존슨 왁스 본사

존슨 왁스 본사
상자 형태의 천편일률적인 사무 건물에서 벗어나고자 하는 라이트의 의지를 표현한 건물.
바닥으로부터 솟은 가늘고 긴 원형 콘크리트 기둥들과 커다란 원반으로 구성된 독특한 내부 구조로 당시 커다란 반향을 일으켰다.

1937

Herbert F. Johnson House, 'Wing Spread'
| Racine, WI

Ben Rebhuhn House
| Great Neck Estates, NY

■ **Taliesin West**
| Scottsdale, AZ

텔리에신 웨스트

1938

Charles Manson House
| Wausau, WI

Ralph Jesfer House
| Scottsdale, AZ

Midway Barns and Farm Buildings
| Taliesin, Spring Green, WI

■ **Anne Pfeiffer Chapel**
| Lakeland, FL

앤 파이퍼 예배당

FRANK LLOYD WRIGHT

1939

Andrew F. H. Armstrong House
| Ogden Dunes, IN

Sidney Bazett House
| Hillsborough, CA

Joseph Euchtman House
| Baltimore, MD

Lloyd Lewis House
| Libertyville, IL

Rose and Gertrude Pauson
| Phoenix, AZ

John C. Pew House
| Madison, WI

■ **Loren Pope House**
| Falls Church, VA

Stanley Rosenbaum
| Florence, AL

■ **Bernard Schwartz House**
| Two Rivers, WI

버나드 슈바르츠 하우스

■ **Kathrine Winckler and Alma Goetsch House**
| Okemos, MI

고츠-윙클러 하우스

로렌 포프 하우스

1940

Gregor Affleck House
| Bloomfield Hills, MI

Theodore Baird House
| Amherst, MA

James Christie House
| Bernardsville, NJ

Community Church
| Kansas City, MO

Seminar Buildings, Florida Southern College
| Lakeland, FL

Arch Oboler Gatehouse
| Malibu, CA

Clarence Sondern
| Kansas City, MO

1941

**Roux Library,
Florida Southern College**
| Lakeland, FL

Roy Peterson House
| Racine, WI

Stuart Richardson House
| Glen Ridge, NJ

Carlton D. Wall, 'Snowflake' House
| Detroit, MI

1942

**Industrial Arts Building,
Florida Southern College**
| Lakeland, FL

■ 1944

Herbert Jacobs, 'Solar Hemicycle' House
| Middleton, WI

■ **S. C. Johnson & Son Co. (Johnson Wax) Research Tower**
| Racine, WI

존스 왁스 연구동

■ 1945

Administration Building Florida Southern College
| Lakeland, FL

Arnold Friedman Lodge
| Pecos, NM

Lowell Walter House
| Quasqueton, IA

Taliesin Dams
| Spring Green, WI

■ 1946

Amy Alpaugh House
| Northport, MI

Esplanades, Florida Southern College
| Lakeland, FL

Douglas Grant House
| Cedar Rapids, IA

Chauncey Griggs House
| Tacoma, WA

Dr. Alvin Miller House
| Charles City, IA

Melvyn Maxwell Smith House
| Bloomfield Hills, MI

■ **Unitarian Meeting House**
| Shorewood Hills, WI

유니테리언 교회
두 손을 모은 듯한 지붕과 설교자에게 집중하게 하는 삼각형의 설교단이 특징이다.

■ 1947　　■ 1948

Dr. A. H. Bulbulian House
| Rochester, MN

Parkwyn Village Housing Master Plan
| Kalamazoo, MI

Usonia II Housing Mater Plan
| Pleasantville, NY

Albert Adelman House
| Fox Point, WI

Carroll Alsop House
| Oskaloosa, IA

Erling Brauner House
| Okemos, MI

Maynard Buehler House
| Orinda, CA

Samuel Eppstein House
| Galesburg, MI

**Water Dome,
Florida Southern College**
| Lakeland, FL

Sol Friedman House
| Pleasantville, NY

■ **V. C. Morris Gift Shop**
| San Francisco, CA

Willis Hughes House
| Jackson, MS

Herman T. Mossberg House
| South Bend, IN

Jack Lamberson House
| Oskaloosa, IA

Robert Levin House
| Kalamazoo, MI

Curtis Meyer House
| Galesburg, MI

Eric Pratt House
| Galesburg, MI

David Weisblatt House
| Galesburg, MI

| 모리스 상점

FRANK LLOYD WRIGHT

■ 1949

■ 1950

Howard Anthony House
| Benton Harbor, MI

Eric Brown House
| Kalamazoo, MI

Cabaret Theatre, Taliesin West
| Scottsdale, AZ

James Edwards House
| Okemos, MI

Kenneth Laurent House
| Rockford, IL

Ward McCartney House
| Kalamazoo, MI

Henry J. Neils House
| Minneapolis, MN

Edward Serlin House
| Pleasantville, NY

Robert Berger House
| san Anselmo, CA

Raymond Carlson House
| Phoenix, AZ

John O. Carr House
| Glenview, IL

Dr. Richard Davis House
| Marion, IN

S. P. Elam House
| Austin, MN

John A. Gillin House
| Dallas, TX

Dr. Ina Harper House
| St. Joseph, MI

John Haynes House
| Fort Wayne, IN

Thomas E. Keys House
| Rochester, MN

Arthur Mathews House
| Atherton, CA

Robert Muirhead House
| Plato Center, IL

William Palmer House
| Ann Arbor, MI

Wilbur Pearce House
| Bradbury, CA

Don Schaberg House
| Okemos, MI

Seymour Shavin House
| Chattanooga, TN

Richard Smith House
| Jefferson, WI

Karl A. Staley House
| North Madison, OH

J. A. Sweeton House
| Cherry Hill, NJ

Robert Winn House
| Kalamazoo, MI

David Wright House
| Phoenix, AZ

Isadore J. Zimmerman House
| Manchester, NH

▪ 1951

Benjamin Adelman House
| Phoenix, AZ

Gabrielle Austin House
| Greenville, SC

W. L. Fuller House
| Pass Christian, MS

Patrick Kinney House
| Lancaster, WI

Russell Kraus House
| Kirkwood, MO

Roland Reisley House
| Pleasantville, NY

Dr. Nathan Rubin House
| Canton, OH

▪ 1952

Anderton Court Shops
| Beverly Hills, CA

Quentin Blair House
| Cody, WY

Frank Sander House
| Stamford, CT

Ray Brandes House
| Issaquah, WA

George Lewis House
| Tallahassee, FL

R. W. Lindholm House
| Cloquet, MN

Luis Marden House
| McLean, VA

Arthur Pieper House
| Paradise Valley, AZ

■ **H. C. Price Company, 'Price Tower'**
| Bartlesvile, OK

프라이스 타워

FRANK LLOYD WRIGHT

■ 1953

Jorgine Boomer Cottage
| Phoenix, AZ

Andrew B. Cooke House
| Virginia Beach, VA

John Dobkins House
| Canton, OH

Science and Cosmography Building, Florida Southern College
| Lakeland, FL

Lewis Goddard House
| Plymouth, MI

Louis Penfield House
| Willoughby Hills, OH

Taliesin West Sign
| Scottsdale, AZ

Riverview Terrace Restaurant
| Spring Green, WI

Robert Llewellyn Wright House
| Bethesda, MD

■ 1954

E. Clarke Arnold House
| Columbus, WI

Bachman and Wilson House
| Millstone, NJ

■ **Beth Sholom Synagogue**
| Elkins Park, PA

Cedric Boulter House
| Cincinnaati, OH

John E. Christian House
| West Lafayette, IN

Ellis Feiman House
| Canton, OH

Danforth Chapel, Florida Southern College
| Lakeland, FL

■ **Harold Price Summer House**
| Paradise Valley, AZ

Louis B. Frederick House
| Barrington Hill, IL

Dr. Maurice Greenberg House
| Dousman, WI

I. N. Hagan House
| Chalkhill, PA

Max Hoffman Auto Showroom
| New York, NY

Willard Keland House
| Racine, WI

Los Angeles Exhibition Pavilion
| Los Angeles, CA

William Thaxton House
| Houston, TX

Gerald Tonkens House
| Cincinnati, OH

해럴드 프라이스 섬머 하우스

베스 쇼롬 유대 회당

1955

Dallas Theatre Center
| Dallas, TX

Randall Fawcett House
| Los Banos, CA

Max Hoffman House
| Rye, NY

Dr. Toufic Kalil House
| Manchester, NH

Kundert Medical Clinic
| San Luis Obispo, CA

Don Lovness House
| Stillwater, MN

T. A. Pappas House
| St. Louis, MO

John Rayward House
| New Canaan, CT

Robert H. Sunday House
| Marshaltown, IA

W. B. Tracy House
| Normandy Park, WA

Dr. Dorothy Turkel House
| Detroit, MI

1956

■ **Greek Orthodx Church**
| Wauwatosa, WI

그리스 정교회

Frank Bott House
| Kansas City, MO

Allen Friedman House
| Bannockburn, IL

Arnold Jackson House
| Beaver Dam, WI

Lindholm Service Station
| Cloquet, MN

Dr. Kenneth Meyers Clinic
| Dayton, OH

Joseph Mollica House
| Bayside, WI

Carl Post House
| Barrington, IL

Music Pavillion, Taliesin West
| Scottsdale, AZ

1957

Wlliam Boswell House
| Cincinnati, OH

Herman Fasbender Clinic
| Hastings, MN

C. E. Gordon House
| Aurora, OR

Juvenile Cultural Study Center, University of Wichita
| KS

Sterling Kinney House
| Amarillo, TX

James B. McBean House
| Rochester, MN

■ Marin County Civic Center and Post Office
| San Rafael, CA

1958

George Ablin House
| Bakersfield, CA

Lockidge Medical Clinic
| Whitefish, MT

Paul Olfelt House
| St. Louis Park, MN

Seth C. Peterson Cottage
| Lake Delton, WI

Don Stromquist House
| Bountiful, UT

1959

Grady Gammage Memorial Auditorium, Arizona State University
| Tempe, AZ

Norman Lykes House
| Phoenix, AZ

C. E. Gordon House
| Aurora, OR

마린 시청사

Walter Rudin House
| Madison, WI

Carl Schultz House
| St. Joseph, MI

Dr. Robert Walton House
| Modesto, CA

1959

■ Solomon R. Guggenheim Museum
| New York, NY

구겐하임 미술관
20세기 건축의 가장 위대한 걸작 중 하나인 구겐하임 미술관의 디자인은 1943년(오리지널 디자인)까지 거슬러 올라간다.
16년간의 부단한 노력의 결과로 1959년 라이트 사후에 완성된 이 계단 없는 나선형 구조의 다층 전시장은 건축 자체를 하나의 예술품으로 승화시켰다는 평을 받고 있다.

구겐하임 미술관

자 서 전

자서전

프랭크 로이드 라이트 지음 | 이종인 옮김

MIMESIS

AN AUTOBIOGRAPHY
by
FRANK LLOYD WRIGHT

Copyright (C) 1943, 1998 The Frank Lloyd Wright Foundation, Scottsdale, AZ.
All rights reserved

Korean Translation Copyright (C) 2006 by The Open Books Co.
Korean translation rights arranged with The Frank Lloyd Wright Foundation
through Eric Yang Agency.

이 책은 실로 꿰매어 제본하는 정통적인 사철 방식으로 만들어졌습니다.
사철 방식으로 제본된 양장본은 오랫동안 보관해도 책이 손상되지 않습니다.

차례

서문　　7

제1장 |　가족과 친구들　　13
제2장 |　일　　201
제3장 |　자유　　493

옮긴이의 말　　617
찾아보기　　623

서 문

1926년 여름, 프랭크 로이드 라이트는 변호사의 조언을 받아들여 애인 올기반나 힌젠베르크와 그녀의 전남편 소생의 딸 스베틀라나, 그들 사이에 갓 태어난 딸 이오반나 — 채 돌이 되지 않았다 — 를 데리고 위스콘신의 집에서 도망쳐서 미네소타 주의 미니애폴리스로 은신했다. 그들은 몇몇 친구들이 마련해 준 조그만 집에서 가명을 쓰며 살았다(라이트는 그 가명이 무엇이었는지 자주 잊어버렸다고 말했다). 1925년에 올기반나를 처음 만난 이래로 라이트는 별거 중인 아내 미리엄 노엘로부터 괴롭힘을 당하고 있었다. 라이트와 노엘은 이미 2년 전부터 따로 살고 있었는데, 라이트는 끈질기게 이혼을 요구했고 노엘은 탤리에신과 그 안의 물건을 빼앗아 가겠다고 위협하고 있었다. 곧 은행들은 저당물에 대한 차압에 들어갔고 탤리에신과 그곳에 보관된 미술품과 건축물 도면에 대한 권리를 주장하고 나섰다.

은신처 미네소타에서 올기반나는 라이트에게 자서전을 써보라고 권유했다. 그렇게 권유한 이유는 간단하면서도 분명했다. 그녀는 자신의 집과 스튜디오에서 쫓겨나고 건축 설계 업계에서 완전히 추방당한 창조적인 인물이 얼마나 괴롭고 지루한 나날을 보내고 있는지 잘 알고 있었다. 그것은 라이트는 물론이고 그들의 관계에도 악영향을 끼쳤다. 그녀는 현대 건축의 기초를 확립하는 보람찬 일을 하면서 59년 동안 살아 온 라이트의 인생 이야기는 많은 사람들에게 흥미를 불러일으킬 것이라며 자서전 집필을 적극적으로 권유했다.

처음에 그는 자서전을 집필하라는 권유를 거절했다. 하지만 그녀는 남이 전기를 써주는 것보다는 직접 자서전을 쓰는 것이 더 바람직하다고 설득했다. 또 자서전을 쓸 때 논문들을 참조하면 생각보다 쉽게 글을 쓸 수 있을 것이라고 조언했다.

「제임스 아저씨의 농장에서 보낸 나의 어린 시절을 어떻게 글로 표현할 수 있을까? 그건 내 인생에서 너무나 중요한 부분이기 때문에 말로는 설명하지 못할 것 같아.」 라이트가 말했다.

「당신 자신을 〈그〉라고 표현하는 거예요. 어린 시절과 청소년 시절 이야기는 그런 식으로 묘사하고 당신이 성인이 되어 시카고에서 건축가 생활을 시작할 때부터 〈그〉 대신 〈나〉라는 일인칭을 쓰면 돼요.」 그녀가 말했다.

그는 올기반나의 조언을 그대로 따랐다. 그는 어린 시절을 회상한 원고를 직접 손으로 썼고 누군가가 대신 타이핑을 해주었으며 올기반나가 편집을 도와주었다. 그녀는 러시아와 프랑스에서 생활했던 시절 상당한 문학적 훈련을 쌓았다. 러시아에서 보낸 어린 시절에는 집안의 여자 가정교사에게 영어를 배웠다. 프랑스에 머물렀을 때 구르디예프 문하에서 함께 공부한 동료와 친구 중에는 제인 히프, 마거릿 앤더슨, 앨프레드 오레이지, 캐서린 맨스필드 등 뛰어난 인물이 많았다.

1926년 10월 라이트와 올기반나가 투옥되면서 자서전 집필은 일시 중단되었다. 그 뒤 아주 길고 힘겨운 법정 소송이 벌어졌다. 1930년이 끝나갈 무렵 충분히 자료를 갖추어서 자서전을 발간할 수 있게 되었다. 라이트는 처음에 책 제목을 〈세대에서 세대로 *From Generation to Generation*〉라고 지으려고 했다. 자신의 웨일스인 친척과 조상들에게 경의를 표시하기 위해서였다. 하지만 올기반나는 단순한 제목이 가장 강력한 힘을 발휘한다고 설득했다. 그래서 제목은 〈자서전 *An Autobiography*〉으로 결정되었다.

라이트의 저작권 대리인 조지 바이는 뉴욕의 롱맨즈 그린 출판사를 소개해 주었고 이 출판사의 편집자 프랭크 힐은 라이트와 함께 책의 전반적인 윤곽과 최종 원고를 확정지었다.

　라이트는 직접 책의 디자인, 크기, 레이아웃, 서체를 선택했고 각 〈권〉의 간지에 들어갈 특별한 그림을 그렸다. 책의 표지는 제1부의 「프렐류드」를 밑바탕으로 하는 추상화였다. 그는 표지 디자인의 여백에 다음과 같은 글을 써서 보냈다.

　친애하는 프랭크 힐

　자네는 처음엔 이 디자인이 마음에 들지 않을 걸세. 나는 지시사항을 무시하고 내가 처음 했던 구상마저도 바꾸어 버렸다네. 하지만 이 책이 서점에 깔려서 다른 책과 대비가 될 때에는 이 디자인을 좋아하게 될 거야. 대부분의 책 표지는(자네가 보내 준 샘플처럼) 자신을 요란하게 선전하고 있지만 실제로 아무도 그 표지를 눈여겨보지 않거나 신기하다고 생각하지 않지. 사람의 눈과 귀를 사로잡는 것은 강력한 대비야. 난 이것을 확신하네. 아니, 내 확신이 너무 지나친 걸까?

프랭크 로이드 라이트

　라이트가 자서전에서 사실 관계를 왜곡하고, 날짜를 변경하고, 자신에게 벌어진 일을 부정확하게 기술했다고 주장하는 학자와 저자들이 있다. 그들은 라이트가 자신의 가족, 친구, 특히 고객들과의 관계를 왜곡했다고 주장한다. 하지만 역사적 기록으로 남아 있는, 부정할 수 없는 사실들이 라이트 자서전의 뼈대를 이루고 있다. 그는 거의 드루이드(고대 켈트족의 예언자, 마술사, 시인) 같은 웨일스인 조상들의 강렬한 피를 물려받았다. 그는 애들러와 설리번 건축 사무소에서 한동안 일했고, 애들러와 설리번이 건축가로 성장하는 데 커다란 영향을 미쳤다고 밝혔다. 그는 현대 건축을 개척하고 또 한 획을 그은 인물이었는데 이 과정에서 그가 맡았던 역할은 건축의 역사가 입증하고 있다. 그는 이 책에서 자신이 설계한 많은 건물에 대해 언급했다. 미국의 주택 개념이 확 바뀌어야 한다는 초기의 사상과 그것을 구체적으로 적용한 라킨 빌딩, 유니티 교회, 미드웨이 가든,

도쿄의 데이코쿠(帝國) 호텔 등에 대한 이야기는 매우 흥미롭다. 일본에서 살며 일하는 동안 일본 문화에 심취한 이야기를 자서전에서 자주 언급하고 있는데 이것은 그가 일본 문화를 정말 좋아했고 또 높이 평가했기 때문이다.

자신의 집이 불타 버리고 사랑하는 여자(마마 체니)와 친구들이 살해된 비극은 아주 담담한 어조로 기술되어 있다. 이런 엄청난 고뇌를 극복하는 과정은 그가 얼마나 강인한 존재인지 잘 보여 준다.

앨라인 반스달 같은 까다로운 고객과의 논쟁은, 자서전인 만큼 어쩔 수 없이 그의 관점에 입각해 기술되어 있다. 이런 일화의 상대방 이야기는 학자들이 연구를 통해 밝혀야 할 것이다. 그의 인생에서 아주 중요한 역할을 했던 네 명의 여자는 성격이 달랐던 만큼, 그들에 대한 이야기의 서술 방식도 각각 다르다. 첫 번째 아내 캐서린에 대해서는 어린 시절에 낭만적으로 만나 그 후 여섯 자녀를 키운 이야기를 담담히 서술한다. 이와는 대조적으로 두 번째 여자 마마 보스윅 체니는 거의 신화적인 인물처럼 그려져 있다. 너무 소중하고 너무 가까워서 감히 묘사하기 어렵다는 듯한 인상을 준다. 그는 심지어 체니의 이름을 언급하지도 않았다. 미리엄 노엘에 대한 라이트의 회상은 그녀가 얼마나 기이하고 예측 불가능한 성격의 소유자였는지 잘 보여 준다. 그녀는 결국 조울증 환자가 되었다. 하지만 그는 노엘과 함께 살면서 견뎌야 했던 폭풍우 같은 생활의 기괴한 측면을 자세히 언급하지는 않았다. 올기반나와의 만남은 그 이전의 여자들에게서 경험했던 실망, 비극, 불안을 일거에 불식시키는 커다란 위안이었다. 비유적으로 말하면 폭풍우가 치는 중에 항구에 도착한 것, 혹은 아주 목마른 사막에서 오아시스를 찾은 것과 비슷하다. 자서전은 올기반나가 옆에서 지켜보는 가운데 집필되었고, 또 그들의 만남과 동거가 자서전 발간 시기에 가장 가깝기 때문에, 그녀는 매우 낭만적이고 자상한 인물로 묘사되어 있다. 실제로 자서전은 두 사람이 함께 겪은 인생의 일화로 끝나는데 이 부분은 올기반나가 집필한 것이다.

1943년에 라이트는 자서전(초판 1932년)의 증보판을 펴냈다. 독자들이 지적한 사실과의 불일치, 이야기와 회상 속의 부정확한 연대 등을 일부 바로잡거나 변명한 것이었다. 여기에서 라이트는 다음과 같은 포괄적인 진술로 자신의 입장을 변명했다. 〈나는 이 책의 모두(冒頭)에서 진짜 책은 행간(行間) 속에 있다는

것을 말씀 드리고자 한다. 이것은 진지한 문화 관련 서적에는 보편적으로 해당되는 말이라고 생각한다.〉

이 책의 결점이 무엇이든 간에 강력한 시심(詩心)과 드라마가 작품 전편에 스며들어 있다. 어떤 문장들은 너무나 시적이어서 독자의 마음을 뒤흔들고 또 그 후 오랫동안 기억에 남을 정도이다. 1932년까지 라이트가 써낸 여러 저서 중에서 이 자서전의 스타일이 가장 일관성이 있다. 무엇보다도 이 책은 재미있게 읽을 수 있고 유익한 정보가 많다. 자서전이면서도 자신의 건축 철학을 상세히 설명한 책이기 때문에 그런 것 같다. 이 책은 그의 사상과 작품을 자세히 설명하고 있으며, 그의 복잡한 성격에 대해 때로는 친밀하게 때로는 고통스럽게 묘사하고 있다.

브루스 브룩스 파이퍼

1

가족과 친구들

FRANK LLOYD WRIGHT

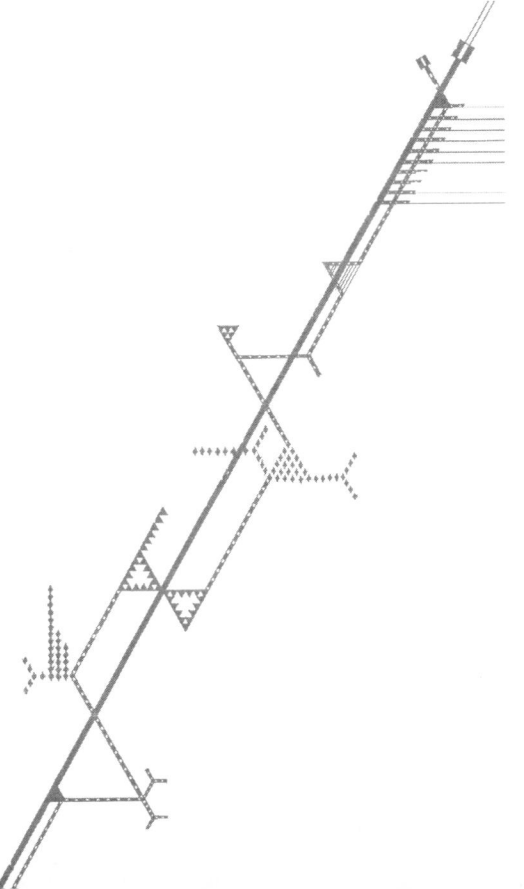

프렐류드

부드럽게 물결치는 들판 위에 금방 내린 눈이 하얀 담요처럼 펼쳐져, 아침 햇빛을 받으며 아름답게 반짝거리고 있다. 하얀 설원 위에 청동색 잡초 떨기가 여기저기 고개를 비죽 내밀고 있다. 가느다란 잡초 줄기가 금속성의 검은 선처럼 곧게 허공에 뻗어서 그 머리를 가볍게 흔들고 있다. 그것은 태양의 눈[眼]이 만들어 낸 무늬이다. 하늘에서 더 많은 햇빛이 춤추듯 내려오면서 하얀 도화지 위 푸른색 그늘에 더 많은 무늬를 얼기설기 그려 나간다.

「애야, 어서 오너라.」 존 외삼촌은 여동생(애너)의 아홉 살짜리 아들에게 소리쳤다. 「자, 어서 와. 눈길 위에서는 어떻게 걸어가야 하는지 보여 줄게!」

외삼촌은 조카의 손을 부드럽게 잡고서, 커다란 모자를 회색 머리 위에 깊숙이 눌러쓰고 하얀 들판 위를 직선으로 걸어가기 시작했다. 깊고 푸른 눈을 들어 앞을 바라보며 마음속에 점찍어 둔 지점을 향해서.

외삼촌은 왼쪽도 오른쪽도 쳐다보지 않고 목표 지점을 향해 똑바로 걸어갔다. 마친 신들린 사람처럼.

하지만 소년은 곧 하얀 도화지를 상대로 장난치고 있는 벌거벗은 잡초를 발견했다. 잡초 줄기의 날카로운 그림자는 그 아래의 푸른색 아라베스크 무늬와 어울려 해롱거리고 있었다. 소년은 외삼촌의 억센 손아귀에 잡힌 장갑을 그대로 내버려 둔 채 손만 달랑 빼내 자유롭게 벗어났다.

그는 먼저 왼쪽으로 달려가 잡초 줄기를 거머쥐었고 연이어 더 많은 줄기에서 알갱이와 술을 잡아당겼다. 이어 오른쪽으로 달려가서 더 예쁜 놈들을 골랐다. 다시 왼쪽으로 방향을 틀면서 더 거무튀튀한 놈, 더 밝은 놈, 그리고 그 너머 낮게 엎드려 있는 놈을 거머쥐었다. 이어 줄기는 노랗고 머리는 청동색인 잡초 줄기를 잡아당겼다. 그는 흥분한 상태로 온몸을 떨면서 존 외삼촌 뒤에서 이리저리 갈지자로 달리며 가슴 가득 〈잡초〉를 움켜 안았다.

한편 존 외삼촌은 등성이를 한참 걸어 올라가 자신이 점찍어 둔 지점에 도착하자 뒤를 돌아다보았다. 그 강인한 웨일스인의 얼굴에 만족의 미소가 환하게 빛났다. 그가 눈 위에 찍은 발자국은 마치 줄을 대고 그은 것처럼 일직선이었다.

소년은 가슴 가득 잡초를 안고 붉게 상기된 얼굴로 환히 웃으며 달려갔다.

그는 외삼촌을 올려다보았다. 「보세요, 이게 제가 다 발견해서 꺾은 거예요!」

근엄한 얼굴이 그를 내려다보았다. 이제 곧 훈계가 시작되리라.

언덕에 올라간 소년이 뒤돌아보니 존 외삼촌이 만들어 낸 길고, 곧고, 일사불란하고, 목적이 분명한 일직선이 보였다. 외삼촌은 아주 의기양양해하며 그것을 가리켰다. 그리고 그 주위에는 망설이고, 탐색하고, 고민하는 갈지자의 선이 있었다. 그것은 마치 담쟁이 넝쿨처럼 앞뒤 좌우로 제멋대로 뒤엉켜 있었다. 외삼촌은 그것도 가리키면서 부드러운 어조로 비난했다. 「목적이 있는 사람은 좌우를 돌아보지 않는단다.」

외삼촌과 조카는 함께 서서 뒤돌아보았다. 절반쯤 얼어 버린 자그마한 손은 이제 다시 억센 손안의 장갑 속에 들어가 있었다. 부끄러워하는 소년의 얼굴에 느긋하면서도 기분 좋은 미소가 퍼져 나갔다. 하지만 소년은 무엇인가 자신이 분명하게 이해하지 못한 것이 있다고 생각했다. 그에 비해 존 외삼촌의 말은 너무나 분명했다. 〈왼쪽도 오른쪽도 쳐다보지 말고 일직선으로. 그게 눈 위에서 나아가야 할 길이다.〉

소년은 자신의 보물을 내려다보았고 이어 뿌듯해하는 존 외삼촌의 얼굴을 쳐다보았다. 곧 소년은 외삼촌에게 배운 것보다 더 많은 것을 알게 되었다.
　소년은 심란해졌다. 뭔가 빠뜨린 것 같았기 때문이다.

1

가　족

빅토리아 시대의 웨일스. 그곳에는 끝이 뾰족한 원추형의 검은 모자를 만드는, 아주 강건하면서 좀 기이하게 생긴 모자 장수가 살고 있었다. 마녀는 빗자루를 타고 하늘을 날아갈 때 원추형 모자를 쓰지만, 웨일스 사람들은 머리를 가리기 위해 모자를 썼다. 모자 장수는 자신의 일을 자랑스럽게 여겼고 여러 시장을 돌아다니며 모자를 팔았다. 그는 땅에 모자를 내팽개치듯 던지면서 〈어디, 여기에 한번 올라서 보십시오!〉라고 구경꾼들에게 소리쳤다.

그 모자 장수는 열성적인 그리스도교 신자여서 일요일마다 설교를 했다. 그는 인간이 어떻게 신과 동격이 될 수 있느냐고 사람들에게 질문을 던졌다. 그러면서 사람들이 내놓는 답변마다 그 부당성을 일일이 지적했다.

그의 이름은 리처드 존스로 키가 크고 눈이 검고 아주 열정적이었지만 인기는 별로 없는 유니테리언[1]이었다. 웨일스의 유서 깊은 가문의 딸인 메리 로이드는

---

[1] Unitarian. 그리스도교의 정통 교의인 삼위일체론의 교리에 반하여, 그리스도의 신성을 부정하고 하느님의 신성만을 인정하는 교파이다.

그의 설교를 듣고 감동한 나머지 그를 사랑하게 되었다.

「자신의 정의로움을 지키기 위해 기꺼이 목숨을 내던지는 정의로운 사람이 있는가 하면 자신의 사악한 본성을 지키기 위해 목숨에 연연하는 사악한 자가 있습니다.」

「하지만 하느님을 알고 그분을 충실히 섬기는 사람이 그런 자들 가운데서 생겨날 것입니다.」

메리는 그의 말이 옳다고 믿었고 부모의 반대에도 불구하고 그를 따라갔다. 그녀는 부유한 자신의 집안이 이 강인한 남자를 백안시하는 것도 개의치 않았다. 그게 무슨 상관인가? 그녀는 그를 사랑했고 그런 만큼 그를 믿었다.

그들은 일곱 자녀를 두었고 이제 집안의 성은 로이드 존스가 되었다. 하지만 그의 지나치게 자유로운 신학은 당시의 보수적인 대중을 격분시켰다. 결국 그는 교회 당국의 박해를 피해 미국으로 이민을 떠나게 되었다. 그와 가녀린 아내 그리고 일곱 자녀는 미국의 〈서부〉에 정착했고 그곳에서 농장을 일궜다. 그는 강인한 힘을 발휘하여 그곳을 아늑한 집으로 만들었다. 언론이 자유롭고 그래서 인간이 자유로운 그 땅에서 그는 열심히 일을 했다. 이렇게 하여 모자 장수 겸 설교자는 53세 되던 해에 위스콘신에 정착한 서부 개척자가 되었다. 그의 자녀는 토머스, 존, 마거릿, 메리, 애너, 젠킨, 내니 등 일곱 명이었다.

막내 내니는 위스콘신으로 오는 도중에 죽었기 때문에 타향에 묻혔다. 그들은 운하의 배와 호수의 증기선을 이용해 밀워키까지 간 후 다시 위스콘신 주 익소니아로 갔다. 개척자 가족은 익소니아에서 6년을 살면서 엘렌, 제인, 제임스, 에노스, 이 네 자녀를 더 낳았다. 그 후 위스콘신 강 유역의 계곡 지대로 이사를 한 후 넓은 농장을 마련했다. 나중에 그들은 계곡 지대를 〈더 밸리*The Valley*〉라고 부르면서 즐거운 마음으로 회상했다. 실제로 그곳은 아름다웠다. 완만하게 물결치는 두 구릉 지대 사이에 자리 잡은 비옥한 땅이었는데 계곡 지대의 끝 부분에는 제3의 산봉우리가 밀고 들어와 그 지대를 두 개의 조그마한 계곡 지대로 나누어 놓았다. 계곡 지대를 흐르는 자그마한 시냇가는 농장을 관통하여 흐른 다음 더 넓은 시내가 되었다가 나중에는 위스콘신 강과 합류했다. 계곡의 탁 트인 쪽은 넓은 위스콘신 사주(砂洲)로 막혀 있었는데, 구릉에 올라가 이곳을 내려다

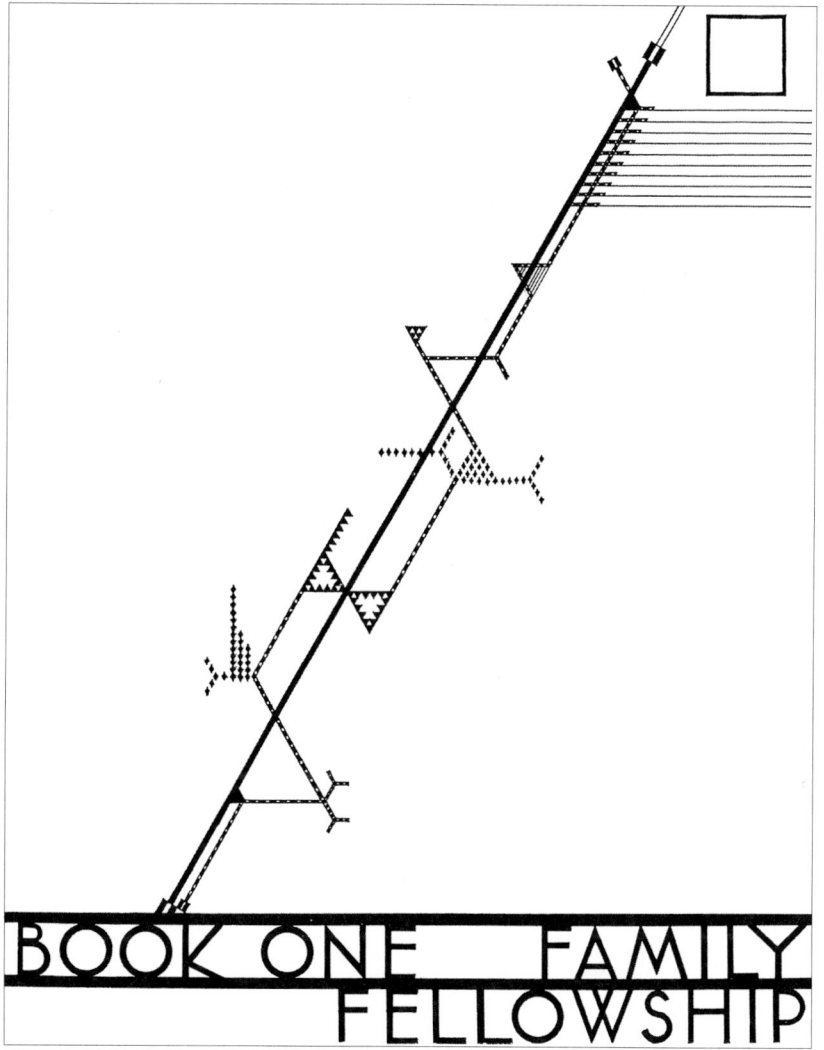

1932년 출간된 『자서전』〈제1부〉의 간지, 디자인 프랭크 로이드 라이트.

보면 모래가 많고 나무가 없는 들판이 한눈에 들어왔다. 이곳은 저 먼 옛날 위스콘신 강의 하상(河床)이었다.

할아버지와 외삼촌들이 이 처녀지를 개간하던 당시 우호적인 인디언들이 인근에 살고 있었다. 목수였던 맏아들 토머스는 남향의 등성이에 자그마한 집을 지었다. 할머니와 자녀들은 이 집 주위의 접근로에 길레아드발삼나무(북미산 포플러)를 심었다. 나무가 빽빽이 들어서 있는 북쪽의 등성이와 언덕까지 이어지는 접근로 양쪽에는 참나무들이 위병(衛兵)처럼 도열해 있었다.

반면에 남쪽 등성이는 나무가 없어서 앙상했는데 가끔 암석이 비죽비죽 모습을 드러내고 있었다. 축사의 지붕에는 옛날 웨일스의 초가지붕처럼 볏짚을 덮었다. 그러나 자그마한 집은, 토머스와 그 형제들이 만든 물막이 판자를 대고 지붕널을 두른 〈현대식〉 가옥이었다. 부엌은 집의 뒤쪽에 이어 붙여 만든 별채였다. 집 뒤에는 뿌리처럼 땅속으로 파고드는 헛간이 있었는데 떼를 두른 흙으로 지붕을 덮었다.

웨일스 출신의 개척자 리처드 로이드 존스 가문은 이 〈밸리〉를 영구 정착지로 삼았다. 부모와 자녀 열 명은 새로운 희망의 땅 아메리카에 뿌리를 내린 것이다. 이제 밸리는 그들의 안식처가 되었다.

이 당시까지 할아버지는 설교를 했다. 운하에서 보트나 배를 타고 여행을 하던 중에도, 가족과 함께 묵고 있던 여인숙에서도 설교를 했다. 그가 입을 열면 많은 사람들이 존경하는 표정으로 귀를 기울였다.

그의 마음속에는 열광과 흥분이 있었다. 그는 강한 웨일스 억양이 섞인 어조로 성서를 읽었으나 사람들은 그 뜻을 잘 알아들었다. 그의 성서 낭독은 교양 있는 부유한 사람들의 마음을 뒤흔들었고 종종 그들의 생각을 바꾸어 놓기도 했다. 그는 지상의 땅을 개간하는 개척자였고, 지상의 빛이 희미해지는 정신의 세계에서는 예언자였다.

그는 익소니아에서 살던 시절 교회를 운영했으나 〈언론이 자유롭고 그래서 인간이 자유로운 그 땅에서〉 또다시 기존 교회로부터 박해를 당했다. 그는 분명히 말했다. 「당신은 나를 박해할 필요가 없습니다. 만약 내가 방해가 된다면 교회를 떠나겠습니다. 나는 내 정신을 억압하며 살 수는 없습니다.」

그는 고대에 드루이드가 사용했던 문자를 가문의 문장(紋章)으로 삼았다. 그것은 〈이 세상에 맞서는 진리〉라는 뜻을 가진 ∧ 형태의 문자였다.

할아버지는 이사야처럼 설교했다. 「풀은 시들고 꽃은 지지만 우리 하느님의 말씀은 영원히 서 있으리라.」 자녀들은 「이사야」 40장을 완전히 암송할 수 있어야 했다. 하지만 손자는 이사야를 점점 불신하게 되었다. 비록 짧은 삶을 살지만 그 때문에 더 화려한 꽃의 삶이 과연 하느님의 말씀보다 못하다고 할 수 있을까? 들판에 일을 하러 나가는 그의 가족이 모두 알고 있듯이, 풀은 계곡 일대에서 그들의 생활을 지탱해 주는 필수적 요소였다. 〈시든〉 건초가 있기 때문에 가축들이 겨울 동안 살아남을 수가 있었고 그래서 할아버지(목사)도 생계를 유지할 수 있었다.

꽃은 이사야의 시대 이래로 지난 수천 년 동안 별빛 아래에서는 눈을 감고 햇빛 아래에서는 눈을 떴으며 다정한 대지의 가슴을 향해 씨앗을 흩뿌렸다. 그리하여 꽃은 영원히 사라지지 않고 여기에 머물게 되었다. 반면에 이사야가 들었다는 그 〈하느님의 말씀〉은 사람의 입에 따라 거듭 수정되어 왔다.

이 세상에는 인간을 포함하여 많은 생명체가 살고 있는데, 그들은 이 풀 때문에 살아 있는 것이 아닌가? 그렇다면 이러한 풀과 꽃이야말로 하느님의 말씀 그 자체라고 보아도 무방하지 않을까? 그 무서운 텍스트(「이사야」 40장)의 허풍 심한 과장에는 야비한 냉정함이 도사리고 있는 것 같았다.

흐린 하늘 아래 웅크려 있는 계곡의 검은 산들 위로 거센 폭풍우가 불어 닥칠 때, 바람에 나무가 꺾이고 힘없는 어린 생명체가 폭우에 휩쓸려 떠내려갈 때, 폭풍이 지나간 자리에 남은 파괴와 폐허의 참상을 목격할 때, 소년은 마치 이사야의 〈심판〉을 직접 본 듯했다.

정말 그랬다! 이 예언자는 지옥의 구현자(具現者), 그 거대한 입을 쩍 벌린 지옥을 생생하게 보여 주는 무서운 사람이었다.

〈슬픔이 있을진저!〉〈슬픔〉이라는 단어가 어린 소년의 가슴을 크게 후려쳤다. 〈술을 마시며 자신이 강하다고 생각하는 자에게 슬픔이 있을진저!〉 이사야의 그런 가혹한 징계를 〈자궁의 열매(어린아이)〉라고 해서 피할 수 있는 것은 아니었다. 어린 소년들 역시 슬픔의 발굽 아래 내던져진 것이다. 이사야의 무서운 하느님은 무수히 많은 불쌍한 자들을 강력한 힘으로 계속 내리치고, 또 내리치기 위해 피문은 무서운 손을 허공 높이 쳐들었다. 이미 때린 것만으로는 성에 차지 않은 듯 계속해서 징벌을 내리려 했다.

왜 이렇게 가혹하게 하느냐고 누군가가 따지고 들면, 이사야는 그런 징벌을 내리는 데는 다 이유가 있다고 대답하리라. 〈그분〉(그분이 이사야를 가리키는 것인지 혹은 하느님을 지칭하는 것인지 아무도 따지지 않았다)의 그런 징벌을 당한 자라야 비로소 그 죄악을 눈처럼 씻을 수 있다는 이야기를 들려줄 게 틀림없다. 왜?

이 성스러운 전사(이사야)는 그 자신의 이미지에 맞추어 하느님의 모습을 보여 주는 예언자라는 것이다. 쾌락보다는 고통 쪽에 서 있는 자신의 욕망을 미덕인 양 보여 주는 것이다.[2]

그런 가르침은 어린아이의 마음에 부과하기에는 너무 저주스러운 것이다! 아이가 얼마나 큰 잘못을 저질렀다고 매질을 한단 말인가! 잘못이 얼마나 경미해야만 때리지 않고 말로 훈계한다는 것인가![3]

손자는 웨일스 출신의 강인한 농부, 하얀 수염과 하얀 머리의 할아버지, 이사야의 정신적 형제가 〈티모시〉라는 말 위에 올라타 등자(鐙子) 위에 다리를 직각으로 세우고 족장(族長)처럼 꼿꼿이 앉아 있는 모습을 보았다. 할아버지는 목동의 지팡이처럼 윗부분이 크게 굽은 지팡이를 왼쪽 팔뚝에 걸고, 성서는 오른쪽 겨드랑이 밑에 단단히 찔러 넣고, 오른손에는 말고삐를 꽉 틀어쥐고 있었다. 할아버지는 이런 자세 덕분에 성서를 땅에 떨어트리지 않고 말의 옆구리를 찰 수 있었다.

주중의 엿새 동안, 할아버지는 근면이라는 복음을 믿었다. 그분은 자녀들에게 일하고 또 일하라고 끊임없이 말했다. 그리하여 정력의 화수분인 할아버지는 자녀들의 도움을 받아 가며 숲을 벌채하기 시작했고 전에 황무지였던 곳에 인간의

---

[2] 「이사야」 4장에 이런 말이 나온다. 〈그날에 일곱 여자가 한 남자를 붙들고 애원하리라. 「먹여 달라, 입혀 달라 조르지 않겠으니 당신의 아내라는 말만이라도 듣게 해주십시오. 이 부끄러운 신세를 면하게 해주십시오.」〉 이사야를 붙잡고 간절하게 사정하는 일곱 여자의 소원은 오로지 〈이사야의 부인〉이 되는 것이다 ― 원주.

[3] 이사야는 이 자서전의 전편을 통해 여러 번 등장하는데 사람의 생명을 해치는 이 세상의 고루한 질서를 상징하고, 반대로 풀은 자연을 살리는 진정한 생명을 상징한다. 이것을 총칭해 라이트는 〈이 세상에 맞서는 진리〉라고 불렀다.

영역을 구축했다. 전에 하느님의 얼굴만 있던 곳에 인간의 미소를 새겨 놓았다.

근처를 지나가던 인디언들이 가끔 쇠고기를 가져와 문턱에 놓았고 그러면 할아버지는 담배를 답례품으로 내놓았다. 할아버지는 파이프 담배를 피웠다.

그리고 할아버지의 이 습관은 가족들에게 커다란 수치의 원천이었고 할아버지를 원망하는 단 한 가지 사항이었다. 할아버지는 평소 아주 검소했다. 자녀들이 식사 중에 잘못해서 필요 이상으로 수수시럽을 많이 따르면, 할아버지는 반드시 그것을 다 먹도록 강요했다(〈너의 눈은 너의 밥통보다 더 커서는 안 된다〉). 자녀들은 이런 잔인함까지도 존경했다. 하지만 파이프 담배를 피우는 것만큼은 이해하지도 용납하지도 않았다.

몸집이 자그마한 할머니는 그래도 할아버지를 사랑했고 또 할아버지의 불같은 성격을 많이 누그러트렸다. 할아버지가 파이프 담배를 피우게 된 것은 할머니가 천식을 치료하는 데 좋다고 권했기 때문이다. 그 후 할아버지는 천식을 완전히 다스렸지만 파이프 담배를 끊지 못해 평생 입에 달고 살았다.

할머니의 온유한 정신과 할아버지의 강인한 의지를 열 명의 자녀들은 그대로 물려받아 하나같이 온유하면서도 강인한 성격이었고 이것은 평생 동안 변하지 않았다.

밸리의 새 집에 정착한 지 10년쯤 되었을 때, 할아버지가 만들어 준 정자에서 쉬던 할머니는 아무 고통 없이 숨을 거두었다. 당시 병약했던 할아버지는 마치 신들린 사람처럼 벌떡 일어나 자녀들을 불러 놓고 기도를 올렸는데, 자녀들은 그 후 오랫동안 그 기도가 정말 아름다웠다고 회상했다.

열한 해 뒤 이제 87세가 된 할아버지는 어느 날 밤 잠자리에 들었다가 아침에 깨어나지 못했다. 밤새 아무 고통 없이 돌아가신 것이다. 하지만 그렇다고 해서 그의 정신마저 〈소멸〉된 것은 아니었다.

그의 〈정신〉은 처녀지 아메리카 땅에 뿌리를 내린 한 이민자 가문을 통해 연면히 이어지고 있다. 자유를 굳건히 믿는 이 새로운 땅에 자리 잡은 웨일스 출신 가문, 그리고 온 세상으로 뻗어 나간 그 후손들을 통해, 이 땅과 함께 영원히 머물게 될 것이다.

땅! 땅은 리처드 로이드 존스 같은 개척자들에게 특별한 깊이, 넓이, 아름다움을 가진 것이다. 그들은 자신들을 들판의 돌, 혹은 나무 울창한 구릉 지대 반대편의 암벽과 동일시했다. 그들은 커다란 땅에 속해 있는 더 조그마한 땅이었고 그 땅속의 땅에서 삶을 일구어 나갔다.

개척자 할아버지는 백합이 어떻게 자라는지 따위에 신경 쓸 여가가 없었다. 키가 작은 할머니가 바로 백합이었다. 강한 남자들은 어디에선가 시원하고 신선한 물을 구해 마셨다.

아름다움은 여러 가지 형태로 나타났는데 때때로 본 모습을 위장하기도 했다. 그의 살과 피인 자녀들은 그와 비슷한 점이 많았지만 동시에 할머니로부터 남을 배려하는 자상한 마음을 물려받았다. 그리하여 〈지는 꽃〉에 대한 아쉬움과 〈시드는 풀〉에 대한 감사함을 느낄 줄 알았다. 그런 온화한 성격은 백합을 위해 기도하던 할머니의 심성과 비슷했다.

산등성이 풀밭에 서 있는 〈어머니의 소나무〉는 할머니에게는 살아 있는 아이나 마찬가지였다. 할머니가 그 나무를 그곳에 심었다. 처음에는 관목에 지나지 않았다. 뒷마당에서 풀을 베던 사람이 부주의하게도 그 나무를 건드려 크게 상처를 입혔다. 사람들이 그 참에 아예 뽑아 버리려고 하자 할머니가 말했다. 「아니, 그 나무를 내게 맡겨 다오.」 할머니는 바느질 양동이에 역청을 담아 와서 아주 정성스럽게 나무의 상처를 메워 준 다음 그 주위를 천으로 친친 동여맸다. 그렇게 하여 죽을 뻔한 나무를 살려 냈다. 그 나무는 오늘날 그 높이가 75피트[4]에 이른다! 두 번이나 벼락을 맞았지만 살아남았고, 오늘날 점점 멸종되어 가는 소나무의 완벽한 표본이 되었다.

집에 이르는 접근로 양쪽에 울창하게 도열하고 있던 미루나무들. 할머니는 이 미루나무를 특히 좋아했는데 이제 그것들도 여기저기 듬성듬성 서 있을 뿐이다. 길레아드발삼나무는 계곡 여기저기에 흩어져 있어서 우연히 산책을 하다 보면 생각지도 않은 곳에서 마주치게 된다. 집 앞마당에서 도로변에 이르기까지 백합

---

4 1피트 = 약 30.48센티미터.

과 사포나리아가 아주 많았는데 참으로 보기 좋았다.

일, 노래, 기도가 어우러진 이 위스콘신의 농가에서 가장 열심히 일하는 사람은 누가 뭐라 해도 애너였다. 그리고 그녀의 맏아들이 이사야의 말씀을 의심한 그 손자이자 눈 덮인 들판에서 몸소 걷는 방식을 통해 인생의 교훈을 알려 주던 존 외삼촌 뒤에서 한눈을 팔며 잡초를 따 모았던 바로 그 소년이다.

리처드와 메리의 네 번째 아이인 애너는 부모가 웨일스에서 미국으로 이민을 왔을 때 다섯 살이었다. 그녀는 남자처럼 활달하고 씩씩하게 걸었고 시원한 이마, 숱 많은 암갈색 머리카락, 오똑한 코, 꿈꾸는 듯한 갈색 눈동자를 가진 아름다운 아가씨였으나 그 평온하고 우아한 겉모습 밑에는 열정과 박력이 꿈틀거리고 있었다.

아주 어린 시절부터 애너는 교육을 중시했다. 아니, 그녀의 가족 모두가 교육을 구원으로 가는 길이라고 생각했다. 야수를 인간으로 만들고 짐승의 상태로부터 인간을 구원하는 것 역시 교육이라고 생각했다.

아름다움의 보고(寶庫)를 열어 젖혀서 온 사방의 문으로부터 아름다움이 흘러 나오도록 하는 것도 교육이라고 생각했다(물론 이것은 그녀의 착각이었다). 아무튼 그녀는 교육을 통해 아름다움의 본질에 도달할 수 있다고 생각했고 그것이 신의 섭리라고 보았다. 그런 만큼 애너는 그 무엇보다도 아름다움을 사랑했다. 곧 그녀는 시골에서 교사가 되었다. 매일 말을 타고 언덕과 숲을 지나가며 학교로 출퇴근을 했다. 위스콘신 농가 주위의 노인들은 아직도 존경하고 숭배하는 마음으로 여교사 애너를 기억하고 있다.

그녀가 근무한 학교는 어떤 때는 동쪽에, 또 어떤 때는 서쪽에 있었는데 방향과는 상관없이 언제나 몇 마일이나 멀리 떨어진 곳에 있기는 마찬가지였다. 들판에서 농사를 짓는 데 말이 필요하면 그녀는 말을 양보하고 걸어서 학교까지 갔다. 그러나 농사일이 바쁘지 않은 날에는 대부분 말을 타고 출퇴근했다. 멀리 떨어져 있는 숲의 그늘을 통과하여, 혹은 따뜻하고 노란 햇살이 가득한 들판이 내려다보이는 언덕 꼭대기를 내려오는 길로 귀가했다. 그 들판은 가을이 되면 놀라운 색깔로 빛났는데, 가을 풍경은 주변 언덕들이 겨울에 하얀 눈 담요를 뒤

집어쓰고 거대한 원시 동물 모양으로 잠들었을 때보다 훨씬 아름다웠다. 때때로 그녀는 어두워진 뒤에 혼자 집으로 돌아오기도 했다. 학교에서 집까지 오는 길에 농장은 아주 드물어서 동행할 사람을 찾는 것이 하늘의 별 따기였다.

게다가 종종 비가 내렸다. 그래도 놋쇠 단추와 두건이 달린 푸른색 군용 우의를 입고 학교에 나가야만 했다. 우의가 없을 때는 맨머리로 출근하기도 했다. 그녀는 양치식물과 꽃들의 이름을 모두 알고 있었고 길가에서 놀라며 달아나는 동물들의 이름도 알았다. 도로변에는 딸기, 야생 버찌, 자두, 포도 등이 자라고 있었다. 그녀는 손을 뻗어 그런 과일을 가지째 따서 안장 앞부분에 걸어 두고 길을 가면서 집어먹었다.

그런데 애너의 생각이 오늘날에도 현대적인 이유는 무엇일까? 그것은 원시적 갈등 속에서 자연과 직접 접촉한 경험과, 아버지의 투박한 신앙(〈파괴와 기근에도 너는 웃을 것이요, 땅위의 짐승들을 두려워하지 않을 것인 바, 그 까닭은 네가 들판의 돌들과 동격이기 때문이니라〉) 덕분이었다. 이 〈들판의 돌들과 동격〉이라는 신앙은 그녀의 상상력 넘치는 꿈에 막강한 힘을 부여해 주었다.

이 이야기의 주인공 소년은 애너의 맏아들이다.

애너는 정식 결혼을 통해 그 아이를 얻었다. 상대는 그녀의 〈교육〉관을 만족시켜 줄 만큼 유식한 남자였다. 그는 코네티컷 주 하트퍼드 출신의 〈순회 목사〉였다. 론 록 근처의 전원 지방을 순회하면서 사람들에게 노래를 가르쳐 주는 악사이기도 했다.

애너는 이 사람과 결혼했을 때 스물아홉이었다. 그녀보다 열일곱 살이나 많은 남편은 〈교육〉을 많이 받은 음악 선생이었다. 제임스 러셀 로웰, 앨리스와 피비 캐리를 배출한 지식인 가문 출신이었고 그의 부모는 이 먼 친척들의 이름을 따서 아들의 중간 이름을 지었다. 그의 이름은 윌리엄 러셀 캐리 라이트였다. 처음에 애머스트[5]에서 교육을 받았고 이어 의학을 전공하다가 그것이 진정한 학문이 아님을 깨달았다. 그다음에는 〈법학〉을 공부했으나 그것 역시 혐오스럽기는 마찬가지였다.

---

[5] 매사추세츠 주 애머스트에 있는 문과대학을 가리킨다.

바로 이 무렵 그는 성직에 대한 〈소명〉을 들었다. 그것은 저 아득한 종교 개혁 시절부터, 그의 조상들이 대대로 들어 왔던 바로 그 성소(聖召)였다. 애너는 그가 그 부름을 듣도록 도와준 여인이었다. 결혼 직후 그는 목사가 되었다. 그는 여전히 음악을 사랑했다. 음악은 늘 그를 위로해 주었고 그의 평생 친구였다. 그 나머지의 것들이 모두 그를 떠나 버렸을 때에도.

맏아들이 태어나자 부부 사이에 뭔가 변화가 발생했다. 애너가 맏아들에게 지나치게 애정을 쏟자 남편은 그것을 못마땅하게 여겼다. 아버지는 그 아들을 별로 대수롭지 않게 여긴 듯하다. 물론 그의 아내는 아들 못지않게 남편을 사랑했으나 자신의 사랑과 욕망으로 빚어낸 아들을 점점 더 사랑하게 되었다. 그리고 아들은 그녀의 꿈을 실현하는 수단이 되었다.

어머니는 아들이 아주 어릴 때부터 그가 아름다운 건물을 지을 것이라고 노래처럼 말하곤 했다. 어머니는 임신 중에도 그런 태교를 했다고 한다. 그녀가 평소 동경했던 까마득히 높은 곳에 있는 이상을 곰곰이 생각했다. 그리고 아이가 태어나자 정성스럽게 아이의 건강을 보살폈다. 건강해야만 그런 이상도 실현할 수 있는 것이므로. 임신한 어머니는 태어날 아이가 아들일 거라는 사실을 단 한 번도 의심해 본 적이 없었다.

아름다운 건축물에 매혹된 어머니는 아버지가 정기 구독하는 화보 잡지, 『올드 잉글랜드 Old England』에 나오는 영국 대성당들의 목판화 그림이 실려 있는 열 페이지를 잘라 내어 사진틀에 끼워 넣고 곧 태어날 아이의 방 벽에 걸어 두었다. 아이가 태어나기도 전에 어머니는 아들이 건축가가 될 것이라고 말했다.

시간이 흘러, 위스콘신 주의 리치랜드 센터라는 산간 마을에서 애너의 첫 아이가 태어났다. 아버지는 여전히 설교를 하고 법학을 공부하면서 음악을 가르쳤다.

아이가 태어난 후에 어머니는 신에게 열심히 기도하는 것보다는 아이의 〈교육〉에 몰두하기 시작했다. 아들이 세 살, 그 아래 여동생이 한 살이었을 때 아버지는 보스턴 근처의 웨이머스 교회에 취직했다.

이 무렵 소년의 친할아버지가 99세를 일기로 코네티컷 주 하트퍼드에서 사망했다. 할아버지는 2층의 침실로 올라가 촛불 아래서 세 아들 앞으로 각각 편지 한 통을 써놓고 자리에 들었는데 외할아버지와 마찬가지로 수면 중에 아무런 고통 없이 세상을 떠났다.

로이드 존스 가족을 밸리에 그대로 남겨 둔 채, 소년의 가족은 아버지의 고향 근처로 이사를 갔다. 아버지는 그곳에서도 종교 활동을 계속했는데 무대와 분위기가 보스턴 근교라는 점만 달랐다.

유서 깊지만 단조로운 웨이머스의 높다란 하얀 벽돌 교회 옆에 있던 자그마한 회색 목조 가옥. 키가 훤칠하고 잘생긴 어머니는 소년과 그의 여동생 제인과 함께 그 집에서 살았다. 제인은 밸리에 살고 있는 이모의 이름을 따서 붙인 것이다. 그 전날 밤 선물 파티[6]가 있어서 식료품 선반 위에는 먹다 남은 스물세 개의 호박 파이가 쌓여 있었다. 파티가 끝난 후 선반에는 호박 파이 말고는 먹을 것이 별로 없었다. 어머니는 두고 온 고향을 그리워했고 또 그것 때문에 늘 괴로워하는 것 같았다.

바흐

이 무렵 목사 옷을 입고 거의 신경질적으로 바쁘게 활동하던 지식인 아버지는 교회의 오르간 앞에 앉아서 연주를 했다. 교회의 연주는 보통 아버지의 몫이었다.

아버지는 당시 바흐를 연주하고 있었다. 오르간 뒤에는 어두컴컴한 방이 있었다. 그 방에는 툭 튀어나온 나무 손잡이가 달린 커다란 오르간 송풍기가 있었다. 어둠 속에서 자그마한 석유램프가, 위아래로 오르내리며 오르간 연주에 필요한 기압의 양을 표시해 주는 납 표시기를 비추고 있었다. 일곱 살짜리 소년이 불이 들어 온 표시기를 응시하면서 온 힘을 다해 나무 손잡이를 돌렸다. 소년은 너무 고통스러워 엉엉 울면서 그것을 돌렸다.

오르간 소리가 교회의 스테인드글라스를 향해 〈포르티시모〉로 퍼져 나갔고 소년은 송풍기의 바람을 적정 상태로 유지하기 위해 죽을 힘을 다해 손잡이를

---

6 신자들이 목사에게 줄 선물을 가지고 모여서 하는 파티.

돌려야 했다. 소년은 그 일을 제대로 해내지 못할 경우 자신에게 무슨 불벼락이 떨어질지 너무나 잘 알고 있었다. 이어 길게 내뽑는 부드러운 가락이 흘러나왔다. 그럴 경우에는 펌프질을 하기가 한결 수월했다. 저 멀리서 들려오는 인간의 목소리. 그 아름다움, 부드러움, 약속의 전망은 소년의 감각을 따뜻한 담요처럼 덮어 왔다. 그는 온 얼굴이 눈물범벅이 된 채 몽환에 빠진 상태로 동작을 멈추었다. 잠시 손잡이 따위는 잊어버리고 숨을 멈춘 채 그 목소리에 귀를 기울였다. 그러다가 다시 손잡이를 떠올리곤 있는 힘을 다해 그것을 돌려 바람을 보내주어야 했다. 그래야 바흐의 의기양양한 행진곡의 가락이 흘러나올 수 있었다. 영웅적인 행진 곡조는 잠시 소년의 힘을 회복시켜 주었다. 그는 희망에 들떠 새롭게 힘을 내면서 계속 펌프질을 해댔다. 그러나 음악이 계속되면서 어린 소년의 등과 팔은 아파 오기 시작했고 다시 눈물이 뚝뚝 떨어지기 시작했다. 아버지는 언제 연주를 끝내려나? 혹시 나의 존재를 잊어버린 게 아닐까? 아니, 잊어버렸어. 내가 얼마나 더 버틸 수 있을까? 그는 젖 먹던 힘을 다 짜내어 손잡이를 돌렸다. 그러나 이제 절망이 그를 사로잡기 시작했다. 저절로 납 표시기를 노려보게 되었다. 저 표시기가 아래로 떨어져서는 안 되는데. 하지만 떨어질 거야. 난…… 이제…… 더 이상…… 버티지 못하겠어. 아…….

바로 그 순간 음악이 끝났다. 곡이 끝나면서 음전(音栓)들이 덜커덕 소리를 내며 제자리로 돌아갔다. 건반 덮개가 쾅 소리와 함께 닫혔다. 아버지가 그를 불렀다. 「프랭크! 프랭크!」 아무 대답이 없다.

아버지의 모습이 그 검은 방의 입구를 가로막았다. 아버지는 단번에 상황을 눈치 채고 소년의 손을 잡고 아무 말 없이 집으로 돌아갔다. 부자가 집에 도착하자 어머니는 소년의 상태를 보고 아버지에게 비난의 눈빛을 보냈다.

늘 그런 상황의 연속이었다. 소년 때문에 부부의 의견 차이는 점점 더 심해지는 것 같았다. 어머니는 언제나 소년 편을 들었고 아버지는 언제나 못마땅하다는 듯이 비난했다. 그래서 아이는 아버지를 두려워하게 되었다.

아버지는 소년에게 피아노 치는 법을 가르쳤다. 아들을 거실에 있는 스타인웨이 업라이트 피아노 앞에 앉히고 건반 두드리는 법을 가르쳤는데, 아버지는 조급한 마음에 소년의 손등을 연필로 자주 때리곤 했다. 하지만 소년은 아버지를 자랑스럽게 생각했다. 아버지가 설교를 할 때면 모두 귀 기울여 들었고 또 행복해하는 것 같았다. 아버지가 설교를 하는 일요일이면, 그는 집에서 만든 주일용 옷을 입고 교회에 나가 아버지를 올려다보았다. 하지만 소년의 머리는 공상으로 가득했다. 만약 부모가 그 공상의 구체적 내용을 알았더라면 적잖이 놀랐으리라.

소년은 얼굴과 손가락에 잉크를 잔뜩 묻힌 채 〈작곡〉에 몰두하는 아버지의 모습을 기억했다. 아버지는 책상과 피아노 건반을 오가면서 작곡한 소절을 시험할 때는 언제나 입에 펜을 가로로 물고 있었다. 그래서 아버지의 얼굴에는 언제나 이런저런 잉크 얼룩이 사라지지 않았다. 그 당시 아버지를 쳐다보던 소년의 머릿속에는 아버지는 참으로 이상한 분이라는 생각이 가득 차 있었다.

과연 음악은 이런 열기와 소란 속에서 작곡되어야 하는 것일까. 소년은 그것이 궁금했다. 베토벤은 어떻게 작곡을 했을까? 바흐는? 베토벤은 비가 내리고 있거나 오려고 하는 때, 혹은 날이 우중충하고 구름이 많이 낀 날에 작곡을 했을 거라고 소년은 생각했다. 반면에 바흐는 햇빛이 쨍쨍 나고 산들바람이 불어와 어린 소년들이 길에서 신나게 노는 그런 날에 작곡을 했으리라.

아버지는 때때로 밤늦게까지 베토벤과 바흐를 연주했다. 소년은 잠자리에 누워 귀 기울여 아버지가 연주하는 곡을 들었고 그래서 그 곡조를 모두 외우게 되었다. 그 당시 소년에게 〈듣기〉는 생활의 일부였다. 때때로 음악을 듣다 보면 문이 환하게 열려 그 음악의 의미를 아주 명확하게 포착할 수 있다는 느낌이 들었다. 그러다가 다시 문이 닫히면 그 의미는 아주 멀리 사라진 것처럼 느껴졌다. 하지만 언제나 이런저런 의미가 깃들어 있었다. 교향악이란 소리의 구조물임에 틀림없었다. 그것을 소년에게 가르쳐 준 사람은 아버지였다!

필라델피아 100주년 기념 축제를 관광한 직후 어머니는 놀라운 물건을 발견하고 열광했다. 그녀는 집에 도착하자마자 보스턴의 밀턴 브래들리 유치원에 달려가서 그것을 사오고 싶어 했다.

어머니는 전시관에서 그 놀라운 물건을 보았던 것이다. 그것은 반들반들한 광택을 먹인 색지(色紙) 모형이었다. 색깔은 아주 부드러우면서 밝게 빛났다. 그것을 교묘하게 이어 붙이면 기하학적인 모형을 만들 수 있었다! 완두콩이나 자그마한 막대기를 이용해 그것을 구조물로 변환시킬 수 있었다. 가녀린 구조물을 만들고 그 접합 부분에는 초록색 완두콩으로 표시를 했다. 모양 좋고 맵씨 있는 나무 조각으로 구조물을 만들기도 했는데 그 느낌은 그 후 촉각의 지문(指紋)이 되어 소년의 손가락에서 떠나지 않았다. 이렇게 하여 〈형태〉는 〈느낌〉이 되었다. 그리고 중간에 돛대가 꽂혀 있는 상자가 있었다. 그 돛대에 큐브, 구형, 삼각형 등의 나무 조각을 걸어 놓고 회전시키면 차례로 다른 모양이 연출되었다.

그리고 멋진 보라색 판지(板紙) 모형이 있었다. 판지는 아주 환상적인 보라색이었다. 그 판지로 만든 형태는, 뒷면이 하얀 삼각형, 편능형(마름모꼴을 절반으로 쪼개 놓은 것)인 것 등 다양했는데 그것을 평평한 책상 위에 올려놓고 온갖 모양을 만들 수 있었다. 그것은 잘 다룰 줄 아는 손을 기다렸는데 그런 손에 걸리면 아주 자연스럽게 다양한 형태로 변신했다!

선물

색상과 형태로 구성된 소규모 인테리어의 세계가 이제 소년의 손가락 사이에서 펼쳐졌다. 소년은 평면에서 혹은 구형에서 다양한 색상과 무늬를 다룰 수 있었다. 외관 뒤에 무한히 다양한 형태가 숨어 있다는 것을 알게 되었다. 그 물건으로 뭔가 발명할 수 있고 창조할 수 있었다. 이 선물이 칙칙한 웨이머스의 회색 집 안으로 들어왔고 곧 전에는 없던 어떤 것이 그 집에서 숨쉬기 시작했다.

어머니는 보스턴에 가서 프뢰벨 학습 방법[7]을 가르치는 교사로부터 연수를 받은 다음, 집으로 돌아와 아이들을 가르쳤다. 어머니가 집안일을 마치면 어머니와 두 자녀는 상판(上板)이 반들반들한 키 작은 마호가니 테이블에 앉아서 그 선물들을 가지고 작업을 했다.

가령 프라 안젤리코[8]의 그림에 나오는 밝은 옷을 입은 천사를 만들었다. 어떤

---

[7] Friedrich Fröbel(1782~1852). 독일의 교육자로 어머니가 어린 자식을 교육하는 방법을 개발했는데, 그 방법을 〈유치원 선물〉이라고 불렀다. 라이트가 자주 언급하고 있는 기하학적 덩어리는 첫 여섯 〈선물〉 중 다섯 개에 해당한다 — 원주.
[8] Fra Angelico(1400~1455). 중세 이탈리아의 화가. 천상계와 성자를 소재로 한 종교화를 주로 그렸다.

것은 붉은색, 어떤 것은 푸른색, 어떤 것은 초록색으로 만들었다. 그중에서도 노란색으로 만든 게 가장 예뻤는데 그것은 테이블 위의 허공을 가볍게 떠돌았다. 천사들의 황금빛 하프에서 흘러나온 단순한 리듬은 아이들의 마음속에 부드럽게 내려앉았다. 바람의 날개를 타고 비옥한 땅에 내려앉는 씨앗처럼. 어머니의 팔꿈치 그늘에 서 있는 조토[9]는 피렌체식 모자를 쓰고 부드럽게 웃었다. 그 미소는 인간의 파종과 추수 시기가 아닌, 영원의 파종과 추수 시기를 예언하는 그런 미소였다. 이렇게 해서 소년은 건축에 다시 한 걸음 더 가까이 다가갔다.

소년은 몇 년 동안 윌리엄 양이 운영하는 사립학교에 다녔는데 아마도 그 학교에는 속물적이면서 일부러 선량한 척하는 학생이 많았을 것이다. 소년은 몇 년 동안 웨이머스의 소공자들이 다니는 이 유명한 학교에 다녔다.

이 무렵 여자라는 신비한 존재가 소년의 상상력을 사로잡기 시작했다. 그 신비와 소년 사이에는 분명 뭔가가 있었다. 하지만 그는 수줍음이 많았고 자신이 접촉하면 그 신비함을 망칠까 두려워서 감히 소녀들에게 다가가지 못했다.

건너편의 하얀 나무 말뚝 울타리 집에 사는 넬리 프레이는 하얀 말뚝과 분홍 접시꽃 사이로 밖을 내다보곤 했다. 어쩌면 넬리를 그토록 매력적인 존재로 만든 것은 접시꽃이 흐드러지게 핀 울타리였는지도 모른다. 하지만 프레이 옆집에 사는 앨런 헌트는 〈나쁜 소년〉이었다. 그의 어머니는 게으르면서 귀족적인 척하는 여자였고, 아버지는 커다란 검은 시가를 피우는 돈 많은 남자였다. 앨런도 언젠가 아버지처럼 시가를 피워야겠다고 생각하고 있었다. 헌트 집의 유리로 된 둥근 지붕 방에서 〈학습〉이 시작되었다. 얼마나 오래 공부를 계속했는지는 기억이 나지 않는다. 하지만 그 방의 착 가라앉은 납빛 분위기는 아직도 생각난다. 소년은 너무나 지겨워서 숨이 막혀 죽을 것 같았고 그래서 자구책으로 다락방 계단을 살금살금 내려왔다. 계단의 형편없이 몰취미한 인테리어 장식도 기억이 난다. 소년의 퇴각을 도우려고 그랬던지 인테리어 업자는 방금 그 계단의 장식을 끝내 퇴각로를 열어 주었다.

소년은 헌트 집의 현관문을 열고 보도를 살금살금 걸어가 목사의 집에 도착했

---

9 Giotto di Bondone(1266?~1337). 중세 이탈리아의 화가.

다. 그리고 어렵사리 초인종을 잡아당겼다. 어머니는 아들이 학교에서 도망쳐 오는 것을 분명히 보았으나 그것을 자신의 상상이라고 생각해 버렸다.

열한 살 이하의 소년들은 신체의 성장에 대해 이런저런 생각을 갖게 된다. 사실 이것은 중요한 사항이다. 그렇지만 마치 예술가가 심리 분석을 위해 고정시켜 놓기라도 한 것처럼 소년의 심리는 정지 상태 그 자체였다. 공립학교에서 이 감수성 민감한 소년들은 이런저런 사실을 배우게 된다. 그러나 어머니들은 그 지식을 금방 말소시켜서 소년들을 보호했다. 소년의 경우에는 이것이 너무나도 완벽하게 이루어져서 그는 21세에 결혼할 때까지 생물적 경험(수음)을 전혀 해 보지 못했다.

소년은 어린 시절에 모험심을 발휘하기도 했으나 대체로 다른 소년들의 상상력 넘치는 게임의 희생자가 되는 경우가 많았다. 어느 여름날 저녁, 기도 모임에서 돌아오던 목사는 한 무리의 동네 아이들이 자신의 집 앞 보도에 웅성거리며 서 있는 것을 발견했다. 자세히 살펴보니 자신의 어린 아들이 어린 여동생의 도움을 받아 가며 다락방의 자그마한 창문을 통해 아래쪽 보도로 물건을 내던지고 있었다. 목사에게 낯익은 물건들이 보도에 떨어지는 순간, 아이들 사이에서는 탄성이 터져 나왔다. 모든 것이 공짜라는 것이다! 이미 아이들의 양팔은 물건들로 가득했다.

그것은 〈선물 파티〉였다. 그러나 일반적으로 신자들이 목사에게 선물을 가져다주는 파티와는 달리 이번에는 목사의 아들이 그 또래 아이들에게 선물을 나누어 주는 파티였다.

또 약아빠진 소년들은 긴 머리카락의 목사 아들에게, 반짝거리는 검은 바이저(햇빛 가리개)가 달린 푸른색 군인 모자를 씌워 주면서 기분을 띄워 주었다. 그것은 소년을 꾀서 비니 씨의 가게(동네의 구멍가게)로 달려가게 하려는 유인책이었다. 소년이 그 가게에서 보리사탕, 유리구슬, 공깃돌 등을 사서 동네 아이들에게 건네주면 그들은 자기들끼리 나누어 가졌다. 소년은 가게에서 나오면서, 또래 아이들이 가르쳐 준 대로, 대금 청구는 〈마을-펌프〉 앞으로 달아 놓으라고 비니 씨에게 말했다. 가게 주인은 당연히 보리사탕, 유리구슬, 공깃돌 따위의 대금을 그의 아버지에게 청구했다. 이렇게 하기를 한 달쯤 했을 때 청구서가 집으로 날아오자, 어수룩한 소년은 〈마을-펌프〉가 누구인지 그제야 알게 되었다.

소년은 그 당시 꿈을 많이 꾸기는 했지만 기억하는 것은 별로 없다. 그는 늘 공상을 많이 했기 때문에 상상이 그의 세계에서 커다란 부분을 차지했다. 그러다가 그것을 거부하는 세상의 힘에 잔인하게 방해받기도 했다. 그는 음악을 좋아했고 어머니가 사온 놀이 모형을 좋아했다. 그는 피아노를 배웠고, 어머니가 지정해준 유치원에 다녔고, 그림을 조금 배웠다. 노래도 배웠으며 그동안 독서를 많이 했다. 하지만 집안에서는 혼자 놀았다. 그래도 어디까지나 남자인지라 나이 어린 여동생은 무시했다. 가끔 낸터컷으로 소풍을 가거나 내러갠섯 만 근처의 해변에서 조개를 구워 먹으면서 논 적도 있었다. 그가 학교에서 배운 것은 별로 영향을 주지 못했다. 그래서 훗날 중요한 기억으로 남아 있는 게 별로 없다.

이렇게 하여 소년은 날마다 무럭무럭 자라났다. 열두 살이 될 때까지 한 잔의 우유를 곁들여 생강 과자, 생강 빵, 조청사탕, 팝콘 등을 먹었다. 가게에서 파는 과자는 어머니 몰래 사 먹었다. 집에는 파이도 케이크도 없었다. 케이크는 나이가 들면서 다른 집에서 얻어먹었다. 때때로 너무나 검소하고 금욕적인 식사에 분통이 터져 아무런 죄도 없는 어머니에게 이런 냉소적인 말을 퍼붓기도 했다. 「아니, 통밀 빵, 오트밀 죽, 종교만으로 애들을 키울 수 있다고 생각하세요?」

어머니는 의학 공부를 하다가 실망한 아버지의 영향 탓인지 의약품과 의사를 불신했다. 어머니의 음식관은 분명했다. 요리를 할 때 모든 절차는 단순할수록 좋다는 것이다. 자연의 맛을 천연 그대로 살리는 게 좋지 인공적으로 가미하려 해서는 안 된다는 것이다. 어머니가 내놓는 갈색 빵, 스튜, 끓인 요리, 구운 고기 등은 소스를 치지 않아도 맛이 있었다. 어머니의 주방에서 프라이팬은 무용지물이었다. 〈구운 감자는 껍질째 그대로 먹는 게 좋아〉라고 어머니는 말하곤 했다. 또 감자를 삶을 때에는 감자 맛을 살리기 위해 껍질을 벗기지 않은 채로 삶았다. 또 파이나 소스를 만들 때 껍질을 벗기지 않은 사과를 사용하기도 했다. 어머니는 곡식, 과일, 야채 등에서 생명을 주는 부분은 햇빛이 스며들어 남긴 색깔에 있다고 생각했다. 그런 부분은 주로 껍질에 집중되어 있었다. 밸리에서 보내준 사과는 식사와 다음 식사의 중간에 혹은 취침 직전에 먹었다.

어머니는 꽃을 꺾어 올 때 줄기나 가지가 긴 꽃을 더 좋아했다. 또 당시 유행처럼 떨기로 배열하는 것이 아니라, 각각의 꽃을 자유롭게 배열하는 것을 선호했다. 어쨌든 한 떨기로 뭉쳐서 꽂아 놓는 경우는 없었다. 화병은, 물 속에 잠겨 있는 꽃줄기가 보이는 유리 화병을 더 좋아했다.

밝은 색깔의 옷은 별로 좋아하지 않았다. 그녀는 검은색, 흰색, 회색, 자주색을 좋아했고, 손과 목 부분에 크림 색깔 혹은 검은색 레이스가 달린 것, 길게 물결치는 무늬가 있는 것 등을 선호했다. 어머니는 코르셋을 좋아하지 않아 입지 않았다. 머리카락의 자연스러운 선이 인간에게 내려진 가장 아름다운 선물이라고 하면서 스카프 이외의 머리 장식은 사용하지 않았다. 스카프도 목사의 아내로서 공무를 볼 때에만 사용했다.

그녀는 자녀들에게 글을 읽어 주는 것을 즐겼다. 휘티어, 로웰, 롱펠로 등의 작품과 동화를 읽어 주었는데 주로 운문(韻文)으로 된 것이었다. 이 세상에서 가장 아름다운 것은 자녀를 돌보는 사랑스러운 어머니라고 말하곤 했다.

소년은 자연적인 것을 강조하는 분위기에서 살았고 신체적으로 강건했으며 감정적인 측면에서 수줍음을 타는 것 이외에는 별로 두려움을 모르고 지냈다. 그렇지만 너무 상상에 몰두하는 경향이 있었다. 그러다 보니 다른 소년들과 함께 어울려 노는 것보다는 책 읽는 것을 더 좋아했다. 그는 밥 먹는 것보다 음악 듣는 것을 더 좋아했다. 잠자는 것보다 책 읽고, 음악 듣고, 그림 그리고, 물건을 만드는 것을 더 좋아했다. 그리고 무엇보다도 혼자서 공상하는 것을 좋아했다. 그는 때때로 〈통밀 빵, 오트밀 죽, 종교〉에 대해 불평을 터트렸지만 그래도 공상을 계속할 수 있는 데 만족했다.

어머니는 소년이 어느 쪽으로 성장하고 있는지 알아차렸다. 현명한 어머니는 그 방향을 좀 바꾸어야 할 필요가 있다고 생각했고 실제로 구체적 조치를 취해 그것을 바꾸어 놓았다.

이제 동부 지역에서의 목사관 생활도 시들해졌다. 아버지는 유니테리어니즘을 신봉하는 그 지역에서 침례교 신자였다. 하지만 유니테리어니즘이 이미 널리 퍼져 있었고 또 밸리에서 단련되어 더욱 단단해진 어머니의 유니테리어니즘이 아버지에게 영향을 주었음에 틀림없다. 왜냐하면 아버지는 목사관에서 사직할 무렵에는 유니테리언 신자가 되었기 때문이다.

세상에 맞서는 진리 小

활기찬 시골 생활에 익숙했던 어머니에게 동부 지방의 협량(狹量)한 올바름의 세계는 견디기 어려운 것이었다. 어머니가 지켜야 했던 어색한 형식의 생활, 시골 침례교 목사의 저 엄격한 〈신성함〉, 사소한 것을 신성한 것으로 떠받드는 지나친 격식, 툭하면 벌어지는 〈선물 파티〉, 이런 것들은 어머니로 하여금 〈서부〉로 귀향하는 것을 열망하게 만들었다.

게다가 목사의 봉급은 너무나 적었다. 당연히 절약과 내핍을 실천하지 않을 수 없었다. 그러다 보니 이웃에 너그럽지 못하고 자신에겐 잘못이 없다고 주장해야 하는 그런 갑갑한 생활을 강요당하게 되었다.

로이드 존스 가족이 신봉했던 유니테리어니즘은 한결 내용이 풍성했다. 그것은 온갖 사상이 혼란스럽게 난무하던 시절에 여러 가지 인생철학을 하나로 통일하려는 것이었다. 그것은 신성한 원천으로부터 흘러나온 선물이었다. 전능하신 하느님은 한 분뿐이며 이 세상의 모든 사물은 그 거룩한 분과 하나가 된다는 사상이었다.

〈하나 됨〉이 그들의 핵심 용어였다. 모든 사물의 하나 됨, 이것은 그들을 흥분시키는 표징이자 상징이었다. 어머니는 그것을 끊임없이 추구했다. 그렇지만 모든 것의 하나 됨에도 불구하고 그녀의 가족과 그녀 자신에게 여전히 선과 악은 별개의 존재였다. 낡은 이름들은 여전히 그들의 신앙을 시험했고, 그들이 신앙을 실천하는 것을 좌절시켰다. 하지만 그들이 가진 신앙의 빛과 소금은 가장 소중한 것이었다. 아무리 그 신앙이 세상과 마찰을 일으킨다 해도 그들에게는 진리를 향한 열정이 있었다. 그 신앙은 마찰을 일으키는 정도가 아니라 〈세상과 맞서게 하는〉 경우가 많았다. 〈진리〉의 아름다움을 추구하는 특별한 가족은 어려움을 자초할 수밖에 없었다. 하지만 어머니의 가족은 〈아름다움〉의 진리에 대해서는 잘 알지 못했다. 밸리의 사람들은 아름다움이 부주의한 사람의 발목을 잡아당기는 유혹물이라고 생각했다. 그들의 발이 하얀 눈 위에 새겨 놓은 곧은 발자국은 어떤 목표를 향해 달려 나가는 의지의 표현이 되어야지 추상적인 아름다움을 표현하는 것이 되어서는 안 되었다. 밸리 사람들이 볼 때, 그것(추상적 아름다움)은 무책임한 자들에게 모범을 보이는 계도용으로 적절하지 못했다.

애너와 목사 남편을 통해, 동부에서 밸리로 다시 돌아오게 되는 〈유니테리어니즘〉은 콩코드의 학자 그룹, 즉 휘티어, 로웰, 롱펠로, 에머슨, 소로 — 소로의 작품은 언제나 지나치게 재기가 넘쳐 애너 가족을 불편하게 했다 — 등의 초월주의 transcendentalism로 구체화되었다.

이 시적인 초월주의는 그들의 풍성하면서도 엄격한 감상주의와 결합된 것이다. 이 감상주의가 어떤 결과를 빚어냈는지는 뒤에서 다시 이야기할 것이다.

로이드 존스 가족의 사치는 웃음이 아니라 눈물이었다. 그들의 눈물을 보지 못했다면 아직 그들을 제대로 알지 못한 것이다. 그들은 인간의 결핍, 슬픔, 고통 등에 아주 민감하게 반응했고 그런 만큼 늘 남의 선행에 깊은 감동을 받았다.

웨이머스에 살았던 목사 가족은 주님의 척박하고 돌 많은 포도원에서 정말 가난하게 살았다. 어머니에게 자녀들이 없었고 아버지에게 음악이 없었더라면, 그들의 육체와 영혼은 벌써 분리되어 산산조각이 나고 말았을 것이다.

이 어려운 시절에 소년의 집에 아주 몸이 약한 막내딸 매기넬이 태어났다. 매기넬은 생후 여러 달 동안 베개 위에 누워 있기만 했다. 어머니가 막내딸에게 젖을 주고 또 몇 시간씩 운동을 시키고 단련시킴으로써 간신히 핏덩이의 목숨을 유지시킬 수 있었다. 막내딸은 목사의 책임을 더욱 가중시켰다.

이 당시 어머니를 위로해 준 것: 맏아들을 사립학교에 넣은 것, 선물들, 집안일, 콩코드의 초월주의(이 사상은 그녀가 보낸 편지와 책 덕분에 밸리에 전해졌다), 채닝,[10] 에머슨, 시어도어 파커,[11] 소로의 책들.

아버지를 위로해 준 것: 연주를 하기 위해 집을 찾아오는, 파가니니와 비슷하게 생긴 이탈리아 사람, 코와 눈이 괴상하게 생긴 레메니 아저씨, 그리고 나

---

10 William Ellery Channing(1780~1842). 미국 유니테어리어니즘의 사도이고 뉴잉글랜드 초월주의의 주도적 인물이다.
11 Theodore Parker(1610~1860). 미국의 유니테어리언 신학자.

중에 서부로 되돌아갔을 때 매디슨의 집을 찾아오던 잘생긴 올 불 씨. 한적하고 외딴 곳에 있던 교회의 오르간.

그래서 목사 아버지와 교사 어머니는 서부로 되돌아와 매디슨의 멘도타 호수 근처의 자그마한 집으로 들어갔다. 그곳은 밸리에서 40마일[12] 떨어진 곳이었다. 이제 맏아들의 본격적인 교육이 시작되었다. 그리하여 소년은 위압적인 책 속에 쓰여 있거나 설교단에서 유식한 사람이 전하는 〈하느님의 말씀〉으로부터 해방되었다. 그 대신 소년은 생생하게 살아 숨쉬는 것들, 즉 〈지는 꽃과 시드는 풀을〉 마음껏 보게 되었다.

피로에 피로를 가중시키다

애너는 손아래 남동생 제임스에게 편지를 보냈고 그리하여 외삼촌이 밸리로부터 푸른 호수 옆의 자그마한 집을 찾아왔다. 그는 마차 뒤에 암소를 매달고 40마일을 달려왔다. 애너의 아이들에게 신선한 우유를 먹이고 싶어서였다.

제임스 외삼촌은 키가 크고 단단한 남자였다. 아름답게 물결치는 갈색 머리카락은 매혹적이었고 턱에는 풍성한 갈색 수염을 기르고 있었다. 그가 미소를 지을 때는 눈이 거의 감겼고 눈가에는 잔주름이 잔잔하게 잡혔다. 그 표정이 그렇게 지적일 수 없었다. 소년은 외삼촌을 처음 본 순간부터 좋아하게 되었다.

소년은 이제 긴 황금빛 머리카락을 잘라야 했다. 어머니는 그 머리카락을 손수 잘라 주면서 눈물을 흘렸다. 머리카락이 좀 남아 있기는 했지만 전보다 훨씬 짧았고 황금빛 영광은 이제 사라졌다. 맏아들을 〈농장에 보내 일을 시키는 것〉은 황금빛 머리카락을 삭발하는 것 이상의 희생을 어머니에게 요구했다. 어머니의 동요하는 태도는 그것을 분명히 보여 주었다.

외삼촌은 어머니의 등에 팔을 두르면서 위로하려 했다. 어머니가 뭔가 그에게 속삭였는데 소년은 듣지 못했다. 그는 어머니의 등을 두드리면서 사람 좋은 웃음을 터트렸다. 그는 늘 그렇게 웃었다! 그 낭랑한 웃음소리! 너무나 낭랑하게

---

12 1마일 = 약 1.6킬로미터.

울려 퍼지기 때문에 상대방도 덩달아 웃게 되는 그런 웃음. 그는 소년의 손을 잡고 나가면서 어머니에게 잘 데리고 있을 테니까 염려하지 말라고 했다. 이어 소년에게 부드러운 목소리로 물었다. 「자, 이제 준비되었니, 프랭크? 우리는 서부로 갈 거야. 널 멋진 농부로 만들어 줄게.」 어머니는 소년을 품에 안고 또다시 눈물을 흘렸다.

그렇게 하여 소년은 떠나갔다. 어머니, 책들, 음악, 도시의 소년들, 아버지, 여동생 제인과 막내 매기넬, 한가한 공상, 도시의 거리를 뒤로하고, 피로에 피로를 가중시키는 방법을 배우러 갔다. 그런 식으로 처음부터 다시 시작하고 피로에 피로를 가중시키다가 마침내 피로를 이겨 낼 때까지 일을 했다.

그의 침실은 다락방에 있었다. 비스듬하게 기울어진 벽에는 하얀 회반죽을 발랐고 창문은 하나밖에 없었다. 아래층에서 연결되어 올라와 바닥을 뚫고 천장으로 빠지는 난로 연통을 통해 난방이 되었다.

그 연통을 날카롭게 두드리는 소리가 났다. 아주 시끄러웠다. 다시 날카로우면서 커다란 소리가 울렸다. 소년은 그 소리에 잠이 깨서 눈을 비벼댔다. 아래층에서 목소리가 들려왔다. 「얘야, 네시다. 일어나야 할 시간이야.」 벌써 네시? 방금 전에 잠이 든 것 같은데. 하지만 곧 눈치 채고 졸리는 목소리로 대답했다. 「알았어요, 외삼촌. 지금 갑니다!」

그는 제임스 외삼촌이 지난밤에 침대 옆에 갖다 놓은 옷을 보았고 침대에서 일어나 그것을 입었다. 계절은 이른 봄이었고 추위가 스며들어 그는 부르르 몸을 떨었다. 옷은 두 가지였다. 하나는 히코리 껍질처럼 단단한 하얀색 셔츠였고, 다른 하나는 푸른색 목면 멜빵이 달려 있는 블루진 오버올(위아래가 붙은 작업복)이었다. 그 외에 낡아빠진 푸른색 목면 양말과, 가죽끈이 있는 초라한 가죽 구두가 있었다. 그 가죽 구두는 정말 형편없었다. 그리고 모자가 하나 있었다. 아, 그 모자! 소년은 곧 그 모자와 구두를 싫어하게 되었고 그 두 가지 없이 지내는 방법을 알아냈다.

제임스 외삼촌은 계단 입구에서 낭랑한 목소리로 아침 인사를 하고 매혹적으로 웃으면서 소년을 기다리고 있었다. 밧줄에 묶여 있는 물통에서 세숫대야로 물을 떠내 벤치 위에 놓고 세수를 하는 것으로 소년은 준비를 마쳤다. 삼촌은 그를 축사로 데려갔다. 가축우리의 고약한 냄새가 순간 코를 찔렀다. 하지만 그는 배운 대로 소젖을 짜기 시작했다. 손이 아플 때까지.

그날 아침 소년은 어떤 소를 조심하고 경계해야 하는지 금방 알게 되었다. 어떤 소는 누가 가까이 다가오는 기색을 느끼면 그 사람을 축사 벽으로 밀어붙여 숨도 못 쉬게 찍어 눌렀다. 젖 짜는 도구로 소의 등을 때려 봐야 소를 더욱 자극할 뿐이었다.

소젖 짜는 일을 마치면 아침 식사를 했다. 튀긴 감자, 옥수수 가루 죽, 튀긴 돼지고기, 초록색 치즈, 옥수수 빵, 사탕수수 시럽을 바른 팬케이크, 탈지유, 우유 한 잔 등이었다. 식사 후에는 커피 혹은 차를 마셨는데 소년에게는 주지 않았다. 크림은 없었다. 고틀리브 〈먼치〉 — 얼굴이 붉고 머리카락이 노란 농장의 인부 — 가 커다란 돼지고기 조각에 사탕수수 시럽을 바르는 것을 보고 소년은 식욕이 싹 달아났다.

아침 식사 후에는 로라 외숙모가 송아지에게 사료를 주는 것을 도왔다. 송아지들이 우유 통에서 목을 축이도록 통을 단단히 잡고 있는 것은 아주 어려운 일이었다. 무엇보다도 그놈들이 이리저리 몰려들고, 서로 밀치고, 머리로 통을 들이받기 때문에 더 힘들었다. 어떤 때는 심술이 난 송아지가 우유 통을 세게 들이받는 바람에 소년은 온몸에 우유를 뒤집어쓰기도 했다. 소년은 송아지의 그런 무분별한 행동에 짜증이 났지만 동시에 소에게 밟히지 않기 위해 우유 통을 이리저리 돌리면서 피해야 했다.

로라 외숙모는 소년의 그런 모습이 재미있다는 듯이 웃음을 터트렸다. 그다음에는 땔감을 동가리톱 앞으로 들이대어 자르는 일을 거들거나 아니면 다른 심부름을 시키기를 기다렸다. 외삼촌은 소년이 할 일이 없어서 심심해하는 것을 보면 언제나 이런저런 일을 시켰다. 이어 점심 식사였다. 신선한 쇠고기 수육, 삶은 감자, 당근, 순무, 집에서 만든 버터 바른 빵 등이었다. 여기에 잼, 피클, 말린 자두, 사탕수수 시럽, 꿀 바른 초록색 치즈, 파이 혹은 케이크 등을 곁들였다. 식사 후에는 커피 혹은 차를 마셨는데 소년에게는 주지 않았다. 크림은 없었다.

오후에는 울타리 보수 작업을 했다. 소년이 갈라진 참나무가지들을 꼭 쥐고 있으면 삼촌이 기다란 나무 조각으로 그것을 울타리 말뚝에 고정시켰다. 오후 다섯시에는 방목 중인 소를 데리러 갔다. 여섯시까지 귀가하면 이어 저녁 식사였다. 식사 때가 되면 아주 규칙적으로 튀긴 감자가 나왔다. 집에서 만든 버터 바른 빵, 옥수수 빵, 옥수수 가루 죽과 우유, 꿀, 집에서 만든 잼과 설탕조림 등이 곁들여졌다. 소금을 친 튀긴 돼지고기 혹은 훈제 쇠고기에 크림을 발라서 먹었다. 하지만 소년에게는 크림을 주지 않았다.

저녁 식사 후에는 다시 소젖을 짰다. 일곱시 반 이후에는 침대에 들었는데 너무 피곤해서 움직일 기운조차 없었다. 눈을 붙이고 잠들었다 싶으면 다시 연통을 두드리는 소리가 났다. 그렇게 하여 피로에 피로를 가중시키는 일이 다시 반복되었다.

열한 살짜리 소년이 맨 처음 겪었던 일과는 그다음 날도 또 그다음 날도 똑같이 되풀이되었다. 그리하여 연통을 두드리는 날카로운 소리에 깨어나 무의식중에 껴입은 소년의 작업복은 땀에 절어 완전히 뻣뻣해져 있었다. 그처럼 뻣뻣해진 작업복은 다시 작업을 하면 부드럽게 펴졌다.

토요일 저녁, 소년은 물통에서 찬물을 퍼와 난로에 데워서 목욕을 했다. 일요일 아침에는 뻣뻣한 작업복 대신 도시에서 입던 옷을 입었다. 이제 4월이었는데 소년은 학기가 시작되는 9월 17일을 기다리게 되었다. 지난 몇 년 동안 개학을 기다린 것은 그때가 처음이었다. 소년은 어서 그날이 오기를 기다렸다. 농장 생활은 너무 힘들었다. 어머니가 이 사실을 알까.

얼마 지나지 않아 어머니가 농장을 찾아왔다. 어머니는 소년을 보더니 품에 꼭 끌어안으며 눈물을 터뜨렸다. 아들을 만났는데도 왜 그리 슬퍼하는지 소년은 의아했다. 어머니의 방문 이후 4~5주가 흘러갔고 소년은 완전히 지쳐 버렸다. 손가락이 너무 뻣뻣하고 아팠으며 무릎, 발꿈치, 발도 마찬가지였다. 그는 자신의 허약함을 남에게 알리기가 부끄러웠다. 하지만 어느 날 오후 이제 자신의 힘으로 그런 상황을 바꾸어야겠다고 생각했다. 로라 외숙모는 소년이 망치를 멋대로 사용한 후 제자리에 갖다 놓지 않는다고 여러 번 꾸중을 했다. 그는 그 망치를 찾아내 냇가에 내버린 다음 영영 돌아오지 않을 생각으로 농장을 떠났다. 그는 부엌칼을 품에 지닌 채 떠났는데 가다 보면 집까지 돌아갈 수 있겠지 하는 막연한 희망을 품고 있었다.

그는 산을 넘어 강가로 나갈 생각이었다. 그곳에 가면 스프링 그린까지 그를 데려다 줄 나룻배가 분명 있을 터였다. 산을 넘어가는 동안 발이 아파 오기 시작했다. 기가 꺾이자 다리가 뻣뻣해져 왔다. 죄책감 때문인지 등마저 아팠다. 그런 식으로 몰래 달아나는 것이 부끄러웠고 손에는 여러 군데 피가 났다.

제임스 외삼촌은 소년에게 좋은 것이라면 뭐든지 주려고 했다. 그런 외삼촌을 배신하고 소년은 농장에서 이렇게 달아나고 있었다. 하지만 외삼촌의 농장이 무슨 소용인가. 이제 위안을 얻을 수 있는 곳으로 돌아가고 싶었다.

소년은 제임스 외삼촌을 정말 좋아했다. 외삼촌은 뭐든지 다 잘했다. 너무 일을 잘했기 때문에 지나가던 사람들도 걸음을 멈추고 구경하곤 했다. 이웃을 위해 어린 말을 길들여 마구를 씌워 주었다. 〈인부〉인 고틀리브가 손대기 두려워하는 사나운 암소도 가볍게 다루었다. 도끼로 나무를 아주 정확하게 쪼갰기 때문에 장작 대에서 빠른 속도로 튀어 오르는 장작을 피하기 위해 구경꾼들은 몸을 피해야 할 정도였다. 모든 기계를 다룰 줄 알았다. 기계가 고장 나면 재빨리 고칠 줄 알았다. 사실 기계는 고장 나기 일쑤였다. 외삼촌은 늘 웃음을 터트렸고 그 어떤 것도 두려워하지 않았다. 산을 넘어 달아나던 소년은 외삼촌 생각을 하자 농장으로 되돌아가고 싶었다. 하지만 몸과 마음이 너무나 피곤했다. 그는 계속 걸어갔다. 푸른 호수 옆에 있는 집과 어머니가 너무나 그리웠다. 그런데 어머니가 계신 집은 왜 그렇게 멀게만 느껴졌던지.

산을 넘어가는 길에 에노스 외삼촌의 농장이 있었다. 소년은 그 농장을 지나쳤다. 길 옆의 길고 가느다란 암벽 위로 하얗고 부드러운 사암(砂巖)이 비죽 튀어나와 있었다. 소년은 그 사암에 매혹되어 주머니에 있던 칼을 꺼내 사암을 살살 긁어 보았다. 하얀 모래가 손 위로 떨어졌다. 그러자 오른쪽에 있는 핑크색 사암과 왼쪽의 노란 사암이 보였다. 그는 그 바위들도 긁어 보았다. 그는 노란색 모래 위에 핑크색 모래를 얹었고 이어 하얀색 모래를 얹었다. 비록 비참한 상태에 있었지만 소년은 그 사암의 층을 칼로 갈라 보고 싶은 생각이 들었다. 그가 사암을 갈라놓자, 여러 층의 선명한 색깔로 이루어진 단층이 드러났다. 그는 그색의 배열이 참 예쁘다고 생각했다.

  그는 잘 의식하지 못했지만, 이 오락이 그만 도주 계획을 망쳐 놓고 말았다. 농장에서의 힘든 일은 점점 아무것도 아니라는 생각이 들었고 제임스 외삼촌이 귀가해서 조카의 도주를 발견하기 전에 농장으로 돌아가야겠다는 마음마저 생겼다. 하지만 이왕 오기가 발동하여 도주에 나선 길, 간단히 뒤로 물러설 수는 없었다. 그래서 나루터까지 계속 걸어갔다.

  그는 이제 낡은 나룻배 안의 널판 위에 앉아 있었다. 양다리를 흘러가는 강물 쪽으로 쭉 뻗고 나룻배가 출발하기를 기다렸다. 그는 거기에 그렇게 앉아 강의 소용돌이가 강둑에 사주를 만드는 모양을 지켜보았다. 이어 인기척이 나서 고개를 쳐들어 보니 에노스 외삼촌이 나루터에 와 있는 것이 아닌가!

  그는 어머니의 막내 남동생인 에노스 외삼촌을 좋아했다. 에노스 외삼촌도 그를 좋아했다. 함께 레슬링 시합을 하면서 같이 논 적도 여러 번 있었다.

  제임스 외삼촌의 농장에서 아이를 찾아보라는 연락을 받고 에노스 외삼촌은 황급히 나루터로 달려왔다. 이제 곧 어두워질 시간이었다. 에노스 외삼촌의 예측은 정확하게 들어맞았다. 외삼촌은 아주 부드러운 목소리로 물었다.

  「프랭크, 어디로 가는 길이니?」

  대답이 없었다.

  소년은 아무 말 없이 눈물을 흘렸다. 에노스 외삼촌은 소년의 손을 잡고 강이 내려다보이는 강둑으로 데려갔다. 소년은 울면서 자신의 슬픔과 분노를 폭발시켰다.

  「그래, 그래, 애야, 네가 무슨 이야기를 하는지 잘 알아. 하지만 계속 일을 해서 그 아픔을 씻어 버려야 하는 거야! 아무리 아파도 신경 쓰지 않고 계속 일을 하다 보면 강인한 아이가 되는 거야. 아주 강인해지면 그 일을 오히려 좋아하게 될 거야. 그러면 너도 제임스 외삼촌처럼 일을 잘할 수 있어. 여기선 이렇게 하는 방법밖엔 없어. 몸이 아프고 피곤하고 뻣뻣하고 낙담했을 때에도 계속 일을 하는 거야. 이렇게 하면 결코 낙담하지 않게 돼. 그럼…… 계속 일하고, 일하고, 또 일하다 보면 그 어떤 일도 다 해낼 수 있고 또 나중에는 그리 힘들다는 생각도 들지 않아.」 외삼촌은 소년의 부드러운 팔뚝의 이두박근을 꽉 움켜쥐었다.

「네 근육이라는 것은 검은 새의 발만큼도 안 되는구나.」이어 외삼촌은 자신의 팔뚝을 내밀었다. 「한번 만져 봐라.」 소년은 그 팔뚝을 만져 보고 감탄을 금치 못했다. 「프랭크, 너도 계속 일을 하면 이런 근육이 생길 거야. 그러면 너도 제임스 외삼촌처럼 웃을 수 있고 그 어떤 것도 두려워하지 않게 돼. 일은 하나의 모험이야. 그건 강한 사람을 만들어 내고 동시에 약한 사람을 거꾸러트리지.」

「로라 외숙모? 그래 외숙모가 좀 성질이 급하기는 하지. 게다가 지금은 건강까지 안 좋아. 하지만 뭔가 달라질 거야. 외숙모한테 너무 신경 쓸 필요 없어. 네 어머니와 제임스 외삼촌을 한번 생각해 봐. 만약 네가 이렇게 달아나 버린다면 그분들은 얼마나 실망하겠니. 자, 이제 그만 농장으로 돌아갈까?」

「네!」

외삼촌과 조카는 어둠 속에서 손을 잡고 농장으로 돌아갔다. 소년은 후회막심한 마음으로 다락방의 침대에 들었다.

그다음 날 아침, 마치 아무런 일도 없었다는 듯이 난로 연통을 두드리는 소리가 났다. 전보다 더 크지는 않았지만 집요하기는 마찬가지였다. 그래서 전과 똑같은 일과가 다시 시작되었다. 하지만 에노스 외삼촌이 해준 말은 소년의 마음속 깊이 각인되었다. 「일은 하나의 모험이야. 그건 강한 사람을 만들어 내고 동시에 약한 사람을 거꾸러트리지.」

그렇다. 에노스 외삼촌은 일이란 하나의 모험이라고 말했다. 당시 아직 어렸던 소년은 일과 모험이 서로 연결되어 있다는 생각을 잘 이해하지 못했다. 하지만 나중에 커서 그 의미를 절실히 깨닫게 된다.

반항아는 그 후 또다시 달아났다. 이번에는 전보다 더 멀리 갔다. 전혀 반성하는 빛 없이 제임스 외삼촌에게 이끌려 농장으로 되돌아왔다. 하지만 농장 안으로 들어서자마자 볏짚 더미 속으로 숨어 버렸다. 밤새 그 볏짚 속에 숨어 그 어떤 부름에도 응답하지 않았다. 어둠 속에서 불안해하고 당황해하는 어른들의 동정을 느꼈고, 멀리, 가까이 혹은 온 사방에서 자신의 이름을 불러 대는 목소리에 일체 대답하지 않았다.

이렇게 하여 반항아는 자신이 당한 고통을 어른들에게 그대로 돌려주어 복수를 했다. 〈이에는 이, 눈에는 눈〉이라는 이사야식의 보복이었다. 인간을 비참하게 만드는 이런 유해한 기질이 이미 어린 그의 행동에서 드러났던 것이다.

그는 볏짚 속에서 스르르 잠이 들었다. 그다음 날 아침, 아이가 잘못되었으면 어쩌나 밤새 걱정했던 어른들은 반항아를 발견한 것만으로도 감사하게 생각했다. 그리하여 처벌은 제임스 외삼촌에게 일임되었는데 당연히 가벼운 처벌이 내려졌다. 그때 이후 로라 외숙모도 당분간 소년의 일에 참견하지 않았다. 소년이 달아난 것은 그게 마지막이었다.

에노스 외삼촌과 제임스 외삼촌이 말한 것이 서서히 현실로 드러나기 시작했다. 적성에 맞기만 하면 일은 하나의 모험인 것이다. 소년은 농가 바로 앞의 부드러운 진흙 바닥 위를 흘러가는 냇가에 정신이 팔렸다. 그는 시간 날 때마다 시냇물에 뛰어 들어 노는 것을 〈오락〉으로 생각했다. 나뭇가지와 돌을 가져다가 시냇물 위에 댐을 건설했고, 시냇물에 신발을 띄우고 쫓아가는 뱃놀이를 했으며, 피곤도 잊고 냇가에서 장난을 쳤다. 흘러가는 물은 소년을 한없이 매혹시켰다!

비가 올 때, 알몸으로 마당에 뛰어나가 자연 샤워를 하는 그 즐거움! 그것은 소년이 서너 살 무렵에 어머니가 몸에 배게 한 버릇이었다. 어머니는 소년의 옷을 모두 벗기고 밖으로 나가 빗속에서 마음껏 뛰어놀도록 했던 것이다.

「제임스 외삼촌!」

소년은 시도 때도 없이 외삼촌의 이름을 정답게 불러 댔다. 소년이 너무나 끈질기게 질문을 해대는 바람에 읍내에 데리고 나가는 것을 꺼릴 정도였다. 목재 운반용 마차의 스프링 의자에 짧은 다리를 달랑거리고 앉은 소년은 쉴 새 없이 이것저것 물어댔는데 그는 좀 조용히 읍내에 다녀오고 싶었다!

소년은 너무 질문을 많이 해서 어떤 때는 바보로 취급당할 때도 있었다. 가령 완전히 하얀 새는 없느냐고 쉴 새 없이 물었는데 아무도 그런 새는 없다는 것을 소년에게 납득시키지 못했다. 소년이 파랑새를 보았다고 하자 어른들은 그 새가 행복의 상징이라고 말했다. 그는 풍금조, 엉겅퀴새, 꾀꼬리 등 붉은 새는 많이 보았다. 또 검은 새, 검은색과 붉은색이 섞인 새, 또 여러 색깔이 섞여 있는 새들도 보았다. 갈색 새도 보았다. 하지만 완전히 하얀 새는 보지 못했다. 왜 완전히 하얀 새는 없을까? 제임스 외삼촌은 그 일대에서는 비둘기와 암탉을 빼놓고 완전히 하얀 새는 없다고 말해 주었다. 하지만 그것은 만족스러운 대답이 아니었다. 소년은 하얀 새가 있다고 고집했고 그것은 외삼촌을 난처하게 만들었다. 그는 계속 하얀 새를 찾았으나 발견하지 못했고, 어른이 된 지금까지도 그런 새를 보지 못했다.

소년은 가만히 앉은 채 백일몽에 빠지기 시작했다. 제임스 외삼촌은 곧 그 표정을 알아보고 이렇게 소리쳤다.「프랭크! 프랭크! 정신차려! 정신차리라고! 프랭크!」소년의 머리 위에는 탁 트인 하늘이 있었고 들판 주위에는 숲이 있었다. 그리고 들판에서는 끝없이 반복되는 일과 속에서 영원히 일이 계속되고 있었다. 말, 암소, 돼지, 양 등의 가축을 돌보는 일 역시 끝이 없었다.

암소 예찬

암소! 이 얼마나 듣기 좋은 말인가! 그리고 암소의 목에 단 방울! 암소! 아, 암소!

밸리의 암소는 모두 붉은색 더럼 종(種)이었다. 그런데 제임스 외삼촌이 나중에 흑백의 얼룩무늬가 있는 홀스타인 종 수소를 농장에 들여와 온 마을의 부러움을 샀다. 그리하여 외삼촌 농장의 소 떼는 해마다 점점 흑백의 얼룩소가 되어 갔다. 3년 만에 밸리의 소는 모두 붉은색에서 흑백의 얼룩소로 바뀌었다.

붉은색이든 검은색이든 하얀색이든 암소는 그 어떤 풍경, 그 어떤 배경에서도 아주 잘 어울렸다. 이것은 왜 그럴까? 이탈리아의 삼나무도 그렇지만, 암소 또한 풍경을 윤택하게 만드는 존재이다. 암소의 실루엣은 풍경의 구도 속으로 자연스럽게 녹아 들어간다. 풍경 속에 여러 마리의 암소를 배치하면 그 자체로 매혹적이다.

새끼를 낳고, 젖을 주고, 꼴을 씹고, 꼬리를 유유히 흔들면서 걸어가는 암소. 향기로운 입김과 아름다운 몸짓과 의젓한 자세를 가진 암소. 그 어디에 놓여도 돋보이는 암소. 이러한 암소에 대해서는 아무리 찬사를 바쳐도 부족한 듯하다. 하지만 누가 이런 암소의 미덕에 대해 노래한 적이 있었던가?

암소는 목장의 주인공이고, 지역의 재산이며, 국가의 건강이다.

메리 로이드 존스(외할머니)

리처드 로이드 존스(외할아버지)

윌리엄 러셀 캐리 라이트(아버지)

애너 로이드 라이트(어머니)

지난 수천 년 동안 수많은 선량한 사람들, 튼튼한 사람들이 암소의 젖에서 나온 우유를 마시고 튼튼하게 성장했다. 그동안 암소의 젖에서 흘러나온 우유를 모두 합하면 여러 척의 전함을 띄우고, 수만 명의 군인을 익사시킬 수 있으리라.

오, 대양이여. 인간과 그가 기르는 짐승들이 마셔 없앤 우유의 대양이여.

암소가 인구의 증가에 기여한 바가 그 얼마인가! 하지만 인간에게 그처럼 홀대를 당해도 암소는 평온하고 의젓하고 여전히 풍요롭다. 인간의 친구인 암소는 그 모든 것 — 심지어 무관심조차도 — 을 용납하면서 참아 낸다. 하지만 과거의 서정 시인들은 시나 노래에서 암소를 예찬하는 일에 인색했다. 단지 화가들이 그림 속에서만 지나가듯이 등장시켰을 뿐이었다. 암소는 그저 암소일 뿐이다.

하지만 이슬이 내린 풀밭에서 고요히 풀을 뜯고 있는 암소 떼를 지나가노라면 달콤하게 솟아오르는 암소의 입김을 맡을 수 있다. 그것은 신선한 대지 그 자체로 인간 본능의 저 깊숙한 밑바닥에서 꿈틀거리는 생명의 본질을 일깨운다. 이제 암소가 인간에게 어머니 비슷한 존재가 되었는가? 그리하여 인간의 〈본능〉은 암소의 콧구멍에서 뿜어져 나오는 콧김을 의식하기 시작했는가?

또 땀을 뻘뻘 흘리는 젊은이와 어른들은 암소 똥을 들판으로 실어 날랐다. 암소 똥의 그 강렬한 냄새와 흡인력에 도취된 나머지 비몽사몽 간에 똥거름을 져 날랐다. 이 필수 불가결한 거름은 지력(地力)이 쇠한 땅의 힘을 회복시켜 언덕의 푸릇푸릇함과 생명의 비옥함을 되살려 놓았다. 인간을 위해!

그렇다. 암소가 번성하는 곳에는 초록색 대지와 비옥한 들판이 존재한다. 그 결과 인간은 건강하게 풍요로운 삶을 누리는 것이다. 암소는 주님을 찬송하는 호산나! 암소만 있다면 〈인간은 파괴와 기근에도 웃을 수 있다〉. 암소에게 소금을 주고, 꿀을 주고, 잠을 재우고, 젖을 짜고, 번식시킬 수만 있다면 인간은 얼마든지 살아 나갈 수 있다. 이렇게 보살핌을 받은 암소는 송아지 시절부터 살을 내주다가 마침내 인간의 소화기 속에서 운명을 마감한다. 그리고 작별의 표시로 소 발굽에 박혔던 편자를 인간에게 남긴다!

삼촌이 부드러운 목소리로 말한다.「자, 애야, 소 떼를 데려와야지.」또는 화재 경보 같은 급박한 외침도 들려온다.「소들이 옥수수 광에 들어갔다!」

저녁이면 소 떼를 풀밭에서 농장으로 데려오고 다시 아침이면 풀밭으로 데리고 나가는 것이 소년의 특별한 임무였다. 그 당시 숲 속에는 울타리가 없었고 길은 더욱 드물었다. 소가 다니는 길은 농가 근처에만 있을 뿐 농가를 벗어나면 소가 가는 곳이 곧 길이었다. 그래서 매번 소 떼를 데리고 풀밭에 나가는 것은 하나의 모험이었다.

풀밭은 주로 멀리 떨어진 언덕에 있었다. 멀리서 들려오는 소 방울 소리의 애절함이란!

자유인의 땅, 유소니아[13]에 정착한 용감한 사람들의 집에서 자라는 무수한 소년들은 저 멀리서부터 들려오는 소 방울 소리를 들으면서 성장했다. 그 소리가 들려오지 않으면 애를 태웠고, 그 소리를 듣기 위해 일부러 걸음을 멈추었다가, 그 소리가 들리면 안심하고 길을 갔던 것이다. 아, 귀를 기울일 때마다 좀 더 가까이 다가오는 듯한 그 소리!

소 방울 소리는 꾸준히 유소니아의 소년들을 불러 왔다. 그리고 앞으로도 계속 그들을 불러 댈 것이다.

그래서 소년은 비에 젖어 축축한 숲 속으로 소 떼를 몰고 갔다. 숲 속의 움푹 파인 곳에 고여 있던 빗물은 나중에 산등성이 아래의 들판으로 흘러내렸고 또 계곡의 시내에 충분한 물을 보태 주었다. 그는 앵초가 흐드러지게 핀 언덕을 지나, 키 큰 풀들이 카펫처럼 뒤덮여 있는 목초지로 갔다. 그곳에서 꽃들은 마치 공중에 떠 있는 것 같았다. 야생 백합은 빛을 발하는 별처럼 풀 위에 우뚝 솟아 있었다. 소년은 시내를 건너서 때때로 깊은 숲 속에서 길을 잃기도 하면서 또 하얀 아름드리 참나무 그늘에서 머뭇거리기도 하면서 소 떼가 풀을 뜯는 목초지까지 가서 소들을 방목한 다음, 다시 일을 하기 위해 농장으로 돌아왔다.

어두워지기 전에 소 떼를 데리고 오려면 소년은 농장에서 오후 일찍 출발해야 했다. 하지만 그렇게 조바심 내며 달려갔는데도 때때로 어두워진 후에 농장에

---

[13] *Usonia*. 이것은 소설가 새뮤얼 버틀러가 미국을 지칭했던 말로 일치를 의미하는 *union*에서 파생된 용어이다. 미국을 아메리카라고 한다면 조지아는 남아메리카가 될 것이고, 뉴욕은 북아메리카가 될 것이다 — 원주.

세 살 무렵의 프랭크 로이드 라이트

도착하기도 했다. 어떤 때는 소 떼가 있는 곳을 찾지 못해 애를 먹기도 했다.
 날씨가 따뜻할 때에는 소 떼를 마당에 세워 놓고 소젖 짜는 일을 도와야 했다. 추운 날에는 볏짚으로 지붕을 올린 축사의 칸막이 말뚝에 소를 묶어 놓고 소젖을 짰다. 소젖을 짤 때는 리듬을 타는 것이 중요하다. 외발 동골의자에 몸의 균형을 잡고 앉아서 천천히 리드미컬하게 짜야 하는데, 대체로 하얀 거품을 내며 우유 통에 떨어지는 젖의 소리에 박자를 맞추었다. 때때로 따뜻한 소젖 줄기가 젖 짜는 사람의 입 속으로 직접 들어오도록 유도하기도 했다. 그것은 고틀리브에게서 배운 요령이었다.
 농장에서는 모두 소젖을 짜야 했다. 몸이 불편한 로라 외숙모도 예외는 아니었다. 암소는 모두 이름을 갖고 있었다. 예를 들어, 점박이라는 암소는 곡식 창고로 뛰어 들어가 갈아 놓은 옥수수 가루를 실컷 먹고 마음껏 물을 마시더니 그만 죽어 버렸다. 암소의 입장에서 보자면 그것은 영광스러운 영웅의 죽음이었으리라.

　점박이의 죽음은 충격이었다. 왜냐하면 긴 꼬리를 가진, 아주 상냥한 늙은 암소였기 때문이다. 소 떼를 몰고 농장으로 돌아오는 저녁, 모험 끝에 피곤함을 느끼던 소년은 황혼 속에서 점박이의 꼬리를 잡고 돌아오는 즐거움을 누리곤 했다. 그건 피곤한 몸에 큰 도움이 되었다. 물론 다른 암소의 꼬리에 매달려도 되지만 점박이처럼 적극적으로 응해 준 암소는 없었던 것이다.

　암소 떼를 데려오기 위해 숲 속으로 모험을 나선 맨발과 맨머리(구두와 모자를 쓰지 않았으므로!)의 소년은 늘 호기심이 많았고 또 모험심이 강했다. 소년은 머리 위의 나무들로부터, 무릎 근처의 관목들을 경유하여, 발아래의 풀들에 이르기까지 많은 것을 배웠다. 지표면의 뿌리, 줄기, 껍질 속에 수백만의 미생물이 숨어 살고 있었다. 그는 이런 사실들을 알고 마음이 뿌듯했다. 듣는 귀, 보는 눈, 민감한 촉각 등이 자연스럽게 소년에게 주어졌다. 그의 정신은 이제 이 경이로운 책 중의 책을 읽는 데 익숙해지기 시작했다. 그것은 몸으로 겪는 경험, 이 세상의 유일한 실용적 독서, 〈창조라는 책〉을 읽는 행위였다.

　열한 살짜리 어린 소년은 자신이 보고, 듣고, 만진 것을 구체적으로 〈경험〉하기 시작했다.

　아무리 잘 가꾼 정원도 이 야생의 풀밭처럼 아름답지는 못했다.

　일출. 일몰. 밤의 그림자는 기이할 정도로 푸른색이었다. 하얀 눈밭 위에 드리운 푸른 그림자처럼.

　축 늘어진 꽃망울과 검은 버찌가 보석처럼 달려 있던 초크체리나무. 그 열매는 사정없이 소년의 갈증을 불러 일으켰다.

　숲 속 외진 곳의 단단한 어둠.

　서늘한 그늘을 관통해 흐르는, 투명하게 반짝거리는 샘물.

　나무의 잎들을 비켜가며 삐딱하게 내리비추다가 그 밑의 옥토를 산발적으로 비춰 주는 햇빛.

　하얗게 반짝거리는 자작나무들. 탐스럽게 열려, 나무와 울타리를 아름답게 장식하는 야생 포도. 배배 꼬인 잎과 검붉은 고깔 모양의 열매가 달려 있는 옻나무. 비가 오면 물방울을 뚝뚝 떨어뜨리는 풀잎과 나뭇잎들. 들판에 만개한 박주

넬 이모

제인 이모

에노스 외삼촌

제임스 외삼촌

가리. 미풍이 불면 그 씨앗을 마치 보풀처럼 온 사방으로 흩날리던 그 정겨운 풀. 붉은 소리쟁이는 온 들판을 붉게 물들였다. 햇빛, 노란색, 오렌지색의 세계는 보라색의 단계를 거쳐 밤의 진청색 혹은 암갈색으로 변해 갔다.

소년은 아침이면 쾌청한 기분으로 잠에서 깨어났다. 양치식물의 따뜻한 숨결 속에서 우글거리는 곤충들의 생활, 이끼의 경이로움, 부식토의 비옥함, 맨발 밑에서 느껴지는 축축한 풀, 그 밑에서 살고 있는 무수한 미생물들, 이런 것들에 대한 소년의 호기심이 왕성하게 작동했다. 발가락 사이에 진흙의 감촉을 느꼈고 발바닥에 닿는 뜨거운 모래를 느꼈으며, 완만한 등성이의 서늘하고 신선한 풀을 장딴지 전체로 느꼈다.

개불알꽃이 어디에서 자라는지 알고 있었고 그중 흔해 빠진 노란 놈은 어디에 가면 쉽게 발견할 수 있는지 알고 있었다. 또 진귀한 하얀색 혹은 보라색의 개불알꽃이 어디에 숨어 있는지도 알았다. 천남성이 숲 속 깊숙한 곳에서 자란다는 것을 알고, 산딸기가 햇빛 환한 개활지에서 자란다는 것을 알았으며, 산 속 옹달샘에서 흘러나오는 샘물에서 물냉이가 자란다는 것을 알았다. 목초지의 웃자란 풀들 위로 머리를 비죽 내민 키 큰 붉은색 백합이 무더기로 피어 있는 곳도 알고 있었다. 그리고 견과와 버찌가 풍성하게 열려 있는 곳은 어디든지 달려갔다.

초록색 들판에 붉은 반점처럼 피어 있는 백합은 언제나 그에게 진한 감동을 주었다. 훗날 그는 붉은색 백합의 네모꼴을 바탕으로 문장(紋章)을 만들어 드로잉이나 건물에 사인처럼 남겼다.

곧 그의 귀는 머리 위를 날아다니는 벌레 소리도 알아듣게 되었다. 어떤 벌레가 어디서 왜 어떻게 우는지 식별할 수 있었다. 그는 왕쇠똥구리, 딱정벌레, 풍뎅이가 비포장 도로 위에서 뜨거운 햇볕 아래 소똥을 굴리는 모습을 면밀하게 관찰했다. 그것은 정말 신비한 벌레였다!

개밋둑은 아주 분주한 도시였고 미상꽃차례는 조용한 수면 위에 자그마한 동심원을 그렸다. 소년은 미끈거리는 개구리를 잡으러 갔고, 멍청한 두꺼비를 손가락으로 찔러 보았으며, 미친 듯이 폴짝거리는 메뚜기를 잡기도 했다. 밤에는 습지에서 올라오는 개구리 울음소리에 귀를 기울였다. 그는 잠자리와 남생이도 아주 좋아했다. 그들의 매혹적인 신체 구조, 색깔 패턴, 이상한 움직임 등은 그렇게 신기할 수가 없었다. 그는 부지불식간에 훗날 〈스타일〉이라는 부르게 되는 것을 배우고 연구했던 것이다.

그리고 스컹크, 뱀, 장수말벌 같은 적들도 있었다. 아홉 개의 방울로 무장한 방울뱀을 잡는 것은 어떤가? 가끔씩 등장하는 푸른색 뱀은? 푸른 줄무늬 뱀은 느닷없이 수풀 속을 달려가는데 아주 눈썰미가 좋아야만 볼 수가 있었다. 길이가 7~8피트나 되는 왕뱀은 죽이지 않고 내버려 두었다. 하지만 왕뱀이 나무를 기어올라가 새의 둥지를 공격하려 할 때에는 예외였다. 그런 때 어미새와 아비새는 공포로 목이 찢어질 때까지 울어댔다.

시냇물에 그물을 쳐서 물뱀을 잡는 것도 재미있었다. 한번은 그물을 딱 한 번 던졌는데 자그마한 물뱀이 무려 열일곱 마리나 걸려들었다! 하지만 물속에서 수영을 하다가 물뱀을 보면 영 기분이 좋지 않았다. 독이 없는 얼룩뱀은 도처에서 발견되었는데 보통 죽이지 않았다. 고틀리브는 이 뱀을 잡아서 소년의 셔츠 깃을 벌려서 그 속으로 뱀을 집어넣곤 했는데 그러면 바지를 타고 흘러내려 구두 위로 툭 떨어졌다. 어휴!

따뜻한 계절에는 모기가 창궐하여 소년을 괴롭혔고, 파리는 암소들을 괴롭혔다. 겨풀, 쐐기풀, 덩굴옻나무도 상당히 많았다. 덩굴옻나무에 살갗을 스치면 피부가 사정없이 부어 올랐다. 말벌과 호박벌도 대단했다. 숲 속에는 보이지 않는 나뭇가지와 나뭇등걸이 많아서 늘 소년의 발가락을 찔러댔다. 발가락을 찔리지 않은 날은 거의 없었던 것 같다. 시냇물 속 유사(流砂)가 있는 곳은 특히 조심해야 했다. 헛간의 서까래에는 말벌의 둥지가 있었고 때때로 숲 속에서도 그런 말벌 집을 발견할 수 있었다. 때때로 하늘에서 무서운 천둥소리가 들려왔고 그다음에는 반드시 번개가 쳤다. 아, 그 무서운 번개!

모든 동식물의 적(敵)인 사나운 바람이 때때로 불어와 계곡 일대를 휩쓸었다. 하지만 소년은 나중에 그 바람의 가치를 배우게 된다.

〈와일드 로즈!〉 그것은 전설적인 여인을 가리키는 말이었다. 갑자기 미쳐서 숲 속의 오두막에 살고 있는 여자로 들판을 시도 때도 없이 돌아다닌다는 상상의 인물이었다. 소년은 이 여자를 본 적이 없었다. 하지만 식구들은 모두 그 여

77세 때의 애너 로이드 라이트

젠킨 외삼촌

자를 두려워하는 것 같았고 소년에게도 조심을 시켰다.

　이처럼 햇빛 아래서 졸고, 구름 밑에서 조용하고, 비를 맞아 싱싱하게 빛나는 곳, 바로 그곳이 암소들의 목초지였다. 나무들은 마치 다양한 모습의 아름다운 건물처럼 그 풍경 속에 서 있었는데, 이 세상의 건축물과는 또 다른 형태의 구조물이었다. 소년은 나중에 건축의 모든 스타일이, 결국 풍경 속에 서 있는 나무들의 스타일과 별반 다르지 않다는 것을 깨닫게 된다.

　농장 일은 몹시 힘들었기 때문에 소년은 때때로 꿈꾸기 연습 혹은 공상에 사로잡혔다. 어떤 때 그 꿈은 일과에 구애받지 않고 계속되었다. 소년이 백일몽에 빠지면 그것은 반드시 그의 표정에 나타났다. 제임스 외삼촌은 〈정신차려, 프랭크! 정신차려!〉라고 자주 소리쳐야 했다.

일요일

　일요일은 〈피로에 피로를 가중시키는〉 주중의 일과로부터 해방되는 날이었다. 반백이거나 완전히 백발인 외삼촌과 외숙모들은 설교단 주위에 마련해 놓은 낡은 흔들의자에 앉아서 예배가 시작되기를 기다렸다. 가족 성서를 놓아 둔 설교단은 보라색 벨벳 천으로 덮여 있었고, 일요일이면 아이들이 들판에서 꺾어 온 꽃으로 장식되었다.

　일꾼들도 예배에 참석했다. 때때로 이웃 사람들도 왔다. 젠킨 외삼촌이 설교를 하는 때에는 장내가 울음바다가 되었다. 사람들은 눈물이 뺨을 흘러내리는 것을 개의치 않고 그냥 내버려 두었다. 그의 설교는 언제나 사람들의 감정을 고양시켰다. 설교뿐만 아니라 초월주의의 고전들을 낭독하거나 아이들이 찬송가를 부를 때에도 사람들은 눈물을 흘렸다. 모두 일어서서 그들의 신앙을 재확인하며 찬송가를 부를 때에도 역시 눈물을 흘렸다. 「역사가 시작된 이래 우리는 인간이 꾸준히 발전해 온 것을 보고 있다네Step by step since time began we see the steady gain of man.」 떨리는 목소리, 가성, 밋밋한 목소리, 이런 목소리들이 모두 어우러져 이 찬송가를 불렀고 그 합창 소리는 판자를 댄 천장과 열려 있는 창문과 문을 넘어 언덕 저 너머까지 멀리멀리 퍼져 나갔다. 가족들은 열렬하면서도 신실한 종교적 심성을 있는 그대로 표현했다. 그들이 즐겨 부르는 찬송가와 눈에 그렁그렁 고이는 눈물은 그들의 경건한 마음가짐을 대변했다. 가족 중에서 시인이라고 불리는 토머스 외삼촌은 예배당 옆에 전나무를 많이 심었다. 나중에 나무가 자라면 녹음 아래서 피크닉을 즐기기 위해서였다.

이 전나무 숲 맞은편에 약간 고색창연한 종탑이 있었고, 예배당의 동쪽에는 교회 묘지가 있었는데, 〈에인태드(아버지)〉와 〈에인맘(어머니)〉을 추모하는 수수한 하얀 대리석 오벨리스크가 서 있었다. 가족 묘지는 그 가늘고 긴 오벨리스크 주위에 위치해 있었다.

소년은 9월 15일 이전의 봄과 여름을 농장에서 보냈는데, 일요일마다 도시에서 입던 옷을 입고 빠짐없이 예배에 참석했다. 설교단을 장식하는 것은 소년의 일이었다.

아직 쌀쌀한 이른 아침에 소년과 사촌들은 밖에 나가서 장식용 화초를 꺾어 왔다. 길을 걸어가면 양옆에 엄청나게 많은 꽃과 가지가 있었다. 그들은 달려가다가 멈추고 다시 달려가다가 멈추고 하면서 마차의 통이 가득 찰 때까지 꽃과 가지를 따서 모았다.

그 결과 설교단은 꽃과 초록의 가지로 풍성하게 장식되었다. 시간이 갈수록 초록은 더 짙어졌기 때문에 더욱 볼 만한 광경이 되었다. 아무튼 일요일마다 설교단과 제단은 아주 우아한 풍경을 연출했다.

나무로 지은 자그마한 예배당은 사람들이 많이 다니는 계곡 입구에 있었는데, 토머스 외삼촌이 심은 키 큰 전나무의 푸른 잎사귀에 가려져 있었다. 그 나무 그늘 밑에 설치된 소나무로 만든 테이블 주위에 둘러앉아 로이드 존스 가족이 남녀노소를 구분하지 않고 즐겁게 대화를 나누었다. 외삼촌과 이모만 열 명이었다. 그들의 배우자까지 따지면 열여덟 명이었다. 그들의 자식까지 더하면 모두 마흔 명이었다. 이웃사람들과 일꾼까지 합치면 인원은 일흔다섯 명으로 늘어났다. 하지만 더 많은 사람이 예배에 참석할 때도 있었다. 가령 젠킨 외삼촌의 설교, 결혼식, 장례식, 마을 모임 등의 행사가 있을 때에는 동네 사람들이 모두 참석했다.

자그마한 목조 예배당은 주로 가족들만 모여서 예배를 보는 곳이었다. 밸리에 사는 가족들은 그들이 사랑하는 마음으로 만들어 낸 성상(聖像)을 숭배했고 그러면 그 성상이 가족들에게 깊은 영향을 미쳤다. 이 햇빛이 환한 곳에서 벌어지는 종교 행사는 실상은 가족 모임 같은 것이었다.

그러나 여름철이 되면 가족 모임은 그곳을 찾아오는 목사들이나 교직자들의 모임으로 바뀌었다. 윌리엄 C. 개닛, 헨리 M. 시먼스, J. T. 선덜랜드, 시카고의 닥터 토머스 등이 단골손님이었다. 하지만 그 외의 다른 목사들도 초빙되었다. 방문자들은 주로 휴가를 이용하여 밸리를 찾아왔다. 그러면 가족들은 캠프 모임, 부흥회, 피크닉, 생일 파티 등을 개최하여 그들의 방문에 응답했다.

온유하면서도 다소 소심한 토머스 외삼촌이 늘 소풍을 가자고 주장했다. 「자, 애들아,」 그는 여동생들에게 말하곤 했다. 「우리 소풍을 가자꾸나. 음식 준비는 신경 쓰지 마라. 보리 빵, 약간의 치즈, 우유만 있으면 충분해. 자, 어서 가자고.」

그러면 준비가 시작되었다. 이제 한군데 집결한 어린아이들도 소풍 준비를 거들어야 했다. 그러면 〈보리 빵, 약간의 치즈, 우유〉가 구운 고기와 구운 칠면조 고기로 늘어났다. 또 신선한 옥수수를 튀기기도 했다. 속을 잘 다져 넣은 구운 닭고기, 튀긴 닭고기, 삶은 햄과 달걀, 설탕 바른 도넛, 반원형 파이, 계피를 바른 네덜란드식 롤빵, 옥수수 빵, 하얀 비스킷, 버터 바른 갈색 빵, 잘 익은 토마토 등도 준비했다. 신선한 오이는 통째로 껍질을 벗겨서 손에 들고 먹었다. 마치 소금을 친 바나나처럼. 각종 샌드위치와 피클, 설탕을 듬뿍 뿌린 그린 애플파이, 호박 파이, 그린 치즈, 크림치즈, 사탕수수 시럽과 꿀, 딸기잼에서 수박 껍질 말린 것에 이르기까지 집에서 만든 온갖 저장 식품, 맛있는 피클, 짙은 색 혹은 밝은 색 쿠키, 생강 빵, 각 가정에서 자랑하는 다양한 케이크도 준비했다. 자두와 버찌는 지천에 널려 있어서 따 오기만 하면 되었다. 커피는 모닥불 위에서 끓였다. 우유, 탈지유, 진하게 엉긴 우유는 샘물에 담가 놓았다가 꺼내어 마셨다. 그렇게 하여 존스 집안 사람들이 먹어 보고 맛있다고 생각했던 음식들이 하나도 빠지지 않고 풍성하게 준비되었다. 아마 파라오도 이처럼 풍성한 음식은 맛보지 못했을 것이다.

이런 음식을 바구니에 넣은 다음, 각 가족은 바구니와 아이들을 데리고 가족

마차가 있는 곳으로 걸어왔다. 먼저 온 사람들은 마차에 올라타서 다른 사람들이 오기를 기다렸다. 모두 그럴듯한 나들이 복장을 하고 있었고 올 사람이 다 왔는지 확인한 후에 출발했다. 여러 대의 마차가 일렬로 나아가는 모습은 마치 예언자 혹은 모세의 장례식을 연상시켰다. 하지만 그것은 로이드 존스 집안의 소풍일 뿐이었다.

시원한 곳 — 가능하다면 시냇물 가까이에 있는 나무 그늘 — 을 골라서 초록색 풀밭 위에 밝은 색깔의 천을 깔았다. 그런 다음 준비해 온 음식물을 찬란하게 펼쳐 놓았다. 아이들을 위해 근처의 나무에 임시 그네를 설치하기도 했다. 식사가 끝난 후에 아이들은 노래를 부르거나 〈장기 자랑〉을 선보였다. 소년의 아버지는 바이올린을 연주하고 노래를 부르면서 외삼촌과 이모들이 찬송가를 합창하는 것을 도왔다. 나이든 어른들은 「에스테드보드Esteddvod」라는 웨일스어 노래를 불렀다. 소년은 「다리우스 그린과 그의 비행기Darius Green and His Flying Machine」, 「한 마리 말이 끄는 멋진 마차Wonderful One Hoss Shay」 따위의 노래를 불렀다. 어른과 아이 할 것 없이 노래를 부르고 농담을 했다. 하지만 찬송가를 일제히 합창하는 것이 그날의 가장 보람 있는 행사였다. 젠킨 외삼촌의 설교를 빼놓으면 말이다. 모두 열심히 찬송가를 불렀고 그러다 보면 어느덧 식구들의 눈에 눈물이 맺혔다.

저 멀리서 일꾼들이 연주하는 하모니카와 구금(口琴) 소리가 들려왔다. 그들은 여자 일꾼들과 시냇가를 산책하면서 그런 악기를 연주했고, 로이드 존스 가족과는 달리 설교와 찬송가 합창에 대해 그다지 감흥을 느끼지 못하는 듯했다.

웨일스 출신의 개척자인 리처드 로이드 존스의 아들과 딸은 밸리에서 자수성가해 살았고 또 아버지의 가르침대로 떳떳한 생활을 충실하게 영위해 나갔다. 이 단합된 가문은 자신들만의 예배당과 방앗간(존 외삼촌이 운영)을 갖고 있었고 밸리 인근의 모든 땅을 착실하게 개간하여 경작했다. 이렇게 하여 로이드 존스 가문은 인간의 복지와 문화를 크게 증진시켜 나갔다.

이처럼 봄과 여름은 밸리에서 보내고 가을과 겨울은 도시에서 보내는 소년의 생활은 그가 열여섯이 될 때까지 5년 동안 계속되었다. 그렇게 하여 열두 살 소년은 봄과 여름을 농장에서 보내고, 9월이 되면 매디슨의 푸른 호수 옆에 있는 수수한 갈색 목조 가옥으로 돌아오는 것을 다섯 번 반복했다. 집에 돌아오면 어머니, 아버지, 제니, 매기넬을 만나는 기쁨이 있었다.

매디슨은 아름다운 도시이다. 낮은 언덕 위에 자리 잡은 주(州) 의회 건물의 돔은 멘도타와 모노나 이 두 푸른 호수 사이에서 햇빛을 받으며 우뚝 서 있었다. 그 외에 이 두 호수보다 작고 또 푸른빛이 덜 감도는 윙그라 호와 와우베사 호도 있었다.

주립대학교는 매디슨 옆의 언덕 위에 자리 잡고 있었다. 대학은 별 특징이 없는 수수한 건물들의 집합체였다. 대학의 본관 건물도 갈색과 황금색이 섞인 돔을 자랑하고 있었다.

의회와 대학의 두 돔은 미켈란젤로가 창조한 돔 양식으로 건설되었다. 하지만 그것이 큰 허물은 아니었다. 모두들 알다시피 그 돔들은 당시로서는 가장 훌륭한 것이었으니까. 하지만 어린 학생들은 그 돔들이 몇 년 사이에 사라져 버리는 것을 목격했다. 미켈란젤로의 돔 양식에 문제가 있었다기보다는 시간의 하중(荷重)이 인간의 허약함에 대해 저당권을 갖고 있었는데 결국 그 권리를 행사하여 돔을 붕괴시켰던 것이다.[14] 그 도시는 의사당의 돔을 중심으로 하여 여덟 개의 바퀴살이 퍼져 나가는 바퀴 형태로 건설되어 있었다. 그 바퀴살 중 하나가 대학 돔 바로 밑의 캠퍼스와 연결되어 있었다.

매디슨은 자의식이 강한 도시였다. 도시이긴 하되 다른 곳과는 비교가 되지 않을 정도로 지방색이 강한 도시였다. 그리고 대학은 교육받은 사람들이 실제보다 더 많이 사는 듯한 인상을 그 도시에 부여했다. 또 그 당시 기준으로는 상당

---

[14] 돔은 일종의 아치인데 평면으로 되어 있는 자재를 억지로 반원형으로 휘게 만든 것이기 때문에 시간이 흐를수록 원래대로 펴지려는 경향을 갖고 있어 결국 붕괴에 이르게 된다. 인간의 허약함이라는 것은 곧 자재의 이러한 성질을 제대로 꿰뚫어 보지 못한 설계상의 미비점을 가리킨다. 라이트는 미켈란젤로의 돔 양식에 대해 비판적인 입장을 취하고 있는데 이것은 이 책의 제3부 〈20세기 건축〉에 자세히 다루어져 있다.

히 좋은 주택들도 있었다. 그중 가장 좋은 것이 빌라스 주택이었다. 이 우량 주택 단지는 호수에 인접해 있었다. 그 나머지는 선 프레리, 스토턴, 기타 인구 1,000~5,000명 정도의 위스콘신 주의 마을에 있었다.

당연한 일이지만 지식인들이 매디슨을 통치했다. 그리고 매디슨 대학은 잠시 동안 그들의 권위를 뒷받침하는 표상이 되었다. 1년에 한 번씩 주 내의 여러 군에서 야심만만한 의원들이 들어오고 또 나갔다. 그들은 더 많은 〈법률〉을 만들어 냄으로써 자신들의 업적을 불멸의 것으로 만들었다.

그러자 주의회는 대학으로부터 모든 영예를 빼앗아 갔다. 언제나 〈주의회〉와 〈대학〉 사이에 가벼운 경쟁의식이 존재했다. 하지만 사람들의 이목을 집중시킬 정도로 강력한 경쟁 관계로 발전하지는 않았다.

야하라 강에 연결되어 있는 모노나 호수와 멘도타 호수는 아주 아름다웠다! 특히 멘도타 호수가 더 아름다웠다.

정말 뛰어난 놀이 공간이었다! 지성을 존중하는 이 지방 도시에서 호수들은 도시와 그 주민을 피곤한 자의식으로부터 구해 주는 청량제였다.

이 무렵 〈윌리엄 C. 라이트〉는 핑크니 가(街)에 있는 가게 위층에서 음악 학교를 운영했다. 그 당시 매디슨의 사립학교는 훌륭했다. 소년은 호수의 둑 근처, 아버지의 음악 학교에서 가까운 제2 사립학교에 다녔다. 이곳에서 그는 붉은 머리의 로비 램프를 만났는데 그는 〈장애인〉이었다. 두 소년 사이에 곧 우정이 싹텄다. 수줍음이 많던 로비는 여러 명의 친구보다는 단 한 명의 친구를 사귀는 것을 더 좋아했다. 그는 마음에 딱 맞는 친구가 없이는 인생을 살아 나가는 것은 고사하고 자신의 몸조차 움직일 수 없었다. 그처럼 심한 장애가 있는 몸이었지만 그는 친구를 간절히 바랐다.

로비 램프는 열네 살이었다. 용감하고 의리가 있었던 로비 램프! 하지만 처절하게 학창 생활을 견뎌야 했던 램프! 인간의 무지로 인해 그의 양다리는 기능을 잃어버렸다. 그가 세 살이었을 때 부모는 아이를 한 자세로 너무 오랫동안 누워 있도록 내버려 두었는데, 그게 잘못되어 열병에 걸렸다. 그것은 로비의 잘못도 아니고 또 부모의 잘못도 아니다! 그들은 단지 〈몰랐던〉 것이다!

그 후 40년 동안 계속된 로비의 평생에 걸친 투쟁은 그의 부모님이 말씀했던 것처럼 그의 〈영혼〉에 도움을 주는 것이었던가? 그 재앙은 신의 실수인가? 아니면 인간의 실수인가? 동창생이 알고 있는 로비는, 로비 자신이 알고 있는 바로 그 사람인가? 우리는 그의 인생을 어떻게 평가해야 할 것인가? 그것은 알 수가 없다.

로비의 두 다리는 매우 왜소했고 목발을 짚고 걸어갈 때 두 팔 사이에서 덜렁거렸다. 그는 머리가 컸고 붉은 머리카락이 부스스하게 뒤덮여 산발을 이루었다. 얼굴은 붉은 혈색을 자랑했고 눈은 튜턴족처럼 푸른색이었다. 그의 팔과 가슴은 그를 배반해 버린(로비 아버지의 말) 다리를 대신했다. 그의 골반은 위축되어 비틀어져 있었지만 그 대신 팔과 가슴은 아주 단단했다. 다리를 못 쓰는 것을 보상이라도 하듯이 팔은 보통 사람보다 세 배나 될 정도로 강인했다. 그러니 로비가 자랑할 수 있는 것이라고는 커다란 머리, 근육이 우람한 어깨, 가슴, 팔, 손, 그리고 살아야 한다는 정신력뿐이었다.

그는 정말 빛을 뿌리는 존재였기 때문에 램프라는 이름이 잘 어울렸다. 널리 알려진 별명은 〈루비〉였지만, 그의 눈은 하얀색이 약간 섞인 푸른색이었다. 크고 맑아서 호수를 연상시켰다.

어느 날 학교에서 다음과 같은 사건이 일어났다. 로비는 땅에 쪼그리고 앉은 채 단단한 팔로 접촉면에 놋쇠가 박힌 목발을 마구 휘둘렀다. 그를 괴롭히던 학생들은 목발을 교묘히 피해 가면서 그를 때렸다. 소년이 매디슨으로 돌아온 그 가을, 못된 학생들은 로비를 가랑잎 사이에 파묻고 놀려 대며 괴롭히고 있었다. 그는 화를 내고, 말을 더듬으며, 눈물을 펑펑 흘리면서 힘겹게 방어하고 있었다.

소년은 지난 두 계절 동안 농장 일로 단련된 완력을 과시하면서 그를 구해 주었다. 그를 사정없이 괴롭히던 아이들을 쫓아 버렸다. 그들이 로비의 손이 닿지 않는 곳으로 내버린 목발을 집어서 가져다주었다. 로비의 몸에 묻은 먼지를 털어 주고 목발을 주어 일으켜 세운 다음 미소 짓게 만들었다. 이렇게 해서 소년은 〈로비〉와 처음 만났다. 두 소년은 그 후 단짝이 되었는데 그 우정은 로비가 마흔넷에 사망할 때까지 계속되었다. 로비는 꽃이 가득한 옥상 정원이 있는 하얀 벽돌집에서 죽었는데 그 집은 소년이 나중에 그를 위해 설계해 준 집이었다.[15]

매디슨의 집에는 성마르고 지식을 자랑하며 피아노와 바이올린을 연주하는 아버지가 있었다. 아버지가 서재에 틀어박혀 작곡을 하고 독서를 하는 일이 더욱 빈번해졌다. 당시 그의 집은 평화로웠다. 아버지는 음악 학교의 수지를 맞추려고 애를 썼고 때때로 설교를 했다. 그 집을 현대식으로 개조할 수 있었던 것은 아름다움을 동경했던 어머니 덕분이었다. 새로 깐, 왁스를 칠한 하얀 나무 바닥, 창문 옆에 걸려 있던 크림 색깔의 그물 커튼, 그 커튼 위의 벽에 걸려 있던 그림들(나무 액자에 넣은 목판화), 방 안에 깔려 있던 인디언 양탄자(중앙과 테두리에 밝은 색깔의 무늬가 있었다), 단풍나무와 등나무 가구들. 그리고 어디에나 책이 있었다. 단순한 화병에는 메마른 잎들이 우아하게 꽂혀 있었다. 그 디자인만을 놓고 보면 단순함의 미학이 어려 있었지만 그렇다고 해서 그 집안에 영혼의 단순함마저 갖추어진 것은 아니었다.

　소년은 물건을 정리하고 배열하는 데 뛰어났다. 그가 의식했든 의식하지 못했든 그렇게 해서 자연스럽게 건축의 길로 나아가고 있었다. 때때로 자신의 행위가 곧 건축이라는 것을 의식하기도 했다.
　그의 다락방 침실 나무문 — 걸쇠와 노끈이 달려 있는 문 — 에는 대문자로 〈SANCTUM(성스러운 곳)〉이라고 적힌 문패가 부착되어 있었다. 이 방의 비스듬한 벽은 소년이 눈 덮인 들판에서 꺾어 온 메마른 풀과 잡초들로 장식되었다. 존 외삼촌이 눈길을 걸어가는 사람은 똑바로 걸어가야 한다고 〈설교〉했음에도 불구하고 소년은 그런 풀들을 꺾어 왔던 것이다. 영국의 대성당들을 묘사한 목판화와 아래층 식구들이 필요하지 않다고 생각하는 각종 〈잡동사니〉가 소년의 방 벽을 장식했다. 그 당시 그러한 〈잡동사니〉는 사물의 〈구도〉를 잡는 데 필요한 물건이었다. 소년은 모든 것으로부터 어떤 〈그림〉을 만들어 내고 싶은 어린아이다운 욕망 아래, 그런 물건의 〈효과를 실험해 보았던〉 것이다.
　벽에는 소년이 그린 드로잉과 몇 점의 〈유화〉도 걸려 있었다. 그 유화는 어머니 친구였던 랜더스 양의 지도를 받아 가며 동부에서 그린 것이다. 랜더스 양은

---

15 로비 하우스는 라이트의 초기 건축물인 유소니아 하우스를 대표하는 건축물이다.

장래 건축가를 꿈꾸는 젊은이에게 장차 유화가 도움이 될 것이라고 말했다.

하지만 그 유화라는 것은 별로 신통치 못했다. 수컷 울새가 가지에 앉아 암컷이 자리를 비운 동안 네 개의 점박이 새알을 멍하니 지켜보는 상투적인 그림이거나, 아니면 당시 유행했던 〈버카이(西部人)〉의 거친 붓질로 그린 노란색 위주의 풍경화 따위였다. 랜더스 양은 당시 마을마다 1~2달러만 주면 살 수 있었던 — 혹은 제작을 의뢰하고 잠시 기다리면 금방 그려 주는 — 버카이 그림을 보고 모사하도록 요구했던 것이다. 풍경화는 거친 붓질에도 불구하고 상당히 기이한 효과를 자아냈기 때문에 소년은 그 그림이 마음에 들었다.

하지만 소년에게 이러한 그림을 그리는 것을 가르친 일은 순진한 랜더스 양이 자신도 모르게 저지른 고의성 없는 범죄였다. 역시 순진한 어머니는 순진한 소년에게 그런 쓸모없는 그림을 배우도록 방치했다. 비록 무지의 소치이기는 했지만 그래도 범죄는 어디까지나 범죄였다. 소년은 후에 이렇게 엉터리로 그림을 배운 대가를 톡톡히 치르게 된다.

유화보다는 토기 제작이 오히려 더 쓸모 있었다. 그는 토기의 표면에 색채를 입히고 자두 꽃망울 같은 그림을 그려 넣었다. 그것은 〈아무에게도 가르침을 받지 않고〉 혼자 힘으로 만들어 본 작품이었다. 소년은 후에 그것이 일종의 〈스그라피토〉[16]라는 것을 알게 되었다.

소년은 랜더스 양에게 〈그림〉을 배우는 것을 곧 그만두었다. 당시 그의 아버지가 매디슨 학생들로 구성한 오케스트라에서 비올라를 연주해야 했기 때문이다. 여동생 제니는 피아노를 맡았다. 로비 또한 소년의 아버지에게서 바이올린 레슨을 받았다. 로비가 연주할 때면 로비의 부모님은 끝까지 앉아서 경청했다. 어쩌면 아들에게 바이올린을 시키면 밥벌이를 할 수 있지 않을까 하고 생각한 듯하다.

인쇄기를 가지고 장난을 친 일도 생각난다. 일곱 가지 서체를 가진 데빈 유형의 소형 중고 인쇄기를 처음엔 헛간에 설치했다가 나중엔 인쇄 사무소를 차린 집의 지하실에 설치했다. 소년들은 인쇄기의 잉크 냄새를 아주 좋아했다.

---

16 도자기의 마무리 끝손질 법.

M. E. 도지의 『은 스케이트 Hans Brinker』, 넬 이모와 제인 이모가 선물로 준 러스킨의 『건축의 일곱 등 Seven Lamps of Architecture』, 쥘 베른의 『미카엘 스트로고프 Michael Strogoff』, 『엑토르 세르바닥 Hector Servadac』, 괴테의 『빌헬름 마이스터 Wihelm Meister』, 「알라딘의 마술램프 Aladin and his Lamp」와 그 외에 많은 이야기가 나오는 『천일야화(千一夜話)』 따위를 아이들과 함께 읽었다. 시는 별로 많이 읽지 못해서 휘티어, 롱펠로, 브라이언트 등의 작품 정도만 읽었을 뿐이다. 이런 시인의 작품은 별로 높이 평가받지 못하는 경향이 있었지만 아무튼 시적인 분위기만큼은 풍부했다. 『천일야화』에 나오는 저 매혹적인 이야기들은 백일몽을 잘 꾸는 소년의 기질을 더욱 부채질했다.

종이가 너덜너덜해질 때까지 몰래 돌려 가며 읽던 니켈 문고 The Nickel Library에 속한 싸구려 추리 소설도 정말 열심히 읽었다. 몰래 숨어서 몇 시간이고 읽었다. 소년은 식사 도중에도 범인의 행방에 대해 곰곰이 생각한 나머지 어머니의 질문에 제대로 대답조차 하지 못했다. 그러면 어머니는 걱정하는 표정으로 물었다.

「애야, 프랭크야, 무슨 일이냐? 넌 정말 괜찮니?」

「아, 어머니, 난 괜찮아요. 뭔가 좀 생각하고 있었어요.」

「뭘 생각했는데?」

「멋진 생활을 영위하는 사람들에 대해서요. 그들이 나중에 어떻게 되었을까 생각했어요. 우리는 매일 같은 방식으로만 살아가잖아요. 변화라고는 전혀 없이.」

「프랭크, 넌 뭘 읽고 있었니?」 어머니는 꿰뚫어 보는 듯한 눈으로 응시하면서 물었다.

소년은 있는 그대로 실토하려고 했으나 여전히 니켈 문고 생각을 하는 바람에 그 답변마저 까먹어 버렸다. 그저 강가에 숨겨 놓은 진홍색 로버 차를 사람들이 발견했는지(소설 속의 상황) 그것만이 궁금할 따름이었다.

추억 속에서

과연 니켈 문고가 그토록 나쁜 것이었을까? 왜 부모님과 선생님들은 우리들이 그 피 튀기는 아슬아슬한 소설을 읽으면 그것을 빼앗다가 불살라 버렸을까?

손때가 잔뜩 묻고 낡아서 너덜너덜해진 그 책은 유리 구슬 한두 개만 주면 빌려 볼 수 있었다. 하도 이 호주머니에서 저 호주머니로 돌아다닌 바람에 나중에는 테이프로 붙여야만 읽을 수가 있었다. 어떤 때는 아주 결정적인 내용이 담겨 있는 페이지가 떨어져 나간 경우도 있었다. 가면을 쓴 악한과 피가 뚝뚝 떨어지는 시체가 즐비하게 나오는 잔인한 이야기가 대부분이었다. 하지만 끊임없이 참사가 벌어지는 와중에도 주인공은 냉정하면서도 용감했다. 그 용감함은 독자를 매료시켰다. 대체로 우리들처럼 십대 초반의 소년인 소설 속 주인공은 늘 승리를 거두었다. 물론 좌절을 겪기도 하지만 무자비한 인디언들, 혼혈아 살인마, 휘어진 단도, 사냥칼 따위가 등장하는 위험한 상황을 언제나 극복하고 늠름하게 살아남았다.

영화를 볼 때는 상상력이 필요없다. 하지만 니켈 문고를 읽을 때에는 상상력이 필요했다. 영화와 마찬가지로 모든 이야기는 완벽하게 전개되어 흡족한 결말로 끝맺고 수줍음 많은 여주인공은 그것을 아주 만족스럽게 여긴다. 여주인공은 사방에서 시험을 당한다. 하지만 그녀 역시 결정적인 순간에 전혀 더럽혀지지 않은 채 아주 멋지게 위기를 극복한다!

〈니켈 문고〉는 왜 나쁜가? 법률의 구속을 아무렇지도 않게 생각하기 때문에 나쁘다는 것인가? 사람을 죽이는 명사수들이 군대의 규율을 위반하고 경찰을 우스꽝스러운 존재로 만들어서? 침착하고 대담한 열일곱 살 소년이 경찰 서장을 바보로 만들어서? 그 소년이 나중에 바보 경찰 서장의 자리를 제안받지만, 그가 서장으로 취임하면 그 서장의 딸이 대학 진학을 포기해야 한다는 걸 알고 취임을 거부해서? 이도 저도 아니라면 이야기가 너무 황당무계하기 때문에?

아마도 니켈 문고가 유해한 것은 미덕이 너무나 손쉽게 승리하기 때문일 것이다. 무모한 태도를 보이는 자가 너무 빈번하게 성공하기 때문일 것이다. 하지만 권장도서로 이루어진 선데이스쿨 문고 Sunday-School Library에도 그와 유사한 문제가 있다. 가령 랄로 북스 Rollo Books, 도티 딤플 이야기들 Dotty Dimple stories, 올리버 옵틱이나 루이자 올컷의 작품인 『블랙 베스 Black Bess』, 『엉클 톰스 캐빈 Uncle Tom's Cabin』 등도 사정은 비슷하다. 이런 소설들도 〈비현실적〉이기는 마찬가지다.

이런 소설들도 인생의 현실과 일치되지 않는다는 결점이 있다. 따라서 비현실적이라는 게 진정한 이유라면, 왜 이런 책들은 읽도록 하면서 니켈 문고는 안 된다고 하는 것일까? 부모님과 선생님은 그런 불합리한 점을 있는 그대로 받아들여서는 안 된다고 강조하면 될 일이지, 그것을 일부러 못 읽게 〈금지〉함으로써 역으로 더욱 열심히 읽도록 할 필요는 없지 않은가.

하지만 두 소설 사이에는 분명한 차이가 있었다. 니켈 문고는 그런 양서들과는 달리 아주 생생한 것이다! 니켈 문고에 대해 정말로 알고 싶은가? 그렇다면 예전에 나온 책 중에서 『매서운 눈을 가진 딕Dead-eye Dick』, 『유령의 손The Phantom Hand』, 『열린 문 혹은 누가 주방을 털었는가The Open Window or Who Stole the Cook』, 『지옥 같은 곳의 무시무시한 행크Horrible Hank of Hell's-water』 등을 한번 읽어 보기 바란다. 각설하고 다시 소년의 이야기로 돌아가자.

소년과 그의 친구들은 풍요로운 삶을 살았다.

호수 옆에서 사는 삶. 식자, 조판, 문선, 인쇄, 디자인을 하면서 보내는 삶. 저녁이면 연주를 하고 독서를 하는 삶. 여동생의 친구들이 집을 찾아오면 그들과 함께 노래를 부르면서 노는 삶.

즐거운 저녁이여! 신선한 장미처럼 아름답고 행복한 소년의 삶. 젊고 열정적이고 행복한 목소리들, 그리고 밝게 빛나는 눈동자들. 피아노를 쳐서 사람들을 즐겁게 해주던 여동생 제니. 그녀는 피아노를 제법 잘 쳐서 언제든지 연주할 준비가 되어 있었다. 길버트와 설리번의 노래가 그 당시 폭발적인 인기를 누리고 있었다. 그들의 노래는 부르는 사람이나 듣는 사람을 막론하고 모두 즐겁게 만들었다. 그 노래들을 가지고 새롭게 실험을 해보면 늘 효과 만점이었다. 「미카도Mikado!」, 「군함 피나포어H. M. S. Pinafore」, 「인내Patience!」, 「이올란테Iolanthe」, 「펜잔스의 해적Pirates of Penzance」 같은 코믹 오페라들이 그 대표적인 작품이다. 그때 이래 길버트와 설리번 같은 음악적 재능을 가진 천재가 태어나지 않았다. 그들은 사람을 행복하게 만드는 진정한 재능을 갖고 있기 때문에 앞으로 여러 세기 동안 사랑을 받을 것이다. 어떻게 그런 음악이 빅토리아 시대에 탄생할 수 있었을까? 모든 억눌린 삶은 그 배출구를 갖고 있는 법이다. 길버트와 설리번은 빅토리아 시대의 〈배출구〉였음에 틀림없다.

그런 저녁에 열리는 작은 음악회는 미리 계획된 연주회와는 달랐다. 그저 한때를 즐기는 것이었을 뿐이다. 언제 웃음이 끝나고 노래가 시작될지, 또 언제 노래가 끝나 웃음이 시작될지 아무도 몰랐다. 길버트와 설리번이 의도한 대로, 기괴하기 짝이 없는 오페라 캐릭터 코코는 그 쾌활한 분위기 속에서 생생하게 되살아났다.[17]

「봄이면 피어나는 꽃들, 트랄 라The flowers that bloom in the spring, tra la」이 노래를 부르면 왠지 모르게 신선한 생기가 살아났다. 〈그 꽃들은 이 상황과는 아무런 관련도 없어요. 난 이제 날아올라야겠어요. 트랄 라.〉 매기넬을 무릎에 앉힌 어머니는 어린 딸과 함께 웃음을 터트렸고 아버지도 그 즐거움에 동참하려고 서재의 문을 활짝 열어 젖혔다.

소년은 나중에 어른이 되어서 자신의 아이들에게 이 노래들을 불러 주었다. 또 지금도 그 노래를 부르기를 좋아한다. 사실 어른이 된 소년은 이 자서전을 쓰면서도 그 노래를 흥얼거리고 있다.

이어 심각한 분위기로 바뀌면 모두들 돌아가며 피아노를 쳤다. 소년은 멘델스존의 「무언가(無言歌)」에 나오는 노래들의 악보를 모두 외우고 있었다. 어머니는 그중에서도 〈위안〉, 〈자신감〉, 〈뱃노래〉 같은 노래를 특히 좋아했다. 그리고 베토벤의 사랑스러운 소품 「미뉴에트 G 장조Minuet in G」를 치는 것을 좋아했는데 소년은 이 음악을 평생 사랑했다. 그 외에 슈베르트, 바흐, 그리고 스티븐 헬러의 연습곡을 좋아했다. 소년은 늘 피아노 연주를 즐겼고 또 자신이 체르니 연습곡을 잘 친다는 것을 자랑하고 싶었으나 여동생한테 밀려서 번번이 그렇게 하지 못했다.

그러나 소년이 대학에 입학할 무렵 아버지가 사라져 버리는 바람에 음악 교육은 갑자기 중단되었다. 대학에 입학한 소년은 〈음악적〉이라는 것은 〈남자답지 못함〉과 동의어라는 황당한 생각을 갖게 되었고 남자아이들과 어울려 노는 것

---

17 코코는 길버트와 설리번이 작곡한 코믹 오페라 「미카도」에 등장하는 인물로 황후를 의미하는 일본어 こうごう를 영어식으로 발음한 이름이며 미카도(みかど)는 일본어로 황제를 의미한다.

을 더 좋아하게 되었다.

　소년의 순진한 시선은 이제 세상을 향해 여러 방향으로 열리기 시작했다. 그러나 그 모든 것은 이제 한 방향으로 수렴되었다. 그의 어머니가 그것을 적극 장려했다. 아들이 건축가가 되어 수많은 아름다운 건물을 지어야 한다는 것이었다. 사실 소년은 다리와 댐을 보면 매혹되었다. 그 어떤 구조물이든 그의 관심을 끌지 않는 것이 없었다. 나중에 〈디자인〉이라고 부르게 되는 것을 그는 즐겨 만들어 냈다.

　로비와 프랭크, 이렇게 두 소년은 뭔가 만들어 내는 것을 정말 좋아했다. 그들은 뭔가 두드리고 접착제를 발라 이어 붙이면서 만지작거렸고 뭔가 끊임없이 실험하는 일에 매혹되었다.

　수상 삼륜차는 〈프랑켄롭〉이라고 불렸다. 쌍동선[18]을 제작하기 위해 도면을 그렸지만 너무 비용이 많이 들어 포기했다. 새총, 활, 화살, 바퀴가 둘 달린 긴 썰매 따위를 만들었다. 썰매에 페인트칠을 하는 것은 너무나 재미있었다! 또 대장장이가 그려 준 도면을 바탕으로 썰매에 쇠를 입혔다. 새로운 스타일, 그러니까 두루마리 형태의 신문도 만들었다. 또 다른 종류의 빙상용 보트도 제작했다. 색색의 종이를 이어 붙인 아주 환상적인 연도 만들었다.

　아주 멋진 꼬리를 가진 연과 물레방아도 만들었다. 두 소년은 겨울 방학 동안 수많은 계획을 구상하고, 보완하고, 파기하고, 또 작성했다. 그들의 집에는 멋진 곡선용 톱과 기계 제작용 선반이 있었다. 그들은 늘 〈디자인〉을 했고, 재미 삼아 드로잉을 그렸다. 저녁이면 남폿불 아래에서 열심히 드로잉을 했다.

　그렇다면 학창 생활은 어떠했는가? 아무것도 기억나는 게 없다! 완전 백지, 그것이었다! 몇몇 생생한 기억은 학업과는 아무 상관도 없었다. 가령 소년의 앞자리에 앉은 예쁜 여학생의 황금빛 머리카락을 책상 위에 있는 잉크통 속에 집어넣었다가 꺼낸 일 따위가 그것이다. 물론 그에 대한 징벌로 즉시 귀가 조치되었지만.

　한 달에 한 번씩 교단 앞에 나가서 〈연설〉을 해야 하는 잔인한 고문도 있었다.

---

18 같은 모양의 두 개의 선체를 일정한 간격을 두고 갑판 위에서 연결한 배.

〈털복숭이〉라는 싫은 별명이 소년을 따라다녔다. 소년의 머리 숱이 너무 많아서 아무리 모자를 눌러써도 모자 안으로 머리카락이 다 들어가지 않았기 때문에 생긴 별명이었다.

〈구디〉스토러, 캐리 제이콥스, 플로이 스턴스 같은 예쁜 여학생들을 멀리서 흠모하기만 했다. 이 당시 로비는 옆집에 사는 푸른 눈의 에타 도욘을 몰래 사랑하고 있었다. 그 당시 남학생들은 금발의 곱슬머리와 갈색 눈동자를 좋아했는데, 엘라 저논은 그 두 가지를 완벽하게 갖추고 있었다!

두 소년보다 순진했던 에타의 남동생 찰리 도욘은 두 소년이 운영하는 인쇄 클럽에 참가하고 싶어 했다. 찰리의 아버지 도욘 씨는 당시 읍내에서 손꼽히는 부자였다. 두 소년은 찰리에게 그의 아버지가 〈인쇄 회사〉에 쓸 더 큰 모델 인쇄기와 활자 등의 구입 비용 200달러를 빌려 준다면, 찰리를 인쇄 클럽에 받아 주겠다고 말했다. 찰리는 그 돈을 손쉽게 마련해 왔다. 도욘 씨는 인쇄 클럽의 두 소년에게 〈차용 증서〉를 내밀었고 그들은 정히 서명을 했다. 이렇게 해서 〈라이트, 도욘, 램프, 출판사 겸 인쇄회사〉가 설립되기에 이르렀다. 찰리는 이 회사에서 〈자본가〉 역할을 맡았다.

하지만 찰리는 하는 일이 별로 없었다. 그가 하는 일이라고는 의자에 턱 하니 앉아서 그 인쇄소와 두 소년을 소유하기라도 한 듯이 둘러보는 것뿐이었다. 그들이 자신의 아버지 돈을 빌렸으니 그렇게 생각할 만도 했다. 찰리는 인쇄소 일이 자기 마음에 들지 않으면 활자들을 제멋대로 섞어 버리기 일쑤였다.

하얀 종이처럼 사람의 마음을 기쁘게 하는 물건이 또 있을까? 카드와 종이의 감촉이나 색상을 면밀히 비교해 선택하는 것은 정말 즐거운 일이었다.

글자는 예술 작품이었다. 틀림없이 그랬다. 활자를 선택하는 것도 매력적인 일이었다. 여러 사람의 취향을 만족시킬 수 있는 다양한 종류의 활자가 있었다. 인쇄를 하기 위해 조판을 하는 일도 사람을 매혹시키는 측면이 있었다. 조판을 하다 보면 얼마든지 공간을 창조할 수 있었다. 소년은 어린 나이에 그런 사실을 알게 되었다. 인쇄기는 어른과 아이 할 것 없이 두루 매혹시키는 진정한 장난감이었다.

어른이든 아이든 자신의 이름이 활자화된다는 것은 정말 짜릿한 일이었다. 명함 같은 자그마한 카드 위에 찍힌 이름이라 할지라도 역시 매력적이었다. 사람들의 깊은 관심을 이끌어 내는 그런 비밀이 거기에는 있었다.

하지만 학교는? 학창 시절의 추억을 아무리 반추해 보려고 해도 역시 아무 기억이 없다. 그것은 어떻게 된 일인가? 왜 소년은 이런 의식을 갖게 되었는가? 학창 시절의 추억은 정말 아무것도 남아 있지 않다. 그 때문에 어떤 결정적인 피해를 입었다고 할 수도 없다. 학창 생활의 의미를 한마디로 딱 잘라 정의하기가 어렵다. 우선 부모의 입장에서 보자면 아이들이 자라는 동안 멋대로 뛰어 놀도록 내버려 둘 수가 없다. 아이들을 어떤 고정된 것에 밧줄로 묶어 놓아야만 부모는 자신들의 일을 볼 수 있다. 따라서 그 말뚝 역할을 하는 곳이 학교이다. 아이들의 손을 붙잡고 〈억제〉시켜야만 한다. 일정한 울타리 안에 가두어야 하고 단련을 시켜야 한다. 새끼 말을 길들여서 마구를 입히듯이 아이들도 길을 들여야 한다. 그렇게 하지 않으면 아이를 〈예술가〉로 만드는 길밖에 없다.

하지만 학창 시절의 어떤 일화는 나쁜 영향을 주었고 그것이 오늘날까지도 남아 있다. 가령 〈암송하기〉가 그것이다. 그 과제는 지금 와서 돌아보아도 아주 끔찍하다.

오 선생님 저는 자식이 있는 과부랍니다

어머니는 어느 날 갑자기 소년에게 〈암송 자료〉를 골라 주었다. 소년은 그 자료가 마음에 들지 않았지만 짧기 때문에 그냥 외우기로 했다. 하지만 어머니의 재촉에도 불구하고 그 일이 정말 싫은 듯, 암기하는 일을 자꾸만 뒤로 미루었다.

「프랭크야, 암송할 거 다 외웠니?」

「예, 어머니!」

「그럼 어디 외어 봐!」

소년은 시작했다. 「오, 선생님 저는 자식이 있는 과부랍니다……」 그는 거의 끝까지 잘 외우다가 마지막에 가서 막혔다.

「내 그럴 줄 알았어.」 어머니가 말했다. 「가서 더 외워.」

그는 며칠 더 외웠다.

며칠 뒤. 「자, 프랭크야, 어디 다 외웠는지 보자. 내 앞에서 한번 외워 봐.」 그는 글자 하나 틀리지 않고 잘 외웠다.

아무튼 소년이 외워야 할 글, 그러니까, 〈오, 선생님 저는 자식이 있는 과부랍니다〉는 그리 길지 않았다. 하지만 누가 그 글을 지었는지는 지금 기억나지 않는다. 아마도 작자 미상의 작품이었을 것이다.

이제 외운 문장을 학생들 앞에서 연설하는 시간이 돌아왔다. 연설 시간에 선생님은 교실 뒤쪽으로 걸어가서 그곳에 섰다. 그렇게 하면 교단 앞으로 나가서 〈연설〉하는 학생을 감독하기가 훨씬 쉽기 때문이다.

이제 그의 차례가 돌아와 여선생님은 그의 이름을 불렀다. 소년은 자리에서 일어나 중앙 통로를 걸어서 교단 앞으로 나갔다. 첫 번째 문장은 씩씩한 목소리로 아주 자연스럽게 외웠다. 「오, 선생님 저는 자식이 있는 과부랍니다.」 그런데 이게 웬일인가. 그것은 마치 처음 본 문장처럼 소년에게 아주 낯설게 느껴졌다.

그는 온몸이 달아올랐다. 자신이 아주 우스꽝스럽게 느껴졌다. 하지만 그는 용기를 내어 다시 시작하려 했다. 「오, 선생님 저는 자식이 있는 과부랍니다……」 하지만 그다음에 완전히 혼란에 빠져 한마디도 할 수 없었고 아예 혀가 얼어붙어 버렸다. 얼마나 당황했는지 거기서 그만 작파해 버리고 싶은 심정뿐이었다.

하지만 고개를 쳐든 그는 부끄러워하는 여선생님의 눈빛을 보았다. 공교롭게도 그 선생님은 제인 이모였다. 그는 젖 먹던 힘을 다 짜내어 곱슬머리 — 〈털복숭이〉 — 를 흔들어 기억을 되살리며 다시 한 번 암송을 시작했다. 「오, 선생님 저는 자식이 있는 과부랍니다.」 그가 더 계속하기도 전에 반 아이들이 킥킥거리기 시작했다.

그것으로 암송은 끝나 버렸다. 그는 암송을 중지했고 머릿속은 블랙홀처럼 되었으며 완전히 패닉 상태에 빠졌다. 아, 그 순간의 고뇌란! 그가 멍청한 표정으로 교단에서 내려와 자리로 돌아오는 동안, 이마에서 땀이 줄줄 흘러 내렸다.

이어 반 아이들의 야비한 웃음소리가 터져 나왔다. 비참해진 소년은 비록 보지는 않았지만 수치스러워서 홍당무가 되었을 이모의 얼굴이 눈앞에 선했다.

그것은 점심시간 직전의 일이었다. 점심을 먹은 후 아이들이 학교 운동장에 나온 소년의 뒤를 따라다니며 놀려댔다. 「오, 선생님 저는 자식이 있는 과부랍니다.」 그는 여학생들이 그런 장난을 재미있어 하며 웃는 것을 보았다. 아무 데도 숨을 곳은 없었다. 그가 어디로 가나 학생들은 그를 놀렸다.

이렇게 해서 소년의 어머니는 학교라는 〈제도〉와 공모하여 자신감 넘치는 연설가로 성장할 가능성을 소년에게서 완전히 빼앗아 가고 말았다. 심지어 오늘날까지도 연단에 오르거나 대중 연설을 하게 되면 그의 마음은 편안치 않다. 과거 어린 시절, 학급에서 연설을 망쳐서 어쩔 줄 모르며 당황했던 순간이 떠오르기 때문이다.

하지만 그 〈제도〉는 프랭크 우턴 같은 학생에 의해 정당성이 입증되었다. 프랭크 우턴은 밥 먹는 것보다 더 쉽게 셰익스피어의 대사를 능숙하게 암송했다. 전문 배우를 뺨칠 정도로 자연스럽고 우아하게 말했다. 그래서 그는 학급의 우상이 되었다. 연설을 제대로 못한 소년은 얼마나 그를 부러워했던지! 또 우턴을 존경하는 듯이 쳐다보는 여학생들의 눈빛을 보고 얼마나 샘이 났던지! 우턴은 유명 인사인 반면, 소년은 짧은 글도 제대로 암송하지 못하는 한심한 학생이었다.

도시의 소년 프랭크는 밸리에서 봄과 여름을 보낼 때, 딕, 톰, 에드라는 사촌과 어울려 놀았다. 도시의 소년은 시골의 사촌들에게 강한 영향력을 행사했다. 그래서 사촌들은 소년을 아주 흥미롭게 쳐다보았다. 소년은 그들이 자신을 존경한다는 것을 한껏 의식했다.

그는 사촌들을 즐겁게 했고, 그들 앞에서 잘난 척했고, 이용하고 놀려먹으면서도 한편으로는 진정으로 사랑했다. 한마디로 상상과 실제를 뒤섞으면서 그들을 즐겁게 했던 것이다. 하지만 이러한 경계선상에서의 혼동은 소년에게 커다란 낭패를 안겨 준 적이 있었다.

어느 날 네 소년은 함께 놀고 있었다. 그때 어린 알라딘은 갑자기 〈파티〉를 떠올렸다. 그가 상상력의 램프를 비벼 대는 동안 파티에 대한 열망은 점점 커졌고 그리하여 마침 친정에 다니러 왔던 어머니가 그날 저녁 파티를 열어 줄 것이라는 공상으로 발전했다. 소년은 상상 속에서 그것을 사실로 믿어 버렸고 사촌들에게 말해 주는 동안 그 상상 속의 파티는 점점 더 구체적인 모습을 띠게 되었다. 시간이 흐를수록 소년은 파티 이야기를 여기저기 보완하여 더욱 그럴듯한 것으로 만들었다. 톰, 딕, 에드에게 선물을 줄 것이라면서 그들이 평소 바라는 물건들을 그럴듯하게 주워섬겼다. 게다가 온갖 맛있는 과자가 나온다고 말하기도 했다. 그들을 더욱 흥분시키기 위해 깜짝 놀랄 만한 물건들이 준비되어 있는 것처럼 암시했다. 소년이 이야기를 하는 동안 사촌들의 기대는 점점 커졌다. 세 사촌의 입에서는 침이 흘렀고, 소년의 입도 마찬가지였다.

사촌들은 집으로 돌아가자 어서 저녁이 되었으면 하는 마음뿐이었다. 톰, 딕, 에드의 부모는 파티에 대해 아무 이야기도 듣지 못했지만 아이들의 말을 믿고 깨끗이 세수를 시킨 다음 제일 좋은 주일용 옷을 입혀서 보냈다.

하지만 그 무렵 소년의 뜨거운 상상력은 식어 버렸고 자신이 한 말을 기억하고는 불안감마저 느끼고 있었다. 하지만 그는 어머니에게 아무 말도 하지 않았다.

초대받은 손님들은 일찍 왔다. 어머니는 집안일을 하다 말고 그들을 맞이하면서 의아하다는 듯이 말했다. 「아니, 얘들아! 웬일이니? 왜 그렇게 옷을 빼입고 왔니? 너희들은 어디로 가는 길이니?」

「우린 프랭크의 파티에 왔어요.」

「파티?」 어머니는 아들을 쳐다보며 말했다. 아들의 얼굴을 쳐다보는 것만으로 충분했다. 어머니는 손님들이 선물과 과자를 기대하고 있다는 것을 알아차렸다. 어머니는 임기응변으로 재빨리 손님들을 대접했다. 아들은 그런 어머니를 얼마나 고맙게 생각했는지 모른다. 어쩌면 아들은 어머니가 그렇게 해주시리라고 예상했는지도 모른다!

아무튼 어머니는 사촌들이 기대하는 그런 선물은 내놓지 못했지만 그 대타가 될 만한 것을 재빨리 내놓아 사촌들의 실망을 절반으로 줄여 놓았다. 조청사탕을 만들어 왔고, 팝콘과 생강 쿠키를 내놓았다. 또 아버지에게 「아버지는 교묘한 수를 쓰다Pop Goes the Weasel」라는 바이올린 곡을 연주하면서 아이들을 위해 노래를 부르도록 했다. 그렇게 해서 한 시간 안에 사촌들을 집으로 돌려보냈다. 그러면서 어머니는 귀한 자식의 명성이 그런 대로 지켜졌기를 바랐다.

이제 소년은 어머니에게 왜 느닷없이 파티를 연다는 생각을 했는지 설명해야 했다.

「프랭크야, 넌 왜 사촌들을 놀렸니?」

소년은 심드렁한 어조로 놀릴 생각은 없었다고 대답했다.

「그럼 왜 있지도 않은 선물을 준다고 약속했니?」

「왜, 걔들은 내 말을 곧이곧대로 믿는 거예요? 비록 선물이 없더라도 그런 것을 받으리라고 생각하는 것만으로도 즐거운 일이 아니에요? 그냥 말이 그렇다고 생각하면 될 것 가지고, 왜 파티에 굳이 오는 거지요? 그냥 한 귀로 듣고 넘겨 버릴 수는 없는 건가요?」

어머니는 이해해 주었다.

그 외의 사람들은 이해하지 못했다.

그로부터 일이 년 후에 소년이 난생 처음 혼자서 폰트(폰티우스의 애칭)와 파일럿이라는 두 말을 이끌고 밭에 나가게 되었다. 그날은 정말 그에게는 의미 깊은 날이었다!

그 전날만 해도 그는 농장에서 일하는 소년에 지나지 않았다. 하지만 그날 이후 그는 어른들 틈에서 한몫 인정받는 어른이 되었다.

어른이 된다는 것은 어른의 일을 한다는 뜻이었다. 그날의 일은 〈평탄기〉를 매단 두 말을 이끌고 밭 위를 돌아다니며 옥수수 씨앗을 심을 자리를 평평하게 고르면서 표시해 놓는 일이었다. 폰트와 파일럿을 연결한 물추리막대는 두 말의 옆쪽에 있는 평탄기에 고정시킨 클레비스(U자형 연결기)에 매여 있었다. 소년의 일은 그 막대를 잡고 말을 몰아서 평탄기가 써레질한 밭을 쓸고 지나가도록 하는 것이었다. 밭의 상태에 따라 소년은 평탄기의 중앙에 혹은 가장자리에 서서 체중을 실어 가며 밭의 흙을 평탄하게 골라야 했는데, 그 과정에서 막대의 줄을 꼭 잡고 두 말에 바짝 붙어 있어야 했다.

그 일은 순조롭게 진행되었다. 점심때는 별 일 없이 농장으로 돌아가서 점심 식사를 했다. 오후 네시경, 약간 비스듬한 경사면을 내려오면서 평탄기가 밭 속에 절반쯤 묻혀 있던 썩은 나무 그루터기를 쳤다. 그 충격으로 평탄기가 앞쪽으로 튀어 올랐고 그 여파로 평탄기를 누르고 있던 소년은 폰트의 엉덩이 쪽으로 튀어 올랐다. 소년은 본능적으로 두 말의 엉덩이 띠를 거머쥐었다. 두 말은 펄쩍 뛰어오르더니 발길질을 하면서 내달리기 시작했다. 소년은 폰트의 엉덩이에 바짝 달라붙어 있어서 말이 발길질을 할 때마다 공중으로 들어올려졌다. 폰트는 달려가면서 쉴 새 없이 발길질을 했다. 파일럿은 바로 옆에서 같이 달렸으나 다행스럽게도 발길질은 하지 않았다.

만약 소년이 폰트의 엉덩이 띠를 놓치거나 혹시라도 띠가 끊어지면 평탄기가 소년을 덮칠 판국이었다. 엉덩이 띠를 꼭 잡고 있거나 아니면 끈이 버텨 주기를 빌어야 하는 상황이었다.

두 말과 소년이 비탈길을 달려 내려가는 동안 외침도, 중얼거림도, 떠들어 대는 소리도 나지 않았다. 소년의 몸은 발길질하는 말의 뒤꽁무니에 매달린 채 속절없이 공중을 오르내렸다. 마음씨 좋은 인부 애돌프 스프레처는 밭의 다른 곳에서 표시 작업을 하고 있다가 소년이 처한 위태로운 상황을 목격했다. 그는 소년을 곤경에서 구하기 위해 갈아 놓은 밭 위를 전력으로 달려왔다. 그는 두 말의 머리를 거머쥐려고 달려들었으나 성공하지 못해 옆으로 쓰러졌다. 그는 곧 일어섰다. 그런데 다행스럽게도 폰트의 엉덩이 띠가 제지(制止) 고삐를 잡아당겨 주는 바람에 폰트는 앞으로 나가지 못하고 큰 원을 그리며 돌았다. 애돌프는 그 원을 직경으로 달려와 말의 머리를 제때 잡아채는 데 성공했다. 정말 위기일발의 순간이었다.

방금 어른의 일을 하기로 승격된 소년은 평탄기의 나무 널 위에 주저앉아 숨을 골랐고 놀라서 달아나던 말이 제 풀에 지쳐 발길질을 멈출 때까지 기다렸다. 폰트가 그처럼 흥분한 경우는 열심히 일을 하던 중 말벌에게 엉덩이를 쏘였을 때뿐이었다. 아무튼 소년과 폰트는 처음부터 끝까지 마찰이 심했다.

애돌프 스프레처는 소년이 별로 다친 데가 없다는 사실을 믿지 못했다. 소년은 애돌프에게 제발 제임스 외삼촌한테는 말하지 말아 달라고 신신당부했다. 인부는 동의했지만 결국 약속을 어겼다. 그날 오후 소년은 한 시간 더 밭에서 일을 한 다음 농장으로 돌아가 잡일을 했다. 그다음 날 아침 소년은 온몸이 뻣뻣하고 시퍼렇게 멍이 들어 아팠기 때문에 밭에 나갈 수 없었다. 그러자 그 이야기가 나돌았다.

제임스 외삼촌은 애돌프의 말을 믿었고 그래서 소년을 밭에 내보낼 때에는 인부 한 명을 붙여서 내보냈다. 그 일이 일어난 후 한동안 소년은 혼자서 밭에 나가지 못했다.

하지만 그는 늘 혼자 일하는 것을 좋아했고 또 〈어른 대접〉을 받기를 원했다. 그는 곧 신임을 회복하고 혼자 일을 나가게 되었다. 그해 여름 그는 수확기(收穫機)가 밭을 수확하고 지나간 후 담당 구역의 밀짚을 묶는 일을 했다.

그 당시 수확기는 〈톱날식 매코믹〉이었다. 아주 붉은 색깔이었고 왁스를 먹여 반들반들한 나무 곡식 수납대가 달려 있는 기계였다. 번쩍거리는 톱날이 밀을 이리저리 베어 내면 푸른색, 노란색, 붉은색 릴이 노란 알곡을 수납대로 흘려 보냈다. 장난감처럼 새빨간 이 기계는 밀밭을 지나가면서 그 뒤에 밀짚을 잔뜩 남겼다. 들판의 크기에 따라 또는 알곡의 경중에 따라, 평균 너덧 명의 장정이 담당 구역을 부여받아 밀짚을 일정한 짚단으로 묶어서 그다음에 밭으로 들어오는 말들에게 방해가 되지 않도록 옆으로 치워 놓았다.

왼손으로 짚단을 움켜쥐고 두 부분으로 대충 나눈 다음 짚단의 윗머리를 틀어 쥐는 동시에, 짚단의 아랫부분에 오른손을 집어넣는다. 이어 짚단을 슬쩍 들어 올려 띠로 그 윗부분을 묶어 손가락으로 단단히 옥죄면서 무릎 쪽으로 내리면 자동적으로 짚단이 묶인다. 이렇게 짚단을 모두 묶고 나면 어린 수확자의 손가락은 껍질이 벗겨지고 심할 때는 피까지 났다.

건초 시렁으로도 사용되는 널따란 알곡 시렁에서는 알곡 운반이 실시되었다. 긴 자루가 달려 있는 세 갈래 갈퀴를 이용하여 알곡 포대를 운반했다. 알곡 포대를 쌓아 올리는 일은 소수의 전문가들 몫이었다. 경험 없는 인부가 이 일을 하면 쌓아놓은 짚단이 우르르 무너지기 일쑤였다. 어떤 때는 산사태가 나듯이 옆으로 쓰러지기도 했다. 건초를 헛간에 가져와 쌓아 놓는 일은 이미 완료된 상태였다.

아침에 일어나면 온몸의 근육이 아파 왔는데 매일 아침 몇 시간 일을 열심히 하면서 풀어 주어야 했다. 곧 그는 노동에서 단조로운 노랫가락을 발견함으로써 고된 일과를 견뎌 내는 요령을 익히게 되었다. 그것은 끊임없이 그의 상상 속에서 들려왔다. 그는 그 반복되는 가락에 맞추어 노래를 부르기도 했다. 그 리듬에 맞추어 허밍을 하기도 하고 휘파람을 불기도 했다. 상상력이 풍부한 소년은 그렇게 해서 힘든 노동의 시련을 견뎌 냈다.

동일한 동작이 반복되는 단조로운 일은 일정한 리듬을 갖고 있는데, 노동자가 그 리듬을 깨우치게 되면 그 일은 곧 흥미롭게 된다. 노동자는 그 리듬을 만들어

내거나 혹은 바꾸거나 함으로써 일과 자신의 박자를 일치시킨다. 알곡 포대를 묶거나 짚단을 가리는 일, 알곡 포대를 마차나 시렁으로 옮기는 일, 건초를 옮기고 괭이질을 하고 줄자로 일정한 간격을 유지하며 옥수수 씨앗을 뿌리는 일 따위도 마찬가지였다. 특히 옥수수 씨앗을 뿌릴 때에는 삽과 삽 사이가 4피트 간격이 되도록 일정하게 유지하는 것이 중요했다.

모든 농기계들도 일정하게 반복되는 소음을 냈다. 그 소리는 농부의 일하는 리듬에 섞여들어 적절히 어우러졌다. 그 리듬은 정교한 수학적 패턴을 갖춘 이 세상의 시(詩)였다. 힘든 노동을 몇 시간씩 계속하는 인간의 육체는 그 일에 내재된 음악의 리듬에 맞추어 육체의 상태를 조정한다. 휘파람 소리와 노랫소리를 따라가면서 일을 하면 그만큼 덜 힘들다. 아마 포크 댄스도 이런 경로를 통해 생겨났을 것이다. 그런 만큼 그것은 신성한 춤이다.

소년은 맨발로 쟁기의 뒤를 따라가면서 외적 움직임에 수반되는 이런 내적 움직임에 귀를 기울였다. 단조롭게 반복되는 이 리듬 감각은 자연스럽게 소리의 배열을 가져 왔고 때때로 가사가 붙은 노래를 만들어 냈다.

이것은 정말 그럴듯한 발상이다. 아니 발상이라기보다 더 근원적인 본능 같은 것이다. 내면에 들어 있는 것이 순수하게 흘러나와 외부의 일과 결합되는 것이다. 이런 리듬에 맞추어서 일을 하면 피로도 별로 느끼지 못한다.

소젖 짜기는 단조로움에서 음악을 이끌어 내는 좋은 기회였다. 왼손이나 오른손이 소젖을 쥐어짜면 젖 줄기가 우유 통을 때린다. 양철통은 처음에는 리드미컬한 소리를 내지만 통 안에 소젖이 차올라 거품이 일면 그 소리를 변조시킨다. 그렇게 되면 그것은 일종의 음악이 된다! 당연히 소년은 소젖을 짜면서 이 리듬에 맞추어 노래를 부른다. 아, 인부 고틀리브. 그는 붉은 얼굴을 숙이고 노란 머리카락을 소의 옆구리에 기댄 채 종종 소년과 함께 노래를 불렀다. 그러니까 소년은 그의 내부에서 음악을 느끼고 그것을 밖으로 배출한 것이었다. 그는 〈피로에 피로를 가중시키기〉를 이겨 낼 수 있는 방법을 발견했다. 그럴 때면 제임스 외삼촌도 〈정신차려, 프랭크! 정신차려!〉라고 경고할 필요가 없었다. 그는 꿈을 꾸면서도 열심히 일을 할 수 있으니까.

농장 생활에서 그 무엇보다 중요한 것은 바로 그 리듬감이었다. 〈생명〉이 소년을 통해 자신의 존재를 주장하고 나선 것이었을까? 그의 내부에서 솟아올라 끊임없이 밖으로 표출되는 이런 리듬감 덕분에 그는 이제 농장에서 장정 한 사람 몫의 일을 했고 열네 살이었는데도 어른 임금 — 월 19달러에 숙식 및 의복 제공 — 을 받았다.

제임스 외삼촌은 어린 농부 때문에 상당한 재미를 보고 있었다.

말

이 아마추어 〈인부〉는 농장 생활을 하면서 말에 대해 속속들이 알게 되었다. 재갈, 굴레, 안장, 고삐, 마구, 쥠쇠, 물추리막대, 채찍, 엉덩이 띠, 가죽 줄, 갈고리, 말발굽, 말발굽 털, 양 어깨뼈 사이의 융기, 뒷다리 무릎 등의 전문 용어를 알게 되었다. 그는 또 말이 어떻게 짝짓기를 하는지 보았다. 고상한 머리와 벌름거리는 콧구멍을 가진 클라이즈데일 종마가 뒷다리를 번쩍 쳐들고 교미하는 것을 보았다. 암말은 날렵하면서도 온유했다. 어린 수말은 이른 나이에 거세를 하여 겔딩(거세마)으로 만들었는데, 아무 반항도 하지 않고 그런 조치에 순응했다.

소년은 농사용 말들을 일으켜 세우고, 빗질하고, 들판에 데리고 나오고, 마구간으로 다시 데려오고, 마구간을 깨끗이 청소했다. 말들이 똥을 자주 쌌기 때문에 이러한 청소는 반드시 필요했다. 말들의 꼬리털을 땋아 주고, 말들을 매어 놓고, 풀어주고, 벌을 준다고 채찍으로 때리고, 어떤 때는 고랑에 처박기도 했다. 말에게 음식을 주고, 인도하고, 회유하고, 어르고, 윽박지르고, 몰고 다니기도 했다. 안장을 대지 않은 말을 타고 다녔고 말을 길들인 다음에는 안장을 올려놓고 탔다. 제임스 외삼촌이 말을 길들이는 것을 보았고 또 어떤 때는 소년 자신이 말 때문에 부상을 입을 뻔했다. 말에 올라탔다가 내팽개쳐지기도 했고 놀라서 달아나는 말에 매달려 엉겁결에 같이 달아나기도 했다. 말에 치이기도 하고 발길질당하기도 하고 심지어 밟힌 적도 있었다. 말에게 화를 내면서 부끄러운지도 모르고 말의 머리를 마구 흔들어 대다가 그만 자신의 행동이 부끄러워지기도 했다. 말에게 편자를 신겨 주기도 했다. 인내하며 혹은 분노하며 말을 쟁기, 써레, 파종기, 표시기, 평탄기, 경작기, 목재 마차, 이륜마차, 사륜마차, 운반용 트럭, 우유 마차, 수확기, 맷돌, 탈곡기, 톱, 건초 수레, 건초 갈퀴 따위에 매어서 일을 시켰다. 말들을 데리고 일터에 나갔고 일이 끝나면 다시 마구간으로 몰고와 먹을 것과 물을 주고 털을 빗질해 주고, 그런 다음 재웠다.

온갖 보조 농기구를 말의 몸에 장착시켰고, 일을 하게 했으며, 이 살아 움직이는 어른용 장난감을 멈추게 했다. 〈인부〉의 말투로 온갖 욕설을 내뱉는 법을 배웠다. 소년은 말을 자유자재로 부리는 어린 주인이었다. 소년은 말과 함께 지내면서 고상한 흥분을 느꼈다. 인간의 동물 친구 중 말이 가장 믿음직스럽고 또 가장 〈낭만적〉인 동물이라고 생각했다.

암 퇘 지

소년은 매일 돼지들을 위해 사료를 가져오거나 아니면 호박이나 다른 먹을 것을 끓였다. 돼지들은 늘 입가에 침을 흘렸고 보기 흉한 어금니를 흔들어 댔다. 새끼를 많이 낳은 암퇘지는 배가 축 처져서 땅에 닿을 지경이었고 거의 언제나 툴툴거렸다. 자그마한 아기 돼지는 깨끗한 핑크색이었다. 생후 4개월이 되면 돼지의 주둥이에 고리를 박아서 잔디를 주둥이로 들쑤시지 못하게 했다. 어린 수퇘지들을 잡아서 수레에 실었는데 그때마다 돼지들은 애달픈 소리를 질러 댔다. 그렇게 해서 모두 실으면 시장에 내다 팔았다.

소년은 돼지들이 옥수수 밭에 들어가지 못하도록 열심히 뛰어다니며 감시해야 했다. 또 마당과 이웃의 밭에도 들어가지 못하게 막아야 했다. 언제든 돼지들을 어디에서 빼내거나 아니면 집어넣어야 했는데 그때마다 소년은 숨이 찼으며 힘들어서 땀을 흘리거나 간혹 절망에 빠지기도 했다.

소년의 일 중에는 아주 무거운 암퇘지가 어린 새끼들을 깔아뭉개지 못하도록 감시하는 것도 있었다. 그럴 때마다 어린 새끼들이 가슴이 찢어질 정도로 울어 대기 때문에 자연스럽게 암퇘지가 그런 못된 짓을 하고 있다는 것을 알 수 있었다. 돼지들을 부를 때는 〈푸이이그! 푸이이그!〉[19]하고 소리쳤는데 테너처럼 높은 그 목소리는 오페라 무대에 내놔도 손색이 없으리라. 가족의 식용으로 점찍힌 살찐 돼지의 목구멍 속에 깊숙이 칼을 집어넣으면 그 구멍에서 붉은 피가 콸

---

19 푸이이그는 돼지를 가리키는 영어 *pig*를 길게 늘여 발음한 것이다.

콸 솟구치는 것을 보기도 했다.

돼지우리의 냄새는 정말 지독했다! 돼지는 어디로 가나 그 머무는 곳을 엉망진창으로 만들었다. 그 불쾌한 냄새로 제 가치를 떨어트리고 자신을 타락시켰다. 소년은 돼지가 교미하는 것을 보기도 했다.

소년은 돼지를 많이 돌보았지만 돼지의 생태를 결코 좋게 보아 줄 수 없었고 또 타협할 수도 없었다.

암 소

소년은 목이 굵고 낮은 소리로 울어 젖히는 홀스타인 종 수소를 늘 두려워했다. 이 〈섹스의 노예〉는 코에 고리(코뚜레)를 달고 있었는데, 온 농장의 자랑이자 두려움의 대상이었다. 하지만 소년이 농장에서 처음 만난 것은 암소였다. 암소를 부를 때는 〈소 보스So Boss! 소-오 보스! 소-오-오-오 보스!〉[20]라고 낮은 목소리로 불러 댔다. 여러 해 동안 소들을 목초지로 데리고 갔다가 다시 데려왔는데 아마 인간의 역사가 시작된 지난 수천 년 동안 이런 일이 반복되었으리라. 소들을 축사에 집어넣고 꼴을 주고 아침이면 소젖을 짰다. 저녁에 소젖을 짤 때 보면 소 등에 파리가 잔뜩 달라붙어 있었다. 깨끗한 우유를 얻기 위해서 젖을 짜기 전에 먼저 소의 위장에서 똥을 제거하고 그 게으른 동물을 일으켜 세워야 했다. 주중에도 주말에도 변함없이 소젖을 짰다. 축사나 통로에서 맨발로 소똥을 물컹 밟은 것이 한두 번이 아니었다. 농장에서는 소똥을 밟는다고 하지 않고 소똥을 〈자른다〉고 했다. 축사 청소는 매일 해야 했다. 아무리 열심히 해도 돌아서면 또다시 축사 청소를 해야 했다. 아침이면 어김없이 암소들을 데리고 목초지로 나가야 했다. 사납게 날뛰는 놈이 옥수수 밭에 들어가지 못하도록 감시해야 했다. 소들은 툭하면 옥수수 밭에 들어갔기 때문에 그것도 신경 써야 했다. 암소에게 갈고리를 달아 주기도 했다. 어린 여동생을 때리는 못된 놈은 때려 주었다. 그 못된 놈에게 맞은 여동생 소는 아파서 소리를 지르면서 고개를 쭉 내밀며 공포에 사로잡혀 커다란 눈을 빙글빙글 돌렸는데 나중에는 흰자위만 보였다. 소

20 동물 중에 으뜸이라는 뜻으로 보스라고 부른 듯하다.

떼를 이끌고 엉뚱한 곳으로 내달리는 〈지도자〉 소의 목에는 고리를 씌워 징벌을 했다. 소년은 야성이 발휘되어 모험을 한번 해본 그 소를 불쌍히 여겨서 어른들의 허락 없이 그 고리를 몰래 빼주었다. 〈어디에서나 어느 시대에나 모험가들은 이런 제재를 당하는구나〉하는 일종의 동병상련을 느꼈던 것이다. 그렇게 고리를 빼주고 난 다음 날, 소들이 다시 옥수수 밭으로 들어간 것에 대해 꾸중을 듣고도 여전히 소년은 그 잔인한 고리를 또 빼주었다.

송아지들에게 뜨물을 줄 때에는 〈수켐-수크-수크-수크, 수크-수크-수크-수크〉 하고 테너로 불렀다. 하지만 송아지를 부를 때는 소프라노가 더 적절하다. 수송아지는 붙잡아서 겁먹고 울부짖는 놈의 불알을 까서 거세우(去勢牛)로 만들거나 생후 6개월쯤 되면 시장에 내다 팔았다. 거세우의 미간을 전광석화처럼 망치로 때린 다음 목구멍에 칼을 들이대어 도살하는 광경도 보았다. 두꺼운 피부는 잘라 내어 가죽으로 사용했고, 살코기는 다듬어 식용으로 썼다. 소년은 날이면 날마다 소들을 축사에서 꺼내 오고 또 집어넣었다. 봄에서 여름까지 농장 생활을 하는 내내 그렇게 했다. 어떤 때 암소가 냇가의 진흙에 빠져 나오지 못하는 것을 제임스 외삼촌이 빼내려고 할 때 옆에서 도와주기도 했다. 곤경에 빠진 암소의 목에 밧줄을 걸고 그것을 다시 여러 마리의 말에 연결시켜서 진흙에서 빼낼 수 있었다. 암소는 아무 상처도 입지 않았다.

접붙이는 계절이면 소들을 교미시키는 것을 구경했다. 여러 번 덩치 큰 수소에게 쫓겼지만 채인 적은 없었다. 이 〈목동〉은 소에 관한 일을 훤히 알게 되었다. 소는 늘 만족하는 듯한 모습이었는데 특히 꼴을 우물우물 씹고 있을 때가 그러했다.

암 탉

주홍색 벼슬을 가진 수탉이 있었다. 물론 암탉도 있었다. 소년이 닭을 다뤄야 할 일은 없었지만 아무튼 농장에는 수백 마리의 닭이 온 사방에 퍼져 있었다. 꼬꼬댁 소리를 내고, 캑캑거리고, 끌끌거리면서 온 사방에 흩어진 모이를 주어먹었다. 소년은 밤중에 닭장에서 들려오는 비명소리를 듣고서 잠에서 깨는 경우가 있었다. 그건 닭의 적이 어슬렁거리다가 닭장 안에 침투했다는 신호였다. 소년은 때때로 식사 전에 어린 수탉의 모가지를 잘라 오라는 지시를 받았다. 닭의 모가지를 잘라서 머리 없는 상태의 닭을 나무 더미나 마당에 던져 놓으면 그 몸뚱이는 완전히 숨이 끊어지지 않아서 미친 듯이 펄떡거렸다. 달걀은 지천에 널려 있었고 얻고자 하면 언제든 얻을 수 있었다. 고틀리브에게 달걀을 쪽 빨아먹는 방법도 배웠다. 감히 물통에 뛰어들어 자기 몸을 식히는 심술궂은 늙은 암탉을 발견하여 혼내 줄 줄도 알았다. 가령 바닥에 물이 조금 남아 있는 깊은 물통 속에 암탉을 던져 넣어 나오지 못하게 했다. 못된 암탉에게 쪼이기도 했다. 암탉에게서 이가 옮기도 했다. 소년은 수탉과 병아리는 귀여워했지만 암탉은 좋아하지 않았고 특히 그 끊임없이 교미하는 습관은 영 못마땅해했다.

그는 쉰 목소리를 내고 벼슬에 회색 반점이 있고 메추라기 같은 모습을 한, 암컷 뿔닭은 좋아했다. 공작새도 그를 매료시켰다. 그런 새들은 일상생활에 아름다움(혹은 장식)의 요소를 도입하는 것 같았다. 그런 아름다움의 요소는 모든 것에 깃들어 있었다. 인간은 아무리 애를 써도 그런 요소를 완벽하게 배제하지 못한다. 비록 가금류(家禽類)를 길들이는 사소한 일일지라도 거기에는 아름다움이 머물러 있는 것이다.

괭이

정원은 비교적 평온한 곳이었다. 부실한 울타리 너머로 이웃집의 다른 가축들이 쳐들어오지 않는다면 병아리, 새끼 돼지, 일부 암퇘지 등이 평화롭게 노닐 수 있는 곳이었다. 물론 지하에도 유충, 벌레, 우글거리는 곤충 따위의 적수들이 있었다. 이 벌레들은 마침내 전쟁에서 승리하여 인간을 박멸할 것인가? 아무튼 정원은 여러 생물이 서식하는 곳이었다.

씨앗을 뿌리는 자는 누구든 괭이질을 해야 한다. 괭이질 하는 자가 수확을 하고자 한다면 반드시 잡초를 뽑아야 한다. 한참 해보면 등이 아프다는 난점이 있기는 하지만 그래도 잡초 뽑기는 하나의 예술이다. 소년은 땅 가까운 곳의 잡초 줄기에 손가락을 대고 엄지를 지렛대로 하여 옆으로 비틀어 엄지와 검지 사이의 공간을 땅에 대면서 — 그러니까 지레로 들어올리는 것처럼 — 잡초를 뽑았다. 그렇게 하면 뿌리가 하나도 다치지 않은 채 뽑혀 나오고 손가락 피부도 별로 상하지 않았다.

이렇게 하여 잡초 뽑기는 소년의 팔이 아프고 손가락이 얼얼해질 때까지 하루에 몇 시간씩 계속되었다. 유익한 작물 사이에 있는 잡초를 솎아 주어야만 밭작물이 잘 자란다.

소년은 상추, 무, 근대, 당근, 설탕당근, 순무 따위의 유용한 작물 재배를 위해 쉴 새 없이 괭이질을 했다. 양배추, 토마토, 양파를 기르기 위해서도 괭이질을 했다. 초여름에는 반드시 괭이질을 했다. 손바닥에 굳은살이 박일 때까지 괭이질을 하면서 잡초를 뽑았다. 소년의 손바닥은 나중에 괭이자루처럼 반들반들해져서 손바닥과 자루 둘 다 유리처럼 반짝거렸다. 하지만 어떤 잡초는 너무 자라서 낫으로 벤 후 불태워 버려야 했다.

괭이질을 열심히 하던 소년은 왜 잡초를 연구하여 적절히 활용할 방안을 강구하지 않을까 하는 생각도 했다. 곡식은 잡초로 치지 않았다. 하지만 〈곡식〉도 과거 한때에는 농부가 그 쓰임을 몰라 잡초였던 시절이 있었다. 담배는 한때 잡초였다. 옥수수와 감자도 마찬가지였다. 토마토는 한때 독을 품고 있는 암 같은 존재로 간주되었다. 이렇게 볼 때 과거에는 모든 것이 다 잡초였다. 그렇다면 미래의 어느 시점에 가면 잡초는 아예 없어지지 않을까?

하지만 이 불공평한 싸움에서 잡초는 언제나 생명력이 제일 질긴 존재였다. 이 선과 악의 싸움 혹은 무한 경쟁에서 늘 승리를 거두는 듯했다. 정말이지 〈잡초〉의 생명력은 놀라웠다. 파슬리, 체스, 피그위드, 독, 래그위드 같은 잡초는 엄청 끈질겼고 개밀은 잡초 중의 잡초였다. 그다음이 캐나다 엉겅퀴였다! 이것은 즐거운 공상인데 만약 잡초를 정식으로 재배한다면 그것은 허약한 존재가 되어 버릴까? 밭작물을 잡초처럼 그냥 내버려 두면 잡초처럼 강인해질까?

아무튼 유월 땡볕 아래 들판에 나간 소년은 노력, 예측, 지식의 보상으로 향기 속에 부드럽게 떠 있는 듯한 토끼풀을 보았고, 큰조아재비의 길고 둥근 줄기가 미풍에 흔들리는 가운데 벌들이 잉잉거리는 소리를 들었다. 곧 텅 빈 들판에는 원추형의 노란 밀짚 더미들이 점점이 자리 잡을 것이다. 7월의 푸르름 속에서 6월에 은빛 이랑을 이루던 건초들은 보라색 건초 가리로 거두어질 것이다. 9월이 되면 인디언의 위그윔(원뿔형의 초막) 같은 옥수수 단이 밭을 수놓을 터였다. 샛노란 호박들은 그 위그윔들 사이에서 게으르게 들판에 누워 초가을의 햇빛에 그 둥그런 몸을 드러낼 것이다.

소년은 헛간에 들어가 위험한 건초용 쇠스랑을 들고 먼지가 수북이 쌓인 커다란 건초 더미 속에서 건초를 정리했다. 그는 짚단 뒤에 서서 탈곡기에 달린 밀짚 수납기에서 떨어지는 왕겨에 파묻혀 질식하지 않으려고 애를 썼다. 그의 몰골은 검댕과 땀과 먼지로 인해 말이 아니었다. 나중에 소년은 사일로(사료와 곡물의 저장고)에서 땀을 뻘뻘 흘리면서 저장된 꼴을 정리했다. 작은 낫, 큰 낫, 도끼 따위를 숫돌에 열심히 갈았다. 풀무의 손잡이를 죽을힘을 다해 돌렸다. 낡은 초록색 펌프의 나무 손잡이를 하도 오래 잡고 있어서 오른팔이 얼얼해질 정도였다.

비가 오면 이런 힘든 일에서 해방되는가? 그렇다. 말뚝을 박을 구멍을 파고 울타리를 손보는 일 이외에는 할 일이 없었다. 비 오는 날은 공치는 날이라는 말은 딱 맞는 말이었다.

노래와 이야기 속에서는 누군가가 가시철망 울타리를 세우는 사람으로 나온다. 그것은 곧 우리 문명의 이야기이기도 하다. 울타리와 연장이 인간의 〈정복〉을 아주 손쉽게 만들어 버렸다. 그렇지 않은가?

농장에는 언제나 잘 드는 도끼가 있다. 곧이곧대로 썰어대는 큰 톱이 있다. 또 힘차게 눌러 버리는 망치가 있다. 어느 농장에 가도 농부들은 이런 연장을 가지고 있다. 그리고 아참, 깜빡 잊어버릴 뻔했네, 비극적인 멍키스패너가 있다. 이 연장은 누구의 것인가? 멍키스패너를 가지고 어떤 혼란을 만들어 낼 수 있는가? 그리고 소중한 잭나이프는 또 어떻고?

그래서 농장에서 보낸 소년의 생활은 편자, 뿔, 칼날의 지배를 받았다. 번쩍거리는 쟁기, 부싯돌처럼 빛나는 큰 낫, 날카롭게 찌르는 찔레 덤불. 소년의 농장 생활은 아찔하고 위험스러운 승강(昇降), 곡직(曲直), 건습(乾濕), 조만(早晚)의 연속이었다. 어떤 때는 너무 높았는가 하면 어떤 때는 너무 낮았다. 어떤 때는 똑바른가 하면 어떤 때는 휘어져 있었다! 어떤 때는 건조한가 하면 어떤 때는 축축했다! 어떤 때는 너무 이른가 하면 또 어떤 때는 너무 늦었다! 농부는 2대 적수인 가뭄과 서리를 극복하는 방법을 알고 있어야 했다. 그렇지 않으면 패배할 수밖에 없다.

소년은 다루기 까다롭거나 별로 쓸모가 없는 연장을 끈질기게 다루어서 제 것으로 만들어야 했다. 그의 세상은 좋거나 나쁜 연장들로 가득한, 아주 절박한 〈회전목마〉였다. 장난감이 어린아이들을 즐겁게 해주듯이 진홍, 초록, 하양, 파랑, 황금 색깔의 연장은 농부를 즐겁게 했다. 하지만 연장은 어떤 때는 훌륭하게 작동하는가 하면 어떤 때는 고집을 부리는 먹통이었다.

결국 뚝심과 순박함이 농부를 배신하지 않는 마지막 밑천이었다.

소년은 의욕적으로 혹은 마지못해 일하는 농장 가축들의 땀에 젖은 몸뚱이를 이런 기계에 붙들어 매고 농장의 일을 해나갔다. 잘 다루지 못하면 기계는 가축들을 죽일 수도 있었다. 잘 다루면 기계는 농부를 위해 땅을 찍고 파헤치고 갈고 고르고 다듬어 주지만 만약 제대로 다루지 못한다면 농부를 죽였다. 하지만 제대로 작동하는 기계든 혹은 애물단지 기계든 밝은 색깔로 칠해져 있다는 것과 위험하다는 것은 매한가지였다. 기계는 그대로 방치해 두면 핵심 부품이 녹슬어서 농부가 정말로 필요로 할 때 애를 먹이기 일쑤였다.

이상과 같은 것들이 복잡한 농장 생활을 구성하는 필수적 〈부분〉인데 지금까지 분야를 나누어 서술해 보았다. 소년은 이런 〈농장 생활〉의 한가운데에 내던져졌고 거기서 살아남을 수 있는지 시험하는 시련을 겪었다.

이렇게 해서 소년은 암소, 암퇘지, 암탉과 함께 생활했다 소년은 겸손하고 온유한 말들의 도움을 받았고 본인도 열심히 노력했다. 그리고 농장에는 흥미로운 기계가 많이 있었다. 농장 일을 할 때는 분명히 그런 기계의 도움을 받았다. 하지만 일의 중심은 어디까지나 농부였다. 그렇지 않은가?

평화! 아름다움! 만족! 휴식!

그러나 세상일에 만족할 줄 모르는 저 신성한 〈창조 정신〉은 그 당시 밸리에서의 농장 생활에 적잖은 장애를 일으켰다. 그것은 과거뿐만 아니라 지금도 그렇다. 창조 정신의 이런 측면을 잘 아는 사람들은 가능하면 그런 정신을 갖지 않으려고 애쓸 것이다. 하지만 소년은 그것을 알지 못했다. 아무도 그에게 알려 주지 않았던 것이다. 그는 아무런 의심도 품고 있지 않았다. 그래서 이 어린 영혼은 아무런 두려움 없이 자신의 상상력을 마음껏 발휘하며 살았다.

낮 동안의 고된 일에 너무 지친 나머지 잠을 잘 수 없을 때, 소년은 침대를 박차고 일어나 땀에 절은 블루진 작업복을 도로 입고 맨머리와 맨발로 천천히 집 뒤의 언덕을 올라갔다. 북쪽으로 내달리는 기다랗고 조용한 산봉우리에는 개암나무와 온갖 나무들이 달빛을 받아 은은히 빛나고 있었다. 앞을 내다보며 〈상상〉에 잠겨 천천히 산봉우리를 올라가 어느 정도 높이에 이르면 소년은 깨어 있는 상태로 백일몽을 즐겼다.

나중에 어른이 되어 그 봉우리를 다시 올라가면서 어떻게 맨발의 소년이 한낮도 아니고 달빛 괴괴한 밤중에 이런 돌투성이 고지에 오를 수 있었을까, 의아하게 생각한 것이 한두 번이 아니었다.

산등성이 아래 쪽 양옆으로는 달빛을 받아 은은하게 빛나는 비옥한 계곡이 누워 있었다. 온갖 나무들은 달빛을 받아서 저마다 독특한 무늬를 자랑했고 달빛이 스며들지 않은 부분과 어우러져 아주 웅숭깊은 실루엣을 만들어 내고 있었다. 어둠 속이라 꽃들의 색깔은 알아볼 수 없었지만, 이슬을 머금은 꽃받침과 꽃부리는 창백한 보석처럼 반짝였다.

소년의 발과 다리는 웃자란 풀에 맺혀 있는 신선하고 서늘한 이슬 때문에 촉촉하게 젖었다. 촉촉한 이슬이 증발되어 생겨난 가느다란 안개는 저 아래 계곡에서 서늘하면서도 널따란 담요처럼 둥둥 떠다녔고 길고, 가느다랗고, 평평한 리본처럼 나무들의 우듬지를 장식했다.

여름 벌레들의 나지막한, 졸리는 듯한 웅얼거림 이외에는 아무 소리도 들려오지 않았다.

이러한 풍경을 온 사방을 비추는 달빛이 내려보고 있다면 저 오래된 습기의 원칙이 땅을 지배하고 있었다. 깊은 그림자들은 이러한 풍경의 신비를 아늑하면서도 너무나 매혹적인 것으로 만들었다.

그 장면을 뭐라고 해야 할까, 그것은 한적한 풍경, 바로 그것이었다. 그는 종교적으로 경건한 심정이 되어 밤의 음악을 들었다. 마치 그것이 지상에서 들을 수 있는 마지막 곡조인 양 마음속 깊숙이 새겨 넣고자 했다. 어릴 때 침대에 누워 아버지가 연주하는 베토벤의 곡을 들었던 생각이 떠오르자 그 가락이 다시 기억났다. 그는 황홀경에 잠긴 채 그 음악의 부양력(浮揚力)으로 자신의 몸이 가볍게 공중으로 떠오르는 것처럼 느꼈다.

그럴 때면 아름다운 여자가 그에게 다가올 것 같았다. 이 세상 어디에선가 그를 만나기를 꿈꾸며 기다리는 동화 속의 공주가 그 밤의 음악을 듣고 금방이라도 나타날 듯싶었다. 또래의 사춘기 소년이 상상하는 아름다운 여성이 그러하듯이 그녀의 피부는 때로는 하얗고 때로는 가무잡잡했다.

이어 소년은 자신이 완수하게 될 위대한 업적을 상상했다. 억제할 수 없는 승리의 느낌. 그러면 그 덧없는 풍경은 갑자기 찬연한 업적과 소년다운 영광의 현장으로 바뀌었다. 그런 꿈들이 실패를 통해 망가지고 말 것이라는 의식이나 의심을 소년은 조금도 품고 있지 않았다.

정말 뜬금 없이 그런 꿈들이 깨어 있는 상태에서 백일몽 속으로 흘러 들어왔다. 그 마법 같고 신비로우며 황금빛과 보랏빛으로 반짝이는 밤의 기운에 이끌려서 꿈은 계속 꿈을 만들어 냈다. 그 꿈들은 소년의 피곤한 정신에 가볍게 내려앉아 낮 동안의 피로를 털어 냈다. 마치 그의 장딴지 근처에 피어 있는 꽃들에 내린 이슬이 꽃들을 생생하게 되살아나게 하듯이.

지금 와서 되돌아보면 소년의 꿈이란 그리 대단한 게 아니었다. 하지만 그 당시에 소년은 황홀했다. 달빛을 받아 반짝거리는 이슬 맺힌 풀과 꽃 사이를 거닐 때면 자신이 마치 공중에 둥둥 떠다니는 기분이 들었다. 맨발에 밟히는 차가운 돌도 전혀 차갑게 느껴지지 않았다. 그는 비몽사몽 중에 언덕을 걸어 내려와 다시 침대에 들어가 잠을 청했다. 그러면 곧 아무런 꿈도 없는 깊은 잠의 세계에 빠져들었다.

1,260일에 달하는 〈어제〉와 같은 〈오늘〉과 〈내일〉을 보낸 후에, 소년은 열여섯 살이 되었다. 그리고 그의 농장 시절이 끝났다. 그는 이제 위스콘신 대학에 입학할 예정이었다.

농장 생활은 그에게 자신감을 심어 주었고 또 용기라는 개인적인 힘까지 길러 주었다. 그의 근육은 단단해졌고 발걸음은 스프링처럼 탄력이 있었다. 그는 자신 있게 발걸음을 떼어 놓았으며 손가락은 머릿속에서 빠르게 움직이는 생각을 구체적으로 짚어 낼 수 있었다. 마음은 낙관론으로 둥둥 떠올랐다. 그 낙관론은 구름과 비 뒤에는 햇빛이 따라 나온다는 인식에서 흘러나온 것이었다. 실패를 거쳐야만 성공을 할 수 있다는 것을 알았다. 자연의 힘들 사이에는 본질적으로 어떤 균형감이 있다는 것을 깨닫고 날마다 열심히 일한 덕분에 자연스럽게 획득한 마음가짐이었다. 그는 이런 내적 경험의 힘을 소중하게 여겼고, 이런 내면적 질서가 중요하다는 사상은 하나의 숭고한 종교가 되었다. 그는 그 사상에서 마음의 피난처를 얻었다. 게다가 이제 열일곱이 된 소년은 벌써 몇 해 동안 어른 한 사람 몫의 일을 해왔다. 그는 어떻게 해야 많은 일을 행복하게 잘할 수 있는지 배웠다. 그렇게 하여 자신이 마음만 먹으면 얼마든지 많은 일을 해낼 수 있다는 것을 알게 되었다. 그것은 그에게 단단한 자신감을 심어 주었다.

그는 자연이나 동물은 두려워하지 않았다. 오로지 사람만이 두려웠다. 〈사람〉은 그에게 무서운 미지수(未知數)였다. 여자들은 더 말할 것도 없었다. 그는 〈여자〉를 보기만 하면 놀란 사슴처럼 숲 속으로 달아나기 일쑤였다.

하지만 푸른 호수 옆에 있는 자그마한 집의 사정은 그리 좋지 못했다. 아버지와 어머니 사이에는 이제 의견이 일치하는 일이 별로 없었다.[21] 아들이 대학에 입학할 무렵에 아버지는 학문에 몰두하여 산스크리트어를 열심히 공부하고 있었다. 어머니는 벌써 몇 해 동안 건강이 좋지 않았다.

가난은 점점 심해졌다. 청년은 식탁에서 어머니가 점점 더 희생하고 있다는 것을 눈치 챘다. 어머니는 식구들이 남긴 것만을 먹었다. 차도 설탕을 넣지 않고 마셨다. 취향 때문이 아니라 절약하기 위해서였다. 구운 닭을 먹을 때는 일부러 목 부분만을 먹어서 어머니가 정말 그 부분을 좋아한다고 오해할 정도였다. 하지만 뒷마당의 닭장에서 닭을 꺼내 요리해 먹는 경우는 거의 없었다.

종종 감자, 야채, 사과를 담은 통 따위를 농장에서 보내 왔다. 아버지의 수입은 보잘것없었는데 그나마 점점 줄어들었다. 매디슨에서 음악은 생계 유지 수단이 되지 못했다. 아버지는 매디슨에서 부정기적으로 설교를 했고 인근 마을에서 설교하는 일은 그보다 더 드물었다. 게다가 처가 쪽 식구들의 냉담한 태도에 대

---

21 라이트의 아버지는 1995년 이혼을 신청하여 법원으로부터 허가를 받았다. 별도로 표시를 하지 않는 한, 이 책의 전기적 연대는 로버트 L. 스위니Rober L. Sweeney가 작성한 미발표 연대를 따른 것이다 — 원주.

해 짜증을 냈다. 존스 가문은 그들의 딸 애너가 쫄쫄 굶고 있는 상황을 방관하지 않으려 했다. 하지만 자존심이 강한 아버지는 처가의 식량 지원을 못마땅하게 여겼다.

청년은 어머니의 희망이었다. 어머니는 그를 보고 살았다. 하지만 그런 희망도 어머니에게는 큰 도움이 되지 못했다.

이 당시 부자간에 커다란 격돌이 벌어졌다. 아들이 말을 잘 안 듣는다는 이유로 아버지는 청년을 때리려고 했다. 마구간에서 삽시간에 일어난 일이었는데 청년은 아버지를 바닥에 쓰러트리고 힘으로 찍어 눌렀다. 아버지가 때리지 않겠다고 약속한 후에야 풀어 주었다. 청년은 이제 다 자라서 가만히 맞고 있지만은 않았던 것이다. 「이제 아들을 때리는 짓은 그만두세요.」 청년은 말했다. 그는 그런 사태에 부끄러움을 느끼면서 하얗게 질린 얼굴로 집 안으로 들어가 떨리는 목소리로 금방 벌어진 일을 어머니에게 보고했다.

청년은 아버지를 아버지로 인정하지 않았다. 부자의 사이는 이제 완전히 틀어져 버렸지만 표면적으로는 모든 것이 예전처럼 흘러갔다. 아들은 재주 많은 아버지를 한편으로는 존경하기도 했고 다른 한편으로는 불쌍히 여기기도 했다. 아버지가 탁월한 재주에도 불구하고 불우한 환경 때문에 출세하지 못했다는 생각을 하면 측은한 기분이 들기도 했다. 하지만 자신의 그런 느낌을 아버지에게 어떻게 전달해야 할지 전혀 알지 못했다. 정상적인 아버지와 아들 사이에 맺어지는 그런 관계가 그들 사이에는 존재하지 않았다. 어쩌면 아버지는 아들을 사랑한 적이 단 한 번도 없었을지도 모른다. 불유쾌한 기억이 평생 사람을 따라다니듯이, 그 서글픈 추억은 청년을 자주 괴롭혔다.

청년은 닫힌 아버지의 서재 문 앞에서 방 안의 동정을 살폈다. 아버지는 방 안에서 이리저리 걸어 다니고 있었다. 걸어 다니면서 뭔가 암송하고 있었는데 교회에서 가끔 하는 낭송회 준비를 하는 것 같았다. 억양과 강세를 바꾸어 가며 실험하는 것으로 보아 시집을 손에 들고 시를 읽고 있는 게 분명했다. 어떤 때는 같은 연(聯)을 자꾸만 반복해서 읽었다. 그때 청년이 들었던 시는 에드거 앨런 포의 「갈가마귀The Raven」였다. 일정한 보폭으로 움직이면서 아버지는 이렇게 낭송하고 있었다.

누군가가 내 방문을
부드럽게 두드리는 듯.
「방문객이로군.」 내가 중얼거렸다.
「내 방문을 두드리는.
— 그 소리뿐 그 이상은 들리지 않아.」

막간: 느린 발걸음 소리

그리고 비단결의, 슬프고, 불확실한
자주색 커튼의 살랑거림은
나를 매혹시키고 전에는
느껴 보지 못한 공포로 나를 채우네……

짧은 침묵

거기에는 어둠, 그 외에는 없네.
거기에는 어둠, 그 외에는 없네.
이것뿐, 그 외에는 없네.

휴지,
조금 전과 같이 일정한 발걸음 소리

그럼 이것이 어떤 위협인지 살펴보자.
이 신비가 무엇인지 탐구하자. 그리고
이 신비를 탐구하자 —
그것은 바람, 그 외에는 없네.
그것은 바람, 그 외에는 없네.

침묵,

빠른 발걸음 소리

새든 악마든 여전히 예언자이나니!
새든 악마든 여전히 예언자이나니!

깊은 침묵, 그리고……

거기에 길레아드발삼나무가 있는가?
말해다오, 간청하노니 말해다오.
갈가마귀가 말했다. 「더 이상 없다!」
갈가마귀가 말했다. 「더 이상 없다!」
…… 갈가마귀가 말했다 ……
그리고 내 영혼은 저기 바다 위에
낮게 엎드려 떠다니는 저 그림자로부터
떠오르지 않으리라 — 결코!

 청년은 더 이상 듣고 싶지 않아 서재에서 조용히 물러 나왔다.
 때때로 식구들이 모두 잠든 후에 청년은 아버지가 서재를 배회하며 시를 낭송하는 소리를 듣기도 했다. 그러면 부드러운 청년의 마음은 슬픔으로 넘쳐흘렀고 더 이상 그것을 듣고 싶지 않아 베개에 머리를 파묻기도 했다.
 어떤 때는 「종소리The Bells!」라는 시를 암송하기도 했는데 그건 좀 분위기가 가벼웠다.

오 종소리, 종소리, 종소리
오 종소리, 종소리, 종소리
종들의 노래와 울림에 따라다니는
환희와 즐거움이여.

종소리의 리듬과 울림이여!
종소리의 리듬과 울림이여!

아버지는 이 시를 좋아했음에 틀림없다. 다양한 억양으로 이 시를 낭송했고, 그러면 종소리는 차임벨에서부터 강하게 울리는 초인종 소리를 지나 아주 시끄러운 동네 종소리 같은 소리의 단계를 거쳐 갔다. 이어 이런 구절이 나왔다.

그 우울한 어조의 위협이여.
신음하듯 울부짖는 종소리여!
오 종소리, 종소리, 종소리,
신음하듯 울부짖는 종소리여!

어느 날 아버지와 어머니의 불화가 더 이상 참을 수 없는 지경에 이르렀다. 어머니는 참을 수 있는 데까지 참았고 어쩌면 아버지도 무던히 참았을지도 모른다. 아무튼 어머니는 아버지에게 이렇게 말했다. 「라이트 씨 — 어머니는 그를 늘 이렇게 불렀다 — 이제 우리를 그만 놓아 주세요. 아이들은 내가 키울게요. 당신은 당신의 길을 가세요. 지금 살고 있는 이 집을 제외하고 아무것도 요구하지 않을게요. 내가 교사 생활을 하면서 번 돈이 이 집에 다 들어갔고 여러 해 동안 이 집을 가꾸어 왔으니까요.」

「아니, 당신에게 그 어떤 도움도 요청하지 않겠어요. 하지만 우리에게 뭔가 보내 줄 게 있으면 보내 주세요. 설사 보내 주지 않더라도 우리에게 있는 것을 가지고 최선을 다해 살아 보겠어요.」

지난 18년 동안 함께 살아 온 부부가 이런 나직하게 내뱉은 간단한 말로 파경을 맞게 될 줄 그 누가 알았겠는가? 먼 길을 가다가 왼쪽과 오른쪽으로 갈라지는 길목에 선 나그네처럼, 부부는 서로의 길을 갔다. 그러나 이렇게 엄청난 사건이 일어날 때까지 사전에 어떤 조짐도 나타나지 않았던 것이다. 하지만 가족의 방향, 목적지, 인생의 의미가 바뀌어 버렸다.

그 양 갈래 길에서 때때로 파멸이 기다리고 있었다. 따지고 보면 인생의 진짜

위기는 그런 식으로 간단하게 발생하지 않는가? 나무나 풀에서 유기적 변화가 서서히 일어나듯이(그리하여 그 변화가 겉으로 나타났을 때에는 받아들일 수밖에 없듯이), 인간의 마음에서 천천히 진행되어 온 그 변화를 누가 감히 재판할 수 있을 것인가?

이런 확정적 변화에 감히 〈안 돼!〉라고 소리치며 맞서는 일은 얼마나 어리석은 짓인가! 그런 변화를 은밀히 부추긴 것은 얼마나 몰지각하고 위험한 짓인가! 그런 상황에서 조언을 하겠다는 것은 언어도단이고 판단을 하겠다는 것은 더 더욱 어리석은 짓이다.

아버지는 집을 나갔고 그 후 어머니와 자식들은 그를 만나지 못했다. 카펜터 판사는 두 사람의 혼인 계약을 무효로 하면서 이혼을 승인했다. 외가 쪽 친척들은 모두 깊이 슬퍼했고 어머니가 짊어져야 할 불명예를 안타깝게 생각했다. 어머니는 슬픔에 빠져 몸을 제대로 가눌 수 없을 정도였다. 아이들을 위해 어쩔 수 없이 갈라서기로 했지만 마음속 깊은 곳에서는 아버지가 이혼을 덥석 받아들이지는 않을 것이라는 소망이 있었던 것이다.

아버지는 15년 뒤 사망했는데 그때까지도 어머니는 아버지가 결국 돌아올 것이라는 희망을 잃지 않았다.

어머니는 평생 동안 다른 남자 생각은 하지도 않았고 아버지의 생활에 다른 여자가 끼어들었다고 보지도 않았다. 실패에 실패를 거듭하면서 축적된 스트레스가 그들의 영혼을 닳게 했고 그래서 그런 파국으로 내달렸는지도 모른다. 아버지는 이혼 후 평생의 취미인 학문 연구의 길로 들어섰다. 연구, 책, 음악 이런 것들만 있으면 그 나머지는 얼마든지 잊어버릴 수 있는 사람이었다.

아주 민감했던 청년은 〈불명예〉를 날카롭게 의식했다. 어머니는 〈이혼당한〉 여자였다. 하지만 어머니는 착한 분이고 또 올바른 분이라는 청년의 신념은 흔들리지 않았다. 따라서 사회가 어머니를 그렇게 대하는 것은 〈불공정〉했다. 어머니를 이렇게 홀대하는 것이 과연 무슨 사회적 이익을 가져온단 말인가?

청년의 마음속에서는 분노가 펄펄 끓었다. 그것은 아무런 잘못도 없는 자신과 두 여동생, 제니와 매기넬에게 엉뚱한 심판이 내려졌다는 잠재의식으로 발전했다. 어머니의 불행이 과연 사회적 범죄라는 말인가? 자식은 물론이고 어머니까지 징벌을 당해야 한단 말인가? 우리 가족이 무엇을 잘못했는데?

청년은 그 의문을 결코 풀지 못했다. 하지만 그것을 하나의 핸디캡으로 받아들였고 그런 만큼 전보다 더 민감하고 수줍음을 타는 사람이 되어 갔다. 또 사회에 대한 불신도 품게 되었다.

어머니는 이제 혼자 힘으로 아들과 두 딸을 부양해야 했다. 어머니는 건축가 지망생인 아들을 앨런 D. 코노버 사무실에 취직시켰다. 코노버는 위스콘신 대학의 공대 학장이자 유능한 토목 기사였다. 그는 매디슨 시내에 사무실을 열고 개인 사업을 하고 있었는데 일을 도와줄 착실한 청년을 절실히 찾고 있었다.

코노버 교수는 교양 있고 자상한 사람이었다. 그는 청년이 오전에 대학에 가서 공부를 하고 오후에 사무실에 나와서 일하도록 배려해 주었다. 임금은 월 35달러였다. 이제 대학교 1학년이 된 청년은 오후에 코노버 사무실에서 일을 마치고 저녁에는 집에 돌아와 공부를 했다.

처음에는 어머니가 먼저 권했으나 청년도 건축가가 되기를 소망했다. 하지만 그의 집안에는 유럽의 건축학교로 유학 보낼 돈이 없었다. 반면에 지방 대학교에는 공과대학이 개설되어 있었다. 청년으로서는 공대에 진학하는 것이 건축 공부에 가장 가까이 다가갈 수 있는 길이었다.

청년은 위스콘신 대학의 토목공학과에 입학했다. 다행스럽게도 이런 인연으로 해서 청년은 그 당시 유소니아[22]에서 유행했던 감상주의적인 건축 교육의 영향을 조금도 받지 않았다. 당시의 건축은 감상주의적 경향이 너무 강해 엉뚱한 문화적 방향으로 나아가고 있었다.

매일 아침 그는 2마일 정도 떨어져 있는 대학교까지 걸어갔다. 오전에 학교 수업을 마친 후 정오까지 코노버 사무실로 가서 거기서 도시락을 먹었다. 오후 내내 제도판 위에서 일을 하고 다시 걸어서 귀가하여 저녁을 먹고 공부를 했다. 청년과 로비 램프는 여전히 친한 친구였으나 청년은 대학에 진학한 반면 로비는

---

[22] 소설가 새뮤얼 버틀러가 만든 용어로 미국을 지칭할 때 라이트도 이 단어를 사용했다.

그렇게 하지 않아 두 사람의 길은 갈라졌다.

대학 생활을 회고해 보면 대부분 고통스러웠다는 기억밖에 없다. 가난과 고민. 부모가 이혼한 슬픔. 충족되지 않는 동경. 굴욕과 좌절. 수학을 제외하고 대학 공부에 별 흥미를 느끼지 못했다. 수학은 그런 대로 〈통하는〉 바가 있었다. 구레나룻을 기른 자그마한 키의 밴 벨저 교수가 수학을 가르쳤는데, 교수는 자신이 택한 학문에서 어떤 낭만도 느끼지 못하는 것 같았다. 하지만 수학이 어떤 과목인가. 제대로 이해하면 가장 낭만적인 학문이 아닌가. 음악도 따지고 보면 승화된 형태의 수학에 지나지 않는다.

아무튼 엄격하고 자의식이 강한 수학 교수는 학생에게 〈둘 더하기 둘은 넷〉이라는 것만 가르치고 말았다. 수학 교수에게 시인의 심성을 바라는 것은 불합리한 희망인가? 토목기사가 창조적인 교향악을 작곡하기 바라는 것은 처음부터 무리한 요구인가?

프랑스어? 누구나 존경하고 좋아했던 매력적이고 솔직한 루시 게이 양이 가르쳤다. 청년은 『가난한 청년의 로맨스 The Romance of the Poor Young Man』, 『르 시드 Le Cid』 등을 읽었다.

영어 작문은 프리먼 교수가 가르쳤다. 잘생긴 신사였는데 교수의 위엄을 내세우려는 듯 늘 근엄한 표정을 짓고 있었다.

청년은 자신의 말로 읽고 쓰기를 바랐고 또 자신의 언어로 말하는 것이 정말 중요하다고 생각했다. 하지만 권위만 내세우는 교수 밑에서는 그렇게 할 수가 없었다. 그의 작문은 언제나 〈양호〉 또는 〈우수함〉이라는 평가를 받았다. 하지만 그는 마음속으로 그 작문이 형편없는 쓰레기라고 생각했다. 문법적 오류나 실수를 지적받지 않았다는 것을 제외하면, 그런 평가가 도대체 무슨 소용이란 말인가? 아무 소용도 없었다. 자기주장을 펴지 않고 겉멋을 부리지 않아서 감점(減點)을 당하지 않았다는 사실 이외에는 그걸 작문 교육이라고 할 수 없었다. 오늘날까지 청년에게 영어는 하나의 신비로 남아 있다. 그는 영어의 특징에 대해서는 배운 적이 없었다. 영어가 외국어와 다른 점은 무엇이고 어떤 점이 개별 언어로서 독특한 점인지 들어 보지 못했다. 영어의 한계는 무엇이고 그것을 어떻게 하면 이점으로 전환시킬 수 있는지 배우지 못했다. 그는 순전히 혼자 힘으로 그것을 발견해야 했다.

향학열에 불타는 청년은 집에서 칼라일의 『의상철학Sartor Resartus』, 『영웅과 영웅숭배On Heroes, Hero-Worship, and the Heroic in History』, 『과거와 현재Past and Present』, 아버지가 남겨 놓고 간 소가죽 장정의 플루타르코스의 『영웅전Bioi Parallēlio』, 러스킨의 『포르스 클라비게라Fors Clavigera』, 『근대화가론Modern Painters』, 넬 이모와 제인 이모가 선물한 러스킨의 『베니스의 돌The Stones of Venice』, 모리스의 『볼숭 가문의 시구르드Sigurd the Volsung』, 셸리의 시들, 괴테의 『빌헬름 마이스터』, 윌리엄 블레이크의 시, 빅토르 위고의 『레미제라블Les Misérables』, 비올레르뒤크의 『건축론Entretiens sur l'architecture』 따위를 읽었다. 하지만 강의 시간에 무엇을 읽었는지는 전혀 기억이 나지 않는다.

청년은 오후에 코노버 사무실에서 코노버 교수와 엔지니어인 스톰 불에게 석절법(石切法), 그래픽-정역학(靜力學), 분석 대수 및 기술 대수 등의 작업 결과를 보고했다. 그것은 언덕배기에 있던 사무실에서 청년이 아주 고통스럽게 작업한 것들이었다. 아무튼 청년은 대학 시절 코노버 교수 밑에서 일하면서 가장 많이 배웠다.

신입생 파티

청년의 친구 찰리 웨어가 그에게 여자 파트너를 구해 주었다. 웨어는 사촌인 메이 화이트를 만나서 사정을 설명하고 청년의 파트너로 나서는 데 동의를 얻어 냈다. 이제 청년은 여자를 멀리 하라는 성서의 명령을 거역하고 천사들도 발 딛기 두려워하는 땅으로 들어설 예정이었다.

파티 날은 아주 청명했다. 그날 아침 수줍음 많은 신입생은 산책을 나갔다가 찰리를 만났다.

「그래, 찰리, 그러기로 했지. 하지만 파티에서 어떻게 행동해야 하는지 좀 알아야겠어. 어떻게 처신하고 어떤 행동을 해야 하는지 말이야.」

찰리가 대답했다. 「별거 없어. 메이를 찾아가서 파티 장으로 데리고 와. 그녀와 몇 번 춤을 춰. 상대의 발등을 밟지 않도록 조심해. 그런 다음 그녀를 다른 친구들에게 소개하고 춤을 추게 해. 그게 전부야! 그동안에 자네도 다른 여학생들과 춤을 추도록 해. 맨 마지막 춤은 메이와 추고 — 꼭 이렇게 해야 해 — 그다음에 여학생 회관에 데려다 주면 돼.」

신입생은 파티가 끝난 후 여자를 바래다주고 헤어지기 전에 키스를 하는 것이 좋다는 엉뚱한 생각을 품고 있었다. 이상하게 그 생각에 집착하고 있었다. 찰리는 그 이야기를 듣더니 웃음을 터트렸다.「오, 그건 옵션이지.」

그래서 그는 기분 좋은 상태로 찰리와 헤어졌다.

파티는 여학생 회관 옆의 학생 회관에서 열릴 예정이었다. 마차를 준비하는 것이 좋겠다는 생각이 들어 마차를 대령했다. 아주 짧은 거리임에도 불구하고. 하얀 넥타이에 검은 양복을 입고 에나멜가죽으로 만든 구두를 신었다. 양손에는 하얀 장갑을 끼고 숙녀를 위한 부케를 들었다. 검은 외투 윗주머니에는 꽃을 꽂았다. 여기까지는 아주 좋았다. 준비가 너무 순조로워서 불안한 생각이 들기까지 했다.

여학생 회관으로 가보니 메이가 준비하고 기다리고 있었다. 청년은 너무 당황한 나머지 아무 말도 하지 못했다. 하지만 메이는 청년에 대한 사전 정보를 받아놓고 있었다. 그녀는 청년이 마차로 안내하는 대로 따라갔다.

메이 화이트와 프랭크 라이트는 아주 멀찍이 떨어져 앉았고 마차는 출발하자마자 학생회관 앞에 멈춰 섰다. 그동안 두 사람 사이에는 아무런 대화도 없었다.

두 사람은 마차에서 내려섰고 서투른 청년이 그녀를 회관 입구까지 안내했다. 그들이 안으로 들어가 보니 서로 장난치는 남학생만 잔뜩 있었고 여학생은 보이지 않았다. 청년은 얼굴을 크게 붉혔고 자신이 메이를 남학생 전용 대기실로 데려왔다는 것을 깨달았다. 그는 멍한 표정으로 주위를 돌아보았다.「여자 대기실은 어디죠?」그건 메이도 몰랐다.

그는 부끄러워서 어쩔 줄 몰랐다. 방의 저쪽 구석에 있던 찰리 웨어는 한눈에 상황을 파악하고 재빨리 달려왔다.「메이, 나를 따라와!」

그녀는 그를 그 자리에 놔둔 채 찰리를 따라갔다. 많은 학생들 사이에서 그는 자신이 커다란 과녁이 된 듯한 느낌이 들었다. 어떤 학생이 그를 불쌍하게 여겨

외투와 모자를 벗어 두는 곳을 가르쳐 주었다. 그는 곧 정신을 차리고 파트너를 찾으러 갔다.

청년은 그녀를 찾을 수 없었다.

커플 입장 시간이 다가왔다.

그 여학생은 어디에도 보이지 않았다!

첫 번째 왈츠.

여전히 여학생은 보이지 않았다!

왈츠가 거의 끝나갈 무렵 청년이 파티 장에서 떠나야겠다고 생각하고 있는데 그때 메이의 목소리가 들려왔다. 「왜 여기에 있는 거예요! 여학생 대기실에서 오랫동안 기다렸잖아요. 그런데 문득 당신이 내 얼굴을 잘 모른다는 생각이 들었어요. 서로 오래 사귄 사이가 아니니까요. 그래서 내가 이렇게 찾아 나섰어요.」

상대방의 얼굴을 모르다니 그럴 리가 있느냐고 반박해야 한다고 느꼈지만 입 속으로 중얼거리고 말았다. 그 자신도 상당히 당황했던 것이다.

그들은 함께 춤을 추었다. 춤이 끝나자 찰리가 달려와 메이의 다음 파트너를 정해 주었다. 그는 어수룩한 시골 청년에게도 한두 번 더 다른 여학생들과 춤추게 해주었다. 찰리는 역시 평소와 마찬가지로 수완이 좋았다. 그렇게 해서 두세 번의 춤은 아무런 문제없이 진행되었다. 이제 청년은 무도장 주위를 어슬렁거리면서 메이와 헤어질 때 키스를 해야 하는지 고민했다.

그는 그 일이 어떻게 전개될지 전혀 상상할 수 없었다. 비록 그가 아마추어이기는 했지만 바보 노릇을 해서 찰리를 망신 주고 싶지는 않았다.

청년은 당초 계획대로 밀고 나가야 한다고 결심했다. 그는 메이에게 드레스가 예쁘고 춤도 잘 춘다고 말해야 한다고 느꼈다. 실제로 그녀의 드레스와 하얀 구두와 머리 모양은 멋졌다.

하지만 그가 겨우 말한 것은 고작 이런 말이었다. 「우린 재미있는 시간을 보냈지요, 그렇지요?」

「그랬나요?」 메이가 약간 화난 어조로 말했다. 그러자 둘 사이에 어색한 침묵이 감돌았고 청년은 그 순간을 벗어날 수만 있다면 대학 공부도 포기하겠다고 생각할 정도였다. 두 사람은 간신히 마차에 올랐다.

아무튼 〈우린 재미있는 시간을 보냈지요, 그렇지요?〉, 〈그랬나요?〉 이 짧은 대화 이후에 더 이상 대화는 없었다. 이제 메이에게 키스를 해야 한다는 생각은 영원히 물 건너가 버렸다!

여학생 회관 계단 앞에 내리자 작별 인사를 할 시간이 되었다.「저기……」그는 자신이 아주 한심한 바보가 된 느낌이 들었다.「고맙습니다.」그는 짧게 말하고 재빨리 돌아서서 마차로 걸어갔다. 메이가 스스로 회관 문을 열고 들어가도록 내버려둔 채. 메이가 열고 들어갔겠지 하고 생각했지만 확실히 알지는 못했다.

그는 집으로 돌아오자마자 램프를 켜고 파티 장에서 전혀 도움이 되지 못했던 거추장스러운 옷을 재빨리 벗어서 옆으로 내던졌다. 위안을 얻기 위해 칼라일의 『의상철학』을 들고 침대에 누웠지만 전혀 위안을 얻지 못했다.

그는 파티 장에서 있었던 일을 다시 생각하면서 자신이 실제와는 전혀 다르게 아주 멋지게 행동하는 광경을 상상했다. 그런 상상은 청년의 제2의 천성 같은 것이었다. 그는 파티 장에서 완벽하게 남자 파트너 역할을 수행하는 자신의 모습을 상상했다. 하지만 파티는 이미 끝나 버린 것이다!

그가 용기를 내서 다시 무도회에 도전한 것은 그다음 학기의 일이었다. 이번에는 블랑시 라이더라는 시내에 사는 멋진 여학생이 그를 불쌍히 여겨 자청해서 파트너가 되어 주었다. 그녀는 청년이 무도회 행사를 잘 치르도록 아주 능숙하게 이끌어 주었다.

이 무렵 아주 비극적인 사건이 발생했는데 그것은 이 어린 건축가에게 커다란 충격과 함께 단단한 각오를 안겨 주었다. 청년은 우연히 옛 주 의사당의 새로 지은 북쪽 동(棟)을 지나가다가 그 건물이 폭삭 내려앉는 광경을 목격했다. 붕괴된 건물의 유리창에서는 하얀 먼지의 연기가 피어올랐고, 먼지 구름은 사람들이 절박하게 내지르는 비명은 아랑곳하지 않고 여름 하늘로 높이 치솟았다. 그러다가 다시 내려와 공원의 나무와 풀들을 하얗게 변색시켰다. 그 붕괴된 백색 건물은 하얀 석회 가루를 뒤집어쓰자 더욱 하얗게 되었다. 건물의 지하실 입구에서는 얼굴에 붉은 피가 줄줄 흐르는 사람들이 미친 듯이 탈출을 시도하고 있었다. 그들은 돌 조각과 쇠 조각을 양손으로 헤치면서 머리와 어깨를 밖으로 내밀고 있었다. 어떤 사람은 건물 밖의 풀밭 위로 나오자마자 그 자리에 쓰러져서 죽었고 어떤 사람은 기절해 버렸다. 온몸에 석회를 뒤집어쓴 한 노무자는 무너진 5층 창문턱의 쇠막대에 거꾸로 매달려 발에 큰 부상을 입은 채, 시종 비명을 지르고 있었다. 그의 발에서 스며 나오는 붉은 피는 하얀 석회 벽을 따라 줄줄 흐르고 있었다. 정말 기괴한 광경이었다.

소방수들이 곧 현장에 도착했다. 많은 사람들이 현장에 구경을 나왔고 남자들은 벽돌과 쇠 더미를 이리저리 헤치면서 건물 잔해에 파묻힌 채 죽어 가며 신음하는 노무자들을 구해 내기 위해 애를 썼다. 먼지로 얼굴이 새하얗게 된 여자들은 눈물범벅이 된 채, 이리저리 돌아다니면서 남편, 오빠, 아들을 찾았다.

청년은 사람들이 갑자기 놀라면서 서 있던 자리에서 흩어지는 것을 보았다. 누군가가 벽돌 더미를 뚫고 올라온 사람의 손을 가리켰던 것이다. 벽돌 더미를 치우고 또 주홍색 석회 더미마저 제거하자, 심하게 부상을 당한 사람이 밖으로 옮겨졌다. 하지만 이미 너무 늦었다. 흐느껴 울던 여인 중 하나가 풀밭에 눕혀 놓은 그 남자 위로 오열하면서 엎어졌다. 그런 비참한 상황이 밤늦게까지 계속되었다.

청년은 공원을 둘러싸고 있는 쇠 울타리에 몇 시간 동안 붙어 서서 그 광경을 지켜보았다. 그는 그 아비규환의 참상에 너무나 충격을 받은 나머지 차마 걸음을 떼지 못했다. 그는 오랜 시간이 지난 뒤에야 간신히 정신을 차리고 집으로 돌아올 수 있었으나 심한 구토를 느꼈다. 그 후 그 끔찍한 광경은 그의 머릿속에서 떠난 적이 없으며 오늘날까지도 그에게 자극을 주고 있다.

붕괴된 건물은 외부 벽만 그대로 서 있을 뿐이었다. 내부의 기둥은 모두 쓰러졌고 내부 시설물은 지하실 쪽으로 폭삭 붕괴되어 거대한 쓰레기 더미가 되었다. 지하실의 거대한 콘크리트 받침대를 토대로 하여 실내의 주철 기둥이 각 층과 천장을 떠받치고 있었다. 그러나 이 받침대가 하중을 견디지 못해 붕괴하자 내부의 모든 기둥과 벽이 아래로 주저앉아 버린 것이었다.

양심적이고 성실한 건축가인 존스[23]는 그 받침대를 아주 넓게 설계했다. 시

---

23 David R. Jones(1832~1915). 그는 1870~1885년 동안 매디슨에서 활동했던 웨일스 출신의 건축가이다. 이 정보는 위스콘신 주의 주립 역사 학회 *State Historical Society*의 잭 홀츠호이터Jack Holzheuter가 제공한 것이다 — 원주.

공 업자는 받침대의 일부 구간에 삭은 벽돌과 돌을 넣어 채워도 큰 문제없겠지 하고 안이하게 생각했다. 어쨌든 설계상의 하자로 인해 기둥이 서 있는 핵심 부분의 내구성이 아주 형편없었다. 불쌍한 건축가 존스! 그는 과실치사로 기소되어 재판을 받았고 유죄 판결을 받았다. 그는 이 사건 이후 다시는 건물을 짓지 못했다.

위스콘신 대학은 멘도타 호수 옆의 아름다운 대지에 자리 잡고 있었다. 하지만 그 당시의 대학 생활은 지금처럼 활발하지 못했다. 우선 학생 수가 지금보다 수천 명이나 더 적었다. 강의동 건물도 몇 개 되지 않았고 설비도 보잘것없었다. 저명한 교수들도 그리 많지 않았다. 외양은 요즘 고등학교와 비슷했는데 교육 내용은 오히려 지금의 고등학교에 비해 그리 세련되지 못했다. 하지만 위엄, 체면, 권위 이런 것은 상당하여 그 덕분에 대학의 면모를 유지할 수 있었다. 따지고 보면 모든 가치라는 것은 상대적인데 그런 미비한 규모로도 당시에는 대학 노릇을 해낼 수가 있었다. 남학생 서클을 지원하는 건물도 변변치 못해 〈치 프시Chi Psi〉 하우스가 고작이었다.

청년은 가난했고 그의 친척들은 무명 인사였다. 그런데도 무슨 이유에서인지 모르지만 그리스어 철자에서 이름을 딴 서클의 권유를 받고 파이 델타 세타 클럽에 가입했다. 파이 델타 세타 클럽은 주 의사당 건물 서쪽에 있는 가게 건물의 2층에 있었는데 인근의 공원이 내려다보였다. 물론 서클에 들어가기 위해서는 비밀스러운 입회식을 거쳐야 했다. 그건 정말 스릴 만점이었다! 당구장 시설이 있었고, 퍼드 게이거, 프레드 심프슨, 프랭크 뱀퍼드, 해리 버틀러 같은 회원들이 있었다. 서클 이외의 친구로는 루이 행크스, 지미 커, 엘든 캐시디, 조지 소르프가, 같은 과 친구로는 파먼, 오스텐펠트, 밥 스펜서 등이 있었다.

그들은 모두 청년에게 잘해 주었다. 이런 동료 학생들로부터 일부 얻은 것도 있었지만, 그는 너무 수줍음을 많이 타고 내향적이었기 때문에 활발한 교제를 하지는 못했다.

하지만 청년은 멋진 제스처를 취하는 것은 좋아했고 다른 학생들과 마찬가지로 붉은 비단 술로 가두리가 장식된 〈대학생 사각모〉를 쓰고 다녔고 당시 유행했던 몸에 딱 달라붙는 옅은 회색 바지를 입고 다녔다. 그리고 그런 몸치장에 어울리지 않을 정도로 길게 머리를 길렀다. 한마디로 구제불능의 감상주의자였다.

그는 마음속으로 〈교육〉을 대단치 않게 여겼고 적성에 맞지 않는다고 생각했다. 그 교육은 실제적인 건축에 대해 전혀 가르쳐 주지 않았다. 〈교육〉은 감정적 장애, 공포감, 뭔가 막연한 것에 대한 불안한 느낌, 뭐 이런 것을 의미했다. 어떤 사물의 내면적 의미를 시원하게 밝혀 내는 법이 없었다. 그 경쟁적인 분위기에는 뭔가 갑갑한 것이 있었다. 규칙과 규율로 이루어진 생활은 사람을 억압하고 위협했다. 그것은 그의 성장을 가로막았다.

학년이 높아지면서 그런 부담감은 많이 줄어들었지만 그 원인 — 청년을 무의미한 경쟁 속으로 밀어 넣은 어머니의 동경 — 은 너무나 가련한 것이었고 생각할수록 슬픈 것이었다.

어쩌면 고교 시절이 가장 행복한 시기였는지 모른다. 많은 사람들이 고교 시절을 그렇게 회상한다. 청년의 입장에서 보자면 고교 시절에는 학교에서의 생활 이외에 밸리의 농장에서의 생활이 있었다. 그 두 생활은 서로 보완하면서 삶의 질을 높여 주었다. 하지만 대학은 전혀 그렇지 못했다.

4학년 1학기에 이르기까지 프랭크 로이드 라이트라는 청년이 받은 대학 교육은 극심한 악조건 아래에서 치러진 경쟁이었다. 한마디로 잃어버린 세월이었다. 그는 마음속에서 이 경쟁에서 아무리 열심히 해도 결국에는 질 수밖에 없다는 걸 잘 알고 있었다. 그것은 참가 선수 전원이 결국에는 패배하고 마는 한심한 경쟁이었다. 그런 만큼 아무도 왜 자기가 우승을 해야 하는지 알지 못했다. 학점을 따기 위해? 일자리를 얻기 위해? 〈졸업장〉을 갖고 있는 많은 사람 중 하나가 되기 위해? 도대체 무엇을 위한 졸업장인가?

분명 시작은 있었지만 끝은 없었고 그 과정에서 아무것도 이루어지는 게 없는 듯했다.

그 생활은 농장 생활과는 너무나 달랐다. 그것은 원칙 일색이었다. 원칙이라는 미명 아래 기계적으로 주입되는 고루한 의견에 불과했다.

그가 보기에 교수들은 의사와 비슷했다. 청년 역시 많은 학생들 틈에 끼여서 의사의 진단을 받았으나 그 의사가 처방한 약들은 그의 내장 어느 부위에서나 구체적 효과를 발휘하지 못했다. 게다가 그는 자신의 내장이 고장 났거나 아프다는 생각을 단 한 번도 해보지 못했다.

대학의 과학관은 당시 건설 중이었고 기계 공작소와 화학 실험실도 마찬가지였다. 그는 그런 새 건물에는 들어가 보지도 못했다. 그가 수강한 〈강의〉는 그를 그 어떤 공작소에도 안내하지 않았다. 비록 손에 붉고 흰 색깔의 측량자와 나침반을 들고 동료와 함께 측지를 나가기는 했지만 건성에 지나지 않았다. 그리고 재료를 시험하는 것 같은 수업도 있었지만 형식적이었고 배우는 것은 별로 없었다. 그가 건축에 대해 실제적인 작업을 한 것은 코노버 교수의 사무실에서였다.

그 당시 과학관은 코노버 교수의 사무실에서 일하는 밀워키 출신의 건축가가 짓고 있었다. 코노버 교수는 대학 당국을 대표하는 건물 전체의 감독자였다. 그래서 당시 2학년이었던 청년은 이 공사에 약간 관여하게 되었다.

그는 주(主) 지붕의 트러스*truss*(삼각형의 쇠 구조물)의 꼭대기 부분을 이어주는 연결 클립의 계산 작업을 맡았다. 하지만 건설 현장에서 청년의 계산대로 작업해 보니 클립은 서로 연결되지 않았다. 그래서 노무자들은 불평을 하면서 몇 개의 클립만을 공중에 그대로 방치해 둔 채 현장에서 철수해 버렸다.

그때는 한겨울이었기 때문에 건물 아래층 바닥에 쇠기둥만 박아 놓은 상태였다. 살얼음이 끼어서 쇠기둥은 아주 미끄러웠다. 청년은 트러스용 현재(弦材)의 격자 쇠를 밟고 꼭대기까지 올라갔다. 이제 그와 땅 사이에는 얼기설기 설치된 쇠기둥들밖에 없었다. 그는 공중에 비죽 나온 클립을 손을 내밀어 아래로 떨어트렸다. 자신의 실수가 너무나 부끄러웠던 것이다. 이런 것이야말로 교육이 아닐까?

코노버 교수의 사무실에서 일한 것은 그에게 큰 도움이 되었다. 그가 그때 이래 신념처럼 간직하고 있는 교훈이 있다면 일은 커다란 교육 효과를 갖는다는 것이다.

하지만 대학 생활은 그렇지 않았다. 그럴듯한 외양에도 불구하고 실속이 별로 없었다. 그는 늘 국외자로 떠돌았고 대지에서의 생활 혹은 자유롭게 활동할 수 있는 생활을 동경하면서 겉돌았다. 결코 일어나지 않을 일이 발생하기를 기다리며 속절없이 기다리는 꼴이었다. 이제 4학년이 된 청년은 자신이 기다리는 일은, 지금 이대로 가만히 있으면 절대 발생하지 않는다는 것을 확신했다. 지난

3년 동안의 생활이 그에 대한 뚜렷한 반증이었다.

괴테의 책을 읽은 것은 오히려 사태를 더욱 악화시켰다. 왜냐하면 행동, 행동이야말로 청년의 강렬한 욕구였기 때문이다.[24] 청년은 왜 〈문화〉 — 대학은 이것을 표방하지 않는가? — 라는 것이 일생생활의 불편함을 제거하는 일에 몰두하지 않는지 의아했다. 그가 경험한 〈교육〉이라는 것은 주 의사당 지하실의 받침대 속에 건설업자들이 집어넣은 쓰레기와 비슷했다. 물론 그 당시에는 이렇게 노골적으로 성토하지는 않았지만 마음속으로는 그것을 생생하게 느끼고 있었다.

그가 대학에서 받은 〈고전〉 교육이라는 것은 농장에서 보낸 생활에 비교해 볼 때 부적절함의 〈전형〉이었다. 그런 교육을 받은 인간은 알량한 건물 따위는 세울 수 있겠지만 그것은 결국 구 주 의사당 건물처럼 붕괴될 수밖에 없다. 대학에서 부리는 멋과 제스처는 그럴듯했지만 실제적인 작업으로 들어가 보면 영 실속이 없었다.

그렇다고 해서 젊음의 가장 좋은 시절인 그 3년 반의 세월이 완전한 낭비였다는 뜻은 아니다. 아니 낭비는 아니었을 것이다. 어떤 사람의 생활에서 무엇이 낭비되었다고 말하는 것은 어리석은 일이다. 인간의 생활에서 어느 한 가지가 다르게 편성되면 그 나머지도 모두 영향을 받기 때문이다. 어쩌면 가장 사소한 세부 사항이 가장 중요한 상황을 가져오는 필수 요소가 될 수도 있다. 그러니 어떤 사건이나 전환점에 대해 나중에 후회하는 것은 속절없는 일이고 사람의 마음만 약하게 할 뿐이다.

제임스 외삼촌은 이런 말을 해주곤 했었다. 〈일어날 뻔했던 일〉이라는 것은 결국에는 〈일어나지 않은 일〉일 뿐이다.

자연은 다른 데에서도 마찬가지이지만 인간의 성격을 형성하는 데 있어서도 유기적으로 움직인다. 청년은 자연의 수단과 목적을 잘 알지 못하면서 그 작용에 대해 비판하는 것은 어리석은 일임을 본능적으로 알았다. 이런 지혜를 농장

---

[24] 괴테의 『파우스트*Faust*』에는 〈모든 이론은 회색이고 자연의 약동에 비하면 아무것도 아니다〉 또는 〈온갖 지식의 먹구름 속에서 벗어나 자연의 이슬에 몸을 씻어 건강해질 수는 없을까〉라는 구절 등이 나온다.

생활 덕분에 배우게 되었다.

하지만 인간의 좁은 마음과 사소한 목적은 자연을 끊임없이 모욕하고 있는 것이다! 그는 추상적인 방식으로 익힌 자신의 철학 혹은 〈지혜〉가 어떤 구체적 결과를 가져다 주었는지 잘 알 수 없었다. 그런 지식은 인생에 관한 어떤 것이었을 뿐, 인생 그 자체는 아니었다.

그는 현재 탤리에신을 오가면서 1만 명 혹은 그 이상의 학생들이 매디슨 캠퍼스와 주위의 대학로에서 넘쳐나는 것을 목격한다. 그런 광경을 볼 때마다 그에게는 우울한 느낌이 엄습한다. 아니, 그 광경에는 뭔가 비극적인 것이 있다. 그 무용함 혹은 배신감 때문에? 아무튼 이런 느낌은 구체적으로 말하기는 어렵지만 아주 깊은 것이다. 대량 생산에 대한 적개심인가? 아니, 그보다 더 깊은 것이다. 그는 대학 생활이 사기였다고 확신하는 것이다.

별로 놀라운 일도 아니지만, 사람은 나이가 들면 지난 일이 억울하게 생각되는 것이다. 왜? 우리는 이처럼 빨리 늙기 때문이다.

열여덟 살이 된 청년은 날마다 건축가가 되는 꿈을 꾸었고 주변의 모든 것에서 건축을 보았다. 그는 위스콘신 대학교가 제공하는 교육에 1,250일 동안 참여한 데 대해 매우 우울해했고 그런 증상은 날이 갈수록 심해졌다.

그런 생활과 자신에 대한 불만 이외에도, 그런 별볼일없는 교육 때문에 어머니가 엄청난 희생을 하고 있다는 데 깊은 수치감을 느꼈다. 물론 그는 코노버 사무실에서 받은 임금을 어머니에게 몽땅 갖다 주었으나 〈대학 등록금〉은 엄청나게 가계를 압박했다.

그는 일부 비용을 충당하기 위해 아버지의 책을 팔기도 했다. 아버지는 옷과 바이올린 이외에는 아무것도 가져가지 않았다. 어머니의 아름다운 스위스제 금시계는 아들의 손을 통해 페리 전당포에 맡겨져 있었다. 그는 저녁 때나 방학 때 실톱으로 〈크리스마스 선물〉이 될 만한 여러 가지 물건을 만들어 팔았다. 어떻게 보면 그런 물건을 만드는 것은 하나의 오락이었다.

하지만 그의 대학 생활은 그가 볼 때 대책 없는 부적절함의 전형이었다. 아무리 아껴 써도 그의 등록금과 용돈은 가계부의 가장 큰 지출 항목이었다. 그가 이

한심한 대학 교육을 그만둔다면 어머니와 두 여동생은 그런 대로 여유 있게 살아 갈 수 있었다.

어머니는 졸업 직전에 중퇴하는 것을 결코 찬성하지 않았다. 이제 겨울 학기와 봄 학기만 남았는데? 어머니는 그 어떤 희생도 각오하고 있었다.

그런데 4학년 가을 학기가 방금 끝났다. 과연 더 이상 계속할 필요가 있을까? 졸업을 바라는 어머니의 희망 때문에? 어머니는 몸이 불편했고 게다가 불행했다. 로이드 존스 외삼촌이 새 교회를 짓고 있는 시카고로 진출하면 어떨까? 거기서 건축 사무소에 취직하면 어머니를 도울 수도 있고 또 건축가가 되는 길에 한 발 더 다가가지 않을까?

그는 어머니에게 간청했다. 「어머니, 시카고에는 유명한 건축가가 많아요. 그러니 틀림없이 멋진 빌딩도 많을 거예요. 난 건축가가 되고 싶어요. 어머니도 내가 그렇게 되기를 바라잖아요. 여기서는 아무리 노력해도 건축가가 될 수 없어요. 코노버 교수는 훌륭하지만 그분은 건축가가 아니에요. 대학에서는 배우는 건 별로 없이 드로잉만 자꾸 그리고 있어요. 쓸데없는 일반적 전문 사항을 배우면서. 그 때문에 우리 집에 없는 돈, 어머니가 뼈 빠지게 일해서 모은 돈을 날릴 수는 없어요.」

「어머니도 이런 사정을 잘 알잖아요? 어머니도 속으로는 내 말에 동의하시지요? 대학 생활은 농장 생활처럼 실제적이지 못해요. 젠킨 외삼촌한테 지금 당장 건축가의 길로 나가야 하는 것이 아닌가 물어보세요. 이렇게 망설이다가는 너무 늦을지 몰라요. 난 지난 6월에 이미 열여덟 살이 되었어요. 아시지요?」

그렇게 하소연하다가 안 통하면 협박조로 나갔다. 「난 어떻게든 갈 거예요. 이런 쓸데없는 일에 종지부를 찍어야 해요. 존스 집안 사람들은 교육열이 너무 높기 때문에 자식 교육을 위해서라면 무슨 일이라도 하려고 하고, 그래서 어머니는 나 때문에 쫄쫄 굶고 있어요. 〈교육〉 때문이라고요? 어머니는 나한테 경험을 쌓게 한다며 나를 농장에 보내셨죠? 그래요, 내게 지금 필요한 것은 경험이에요. 이렇게 시간만 죽이다가 좋은 기회를 놓치게 하지 마세요. 이건 쓸데없는 일이라고요! 난 오래전에 대학 교육에 싫증이 났어요. 이건 나한테 아무 도움이 되지 않아요. 어머니, 아시겠어요, 이건 아무런 도움도 안 돼요!」

마침내 어머니는 아들의 통사정을 받아들여 젠킨 외삼촌에게 편지를 썼다. 유명한 목사인 외삼촌은 곧 답장을 보냈다. 〈누님, 그 애를 절대 시카고로 보내면 안 됩니다. 무슨 일이 있어도 매디슨에 머물면서 대학을 마쳐야 해요. 그게 가장 좋은 길입니다. 만약 여기 온다면 화려한 옷과 여자애들에게 정신이 팔려 아무것도 하지 못할 겁니다.〉

어머니는 기분이 나빴지만 동시에 위안이 되기도 했다. 「자, 봐라. 무엇보다도 먼저 졸업을 해야 돼.」

하지만 아들에게는 그 모욕적인 편지가 오히려 결정타가 되고 말았다. 그는 몰래 가기로 마음먹었다. 그 편지처럼, 자신의 절박한 상황을 동정하지도 이해하지 못하겠다면 그 편지의 발송자에게 행동으로 보여 주리라.

며칠 뒤 그는 떠났다. 주머니에 7달러와 기차표를 넣고. 비용은 페리 노인이 운영하는 전당포에 아버지가 애장하고 청년이 즐겨 읽었던, 소가죽 장정의 플루타르코스의 『영웅전』 — 알키비아데스의 생애를 기술한 부분은 너무 읽어서 가장자리가 너덜너덜한 책 — 을 맡겨서 마련했다. 청년이 싫어했던 기번의 『로마제국쇠망사 The History of the Decline and Fall of the Roman Empire』도 맡겼다. 그런 책들 이외에 여러 권을 갖다 맡겼고, 원래는 어머니 것이었으나 아들의 외투 깃에 붙여 주려고 어머니가 줄여 준 밍크 목도리도 전당포에 맡겼다.

청년이 시카고로 떠나도 어머니는 그다음 날 밤이 될 때까지는 그 사실을 모를 것이었다. 그는 어머니를 속이기 위해 며칠 전부터 그런 계획을 짜두었다. 하지만 시카고에 도착해 취직하는 즉시 어머니에게 편지를 쓸 생각이었다. 취직하는 데 시간이 그리 오래 걸리지 않을 터였다.

그는 이제 대학 생활을 작파했다. 그에게는 무한한 자신감이 있었다. 무엇에 대한 자신감? 아직 그것을 구체적으로 말할 수는 없었다. 아무튼 그는 서부의 영원한 도시 시카고로 가는 노스웨스턴 기차에 몸을 실었다.

유년 시절! 소년 시절! 청년 시절! 인간이 어른으로 성장하면서 거쳐야 하는 시기. 가족이라는 따뜻한 배경과 함께 아쉬움 속에서 즐겁게 회상하는 시기. 이런 시기들은 아름다운 꿈처럼 회상되기 때문에 그 시기를 말한다는 것은 그 자체로 하나의 진실함이 된다. 이제 독립된 어른으로서의 생활이 시작되려 한다.

저기 미지의 땅 시카고. 그곳에는 경험이라는 영원한 그림자 — 태곳적부터 인간의 생활에 드리워진 그림자 — 속에서 아직 이야기되지 않은 사건들이 기다리고 있었다. 그 사건들은 그가 용기와 자신감 속에서 한 발 한 발 나아갈 때 그 모습을 드러낼 터였다. 밝은 하늘 아래 혼자 우뚝 서기 위해서는 전통과 자발적으로 단절해야 할 필요가 있고 그렇게 하기 위해서는 용기가 있어야 한다. 이런 때 공포는 거추장스러운 것일 뿐이다. 이제 시카고는 나만의 대지(大地)이다! 내 마음속에는 감미로운 노랫가락이 흐른다.

자, 여기서 지금까지 이야기의 주인공이 되어 온 〈소년〉 혹은 〈청년〉에게 작별을 고하자. 앞으로 나는 나 자신의 주인이 될 것이므로 〈나〉라는 대명사를 사용할 것이다. 웨일스 출신의 감상적인 개척자인 할아버지가 자유의 땅 위에 정착시킨, 감상적인 가정의 감상적인 어머니 밑에서 성장한 감상적인 아들. 이제 그 아들이 독립을 선언한 것이다.

막간극

씨를 뿌려야 하는 시간이다. 금방 갈아엎은 비옥한 흙 때문에 들판은 짙은 갈색이다. 씨앗을 뿌려야 할 들판은 이미 써레질이 되어 있다. 뿌리에서 생명이 약동한다. 수액(樹液)은 익숙한 물관을 타고 위로 솟아올라 새로운 성장을 재촉한다.

갈색 들판에는 희미한 초록색이 이미 엿보이고 있다. 숲에는 초록색이 감돌고 여기저기 미묘한 분홍색으로 물들어 있다. 메추라기는 이미 지난 2주 동안 봄을 노래하고 있다. 소년은 마당의 푸른 풀을 덮고 있던 낙엽과 쓰레기를 갈퀴로 걷어 내면서 자두나무, 사과나무, 베리 떨기를 쳐다본다. 화단에는 아직 봄의 기운이 보이지 않는다. 그는 죽은 잎을 누르고 있던 깨끗한 등나무 줄기를 걷어 내기 위해 화단으로 걸어간다. 그때……

「프랭크! 꽃을 그대로 놔둬! 꽃은 아직 봉오리를 내밀 때가 아니야.」

아주 따뜻하고 청명한 아름다운 날이었다. 청명하고 드높은 밤. 별들. 소년이 침대에 들 무렵 초승달이 청명한 하늘에 떠올랐다. 그는 잠이 들었고 그다음 날 아침 겨울이 예고 없이 되돌아와 온 들판에 하얀 서리가 내렸다.

조용한 아침에 태양이 고개를 내밀었고 어제의 초록과 분홍의 반점, 그리고 숲 속의 초록빛 기운은 모두 검은색으로 변했다. 꽃봉오리는 그만 꺾이고 말았다!

「거봐.」 제임스 외삼촌이 말했다. 「내 그럴 줄 알았다니까.」 메추라기가 일주일 더 울게 내려 두라. 뿌리 속에 서리가 스며들게 하라.

이제 난생 처음으로 소년은, 땅이 깊숙이 얼어 버린 후, 왜 베리 떨기와 화단 주위에 그리고 과일 나무 뿌리 주위에 〈덮개〉를 단단히 덮어 주어야 하는지 알게 되었다. 〈뿌리들이 안전하게 깨어날 수 있도록 뿌리에 스며든 서리를 그대로 내버려두라.〉

어린 감상주의자는 아저씨의 신탁(神託)을 물어보았다. 「제임스 외삼촌! 왜 나무와 꽃들은 스스로 땅 밖으로 나올 때를 모르는 거죠?」

「그건 왜 그런지 나도 몰라.」 외삼촌이 말했다.

진실을 추구하는 어린 소년의 정신에 막연한 공포가 스며들었다. 봄은 자신도 잘 모르는 어떤 것을 노래하다가 이처럼 격퇴되고 만단 말인가? 제임스 외삼촌은 자연이 아는 것 이상으로 〈봄〉에 대해 알고 있는가? 물론 알지 못했다. 외삼촌은 나무와 꽃을 기다리게 만드는 몇 가지 요령을 알고 있을 뿐이었다. 그런 요령을 부려 봄이 왔는데도 나무와 꽃에게 아직 겨울인 것처럼 느끼게 한다. 그런 기다림이 더 많은 과일을 만들어 내는 것이다. 그것은 우유를 얻기 위해 암소에게 송아지를 갖게 하는 것, 더 많은 고기를 얻기 위해 돼지에게 새끼를 배게 하는 것, 뭐, 이런 것들과 비슷한 요령이다.

그것은 아무것도 설명해 주지 않는다. 그것은 전혀 〈자연〉이 아니다. 그것은 진짜가 아니다. 그것은 인간이 자연으로부터 양식을 얻는 방법에 불과하다. 하나의 기술에 지나지 않는다. 소년은 그보다 더 깊은 것을 알고 싶었다.

이 감상주의자는 〈진실〉을 사랑했다!

그 어느 시대이든 지상에 그보다 더 비극적인 인물이 있을까?

2

친 구 들

시카고. 웰스 가 기차역. 1887년 늦은 봄 오후 여섯시. 가느다란 실비가 내리고 있었다. 기차역과 거리의 하얀 아크등은 비 속으로 빛을 뿌리고 있었는데 너무 산만해서 현기증을 일으킬 뿐만 아니라 보기 흉했다. 나는 시카고에 오기 전에는 전기 불빛을 본 적이 없었다.

주변의 사물에는 전혀 신경을 쓰지 않는 몰개성적인 군중. 어쩐 일인지 나는 그 누구에게 뭔가를 물어보고 싶지도 않았다. 그저 군중을 따라갔다.

시카고 강 위에 걸린 웰스 스트리트 다리를 향해 남쪽으로 갔다. 그 신비한 검은 강. 떠다니는 배들의 희미한 돛대, 선체, 굴뚝이 보였고 어둠 속에서 반쯤 불을 밝힌 배들의 그림자는 그 밑의 어두운 수면에 떨어지고 있었다. 나는 미친 듯이 바삐 지나가는 사람들을 피하기 위해 다리의 쇠 난간을 붙잡으며 바짝 붙어 섰다.

시카고 도심이 근처에 있는 것 같은데 과연 어디쯤에 있는 걸까. 이런 생각에 잠겨 있을 때. 갑자기 종소리가 들려왔다. 사람들은 달리기 시작했지만 나는 무슨 일인지 영문을 알 수 없었다. 나 혼자 다리에 서 있다가 이내 왜 그 자리를 피해야 하는지 알게 되었다. 나는 다리에서 벗어나 개폐교(開閉橋)가 올라가는 모습을 지켜보았다. 그러자 예인선 한 척이 거대한 증기 구름을 뿜어 내면서 열린 공간 사이로 지나갔고, 그 뒤를 거대한 곡물 수송선이 천천히 따라갔다.

나는 이슬비를 맞으며 그 광경을 계속 지켜보았다. 개폐교는 곧 몸을 오므려서 다시 길을 만들었다. 나는 그 후 이 다리를 지나갈 때마다 그 장엄미(莊嚴美)에 매료되지 않은 적이 없었다.

우선 그날 밤을 어디서 묵을 것인가, 그것이 문제였다. 그러나 누군가에게 물어보려고 하니 주위는 아랑곳하지 않고 자기 일에 몰두하며 열심히 걸어가는 사람들뿐이었다.

나는 더 남쪽으로 걸어갔다. 이제 시카고 안으로 들어선 것이 틀림없었다. 도시의 분위기는 너무 차갑고, 어둡고, 청백색이고, 또 축축했다. 어딜 가나 저 끔찍한 청백색 아크등 불빛이 사방을 비추고 있었다.

몸이 떨려 왔고 배가 고팠다. 랜돌프 가 근처의 식당에 들어가 전 재산의 1할인 70센트를 내고 식사를 했다. 나는 식사를 하면서 맹세하고 또 맹세했다. 무슨 일이 있어도 젠킨 로이드 존스 외삼촌 근처로는 가지 않겠으며 그에게 도움을 청하거나 그의 이름을 팔지도 않겠다고.

다시 거리로 나오니 아까보다 더 쌀쌀했고 비는 더 세게 내렸다. 몸은 더 떨려 왔다. 더 남쪽으로 걸어가 왼쪽으로 방향을 트니 워싱턴 가의 시카고 오페라 하우스가 나왔다. 차가운 도시의 가로등은 이슬비 속에서 멍한 표정으로 걸어가는 군중을 더욱 창백하고 유령 같은 존재로 만들었다. 비를 막아 주는 커다란 천막 밑에는 엄청나게 큰 포스터가 나붙어 있었다. 데이비드 헨더슨이 이끄는 대규모 발레단이 공연하는 「시바*Sieba*」라는 작품의 포스터였다. 그리고 보도에 부착된 화려한 색상의 포스터에는 거의 실물 크기의 무용수가 자태를 뽐내고 있었다.

오페라 하우스의 문은 열려 있었고 1달러를 내자 입장이 가능했다. 비를 피할 수 있는 따뜻한 곳에서 한 시간쯤 기다린 후에야 쇼를 볼 수 있었다. 기다리는 동안 나의 생각은 호수 옆의 집으로 되돌아갔다. 어머니와 제니와 매기넬의 모습이 눈에 선했다. 내가 증발했다는 것을 알면 그들은 어떤 표정을 지을까. 하지만 식구들을 곧 시카고로 데려올 예정이니까 괜찮다고 나를 위로했다. 미시간 호수 근처의 시카고 지역에는 깨끗하고 조용한 주택 단지가 있을 터였다. 내일 밤까지는 나의 증발이 알려지지 않을 것인데도 불구하고, 가족들이 나를 얼마나 그리워할지부터 생각했다. 아들을 기다리며 조용히 앉아 있는 어머니의 슬픈 눈동자와 창백한 얼굴이 보였다. 어머니는 최근 들어 늘 기다리는 자세였다. 그는 벌써 향수를 느꼈다! 하지만 그 순간 오케스트라가 무대 밑에 자리 잡기 시작했다.

악기들의 음률 조정이 시작되었다. 흥분과 기대의 순간.

이어 화려한 서막이 올랐다. 나는 그게 좋은 음악이 아님을 단번에 알아보았다. 좋은 음악은 그처럼 감상적이지 않다(아버지는 경멸을 나타내는 용어로 〈감상적〉이라는 말을 썼다). 하지만 그 음악을 듣고 있으니 기분이 좋아졌다. 그 당시 헨더슨의 쇼는 정말 사치스러웠다. 그 호화로운 쇼는 시골에서 올라온 청년의 얼을 빼놓기에 충분했다.

쇼가 끝난 뒤 극장에서 나와 사람들과 함께 와바시 대로로 걸어갔다. 거기에서는 코티지 그로브 애비뉴 케이블카가 운행되고 있었다. 난생 처음 보는 케이블카였다. 나는 호기심을 억누르지 못한 채 케이블카에 올라타서 운전기사 옆에 앉았다. 차가 남쪽으로 달리는 동안 나는 앞으로 어떻게 해야 할지 생각해 보았다. 그러다 차가 갑자기 멈춰 섰고 〈모두 내려 주세요!〉라는 안내 방송이 나왔다. 그 케이블카는 이제 차고로 간다는 것이었다.

나는 시내 쪽으로 들어가는 케이블카로 갈아타고 북쪽으로 갔다. 졸음이 오지도 피곤하지도 않았다. 어디에서나 눈을 피곤하게 하는 간판들을 억지로 읽어야 한다는 데 은근한 분노를 느꼈다. 간판들은 이런 것, 저런 것 혹은 다른 어떤 것을 알려 주면서 행인의 시선을 유인하고 또 압박했다. 케이블카를 타고 있어도 차창 위로 간판들이 나란히 줄 서 있는 것이 보였다. 간판들은 피곤한 눈에 온갖 메시지를 교묘하게 강요하고 있었다. 나는 간판들을 읽지 않으려고 애썼으나 잠시 후 다시 읽게 되었다. 그것들을 계속 읽으려니 고문이 따로 없었다.

가게 내부에서 퍼져 나오는 불빛 때문에 유리 진열장은 요란하게 번쩍거리며 각종 광고 메시지를 전달하고 있었다. 진열장에 새겨진 글자들은 거리의 아크등 불빛을 받아 더욱 날카로운 광고 효과를 냈다. 어서 들어오라는 문구, 멈추라는 문구, 한번 들어와서 물건 구경을 하라는 문구, 환영한다는 문구 등이 보도에 면한 번쩍거리는 진열장에 새겨져 있었다. 사람 키 높이에, 양면에 선전 문구가 새겨진 간판들이 보도 위의 공중에 걸려 있었고 전등의 조명을 받고 있었다.

쇼를 관람하고 나와 보니 이런 만화경 같은 간판이 거리 전체를 뒤덮고 있었다. 나의 민감한 눈은 처음엔 그런 간판에 시선을 빼앗겼으나 곧 냉정한 이성을 회복했다. 나름대로 궁리를 하면서 눈의 자유를 찾기 위해 싸웠다. 그러다가 다시 간판에 매혹되어 쳐다보았다. 술집, 음식점, 이발소, 식당, 레스토랑, 야채 가게, 세탁소 등의 간판이 눈에 들어왔다. 또 양복집, 건어물상, 과자 가게, 빵집, 술집 등의 간판이 이탈리아어, 독일어, 아일랜더어, 폴란드어, 그리스어, 영어, 스웨덴어, 프랑스어, 중국어, 스페인어로 뒤범벅되어 있는 것이 보였다. 그런 글자들이 서로 뒤엉키고 달라붙고 밀고 당기며 회전하고 있었다. 아, 눈을 피로하게 하는 만화경이여!

나의 눈은 그 만화경에 현혹되어 일종의 심리적 풍기문란 상태에 빠졌다. 이름들이 모든 것을 말살시켰다. 그 이름들은 돈만 낸다면 당신을 위해 혹은 당신과 함께 또는 당신에게 모든 것을 해준다고 선전했다. 눈을 감고 못 본 척한다고 해서 문제가 해결되지 않는다. 눈을 감으면 눈을 떴을 때보다 더 큰 소리가 들려오니까. 그 이름들은 아주 기이한 효과를 내면서 뒤섞이기 시작했고, 이런 호화쇼의 효과는 당신이 아무런 노력을 하지 않아도 당신의 귀에까지 흘러 들어온다. A, B, C, D, E, F, G, L, M, N, O, P, X, Y, Z 등의 일류 무용수가 등장하는 또 다른 발레가 그 환상적인 군무(群舞)에 끼어드는 것이다. 차라리 알파벳을 몰랐더라면 더 나았을 것이다. 〈눈썰미〉를 갖고 있는 사람은 이런 비싼 대가를 치러야 하는 것이다.

북쪽의 랜돌프 가에 있는 브리그스 하우스에 투숙했다. 홑이불을 몸에 두르고 거울을 쳐다보니 내가 마치 수의에 싸여 있는 것 같았다. 나는 억지로 잠을 청했다.

나는 당시 이름 없는 사람이었지만 자신이 지닌 내면의 믿음과 커다란 희망만큼은 자랑스러워하는 청년이었다. 하지만 무엇에 대한 믿음이요 희망인가? 아직 그것을 확실히 정하지 못했다.

시카고에서의 첫날밤.
아주 생생하게 체험한 시카고.

다음 날 나는 시카고를 돌아다녔다. 아침 식사 후 주머니에 손을 넣어 보니 3달러 10센트가 남아 있었다. 도시 안내 책자를 펴고, 코노버 사무실에서 일할 때 들어 보았거나 친숙하게 여겨진 건축 사무소 명단을 작성했다. 나로서는 모든 이름을 열거했다고 생각했지만, 중요한 건축 사무소 이름을 빠트렸으면 어떻게 하나 안달하기도 했다. 외삼촌이 새로 짓는 교회의 이름은 〈올 소울스All Souls〉였는데 그 공사를 맡은 건축가 이름은 외우고 있었다. 시카고, 클라크 가, 레이크사이드 빌딩, J. L. 실즈비. 하지만 거긴 가지 않을 생각이었다. 간판들 위의 허공을 쳐다보면서 이 거리 저 거리 시카고 시내를 누비고 다녔다.

〈서부의 영원한 도시〉라는 시카고. 이 위대한 도시의 건축은 도대체 어떻게 된 것인가? 그것은 어디에 있는가? 이 뻔뻔스러운 간판들 뒤에 있는가? 텅 빈 구역에도 어느덧 거대한 입간판이 들어서서 주위를 완전히 장악하고 모든 것을 망각 속으로 매몰시킨다. 차라리 그게 더 나을지도 몰랐다.

시카고! 시끄러운 거리들로 이루어진 거대한 격자무늬의 도시. 지저분한 도시. 엄청난 교통량이 양방향으로 교행(交行)하면서 간신히 지나간다. 그리고 그 무지막지한 소음.

그 격자무늬는 어리석은 것이었다. 말, 트럭, 레일 위의 전차 등과 보행자의 물결이 서로 뒤섞이면서 온갖 혼란과 소음을 만들어 냈다. 모든 것이 습관적으로 굴러갔고 사람들은 그런 움직임에 충분히 적응하여 안전함마저 느꼈다. 끔찍하고 어두컴컴하고 연기가 가득 낀 도시. 연기로 어두워진 상태인데도 계속 연기가 흘러나왔다.

일리노이 센트럴 기차들이 쉴 새 없이 들어왔다가 다시 떠나는 호안(湖岸) 옆으로 황량하고 널찍한 부지가 길게 뻗어 있었는데 그것이 도시를 호수로부터 양분하고 있었다. 이 맹목의 힘 혹은 세력이 도시로 들어와 멈춰 서는 광경은 끔찍했다. 설령 이 도시에 어떤 논리가 있다고 할지라도 누가 그것을 파악할 수 있겠는가?

이런 아수라장 한가운데 멈춰 서서 깊이 생각에 잠기는 것은 곧 공포에 자신을 내맡기는 것이었다. 증기와 연기가 서린, 회색의 지저분한 강이 도시의 유일한 아름다움이었다. 강의 냄새는 하늘에까지 뻗쳤다.

젊은 기사가 일을 찾는다고? 샘 트리트는 나를 쳐다보면서 말했다. 「게다가, 대학생이로군.」 회색 머리카락에 지적이면서도 다정한 얼굴. 트리트는 사람 좋게 미소 지었다. 「미안하지만 자리가 없소.」

나는 그 사무실을 나오면서 활발하게 돌아가는 제도실을 흘긋 엿볼 수 있었다. 좋아, 비어스, 클레이, 더턴 건축 사무소도 있어. 주위를 전혀 아랑곳하지 않는 군중을 뚫고 또다시 터벅터벅 걸어갔다. 클레이 씨가 사무실로 나오더니 나를 한번 살펴보았다. 그의 검은 눈에는 장난기가 어려 있었다. 나를 한 번 쳐다보더니 재미있는 친구라는 표정을 지었다. 왜? 나의 긴 머리카락 때문에? 아니면 다른 신체적 특징 때문에? 그는 나를 불쌍히 여겼는지 몇 주 동안 일을 찾아다니다가 정 못 찾겠거든 다시 찾아오라고 말했다. 몇 주! 호주머니에 3달러 10센트밖에 없는데 어떻게 몇 주씩이나!

훨씬 남쪽에 있는 미시간 애비뉴의 풀먼 빌딩에 있는 S. S. 비먼 건축 사무소를 찾아갔다. 대학을 다니다가 때려쳐 버린 〈빼빼 마른 친구〉는 힘들게 그곳까지 걸어갔다. 대학생 특유의 자존심이 치솟아 오르는 바람에 그곳으로 가는 발걸음은 더욱 힘들었다. 나는 땀을 뻘뻘 흘렸다. 마침 비먼 씨는 자리에 없고 사무장이 나를 한 번 쓱 훑어보았다. 그의 이름이 I. K. 폰드였던가?

「대학생이로군? 어느 대학인가, 앤아버인가?」

「아니요. 위스콘신 대학교입니다.」

「지금은 자리가 없어. 몇 달 후라면 몰라도.」

몇 달!

비먼 건축 사무소에서 나와서 한참 걸으니 풀먼 빌딩의 전경이 보였다. 그것은 사람의 호기심을 불러일으키는 기이한 건물이었다. 나는 아래쪽으로 내려가 시카고 팔라초로 가는 길에 파머 하우스를 지나쳤다. 저 건물도 괴상해 보이는군. 인생을 낭비해 엉뚱한 곳에 주름살이 늘어진 추악한 늙은 남자 같아. W. W. 보잉턴 건축 사무소를 찾아가는 길에 나는 라살 가 초입에 있는 시카고 무역청 건물을 지나갔다. 보잉턴이 그 건물을 설세했다. 이 가슴이 납작하고 냉정한 표정에 모서리를 깎아 낸 괴물 같은 건물을? 나는 그 순간 보잉턴 건축 사무소로 가는 발걸음을 돌렸다.

시카고의 건축! 그건 도대체 어디에 있는 건가? 호반에 서 있는, 돔만 맥없이 큰 저 고약한 박람회 건물을 건축이라고 할 수 있을까? 아니다. 그리고 거리에 엄청 많이 들어 서 있는 건물들도 역시 건축이라고 할 수 없었다. 그 건물들은 서로 비슷했고 다양성을 추구하려고 애는 많이 썼지만 아무 성과도 이루지 못했다. 이게 도대체 뭐란 말인가? 모든 건물이 경쟁이나 하듯이 동일한 방식으로 동일한 것만 추구한단 말인가? 이런 무의미한 경쟁으로 무엇을 얻는단 말인가?

그렇게 생각하면서 나는 메이저 제니의 사무실을 찾아갔다. 먼디가 나왔다. 그는 내가 알기로 시카고 건축 클럽의 회장이었다. 「아, 대학생인 데다 기사라고?」 「네.」 혹시 보여 줄 드로잉(圖面)을 가져 왔나? 안 가져 왔다고? 내가 건축가 사무실에서 도면 제시를 요청받은 것은 그때가 처음이었다. 「토요일 밤에 클럽 모임에 나오도록 하게. 거기서 뭔가 일자리에 대한 정보를 얻을 수 있을 거야. 그때 꼭 드로잉을 지참하게.」 먼디가 말했다.

이상한 일이었다! 나는 드로잉을 가져 갈 생각을 전혀 하지 못했다. 하지만 역에 맡겨 놓은 내 짐 속에는 드로잉이 들어 있었다. 푹 꺼진 눈에 차가운 표정의 먼디는 그래도 냉정하고 사무적인 시카고 건축 사무소에서 최초로 발견한 다정한 사람이었다.

이제 날이 저물어서 더 이상 건축 사무소를 찾아갈 수 없었다. 게다가 배까지 고팠다. 나는 어디로 가야 할지 몰라 막막한 채, 역에 있던 짐을 브리그스 하우스로 가져왔다. 그리고 값이 더 싼 방이 있냐고 물어보았다. 나를 불쌍히 여긴 여관 직원은 75센트짜리 방을 내주었다. 점심을 콜사트 제과점에서 산 빵으로 때웠는데 저녁 역시 20센트를 주고 산 그 집 빵으로 때웠다. 제과점에 산더미처럼 쌓여 있는 빵들을 보면서 〈어릴 적에는 저런 빵을 거의 먹지 못했는데〉, 먹더라도 아주 드물게만 먹을 수가 있었는데, 평소에는 꿈도 꾸지 못한 물건이었는데, 하는 생각을 했다. 내 추레한 몰골은 제과점에서 맥없이 구경만 하는 배고픈 고아나 다를 바 없었다. 돈이 조금밖에 없어서 겨우 한두 개 사먹을 수 있었을 뿐이다.

온몸이 피곤했지만 그래도 기 죽지 않은 채 잠자리에 들었다. 대체로 건축 사무소 사람들은 친절한 편이었다. 나를 필요로 하는 사무소가 반드시 있을 거야. 그래, 내일은 운이 좀 좋을 거야. 좀처럼 죽지 않는 희망이 그렇게 속삭였다.

이제 집을 떠나온 지 이틀이 되었으니 어머니도 가출 사실을 아실 터였다. 어머니 생각을 하면 가슴이 아팠다. 나는 그런 생각을 머릿속에서 몰아냈고 그다음 날에도 어제 했던 구직 활동을 계속했다. 이번에는 도면을 가지고 갔다. 먼디는 출근을 하지 않았고 다른 다섯 군데 사무소에서는 아무 소득도 거두지 못했다. 점심과 저녁을 걸렀다. 낮 동안에 바나나를 10센트 어치 사먹었을 뿐이었다.

그날 밤 괴상한 꿈을 꾸었다. 나는 풍선을 타고 둥둥 떠가고 있었다. 땅 위에 서 있던 어머니는 필사적으로 풍선에 연결된 밧줄을 잡고 질질 끌려가며 제니와 매기넬에게 도와달라고 소리쳤……. 그러자 어머니와 두 여동생 모두 끌려갔다. 나는 땅 위에 있는 세 사람에게 밧줄을 뭔가 단단한 것에 걸어서 고정시키라고 소리쳤다. 하지만 밧줄은 힘없는 그들의 손으로부터 떨어져 나갔고 나는 공중으로 계속 솟구쳐 올랐다. 이상한 세계의 이상한 땅을 향해 수 마일이나 올라가는 느낌이었다. 무서움을 느끼는 순간 잠에서 깼다.

이제 시카고에서의 네 번째 날이 시작된 것이었다. 또다시 발이 부르틀 정도로 시카고 시내를 돌아다녔다. 그날은 반드시 뭔가 잡아야 했다. 피곤한 채로 세 군데 사무실에 들렀으나 결과는 마찬가지였다.

하지만 아직 실즈비 건축 사무소가 남아 있었다. 그는 삼촌의 〈올 소울스〉 교회를 짓고 있는 중이었지만 내가 누구인지는 알 리 없었다. 정오 직후에 나는 그 사무소로 찾아갔다. 분위기는 그곳이 여태껏 본 사무소 중에서 가장 좋았다. 벽에 걸려 있는 실즈비의 스케치도 마음에 들었다. 나를 맞이하러 나온 잘생기고 교양 있는 청년을 처음 보는 순간 호감이 갔다. 그는 멋진 퐁파두르(올백) 머리에 수염을 기르고 있었는데 다정하게 미소 지으며 앞으로 걸어 나왔다.

세실 코윈이었다.

「헬로!」 그는 마치 나를 아는 것처럼 말했다. 그는 예술가이면서 음악가인 것 같았다. 그는 「메시아Messiah」의 한 곡조를 흥얼거리며 문을 열고 나와 바깥쪽 사무실로 들어섰다.

나는 미소를 지으며 말했다. 「당신은 노래를 부르고 있군요.」 그는 나의 긴 머리를 쳐다보면서 미소 지었다. 「그래요. 노래를 불렀지요. 당신은 악기를 연주할 줄 압니까?」 「예…… 조금.」

나는 나와 기질이 비슷한 청년을 발견했다. 그는 바깥쪽 사무실에서 나와 나란히 앉았다. 소매를 팔꿈치까지 걸어올려 놓았기 때문에 털이 숭숭 난 팔이 보였다. 그가 연필을 집어들면서 새끼손가락을 가볍게 놀리는 것을 볼 수 있었다. 그는 자상하면서도 세련된 분위기를 풍겼다. 나는 그에게 나의 애로 사항을 털어 놓았다.

「당신은 목사의 아들이죠?」

「네. 어떻게 알았습니까?」

「당신의 분위기가 그런 것 같아서요. 나도 그렇습니다. 보스(그는 머리로 실즈비의 전용 사무실을 가리켰다)도 목사의 아들이지요. 게다가 여기서 일하는 윌콕스와 케나드도 그렇습니다. 만약 당신이 입사한다면 목사 아들이 총 다섯 명이 되는군요.」

우리는 웃었다.

「그런데…… 내가 입사할 가능성이 있을까요?」 내가 간절한 목소리로 물었다. 그는 나를 찬찬히 쳐다보았다. 「당신과 나는 잘 지낼 수 있을 것 같은데. 당신의 드로잉을 좀 볼 수 있을까요?」

그는 스케치를 면밀히 들여다보았다. 「당신은 그저 연습 삼아 이것들을 그렸습니까?」

「예.」

「솜씨가 좋은 것 같군요. 잠깐만 기다리세요.」 그는 드로잉을 들고 〈전용 사무실 Private〉이라고 적힌 문 안으로 들어갔다. 곧 키가 크고 거무튀튀한 얼굴에 긴 황금 줄이 달린 안경을 코허리에 걸고 있던 귀족적인 남자가 코윈의 뒤에서 나타났다. 그 남자는 문 앞에 서서 얼굴을 찌푸리면서 나를 대충 훑어보았다. 실즈비였다. 「좋아. 저 친구를 받아들여. 보직은 트레이서(도면 베끼는 사람)이고 임금은 주당 8달러야.」

그는 몸을 돌려서 곧바로 문을 닫았다.

「많은 금액은 아니지만 없는 것보다는 낫잖아요.」 세실이 말했다. 나는 그 말에 동의했다.

주당 8달러라니 나의 기대에는 영 못 미치는 금액이었다. 나의 〈경험〉을 감안한다면 그보다 세 배 정도는 더 받아야 마땅했다. 하지만 아무도 내 경험을 그리 대단하게 보지 않았다. 세실은 기쁨 뒤의 실망을 눈치 챘다. 「점심은 먹었어요? 아직이라고요? 그럼 나와 함께 갑시다.」 우리는 아래층으로 내려가 한 블록 떨어진 곳에 있는 킨슬리 식당으로 갔다. 세실은 옥수수를 곁들인 쇠고기 요리와 커피를 먹으라고 강권했다.

「고마워요, 하지만 커피는 됐어요. 난 커피를 마시지 않아요.」

「그럼 ─ 세실은 흥미롭다는 표정을 지었다 ─ 우유는 어때요?」 나는 아주 맛있게 점심을 먹었다. 그때 이래 배고플 때면 옥수수를 곁들인 쇠고기 요리가 생각나곤 한다.

「돈이 좀 남은 게 있나요?」 그가 갑자기 물었다.

「아, 예.」

「얼마나?」

「20센트.」

「어제, 식사는 제대로 했나요?」

그건 너무 개인적인 질문이어서 나는 대답하지 않았다.

「오늘밤 우리 집에 와요. 내가 새로 산 그랜드 피아노를 함께 연주합시다.」

그날은 토요일이었고 나는 월요일 아침부터 출근하기로 되어 있었다.

나는 브리그스 하우스에서 짐을 찾아 가지고 세실의 집으로 갔다. 아주 멋진 집이었다. 인자한 그의 아버지도 만났는데 회중파교회의 목사였다. 그의 어머니는 몇 년 전에 사망했고 그래서 누나가 아버지와 총각인 남동생을 돌보고 있었다. 그녀 역시 음악을 좋아했다.

함께 음악의 밤을 보낸 후 세실은 2층으로 나를 안내하여 내가 묵을 방을 보여 주었다. 세실은 내가 고향집에 두고 온 가족을 걱정하는 것을 보고 종이, 펜, 잉크를 가져다주며 편지를 쓰라고 했다. 편지를 쓴 뒤 나는 세실에게 말했다.

「어머니에게 보내게 10달러만 빌려 줄 수 있겠습니까? 매주 2달러씩 당신에게 갚겠습니다.」

그는 아무 말 없이 주머니에서 10달러짜리 지폐를 꺼내 탁자 위에 놓았다. 나는 그것을 편지 속에 집어넣고 가까운 우체통에 넣었다.

내 가슴에서 커다란 돌덩이가 떨어져 나가면서 한시름을 던 것 같았다.

나는 취직을 했다. 게다가 친구까지 생겼다. 누가 봐도 알 수 있듯이 그는 좋은 친구였다.

나는 이제 올 소울스 교회로 찾아가서 외삼촌을 만날 수 있었다. 게다가 세실은 그 교회의 공사를 감독하고 있었다. 나는 그 교회에 대해 물어보았다.

「교회를 한번 보고 싶다고요?」 그가 기이하게도 〈교회〉를 강조하며 말했다. 「점심 식사를 한 후에 오크우드 불르바드와 랭글리 애비뉴로 가서 교회를 한번 둘러보기로 합시다.」

세실이 왜 교회를 강조하며 말했는지 현장에 도착해서야 그 이유를 알 수 있었다. 그것은 전혀 교회 같지 않았고 보다 정확하게 말해서 〈퀸 앤 양식*Queen Anne Style*〉의 주택에 더 가까웠다. 우리는 그런 건물들이 앞은 앤 여왕이요 뒤는 메리 앤이라고 말하곤 했다. 그 교회는 전형적인 〈퀸 앤 양식〉 건물이었다. 하지만 나는 그 건물을 찬찬히 쳐다보았다. 역시 아름답지는 않았지만 그래도 흥미를 불러일으켰다.

느닷없이 건설 현장에 나오게 된 세실은 그 기회를 이용해 거의 완공된 건물의 세부 요소를 살펴보기 시작했다. 나는 그 건물을 멀리서 보기 위해 오크우드 불르바드의 건너편 쪽으로 걸어갔다. 내가 상체를 뒤로 약간 젖히면서 교회 건물을 쳐다보고 있는데 누군가 뒤에서 내 목 깃을 잡아채며 커다란 목소리로 말했다. 「이봐, 젊은이! 마침내 나타났군.」

나는 그 목소리를 금방 알아보았다. 젠킨 로이드 존스 외삼촌이었다. 이크, 이거 큰일 났군.

「젊은 친구, 난 자네를 기다리고 있었어. 네 엄마가 얼이 다 빠져서 편지를 보내 왔어. 이제 너를 발견했다고 전보를 쳐야겠다.」

「아니, 그러지 마세요.」 내가 말했다. 「지난 밤 어머니에게 취직했다고 알려

프랭크 로이드 라이트와
세실 코원

드리고 돈도 약간 부쳐 드렸어요.」
「취직이라고? 어디에 취직했는데?」
「실즈비 사무실이요.」
「실즈비? 그랬을 테지. 그분은 정말 자상하군. 그래, 네가 누구인지 말씀 드렸겠지?」
「아니요!」 내가 말했다.「이야기하지 않았어요!」 외삼촌은 의심하는 표정이었다. 하지만 곧 내 말뜻을 알아차렸다.「좋아, 그랬단 말이지.」 그때 세실이 다가와 외삼촌에게 인사를 했다.「자네는 내 조카를 어디서 만났나?」 젠킨 외삼촌이 물었다.
「그가 목사님의 조카라고요? 난 몰랐는데요.」 세실이 놀라워하며 말했다.
내 주장이 입증된 것이었다.
「그래 넌 어디서 묵을 생각이냐?」 외삼촌이 물었다. 나는 아직 숙소를 정하지 않은 상태였다. 「여기 와서 묵으면 내가 널 돌봐 줄 수 있다. 오늘 저녁부터 와서 나와 함께 지내자.」

「아닙니다!」 세실이 말했다. 「그는 오늘밤 우리 집에서 묵기로 했습니다.」

「좋아, 그렇다면 월요일 밤에 오너라.」

어떤 〈길〉로 들어가는 입구는 보통 이처럼 간단하지 않은가? 이제 한 사건이 우연히 끝을 향해 풀려 나가고 있었다. 두꺼운 실패에 감긴 실의 끝 부분처럼 술술 풀려서, 시간의 경과에 따라 전형적인 전개 방식을 보이는 것이다.

그것은 전혀 내가 예상했던 바가 아니다! 인생의 사건이라는 것은 우리가 예상했던 대로 전개되는 법이 별로 없다. 그러나 새로 사귄 세실은 내 예상보다 훨씬 중심이 잘 잡힌 사람이었다. 그가 성장한 곳의 문화는 나와 비슷했지만 역시 달랐다. 그는 나보다 더 그런 문화에 익숙한 것 같았다.

나는 세실에게서 많은 것을 배우기 시작했다. 우리는 곧 단짝 친구가 되었고 어디나 같이 붙어 다녔고 서로 반말을 했다.

실즈비는 당시 에지워터 건축 설계를 맡아서 아주 바빴다. 그것은 〈고급〉 주택 단지였는데 부동산 개발 업계의 천재로 소문난 J. L. 코크런으로부터 일괄 도급을 받은 것이었다.

실즈비는 아주 손쉽게 드로잉을 그렸다. 그는 부드러운 검은 연필로 드로잉을 그렸고, 그 당시 실즈비 주택으로 알려진 주택의 스케치를 쓱쓱 쉽게 작성했다. 그는 탁월한 설계 능력으로 시카고에서 존경받고 있었다. 그가 설계한 건물은 박공, 작은 탑, 추녀마루, 널찍한 현관 등을 잘 배열하여 평온하고 우아한 가정적 분위기를 연출했다. 그 당시 다른 곳에서 유행했던 우둔하고 볼품없는 주택과는 뚜렷한 대조를 이루었다. 그는 바깥 사무실로 나올 때는 우리 제도사들이 아예 거기 없는 것처럼 행동했다. 그는 세실하고만 잠깐 이야기를 했는데, 왼쪽 다리를 옆으로 쭉 벌리고 오른쪽 다리에만 체중을 싣고 서 있는 태도는 무관심 혹은 경멸 그 자체였다. 그는 말수가 적었고 참을성이 없었다. 직원들은 모두 그를 두려워했다. 하지만 세실은 그를 두려워하지 않았다.

사무실의 업무 방식은 별로 효율적이지 않았다. 실즈비가 평면도와 멋진 스케치 — 그가 구상한 몇 가지 아름다운 요소가 가미된 — 를 그려서 바깥 사무실로 내려 보내면, 제도사들은 최대한 평면도를 스케치에 맞추면서 구체적 건물을 그려 넣는 것이었다. 실즈비의 스케치는 나를 매혹시켰다. 「야, 놀랍군, 세실. 어떻게 저 분은 이렇게 스케치를 잘하지!」

「정말 잘 그리지? 천재라고 할 수 있어. 하지만 저분에게도 문제가 있어. 그는 자신의 재능이나 자신을 그리 진지하게 생각하지 않아. 그림에는 흥미가 있지만 나머지는 다 귀찮게 여겨. 그의 귀족 정신이 건축적 재능을 망치고 있어. 실즈비는 시러큐스의 훌륭한 가문 출신이고 교육도 많이 받았어. 하지만 모든 것을 다 경멸한다는 게 문제야.」

나는 그의 문제점을 꿰뚫어 보았다. 실즈비는 그저 그림을 그리고 있을 뿐이었다. 건물의 실제적인 측면에 결코 가깝게 다가서지 못했다. 나는 곧 그 문제를 절감하게 되었다. 그렇지만 나는 실즈비를 존경했다. 그에게는 스타일이 있었다. 좀 거친 방식을 쓰기는 하지만 분명 자신만의 스타일이 있었다. 그의 엄숙한 태도에는 뭔가 비극적인 구석이 있었다. 커다란 〈목젖〉을 위아래로 움직이면서 내는 묵직한 저음에는 위엄이 서려 있었다. 나는 세실을 통해 실즈비의 주택 설계 방법을 많이 배웠다.

월요일 밤 나는 젠킨 외삼촌의 목사관을 찾아가서 거기서 며칠을 묵었다. 닥터 토머스, 랍비 히르시, 제인 애덤스, 망가세리언 등 흥미로운 사람들이 저녁 식사를 하러 왔다. 나는 기쁜 마음으로 그들이 나누는 대화를 들었다.

어머니에게서 편지가 도착했다. 어머니는 매주 정기적으로 편지를 써서 보냈다. 내가 취직했다는 소식을 듣고 안심한 눈치였다. 젠킨 외삼촌 집에 머물라고 말했다. 목사직을 수행하느라고 바쁜 일이 많겠지만 그래도 좋은 분이니 내게 필요한 모든 것을 도와줄 것이라고 설명했다. 그리고 집 걱정은 조금도 하지 마라는 부탁도 했다.

어머니는 아버지의 책을 모두 팔아 버렸고 또 할아버지의 농장 중 어머니 몫으로 되어 있던 땅을 처분하고 오빠들로부터 몇 백 달러를 건네받았다. 만약 내가 시카고 생활에 잘 적응하고 어머니의 도움을 필요로 한다면 매디슨의 집을 팔고 시카고에 와서 집을 사겠다는 말도 했다. 또 나의 음식, 따뜻한 내의, 사귀는 친구 등에 대해서도 걱정했다.

〈나는 네가, 지각 있고 또 감수성이 예민한 청년이기를 바란다. 너는 어딜 가나 선량함과 진리를 발견하게 될 것이다. 만약 둘 중 하나를 선택해야 한다면 진리를 선택해라. 그것이 대지에 더 가까운 개념이기 때문이다. 애야, 대지의 맥박을 가까이 느끼며 살아가도록 해라. 거기에 힘이 깃들어 있단다. 농부도 목사도 마찬가지이지만, 건축가가 위대한 건물을 지으려고 한다면 무엇보다도 영혼의 단순함이 필수적인 것이란다.〉 어머니는 그런 신념을 다양한 형태로 표현하여써서 보내 왔다. 하지만 그런 편지를 통해 나는 어머니가 무엇을 원하는지 알 수 있었다.

어머니는 용감한 사람이었지만, 그래도 시카고로 이사 와서 나와 함께 살고 싶어 했다. 나는 주당 18달러 혹은 20달러만 벌 수 있으면 시카고로 모셔 올 생각이었다. 막내 매기넬은 건강이 좋지 못했고 제니는 교사 생활을 하기 위해 시골로 내려가 있었다.

나는 내 사촌(젠킨 외삼촌의 아들) 리처드를 좋아했다. 그는 금발에 잘생기고 총명하며 적극적이고 수줍음을 모르는 〈도시 청년〉이었다. 자신의 주위에서 일어나는 일에 대해 나름대로 날카롭고 흥미로운 견해를 갖고 있었다. 리처드는 야망도 있었고 남을 사랑할 줄도 알았으나 조금 겸손하지 못했다. 그는 전형적인 목사 아들이었다. 외숙모는 외삼촌보다 나이가 약간 많았고 또 더 유식했다. 외숙모는 아들을 숭배했고 툭하면 아들 칭찬을 했다. 물론 그에게는 칭찬받을 만한 점이 있었다. 하지만 수잔 외숙모는 칭찬이 너무 지나쳤다. 쉴 새 없이 칭찬을 해댔는데 나는 듣기 싫을 때는, 모든 어머니는 자기 아들을 과대평가하는 경향이 있다면서 참아 냈다.

젠킨 외삼촌은 목사관에서 한 블록 떨어진 빈센느 애비뉴의 워터먼스에 내 숙소를 얻어 주었다. 나는 어느 날 밤 딕(리처드의 애칭)의 도움을 받아 내 옷가지를 손수레에 모두 담았고 한적한 거리로 내려갔다. 길이 너무 좋아서 딕에게 두 블록 떨어진 코너까지 나는 손수레를 끌고, 그는 맨몸으로 달려가는 내기를 하자고 제안했다. 우리는 전속력으로 달렸다. 나는 그보다 앞서 달렸지만 빈센느에 이르러 커브를 돌다가 손수레가 전복되어 옷가지가 산탄(散彈)처럼 더러운 거리에 쏟아졌다. 그리고 나 자신은 마치 대포에서 쏘아진 포탄처럼 머리를 앞세우며 땅으로 죽 미끄러졌다. 뒤따라오던 딕도 손수레를 발로 걷어차면서 완전히 뒤죽박죽으로 만들어 놓았다. 정말 엄청난 실패작이었다!

둘 다 약간 긁히기는 했지만 크게 다치지는 않았다. 우리는 웃으면서 — 우리는 늘 웃었다 — 바람에 날려 여기저기 흩어진 먼지 묻은 내의, 넥타이, 주일용 옷, 셔츠 등을 주섬주섬 챙겼다. 그날 밤 내 옷가지에 묻은 거리의 먼지는 내 기억 속에 영원히 남아 있다.

워터먼스는 조용하고 깨끗한 곳이었다. 거기서 내 또래의 청년인 해리를 가끔 보았다. 하지만 그곳 사람들은 집안 내력인지 모르지만 좀 우울한 데가 있었다. 그런 우울한 분위기는 내가 어디를 가나 나를 따라다니는 것인가 아니면 내 경험 때문에 그런 것만 보게 되는가?

리처드와 나는 함께 붙어 다녔다. 리처드는 요령을 잘 알고 있었다. 그는 어떻게 웃어야 하는지 알고 있었다. 우리는 함께 놀이를 하면서 웃어 댔고 서로 웃음의 미끼를 던지며 지칠 때까지 계속 놀았다.

외삼촌의 교회에서는 사교 생활이 활발히 이루어졌다. 저녁 행사, 강의, 이런저런 모임 등 다양한 행사가 있었다. 교회 신자들의 친목회. 브라우닝의 시 낭독회. 나는 이 무렵 〈랍비 벤 에즈라〉를 알게 되었고 「반지와 책Ring and the Book」을 읽었다. 온갖 학습반도 운영되고 있었다. 올 소울스 교회는 일종의 이동 도서관이었고 지적, 사교적, 문학적 활동이 다양하게 펼쳐지는 공동체 문화 회관이었다. 또 유치원도 운영했다. 교회는 하루 24시간 문을 닫는 법이 없었다.

젠킨 외삼촌의 영혼은 쉴 줄 모르는 정신의 발전소였다. 그의 설교에는 외할아버지의 그것과 마찬가지로 힘과 열정과 지성이 있었다. 하지만 나는 외삼촌에게도 감상주의가 있는 게 아닐까 의심하기 시작했다. 그는 시카고의 강력한 정신적 지도자였고 그의 영향력은 나날이 높아졌다.

세실은 종종 나를 집으로 데려갔고 우리는 아폴로 클럽 콘서트나 다른 음악회가 열리는 곳을 찾아다녔다. 그리고 때때로 극장에도 갔다. 나는 그때나 지금이나 음악 못지않게 연극을 좋아한다.

건축 사무소 일은 쉬웠고 나는 곧 내가 유능한 존재임을 증명했다. 그런데 한 가지 문제가 발생했다. 내가 입사한 후 몇 달 되지 않아 새 제도사가 들어왔는데 그의 이름은 조지 마허였다. 마허는 자신이 〈경험〉이 많다고 주장하여 실즈비로부터 주당 18달러를 받게 되었다. 나는 입사 후 석 달이 지나 12달러로 인상되었다.

나는 곧 조지가 나보다 뛰어난 것도 없고 오히려 나보다 못하다는 사실을 발견했다. 나는 임금을 더 받아야겠다고 생각했다. 실즈비가 조지에게 18달러를 지불한다면 내게는 적어도 20달러는 주어야 마땅했다.

「보스는 지금 사무실에 있으니까 들어가서 이야기해 봐.」 사무장이자 나의 친구인 세실이 말했다.

내가 실즈비의 전용 사무실로 들어가자 그는 얼굴을 찌푸렸다. 용건을 짐작하고 있었다.

「그래, 무슨 일이야?」

「실즈비 씨. 나는 주당 12달러로는 살아갈 수 없습니다. 내가 지금쯤 주당 15달러는 된다고 생각하지 않습니까?」

「라이트, 자네 임금은 방금 인상되었잖아. 안 돼! 내년에 제일 먼저 인상을 해준다면 몰라도.」

나는 그의 처사가 대단히 부당하다고 생각하여 그 자리에서 사직해 버렸다.

비어스, 클레이, 더턴 건축 사무소의 W. W. 클레이 씨는 내가 〈구직 활동〉을 하고 돌아다닐 때 나에게 관심을 표명한 바 있었다. 나는 곧바로 그 사람을 찾아갔다.

「실즈비 사무실에서 일했다고?」 그가 물었다. 실즈비 건축 사무소의 직원은 실즈비처럼 드로잉도 그리고 설계도 할 수 있었기 때문에 설계가 취약한 건축가들에게 인기가 높았다.

「네, 그렇습니다.」

「임금은 얼마를 원하는데?」

「18달러.」

그는 의자에서 일어서서 제도실의 사무장에게 나를 안내했다.

「록우드, 이 젊은이를 받도록 해. 임금은 주당 18달러야. 이름은 라이트고.」

세실과 나는 여전히 점심때와 저녁에 만나서 같이 돌아다녔다. 자상한 클레이 씨는 나에게 많은 관심을 보였다. 그러나 나는 곧 내 능력 이상의 일이 내게 맡겨진다는 것을 발견했다. 아직 배우지 못한 설계 업무를 내게 맡겼던 것이다.

장기적인 관점에서 볼 때 내가 실수를 저질렀다는 것을 깨달았다. 입사 후 몇 주 되지 않아 클레이 씨에게 사정을 말했다. 그는 당황하는 기색이 역력했다.

「라이트, 우리가 자네에게 잘해 주지 않는다는 말인가? 여기 일이 재미없나?」

「아니, 재미있습니다.」 나는 진심을 말했다.

「그럼 내가 싫은가?」

「그렇지 않습니다.」 나는 클레이 씨를 정말 좋아했다.

「좋아. 그럼 솔직히 말해 보게. 뭐가 문제인가?」

나는 사무실에서 원하는 설계를 〈내놓을〉 실력이 되지 못한다고 실토했다. 설계하는 방법을 더 배워야 할 처지였다. 그런데 그 사무실에는 숙련된 설계사가 없었다. 그래서 더 배워야 할 입장에서 배울 게 별로 없다는 이야기를 했다.

「그렇구먼.」 그가 건조한 목소리로 말했다. 기분이 아주 나쁜 듯했고 젊은 놈이 너무 잘난 척한다고 생각하는 것 같았다.

「그래 여길 그만두면 어떻게 할 생각인가?」

「실즈비에게로 되돌아가겠습니다.」

「그가 자네를 받아 줄 것 같은가?」

「모르겠습니다.」

「자네는 그곳을 떠나기 전에 모든 것을 알아보지 않았나?」

「알아보지 않았습니다.」

「왜?」

나는 할 말이 없었다.

「좋아. 록우드에게 가서 지금까지의 자네 임금을 달라고 해.」 하지만 그렇게 내보내는 것이 너무 쌀쌀맞다고 생각했는지 나와 함께 바깥 사무실로 나와서 말했다. 「록우드, 라이트에게 임금을 줘서 내보내게. 저 친구는 크게 취했거나 아주 똑똑하거나 둘 중 하나일 거야. 난 어느 쪽인지 모르겠네.」 그는 나에게 악수를 청했다. 그의 눈에는 예의 그 유머러스한 눈빛이 반짝거렸다.

나는 그 사무실을 나오자마자 곧장 실즈비를 찾아가 전후 사정을 보고했다. 그는 아무 말 없이 담배만 뻐끔뻐끔 피워 댔다.

「그러니까 그 쪽 회사를 이미 그만뒀단 말이야?」

「네.」

「무엇 때문에?」

「만약 당신이 나를 다시 받아 줄 경우, 나를 클레이 사무실에서 빼내 오는 것 같은 인상을 주고 싶지 않아서였습니다.」

그는 예의 그 쓴웃음을 짓더니 문 앞으로 걸어가서 〈코윈!〉 하고 불렀다. 세실이 방 안으로 들어왔다. 「라이트를 복직시키기로 했네. 임금은 18달러야.」 내가 실즈비의 선용 사무실을 나서자 뒤에서 부드럽게 문이 닫혔다.

세실과 나는 제도실 중앙에 있는 커다란 탁자 주위에서 장난치듯 한바탕 춤을 추었다.

이처럼 되돌아온 실즈비 건축 사무소에서 여러 달을 보내는 동안 세실과 나는 단짝 친구가 되었다. 우리는 하늘에 있는 것, 그 아래 땅에 있는 것, 물속에 있는 것, 이 모든 것에 대해 의논했다.

우리는 마담 골스, 이탈리아 식당, 아늑한 레스토랑들을 찾아다녔다. 그리고 호주머니에 돈이 넉넉히 있으면 풀먼 빌딩의 〈팁톱 인〉에 갔다. 그때나 지금이나 그곳의 히에로니무스는 그 집을 시카고에서 가장 유쾌한 식당으로 만들었다.

시어도어 토머스가 구 박람회 건물에서 연주회를 개최했는데 그곳에도 함께 갔다. 공연장 뒤쪽에는 안락한 독일식으로 차려진 테이블과 청량음료가 있었다. 나는 그때 이후 이보다 더 훌륭한 연주회는 보지 못했다.

그 당시 시 당국은 시카고 오디토리엄[25] 빌딩을 짓고 있었다. 신문들은 그 건

---

[25] *auditorium*. 수백 명 이상이 모여 거기서 진행되는 연예 행사를 보고 듣는 옥내 공간이다.

물의 경이로움을 자세히 보도했고, 담당 건축가인 애들러와 설리번을 자주 언급했다. 나는 시카고에 처음 와서 구직 활동을 할 때 왜 이 사무실은 생각하지 못했는지 의아했다.

나는 일요일 오전 중에는 주로 외삼촌의 교회인 올 소울스로 갔고, 목사관 2층에서 점심을 해결했다. 신도 중에는 흥미로운 사람들이 많았지만 그들과 사귀려 하지는 않았다. 내가 〈목사의 조카〉인 줄 아는 몇몇 사람들은 집에 한번 놀러 오라고 말했고 또 아무런 형식적 절차 없이 저녁 식사에 초대하기도 했다. 하지만 세실과 함께 있는 것을 더 좋아했기 때문에 가지 않았다. 세실과 함께 있을 수 없을 때는 다른 일거리를 찾았다.

올 소울스 교회의 도서실에서 그런 곳에 있으리라고는 상상조차 하지 못했던 책 두 권을 발견했다. 하나는 오웬 존스의 『장식의 문법Grammar of Ornament』이었고 다른 하나는 비올레르뒤크의 『시대별로 살펴본 인간의 주택Habitations of Man in All Ages』이었다. 나는 비올레르뒤크의 『건축 사전Dictionnaire』과 『건축론』을 매디슨에 있을 때 시 도서관에서 빌려 와 집에서 읽은 적이 있었다. 당시 나는 그의 『건축론』이야말로 이 세상에서 유일한 합리적 건축 이론서라고 생각했다. 나는 나중에 이 책을 여러 권 사서 내 아이들에게 나눠 주었다. 이 책은 형편없는 기존 건축가들의 존재에도 불구하고 건축에 대한 믿음을 그런대로 지켜 주기에 충분했다.

오웬 존스의 책은 복사본이었으나 그런 대로 읽을 만했다. 특히 앞부분의 〈제안들〉을 읽으면서 그중 첫 다섯 가지는 〈아주 맞는 말〉이라고 생각했다. 나는 다른 제안은 잘 기억이 나지 않는다. 이 다섯 가지는 건축뿐만 아니라 인간의 행동에도 적용할 수 있다고 본다. 나는 〈양파처럼 얇지만〉 단단하고 부드러운 트레이싱지(紙) 한 묶음을 사 가지고, 다양하게 도안을 복사했다. 나는 저녁때와 일요일 오전에 쉴 새 없이 복사를 했고 곧 100장으로 된 트레이싱지 묶음이 바닥났다. 나는 이처럼 앉아서 〈집중〉하는 일로 쌓인 피로를 풀기 위해 운동을 해야 할 필요가 있었다.

나는 대학에 다닐 때 권투를 배우고 싶어서 안달이었다. 나와 비슷한 생각을 갖고 있었던 지미 커와 연습 시합을 하기도 했다. 내가 딕과 함께 손수레를 끌고 열심히 시카고 불르바드를 달려 내려갔을 때 도로 위로 나뒹군 물건 중에는 권투 장갑도 있었다. 나는 하숙집 아들인 해리 워터먼과 권투를 하곤 했다. 도심에 있는 직장까지 근 40블록을 걸어서 출근하기도 했다. 차비가 없어서 사무실까지 걸어간 적이 여러 번이었다.

분홍색 옷을 입은 예쁜 소녀
올 소울스 교회의 학습반은 목사의 지도 아래 빅토르 위고의 『레미제라블』을 강독했다. 학생들은 이 소설의 학습을 마무리하는 기념으로 소설 속 등장 인물의 의상을 입고 나오는 가장 파티를 준비하기로 했다. 단순한 가장 파티로 끝나는 것이 아니라 음악, 무용, 저녁 식사를 곁들인 대규모 행사였다. 그래서 인근의 커다란 홀을 임대했다. 나는 그 학습반의 정규 멤버는 아니었지만 젊은 프랑스군 장교인 〈앙졸라〉 역을 맡았다. 내 역할은 아주 간단한 것이라고 사람들은 말했다. 몸에 딱 달라붙는 하얀 바지, 주홍색 군복 상의, 뻣뻣한 깃, 금술 장식, 견장 등을 착용하고 무릎까지 올라오는 번쩍거리는 장화를 신고 씩씩하게 걷기만 하면 된다는 것이었다. 또 붉은 모자를 쓰기로 했다. 그 외에 가죽 칼집에 든 긴 칼을 차야 했다. 나는 이런 장신구를 어디서 구해야 할지 막막했다. 아마도 의상 가게에서 준비해야 하리라. 의상 가게는 때때로 빅트로 위고보다 더 정확하게 그런 시대 의상을 가져다 놓곤 했다. 세실이 장신구 준비를 도와주었다. 내가 준비를 모두 마치자 그가 말했다. 「프랭크, 비록 앙졸라 같지는 않더라도 상당히 멋진 구경거리는 되겠군.」

나는 칼집에서 칼을 뽑아 칼끝으로 마룻바닥을 겨누며 한쪽 발을 뒤로 빼고 인사하는 시늉을 했다. 「그 정도면 멋지게 역할을 소화해 내겠어.」 세실이 말했다. 「자네 외삼촌이 초대했을 때 받아들이지 못한 게 후회되는 걸.」

「아무튼 같이 가자!」 나는 간청했다. 하지만 그는 가지 않겠다고 했다. 나는 사람들 눈에 띄지 않기 위해, 망토형 외투를 입고 단추를 잠가 소매를 감추었다. 또 대로를 통과하여 공연 홀까지 가는 동안 장검을 옆구리에 단단히 붙이고 걸어갔다. 나는 너무 튀지 않으려고 일부러 늦게 갔다.

내가 외투를 옷걸이에 걸고 홀의 문을 열고 안으로 들어가니 그 광경은 정말 화려했다. 『레미제라블』에 나오는 모든 인물이 거기 있었다. 하지만 늦게 가서 눈에 띄지 말자는 나의 계획은 실패했다. 늦게 감으로 해서 오히려 더욱 사람들의 눈에 띄었다.

첫 번째 춤이 끝나자 등장인물들은 커다란 중앙 구역을 바라다보는 넓은 방 옆에 서 있었다. 나는 아무도 없는 그 중앙 구역에 등장한 것이다! 주위에는 예쁘게 옷을 차려입은 프랑스 농촌 소녀와 젊은 농부들이 서 있었다. 혁명가 마라도 보였다. 마라는 원래 무시무시한 분장을 해야 하는데 그렇게 무서운 것처럼 보이지 않았다. 한눈에 알아볼 수 있는 인물은 수잔 외숙모였는데 외숙모는 목사의 아내 아바유 역할을 맡았다. 그때 느닷없이 밝은 상의, 짧은 스커트, 예쁜 모자를 쓴 소녀들이 무도장으로 달려 나왔다. 맨 앞에 있던 에머리 양은 〈마침내 나타났군요〉라고 말했다.

「좀 극적인 입장을 구상했지요.」 내가 말했다.

에머리 양은 몸을 돌려 나를 다른 사람들에게 소개했다. 그녀의 가족은 올 소울스 교회에 다니는 부유한 신도였는데 교회에 그리 자주 나오는 편은 아니었다. 그녀는 나보다 나이가 많았다. 동부의 인기 높은 신부(新婦) 학교를 마친 그녀는 〈a〉를 길게 발음하면서 일부러 예쁘게 말하려고 애썼다. 너무 예뻐서 자연스럽지 않다는 느낌이 들었지만 그게 특유의 스타일이었다.

나는 여자들을 소개받은 것을 내심 기뻐하면서 잘 알지 못하는 몇몇 교회 소녀들과 춤을 췄다. 하지만 거의 바닥에 닿을 듯한 장검은 내가 손을 뗄 때마다 앞으로 돌아 나와 다리 사이에 끼었다. 내가 조금만 방심하면 그 칼은 춤추는 상대의 다리 사이로 끼어들어 아주 난처한 풍경을 연출했다. 때때로 우스꽝스럽기까지 했다.

나는 이제 춤을 잘 추었기 때문에 대학 신입생 시절처럼 수줍어하지 않았다. 하지만 여전히 사귀는 여자는 없었다. 그날 저녁에는 여자들을 상대로 춤을 출 때 그 칼이 나를 낙담시켰다. 하지만 칼을 떼어 버릴 수도 없었다. 그렇게 하면 멋진 모습을 망쳐 버리기 때문에 어떻게든 그 칼을 잘 제어하려고 이리저리 궁리했다. 설사 그 칼을 가지고 『레미제라블』에 등장하는 인물들의 다리를 자르고 또 파티를 망쳐 버리는 한이 있더라도 그 거추장스러운 칼과 헤어지고 싶지 않왔다. 몇몇 여자들은 나의 그런 심리를 꿰뚫어 보았다. 그들은 같이 춤을 추면서도 그 칼을 잘 고정시킬 수 있도록 적절히 협조해 주었다.

나는 주로 에머리 양과 함께 있었다. 춤출 차례를 몇 번 빼먹고 그녀와 함께 무도장에 연결된, 조용하지만 조명이 어두운 강당으로 걸어 들어가 이야기를 나누었다. 나는 그녀와 대화하면 편안함을 느꼈다. 오길 잘했다는 생각이 들었다. 내가 더 이상 그 칼을 신경 쓰지 않게 되자 이제 그녀가 신경 쓰기 시작했다.

나는 괜히 그녀를 괴롭히고 있다는 생각이 들었다. 단 둘만 있었기 때문에 그 거추장스러운 무기를 떼어 내 그녀가 잡고 있도록 해주었다. 그녀는 칼을 잡고 있는 것을 좋아하는 듯했다. 그녀가 칼을 갖고 있으면 오히려 더 안전하다고 느끼는 모양이었다.

밤 열시가 되자 행사장의 분위기가 약간 가라앉았다. 청량음료가 나오는 시간이었다. 등장인물들은 각자 그룹 별로 집합해야 했다. 금발에 키가 크고 예쁜, 분홍색 옷을 입은 〈농촌 소녀〉가 에머리 양 그룹에 합류하기 위해 무도장을 열심히 가로질러 달려가다가 그만 앞에 있는 나를 보지 못했다. 내가 피할 사이도 없이 그녀는 나와 부딪쳤다. 그녀의 이마가 나의 이마와 정통으로 부딪치자 그녀는 양손과 무릎으로 땅을 짚으며 주저앉았다. 나도 눈앞에 별이 번쩍거렸지만 간신히 정신을 차리면서 그녀를 일으켜 세웠다.

그녀는 아직도 눈을 깜빡거리면서도 아무것도 아니라는 듯 씩씩하게 웃어 젖혔다. 나는 사과하기 위해 그녀의 부모에게 다가가면서 그녀의 이마에 솟아오른 빨간 혹을 보게 되었다. 그녀의 어머니는 나에게 사과할 필요가 없다고 말했다. 「다 우리 딸애 잘못이에요.」 그들은 토빈 씨 부부였고 소녀는 그들의 딸 캐서린이었다. 그녀의 아버지는 그녀를 〈키티〉라고 불렀다. 나는 전에 교회에서 그녀를 본 적이 있었다. 열여섯쯤 된, 아주 발랄한 금발의 아가씨였다. 그 솔직하고 의젓한 자세가 여느 여자 같지 않았다. 그녀의 부모가 나를 저녁 식사에 초대했다는 것도 기억났다. 그들은 이번 일요일(내일)에 저녁 식사하러 오라고 또다시 초대했다. 나는 가겠다고 말했다. 이제 붓기 시작한 소녀의 혹이 너무 아프지 않았으면 좋겠다는 말도 했다. 나는 그 직후 그녀의 혹이 사라진 것을 보았다. 하지만 그다음 날 내 이마에 혹이 솟았다.

나 때문에 파티의 일정이 약간 바뀌었다. 교회 파티가 끝나기로 된 열한시에 나는 에머리 양을 마차까지 바래다주고 혼자 거리를 걸어서 집으로 돌아왔다.

만약 그때가 아주 먼 옛날이었다면 신탁이 예언의 손을 뻗쳐 그 〈충돌〉을 점지해 준 것이리라. 하지만 그런 충돌 사건이 있었다고 해서 바뀐 것은 아무것도 없었다. 따지고 보면 고대의 신탁은 그 강력한 암시의 힘으로 수많은 사람들에게 피해를 입혔다. 내가 볼 때 신탁이라는 용어는 늘 무책임함과 음모의 냄새를 물씬물씬 풍겼다.

그다음 날 아침 어젯밤의 빅토르 위고 파티에서 영감을 받아 나는 『노트르담 드 파리Notre Dame de Paris』의 한 장(章)을 기억해 냈다. 건축에 관한 장이었는데 제목은 〈책은 건축물을 죽일 것이다〉였다. 이 놀라운 프랑스 소설가는 유럽의 르네상스를 가리켜 〈그 저물어 가는 태양을 유럽인은 새벽으로 착각했다〉고 매도했다. 나는 침대에서 나와 곧바로 교회 도서실까지 걸어갔다.

도서실에서는 그 책의 다른 번역본이 있었다. 이 판본의 장 제목은 원서의 제목 〈*Ceci Tuera Cela*〉를 그대로 직역하여 〈이것이 저것을 죽일 것이다〉로 되어 있었다. 나는 그 책을 빌려서 집으로 돌아와 교회에는 가지 않고 내내 읽었다.

빅토르 위고는 박식한 스타일로 광범위하게 논의하는 것을 좋아했다. 하지만 위대한 건축물을 논한 이 글은 역대의 위대한 건축론 가운데 한 자리를 차지할 만했다. 나는 다시 한 번 그 글의 힘을 느꼈다. 내가 갖고 있던 의구심이 점점 더 확인되었다. 그건 정말 멋진 글이었다. 이 위대한 낭만주의자는 그 당시에 얼마나 현대적으로 비쳤을 것인가! 하지만 나중에 내가 이 글을 찾다가 확실히 알게 된 것인데, 일부 『노트르담』 번역본에는 아예 이 건축론이 생략되어 있었다.

나는 이 위대한 시인의 글에 자극을 받아 낭만주의와 감상주의의 차이를 곰곰이 생각했다. 나는 토빈 부부의 저녁 식사 초대에 좀 늦게 출발했다. 드렉셀 불르바드를 걸어가 47번가 근처 킴바크 애비뉴의 켄우드에 있는 토빈 부부의 집에 다소 늦게 도착했다. 캐서린이 문을 열어 주었다. 『레미제라블』의 시대 의상 파티 때 생긴 혹은 거의 사라졌다. 토빈 씨는 정말 사람 좋은 분으로, 무슨 이야기든 아주 자연스럽고 친절하게 해주었다. 토빈 부인은 아주 달랐다. 적갈색 머리의 미녀로 새로 이사해 온 집의 여주인이었고 아이들의 사랑을 받았다. 그 집안은 어머니가 완전히 지배하는 것 같았다.

캐서린은 장녀로 열여섯이었다. 찰리와 로버트는 쌍둥이로, 열두 살이었다. 그리고 막내 아서는 아주 귀여운 일곱 살짜리 소년이었는데 내 무릎에 와서 앉곤 했다.

그 집 식구는 모두 젠킨 로이드 존스를 숭배했고 그래서 그 조카 되는 사람도 높게 봐주었다.

나는 시카고로 나온 이래 따뜻한 가정집 분위기를 맛보지 못했는데 토빈 씨 가족처럼 따뜻한 가정 분위기에 접하자 내 수줍음은 곧 사라졌다. 소녀답고 사랑스러운 키티는 곧바로 나를 가족처럼 받아들였다. 그녀는 하이드 파크 고등학교에 다녔고 톰린 교수에게 음악을 배우고 있었다. 그녀는 영리한 여자이기는 했지만 그 집안에서 완전히 제멋대로 행동하는 데 익숙했다. 나는 식탁에서 그녀가 전용 식판에 전용 숟가락, 포크, 나이프로 식사를 하는 걸 보았다. 아마도 어린 시절부터의 버릇인 것 같았다. 하지만 그런 특별함도 아주 자연스럽게 보였다. 저녁 식사는 유쾌하게 진행되었다. 식사 후에 키티는 외출복을 입고 나왔다. 가죽 끈이 달린 긴 부츠에 짧은 평직 상의를 입었고 곱슬곱슬한 머리에는 〈탬오섄터〉 모자를 썼다.

그녀는 내 손을 잡더니 신축 켄우드 주택 단지를 보러 가자고 말했다. 그 주택은 정말 멋지다는 것이었다. 그 당시 켄우드는 가장 인기 높은 시카고 주택 지역이 되어 가고 있었다. 그래서 우리는 오누이처럼 손을 잡고 집 앞 계단을 걸어 내려갔다. 그녀는 키가 크고 아주 의젓해 보이기는 했지만 그래도 어린아이였다. 당시 나는 건축으로 벌어 먹고 있었으므로 당연히 주택 단지에 관심이 많았다. 내가 사는 곳과 주변 환경은 끊임없이 나의 관심을 불러일으켰다. 나는 점점 더 건축이야말로 내가 평생 추구해야 할 일이라고 진지하게 생각하고 있었다. 일에 대해서는 자신이 있었지만, 사람에 관련된 것에 대해서는 온통 배워야 할 것뿐이었다. 하지만 충분히 그런 것을 배울 수 있다는 자신감이 내 마음속에서 움트고 있어서 그렇게 걱정하지는 않았다.

그런 식으로 살다 보니 여러 달이 흘러 실즈비 건축 사무소에서 일한 지 1년이 되었고 나는 스무 살이 되었다. 주당 18달러를 착실히 벌어들이고 있었으므로 어머니에게 매디슨에 있는 호수 옆 집을 팔고 시카고로 이사 오라고 했다. 어머니는 곧 올라왔다.

미시간 호 북안(北岸) 지역이 나는 마음에 들었으나 어머니는 호수의 차가운 바람이 나와 매기넬에게 좋지 않다며 반대했다. 무슨 이유인지 모르지만 어머니는 올 소울스 교회 근처로는 가지 않으려고 했다.

우리는 오크 파크에 살고 있는 어머니 친구 오거스타 채핀 양을 찾아갔다. 또다시 목사였는데 이번에는 여자라는 점만 달랐다. 오크 파크의 만인구원론자 *Universalist* 교회의 목사인 채핀 양은 마흔 살 가량 된 떡 벌어진 체격의 여장부로 검은 비단 옷을 입고 목에는 황금 목걸이를 걸고 있었다. 목걸이에 달린 황금 십자가는 그녀의 가슴 위에 단정히 자리 잡고 있었다. 그녀는 아주 자상한 표정과 근엄한 표정을 번갈아 짓고 있었다.

채핀 양과 어머니는 우리가 집을 구할 때까지 함께 살기로 했다. 그리하여 우리는 포리스트 애비뉴에 있는 채핀 양의 붉은 벽돌집에서 그녀와 함께 거주하게 되었다. 그동안 오크 파크가 영구 주택을 짓기에 좋은 지역인지 알아보기로 했다.

오크 파크

오크 파크의 다른 이름은 〈세인츠 레스트 *Saint's Rest*〉였다. 그렇다 보니 그곳 주민들이 다닐 교회가 너무 많이 있는 듯싶었다. 그럼에도 불구하고 그 마을은 아주 단정하고 평판 좋은 지역처럼 보였다. 주민들도 좋은 사람들이었다. 그들은 대도시의 유해한 환경에서 벗어나 비교적 평화롭게 자녀를 키우기 위해 그곳에 정착한 것이었다.

마을의 거리에는 나무를 많이 심어 놓아서 그늘이 풍부했다. 마을에는 자치 행정 단체도 있어서 어느 정도 마을의 안건을 자발적으로 결정할 수 있었다. 거무스름한 얼굴의 행정 담당관 해치 씨가 덮개 없는 마차를 타고 이 학교에서 저 학교로 돌아다니는 것을 본 기억이 난다. 내 여동생 제니는 채핀 양의 주선 덕분에 시카고 애비뉴 학교의 교사가 되었다.

또한 올드 스코빌의 저택도 기억난다. 동네의 한구석을 모두 차지했던 그 집은 무척 높은 목조 가옥이었는데, 그 당시 주택의 특징인 퇴락한 분위기를 고스란히 지니고 있었다.

그 외의 다른 것들도 기억난다. 하지만 이런 기억을 간단히 줄여서 말하기로 하겠다. 그 조용한 동네는 어머니에게 매디슨의 집과 아주 비슷해 보였다. 그래서 그 동네로 결정되었다.

포리스트 애비뉴의 붉은 벽돌집 건너편, 마을 한가운데에는 스코빌 저택과 규모가 막상막하인 오스틴 씨의 집이 있었다. 이 집 주위에는 야생 나무가 그대로 보존되어 있었다. 레이크 가 전면의 개활지에 자리 잡았고, 당시 유행한 널판으로 벽을 두른 〈퀸 앤 양식〉의 집이었다. 그 집의 뒤, 포리스트 애비뉴 옆에는 수직으로 판자와 널을 댄 낡은 헛간이 있었다. 건물의 구조가 아주 훌륭했고 담쟁이가 덮인 곳의 빛 바랜 색이 매우 흥미로웠다. 아주 오래전에 지어진 그 건물은 헛간이기 때문에 그대로 방치된 듯했다. 나는 오스틴 씨의 저택보다는 그 헛간을 더 좋아했다. 그의 집은 인공적으로 아름답게 꾸민 흔적이 역력한 반면, 그 헛간은 아주 자연스러운 아름다움을 갖고 있었다. 하지만 포리스트 애비뉴의 주민들은 오크 파크의 유지인 오스틴 씨가 그런 흉물스런 헛간을 동네 한가운데에 방치해 둔 것을 아주 못마땅하게 생각했다.

스코틀랜드인인 오스틴 씨는 키가 작고 몸이 단단하며 행동거지가 느린 사람이었다. 목이 짧은 그는 고개를 푹 숙이고 다녔고 수염을 기른 얼굴에는 늘 기이한 표정이 떠올라 있었다.

야생 나무들이 우거진 오스틴 씨의 집은 유난히 나의 관심을 끌었다. 목수가 대충 지어 놓은 멋대가리 없는 나머지 집들에 비하면 단연 군계일학이었다. 그 동네의 집들은 단조로움의 전형이었다. 하얀색으로 칠한 단조로운 목조 가옥이 일정한 간격을 유지하면서 늘어서 있었고 그 앞에는 하나같이 하얀 페인트를 칠한 울타리로 둘러싼 자그마한 잔디밭이 있었다. 집 앞의 계단은 옆에 계단이 붙어 있는 현관으로 연결되었고, 하나같이 소용돌이 장식을 댔다. 그런데 이런 화려하게 꾸민 현관은 그저 화려하기만 할 뿐 그다지 실용적이지 않았다. 지붕은 응접실과 거실로부터 햇빛을 차단하고 있었다. 오스틴 씨의 헛간을 흉물스럽다고 여기는 이 동네 주민들은 코너 방에 일종의 퇴창(退窓) 역할을 하는 멋없는 코너타워corner-tower를 설치해 놓았다. 이처럼 영혼을 파괴해 버리는 한심한 〈의장(意匠)〉은 도대체 어디서 온 것일까? 코너타워는 결코 대지의 영감을 받은 것이 아니었다.

사람들이 너도나도 따라하는 이 흉물스런 코너타워는 직사각형, 원형, 팔각형 등의 형태였는데 비쭉 솟아올라, 촛불 11개 모양 지붕과 순무 모양 돔으로 연결되었고 나사 모양 뾰족 탑으로 마무리되었다. 나는 겉치레에만 신경 쓴 이런 집들을 지나쳐 여러 마일을 걸어가면서 과연 저 주택 단지의 건축가가 무슨 생각으로 이런 한심한 집을 지었는지 알아 내려 했으나 결국 실패하고 말았다. 비록 겉보기에는 뭔가 그럴듯하고 대단한 것을 흉내 낸 듯하지만 그 집들은 완전히 난센스 그 자체였다.

그 집들은 아무 의미가 없었다. 대부분의 집에서는 안락한 분위기가 전혀 풍겨 나오지 않았다. 이런 몰풍경한 주택 단지는 오크 파크에 특히 많았다. 오크 파크에는 나무도 덩굴도 탁 트인 부지도 많은데 그것을 전혀 활용하지 않았다. 이스트레이크 주택 단지를 무작정 흉내 낸 집들에서 사는 사람들은 자신들이 자연의 많은 것을 잃고 있으며 또 스스로에게 모욕을 가하고 있다는 것을 의식하지 못했다. 시카고 시내의 무의미한 간판 행진과 비슷하게, 그 전원주택들은 구경꾼에게 단조로운 동어반복으로 비쳤다.

간판들의 행진은 적어도 메시지 전달이라는 측면을 갖고 있었다. 하지만 이 무의미한 주택 단지는 그런 메시지조차 전하지 않았다. 도대체 남이 하니까 나도 따라한다는 그런 식이었다. 아버지가 시시한 음악에 대해 불평하면서 비판하던 것이 생각났다. 작곡이나 연주에 있어서 〈감상주의〉는 음악을 망친다. 아버지의 그 말씀을 이 주택 단지에도 적용해 볼 수 있지 않을까.

나는 실망한 구경꾼으로서 또는 까다로운 〈국외자〉로서 그 주택 단지를 걸어가면서 그 무의미한 반복에 짜증을 내지 않을 수 없었다. 같은 말을 단조롭게 반복하는 저 지루한 독백…… 저 둔감한 답답증…….

아무도 집에 없어요! 아무도 없어요! 〈그들〉은 여기 머물긴 하지만 여기 살지는 않아요. 우리는 생활이 무엇인지 몰라요. 하지만 우리 집은 그 누구의 집 못지않게 좋아요. 〈그들〉만큼은 된다고요. 어쩌면 더 좋을지도 몰라요.

속았다고요? 어쩌면 그들이 속았는지도 모르죠. 우리가 알 게 뭐예요? 모두가 속고 있어요. 〈그들〉이, 우리가, 모든 사람이 말이에요. 우리는 그들을 따라하고 그들은 우리를 따라해요. 그들이 아무 의미가 없는데 우리가 의미 있을 필요가 뭐예요?

우리가 〈그들〉보다 살기가 좋으냐고요? 우리는 그런 생각을 하려고 해도 할 수가 없어요. 이건 그들도 마찬가지예요. 그들은 우리의 기성품, 또는 그들의 기성품을 사들여요. 그건 훨씬 간편하고 또 더 좋을지도 몰라요. 그렇지 않은지 당신이 어떻게 알아요?

집이란 옷 같은 거예요. 그러니까 우리는 옷을 입는 거예요. 그런 만큼 〈유행〉을 따라가야 해요. 안 그러면 비웃음을 살 테니까. 그렇지 않아요? 이건 누구나 다 아는 거예요. 만약 이렇게 하지 않으면 그들도 비웃음을 당할 거예요. 그러면 어떻게 되는 거예요?

바보라고요? 하지만 웃는 바보는 보기에도 좋아요.

이봐요, 잘난 척하는 젊은이, 가서 이발이나 하세요. 머리카락만 쓸데없이 길어가지고. 당신은 애송이죠? 게다가 술에 취해 엉뚱한 소리나 하는 사람이죠? 하! 하!

엉뚱한 양반, 이제라도 유행을 따르세요.

들어오지 않을 거면 나가세요!

존경할 만한 것을 존경하거나 아니면 꺼지세요 — 당신!

도대체 뭐가 잘못되었는가? 그 주택 단지를 보는 것은 시카고 시내의 간판들을 쳐다보는 것보다 더 고통스러웠다. 아니 더 한심스러웠다. 이게 소위 그 당시 시카고의 〈문화〉라는 것이었다. 그게 정말 문화일까? 아니다, 그것은 장사치의 소행에 지나지 않았다. 시카고 시민들이 그런 것을 전혀 의식하지 못하고 그런 주택에서 살고 있다니, 그것은 비극이 아닐 수 없었다. 그것은 엉망진창이었다. 이 괴물 같은 주택이 과연 그 안에 살고 있는 선남선녀의 정신을 반영한다고 할 수 있을까? 〈그들〉이 무엇 때문에 이런 낭비를 참고 견뎌야 한단 말인가? 아니면 교육 제도가 그들에게 장난을 치는 것일까? 이처럼 감정이 결핍되어 있고 자연스러운 감각이 배제되어 있는 이런 문화적 표현을 어떻게 생각해야 할까? 만약 그들이 잘못 선택한 것이라면, 그들이 신봉하는 다른 제도들은 올바른 것일까? 우리의 면밀한 검토를 견뎌 낼 수 있을까? 〈그들〉이 소화관과 생식 기관 이외의 것에 대해 정말 올바르게 파악하고 있는 것이 있다면, 그것은 자연적 필요를 무시하는 이념의 혼돈에 빠져 버린 게 아닐까? 그래서 철저히 농락당한 나머지 비판의 기능마저 상실해 버린 것이 아닐까? 그들은 생각하는 것이 귀찮아서 그저 감상적인 태도를 유지하고 있는 것일까? 그렇지 않다면 어떻게 저런 부자연스러운 것들을 생활 속에 도입할 수 있을까? 〈그들〉은 자신의 건물에 진정한 의미를 가진 어떤 것을 도입하고 싶지 않을까? 왜 그들은 허풍을 떠는 어리석은 제스처에 만족하고 있을까? 그들은 지각은 없고 감상만 풍부한 게 아닐까?

나는 이러한 의문을 세실에게 털어놓곤 했다. 따지고 보면 실즈비가 내놓는 설계도 그 나물에 그 밥, 똑같은 붕어빵이 아닌가? 단지 그가 예술가라는 점만이 다를 뿐.

실즈비가 설계한 집은 그저 예술적인 분위기를 흉내만 낸 것일까? 그렇다. 그건 흉내만 낸 것이었다. 그 설계도에는 사상이 없었고 설령 사상의 자취가 조금 배어 있다 해도 여전히 감상에 지나지 않았다.

나는 실즈비의 설계에 전보다 더 불만을 느끼기 시작했다. 엄정하게 말해 보자면 그는 사태를 더 악화시키고 있었다. 그건 거짓말과 헛된 자랑을 아름답게 꾸미는 것이었고 후안무치한 사기술을 남보다 더 수월하게 발휘한 것이었다.

오크 파크의 주택 단지를 지나가면서 나는 때때로 오스틴 씨 집의 울타리에 기대곤 했다. 그것은 껍질을 벗겨 내지 않은 참나무 고사목으로 만든 울타리였는데 그런 만큼 〈전원적인〉 냄새를 물씬 풍겼다. 어느 일요일 오전 내가 그 울타리에 기대어 숲을 바라고 있는데, 오스틴 씨가 다가와서 말을 걸었다. 「잠깐 들어오지 않겠어요?」 그가 말했다. 「당신은 옆집에 사는 젊은 건축가 양반이죠? 채핀 양이 당신 이야기를 해주었습니다.」

「나는 저 〈오아시스〉를 잠시 둘러보고 싶었습니다.」 내가 숲을 가리키며 말했다. 나는 그에게 이런 주택 단지 사이에 어떻게 저런 야생의 숲을 그대로 남겨 놓을 수 있었느냐고 물었다. 그는 짙은 눈썹을 치켜올리면서 물었다. 「당신은 이 동네의 집들을 좋아하지 않는군요? 그렇죠?」

「그들은 나의 낡은 헛간을 저리로 옮기라고 말합니다.」 그가 눈을 빛내며 말했다. 「하지만 여기 있는 헛간이 그들의 집보다 더 보기 좋다고 생각합니다.」 그는 윙크를 했다!

「나는 그 헛간에 들어가 살고 싶습니다.」 내가 말했다.

「자, 그 안으로 들어가 구경이나 할까요.」 그가 앞장서며 말했다.

낡은 헛간은 내부가 놀이방으로 단장되어 있었다. 인기 있는 신부 학교를 마치고 집으로 돌아오는 딸 소피에게 파티를 열어 주기 위해 새롭게 단장을 했다는 것이었다.

오스틴 씨는 그의 새 집을 등 뒤로 하고 낡은 헛간으로 향하면서 내게 그 새 집을 어떻게 생각하느냐고 묻지 않았다. 하지만 다음 일요일에 놀러 와 자기 부인을 한번 만나 보라고 말했다. 그 집의 내부는 깔끔한 것이 가정집 같았고 칭찬해 줄 만했다. 하지만 그 집의 외부에 대해서는 전혀 언급하지 않았다. 전반적으로 말해, 오스틴 씨의 저택은 오래된 집인데 겉만 새롭게 단장한 그런 기분이 들었다. 환자인 오스틴 부인은 창가에 놓인 휠체어에 앉아 있었다. 그 집의 아들 해리는 대학생인데 다른 지역에 유학 가 있었다.

다시 헛간 이야기를 해보자. 헛간 안으로 들어서자 오스틴 씨가 내게 물어 왔다. 「당신이라면 이 내부 공간을 어떻게 활용하겠습니까?」 나는 즉석에서 몇 가지 제안을 했는데 그의 마음에 든 것 같았다. 내부 장식과 관련된 조언이었는데 지금은 구체적인 것이 기억나지 않는다. 「그럼 나중에 건너와서 그 제안을 실행하는 데 도움을 좀 주십시오.」

이어 그는 몇 블록 떨어진 곳으로 나를 데려갔다. 그곳은 포리스트 애비뉴와 시카고 애비뉴가 마주치는 곳이었는데 나무, 관목, 덩굴이 어우러진 잡목림이었다. 그는 그 땅이 스코틀랜드 출신 정원 조경사인 블레어 씨의 소유라고 말했다. 블레어 씨는 시카고의 훔볼트 공원을 설계한 사람이었는데 오스틴 씨는 그를 상당히 좋아하고 또 존경했다. 그는 그 나이든 정원사 이야기를 아무리 해도 지겹지 않은 것 같았다. 나는 그 정원사를 만나지는 못했으나 그 땅은 기억해 두었다.

오스틴 씨는 일요일 오전이면 우리 집에 들러서 나와 함께 정기적으로 산책을 나갔다. 나는 그렇게 하여 오크 파크에서 말수가 적으면서도 믿음직한 친구를 사귀게 되었다. 그가 세상을 떠날 때까지 그는 나의 좋은 친구였다.

새 술

몇 달 뒤 세실과 나는 평소처럼 나의 의문 사항에 대해 이야기를 나누었다. 나는 그러한 의심 때문에 사무실에서 점점 쓸모없는 존재가 되어 가고 있었다.

「프랭크, 조심해야 해!」 세실이 경고했다. 「종교에서의 이단도 나쁜 것이지만, 패션과 문화의 이단에 비할 바가 되지 못해. 성서를 읽어 봐. 예수가 제자들에게 당부한 사항을 기억하게.」

그날은 마침 일요일이었고 우리는 오크 파크 벽돌집에서 만나 이야기를 나누고 있었다. 나는 채핀 양의 성서를 가지러 갔다. 세실은 「마태오의 복음서」를 펴들더니 읽기 시작했다. 「이방인들이 사는 곳으로도 가지 말고 사마리아 사람들의 도시에도 들어가지 마라. 어떤 도시나 마을에 가든지 먼저 그 고장에서 마땅한 사람을 찾아내어 거기에서 떠날 때까지 그 집에 머물러 있으라. 이제 내가 너희를 보내는 것은 마치 양을 이리 떼 가운데 보내는 것과 같다. 그러므로 너희는 뱀처럼 슬기롭고 비둘기같이 양순해야 한다. 너희를 법정에 넘겨주고 회당에서 매질할 사람들이 있을 터인데 그들을 조심하여라. 또 너희는 나 때문에 총독들과 왕들에게 끌려가 재판을 받으며 그들과 이방인들 앞에서 나를 증언하게 될 것이다.」 그는 성서를 내려놓았다.

「프랭크, 오늘날의 이방인과 사마리아인과 또 말이 난 김에 바리새인을 어떻게 생각하고 있나? 그들은 자기 집을 자랑스럽게 여기고 또 그에 만족하고 있어. 그들을 위해 일하는 건축가는 말하자면 〈필경사〉이지. 예수 시대에 필경사와 바리새인의 관계는, 말하자면 오늘날의 〈전문직 인사〉와 고객의 관계와 비슷해.」

세실은 다시 성서를 집어 들었다. 「거룩한 것을 개에게 주지 말고 진주를 돼지에게 던지지 마라. 그것들이 발로 그것을 짓밟고 돌아서서 너희를 물어뜯을지도 모른다 — 여기서 돼지는 소득, 명예, 쾌락에 대한 욕심 때문에 판단력을 잃은 사람을 말하지 — 너희는 정신을 차리고 바리사이 파 사람들과 사두가이 파 사람들의 누룩을 조심하여라.」 세실은 성서를 닫고 잠시 말없이 앉아 있었다. 이어 조용히 입을 열었다. 「실즈비가 옳아.」

「실즈비는 사람들의 신념에 대해 간섭하지 않고 그들의 생각을 뒤흔들지도 않아. 그는 사람들이 좋다고 판단해서 이미 받아들인 것을 충실히 답습하는 거야. 그것뿐이야. 그런데도 사람들은 그가 너무 급진적이라고 생각해. 그래서 얼마나 고통을 당했는지 몰라.」

나는 할 말을 생각하며 잠시 뜸을 들였다.

「하지만, 세실, 실즈비는 지금 최선을 다하고 있는 거야? 만약 본인만 내킨다면 지금보다 더 잘할 수 있지 않을까?」

「지금 일을 올바르게 하고 있는데 그게 무슨 상관이야?」

「만약 그가 최선을 다하지 않는다면 그건 올바른 게 아니야.」

「왜?」

「왜냐하면…… 만약 신이 존재한다면 그분은 자신이 만든 최선의 것을 적극 활용할 거야. 그렇지 않다면 아예 그런 물건을 만들지 않았을 거야. 만약 신이 존재한다면 그분은 필요한 수정을 가할 거야. 우리의 할아버지들이 믿었던 그 신은 자신이 창조한 무수한 사물을 가지고…… 그분이 아는 방식으로 최선을 다할 거라고 생각해. 누군가의 조언을 받아서 하는 것이 아니라, 그분 스스로 아는 방식으로 그렇게 할 것 같아. 그렇지 않다면 신이라는 게 무슨 의미가 있어?」

세실은 웃음을 터트렸다. 「프랭크, 그렇게 고집한다면 자네의 어머니는 눈물을 흘리게 될 걸세.」

「세실, 그렇지 않아. 적어도 신앙에 대해서는 어머니도 확고한 신념을 갖고 있어. 어머니는 외할아버지로부터 독실한 신앙을 물려받았거든.」

「그런 이야기를 어머니와 해봤나?」

「아니. 하지만 내 신념은 확고해. 어머니가 뭐라고 하든 두려워하지 않아.」

「하지만 자네는 그런 집들을 누구에게 지어 줄 거야? 사람들의 의사에 반하여 자네가 좋다고 생각하는 집만을 고집한다면 누가 자네의 집을 사줄까?」

「그 문제는 현명한 창조주에게 맡겨야겠지. 세실, 나는 1만 명 중에 한 명 혹은 10만 명 중에 한 명이 내 고객이라도 상관없어. 그런 사람이 있다는 것만으로도 바쁘게 지낼 수 있을 거야. 왜냐하면 내가 그런 사람을 필요로 하는 것만큼 그들도 나를 간절히 필요로 하기 때문이지. 나는 그동안 쭉 오스틴 씨를 생각하고 있었어.」

「그래? 하지만 그의 집을 한번 봐!」 세실이 말했다.

「그건 나도 알아. 그는 프레드 쇼크라는 훌륭한 건축가를 불러서 일을 함께 했지만 실망만 했어. 오스틴 씨는 현재의 집이 자기가 의도했던 그 집이 아님을 잘 알아. 오스틴 씨라면 내가 최선을 다하여 한번 일해 볼 만한 분이야. 그는 기존의 집(기존의 복음)을 다시 수정해야겠다고 생각 중인데 곧 그렇게 될 거야. 만약 신이 천상에서 게으름을 부리지 않는다면 저 오스틴 씨가 나의 첫 고객이 될 것 같군.」

「그렇군.」 세실이 웃으며 약간 비아냥거리는 어조로 말했다. 「그러니까 남은 일이라고는 자네가 그를 발견하고 그는 자네를 발견하면 되는 거군. 아주 간단한 일이야.」

「그래. 나는 먼저 오스틴 씨를 발견했고 또 내가 그들에게 보여 줄 도면 같은 걸 그려 내면 다른 사람들도 발견하게 될 거야. 나는 오스틴 씨가 무엇을 필요로 하고 또 무엇을 아쉬워하는지 잘 알고 있어. 〈기존의 복음을 다시 수정해야겠다〉고 생각하기 때문에 그는 그런 아쉬움을 느끼는 거야. 자네처럼 복음을 무조건 지키면서 그것만이 옳은 일이라고 해서는 아무것도 되는 게 없어. 세실, 이처럼 수정을 가하는 것이 신을 그 자리에서 끌어내려 우리 인간이 그 자리에 앉겠다는 뜻은 아니야. 우리에게는 선택의 권한이 주어져 있고 우리는 자유롭게 선택할 수 있어. 누가 일방적으로 옳은 것이라며 선택하라고 해서 따르는 게 아니라, 그런 간섭을 받지 않고 우리가 옳다고 생각하는 걸 선택할 자유가 있는 거야. 오로지 이런 선택을 함으로써 우리는 율법을 완수하는 거야.」

「무슨 율법?」 세실이 물었다. 「저 비종교적이고 비인간적인 적자생존?」

「아니.」 내가 말했다. 나는 어떻게 대답할지 머릿속으로 차분히 생각했다. 「아니, 자연 선택의 과정은……」 나는 말머리를 잘못 내놨다고 생각하고 다시 설명했다. 「내가 말한 율법이란 이런 거야. 인간이 할 수 있는 가장 진실하고 가장 좋은 것을, 인간이 사용할 수 있도록 조치하는 것.」

「좋아, 그런 것이 있다고 쳐.」 세실이 말했다. 「그것을 어떤 방식으로 쇼윈도에 진열할 거지?」

「그걸 내가 어떻게 알아? 그건 나의 일이 아니야.」

「그걸 신에게 바치는 것은 자네의 일이고?」 세실이 말했다.

「물론이지.」 내가 말했다. 「세실, 이 문제를 이렇게 한번 생각해 보라고…… 이 문제는 말이야, 오늘날 교회에서 가르치는 복음과도 관련이 있어. 예수는 자신이 가장 좋다고 생각하는 방식으로 최선을 다했어. 그에게는 진리가 있었고 또 그것을 설파했지. 하지만 그분, 나사렛의 목수…… 사실 그 당시 목수는 곧 건축가였지…… 그분이 하신 말씀이 후대에 사도들에 의해 수정되었어.」

「사도들은 성실했고 나름대로 최선을 다하면서 그분의 말씀을 〈수정〉했어. 그들의 말씀도 다시 그 제자들에 의해 수정되었지. 〈인간의 필요〉에 알맞게 수정이 된 거라고. 물론 예수나 그분의 아버지가 이런 필요를 느꼈다는 이야기는 아니야. 단지 자네의 아버지나 나의 아버지가 그런 필요를 느꼈다는 거지. 예수의 진실한 감정도 제자들에게 와서는 감상이 되지 않았나? 만약 어떤 변화를 인정하지 않는다면 어떻게 그런 바탕에서 〈새 술〉이 생겨나겠나?」

「누가 그런 새 술을 원하는데?」 세실이 말했다. 「식탁의 키안티 와인 옆에는 물병이 있어. 우리는 위장을 망칠 생각이 아니라면 늘 물을 마셔야 해.」

「그건 안 될 말이야! 나는 키안티 와인 정도를 말하는 게 아니야. 물론 그것도 포도로 만든 술이기는 하지만. 난 말이야 샴페인, 모젤, 부르고뉴, 포트 와인 뭐 이런 고급 와인을 논하고 있는 거야. 누가 진짜 와인에 물을 넣어 마시겠나?」

「어떤 것이든 일정 단계에 이르면 물 타기가 불가피해.」 세실이 말했다. 그걸로 논쟁은 시들해졌다.

그리고 그 순간 나는 아버지의 일생도 감상주의에 희생된 것이 아닐까 하고 생각했다. 나는 그 문제를 숙고하면서 뭔가 명확한 답을 얻고자 했다. 로이드 존스가의 감상주의는 아버지에게 어떤 영향을 주었나? 그건 나에게 또는 로이드 존스 가문 사람들에게 어떤 영향을 미쳤나? 어머니에게는? 감상주의는 이 세상의 운행(運行)에 어떤 결과를 가져올까?

그다음 일요일은 캐서린과 함께 시작되었다. 나는 교회에서 저녁 예배가 끝나면 그녀를 집까지 바래다주었다. 어느 추운 날 밤, 나는 내 상의를 벗어서 그녀에게 입혀 주려고 했으나 그녀는 화를 내며 거절했다. 우리는 그 대신 서로 팔짱을 끼고 걸어가는 것으로 타협을 보았다. 때때로 그녀의 어머니는 우리 둘이 시내에서 열리는 음악회에 함께 가도록 주선해 주기도 했다. 그녀는 교회 앞에서 나를 기다렸다가 같이 들어가 앉기도 했고 내가 늦을 경우 먼저 자리를 잡아 놓고 기다렸다. 나는 예배가 끝나면 그녀를 집까지 바래다주었다. 그리고 일요일 같은 때는 그녀의 집 점심 식사에 거의 〈고정 멤버〉로 참석했다.

나는 어머니에게 캐서린 이야기를 했다. 어머니는 젠킨 외삼촌에게 들어서 이미 알고 있었다. 어머니는 뭔가 걱정하는 듯한 기색이었다. 이제 우리 둘의 사이는 널리 알려져 있었다. 캐서린의 학교 성적이 떨어지기 시작했다. 학교 친구들은 그녀를 많이 놀려댔다. 교회의 청년들은 우리 사이를 〈결정된 것〉으로 여겼다.

그녀가 나를 만나러 사무실에 자주 들렀기 때문에 세실도 그녀를 보았다. 그는 그녀가 명랑하고 매력적인 소녀라고 생각했다. 「세실, 그녀는 나를 아주 좋아해.」

「그건, 나도 마찬가지야. 자네 어머니도 자네를 좋아하지. 자네 여동생도 마찬가지고.」

「만약 자네가 기회를 준다면 다른 사람들도 역시 자네를 좋아할 거야. 하지만 그렇다고 해서 그녀가 자네에 대해 특별한 권리를 갖고 있다는 것은 아니야. 그렇지 않나? 프랭크, 자네는 다른 여자에 대해서는 별로 아는 바가 없어. 키티를 안다고 해서 다른 여자를 자동적으로 알게 되는 건 아니지.」

세실은 몇 명의 여자를 알고 있었는데 나보다 나이가 많은 여자들이었다. 하지만 별로 흥미로운 여자들은 아니라고 생각했다. 세실은 아주 매력적인 남자였기 때문에 나는 그가 왜 그보다 더 나은 여자들과 사귀지 않는지 의아했다.

「어떤 여자한테 편안함을 느끼면 그만이지 꼭 다른 많은 여자를 알아야 하는 거야?」 내가 물었다.

「자네는 키티 말고 다른 여자와 키스해 본 적이 있나?」

「내가 키티에게 키스했다는 사실을 어떻게 알았나?」

「난 그런 것쯤이야 훤히 내다보는 도사이지. 그 사실을 여태껏 몰랐나?」
「몰랐어. 그러나……」

세실이 내 말에 끼어들었다. 「바로 그거야. 문제는 바로 〈그러나〉라고. 자네는 정신없이 그녀와 사랑에 빠져들고 있어. 그러나 결혼은 다른 문제라고. 내가 두려워하는 것은 바로 그거야. 자네는 그녀가 어린애라는 걸 모르나? 어떻게 보면 자네도 아직 어린애야. 가정을 꾸리기 전에 여자가 어떤 존재인지 알아야 한다는 사실조차 모르지 않나.」

「그러니까 여러 여자를 사귀어 봐야만 내게 맞는 여자를 알 수 있다 그런 얘기야? 그게 자네가 말하는 요지야? 나는 남자가 장난 삼아 여자에게 키스하는 일은 이해하겠어. 하지만 사랑하지도 않는 여자를 아내로 삼아 함께 살 수 있다는 이야기는 무슨 소리인지 모르겠는데.」

그는 대답을 하지 않고 창문 밖을 내다보았다. 그의 온유한 얼굴이 갑자기 어두워졌다.

「세실, 갑자기 왜 그래? 뭐가 문제야. 내게 말해 봐.」

「이런 건 말로 해봐야 아무 소용도 없어. 이런 문제로 남의 말에 귀 기울이는 사람은 아무도 없어. 본인이 직접 깨우쳐야 한다고.」 그가 씁쓸한 어조로 말했다. 「아주 옛날부터 그랬어. 내가 자네의 가장 친한 친구이긴 하지만 자네를 말릴 수 없고 또 아무도 이런 문제에는 간섭하지 못하는 거야.」

그는 너무 진지하고 또 슬픈 표정이었기 때문에 나는 그 〈위험〉이 무엇인지 정말 알고 싶었다. 나는 가만히 앉아서 그것을 상상해 보려고 했으나 실패했다. 키티와의 사귐은 아주 아름답고 타당해 보였다. 그러니 실험이고 자시고 해볼 게 없었다. 내가 누굴 원하는지 나를 진정으로 원하는 사람은 누구인지 따위의 그런 현학적 사고방식은 나하고는 무관한 것 같았다.

나는 세실이 측은하다는 생각이 들었다. 그는 뭔가 잘 모르고 있는 게 분명했다. 그가 사귀는 여자들을 저 발랄한 캐서린과 한번 비교해 보라. 그녀는 세실이 생각한 것처럼 그런 풋내기가 아니었다. 어린아이는 더더욱 아니었다. 정말 센스 있는 여자였다. 그녀는 돈을 저축해야 한다고 말했고, 내 돈을 대신 저축해 주겠다고 제안했으며 실제로 일부 저축을 해주기도 했다. 키티가 이처럼 똑똑하고 알뜰한 데 비해 나는 그렇게 철저한 사람이 되지 못했다. 그건 누구나 알고 있는 바였다.

그때 어떤 생각이 갑자기 내 머릿속에 떠올랐다. 「이봐, 세실, 이 문제에 대해 우리 어머니와 의논했나?」

「아니…… 어머니가 먼저 그 이야기를 꺼내셨네.」

「뭐라고 했는데?」

「가서 직접 물어보게.」

나는 기분이 나빴다. 어머니가 나의 개인적인 문제를 내 친구와 의논하고 정작 당사자에게는 일언반구도 하지 않다니. 나는 매우 창피했고 캐서린과 내가 배신을 당했다고 생각했다. 캐서린은 나의 배려와 보호를 필요로 하는 여자였다. 그런 생각을 하고 있자니 그녀에 대한 감정이 더욱 애틋해지고 깊어졌다.

「자, 우리 싸우지 말자.」 세실이 말했다. 「아무튼 자네는 여러 명의 여자는 잘 다루지 못할 테니까. 자네는 타고난 솔리스트야. 난 자네를 알아! 평생 동안 모든 일을 혼자 해야 속 시원한 타입이야. 단지 그렇게 빠른 속도로 움직일 필요는 없다는 거지. 자네는 너무 빨리 달리려는 경향이 있어. 다른 친구들은 1년 걸려 할 일을 왜 자네는 한 달 만에 해치우려는 거야? 내게는 자네가 갖고 있는 이성과 정력이 부족하고 반면에 자네에게는 내가 지닌 감성과 느긋함이 없는 것 같아.」

「내가 너무 냉정하다고 생각하지 말게, 프랭크. 난 캐서린을 험담하는 것도 아니야. 사람들은 그녀가 자네에게 딱 알맞은 여자라고 말하고 있어.」

그날 저녁 오크 파크의 집으로 돌아오면서 나는 어머니에게 따질 장면을 자꾸만 연상했다. 그것은 정말 어처구니없고 또 주제넘은 일이었다. 문제의 당사자인 나와 그녀는 결혼을 생각한 것도 아니었고 또 그런 말을 한 적도 없었다.

우리는 남자와 여자가 서로 좋아할 때 자연스럽게 어울리는 것처럼 그렇게 행동했다. 키티와 내가 서로 어울려 좋은 시간을 보낸 것은 틀림없었다. 그건 자연스럽고 또 신나는 일이었다. 내 일에 방해가 되지도 않았고 오히려 일의 능률을 높여 주었다. 인생이 훨씬 원만해졌고 내 마음도 더 넓어진 것 같았다. 일도 더 효율적으로 하게 되었다.

나는 집에 도착하여 어머니, 두 여동생, 채핀 양과 함께 저녁 식사를 하면서 내내 시무룩하게 앉아 있었다. 어머니는 아무 말 없이 내 눈치를 살폈다. 저녁 후 어머니는 2층의 내 방으로 따라와 낮 동안에 무슨 기분 나쁜 일이 있었느냐고 물었다.

「애야, 무슨 일이 있었니?」

「어머니, 왜 키티와 내 문제를 갖고 엉뚱하게 세실과 의논하셨어요?」

어머니는 별로 놀라는 것 같지도 않았다. 「아, 그 문제였니?」 어머니가 미소를 지으며 반문했다.

내가 보기에 그건 미소 지을 만한 문제가 아니었으므로 나는 벌컥 화를 냈다. 「아주 자연스러운 일에 왜 그토록 안달하고 또 불안해하세요? 그건 〈자연〉을 흉물로 만드는 거예요. 도대체 왜 그러시는 거예요?」

「프랭크야, 네가 많은 여자애 중에서 유독 그 애만을 좋아하는 일이 나중에 어떤 결과를 낳을지 생각해 보았니?」

어머니는 나의 취약점을 파고들었다. 첫 번째 펀치가 급소에 명중했다. 「아니요, 생각해 보지 않았어요. 하지만 나중에 어떻게 될지는 그녀 자신이 가장 잘 판단하지 않겠어요? 내가 대신 판단해 줄 수도 없는 일이고요. 만약 그녀가 판단하지 못한다면 그녀의 부모가 하지 않겠어요?」

「그 애의 어머니는 이미 이 문제를 두고 그 애와 어려움을 겪고 있어. 그 어머니도 어떻게 감당이 안 되나 봐.」

「그래서 어머니가 그녀의 어머니를 만나러 갔나요?」

「그랬지…… 캐서린은 집에서 자기 마음대로 하는가 봐. 그래서 그 어머니가 애를 많이 먹고 있는 모양이야. 그 애도 너만큼이나 고집을 부리는가 보더라.」

「그럼 확실해졌네요. 그녀도 자신이 옳다고 생각하는 대로 행동하는 게 아니겠어요? 그런데 왜 이렇게 걱정하고 호들갑스럽게 뒤에서 이러쿵저러쿵 말이 많은 거예요? 왜 공연히 자연스러운 것을 괴상한 것으로 만들어요? 나는 정말 왜들 이러는지 모르겠어요. 어머니가 이렇게 행동하시는 것을 전에는 보지 못했어요. 이건 어머니답지 않으세요. 어머니는 늘 〈선량함과 진실 사이에서 하나를 골라야 한다면 언제나 진실을 선택하라〉고 말씀하셨지요. 하느님 맙소사, 어머니, 도대체 이런 처사에 무슨 진실이 있다는 겁니까?」

「얘야, 그렇게 거칠게 말하지 마라.」

그건 너무 지나친 비난이었다. 「거칠게 말했다고요? 하느님 맙소사. 여기엔 무슨 음모 같은 것이 있어요. 캐서린과 나의 선량하고 행복한 교제를 깡그리 무시하고 그 대신 결혼만 생각하게 만들려는 그런 음모가 있다고요.」

「도대체 왜 그렇게 생각하는 거지요?」

「남자와 여자가 서로 사귀면 오로지 결혼만 생각해야 하는 겁니까? 사람들은 모두 한 가지만 보고, 생각하고, 관찰하고, 믿습니까?」

「제기랄, 누가 일을 이토록 흉물스럽고 기괴하게 만들어 놓은 겁니까?」

「프랭크, 넌 어미 앞에서 욕을 하고 있어.」

「제기랄이 욕입니까? 농장에서는 이 말을 매일 밥 먹듯이 하고 있어요. 이건 일상용어나 다름없어요. 이런 말을 하지 않고 어떻게 상한 기분을 표현한단 말입니까? 그럼 영어에 이 말 말고 무슨 단어가 있습니까? 이렇게 과격한 감정을 표현하기 위해 제기랄이라고 말했다고 그게 욕이 되는 겁니까?」

「얘야, 지금 너의 그런 심리 상태로는 더 이상 얘기하기가 어렵겠구나.」 어머니가 말했다.

「내 친구 세실이 말한 그대로군요. 왜 아무것도 아닌 일로 고민을 하고 눈물을 흘리고 또 슬퍼하세요?」

어머니는 조용히 의자에서 일어나서 방 밖으로 나갔다.

하지만 어머니는 〈결정적인〉 말을 이미 던져 놓았다. 「프랭크야, 네가 많은 여자애 중에서 유독 그 애만을 좋아하는 일이 나중에 어떤 결과를 낳을지 생각해 보았니?」 내가 그동안 배우지 못한 어떤 것이 있는 듯싶었다. 나는 키티와의 교제가 아주 자연스러운 일이라고 생각했다. 이 세상에는 내가 그 규칙을 모르는 게임이 있는 것 같았다. 그 게임의 이름은 〈사교〉였다. 나는 순간 경멸스럽다는 생각이 들었다.

하지만 나는 캐서린에게 피해를 입힐 생각은 조금도 없었다.

친구와 가족과 이런 논쟁을 벌인 후에 키티를 딱 한 번 만났다. 그녀와 나는 정말 김샌다는 기분이 들었다. 그런 기분 나쁜 상태로부터 빨리 벗어나야 한다는 느낌도 있었다. 나는 그녀에게 미안하다는 생각이 들었고 또 나 자신이 부끄러웠다. 「캐서린, 모두들 우리의 교제를 걱정하고 있어. 내가 이처럼 너와 자주 만나는 것이 너에게 피해를 준다고 생각하나 봐. 다들 그렇게 말해.」

「그건 정말 바보 같은 소리예요.」 그녀가 말했다. 「나는 지금껏 내 일을 나 혼자의 힘으로 감당해 왔어요. 아주 씩씩하게 말이에요. 내가 사람들의 그런 말을 견뎌 낸다면 당신도 감당할 수 있는 거 아니에요?」

「물론 감당할 수 있지. 순전히 참을성의 문제라면 말이야. 하지만 그 사람들의 말에도 일리가 있어. 너는 나 이외에는 남자애들을 알지 못하니까…….」

「알고 있어요. 열 명도 넘게!」 그녀는 남자 친구의 이름을 대기 시작했다.

「아니, 그런 거 말고. 넌 내 말뜻을 알잖아.」

「아무튼 앞으로 여기 네 집에 자주 놀러 오지 않을 거고 당분간 교회에도 나가지 않을 생각이야.」

「좋아요. 그 사람들이 하라는 대로 하지요 뭐. 하지만 난 당신에게 편지를 쓸 거예요.」

일주일 뒤 보낸 편지를 통해 그녀는 3개월 동안 매키낵의 친척집으로 가 있게 되었다는 것을 알렸다.

나는 이제 이런 사실을 깨닫기 시작했다. 사람들은 너나 할 것 없이 〈자연〉에 대해 말하지만, 속으로는 〈자연스러운 것〉을 막을 수만 있으면 막고 싶어 했다.

자연스러운 것? 〈사람들〉은 무슨 의미로 〈자연〉이라는 말을 사용하는가? 동물, 풀, 나무, 야외에 있는 것들, 다시 말해 자연의 외면에 대한 감상적 느낌을 가리키는 것인가? 하지만 숲, 유리, 쇠 따위의 본성, 즉 내면적 본성이 더 중요한 것이 아닌가?[26]

소년과 소년의 〈본성〉!

율법의 〈본성〉!

---

[26] 영어의 *nature*에는 자연과 본성 이렇게 두 가지 뜻이 있다.

이런 것이야말로 본성이 아닌가. 이렇게 볼 때 자연이라는 것은 곧 신(神)의 본성이 아닌가.

나는 혼자서 생각을 하다가 혹은 책을 읽다가 〈자연〉이라는 단어를 만나면 그것이 늘 내면의 본성을 의미한다고 생각했다. 결코 외부에 있는 어떤 것이라고 보지 않았다.

바보들! 그들은 자연에 대해 아무런 느낌도 갖고 있지 않다. 그들이 말하는 자연이라는 것은 동물, 풀, 나무 등에 대한 감상적 느낌에 지나지 않는다. 그 때문에 이런 개념의 혼란이 발생한 것이다. 이런 무의미한 규칙, 바보 같은 규정, 어리석은 법률이 생겨나게 된 것이다.

도대체 그들은 무엇을 가지고 이런 엉터리 규칙을 만들어 냈는가? 과연 그들이 자연에 대해 무엇을 안단 말인가? 실즈비를 보라. 그가 지은 집을 보라.

캐서린이 멀리 떠나 혼자 있는 시간이 많게 된 나는 사무실의 일을 집에까지 가져와서 검토하면서 그 도면들은 사람들이 살고 있는 주택에 진정한 의미를 부여해 주지 못한다고 생각하게 되었다. 그것은 일종의 〈꾸밈〉에 지나지 않았다. 상식을 거스르는 바보 같은 위선이었다. 그것은 그림처럼 예쁜 상태를 강조하기만 할 뿐 상식과 지혜는 깃들어 있지 않은 공허한 도면이었다. 감상주의의 전형이었다.

실즈비 건축 사무소의 직원이자 목사의 아들이기도 한 윌콕스가 어느 날 들뜬 표정으로 내 책상으로 다가오더니 주위를 돌아보며 아무도 없는 것을 확인한 다음 책상에 몸을 기대며 말했다. 「라이트, 회사를 옮길 생각이 있는지 모르지만 아무튼 네게 알맞은 좋은 일자리가 나왔어.」

「어디에?」

「애들러와 설리번 건축 사무소.」

나는 가슴이 뛰었다. 평소 애들러와 설리번을 높이 평가하고 있었기 때문이다. 시카고 최고의 건축 사무소였다. 파격적이면서도 독립적인 취향으로 유명했다. 그들의 유일한 라이벌은 버넘과 루트 건축 사무소 정도였다.

「윌콕스, 그걸 어떻게 알았어?」

「내가 방금 거기 다녀왔거든. 설리번은 나를 퇴짜 놓았어. 그는 오디토리엄 빌딩의 내부 공사에 필요한 도면을 그려 줄 사람을 찾고 있어. 나는 그 도면을 그릴 수 없지만 너라면 할 수 있어. 내가 그에게 네 말을 했더니 한번 보내 보라고 했어.」

「그랬어, 윌콕스? 나는……」 그러다가 퍼뜩 세실 생각이 났다. 회사를 옮기면 그와 매일 만나지 못하게 되는 난점이 있었다. 사무실을 둘러보니 마침 실즈비는 외출하고 없었다. 우리는 실즈비 전용 사무실로 들어가 이야기를 나누었다.

「프랭크, 한번 가 봐.」 그가 말했다. 「자네는 여기서 배울 수 있는 것은 거의 다 배우지 않았나. 설리번은 서부에서 출세한 사람이야. 그 사람이라면 자네가 필요로 하는 걸 줄 수 있을 거야. 아무튼 한번 면접을 볼 필요는 있지. 자네가 없다고 해서 이 사무실에 큰 손해가 나지는 않을 거야.」

나는 내가 그린 도면을 몇 장 들고 보든 블록 빌딩의 꼭대기 층에 있는 설리번 씨를 찾아갔다.

「설리번 씨 대신 애들러 씨는 안 되겠나?」 나이든 서기가 물었다. 설리번 씨는 세인트 루이스에서 열리는 건축가 회의에 참석하기 위해 곧 출발해야 한다는 것이었다.

「안 됩니다. 설리번 씨가 나를 보고 싶다고 했습니다. 잠깐이면 됩니다.」

「이름은?」

「라이트.」

사람 좋아 보이는 늙은 서기는 되돌아오더니 문을 연 다음 들어오라고 했다.

설리번 씨는 옷을 깔끔하게 차려입은 키 작은 신사였다. 엄청나게 큰 갈색 눈이 제일 먼저 눈에 띄었다. 그는 나를 한번 훑어보았다. 날카로운 눈매는 나의 마음속 깊은 곳에 있는 비밀까지도 다 읽어 내는 듯했다.

「아, 그래! 윌콕스가 말한 그 젊은이로군. 그래 뭘 가지고 왔나?」 그가 말했다.

나는 가지고 간 드로잉을 탁자 위에 펼쳐 보였다. 그는 자세히 들여다보았다.

「내가 자네에게 뭘 원하는지 알고 있겠지?」

「네.」

「이건 내가 원하는 그런 도면이 아니야. 지금은 시간이 없어. 난 금요일 날 오전에 돌아오는데 그때까지 장식물 혹은 장식적 세부 사항의 도면을 몇 장 그려 와 봐. 그때 자세히 보고 싶네.」

그는 자상한 눈빛으로 나를 쳐다보았다. 나는 그 점만큼은 확신할 수 있었다.

「네. 그렇게 하겠습니다.」 나는 흥분한 목소리로 대답하고 설리번 씨의 사무실을 나왔다.

밖으로 나와 보니 커다란 제도실의 문이 열려 있었고 스무 명 이상의 제도사가 열심히 일하고 있는 게 보였다. 아무튼 직원이 몇 명 있든지 간에 나도 곧 그들 중 하나가 될 작정이었다.

내가 잠시 문 앞에 서서 안을 들여다보고 있는데 몸집이 당당하고 키가 크며 좀 못생긴 젊은이가 나를 쳐다보았다. 그는 두상이 뾰족했고 검은 머리는 기름을 발라 모두 뒤로 넘겼고 다소 성긴 검은 수염을 기르고 있었다. 그의 눈은 설리번 씨의 눈을 상당히 닮았다. 그는 나이에 비해 덩치가 무척 컸고 턱수염은 얼굴과 전혀 어울리지 않았다. 아마도 사무장인 듯했다.

「애들러 씨를 찾고 있나요?」 그가 물었다.

「아니요.」 내가 대답했다. 「당신을 보고 있었습니다.」 나는 그의 놀란 표정이 험상궂은 표정으로 바뀌기 전에 재빨리 그곳에서 물러 나왔다. 그는 사무장 폴 뮬러였다.

나는 설리번 사무실에서 면접을 마치고 의기양양한 상태로 세실에게 갔다.

「나 거기에 취직됐어.」

「어떻게 알아?」

「어떻게 아냐고? 내가 마음에 드는 눈치였어. 자신이 원하는 도면을 그려 낼 수 있을 것 같다고 말했어. 도면을 그려 가는 것은 요식 행위에 지나지 않아.」

「그래도 멋진 도면을 그려 가야 해.」 세실이 말했다.

「물론이지. 그건 쉬운 일이야. 게다가 내가 이미 취직된 거나 다름없다는 걸 알기 때문에 더 잘 그려 갈 수 있을 거야.」

세실은 더 이상 말해 봐야 소용없다는 것을 알았는지 더 묻지 않았다.

「설리번이 임금은 얼마를 주겠대?」

「아, 아직 얘기하지 않았는데, 25달러를 요구할 생각이야. 그 정도면 적당하다고 봐.」

나는 그날 저녁 오크 파크의 집으로 돌아와서 어머니에게 좋은 소식을 전한 후, 내 방에 설치한 제도판에서 작업에 들어갔다. 나는 T자와 삼각자를 갖고 있었지만 직선을 그을 때만 사용했다. 우선 내가 자연스럽게 그린 스케치를 설리번 씨에게 보여 줄 생각이었다.

나는 상인방(上引枋)과 장식물을 그린 실즈비의 도면을 몇 장 가져왔다. 하지만 실즈비의 〈흐리멍텅한〉 감상주의는 철저히 배제하고 내 방식대로 아주 윤곽이 뚜렷하게 다시 그릴 생각이었다. 실즈비의 도면은 아름답기는 하지만 그 선(線)은 들판에 서서 미풍에 흔들리는 옥수수처럼 불안정했다. 그래서 나도 그런 식으로 그릴 수 있음을 보여 줄 정도로만 그리고 말았다. 이어 내가 애들러와 설리번이 지은 건물들에서 본 장식물을 약간 개선한 도면을 그렸다. 나는 그들의 명성을 듣고서 그 스타일을 연구해 둔 바 있었다. 새벽 세시까지 작업한 후에 잠자리에 들었다. 그다음 날 밤에도 늦게까지 작업을 했다. 사흘째 되는 밤에는 주로 오웬 존스[27]가 설계한 고딕풍 건물의 장식물을 트레이싱지에 옮긴 다음 다시 〈설리번풍〉으로 바꾸어 보았다.

금요일 아침이 되자 나는 보여 줄 수 있는 도면을 여러 장 완성했고 곧바로 설리번 씨를 찾아갔다. 나는 해온 일을 순서대로 펼쳐 놓았다.

「첫째, 이건 실즈비를 흉내 낸 것입니다.」 내가 말했다.

「그렇군. 내게 보여 주려고 고작 실즈비 도면을 모사해 왔단 말인가?」

「그건 베낀 것이 아닙니다.」 내가 말했다. 「내가 직접 그렸습니다. 트레이싱지를 대고 그대로 그린 게 아니에요. 아시지요?」

「트레이싱지를 대지 않고도 얼마든지 모사는 가능하지.」

「그러려면 아주 힘이 들지요.」 내가 웃으며 말했다.

그는 〈꿰뚫는 듯한〉 시선으로 나를 쳐다보았다.

---

27 Owen Jones(1807~1874). 그는 장식의 양식을 역사적으로 보여 주는 『장식의 문법』(1856)을 편집했다 — 원주.

「둘째, 설리번을 흉내 낸 것입니다」

「그래! 이건 트레이싱지를 대고 그린 게 아니군. 나쁘지 않아.」 그가 연필심으로 머리를 긁적이며 말했다. 나는 하얀 비듬이 도면 위로 떨어지는 것을 보았다. 그는 훅 불어서 그것을 날려 보냈다.

「셋째, 오웬 존스의 고딕풍을 개선한 것입니다」

「오웬 존스? 그가 누구지?」

나는 그가 농담하는 줄 알았다. 「『장식의 문법』을 쓴 사람 말입니다.」

그는 다소 뜨악한 표정이었다. 「라그네와 비슷한 인물인가?」

「저는 라그네가 누군지 모릅니다.」

「아, 물론 그럴 테지.」 그가 말했다. 「이제야 그 책이 기억나는군. 그러니까 자네는 나를 기쁘게 하기 위해 고딕풍을 내 스타일로 바꾸어 보았단 말이지?」

「하지만 이렇게 하는 건 참 쉽습니다.」 내 말은 그를 불쾌하게 만든 것 같았다. 내가 무의식적으로 그의 장식 스타일을 값싼 감상주의로 떨어트렸으니까.

「넷째, 이건 제가 독창적으로 그려 본 것들입니다. 어떻게 보실지 모르겠습니다만.」

그는 곧장 흥미를 보였으나 아무런 논평도 하지 않았다. 그는 작업 중이었던 제도판 앞의 동골의자에 앉아 있었다. 그는 내 도면을 한참 들여다보더니 아무 말도 하지 않고 자신의 제도판 위에서 덮개를 걷어 냈다. 나는 기뻐서 어쩔 줄 몰랐다. 「오!」 내가 말했다. 「저에게 선생님의 도면을 보여 주시려는 거군요.」 나는 부끄러워서 얼굴을 붉혔고 또 이런 은혜를 입어서 갑자기 바보가 된 느낌이었다. 그는 나의 존재는 잊어버리고 도면을 그려 나가기 시작했다. 나는 거기서 이런 생각을 했다. '실즈비의 도면이 들판에서 흔들리는 옥수수 같다면, 설리번의 그것은 탐스러운 담쟁이 넝쿨 같았다. 내가 나중에 저들처럼 경력을 쌓는다면 나의 스타일은 어떤 형태일까? 나는 그걸 물어보고 싶었는데 그 순간 설리번이 말했다. 「자네는 제대로 된 터치를 가지고 있어. 자네 정도라면 해낼 수 있겠어.」 그가 말했다. 「임금은 얼마를 받아 왔나?」

「충분히 받지 못했습니다.」 내가 말했다.

「그럼 얼마나 주면 충분하겠나?」

「25달러.」

그는 미소를 지었다. 40달러를 불러도 되었을 것이라는 느낌이 들었다.

「좋아. 하지만 오디토리엄 빌딩의 도면이 완성될 때까지는 우리 사무실에 다녀야 하네. 물론 여기 근무하는 동안 그 임금으로 계속 다녀야 한다는 뜻은 아니야. 얼마 후에 다시 조정해 주겠네. 월요일 아침부터 출근해 줄 수 있겠나?」

「올 수 있습니다.」 내가 말했다. 「현재 실즈비 사무실에서는 할 일이 별로 많지 않으니까요. 그분도 기쁜 마음으로 나를 놓아 줄 겁니다.」

그렇게 해서 나는 애들러와 설리번 건축 사무소에 들어가게 되었다. 또 처음으로 나의 스승을 만났는데 그분의 가르침, 애정, 동지의식 등에 대해 나는 평생 고마운 마음을 간직했다. 나는 한껏 고무되어 실즈비 건축 사무소로 돌아와 세실에게 말했다. 세실은 기쁘면서도 슬픈 듯했다.

「안에 들어가서 보스에게 말씀 드려.」 그가 조언했다.

나는 실즈비의 전용 사무실로 들어갔다.

「실즈비 씨.」

「무슨 일인가?」 그가 책상에서 의자를 돌리며 말했다.

「나는 지난 몇 주 동안 당신을 위해서도 그렇고 나 자신을 위해서도 별로 유익한 일을 해오지 못했습니다.」

「그건 알고 있어.」

나는 깜짝 놀랐다. 그가 나 따위는 신경조차 쓰지 않는다고 생각했던 것이다.

「나는 설리번 씨를 찾아가 일자리를 달라고 했습니다.」

「주던가?」

「예. 오래 일할 자리를 하나 주었습니다.」

「언제 그리로 갈 건가?」

「다음 주 월요일부터입니다. 당신이 나를 필요로 하지 않는다면.」

그는 잠시 생각에 잠기더니 천천히 입을 열었다. 「라이트, 이렇게 행동하는 것은 자네의 평소 원칙에 어긋난다고 생각하는데.」

「이 일자리가 나왔을 때 당신은 출장을 가 계셨습니다. 당신이 돌아올 때까지 기다려야겠다고 생각했지만 이런저런 이유로 기다리기가 두려웠습니다. 그 기회는 아주 우연히 찾아왔습니다…… 하지만 여기서 나를 필요로 한다면 계속 머무르겠습니다.」

「아니! 난 자네를 필요로 하지 않아. 단지 자네가 왜 평소의 원칙에 어긋나는 행동을 했는지 그 이유를 알고 싶어.」

「실즈비 씨. 난 여기서 더 이상 유익한 일을 할 수 없다고 확신하게 되었습니다. 그리고 내가 사직하면 당신도 오히려 부담을 덜 것이라고 보았습니다.」

「그게 자네의 이유인가?」

「아닙니다. 그건 전혀 이유가 될 수 없습니다. 내가 잘못했습니다. 당신과 먼저 상의하지 않고 설리번 씨에게 간 것은 잘못이었습니다. 그건 분명합니다.」

「괜찮아, 라이트. 자네는 설리번과 함께 일하면 재미를 느낄지도 몰라. 설리번은 내 스타일과는 다르지만, 그는 천재일지도 몰라. 그걸 누가 알겠나?」

그렇게 해서 대화는 끝났다. 나는 그런 식으로 그만두는 것이 마음에 걸렸다. 실즈비의 설계에 비록 문제가 있다고 해도 나는 그를 존경했다. 그가 그동안 나에게 잘해 주었는데 어느 날 느닷없이 뜨내기 제도사처럼 떠나가는 것은 잘못임을 잘 알았다. 나는 정말 할 말이 없었다. 나는 그냥 그대로 의자에 앉아 있었다. 정말 할 말이 없었다. 나는 잠시 뒤 그의 사무실에서 나왔다. 만약 그가 나의 비참한 얼굴을 보았더라면 틀림없이 용서해 주었을 것이다. 만약 그가 당시 나의 마음속을 들여다볼 수 있었더라면 얼굴에 나타난 것과 똑같은 미안한 심정을 보았으리라. 그 뒤 다시는 실즈비를 보지 못했다.

죽은 자의 장례는 죽은 자에게 맡겨라

인간의 삶에 있어서 앞으로 전진하는 움직임 안에는 고통이 내포되어 있는가?

이 경우 그 성장의 고통은 나의 잘못으로 인한 것이었다. 만약 내가 적절한 때 실즈비에게 솔직히 털어놓고 말했더라면 나는 아무런 고통 없이 그 사무실을 그만둘 수 있었을 것이다.

나는 너무나 많은 것을 당연시했다. 하지만 나무들이 과연 고통을 느낄까? 맨 위에 있는 가지들이 미풍에 잎사귀를 흔들면서 햇빛을 차단하는 바람에, 맨 밑에 있는 가지들이 죽어야 한다는 사실에 대해. 다년생 식물이 고통을 느낄까? 지난해의 죽은 잎을 뚫고 더 큰 영광과 풍요를 위해 금년의 새싹이 지상으로 고개를 내밀 때. 뱀이 허물을 벗을 때 과연 고통을 느낄까?

성장의 각 단계는 생명력에 제약을 가하는 고통을 그 대가로 요구하는 것일까? 성장의 각 단계 혹은 인생의 각 시기는 전진 혹은 도약의 움직임 속에서 감내한 고통의 빈도를 통해 구분되는가?

인간은 결국 성장의 고통 때문에 죽게 되는가? 그리하여 다른 것보다 더 크고 화려한 참제비고깔을 볼 때, 다른 것보다 더 우람한 나무를 볼 때, 인품이나 업적에서 다른 이들보다 더 뛰어난 사람을 볼 때, 우리는 이렇게 생각해야 하는 것일까. 여기 고통을 장렬하게 참아 낸 존재를 보라!

〈죽은 자의 장례는 죽은 자에게 맡겨라.〉 가장 현명하고 가장 온유하며 가장 위대한 사람이 그렇게 말했다. 그렇다면 성장이, 또 성장은 고통을 수반한다는 사실이 단지 인간의 약점 혹은 결점에 지나지 않은 것인가? 아니면 인간이 자기애(自己愛) 속에서 자신을 위해 만들어 내는 미덕이 낳은 자연스러운 산물인가?

내가 대학을 떠난 것, 그 뒤에 가출한 것, 그리고 마지막으로 실즈비를 떠난 것 등에는 모두 어떤 공통점이 있다. 나는 똑같은 이유로 그곳들을 떠났고 또 똑같이 고통을 당했다. 동일한 희망이 거기에 작용했다. 이미 그 당시에도 나의 내부에서 작동되고 있던 원칙에 충실했던 것이고, 이 글을 쓰는 지금까지도 그에 대한 대가를 치르고 있다.[28]

도덕적 생활 못지않게 오래된 것이 바로 성장하고 싶고 또 그 결과에 책임을 지려는 충동이다. 사도 바울도 필립비인들에게 이렇게 쓰고 있지 않은가. 〈형제 여러분, 나는 그것을 이미 붙었다고 생각하지 않습니다. 다만 나는 내 뒤에 있는 것을 잊고 앞에 있는 것만 바라보면서 목표를 향하여 달려갈 뿐입니다.〉

그리하여 나는 이런 것을 깨닫게 되었다. 〈너희는 전통을 고수하기 위해 하느

---

28 이 책의 뒷부분에서 자세히 밝히고 있지만 자신의 원칙에 충실하여 두 번째 아내와 이혼하려고 하다가 현재와 같은 유배의 고통을 당하고 있다는 뜻이다.

님의 명령을 거부하려 하느냐?〉 전통을 지나치게 형식적으로 고수하다가 그 정신이 사라져 버린다면 그것이 곧 하느님을 거부하는 일이다. 왜냐하면 루이스 설리번도 이런 깨달음에 도달했기 때문이다. 그는 자신의 행동을 통해 이런 깨달음이 주는 기쁨과 슬픔을 동시에 맛보고 있었다.

월요일 아침. 장소는 애들러와 설리번 건축 사무소의 제도실이고 시간은 오전 9시 15분 전. 당시 이 건축 사무소는 랜돌프 가와 디어본 가가 마주치는 곳에 있는 보든 블록 빌딩의 꼭대기 층 대부분을 사용하고 있었다. 사무실에는 폴 뮬러 말고는 아무도 없었다.「어디에 당신 자리를 마련할까?」그가 약간 독일어 억양이 섞인 어조로 말했다. 그는 주위를 둘러보다가 한 자리를 발견했다. 그러나 곧 마음을 바꾸더니 두 개의 커다란 창 사이에 있는 남쪽 벽 근처에 나를 앉혔다. 다른 책상에 둘러싸인 좋은 자리였다. 나는 많은 직원 중 한 사람일 뿐이었다. 실즈비의 스튜디오 분위기는 전혀 나지 않았다. 여러 명의 직원들이 근무하는 대기업의 평사원이 된 느낌이었다.

「앤턴에게 말해서 제도판 몇 개를 치워 줄게.」 그는 곧 사환 앤턴을 불렀다. 「몇 개나 치울까요?」 앤턴이 물었다.

「아니, 말했잖아. 불필요한 것들은 모두 치우라고.」 뮬러는 여전히 독일어 억양이 섞인 어조로 소리쳤다.「불필요한 것은 모두.」 나는 뮬러가 스트레스를 받으면 약간 당황하면서도 더욱 정력적이고 격정적이 된다는 것을 알았다. 하지만 나이도 어린데 왜 수염을 길렀을까 의아했다. 그가 아주 열심히 일하는 사람이라는 것을 금방 알아차릴 수 있었다.

「설리번 씨가 자네에게 무슨 일을 하라고 하든가?」

「아무 지시도 안 했습니다.」

「그럼 기다려. 그분이 돌아올 때까지. 난 그의 지시가 없어도 할 일이 너무 많아 죽겠는데. 아무튼 자네에게 설계를 부탁할 거야. 내 일은 시공이야. 나도 한 때 칠스비 밑에서 일을 했었어. 칠스비는 훌륭한 디자이너지.」 나는 그가 실즈비를 칠스비라고 부르는 것에 매혹되었고 자꾸만 그 소리를 듣고 싶었다.「3년 전이었어. 칠스비는 엔지니어를 찾다가 나를 채용했어. 그 후 여기 애들러 씨 사무실에 들어오게 되었지.」

「사무장으로 일한 지는 얼마나 되었습니까?」

「1년 좀 넘었지.」

「일이 마음에 드세요?」 내가 물었다.

「아! 할 일이 너무 많아. 아니, 누가 나를 부르네. 애들러 씨로군. 그래, 난 여기 일을 좋아해.」

나는 내 질문이 어리석었다는 것을 금방 깨달았다. 직원들이 출근하고 있었다. 뮐러는 출입문 근처에 있는 자기 책상으로 갔다. 하지만 일이 많아서 거의 앉아 있지 못했다.

〈토니〉라는 애칭으로 불리는 사환이 필요없는 제도판 몇 개를 치워서 내 자리를 만들어 주었다. 제도판 위에는 마닐라지가 지천으로 널려 있었는데 나는 그것을 한 장 가져다가 내 책상 위에 올려놓았다. 나는 아무것도 그려져 있지 않은 종이의 매끄러운 표면을 바라보는 것을 좋아했다. 문 쪽에 등을 대고 앉으니 출근하는 직원들을 쳐다보지 않아도 되었다.

직원들은 자리에 앉으면서 서로에게 농담을 거는 등 잠시 수다를 떨었다. 그중 몇 마디는 나를 지칭한 것 같았다. 하지만 신경 쓰지 않았다. 사무실의 기강은 엄정했고 그들은 곧 작업에 착수했다. 나는 종이만 바라보고 있는 것이 지겨워져서 왼쪽을 돌아보았다. 나중에 그들의 이름을 모두 알게 되었지만, 내 책상 왼쪽에는 깨끗한 얼굴의 노스맨[29] 진 애그너스가 앉아 있었다. 오른쪽에는 멍청한 유대인 아이젠드라스가 앉아 있었다. 내 뒤 왼쪽에는 오텐하이머가 있었는데 총명한 유대인이었다. 그 외의 직원으로는 이스벨과 게일로드가 있었는데 이들은 유대인이 아니었다. 하지만 웨이더트는 유대인이었다. 그리고 내 바로 뒤에는 웨더왁스가 있었다.

웨더왁스가 유대인인지 아닌지는 알 수 없었다. 구석에는 스웨덴 사람인 안드레센이 있었다. 그 외에 유대인의 얼굴이 몇 명 더 보였다. 창립자인 애들러 씨가 유대인이었기 때문에 유대인이 꽤 많았다. 나는 아직 애들러 씨를 만나지 못

---

29 *Norseman*. 북유럽 출신이라는 뜻이다.

했다. 많은 직원 중에서 나 혼자라는 느낌이 들었지만 종이의 여백에 그림을 그리면서 시간을 죽였다. 세실에게 전화를 걸어서 목소리나 들을까 하는 생각도 했지만 그렇게 하지 않았다.

오전 10시 30분쯤 출입문이 열렸다. 설리번 씨가 손수건을 코에 댄 채 거만한 자세로 천천히 걸어 들어왔다. 그는 아무에게도 신경 쓰지 않았다. 굿 모닝이라는 말조차 하지 않았다. 그가 사무실을 지나가는 데 아무도 인사말을 건네지 않았다. 그는 기다리고 있던 나를 보더니 가까이 다가와 반가운 목소리로 말했다. 「아! 라이트. 자네 출근했군.」 사무실 직원들은 그제야 내 이름을 알게 되었으리라. 설리번 씨가 이례적으로 나를 다정하게 부르는 태도를 보고 나의 〈위상〉을 어느 정도 짐작했으리라.

「이것 좀 해주게.」 그가 내 책상 옆의 제도판을 들어올리면서 말했다. 「내가 그린 건데 지난 주 토요일에 해고한 바보가 망쳐 놓았어. 다시 그려서 잉크로 채색을 해주게.」 그리하여 직원들은 나의 업무가 무엇인지 분명히 알게 되었다. 설리번 씨는 이어 거만한 자세로 사무실을 한 번 빙 둘러보았다. 그는 뮬러를 빼놓고는 제도실의 직원들을 아예 무시하는 것 같았다. 나는 그가 제도실을 걸어 다니는 동안 계속 그에게서 시선을 떼지 않았다. 마침내 그는 내 바로 뒤의 웨더왁스 책상 앞에 멈춰 섰다.

「도대체 자넨 그걸 뭐라고 그린 건가?」 설리번 씨가 도면을 내려다보지도 않은 채 커다란 목소리로 말했다. 내가 고개를 돌려보니 웨더왁스는 얼굴이 빨개진 채 벌떡 자리에서 일어섰다.

「도대체 자넨 그걸 뭐라고 그린 건가?」 설리번 씨는 아까보다 더 큰 목소리로 말했다.

제도실의 직원 전원은 이제 웨더왁스가 어떻게 나올까 주시하고 있었다.

「이게 뭐냐고요?」 그는 채찍으로 맞은 사람처럼 흥분한 목소리로 대답했다. 「젠장! 교회지, 뭐긴 뭡니까. 젠장! 내게 뭘 바라는 겁니까?」 그는 떨리는 손으로 입고 있던 검은 앞치마의 끈을 풀더니, 제도판 위에 쾅 소리를 내며 연필을 내던지고, 가죽 가방을 챙겨서 제도실 밖으로 황급히 걸어 나갔다.

설리번 씨는 아무 일도 없었다는 듯, 눈 하나 깜짝하지 않으면서 그 엉성한 도면을 잠시 내려다보더니 들고 있던 손수건에 코를 킁 하고 푼 다음 몸을 돌려 옆 책상으로 걸어갔다. 그가 가는 곳마다 사람들이 공포로 떨고 있었다. 그는 아무 말 없이 제도실로 들어왔던 것처럼 역시 아무 말 없이 천천히 방을 걸어 나갔다. 이 사건이 벌어지는 동안 제도실은 쥐 죽은 듯 조용했다. 전 직원은 그런 공포 분위기에 익숙한 듯했다. 그가 사라지자 살랑거리는 소리, 속삭이는 소리, 낮게 말하는 소리 등이 들려왔는데 사무장 뮐러가 경고의 눈빛을 던지자 곧 잠잠해졌다.

이 사건에 대한 나의 첫 번째 반응은 이랬다. 〈여기에서도 결국 오래 버티지는 못하겠구나!〉 그 누구든 이런 살벌한 상황하에서는 오래 버틸 수가 없었다. 그리고 이런 생각도 했다. 〈지금 본 설리번은 진짜 설리번이 아닐 거야. 나는 다른 설리번을 보았어.〉

당크마르 애들러는 어떻게 생겼을까? 정오 직전에 그는 설리번 씨가 열고 들어왔던 바로 그 문으로 출근했다. 땅딸막하고 부게 있는 사람이었다. 어쩐지 그를 보는 순간 오래된 비잔틴 교회가 생각났다. 단단한 몸매와 빈틈없는 인상은 상대방을 위압하기에 충분했다. 아무튼 신경질적인 사람 같지는 않았다. 나는 다소 위안이 되었다.

애들러는 묵직한 평발의 걸음걸이로 천천히 뮐러의 책상으로 걸어왔다. 신사복 바지 호주머니에 양손을 찔러 넣은 채, 깊은 저음의 목소리로 말하면서 이런저런 인사말을 하거나 아니면 도면을 살펴보았다. 그는 의자에 앉아 아버지처럼 자상한 조언을 하기도 했다. 그러다가 나를 보았다. 짙은 눈썹 밑의 깊숙이 들어간 눈. 그는 유쾌한 눈빛으로 나를 쳐다보았다.

「헬로! 자네가 새로 온 설리번의 부하인가?」 그가 다정하게 물었다.

「네, 소장님.」

내가 그를 위해 앉았던 의자에서 일어서자 애들러가 거기에 앉았다. 그가 다리를 포개자 굉장히 큰 그의 발이 보였다. 그 발은 거대한 빌딩의 기초처럼 평평했다.

「라이트, 설리번은 도움이 절실히 필요해. 그가 원하는 대로 도면을 그려 내는 사람이 드물어. 이왕 입사했으니 자네가 잘해 주었으면 좋겠네.」

그는 아까 느닷없이 의자에 앉았던 것처럼 갑자기 일어서서, 문득 중요한 일이 기억난 사람처럼 제도 책상 사이를 뚫고 걸어갔다. 그 모습은 강 위에 떠 있는 가벼운 배들 사이를 지나가는 대형 화물선 같았다. 당크마르라는 이름은 그에게 어울리는 듯했다.[30] 이렇게 하여 근 7년간 계속된 설리번 사무소 생활이 시작되었다.

설리번 씨는 내게 관심을 가졌지만 동시에 나의 관심의 대상이기도 했다. 그의 도면은 작업하기가 재미있었고 또 배우는 것도 많았다. 그가 나를 대하는 태도는 다른 직원을 대하는 것과는 아주 달랐다. 그러다 보니 나도 모르게 직원들의 시기를 받게 되었다. 나는 곧 사무실 내의 위상을 지키기 위해서는 치열하게 싸워야 한다는 것을 알게 되었다.

도면을 그리는 일은 잘되어 나갔다. 나는 그것을 스승의 요청대로 해낼 수 있었다. 스승은 기뻐했다. 곧 스승의 허락을 받아 실즈비 건축 사무소에서 함께 일했던 조지 엘름슬리를 나의 조수로 설리번 사무실에 끌어들일 수 있었다. 조지 덕분에 회사 생활이 덜 적적해졌다. 조지는 목사의 아들은 아니었지만 그렇다고 해도 손색이 없을 정도로 예의 바른 사람이었다. 조지는 며칠 내로 설리번 사무실로 옮겨 왔다. 이처럼 스승이 노골적으로 나를 편애하고, 내가 오로지 내 일만 신경 쓰고, 게다가 사무실의 직원들을 대부분 싫어했다는 점 등이 겹쳐서 직원들은 몇 주 만에 나를 적으로 생각하기 시작했다. 나는 스승의 주목과 존경을 받았던 출근 첫날부터 직원들 사이에 인기가 없었다. 그래서 여러모로 조롱을 당하고 괴롭힘을 당했다. 먼저 내 곱슬머리가 조롱거리가 되었다. 이어 나의 개성적인 복장도 시빗거리가 되었다. 야비하게도 내 등 뒤에서 노골적으로 수군거렸다. 내 일을 일부러 방해하기도 했다. 직원들은 한패가 되어, 그들 말대로 〈나를 죽이려고〉 했다.

뮬러는 이런 사태를 별로 눈치 채지 못했다. 그는 정말 순수한 사람이었다. 직원들이 나를 따돌리는 일은 주로 그가 보지 않는 곳에서 은밀하게 이루어졌다. 나는 그런 일에 대해 시시콜콜 보고하고 싶지 않았다. 설사 그런 것을 보고할 수

---

30 Dankmar라는 이름은 발음상 탱크의 행진 *Tank March*을 연상시킨다.

있는 지휘 체계가 마련되어 있다고 하더라도 내 일은 내가 처리하고 싶었다.

사무실에는 뒷방이 하나 있었는데 청사진을 제작하는 곳이었다. 이스벨, 게일 로드, 다른 직원들은 점심때 이 뒷방으로 가서 도시락을 먹고 또 권투를 몇 라운드 하기도 했다. 그의 말대로라면 이스벨은 뛰어난 권투 선수였다. 그리고 게일 로드는 제1 연대 신병 훈련소에서 권투 부분 우수상 후보로 지명된 적이 있다고 했다.

그들은 내가 권투 시합에 참가하기를 바랐다. 길게 기른 머리, 물결치는 넥타이, 좋은 옷, 이런 것으로 단장한 내가 만만하게 보였던 것이다. 한번 나의 기세를 꺾어 놓겠다는 속셈을 나는 모르지 않았다.

그자들과의 대결을 피할 수 없다는 것을 알고 나는 준비에 들어갔다. 나는 전에 권투를 좀 해본 적이 있었다. 상대의 주먹에 맞아도 견딜 수 있는 호흡, 체력, 능력을 갖추었다고 자신했다. 하지만 기술은 별로 없었다. 그래서 어느 날 점심 시간 몽스트리 대령을 찾아갔다. 대령은 올드 아테나움 근처에서 펜싱 및 권투 교실을 운영하고 있었다. 나는 2주 만에 12번 레슨을 받는 강좌를 신청했다. 프랑스 출신의 늙은 대령에게 상대를 강하게 가격하고 복부 공격을 막아 낼 수 있는 기술을 배우고 싶다고 말했다. 나는 머리 공격은 잘 막아 낼 자신이 있었다.

「차라리 펜싱을 배우지 그래요? 그게 훨씬 더 신사다운 게임인데요.」 대령이 말했다.

「나는 신사를 상대하고 있는 게 아닙니다. 내가 대적해야 할 상대는 〈거친 무리들〉입니다. 그래서 거칠게 싸우는 훈련을 받고 싶습니다.」

「좋아요.」 대령이 내게 글러브를 건넸다. 나는 글러브를 끼고 방어 태세를 취했다. 「아니, 그렇게 하지 말고 이렇게 해야 해요.」 대령은 한 손은 내리고 다른 한 손은 더듬이처럼 앞으로 내미는 도발적인 자세를 취해 보였다. 「자, 이제 잘 보세요.」 대령은 내가 어떻게 수비하는지 살펴보기 위해 몇 번 가격을 해왔다. 「그리 나쁘지 않아요. 자, 이제 가격합니다.」 「어서 들어오세요.」 내가 말했다. 대령이 몇 번 펀치를 날리자 나는 발꿈치까지 휘청거렸다. 내가 그처럼 공격하기 만만한 상대라면 뒷방에 들어가 권투 시합을 하기는 영 틀린 일이었다. 그래도 기죽지 않고 반 시간 동안 훈련을 했다. 그런 다음 샤워를 하고 옷을 입으니 기분이 상쾌했다. 사무실을 비운 지 반 시간 만에 다시 돌아와 일을 했다.
 한편 그들의 괴롭힘은 계속되었다. 그 사이 나는 2주 훈련을 거의 마쳤다. 권투 훈련은 나의 건강을 위한 것이 아니었다. 건강이라면 나는 사무실 직원 그 누구보다도 자신이 있었다.
 매일 대령과 스파링을 해 그가 알고 있는 기술을 모두 습득했다. 대령은 원래 검사(劍士)였지 복서가 아니었기 때문에 그 기술은 그리 대단한 것은 아니었다. 하지만 그 정도 기술이면 충분했다. 나는 이제 자신을 꽤 잘 방어할 수 있었고 앞으로 벌어질 사건을 고대했다. 나는 이스벨의 뭉툭한 코를 보면서 아주 좋은 표적이라고 생각했다. 목소리가 큰 이스벨은 금발에 자부심이 강한 덩치 큰 청년이었다. 뮬러가 사무실을 비울 때면 대놓고 농담과 야유를 해댔다. 게일로드는 느리고 아둔하지만 힘은 더 센 것 같았다.
 입사한 지 두 달. 나는 계속 내 일만 열심히 했다. 조롱은 점점 심해졌고 이제는 아주 노골적으로 터져 나왔다. 점심시간이 되어 직원들이 밖으로 나가기 직전에 이스벨에게 말을 건넸다. 「오늘 점심에 권투를 하나?」 그는 뜨악한 표정이었다. 「왜? 구경하러 오려고?」 「응. 구경이나 좀 하려고.」 내가 말했다.
 「좋아. 왜 구경만 해? 글러브를 직접 껴봐. 널 다치게 하지는 않을게.」
 나는 짐짓 망설이는 태도를 취했다. 「너희는 늘 연습을 하는 전문가잖아. 그러나 나는…… 좋아, 한번 해보지.」 나는 그들이 의기양양해하면서 서로 은밀한 눈짓을 교환하는 것을 보았다. 이스벨을 뺀 다른 친구들은 믿을 수 없다는 듯 미소를 짓고 있었다.
 나는 혼자 뒷방으로 들어갔으나 그들은 6, 7명이 무리를 이루고 있었다. 상의와 조끼를 벗었다. 글러브는 지저분했지만 나는 아무 말 없이 그것을 꼈다.
 이스벨은 선제공격을 할 생각을 하면서 글러브를 꼈다. 그의 복싱 스타일은 미지수였으나 나는 이스벨이 가드를 올리려는 순간 뭉툭한 코를 선제공격했다. 그의 얼굴이 붉어졌고 푸른 눈은 차갑게 굳었다. 그는 성난 황소처럼 흥분하여 나를 때리려고 달려들었다. 가만히 살펴보니 무작정 주먹을 크게 휘두르는 스타일이었다.
 나는 그가 주먹을 크게 휘두르도록 내버려 두었다. 그를 제지할 수 있을 때는 제지했고 내가 펀치를 맞아야 할 때에는 맞았다. 하지만 물러서지 않고 그에게 맞서서 백 스텝을 꾸준히 밟으면서 가격해 나갔다.

그는 얼굴이 하얗게 되어 숨을 제대로 쉬지 못했다. 이제 그는 나의 만만한 상대가 되었다. 옆에서 구경하던 무리들은 처음에는 신을 냈으나 곧 시들해졌다. 그건 그들이 바랐던 광경이 아니었기 때문이다.

「타임!」 게일로드가 소리쳤다. 「타임? 아직 아니야. 이건 1라운드 시합이야.」 내가 말했다. 나는 이번에는 왼손으로 이스벨의 뭉툭한 코를 강하게 가격했다.

코피가 터졌다. 내가 최초로 기록한 코피였다! 그러나 아무도 환호하지 않았다. 이제 이스벨은 복수를 위해 전면전으로 나왔다. 우리는 앞뒤로 움직이고 옆으로 돌면서 계속 싸웠다. 구경꾼들은 옆으로 비켰고 그때마다 툭 비어져 나와 있던 물건들이 바닥에 떨어졌다. 이스벨은 미친 황소처럼 돌진해 왔다!

나는 또다시 그의 코를 가격했다. 그의 얼굴은 볼 만했다. 내 입술도 찢어져서 피가 났지만 나는 피를 들이마셔 삼켰다. 나는 묘하게 기분이 상승되었고 권투를 시작할 때의 원기를 그대로 간직하고 있었다. 〈이지(이스벨의 약칭)〉는 쓰러지기 직전이었다. 구경꾼들은 그것을 보았다.

「타임!」 게일로드가 소리쳤다. 「타임 좋아하네. 이건 1라운드 시합이라고.」 나는 다시 이지의 코를 가격했고 그의 뭉툭한 코는 크게 부어올랐다. 빌리 게일로드는 더 이상 참아 줄 수가 없었다. 「자, 이지 임무 교대. 이제 내 차례야. 그 글러브 내게 줘.」

「그래. 이제 네 차례야. 어디 덤벼 봐.」 나는 매우 흥분했고 아무도 나를 말리지 못했다. 나는 게일로드가 글러브를 끼는 동안 한 글러브로 다른 쪽 글러브를 탁탁 치면서 기다렸다.

그는 몸을 뒤로 젖히고 앞뒤로 흔들면서 자세를 낮게 취했다. 그리고 기술적으로 잔 펀치를 계속 던졌다. 나는 이미 매우 흥분한 상태였기 때문에 그가 공격해 들어올 때까지 기다릴 수가 없었다. 빌리는 비교적 온건한 친구였고 나도 어느 정도 그를 좋아했다. 하지만 그것은 야비한 임무 교대였다. 나는 떡이 될 때까지 그를 때리고 싶었고 아니면 그 과정에서 내가 죽어 버리고 싶었다.

나는 미친 듯이 그에게 달려들어 내 글러브로 그의 머리 꼭대기를 세 번이나 세게 내리쳤다. 마치 씨름을 하듯이 내 다리로 그의 뒷다리를 휘감았다. 그는 자세를 바로 잡으려 했으나 실패하고 구경꾼들 사이로 나자빠졌다. 그는 얼굴을 붉히고 화를 내면서 일어섰다. 「이게 권투야? 넌 두 번이나 파울을 했어.」 그가 흥분한 목소리로 말했다.

「파울, 좋아하시네.」 내가 말했다. 「이게 무슨 권투 시합이야? 내가 이스벨을 해치우기 전에 너희들은 무엇을 했어? 자, 어서 덤벼. 나한테 반칙을 해보라고. 너희들은 나를 여기에 불러들여 마구 때리며 조롱하려고 했지? 자, 어서 그렇게 해봐. 글러브를 벗어, 이 비겁한 놈아.」 나는 글러브를 벗어 던졌다.

이런 상황은 그들이 예상했던 것이 아니었다. 구경꾼들이 개입했다. 「어이, 빌리 저 친구를 그냥 내버려 둬. 완전히 미쳐서 싸우겠다는 생각뿐이야. 여기선 안 되겠어. 다른 때 자리를 한번 마련하자고.」

「좋아.」 내가 말했다. 「자리를 마련해! 너희들은 정말 대단한 스포츠맨이로구나. 한 놈이 이길 수 없으면 다른 놈을 들이대니까 말이야.」 나는 그렇게 소리 지르고 뒷방에서 나왔다. 너무 흥분한 나머지 식사도 할 수 없었다.

그날 오후는 아주 조용했다. 음산할 정도로.

나는 미친 듯이 화를 내버림으로써 오히려 나의 입지를 약화시켰다. 비록 불공정했지만 냉정하게 게일로드를 대적하여 선의의 싸움을 했더라면 그날의 시합은 완전히 나의 판정승으로 끝났을 것이다. 화를 내면서 그들 모두에게 달려들었기 때문에 전 직원을 적으로 만들어 버리고 말았다.

나는 그 자리에서 그들 모두가 퇴직할 때까지 이 사무실에서 오래오래 근무하리라고 결심했고 또 그렇게 말하기까지 했다. 그들의 대장 격인 오텐하이머는 활동적이고 총명하고 덩치가 작은 유대인이었는데 마침 그 자리에 없었다. 그는 다음 날 친구들로부터 어제 낮의 일화를 듣고 이렇게 말했다. 「빌어먹을 개자식. 그놈은 내게 맡겨.」

격 투

나는 그 싸움에 대해 더 쓰고 싶은 마음이 없다. 그러나 아직 이야기가 더 남아 있다. 사무실에서 나는 여전히 그들의 대장인 오텐하이머의 교묘한 조롱과 악의적인 야유에 시달리고 있었다. 오텐하이머는 〈보스〉의 귀여움을 받고 있었다. 즉 애들러의 부하였다. 그래서 만만하게 상대할 수가 없었다. 사무실에서 나의 일하는 태도는 직원들의 반감을 불러일으키는 면이 있기는 했지만 그래도 나는 혼자 일하는 쪽이 더 마음 편했다. 내 바로 곁에 조지 엘름슬리가 앉아 있어서 그와 이야기를 나눌 수도 있었다. 실즈비 사무실에서 데려온 조지는 내 조수였다. 조지는 키가 크고 날씬하고 두뇌 회전이 느린 청년으로 피부가 다소 창백하지만 세련된 스코틀랜드인이었다. 너무 노숙하여 아무리 봐도 어린 시절이 있었을 것 같지 않은 위인이었다. 아주 신실했고 말수가 적었으며 수줍음을 많이 탔다. 나는 그를 좋아했고 또 애착을 느꼈다. 나는 누군가 곁에 없으면 잘 지내지 못한다. 그건 늘 그랬다.

권투 시합 몇 주 후에 우리는 청사진 작업을 마무리 짓기 위해 점심시간에 사무실에 남아 있었다. 내 뒷줄에서 왼쪽으로 책상 하나 건너편에 앉아 있는 오텐하이머는 곧 응시하기로 되어 있는 프랑스 파리에 있는 미술학교 에콜 데 보자르의 입학 시험 준비를 위해 역시 사무실에 남아 있었다. 그는 습관대로 휘파람을 불며 농담을 해댔다. 그는 바로 전날에는 내 모자를 계단 위로 날려 버리기도 했다. 그는 늘 거만했다. 그런데 그날따라 유난히 심하게 나왔다. 마지막에는 이런 말까지 했다. 「라이트, 난 네가 설리번의 〈앞잡이〉라는 걸 알아. 우리 모두가 그걸 알고 있다고.」 나는 더 이상 참을 수 없다고 생각하며 벌떡 일어섰다. 아니 그보다 더 격렬하게 흥분한 상태였다.

내 마음은 용암처럼 이글거리고 있었다. 이제 때가 된 것이었다. 나는 연필을 내려놓고 의자를 돌려서 그를 쳐다보았다. 그는 자기 자리에 앉아 있었다. 살이 찌고 다리가 짧고 머리는 올백에다 얼굴은 붉은 유대인이었다. 금테 안경을 쓴 그의 얼굴은 칠면조의 살주머니처럼 붉게 달아올랐다. 「난 더 이상 네놈의 헛소리를 들어 줄 수가 없어.」 나는 의자에서 일어서서 천천히 걸어가 오텐하이머가 안경을 쓰고 있다는 사실조차 의식하지 못한 채 조금의 망설임도 없이 오른손 정권(正拳)으로 그의 얼굴을 세게 갈겼다. 그가 의자에서 벌렁 나자빠져 바닥에 쓰러지면서 안경이 깨졌다. 나는 자칫 잘못했더라면 그를 맹인으로 만들 뻔했다.

그는 아주 기이한 동물의 비명 같은 외침을 내지르며 ─ 나는 술을 많이 마셔

돌아 버린 일본인이 그런 소리를 지르는 것을 딱 한 번 보았을 뿐, 그 외에는 그 어디에서도 그런 소리를 들어 본 적이 없다 — 칼을 거머쥐었다. 그의 제도판 옆에 있던 자루가 긴 긁기용 칼이었다. 그는 절반쯤 보지 못하는 상태로 칼을 내세우며 내게 달려들었다.

나는 달려 들어오는 그에게 맞서서 그의 목을 내 겨드랑이 아래 끼워 넣고 목을 졸라 기절시키려고 했다. 이제 칼을 쥔 그의 손은 내 등 뒤로 돌아와 있었다. 그는 내 등과 목을 마구 찔러댔다. 그의 머리가 내 옆구리에 너무 딱 붙어 있었기 때문에 내 등에서 피가 흐르는데도 불구하고 나는 주먹을 세게 날릴 수가 없었다. 우리는 이런 식으로 맞붙어 의자와 제도판을 마구 뒤집으면서 씨름을 계속했다. 조지는 겁먹고 창백해진 채, 멀거니 서서 구경만 했다. 나는 내 등에서 솟아난 피가 다리를 흘러 신발 속으로 스며드는 것을 느꼈다. 그렇게 상대를 붙잡고 격렬하게 씨름하는 동안 내 신발 속에서 피가 질펵거렸다.

마침내 나는 오른손으로 그의 옷깃을 잡아챈 뒤 있는 힘껏 그를 멀리 내던졌다. 그는 제도실 저쪽으로 날아가더니 벽에 쾅 소리를 내면서 부딪힌 후 옆 제도실로 이어지는 문 쪽으로 떨어졌다. 그는 쓰러지기는 했지만 기절하지는 않았다. 칼도 마침 손 가까운 곳에 떨어트렸다. 그는 다시 일어서서 기괴한 비명을 내지르며 칼을 집어 들고 필사적으로 돌진해 왔다. 그는 피에 굶주린 맹수 같았다. 나는 그가 달려드는 것을 보고 재빨리 옆에 있던 기다란 나무 T자의 자루를 집어 들고 있는 힘을 다해 〈오티(오텐하이머의 애칭)〉의 옷깃 위쪽의 목을 내리쳤다. 그 충격으로 T자의 가로대 윗부분과 자루를 연결하는 이음매가 부서졌고 이어 가로대가 제도실 저쪽으로 날아갔다. 그는 잠시 비틀거리더니 칼을 떨어트렸다. 이어 아래로 천천히 내려오는 돛처럼 바닥에 주저앉더니 미동도 하지 않았다.

나는 가슴이 덜컥 내려앉았다. 「하느님 맙소사! 내가 그를 죽였나 봐. 조지! 빨리 물을 떠와.」 조지는 완전히 얼어 있었다. 그것은 1분도 되지 않은 시간에 벌어진 일이었다. 「정신 차려, 조지! 빨리, 조지! 이게 안 보여?」

천천히 움직이는 조지는 커다란 국자에 물을 떠가지고 돌아왔고 나는 그것을 〈오티〉의 얼굴에 끼얹었다. 아무런 기색도 없었다. 「조지, 좀 더 떠와.」 나는 그의 얼굴에 물을 더 끼얹었다. 그는 한숨을 내쉬며 눈을 떴다. 나는 거기 서서 떨면서 기다렸다. 「심하게 다쳤어, 오티?」 아무런 대답이 없었다. 그는 눈을 깜빡거리더니 다시 정신을 잃은 것 같았다.

「물!」

「아니!…… 그만둬.…… 난 괜찮아.」 오티가 말했다.

그는 천천히 일어서더니 얼굴이 창백해진 채로 온몸을 떨었다. 「라이트, 넌 이 일 때문에 크게 후회하게 될 거야.」 그는 목멘 소리로 말했다. 「반드시 복수하고 말겠어. 반드시!」

그는 자기 책상으로 돌아가더니 장비를 주섬주섬 챙기기 시작했다. 나는 미소를 지으면서 그를 쳐다보았다. 그가 살아 움직여서 너무나 기분이 좋았던 것이다. 그 뒤 다시는 오텐하이머를 보지 못했다. 그는 곧 파리의 에콜 데 보자르에 입학할 계획이었다. 그래서 그는 사무실에 다시 돌아오지 않고 바로 유학을 떠났다.

그 사건은 사무실에 조지, 오티, 나 이렇게 딱 세 명만 남아 있었던 점심시간에 벌어졌다.

내 구두에는 피가 흥건했다.

「조지, 세실을 불러. 난 저 미친 친구 때문에 얼마나 다쳤는지 알고 싶어.」

조지가 세실에게 전화를 걸었다. 그는 마침 사무실에 있었고 다섯 블록이나 되는 거리를 질풍같이 달려왔다. 그는 나의 상의를 벗기고 셔츠를 허리까지 내렸다. 「저런! 어깨뼈를 열한 군데나 찔렸군. 골수를 다치기 일보 직전까지 말이야. 척추를 찔리지는 않았지만 자칫 잘못했더라면 양쪽에서 척추를 찔릴 뻔했어. 정말 다행이야. 어쨌든 심각한 부상은 아닌 것 같아. 아서 의원으로 가서 치료를 받도록 하지.」 아서 의원은 그의 형이 운영하는 내과 병원이었다. 오늘날까지도 오티가 내 어깨뼈에 남긴 상흔이 남아 있다. 비겁하게 달아나지 않았기 때문에 그것을 기념으로 갖게 된 것이다.

오텐하이머가 퇴직함으로써 나를 괴롭히던 짓거리는 한동안 잠잠해졌다. 이스벨은 해고되었고 게일로드는 이제 우호적으로 나왔다. 빌리 게일로드는 전체적으로 봐서 괜찮은 친구였다. 하지만 아이센드라스와 웨이더트는 여전히 심통

사나운 얼굴로 노려보아서 나를 심란하게 했다. 나는 그 둘을 나중에 해고했다. 뮬러와 설리번 씨는 사무실 내의 이러한 불화를 조금도 알지 못했다. 몇 년 뒤 내가 나를 따돌렸던 그들을 완전히 일소할 때까지.

이 당시 스승의 자세는 위험스러울 정도로 거들먹거리는 걸음걸이에 잘 나타났다. 웨더왁스를 대하는 태도에서 잘 드러났듯이 그는 제도사들을 아예 무시했다. 실제로 몇 년 뒤에 그런 마음을 나에게 말하기까지 했다. 그는 신임하고 좋아하는 〈빅 치프〉 애들러와 사무장 폴 뮬러를 빼놓고는 아무도 존경하지 않았다.

그의 동시대 건축가들도 스승으로부터 존경은커녕 오히려 경멸을 받았다. 단 예외가 있다면 H. H. 리처드슨뿐이었다. 스승은 리처드슨 정도라면 논평의 대상으로 삼을 만하다고 했다. 또 존 웰본 루트만큼은 다른 건축가들에게 하듯이 그렇게 혹평하지 않았다. 스승은 루트를 좋아하는 것 같았다. 하지만 이 당시 리처드슨은 스승의 작업에 결정적인 영향을 미치고 있었고 그것은 오디토리엄 빌딩, 워커 도매회사 건물, 기타 다른 건물의 외관에 잘 드러나 있다. 스승은 리처드슨을 그렇게 존경하는 것 같지는 않았지만 그에게서 영향을 받은 것만큼은 분명했다.

때때로 스승은 내게 다가와서 내가 바로 곁에 있다는 사실조차 잊어버리고 자신의 느낌과 생각을 거침없이 토로했다. 나는 그런 생각의 흐름을 나름대로 따라갈 수 있었다. 내가 건축에 대해 갖고 있는 급진적 생각을 스승은 적극적으로 격려했다. 사실 내가 느끼고 있던 그런 반항 정신이 스승의 내면에서도 소용돌이치고 있었다.

그는 당시 바그너 음악에 몰두하고 있었다. 나는 바그너에게 공감할 수는 없었지만 이해는 했다. 그의 음악은 너무 감각적이라고 할까 너무 감상적인 측면이 있었다. 설리번은 종종 내 자리로 와서 바그너 음악의 주악상(主樂想)을 노래하면서 그 곡조가 나오는 장면을 설명해 주었다. 그는 시인 휘트먼을 좋아했는데 그건 나도 마찬가지였다. 또 허버트 스펜서의 철학에도 심취했다. 그는 스펜서의 『종합 철학 체계*The Synthetic Philosophy*』라는 책을 나에게 주면서 집에 가져가서 읽어 보라고 했다. 스승은 자신이 쓴 「영감Inspiration」을 나에게 읽어 주었다. 나는 그 글이 일종의 〈달을 보고 짖기〉 같은 것이라고 생각했다. 아무리 봐도 너무 감상적이었다.

물론 그에게는 악마처럼 번뜩이는 천재적 자질이 있었다. 하지만 나는 그 당시 그가 써놓은 글을 별로 좋아하지 않았다. 아무리 봐도 감상주의에 젖어 있는 것 같았다. 나는 마음속에 막연히 의심만 품고 있었는데 이제 감상주의라고 하면 전반적으로 싫어하게 되었다.

곧 오디토리엄 빌딩 공사가 끝났고, 푸에블로 오페라 하우스(화재로 소실됨)와 솔트레이크 시티 호텔 설계 같은 다른 일들이 진행되었다. 특히 호텔은 기초 공사만 하고 결국 건설되지 않았는데 설리번 사무실의 비극적 작품이었다. 나는 스승을 도와 이런 일에 적극적으로 참여했다.

건축 사무소 생활 초년부터 T자와 삼각자는 사물에 대한 나의 기하학적 감각을 표현하는 수단이 되었다. 하지만 활짝 피어나 전성기를 맞이한 설리번풍의 장식물을 많이 배웠다.

스승은 자신이 매우 존경한 존 에들먼의 이야기를 자주 했다. 스승은 에들먼을 파리에 머물던 시절에 알게 되었는데 뉴욕으로 그를 찾아가기도 했다. 존 에들먼은 스승에게 〈방향 의식〉을 심어 주었고 또 가장 인정받는 비평가이기도 했다. 나는 에들먼에 대해 그 정도밖에 몰랐지만 스승의 영향으로 당연히 그를 존경하게 되었다. 나는 루이스 설리번이 파리 시절에 그려서 존 에들먼에게 헌정한 드로잉을 가지고 있다.

스승이 나에게 도움을 요청할 때마다 그의 화려한 장식에 나 자신의 기하학적 디자인을 첨가했다. 내가 잘할 수 있는 것은 그것밖에 없었기 때문이다. 그런 방식의 설계 작업은 외관을 안정시켰고, 필요한 대조*contrast*를 제공했으며, 보다 더 건축적인 분위기를 부여했다. 다시 말하면 덜 감상적인 효과를 자아냈다. 하지만 이런 이야기를 당시 스승에게 할 수가 없었고 또 나의 그런 생각에 대해 확신하지도 못했다.

때때로 스승은 이런 기하학적 디자인을 비난하면서 좀 더 생생한 감각을 집어넣으라고 요청하곤 했다. 마침내 나는 설리번풍으로 설계를 하고 도면을 그리는 일을 아주 완벽하게 해내게 되었고 그리하여 스승은 말년에 내가 그린 도면을 자신의 것으로 오해하기도 했다. 나는 도움이 필요한 스승의 손에 놓인 성능 좋은 연필이었다. 내가 옆에서 이처럼 보좌를 잘해 주었기 때문에 스승은 더 많은 자유를 누릴 수 있었다.

그 당시 스승의 동료로는 힐리와 밀레트가 있었다. 그 세 사람은 파리 시절부터 친구였다. 스승은 이 두 사람 이외에 〈예일과 타운 건축 사무소〉의 래리 도노반 등과 자주 시간을 보냈다.

이 무렵(나는 당시 열아홉이었다) 나는 결혼할 생각이었고 그 사실을 스승에게 말했다.

「상대가 누구인데?」

「하이드 파크 고등학교에 다니는 어린 여자입니다. 이름은 캐서린이고 나이는 열일곱입니다. 올 소울스 교회에서 만났습니다.」

「아하! 그렇게 일찍 결혼을 하고 싶어?」

「사람들은 너무 이르다며 반대하고 있습니다.」

「그럴 거야.」 스승이 말했다.

「그런데 그녀를 부양할 구체적 수단이 없습니다.」

「없다고? 그럼…… 그 문제를 해결해야겠구먼. 계약을 맺는 건 어떨까? 애들러 씨!」 그가 불렀다.

애들러가 왔다.

「라이트가 결혼하려고 하는데 부양 수단이 없대요. 5년 계약을 맺을까 하는데 어떨까요?」

「좋아.」 애들러가 말했다. 「설리번, 자네가 알아서 조치하게!」 애들러는 갑자기 중요한 일이 기억난 듯 황급히 자기 사무실로 돌아갔다.

나는 스승에게 새로운 제안을 내놓았다. 「설리번 선생님, 저를 5년씩이나 장기간으로 고용하실 생각이라면 목돈을 좀 빌려 주세요. 제가 작은 집이나마 지을 수 있도록. 빌린 돈은 매달 봉급에서 갚겠습니다.」

그 당시 스승에게는 돈이 조금 있는 것 같았다. 설리번은 포리스트 애비뉴에 있는 나를 그의 변호사인 펠센탈에게 데려갔다. 정식으로 계약서를 작성한 후 스승은 〈손안의 연필〉을 데리고 오크 파크의 부지를 보러 갔다. 이미 앞에서 파격적인 헛간을 가지고 있다고 말한 오스틴 씨가 그 땅의 소유자였다.

스승은 땅이 괜찮다고 했다. 그 부지에 작은 집을 짓는 데 필요한 비용은 3,500달러 정도로 추산되었다. 오스틴 씨의 절친한 친구인 스코틀랜드인 정원사 블레어 씨가 그곳에 작물을 심어 놓고 있었다. 스승이 마련해 준 돈으로 오스틴 씨에게 땅값을 지불했고 남은 돈으로 건축비를 충당할 계획이었다.

「자, 라이트, 조심해야 해.」 스승이 말했다. 「난 자네의 취향이 어떤지 잘 알아. 하지만 추가 비용은 인정할 수 없어.」

「네, 없도록 하겠습니다.」 나는 동의했다.

그래도 집을 완공할 무렵에는 빚을 1,200달러 더 졌다. 나는 그것을 스승에게 알리지 않았고 부채를 공제하고 남은 봉급으로 어렵사리 갚아 나갔다. 그 장기 계약으로 인해 나는 시카고 시에서 가장 높은 봉급을 받는 제도사가 되었다. 애들러 씨 말로는 그랬다. 하지만 그 후 아이들이 자꾸 태어나면서 우리 집 문전에는 빚쟁이가 드나드는 것이 낯익은 풍경이 되었다. 아이들이 많은 것도 〈취향〉이라고 할 수 있을까?

나는 아이들과 채권자를 모두 만족시키기 위해 소매를 걷어붙이고 어깨에 힘을 주고 머리털이 다 빠지도록 열심히 일을 해야 했다. 그러나 아이들은 환경이 요구하는 〈취향〉을 갖게 되었고 그 취향은 잇달아서 채권자를 양산했다. 아무튼 이 취향을 충족시키기 위해 나는 열심히 일을 해야 했다.

나는 거실의 벽난로 위에 있는 참나무 들보에 이런 말을 새겼다. 〈진리는 생명이다!〉 그것은 감상주의에 대한 도전이기도 했다. 잠시 뒤 이런 생각도 했다. 왜 〈생명은 진리이다〉라고 새겨서 나의 의도를 좀 더 분명하게 하지 못했을까? 하지만 나는 그것을 바꿀 수 없었다. 나무에 아예 새겨져 있었기 때문이다. 내가 볼 때 이 좌우명은 외할아버지의 〈세상에 맞서는 진리〉보다 더 훌륭한 좌우명이었다.

이렇게 하여 루이스 설리번과 나, 〈스승과 도제〉의 초창기 시절이 흘러갔다. 도제는 언제나 과격한 스타일로 눈을 똑바로 뜨고 비판적인 자세와 적극적인 열성을 견지하려고 애썼다. 우리는 당시 오디토리엄 빌딩 타워의 꼭대기 층으로 이사를 했고 나는 스승의 옆에 자그마한 독방을 가지고 있었다. 내 밑에는 30여명의 제도사가 있었고 그들이 작성한 기획안과 세부 사항을 감독했다. 뮬러는 기사들과 현장의 십장들을 감독했다. 그의 사무실은 북쪽으로 나 있는 사무실의 맨 끝에 있었다.

애들러와 설리번 건축 사무소는 이제 건축 업계의 선두주자로 나섰다. 회사 건물, 극장, 클럽 등 상업용 건물에 대한 건축 설계 주문이 1년 내내 끊임없이 밀려들었다.

당크마르 애들러는 육군 공병 출신이었다. 그는 시공 업자와 발주처의 신임을 톡톡히 얻고 있었다. 시공 업자와 발주처가 마치 자신의 손안에 있는 것처럼 애들러는 두 고객을 아주 노련하게 다루었다. 그는 시공 업자를 쥐락펴락 마음대로 했다. 마치 맹견이 고양이를 덥석 물고 마구 흔들었다가 내려 놓아 겁을 주는 그런 형세였다. 그래서 일부 시공 업자는 그를 만나기 전에 미리 술을 몇 잔 마시고 오기도 했다.

모두들 그를 존경했다. 그는 훌륭한 계획자였고 탁월한 비판자였으나 스승에 대한 지원만은 굉장했다. 그는 언제나 스승을 〈설리번〉이라고 불렀고 〈루이스〉라고 부른 적은 단 한 번도 없었다. 애들러는 설리번의 천재를 전적으로 신임하고 있었다. 그는 젊은 설리번이 파리의 에콜 데 보자르에서 유학을 마치고 돌아오자 제도사로 받아들였다. 나중에 애들러는 스승을 〈사업 파트너〉로 승격시켜 〈설계 담당 파트너〉의 직함을 주었다. 그 당시 건축가들은 시공을 전부 하청업자에게 맡겼다. 그래서 설계 담당 파트너와 시공 담당 파트너를 따로 두는 것이 관례였다. 하지만 애들러와 설리번은 그렇게 하지 않았다.

당크마르 애들러는 유대인이었고 루이스 설리번은 아일랜드인이었다. 고객들은 당연히 애들러의 고객이었기 때문에 설리번을 못마땅하게 여겼다. 하지만 그것은 문제가 되지 않았다. 고객들은 설리번의 설계를 받아들이거나 아니면 애들러와의 관계를 끊어야 했다.

그 당시 스승의 자만심과 거만한 태도는 제도사 웨더왁스를 매몰차게 대한 일화에서 잘 드러났다. 하지만 나는 처음부터 그의 다른 면을 알고 있었고 또 그것을 계속 보게 되리라고 생각했다. 그는 나와 이야기하는 것을 좋아했다. 일과가 끝나면 밤늦게까지 오디토리엄 빌딩의 꼭대기에 있는 사무실에 머물면서 미시간 호나 도시의 야경을 내려다보며 대화를 나누었다. 어떤 때 그는 나의 존재 따위는 아예 잊어버리고 밤늦게까지 계속 이야기했다. 그러면 오크 파크로 가는 마지막 교외 열차를 탈 수 있을까 걱정이 되곤 했다.

내가 그때 이후로 생각해 온 바이지만, 그는 기계*machine*가 추상이든 구상이든 건축의 직접적인 요소로 작용한다는 사실을 의식하지 못하는 듯했다. 그는 기계를 언급한 적이 없었다. 그는 〈아주 폭넓게 커버할 수 있어서 예외가 인정되지 않는 규칙〉에만 관심이 있었다. 그때나 지금이나 나는 평생 동안 예외에 관심이 많았고 또 그런 예외 덕분에 어떤 규칙이 유익하고 유용한 것이 되는 법이라고 생각해 왔다.

나는 비록 비판적인 입장이기는 했지만 그래도 그를 존경하고 또 동정했다. 그것을 알기 때문에 스승은 계속 나에게 자기 이야기를 해주었고 그래서 나는 어느 정도 그를 이해하게 되었다. 모든 천재가 그렇듯이 그는 지나칠 정도로 자기중심적인 인물이었고 지나치게 섬세한 감수성과 무한한 생명력을 가진 사람이었다. 하지만 자기중심적인 인물의 자기중심주의는 독특한 인품이라기보다는 하나의 무장(武裝)이었고, 실질이라기보다 겉껍데기였다. 그것은 지나치게 섬세한 감수성을 지닌 사람이 자신을 지키기 위한 방어기제 같은 것이었다. 그리고 시간이 좀 지나면 그런 방어기제는 하나의 습관이 된다. 그의 논리적인 성향, 원칙을 고수하는 타협하지 않는 태도 등이 종합되어 그는 이제 못 말리는 낭만주의자가 되었다. 하지만 낭만주의는 감상주의로 타락하는 것이 문제였고 나는 이것이 늘 그렇게 귀결된다고 생각했다. 내가 존경하는 스승은 때때로 감상에 빠졌다. 아무리 뛰어난 인간이라고 해도 때때로 그런 본성을 드러내지 않는가? 하지만 정작 본인은 자신의 그런 본성을 전혀 의식하지 못한 채 〈사소한 비난〉에도 분노하며 부정하는 것이다.

리버 마이스터[31]와 보낸 이 시기에 제너럴 그랜트 고딕*General Grant Gothic*이 유행하는 건축 양식이었고, 시카고는 이런 유행을 따라가는 바람에 미국 내에서 근본주의만 고집하는, 별로 아름답지 못한 도시의 전형이 되었다. 이런 상

---

31 *Lieber Meister*. 독일어로 사랑하는 스승이라는 뜻이다.

황에서 스승의 종합적인 상식은 커다란 인상을 남겼다.

낭만적인 리처드슨과 감수성 예민한 루트가 등장했으나, 레이크 쇼어 드라이브에 위치한 포터 파머 하우스가 아직도 표준 건축물이었다. 파머 하우스, 파머 호텔, 무역청 건물 등이 인기 있는 건축물이었다. 이에 비해 애들러와 설리번이 설계한 건물들은 아주 분명한 대조를 이루었다. 가령 이 당시에 건설된 모든 블록 빌딩, 게이지 빌딩, 기타 시카고 도매 지역에 들어선 건물들이 구체적 사례이다. 당시 존 에들먼의 영향은 이런 초창기 건물들의 장식에도 여실히 드러나 있다.

오디토리엄

오디토리엄 빌딩의 내부는 대중이 당시의 천편일률적 전통에서 벗어날 수 있는 최초의 위대한 공간이었다. 이 내부에 설치한 장식과 관련하여 스승은 〈플라스틱*plastic*〉이라는 마법의 단어를 처음 사용했다. 그의 장식은 이런 이상(理想)의 효과를 보여 주기 시작했다. 그런 이상이 오디토리엄 빌딩의 내부 전체에 스며들었다. 물론 의식적이 아니라 무의식적으로.

애들러는 자신이 예전에 건설한 극장에 독특한 공명판*sounding board*을 설치했는데, 공명판의 비스듬한 표면이 무대 앞부분을 넘어 객석 공간까지 열려지도록 고안한 것이었다. 이런 간단한 발명 덕분에 애들러와 설리번이 건축한 대중홀은 음향 시설이 뛰어나다는 평판을 얻게 되었다. 하지만 스승은 이것을 한 걸음 더 발전시켰다. 지금도 오페라 하우스에 가면 볼 수 있는 바와 같이, 이 〈공명판〉을 동심원적 타원형의 아치 형태로 만든 것이었다. 이 타원형 아치를 이용하여 위에서 내려오는 하중을 처리하지는 않았지만 아치 위의 수평 트러스를 이용하여 아치를 매달아 자연스럽게 하중 문제를 해결했다. 이것은 아직까지도 타당한 건축 형태로 인정받고 있고 또 설계 목적에 잘 봉사하고 있는, 하나의 예언적인 작품이었다.

시카고 오디토리엄 빌딩의 개장은 민간 주도의 대규모 사회적 행사였고 아직까지도 널리 기억되고 있다. 아델리나 패티가 수십 명의 오페라 가수들과 함께 노래를 불렀다. 대규모 오페라 룸은 그 기능을 완벽하게 발휘하는 것으로 판명

되었다. 그것은 당시 최고의 건물로 평가받았고 오늘날까지도 세계에서 가장 훌륭한 오페라 공연장으로 남아 있다. 오디토리엄 빌딩을 설계한 애들러와 설리번 건축 사무소는 당연히 자부심으로 넘쳐흘렀다.

나는 실즈비 건축 사무소에서 근무할 때 그의 감상적 취향에도 불구하고 미국에 필요한 실용적 주택에 대해 상당히 많은 지식을 얻었다. 애들러와 설리번은 내가 근무하는 동안에는 개인 주택을 짓지 않았다. 중요한 고객들에 대한 서비스 차원에서 소수의 주택을 지어야 했는데, 그런 경우에는 내가 집에서 일과 시간 외에 설계도를 그렸다. 물론 두 분이 그 설계도를 꼼꼼히 점검했다.

레이크 애비뉴에 있는 스승의 집도 내가 이런 식으로 그린 설계도로 건축한 것이다. 오션 스프링스에 있는 스승의 남부 별장도, 그 옆에 있는 찬리 부부의 집도 내가 설계한 것이다. 시카고의 아스토 가에 있는 찬리 부부의 시내 저택도, 다른 집과 마찬가지로 내가 저녁과 주말에 집에서 설계한 것이다. 포리스트 애비뉴의 내 집 2층에 있는 자그마한 제도실에서 말이다. 하지만 이 제도실은 곧 두 아이를 위한 침실로 바뀌었다. 그 집을 지을 때 장차 태어날 아이들을 고려하지 않았던 것이다.

아스토 가의 찬리 부부 저택을 설계하면서 나는 아무것도 없는 평평한 표면이 장식적 가치를 갖고 있다는 것을 처음 깨닫게 되었다. 이것은 아무 장식도 없는 벽의 한가운데에 열린 공간을 설치함으로써 그 효과를 확인할 수 있었다. 나는 찬리 저택의 건설용 도면을 애들러와 설리번 사무실에서 그렸고 또 청사진을 뽑았다. 하지만 설계는 내가 집에서 한 것이었고 이런 과외 근무를 통해 집을 짓느라고 진 빚을 갚아 나갈 수 있었다.

하지만 5년 고용 계약이 끝나갈 무렵 나는 가외의 빚을 여전히 상환하지 못하고 있었다. 그래서 빚을 갚을 요량으로, 닥터 할란, 워런 맥아더, 조지 블라섬 등을 위해 내 임의로 주택 설계 일거리를 맡았다. 하지만 파격적인 설계는 거의 하지 않았다. 내가 이런 일을 비밀로 했기 때문에 그런 것이 아니라, 일과 시간 외에 집에서 몇 시간을 짜내서 해야 했기 때문에 도저히 파격적인 설계를 하는 〈애프터서비스〉를 해줄 수 없었다. 스승은 곧 내가 이런 일들을 맡아서 한다는 것을 알게 되었다. 그는 기분 나빠했고 이제 대금을 모두 지불하여 내 소유가 된 오크 파크 집의 집문서를 내주지 않으려 했다. 내가 〈계약 외의 일〉을 함으로써 계약을 위반했다는 것이었다. 나는 계약서에 이런 위반 조항이 있었는지 알지 못했고 그래서 항의했다. 그런 가외 일을 맡았기 때문에 사무실에서 태만히 일한 적이 있느냐고 스승에게 따졌다.

「아니.」 스승이 말했다. 「하지만 자네는 계약 기간에는 이곳 일에만 전념해야 해. 나는 어떤 상황이든 계약 위반은 용납할 수 없네.」

내가 볼 때 그런 논리는 불공정했다. 애들러와 설리번을 위해서는 내 집에서 과외 일을 할 수 있으면서, 나의 화급한 〈부채 상환〉을 위해 내 개인적으로 과외 일을 하는 것은 용납할 수 없다? 내가 의도적으로 계약을 위반한 것도 아니고 빚을 갚기 위해 어쩔 수 없어 그렇게 한 것인데, 아무튼 내가 잘못했다는 것이었다. 물론 계약서에 그렇게 되어 있으니 계약을 따라야 한다는 그 논리를 모르는 바는 아니었다. 하지만 존경하는 스승이 그처럼 불공정해 보이는 조치를 취하려 한다는 데 화가 나서 — 스승이 나를 가혹하게 대한 것은 그때가 처음이었다 — 나는 〈빅 치프〉인 애들러 씨에게 호소했다.

애들러 씨가 개입하자 스승은 그에게 찾아간 것을 더욱 괘씸하게 생각했다. 애들러 씨도 집문서를 내줄 수 없다고 말했다. 그가 이런 사실을 아주 가혹하게 또 〈거만한〉 태도로 나에게 통보하자 나는 더 이상 참을 수가 없었다. 나는 책상 위에 연필을 내던지고 애들러와 설리번 건축 사무소에서 나왔다. 그리고 다시는 돌아가지 않았다. 5년 계약이 만료될 날까지 몇 달 남지 않은 시점이었다. 이 5년 계약과 그 앞의 1년여 근무를 합해 나는 애들러와 설리번 건축 사무소에서 6년 이상을 근무했다.

나는 또다시 〈잘못한〉 것이었다. 스승보다 내가 덜 잘못한 게 아니었다. 오히려 더 많이 잘못했다. 나는 또다시 〈내 단독으로〉 외부에 머무르게 되었다.

그 후 12년 이상을 리버 마이스터와는 직접 만나서 이야기해 본 적이 없었다. 집문서는 그 후 애들러 씨가 직접 건네주었다. 버펄로의 개런티 빌딩 설계 주문이 막 사무실에 접수된 시점이었고, 컬럼비아 박람회의 교통관 건물이 내가 〈도제〉로 일한 마지막 작품이었다.

오디토리엄 빌딩 타워에 입주해 있는 애들러와 설리번 건축 사무소에서의 도제 생활은 이 정도로 해두고 다른 교우 관계를 살펴보기로 하자. 먼저 하이드 파크 고등학교에 다니던 소녀 이야기를 해보자.

이미 앞에서 우리가 처음 만난 과정, 가족들의 근심과 걱정, 스승에게 결혼 소식을 전하면서 나의 집을 짓게 된 경위 등을 언급했다. 이제 이 교우 관계의 다른 면을 살펴보자. 금발에, 키가 크고, 날씬하고, 아름다운 17세의 여고생 이야기를 해보자. 당시 캐서린은 정말 매력적이었다.

그녀는 아무 근심 없는 아이처럼 가볍게 걸어 다녔다. 다소 짧은 금빛 고수머리를 미풍에 가볍게 휘날리면서. 하얀 피부, 장밋빛 뺨, 솔직하고 충동적인 푸른 눈은 너무나 아름다웠다. 그녀는 나에게 정말 잘해 주었다. 토빈 집안의 우상인 〈키티〉는 여전히 집안에서 제멋대로 행동했고 화이트 그랜드마(백발의 할머니)를 빼놓고는 무서운 사람이 없었다.

루이스 설리번

당크마르 애들러

사무실에서 오티와 싸우면서 어깨에 칼을 맞은 직후, 나는 켄우드에 있는 키티를 직접 찾아갔다. 사랑이나 결혼 이야기는 서로 하지 않았다. 또 〈청혼〉도 하지 않았다. 그런 이야기를 할 필요가 없었다. 그건 당연한 일이었고 단지 시간 문제일 뿐이었다. 하지만 석 달 동안 북부의 친척집에서 지내다가 최근에 돌아온 캐서린은 많이 변해 있었다. 그녀는 수척해져 있었고 또 창백했다. 푸른 눈은 이제 더 이상 행복해 보이지 않았고 행동거지도 전보다 신중했다. 그녀는 불안해하며 침묵하기 일쑤였다.

나는 우리가 영 난처한 입장에 처해 있다는 것을 깨달았다. 캐서린은 학교 공부를 소홀히 하고 있었다. 나와의 교제를 알고 있는 그녀의 동급생들은 그녀를 놀려댔고 키티는 그들에게 도전장을 던지며 싸웠다. 나는 그런 사실을 잘 알고 있었다. 동급생들이 종이에 어린 고양이[32]를 그리고 그 밑에 〈완전히 프랭크의 것〉이라고 쓴 그림을 보내 온 것을 보았기 때문이다. 동급생들이 그녀를 놀리려고 학교에서 보낸 우편물이었다.

집안에는 화이트 그랜드마를 빼놓고는 무서운 사람이 없었지만, 그래도 그녀는 자신을 엄격하게 단속했다. 우리는 언제 그렇게 되었는지 알지 못했지만 수줍게 서로 바라보고, 서로의 집을 오가고, 카드놀이를 하고, 이야기를 나누고, 음악을 듣는 것 정도로는 만족할 수 없는 단계에 와 있었다.

진정한 교제가 어떤 아름다움에 도달하려면 거기에는 반드시 자유가 있어야 한다. 자유가 없다면 그것은 갑갑하고 수치스러운 어떤 것이 되어 버린다. 우리가 감시당하고 있다고 생각되는 것, 그런 것조차도 부끄러운 일이었다. 나는 곧 이 문제를 해결해야겠다고 결심했다.

스승에게 결혼을 알리고 그리하여 내 집을 가질 수 있게 되면서 1년에 걸친 교제는 결혼으로 마무리되었다. 어른들은 합리적이면서 동시에 감상적인 이유로 그 결혼에 반대했다. 하지만 두 사람은 여기에 이르렀고 그 모든 것에 불구하고 결혼에 골인했다!

어린 신랑은 21세였고 어린 신부는 18세였다. 결혼식 날에는 비가 왔다.[33] 결

---

32 캐서린의 애칭이 키티인데 키티는 어린 고양이라는 뜻도 된다.

혼식이라기보다 장례식에 더 가까웠다. 내가 그토록 싫어하는 감상주의가 활짝 만개했다. 야외에서는 하늘이 울고 있었고 실내에서는, 양가의 친척들이 울었다. 신랑의 어머니는 기절했다. 신부의 아버지는 눈물을 흘렸다. 주례를 맡은 목사 — 근엄하고 격식을 차리기 좋아하는 나의 외삼촌 — 는 평소 모습대로 엄숙하게 예식을 집전했다.

첫 번째 가정
우리는 밸리로 신혼여행을 갔다. 몇 주 뒤 애들러와 설리번과의 계약 덕분에 새로운 집을 짓게 된 오크 파크로 돌아왔다. 기차를 타고 돌아오는 길에 처음으로 서로를 향하여 메움,[34] 테움[35]이라고 말했다.

젊은 남편은 새로 지은 집의 문 패널에 좌우명을 새겨 넣으려 했다. 하지만 자기 마음대로 행동하는 데 익숙한 고집 센 젊은 아내는 〈안 돼요, 좌우명은 싫어요〉라고 말했다. 그녀가 내놓은 이유는 별것 아니었다. 「난 좌우명 같은 거 싫어해요.」 무거운 여행 가방을 들고 다니느라 피곤해진 새 신랑은 그의 전문 분야에 속하는 탁월한 〈취향〉이 거부당한 데 깜짝 놀랐다. 신랑은 자신의 〈감상주의〉에 사로잡혀 현행범으로 꼬리가 잡힌 것이었다. 그것은 끊임없이 나를 괴롭혔다. 아내가 내 취향에 반대할 때마다 나는 체면을 구겼고 참을성을 잃어 갔다. 나를 질책하지 말고 다른 것, 혹은 다른 사람을 질책하라고 요구했다.

나는 여행 가방을 내려놓고 얼굴에 흐르는 땀을 닦았다. 그러나 무엇보다도 〈감상주의〉를 고집하다가 들킨 것이 더욱 화가 났다. 나는 다시 여행 가방을 집어 들었고 같이 들어주겠다는 도움의 손길을 거절했다. 그런 상황에서 도움을 받고 싶지 않았다. 됐네, 이 아줌마야. 신혼부부는 뚝 떨어져서 걸었다.

여섯 아이들
새로 지은 작은 집. 젊은 남편은 신부에 대한 애정보다 그 집에 더 관심이 컸고

---
33 라이트와 캐서린 토빈은 1889년 6월 1일에 결혼했다 — 원주.
34 *meum*. 라틴어로 나의 것이라는 뜻이다.
35 *teum*. 라틴어로 너의 것이라는 뜻이다.

젊은 아내도 노골적으로 그것을 남편에게 지적했다.

　우리는 아이들이 생활할 공간을 고려하지 않았는데 아이들은 곧 생겨났다. 1년 만에 첫 아이를 낳았다. 장남 로이드였다. 이어 2년 안에 또 아이가 태어났다. 역시 아들이었고 이름은 존이었다. 양가의 할머니들이 도와주러 왔고 집안일을 제대로 잘하도록 조언해 주었다.

　그리고 2년 후 장녀 캐서린 주니어가 태어났다. 그 2년 뒤에는 삼남 데이비드가 태어났다. 양가의 할머니들은 아이들 뒤치닥거리를 하느라고 그 몇 년 동안 고생이 많았다. 앞으로는 이렇게 자주 아이를 가지면 안 된다는 조언도 해주었다. 하지만 그것은 내 생각대로 되는 것이 아니었다. 2년 뒤에 차녀 프랜시스가 태어났다. 5년이 더 흐른 후 막내 류엘린이 태어났다.[36]

　젊은 남편은 자신의 일을 따로 맡고 있었고 젊은 아내도 나름대로 맡은 일이 있었다. 건축이 나의 직업이었고 아이 양육이 그녀의 일이었다. 공정한 분업이었다.

　그 몇 년 뒤 젊은 건축가의 스튜디오가 시카고 애비뉴에 건설되었다. 젊은 어머니의 집이자 유아원인 가정집은 계속 포리스트 애비뉴에 있었다. 버드나무가 양옆에 서 있어서 그 잎으로 짙은 그늘을 드리워 주는 통로가 스튜디오와 집을 연결해 주었다. 나는 겨우 몇몇 이웃 사람들의 이름만 알 뿐이었다. 젊은 아내는 남편의 고객 이름과 그가 지은 건물에 대해 겨우 몇 가지만 알 뿐이었다.

　잘생긴 아이들은 모두 건강하게 태어났다. 그들은 건강한 아이의 표본이었다. 곱슬머리에 푸른 눈, 그리고 금발에 하얀 피부, 모두 어머니에게서 물려받은 것이었다. 아이들은 모두 엄마를 닮아 미남 미녀였다. 아이들은 저마다 독특한 개성을 가지고 태어난 듯했다. 아니, 태어나기 전부터 자신의 의사로 그런 특징을 선택하여 출생한 것 같았다. 아이들은 아버지의 저항심과 고집 그리고 독특한

---

36 라이트의 자녀들의 출생 연도는 다음과 같다. 프랭크 로이드 라이트 주니어Frank Lloyd Wright Jr.(1890), 존 로이드 라이트John Lloyd Wright(1892), 캐서린 로이드 라이트Catherine Lloyd Wright(1894), 데이비드 새뮤얼 라이트David Samuel Wright(1895), 프랜시스 로이드 라이트Frances Lloyd Wright(1898), 로버트 류엘린 라이트Robert Llewellyn Wright(1903) — 원주.

성격을 물려받았다. 또 어머니로부터는 빼어난 용모를 물려받았다.

자그마한 집은 곧 활기 넘치는 곳이 되었다. 물건들이 깨지기 시작했고 우는 소리가 났으며 간간이 비명도 터져 나왔다. 싸움과 웃음이 끊이지 않았고 한 명 혹은 여러 명이 계속 장난질을 쳤다. 미술품, 도자기, 장난감 따위가 깨지지 않는 날이 없었다. 그러면 애들 엄마가 〈정숙과 인내!〉라고 커다란 소리로 외치곤 했다. 그들의 아버지인 나는 퇴근 후 그런 소음을 자주 들었다. 비록 자주 있는 일은 아니지만 일찍 퇴근해도 그런 소음은 여전했다.

아이들은 모두 엄마 편이었고, 젊은 부부가 동심으로 돌아가 모두 여덟 명의 어린아이가 되어 놀이를 할 때 외에는 아이들은 일방적으로 엄마 편을 들었다. 그리고 모두 일찍 일어났다. 나의 초기 고객이며 친구였던 재치꾼 워런 맥아더는 어느 일요일 날 우리 집에 놀러 왔다가 갑자기 아이 하나를 붙잡더니 나에게 소리쳤다. 「프랭크, 빨리 대답해 봐. 이 애 이름 뭐지?」 그 계략은 성공했다. 갑작스런 질문에 아버지는 엉뚱한 이름을 댔다. 믿기 어려운 일이었지만 그것은 사실이었다.

때때로 어떤 고객이 인사차 이렇게 묻기도 했다. 「혹시 아이가 있나요?」

〈네, 있습니다. 여섯 명이에요〉라고 대답하면 그 사람은 눈을 크게 뜨고 입을 딱 벌리며 놀라움을 금치 못했다.

나는 도저히 아버지 같아 보이지 않았다. 그런 행동을 하지도 않았고 그럴 의사도 없었다. 어쩌다 그렇게 되었는지 모르겠다.

우리는 공동 예금 계좌를 갖고 있었다. 부부가 열심히 수표를 발행하다 보면 붉은 글씨의 잔고 부족이라는 통지가 날아왔다. 그러면 우리는 집안에 돈이 없다는 것을 알았다. 그래도 신경 쓰지 않았다! 월초(月初)가 2주 뒤면 돌아오는 것이다. 그러면 다시 돈이 생길 텐데 걱정할 필요가 무엇인가.

건축가의 내면에 있는 부정(父情)은 아이들의 장래를 소중히 여겼다. 아버지는 아이들이 아름다운 환경에서 자랄 수 있게 해주고 싶었다. 아이들이 〈아름다움에 대한 사랑〉을 마음속에 간직하기를 바랐다. 나는 감상주의에 대해 점점 더 강력한 편견을 갖게 되었지만, 아무튼 아이들에게는 잘해 주고 싶었다. 그래서 나는 우리 작은 집 뒤의 2층에 아이들을 위해 널찍하고 아름다운 놀이터를 마련해 주었다.

내가 그 놀이터 비용을 다 지불하기도 전에 어떤 친절한 경찰관이 우리 집을 찾아와서 밤새 그 놀이터에 앉아 빚을 갚으라고 독촉했다. 나는 지금 이 순간까지 그 비용이 85달러라는 것을 기억하고 있다. 하지만 그 돈을 어디서 마련했는지는 생각나지 않는다. 아마도 애들러와 설리번 건축 사무소에 근무했던 시절에 총무 담당이었던 휘턴이 내 봉급에서 가불을 해주었을 것이다. 그는 때때로 나의 편의를 보아 주었다. 하지만 아이들은 당시 그런 사실을 몰랐다. 비록 나중에는 다 알게 되었지만.

놀이터는 아름다운 방이었고 그 역할을 톡톡히 해냈다. 『천일야화』에 나오는 어부와 호리병에서 나온 마귀 따위를 소재로 연극도 했다. 그런 놀이로부터 아이들이 뭔가 교훈을 얻기를 바랐다. 하지만 연극 내용이 구체적으로 무엇이었는지는 기억나지 않는다. 아마도 〈감상적〉인 사람이 되지 마라. 너무 남의 일을 궁금해하지 마라. 그러면 반드시 징벌을 받게 된다. 뭐 이런 내용이었을 것이다.

이웃의 아이들도 이 유치원에 놀러 왔다. 집은 아이들로 넘쳤고 그러다가 한 아이가 창문으로 떨어지기도 했다. 막내 류엘린이었는데 크게 다치지는 않았다. 그의 옷자락이 놀이방 창문턱에 걸렸다가 다시 떨어지는 바람에, 추락하는 속도가 느려진 덕택이었다. 그저 타박상 정도였다.

아이들은 별로 아픈 적이 없었으나 혹시 한 아이가 아프기라도 하면 온 집안에 우울함의 장막이 드리워졌다. 아픈 아이가 나아야 비로소 집안의 분위기가 살아났다. 다행히도 키 작은 의사 러프가 몇 집 건너에 살고 있었다. 또 그런 질병이 발생해도 그리 오래가지는 않았다. 여섯 아이는 행복하고 건강하고 즐거운 체질을 타고난 여섯 명의 작은 기관(機關)이었다. 아이들은 결국 자기 뜻대로 했고, 형제들끼리 별로 존경하지 않았듯이 아버지도 별로 존경하지 않았다. 시간이 좀 흘러서는 언어, 태도, 나이 등으로는 누가 아이이고 누가 아버지인지 구분하기 어렵게 되었다.

우리 집안의 분위기는 전반적으로 어린아이의 분위기 바로 그것이었다.

집은 이중적인 면모를 갖고 있었다. 하나는 스리 링 서커스[37]의 분위기였고 다른 하나는 신나는 소풍의 분위기였다. 식구 모두가 즐거운 시간을 보냈고 그러다가 뭔가 일이 발생했다. 무럭무럭 자라나는 아이들은 서로 경쟁하기 시작했다. 나는 건축 일에 몰두하다 보니 아버지 노릇을 소홀히 했다. 정말이지 아버지와 아버지의 역할이라는 말이 생소하게 느껴졌다. 온 동네에 아버지 천지였고 또 내 친구들 중에서 아버지가 된 녀석들을 많이 만났지만 아무런 느낌이 없었다.

부정이라는 것도 하나의 자질인가? 그렇다면 내겐 그것이 결여된 듯하다. 하지만 건물은 나의 자식이었다. 오랜 세월이 지났어도 내가 지은 건물을 다시 보면 부정 같은 것을 느낀다. 이런 것이 부정일까? 하지만 내 아이들에게는 그런 것을 느끼지 못했다. 아이들을 동료 혹은 책임져야 할 동지 정도로 여겼다. 아이들은 그들의 뜻대로 했지만 나의 뜻과 상충하는 적이 별로 없었다. 단 내가 나 자신을 그들로부터 보호해야겠다고 생각할 때는 예외였다. 또 여섯 살짜리 프랜시스의 양육을 일부 거들기도 했다. 나는 그 애를 욕실에 집어넣고 벌을 주었고 그러면 아이는 미친 듯이 울어댔다(프랜시스는 아주 커다란 소리로 악을 썼다). 그러면 동네 사람들이 다 들을 정도였다. 한번은 방문만 닫고 창문은 닫지 않은 채 아이에게 벌을 주었다. 프랜시스는 그런 대접에 질린 나머지 창문을 넘어 길 건너편에 있는 할머니 집으로 갔고 〈영원히〉 거기에 머물렀다. 그런 지나친 꾸지람이 아이를 화나게 했던 것인데, 나도 적잖이 충격을 받았고 또 부끄러움을 느꼈다. 그 아이는 길거리를 헤매던 더러운 고양이나 바싹 마른 개를 아무도 돌봐 주지 않는다는 이유로 집안에 끌어들였다. 하여튼 그런 동물들에게 지나치게 집착했다. 관점에 따라서는 우스꽝스럽기도 하고 한심스럽기도 한 노릇이었다. 그런 짐승을 밖에 내놓자 프랜시스는 깜짝 놀라 입을 딱 벌리고 화를 내면서 오로지 그 애만이 할 수 있는 방식으로 악을 쓰며 슬퍼했다.

아버지가 자식을 때리는 것 이상으로 야비한 짓이 있을까? 비겁한 아버지는 100번 중에 99번, 자신의 실추된 〈권위〉를 회복하기 위해 분노와 짜증을 아이에게 풀어 버리는 것이다.

---

37 *Three-ring circus*. 인접한 세 곳의 링에서 동시에 쇼가 벌어지는 서커스이다.

〈매를 아끼면 아이를 버린다고?〉 이것은 인간을 비참하게 만드는 또 다른 근원이다. 아버지의 권위를 세우기 위해 자기 방어 차원에서 특별히 강요하는 것이 바로 매이다. 가정의 평화와 단란을 위해 필요하다는 허울 좋은 구실을 내세우며.

성년이 되어 가면서 내 옆에서 커온 아이들은 이제는 모두 나를 〈대드〉라고 부른다. 나는 설령 아이들이 나를 〈프랭크〉라고 불렀다고 해도 놀라지 않았을 것이다. 아이들은 어렸을 때 실제로 그렇게 부르기도 했다. 하지만 애들 엄마가 그건 버릇없음의 표본이라고 하면서 〈파파〉라고 부를 것을 고집했다. 첫 음절에 강세를 주고 〈파아파〉라고 부르는 것은 두 번째 음절에 강세를 두어 〈파파아〉라고 부르는 것보다 더 듣기에 거슬렸다. 내가 영 부담스럽게 생각하는 아버지라는 존재에게 부여된 그 이름은 늘 그 주위에 갑갑한 가정의 분위기를 풍기고 있었다.

〈파더〉라고는 50세 이후에나 그렇게 부르도록 했다. 〈파아파〉라고는 절대 부르지 못하게 했다!

나는 어느 일요일 포리스트 애비뉴의 우리 집 앞 테라스에 앉아서 교회에 간 아내의 귀가를 기다리고 있었다. 그때 두 살 반쯤 된 로이드는 나에게 맡겨져 있었다. 봄이었고 나는 잔디밭에 물을 주기 위해 빙빙 돌아가는 스프링클러를 작동시켜 놓았다. 두 살짜리는 빙빙 돌아가는 것을 보더니 그걸 손에 넣고 싶어 했다. 「안 돼, 로이드.」 내가 말했다. 「저건 가질 수 있는 게 아니야. 저리 비켜. 안 그러면 예쁜 새 옷 다 버려.」

아이는 욕망을 억제하지 못했고 나는 아이를 뒤쪽의 계단으로 데리고 감으로써 그 욕망을 더욱 부채질했다. 나는 아이를 계단 앞에 앉히고 그 빙글빙글 도는 기구를 그냥 지켜보게 했다. 잠시 뒤 아이는 일어서더니 나의 경고는 아랑곳하지 않고 스프링클러 앞으로 다가갔다. 나는 또다시 아이를 제지하며 주저 앉혔다. 그러나 또다시 일어서서 다가가려 했다. 나는 큰일 난다고 위협하며 경고를 주었다. 아이는 여전히 마이동풍. 그 스프링클러가 아이를 단단히 매혹시켰던 것이다. 아이는 아무리 주저 앉혀도 다시 일어나 다가가려 했다. 「돌아와, 애야!」

아이는 돌아올 생각이 아예 없었다. 나는 또다시 일어나서 아이를 계단에 주저 앉혔다. 이젠 나도 화가 났다. 아이에게 벌을 줘야 할까? 일요일이라 사람들이 언제 교회에서 돌아올지 몰랐다. 아이의 소행을 보아서는 벌을 주어야 했으나 무슨 소용이 있을 것인가?

내가 그런 생각을 하고 있을 즈음 붉은 머리의 아이는 스프링클러에 아주 가까이 다가갔고 숨을 제대로 쉬지 못하더니 멈춰 섰다.

「로이드, 돌아와. 그러다가 익사하겠다.」 나는 아이의 귀청이 떨어질 정도로 큰 소리로 외쳤다. 하지만 아이는 아무 반응도 없었다. 아이는 한 발 더 앞으로 다가섰고 온몸이 완전히 젖었으며 다시 숨을 제대로 쉬지 못했다. 이어 고개를 옆으로 돌렸으나 그래도 뒤로 물러서지 않았다. 「좋아.」 내가 말했다. 「이렇게 하는 게 가장 좋을 것 같군.」 나는 제지하기를 포기하고 계단에 앉아 아이가 어떻게 하는지 지켜보기로 했다.

아이 엄마가 아침에 깨끗한 옷을 입혀 놓아 아이는 아주 보기 좋았다. 하지만 이제는 완전히 물에 빠진 생쥐 꼴이었다. 아이는 이제 눈을 감고 숨을 멈추고 비틀거리면서 더 가까이 다가섰다. 손을 쭉 내민 채, 자신이 탐내는 것을 잡기 위해 몸부림치면서. 아이는 물의 힘을 당해 낼 수가 없었다. 완전히 젖어서 진흙 위로 쓰러졌다. 아이는 크게 소리치더니 포기할 생각은 조금도 하지 않고 겨우 일어서더니 얼굴을 옆으로 돌리고 거기 서서 화가 난다는 듯이 소리를 질러댔다.

아이는 정말 꼴불견이었다. 하지만 자신의 욕망의 대상으로부터 몇 피트 떨어진 곳에 그대로 서서, 뿜어져 나오는 물 때문에 숨을 제대로 쉬지 못하면서도 계속 앞으로 나가려고 용을 썼다.

「돌아와, 이 힘센 친구.」 내가 말했다. 「그걸 얻을 수 없다는 걸 왜 몰라? 이리로 오라니까!」 나도 그러는 아이를 보고 있으려니까 화가 났다. 하지만 아이는 내가 부른다는 것도 알지 못했다. 이제 또다시 한 걸음 앞으로 다가섰다. 나는 아이가 혹시 스프링클러를 잡은 게 아닐까 하는 생각이 들었다. 그러나 아니었다. 아이는 다시 쓰러졌다. 아이는 툴툴거리고, 괴상한 소리를 지르고, 숨 막혀 하면서 잠시 쓰러져 있더니 다시 양 무릎을 질질 끌면서 빙빙 도는 분무기를 향해 기어가려 했다.

〈좋아.〉 나는 잔인한 생각을 했다. 〈네가 도대체 어떻게 생겨먹은 녀석인지 좀 보자.〉 나는 물에 빠진 것과 다름없는 상태인 아이를 거기 그대로 내버려 두고 어떻게 하려는지 지켜보았다. 뿜어져 나온 물과 극도의 분노로 인해 아이의 몰골은 말이 아니었다. 아이는 욕망이 채워지지 않은 데 대해 짐승 같은 비명을 내지르며 다시 일어서더니 분무기 위로 넘어졌다. 마침내 탐내던 것을 꼭 잡더니 벌렁 뒤로 나자빠지면서 뿜어져 나오는 물 때문에 숨을 제대로 쉬지 못하면서 양발을 버둥거렸다. 나는 달려가서 아이를 일으켜 세웠다. 머리에서 발꿈치까지 온통 진흙투성이였다. 아이는 숨이 막혀 헐떡거리면서도 빙글빙글 도는 기구에 꼭 매달렸다. 바로 그 순간 아이 엄마가 날카로운 비명을 내지르며 달려와 아이를 낚아채며 커다란 목소리로 나를 질책했다. 그녀는 물에 빠진 것과 다를 바 없는 아이를 내려다보며 흐느꼈다. 「내 불쌍한 아이.」 그녀는 마구 흐끼며 울었다. 「내 아이!」 그녀의 아름다운 봄옷도 물에 젖어 엉망진창이 되었다.

좋았어. 그놈은 정말 감당하기 힘든 녀석이었다.

우리 집은 이런저런 오락의 원천이었다. 가령 나는 일요일에는 같은 시간에 집에 돌아와(그렇다고 교회에서 돌아오는 길은 아니었다), 로이드와 조지가 이미 젖어 있는 잔디밭에서 호스로 장난치고 있는 것을 발견했다. 그것을 보고 기분이 나빠져서 내가 소리쳤다. 「얘들아, 그 호스 올려놔!」 하지만 올려놓을 기색은 전혀 보이지 않았다. 「로이드! 존! 그 호스를 올려놔. 안 그러면 너희를 나무 위에 올려놓고 내려 주지 않을 거야.」 그것은 오히려 아이들의 구미를 당겼다. 마침 그때 존이 호스를 들고 있었는데 내 말을 듣더니 몸을 돌려 호스를 내게 대고 물을 뿌리기 시작했다. 나의 경고는 그저 공허한 메아리에 지나지 않았다. 나는 화가 나서 소리쳤다. 「이 놈들아, 그 호스를 내려놓으란 말이야!」

전혀 반응이 없었다. 이제 두 아이는 동시에 호스를 잡고서 나에게 물을 뿌려 댔다. 나는 뒤로 몇 발자국 물러서야 했다. 「네 이 놈들……」 그러나 그 순간 이웃들이 교회에서 돌아오고 있었고 그중 몇몇은 사태가 어떻게 전개될 것인지 지켜보고 있었다. 이러한 〈구경꾼〉은 아이들을 흥분시켰고 나를 기죽게 만들었다.

나는 관목 쪽으로 걸어가 아이들의 측면을 지나쳤다. 아이들은 나를 기다렸다가 물을 뿌려댔다.

「애들아, 그만 해. 씩씩하게 행동해야지. 이제 그 호스를 내려놓을래?」 나는 아이들을 구슬리고 있었다. 그건 아이들이 생각하는 〈씩씩함〉이 아니었다.

「아빠가 호스를 가져가나 보자!」 대장 격인 존이 소리쳤다. 아이들은 춤추는 듯한 자세로 나에게 달려왔다. 나는 호스의 사정권에서 재빨리 벗어났다. 길 양쪽에서 무리를 이루고 있던 이웃들은 웃으면서 내가 망신을 당하는 걸 즐기고 있었다. 아버지의 〈권위〉는 완전히 땅에 떨어지고 말았다. 나는 이미 온몸이 젖어 버렸고 그래서 아이들을 향해 돌진했다. 아이들은 호스로 나를 일제히 공격한 후 몸을 돌려 달아났다. 아이들과는 늘 그런 식이었다.

그 당시 나는 아침마다 차가운 물로 목욕을 했는데 아이들을 차가운 물을 받아 놓은 욕조에 집어넣었다. 아이들은 지붕을 들어올릴 정도로 비명을 질렀지만 나는 아랑곳하지 않았다. 아이들을 욕조에서 꺼내 수건으로 몸을 깨끗이 닦아 준 후, 한 손은 내 호주머니 속에 집어넣고 나머지 한 손에 글러브를 낀 후 아이들에게 권투 연습을 시켰다. 두 아이는 양손에 복싱 글러브를 끼고 동시에 내게 덤볐다. 나는 아이들의 몸집이 커져서 두 손을 써도 방어할 수 없을 때까지 계속 권투 훈련을 시켰다.

나는 아이들이 아주 어릴 때부터 담당 악기를 하나씩 정해 주었다. 그 악기를 잘 연습하라고 시킨 것이 나의 육아 교육의 전부였다.

로이드 — 첼로.

존 — 바이올린.

캐서린 — 성악.

프랜시스 — 피아노.

데이비드 — 플루트.

류엘린 — 기타와 만돌린.

애들 엄마는 피아노를 치고 글을 읽어 주었다. 나도 피아노를 약간 칠 줄 알았는데 틈틈이 연습하여 실력을 향상시키려고 애썼다. 나중에 이 자그마한 오케스트라의 지휘는 로이드가 맡았는데 첼로의 활을 흔들면서 열심히 지휘했다. 그는 엉성하게 연주하는 아이의 머리를 첼로 활로 재빨리 두드려서 제대로 연주하도록 경고했다. 아이들의 비명과 탄식은 연주를 할 때마다 현대적인 음향 효과를 자아냈다.

중요한 고객이 나와 함께 도면을 검토하기 위해 방문하면, 스튜디오로 연결된 문이 아주 조심스럽게 열리곤 했다. 그러면 아이들의 곱슬머리와 장난기로 반짝거리는 눈빛과 마주쳤다. 아이들은 손님이 있으면 내가 심하게 대하지 못한다는 걸 알고 있었다.

통로를 통해서 들어오는 제도실 주위에는 발코니가 있었다. 아이들은 이 발코니에 들어와서 제도실 안을 들여다보는 것을 아주 좋아했다. 보기만 하는 것이 아니라 문을 열고 갑자기 뛰어 들어왔다가 아버지의 꾸중에 재빨리 몸을 돌려 달아나는 것도 좋아했다.

어느 날 노스 사이드에 사는, 까다로우면서 유행에 민감한 고객, 앨라인 데빈 부인이 찾아왔다. 그녀가 스튜디오를 처음 방문한 날이었다. 부인과 나는 통로가 내다보이는 커다란 중앙 사무실에 함께 앉아 있었다. 부인에게 처음으로 도면을 보여 주었는데 그런 때는 언제나 긴장되었다. 막 도면을 펼치며 사업 이야기를 하려 하는데 스튜디오 문이 살짝 열리면서 캐서린의 고수머리, 장난기 가득한 눈, 지저분한 얼굴이 보였다. 캐서린은 지저분한 손으로 문고리를 잡고 있었다.

나는 〈저리 가라〉고 엄중하게 경고하는 표정을 지었다. 하지만 그런 경고는 애들에게 조금도 위협이 되지 못했다. 마침내 문이 활짝 열렸다. 캐서린은 안으로 들어왔다. 스타킹 한 짝은 신발 위로 흘러내린 상태였고 껌을 짝짝 씹고 있었다. 저 애는 껌이 어디서 났을까? 껌은 집안에서 금지 품목이었다. 지저분한 얼굴은 다반사였고.

그 애는 자신이 내게 미치는 위력을 실감하면서 옆걸음으로 걸어서 테이블 맞은편까지 왔다. 아이는 데빈 부인을 호기심에 찬 눈빛으로 — 하지만 볼품은 별로 없는 태도로 — 쳐다보면서 쉴 새 없이 턱을 놀리며 껌을 씹어댔다. 이어 캐서린은 갑자기 손을 내밀며 이렇게 소리쳤다.

「파아파! 엄마가 한 푼만 달래!」

나는 마침 동전을 하나도 갖고 있지 않았다. 그래서 이렇게 갑자기 〈침입〉해 오면 어떻게 하냐고 농담조로 말하면서 캐서린 주니어를 통로 문밖으로 내보낸 뒤 문을 잠갔다. 그건 결정적 실수였다. 그러자 그 애는 제도실 위의 발코니로 올라가서 아래를 내려다보기 시작했다. 여전히 활기차게 껌을 씹어대면서.

「파아파! 엄마가 한 푼만 달래!」

애들 엄마가 마침내 달려와서 내게 없는 한 푼을 요구하는 채권자를 데려가지 않았더라면 더욱 창피할 뻔했다.

캐서린은 비록 지저분했지만 매력적인 존재였다. 데빈 부인은 그 광경을 아주 재미있어 했다. 나도 틀림없이 재미있어 했던 것 같다. 재미의 종류가 좀 다르기는 했지만. 지금까지도 그 순간을 기억하고 있는 걸 보면 말이다. 아, 나의 아이들! 아이들 하나하나가 논문 한편을 쓸 만한 소재였다.

오크 파크에서의 일과 생활은 그런 식으로 19년 동안 계속되었다.

여섯 아이들에게 음식, 의복, 주거, 교육, 오락 등을 마련해 주었다. 위의 큰 애 둘은 힐사이드 홈 스쿨을 졸업하고 대학에 진학했다. 다른 남자아이들은 오크 파크 고등학교를 졸업하고 대학에 진학했다. 여자애 둘은 사립학교에 다녔는데 프랜시스는 펜 홀을 다니다가 소피 뉴컴으로 전학 갔다. 캐서린은 음악 공부를 하기 위해 뉴욕으로 갔다. 아이들은 모두 나름대로 음악 교육을 받았다.[38]

아이들은 모두 재능이 있었다. 예쁘고 개성적인 아이들이었고 자신의 주도 아래 일을 벌일 때에만 행복하다고 생각했다. 아이들은 아주 어린 나이에도 어떻게 살아야 하는지 잘 알고 있었다.

우리는 사치품을 구입하는 데는 신경을 쓰면서도 식료품 같은 생필품의 구입은 어떻게 되겠지 하는 막연한 태도로 살아갔다. 그래서 시즌마다 시카고 심포니의 입장권은 빠지지 않고 구입했다. 아이들은 언제나 비싼 옷을 입고 다녔다. 당시 돈 주고 살 수 있었던 최고급품을 사 입혔다. 아이들이 잘생겼기 때문에 옷

---

[38] 큰딸 캐서린은 나중에 백스터Baxter와 결혼했는데 이 부부 사이에서 유명한 여배우 앤 백스터 Anne Baxter가 태어났다.

맵시가 좋았다. 그래서 고급 옷을 사는 것은 충분히 타당한 사치가 되었다. 캐서린은 내가 디자인해 준 옷을 너무나 멋지게 입고 다녀서 늘 새 옷을 해 주고 싶은 유혹을 충동질했다. 아이들 옷을 디자인하는 것은 재미난 일이었다.

내가 아름다운 것들, 양탄자, 책, 판화, 예술품 따위를 좋아했기 때문에 정육점, 제과점, 양초 제조업자 등에게 지불해야 할 돈은 늘 뒤로 밀렸다. 때때로 아주 오래 지불하지 못하기도 했다.

식 료 품

동네의 모퉁이를 돌아가면 나오는, 친절한 식료품 가게 주인 고치 씨가 어느 날 나를 찾아왔다. 내 기억으로 850달러인가 되는 대금 청구서를 들고서. 몇 달이나 밀렸는지는 기억이 나지 않는다. 하지만 아주 온화하게 자신의 사정을 이야기하던 훌륭한 매너는 아직도 기억난다. 그는 내가 정기적으로 대금을 지불하면 지금보다 훨씬 싼값으로 식료품을 공급할 수 있다고 말했다.

「그렇다면 내게 외상에 대한 추가 비용을 부과하고 있는 겁니까?」

「물론이죠.」 그가 말했다. 「그렇게 할 수밖에 없습니다. 나도 자식이 있습니다.」 나는 그 집 아이들을 알고 있었다. 다들 훌륭한 아이들이었다. 그는 이어 말했다. 「만약 내가 그런 식으로 나 자신을 보호하지 않는다면 나는 당신이 당신 자식들에게 자유롭게 주고 있는 그런 혜택의 일부분조차도 내 아이들에게 주지 못할 것입니다.」

그는 지불을 강요하지 않았다. 단지 그처럼 지불을 미루는 것이 어리석은 일이라는 것만 지적하려 했다. 나는 지불을 뒤로 미룬 것에 대해 더 많은 돈을 내놓음으로써 갚았지만, 그래도 미안한 느낌이 들었다. 나는 그 뒤 몇 달 동안 예술품과 공예품을 사들이는 것을 자제함으로써 돈을 마련하여 갚았다. 하지만 그런 절제는 오래가지 못했다. 생필품의 지불은 늘 뒤로 밀렸다.

동네 사람들이 나를 기꺼이 믿어 주는 것이 나로서는 불행이었다. 나는 왜 그렇게 신용이 좋은지 알 수 없는 노릇이었다. 나의 용모나 생활 방식은 그다지 사업가들의 마음에 들 것 같지 않았는데 말이다. 얼마 뒤 내가 지은 건물들이 현지 은행가들의 마음에 들지 않았던 것처럼. 아무튼 초창기 건축가 시절에 상인들은 믿기 어려울 정도로 친절하고 자상하게 대해 주었다. 그 때문에 나는 지나칠 정도로 그런 문제에 대해서는 소홀히 하는 경향이 있었다.

잔고 부족을 늘 우리에게 일깨워 주는 것은 은행뿐이었다. 그래서 우리는 은행을 불신하고 싫어하게 되었다. 하지만 은행은 자신들만의 방식으로 우리에게 혜택을 베풀고 있는 것이었다. 장기적인 관점에서 본다면.

시간이 흘러가면서 은행도 우리를 싫어하게 되었다. 그런 혐오감은 이제 상호적인 것이 되었다. 하지만 박공 달린 자그마한 집 ─ 그 곁에 스튜디오를 거느리고 있는 모퉁이의 집 ─ 의 자녀들은 이례적인 사치품을 마음껏 사용했고 또 이례적인 교육의 혜택을 누렸다. 어떻게 그런 빚이 쌓였고 또 그 빚의 액수가 정확히 얼마인지 몰랐지만 나는 생필품 대금과 연체료를 모두 지불했다. 시간이 좀 걸리기는 했지만.

건물 임대료

나는 나중에 실러 빌딩에 사무실을 얻었는데 그 임대료를 기억하고 있다. 때때로 임대료가 7~8개월이나 밀리기도 했다. 그러면 건물 관리자인 도즈 씨는 임대료가 너무 밀렸다고 지적했고 나는 미안하다고 사과하면서 꼭 지불하겠다고 약속했다. 통통한 몸집에 근엄한 얼굴을 한 건물 주인은 이렇게 말했다. 「걱정 마세요, 라이트 씨. 당신은 예술가입니다. 지금껏 임대료 떼어먹고 달아난 예술가는 없었어요. 당신은 틀림없이 낼 겁니다.」

물론 나는 밀린 임대료를 지불했고 그 후에는 가능한 한 정기적으로 지불했다. 어렵던 초창기 시절에 임대료나 외상값을 떼인 사람은 없었다. 하지만 생필품 대금의 지불을 연체한 것은 상당한 손해였다. 어느 정도냐? 약 25퍼센트 정도 비용이 추가되었던 것 같다. 어쩌면 그 정도는 지불해야 했는지도 모른다. 그렇게 하면서 버틴 것이 더 잘한 일인지도 모르고.

나는 어느 날 검소한 프랑스 출신 중개인의 사무실에 들어갔다가 벽에 걸린 액자 속의 좌우명을 보았다. 〈버는 만큼 써라.〉 나는 그 중개인에게 그런 좌우명은 아무런 유익함이 없기 때문에 이 땅의 젊은이를 타락시킬 것이라고 말했다. 「차라리 저 좌우명을 이렇게 바꾸는 것이 어떻습니까? 〈쓰는 만큼 벌어라.〉 그러면 모두들 열심히 일할 것이고 또 목적을 더욱 잘 달성하게 될 겁니다.」 젊은이에게 빚을 받을 것이 있는 사람은 그 젊은이를 압박해 더 열심히 일을 하게 만들 것이라는 이야기도 했다. 하지만 이 시절, 생활의 밑바닥에는 근심이 깔려 있었고, 빚을 갚아 나가기 위해 힘들게 꾸려 나간다는 느낌이 있었다.

요즘과 같은 자본주의 시대에 금전적 의무를 잊어버리는 사람은 아무도 없을 것이다. 사람들이 어디로 가나 금전의 채무는 찰거머리처럼 따라다닌다. 늘 사람의 목을 찔러 대고 한밤중에 잠에서 깨어 일어나면 뇌의 내벽에 달라붙은 껌처럼 잘 떨어지지 않는다.

부채는 어떤 사람에게는 자극이 되지만 어떤 사람에게는 전신을 마비시킨다. 사람의 성격에 따라 어느 정도까지 부채의 압박을 견뎌 낼 수 있느냐의 문제일 뿐, 부채가 골치 아픈 문제인 것은 누구에게나 마찬가지이다.

현대에는 상품의 구매 이외에 금전을 사고파는 행위가 생활에 도입되었고 그리하여 금전의 구매가 하나의 상품이 되었다. 신용 대금 추적 시스템, 월부 판매 융자 회사, 재(再) 융자의 교묘한 술수와 강요 등, 이런 모든 제도가 사람들로 하여금 점점 빚을 지게 만들고 그들의 골수를 빨아먹고 있다. 이런 빛 좋은 개살구 같은 금융 제도가 있기 때문에 이 땅의 젊은이들은 점점 더 지불을 내일로 미루고 있는 것이다.

이런 인간의 약점을 이용하여 새로운 유형의 고리대금업자가 생겨나고 있다. 날카로운 이빨을 가진 이런 금융 제도는 오늘날 거의 모든 사람의 생활을 지배하고 있다.[39] 이런 제도의 희생자들은 어느 날 아침 잠에서 깨어 일어나 이런 〈돈에는 바삭한〉 금융가들이 얼마나 커다란 희생을 요구하는지 깨닫게 된다. 이런 사람들을 가능한 한 멀리해야만 그들도 땀 흘려 일해서 먹고살게 된다. 따지고 보면 종이 위에 적힌 숫자 놀음으로 엄청난 소득을 올리는 그들은 좋게 말하면 자본가, 나쁘게 말하면 불한당인 것이다.

하지만 돈이 그 자체의 생명을 가지고 스스로의 논리에 따라 움직이면서 다른 모든 일을 쓸모없게 만든다면, 그런 세상에 무슨 희망이 있겠는가? 우리는 이미

---

[39] 〈날카로운 이빨〉이란 표현은 영어의 고리대금업자 loan shark의 shark(상어)에서 연상된 것이다.

필요 이상으로 금융의 늪에 빠져 있는 것이다. 이런 문제를 경제학자에게만 맡겨 놓을 수 있겠는가?

가족과 교우 관계를 이야기하다 보니 예기치 않게 돈 문제를 언급하게 되었다. 자, 이제 일에 관한 이야기로 넘어가 보자. 나와 함께 1501번지 실러 빌딩에 입주해 있는 프랭크 로이드 라이트 건축 사무소로 가보자. 실러 빌딩은 맨 꼭대기 층의 의장 — 하늘을 향해 뻗어 있는 사각형의 덩어리 — 이 거대한 아치로 장식된 건물이다. 애들러와 설리번이 설계한 이 빌딩은 지금은 〈개릭〉이라는 이름으로 불리고 있다.

때는 1893년 후반이었다. 미국의 문화에서 운명적인 한 해이기도 했다. 사람들은 의고전주의[40]풍의 건축 양식으로 되돌아가려 하고 있었다![41]

---

40 *Psceudoclassicism*. 의고전주의는 주로 고전을 모방하면서도 제대로 하지 못한 아류의 문예 또는 형식 편중의 문예를 얕잡아 부를 때 사용된다. 여기서는 건축 사조를 가리키는 말로 라이트는 당시 유행했던 의고전주의 건축을 사이비*pseudo*라고 생각했다.

41 1893년에 콜럼버스의 아메리카 발견 400주년을 기념하여 시카고에서 박람회가 열렸는데 통칭 컬럼비아 박람회 혹은 콜럼버스 박람회라고 한다. 이 박람회에서는 고전주의풍의 건물들이 많이 선보였는데 라이트는 그런 건물들을 의고전주의라고 비판하면서 자신의 모더니즘 건축의 당위성을 역설했다. 이러한 건축 철학에 대한 논의는 이 책 뒷부분인 제3부의 〈20세기 건축〉에서 상세하게 다루어져 있다.

2

일

FRANK
LLOYD
WRIGHT

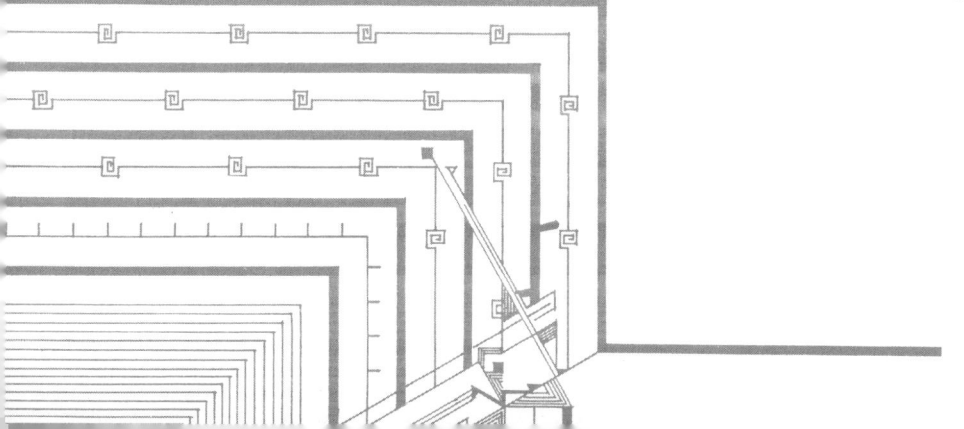

들 판

한여름이었고 햇빛은 잘 익은 곡식들이 살랑거리는 들판 위로 밀물처럼 쏟아져 내렸다. 수확기가 뒤에 남기고 간 노란 그루터기 밑으로 싱그러운 초록빛이 고개를 내밀었다. 들판 한가운데 서 있는 곡식의 자루들은, 세 필의 하얀 말이 끄는 수확기가 계속하여 밀을 베어 나가자 점점 작게 보였다.

수확이 끝난 들판에는 수확기의 커다란 바퀴 자국이 나 있었고 그 뒤에는 곡식 다발들이 질서 정연하게 서 있었다. 푸른 셔츠를 입은 농부가 그것들을 쌓고 있는 것이 보였다. 농부는 곡식 다발 여섯 개를 한 묶음으로 하여 그루터기 위에 쌓아 놓았고 꼭대기 부분에 두 개의 다발을 십자로 놓아서 무게 중심을 잡았다. 맨 위에 놓은 다발들은 납작해져서 옆으로 기울기 일쑤였다. 들판 전체에 선형의 무늬가 나 있었다. 그것은 반복되는 일과였고 매일 하는 일이었다.

그 시끄러운 수확기 — 빨강, 파랑, 회색, 노랑, 하양 등의 색깔로 칠한 어른들의 장난감 — 는 빙빙 도는 릴과 단속적으로 회전하는 갈퀴를 움직여서 밀을 베어 나갔고 그 뒤에 밀짚을 남겼다. 그 뒤를 따르는 네 명의 농부는 쓰러져 있

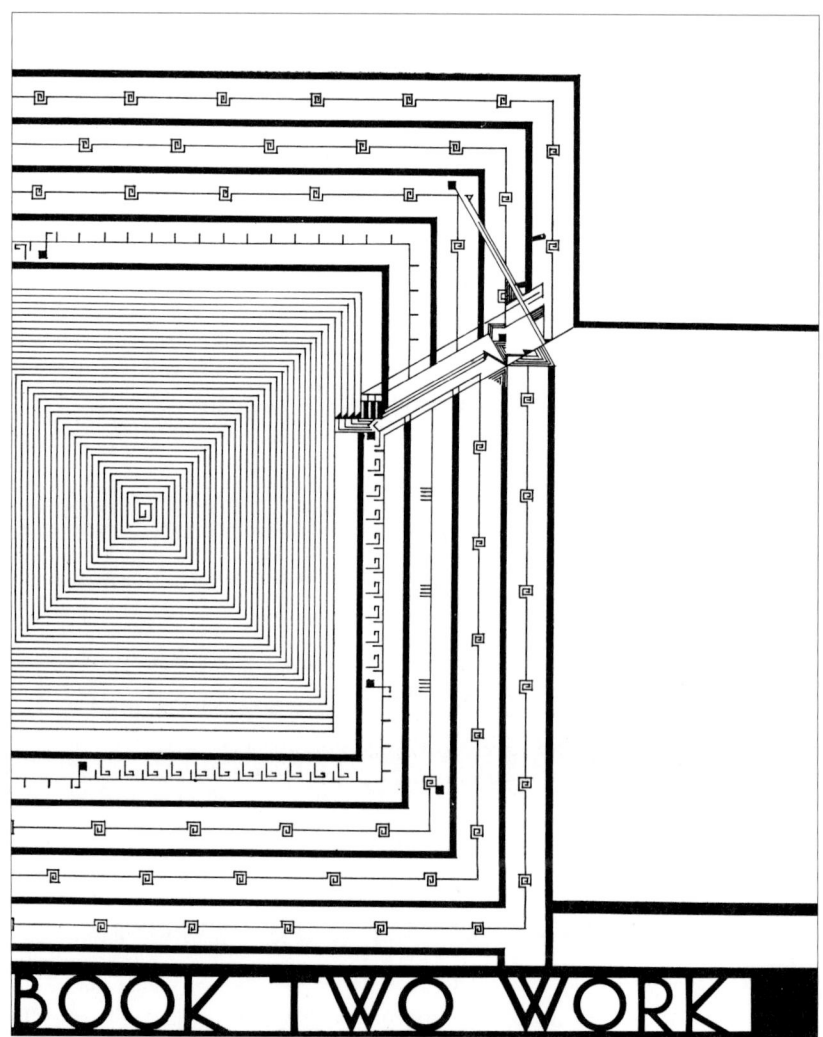

1932년에 출간된 『자서전』 〈제2부〉의 초판본 간지, 디자인 프랭크 로이드 라이트.

는 밀짚을 세워서 재빨리 다발로 묶어야 했다. 그들은 수확기가 되돌아오기 전에 맡은 구역의 밀짚을 다 묶어야 했다. 이 추수 작업에는 일정하게 반복되는 리듬이 있었다. 일상은 일상으로 계속해서 이어졌다.

그 남자들 뒤에 맨발에 맨머리인 소년이 따라가고 있었다. 소년은 그루터기 사이를 이리저리 달리면서 양손으로 한 번에 움켜쥘 수 있는 만큼의 밀짚을 집어 들었다. 그는 여덟 개의 다발을 준비했다가 짚단 쌓는 사람에게 건네주었다. 쌓는 일을 맡은 사람은 소년의 뒤를 따라오면서 다발을 한 번에 두 개씩 잡아서 세워 놓았다.

맨발에 맨머리인 열두 살 소년의 얼굴은 호두처럼 갈색이었다. 그는 뜨거운 햇빛을 쬐면서 다발 위에 걸터앉아 잠시 휴식을 취했다. 쌓아 놓은 다발의 그늘진 곳에는 가공하지 않은 오트밀을 뿌려 넣은 샘물이 담긴 갈색의 항아리가 있었다. 소년은 그 항아리 쪽으로 걸어가 물이 담긴 돌 항아리의 마개를 뽑았다. 이어 손가락 두 개를 항아리 손잡이에 집어넣어 그것을 들어올려 어른들이 하는 것처럼 물을 팔뚝에 몇 방울 내버린 다음 고개를 뒤로 젖히고 물을 목구멍 깊숙이 쏟아 부었다. 그는 다시 항아리를 땅에 내려놓고 푸른색 깅엄 소매로 갈색 얼굴에 맺힌 땀을 닦아 냈다. 그는 잠시 들려오는 소리에 귀를 기울였다. 그것은 들판의 찌르레기였다!

소년은 껍질이 벗겨져 피가 나는 손가락을 내려다보았다. 밀짚 다발을 하도 많이 묶다 보니 손톱이 닳아서 속살이 드러나 있었다. 하지만 다시 일을 시작하기 위해 몇 걸음 뒷걸음질치면서 자신이 앉아 있던 다발을 집어 들었다. 그러자 다발의 밑 부분에 있던 뱀이 땅으로 툭 떨어졌다.

농부가 밀짚을 다발로 묶을 때 멍청한 방울뱀이 실수로 그 안에 같이 묶여 들어가 옆으로 내던져진 것이었다. 그 뱀은 그루터기 위에서 꼬리를 쳐들고서 재빨리 똬리를 틀더니 갈라진 혀를 날름거렸고 쭉 찢어진 눈에는 적개심이 번쩍거렸다. 맨발의 소년은 뒤로 물러서면서 역시 눈을 가늘게 뜨고 갑자기 출현한 적을 노려보았다.

곧 소년은 그 광경의 전체적 윤곽을 머릿속에서 명확하게 떠올렸다. 황금빛 햇빛, 어지럽게 돌아가는 수확기의 칼날, 농부들 — 그중 하나는 노래를 부르고 있었다 — 의 목소리, 멀리서 윙윙거리는 수확기의 털털거리는 소리, 그 소리에 섞여드는 방울뱀의 방울 소리, 이런 것들을 온몸으로 느꼈다. 그런 것들은 모두 하나의 황금빛 질서를 이루고 있었다. 방울뱀의 아름다운 갈색 몸뚱어리도 분명 그 풍경에 〈소속되어〉 있었다. 소년은 잠시 그 풍경에 매혹되었다. 갑자기 전에 그곳에 와본 것 같은 기시감이 들었다. 그리고 앞으로 다시 이런 순간을 맞이하게 될지 모른다는 예감도 들었다. 아주 먼 과거에 있었던 것이 지금 가까이 다가온 듯한 느낌이었다. 마치 하나의 메아리처럼. 도망치거나 어른을 불러야겠다는 생각은 나지 않았다. 자신을 노려보는 뱀에게 맞서서 같이 노려보았다. 그것은 상호 적대적인 태도였다.

돌 항아리를 놔둔 밀짚 다발에 세 갈래 쇠스랑이 세워져 있었다. 그는 재빨리 그 쇠스랑을 집어 들고 몸을 돌려 날름거리는 뱀의 혀 못지않게 빠른 동작으로 방울뱀을 찍어 눌러 땅 위에 고정시켰다. 똬리를 뜬 채 일격을 당한 뱀이 발악을 하며 벗어나려고 하자 소년은 더욱 강하게 쇠스랑을 눌러댔다.

자, 이제 어떻게 한다? 그는 주위를 돌아보았다. 그는 돌 항아리 손잡이에 손가락을 집어넣어 번쩍 들어올리면서 그 항아리 바닥으로 사악한 혀를 날름거리는 뱀의 대가리를 거세게 때렸다. 그는 뱀의 방울 — 모두 아홉 개였다 — 을 잡고 쭉 뻗어 버린 놈을 집어 들었다. 그리고 근처에서 밀짚을 묶던 애돌프를 불렀다. 수확기는 소년의 맞은편에 와서 멈춰 섰다. 수확기를 운전하던 외삼촌이 땅으로 내려와 그에게 다가왔다.

「제임스 외삼촌, 이걸 좀 보세요!」 소년은 열띤 목소리로 외쳤다. 「내가 이 놈을 잡았어요! 방울이 아홉 개예요!」

「왜 너는 자리를 피하고 애돌프에게 대신 잡게 하지 않았니?」

「왜요?」 소년은 칭찬을 기대했다가 그런 소리를 듣자 뜨악한 표정을 지으며 반문했다.

「왜냐하면」 외삼촌은 설명하려다가 그만두었다. 「다음번에 이런 뱀을 만나면 넌 자리를 피하도록 해. 맨발로 뱀과 싸우다가 물리면 큰일 날지도 모르니까.」

하지만 소년은 때려잡은 뱀을 공중 높이 쳐들고 몸뚱어리의 길이를 살펴보았다.

일은 다시 시작되었다. 수확 철 들판의 리듬과 일상은 조금 전처럼 계속되었다. 하지만 들판의 평화로운 질서를 뒤흔드는 뭔가가 잠시 발생했다. 일, 계획,

그리고 예기치 않았던 것의 방해. 삶에는 이런 방해가 늘 끼어들고 그리하여 계획을 위협한다. 그 방해는 성서를 집필한 사람들을 괴롭힌 그 어떤 것이다. 그 이름은 악마인가? 사탄인가? 베엘제불[1]인가?

방해하는 힘이 없다면 자유란 무슨 의미인가?

일

컬럼비아 박람회가 일반 대중을 상대로 개막되었다가 성대히 폐막되었다. 애들러와 설리번 건축 사무소에서 나온 직후 나는 세실 코윈과 함께 시카고 실러 빌딩의 꼭대기 층에 사무실을 열었다. 이 빌딩은 스승이 남부에 자신의 별장을 짓는 일에 몰두하는 바람에 내가 전반적으로 설계했던 건물이다.

나는 높은 곳에서 아래를 내려다보는 데 익숙해져 있었고, 그 건물이 애들러와 설리번 건축 사무소 근처에 있었기 때문에 그곳에 사무실을 마련했다. 세실과 나는 중앙 사무실을 업무용 공간으로 남기고 그 양쪽에 각자 제도실을 갖고 있었다. 이 중앙 사무실 옆에는 대기실이 있었는데 그 방의 천장은 출입문 바로 위까지 낮게 내려와 있었다. 이 천장은 인공조명을 산란시키는 평면 유리였다. 이 조그마한 대기실은 햇빛을 조명으로 삼았기 때문에 별도의 조명 시설을 갖추지 않았다.

대기실 문 양옆에는 각각 커다란 참나무 책상을 배치했고 책상 위에는 허몬 맥닐의 인디언 소입상을 놓아 두었다. 벽에는 아무런 장식이 없었다. 이쪽 벽과 저쪽 벽에 수수한 의자를 각각 하나씩 가져다 놓았다. 세실과 나는 대기실에서 선 채로 미래에 대해 말하기를 좋아했다. 우리는 거기서 찾아오는 손님을 맞이했고 떠나는 손님을 배웅했으며 대화를 즐겼고 또 들어오는 직원들과 상담을 했다.

이 대기실로 들어오는 외부 출입문과 사무실로 들어가는 내부의 문은 보통 넓이의 나무 테두리를 두른 통유리였다. 외부의 통유리 출입문의 윗부분에 황금빛 글자로 우리의 이름을 새겼고, 내부의 통 유리문에는 〈개인 전용〉이라는 글자를 써넣었다. 이 통유리 문은 당시로서는 획기적인 스타일이었고 새로운 것이었다.

---

[1] 「마태오의 복음서」 12장 24절에 나오는 귀신의 왕이다.

엘리베이터에서 내리는 사람은 대기실 내부뿐만 아니라 그 안의 사무실 공간도 볼 수 있었다. 우리는 보완 장치로 각 유리문에 밑에서 끌어올리는 차양을 설치했으나 그것을 사용하는 일은 거의 없었다.

사무실 공간 한가운데에는 커다란 4각 테이블이 있었는데 4면 전부에 서랍이 달려 있었고 다리를 집어넣을 수 있는 공간이 있었다. 이 테이블을 이용하면 고객이나 시공 업자를 마주 보며 앉을 수가 있었다. 테이블은 가로 세로 7피트였고 중앙에는 유리 화분이 있어서 우리 집에서 가져온 꽃을 꽂아 두곤 했다. 때때로 다른 정원에서 가져온 꽃들로 장식하기도 했다. 이 테이블에 앉으면, 사람들이 밖에서 안을 들여다보듯이, 밖을 환히 내다볼 수가 있었다. 밖을 내다볼 수 있다는 이점 때문에 여러 가지 일화가 생겨났다.

이 글을 쓰는 지금 그 일화 중 하나가 생각난다. 그것은 노란 얼굴에 사악한 눈을 가진 일본인 제도사 시모다의 이야기이다. 나는 정당한 이유로 그를 해고했고 다시는 사무실에 나타나지 말라고 경고했다. 그가 사무실의 커다란 테이블 중앙에 있는 꽃병에 매일 꽃을 갈아 주던 어떤 여성에 대해 험담을 했기 때문이다. 그렇게 해고를 했는데도 어느 날 점심때 고개를 쳐들어 보니 거기 시모다가 서 있는 것이 통유리를 통해 보였다.

내가 벌떡 일어서자 노란 얼굴에는 겁먹은 표정이 역력했다. 내가 외출한 줄 알고 찾아왔는데 사무실에 있는 것을 보고 그도 나만큼 놀란 것이었다. 어쩌면 친구를 찾아온 것인지도 몰랐다. 하지만 다시는 사무실에 나타나지 말라고 이미 경고한 바 있었다. 그는 몸을 돌려 달아나려 했다. 나는 유리문을 이용하는 데 능숙했기 때문에 재빨리 문을 열고 밖으로 나가 그가 달아나기 전에 붙잡았다. 내가 그의 엉덩이를 걷어차자 그는 사무실 출입문 앞의 주 계단을 절반쯤 날아가 툭 떨어졌다. 그는 엎드린 채 신음을 냈고 나는 사무실로 돌아와 의자에 앉은 채 반격해 오기를 기다렸다.

하지만 그는 정정당당하게 맞짱 뜰 생각은 하지 않고 이 일화를 올 소울스 교회의 외삼촌에게 과장되게 일러바쳤다. 내가 그날 아침 승마용 장화를 신고 있었다는 것이다. 그러니까 그를 죽이기 위해 그런 신발을 신고 있었다고 침소봉대(針小棒大)해서 고자질했다. 「정말 죽을 뻔했다니까요.」 친구들 사이에서 〈노란 양말〉이라고 불리는 시모다가 말했다.

나는 이처럼 이야기를 과장해서 퍼트리는 것에 화가 나서 다음번에 그가 사무실을 찾아오면 더욱 혼을 내주리라고 생각했다. 이상한 일이지만 몇 주 뒤 그는 내가 출장을 간 줄 알고 또다시 우리 사무실을 찾아왔다. 이번에는 그의 엉덩이를 더욱 거세게 걷어차서 아예 계단 밑으로 굴러 떨어트렸다. 이것으로 그 문제는 확실하게 결론이 났다. 시모다는 제대로 배우지도 못하고 미국이라는 땅에서 아예 사라졌다. 분명 그리 좋은 일본인은 아니었다.

〈건축가 프랭크 로이드 라이트, 건축가 세실 코윈〉이라는 글씨가 새겨진 유리문을 통해 나의 첫 번째 고객이 찾아왔다. 문에 새겨진 이름의 순서를 주목한 독자도 있을 것이다. 원래 연공(年功)으로 따지면 세실이 선배이기 때문에 그의 이름을 앞에 두어야 했지만 그가 싫다면서 고사했다.

아무튼 사무실을 여는 것은 그처럼 간단했다. 마음에 드는 사무실을 임대하고, 문의 패널을 모두 제거하고 그 대신 통유리 문을 설치하면 되는 것이었다.

자신의 이름을 알맞은 크기와 서체로 종이 위에 써넣고 그다음에 잠시 망설이다가 〈건축가〉라는 말을 적어 넣었다. 사무실을 차린다는 것의 의미를 별로 깊이 생각하지 않고 이런 간판을 내걸면서 스릴마저 느꼈다. 그런 다음 간판 제작자를 불러서 유리문에 금색 글자를 새기라고 부탁했다. 그걸로 사무실 개업 끝! 이렇게 해서 또 다른 건축가가 시카고에 탄생했다.

멀리서 들려오는 소 방울 소리를 들으며 성장한 많은 유소니아의 청년들은 자신의 〈전문직〉을 세상에 알리면서 혹은 〈사무실을 열면서〉 그들의 존재를 선포한다. 〈세상에 맞서는 진리〉는 아주 위협적인 기준이었다. 너무 도발적인 좌우명이기도 했다. 나는 그것을 간판에 써넣지는 않지만 사무실 내에서 지키려고 마음먹었다.

개인의 취향이라는 것은 참으로 강력한 힘이다. 심지어 아이들도 자기주장을 끈질기게 하고 나선다. 그런 개인의 취향이 여럿 합쳐지면 그 결과는 어떻게 되는가? 더 공정하고 더 선량한 미국인의 전형이 생겨나는 것이다.

윈슬로 장식용 철물 공장의 W. H. 윈슬로 씨는 자신의 사무실 건물 공사에 대해 나와 의논하기 위해 애들러와 설리번 건축 사무소를 자주 찾아 왔었다. 그가 이제 내 사무실을 방문해 나에게 첫 번째 〈일거리〉를 주었다. 리버 포리스트에 지을 윈슬로 저택의 설계를 맡아 달라는 것이었다. 나는 그렇게 해서 일거리를 얻었지만 꿈인지 생시인지 믿어지지 않았다. 내가 주도한 그 일이 과연 현실인지 믿어지지 않았다. 하지만 그건 엄연한 현실이었다.[2]

윈슬로 저택은 리버 포리스트의 공원에 있는 월러 씨의 집 맞은편에 들어설 예정이었다. 월러 씨는 내가 만나 본 사람 중에서 가장 미남인 데다 귀족적인 신사였다. 그는 나의 친구가 되었다. 그는 내가 지어 준 자신의 저택이 정말 멋있다고 여러 번 칭찬했다. 이렇게 되고 보니 그 집을 짓게 된 무슨 배경이 있지 않을까 생각하는 사람도 있겠지만 배경 같은 것은 없었다. 에드워드 C. 월러와 대니얼 H. 버넘은 존 루트 사의 동업자로 오랜 친구였다. 존 루트는 얼마 전에 세상을 떠났다.

월러 씨는 내가 대니얼 H. 버넘(별명은 〈엉클 댄〉)을 만날 수 있도록 주선해 주었다. 그래서 나와 캐서린은 월러 씨 집에서 버넘 부부를 만났다. 엉클 댄은 윈슬로 저택을 보고 〈기초에서 지붕까지 완벽한 신사의 집〉이라고 칭찬했다.

저녁 식사가 끝난 후 월러 씨는 아늑한 서재로 우리를 안내했다. 아마도 내가 월러 씨에게 설계해 준 도면을 친구에게 보여 주려나 보다 하고 나는 짐작했다. 우리가 방 안으로 들어서자 월러 씨는 방문을 잠갔다. 나는 그가 왜 저럴까 하고 의문을 품었다.

그리고 내가 그 후에 결코 잊지 못할 대화가 시작되었다. 엉클 댄은 잘생긴 얼굴을 뽐내면서 쾌활하고 또 설득력 강한 어조로 말했다. 그의 말의 요지는 이러했다. 만약 내가 파리의 에콜 데 보자르로 유학가서 4년간, 그리고 그 후 로마에서 2년간 공부를 하겠다면 그동안 아내와 아이들을 대신 맡아 주겠다는 것이었다. 비용은 모두 엉클 댄이 지불하고 내가 유학을 마치고 돌아오면 그와 함께 동업하는 조건이었다. 그것은 관대한 제안 그 이상이었다. 정말 파격적인 제안이

---

2 윌리엄 윈슬로 저택, 일리노이 주 리버 포리스트, 1893 — 원주.

었다. 나는 괜히 겁이 났다. 또 무엇이라고 말해야 할지 몰라 난처했다.

월러 씨는 의자에서 일어나 서재 안을 이리저리 걸어 다니면서 얼마나 좋은 기회냐고 내게 말했다. 나는 의자에 앉은 채 뭐라고 말해야 좋을지 궁리하고 있었다.

「여기서 1년이 더 지나면 그땐 이미 너무 늦을 걸세. 프랭크.」엉클 댄이 말했다. 그 말이 내게는 하나의 힌트가 되었다.

「그래요, 너무 늦었습니다, 엉클 댄. 제 생각엔 지금도 이미 늦었어요. 난 이미 나름대로 스타일을 갖추었습니다.」

「나는 그동안 설리번 씨와 가깝게 지내 왔어요. 그분은 내게 에콜 데 보자르를 신통치 않게 말했어요. 아니면 내 스타일을 고정시켜 이미 에콜 데 보자르에 적응할 수 없도록 만들어 버렸는지도 몰라요.」

「그분은 여러 가지 얘기를 해주었는데 에콜 데 보자르에서 보낸 세월을 후회한다는 말도 했어요.」

엉클 댄이 말했다.「프랭크, 자네가 설리번의 가르침을 존중하는 것은 이해하겠네. 그건 좋은 일이야. 장식에 관한 한 나도 설리번을 존중하네. 본질적으로 그는 위대한 장식가이니까. 그의 장식물은 나를 매혹시켜. 하지만 그의 건축에 대해서는 그렇게 생각하지 않네. 프랭크, 〈컬럼비아 박람회〉는 우리나라에 커다란 영향을 미칠 걸세. 미국 사람들은 고전주의풍의 대규모 건물들을 사상 처음으로 보았어. 자네도 박람회가 성황리에 끝났다는 걸 알지? 아마 자네에게도 커다란 영향을 주었을 거야. 우리는 박람회의 여파를 잘 활용해야 해.」

그는 계속 말했다.「애트우드의 미술관 건물, 비먼의 대형 양복점 건물, 맥킴의 건물, 이런 것들은 아름답지 않나. 정말 아름답다고! 앞으로 미국의 건물들은 박람회풍으로, 그러니까 〈근엄한〉 고전주의적 양식으로 지어질 거야. 오늘날의 위대한 건축가들은 모두 그렇게 생각하고 있어. 모두 다 말일세.」

「아닙니다.」내가 말했다.「루이스 설리번은 그렇게 생각하지 않을 겁니다. 만약 존 루트가 살아 있다면 그도 그런 식으로 생각하지 않을 겁니다. 리처드슨도 동의했을 거고요.」

「프랭크, 박람회를 보면 알지 않나.」「물론 설리번과 리처드슨도 나름대로 출

프랭크 로이드 라이트와 그의 가족, 오크 파크 집의 현관 앞.

세한 사람들이지만 그들의 건축 철학은 대세가 아니야. 건축은 오히려 그 반대 방향으로 가고 있어.」

「하지만 그 대세라는 것이 결국 비창조적인 방식이잖아요. 그렇지 않습니까?」

「비창조적? 도대체 그게 무슨 소린가? 그리스 건축의 고전적 동선과 비례만큼 아름다운 게 어디 있나? 그 건축을 능가하는 것은 앞으로 나오지 않을 걸세. 거기서 가르침을 받아야 하고 또 그 규칙을 받아들여야 해. 고전에 대한 충분한 조예가 없이 어떻게 성공을 거두겠나?」

「압니다. 엉클 댄, 당신이 무슨 이야기를 하려는 건지 잘 압니다. 당신의 이야기에도 일리가 있습니다. 하지만 나는 어쩐지 그것이…… 사람을 가두는 감옥 같다는 생각이 듭니다. 뭔가 끔찍한 어떤 것 같은 느낌이 듭니다. 난 그걸 견딜 수가 없어요. 뭔가 좋은 기회가 생기기를 바라며 다시 훈련을 받고 시간을 낭비한다는 것을. 어쩌면 그 기회는 처음부터 없는 것인지도 몰라요. 게다가 그게 살아 있는 건축이라는 생각도 안 들고요. 아무튼 나는 오싹한 생각이 듭니다.」

나는 달아날 구멍을 찾고 있었고 좀 더 세게 파면 그 구멍을 발견할 수 있을 것 같았다.

「프랭크, 이 제안이 자네에게 뭘 의미하는지 모르겠나? 이번 기회를 잘 잡으면 평생이 보장되는 거야.」

「예, 압니다. 월러 씨, 그 말씀이 맞습니다.」 내가 말했다. 「나는 그 평생이라는 게 뭔지 압니다. 유학파들도 그랬으니까요. 유학파는 떠나기 전에는 독특한 개성을 가진 사람이었는데 유학을 마치고 돌아와서는 한결같이 스테레오 타입이 되고 말았어요.」

「개성? 위대한 건축이라는 건 엄정한 학문이야.」 엉클 댄이 말했다.

「자네의 장래와 가족을 한번 생각해 보게.」 월러 씨가 말했다.

나는 그 기회가 무엇을 의미하는지 잘 알고 있었다. 유학을 마치고 오면 나는 영향력 있고, 잘 나가고, 안정된 건축가가 될 것이다. 대세를 주도하는 유능한 리더가 되겠지. 나는 그 정도 자신감은 있었다. 대니얼 H. 버넘이 내 뒤를 밀어주고 내가 해외 유학파라는 간판만 따온다면 그 정도는 어렵지 않으리라. 나는 내가 유학을 가서 성공하리라는 것도 알았다. 하지만 그건 너무 정해진 코스였고 너무 손쉽고 아무런 자극도 없는 길이었다. 게다가 거기에는 진정성이 결여되어 있었다. 그건 기껏해야 임시변통에 지나지 않았다. 남의 권위를 빌려 내 개성을 내세울 수는 없는 노릇이었다.

이것이 그간 내가 꿈꾸어 온 〈성공〉이라는 것인가? 이제 손만 뻗치면 잡을 수 있는 저것이 소위 성공이라는 건가? 나는 컬럼비아 박람회의 효과를 잘 알고 있었다. 엉클 댄이 한 말이 사실이었지만 나는 그런 현상을 존중할 수 없었다. 분명히 엉클 댄이 말한 바대로 의고전주의가 건축 업계에서 대세를 이룰 것이었다. 나는 리버 마이스터가 이런 제안에 대해 어떤 조언을 줄지 간절히 알고 싶었다. 하지만 그건 이미 물 건너간 이야기였다. 이제 그를 찾아갈 수 없는 입장이었다. 두 신사는 나의 망설임을 에콜 데 보자르로 유학 가라는 제안을 받아들인 것으로 오해했다.

「그래 자네의 결론은?」 그들은 자상하게 웃으며 물었다.

나는 마치 은혜를 모르는 자가 된 것 같은 느낌이 들었다. 그 순간처럼 내 자존심이 밉게 보인 적도 없었다. 하지만 내 자존심은 이해타산적인 내 마음의 지붕을 뚫고서 벌떡 일어섰다.

「못 가겠습니다, 버넘 씨. 안 되겠습니다, 윌러 씨. 나는 달아날 수 없습니다.」

「달아나다니, 무슨 소리인가?」 윌러 씨가 물었다.

「나의 것으로부터 달아날 수 없다는 뜻입니다. 성공을 보장해 준다고 해서 나의 것, 나의 나라, 나의 문화로부터 벗어날 수는 없다는 뜻입니다. 설령 가고 싶어도 이제는 갈 수가 없습니다. 그것은 나 자신을 포기하는 게 될 테니까.」

나는 두 신사가 내 말을 이해했다고 생각하지 않는다. 그들은 내가 괜히 거들먹거린다고 생각하는 듯했다. 나는 그 표정을 보고 알 수 있었다. 나는 순간 이렇게 생각했다. 〈두 분이 보시기에는 어리석게 보이겠지요. 나는 어떤 성공 공식에 얽매이기보다는 차라리 자유롭고, 실패도 두려워하지 않는, 어리석은 사람이 되겠습니다. 나는 유학을 통한 출세 코스에서 어떤 자유도 엿볼 수가 없습니다. 그것뿐입니다. 이건 진심입니다. 나는 두 분에게 한없는 고마움을 느끼고 있습니다. 하지만 유학은 가지 않겠습니다.〉 나는 의자에서 일어섰다. 내가 〈아메리카〉에 신의를 지켰다는 생각이 들자 나의 시야가 갑자기 환해졌다.

「두 분에게 감사드립니다.」 내가 다시 말했다. 「두 분은 내가 고집 세고 이기적인 젊은이라고 생각하시겠지요. 잘 압니다. 하지만 나는 지금까지 해온 것처럼 앞으로도 계속 달려 나가 보겠습니다. 나는 먼저 내 성장 환경의 영향을 받아 일정한 생각을 갖게 되었고, 그다음에는 훈련을 통해 그리고 최근에는 확신에 의해서 그런 생각을 굳히게 되었습니다. 이제 두 분의 권유를 받고 보니 그런 확신이 더욱 분명해졌습니다.」

윌러 씨는 서재의 자물쇠를 열고 문을 열더니 옆으로 비켜섰다. 기분 나쁜 표정이었다. 나는 캐서린에게 물건을 챙기게 한 후 집으로 돌아왔다. 나는 그날 밤 오고간 이야기를 아주 오랜 세월이 지난 다음에야 그녀에게 말해 주었다.

윈슬로 저택은 그 지방색 강한 교외 주택 단지에서 만개한 프리마베라〔春〕처럼 사람들의 주목을 받았다. 그것은 오크 파크와 리버 포리스트 주민에게는 새로운 세계의 전령(傳令)이었다. 그 집은 단연 사람들의 시선을 끌었다. 완공 즉시 사람들의 탄성과 존경을 자아냈으나 동시에 조롱의 대상이 되었다. 다행스러운 점은, 조롱을 하는 사람이 있으면 반드시 그 반대편에는 존경하는 사람이 있다는 것이었다. 이 집은 곧 염소 떼 중에서 양을 가려내는 기준이 되었다.

내 집 근처, 포리스트 애비뉴에 사는 변호사 무어 씨가 곧 집을 지을 예정이었다. 나는 그 사실을 알았으나 내게 설계를 의뢰할 리는 만무하다고 생각했기 때문에 포기하고 있었다. 그런데 어느 날 이게 누구인가. 실러 빌딩 사무실의 통유리문에 무어 씨 부부의 모습이 보였다.

나는 흥분하면서 문을 열었다. 무어 씨 부부는 사무실 안으로 들어와 앉았다.

「어떻게 지내십니까, 라이트 씨.」 무어 씨가 말했다. 「내가 이름을 들어 본, 혹은 들어 보지 못한 많은 건축가들이 이런저런 방식으로 내게 접근해서 집을 지어 주겠다고 했습니다. 그런데 당신은 우리 집 건너편에 살면서도 왜 일언반구

캐서린 토빈 라이트

말이 없었습니까?」

「패튼 씨도 찾아왔습니까?」 그는 미국 건축가 협회의 회장이었고 당시 오크 파크에 살고 있었다.

「예. 그가 제일 먼저 찾아왔습니다. 왜 당신은 찾아오지 않았습니까?」

「당신이 나를 필요로 한다면 내 집을 아니까 찾아오리라 생각했습니다. 하지만 나를 필요로 하는지 아닌지 내가 어떻게 알겠습니까? 당신은 변호사입니다. 그러니 일을 의뢰하는 과정에 대해 잘 알고 계시겠지요.」 내가 말했다. 「당신이 직접 의뢰인을 찾아가서 일을 달라고 하십니까? 그렇지는 않으시겠지요.」

「바로 그겁니다. 목마른 사람이 먼저 우물을 파야지요.」 그가 말했다.

「난 당신이 우리 집을 지어 주었으면 좋겠습니다. 하지만 윈슬로 저택 같은 것은 싫습니다. 사람들의 조롱을 피하기 위해 아침 출근길에 뒷골목으로 기차역까지 가고 싶지는 않아요. 나는 이런 걸 원합니다.」 그는 책상 위에 잉글랜드풍 하프팀버³ 주택의 스케치를 몇 장 내려놓았다.

당시 우리 집 아이 세 명은 변변치 못한 신발을 신은 채 거리에서 뛰어 놀고 있었다. 박공 달린 작은 집에서는 돈이 절실히 필요했다! (우리 집은 당시 〈해변풍sea-side〉이냐 〈콜로니얼풍colonial〉이냐는 질문을 받으면서 여러 번 모욕을 당했다.) 하지만 그 작은 집에서 돈을 벌어들일 수 있는 사람은 나뿐이었다. 무어 씨의 일을 맡을까? 그에게 잉글랜드풍 하프팀버 주택을 설계해 주어서 일거리를 잃지 않아야 할까? 아무튼 그 일은 해볼 만했다. 그래서 일을 맡았다.⁴

무어 씨 부부는 결과에 만족했고, 나를 뺀 모든 사람들이 그 집이 멋지다고 생각했다. 나는 왜 무어 저택에 대한 칭찬을 못마땅하게 생각했을까? 월러 씨와 엉클 댄의 유학 제안을 용감하게 거부했던 나의 모습이 상기되었기 때문에? 하지만 한 걸음 뒤로 물러서서 단 하나의 집을 예외 사항으로 받아들이는 것은, 평생 동안 자신의 소신이 아닌 어떤 것에 양보하는 것보다는 낫지 않은가? 그렇지 않은가?

---

3 *half-timber*. 집의 골조를 나무로 만든 가옥을 지칭하는 용어이다.
4 네이션 무어 저택, 일리노이 주 오크 파크, 1895. 1923년 화재 후에 라이트가 다시 설계해서 재건축했다 — 원주.

나는 그런 식으로 자위했다. 아무튼 그 집은 나의 긴 경력 동안, 내게 가족이 있고 그들이 사람답게 살 권리가 있다는 사실 때문에 〈굴복한〉 유일한 경우였다. 사실 가족의 부양은 내게 달려 있었다. 이율배반의 비극이여! 하지만 나는 그 직후 굴복한 사실을 회상하며 후회한 적이 많았다.

이제 나는 과거를 회상하면서 젊은 건축가가 고뇌하는 모습을 본다. 그는 곧 이름 옆의 건축가라는 수식어가 격에 맞지 않는다고 생각하여 지워 버린다. 그는 사무실의 커다란 책상 앞에 앉아 라일락을 꽂아 둔 화병을 쳐다보며 내면의 목소리를 듣는다. 그의 내면에 있는 자아는 그 자신을 사랑하는가 하면 증오한다. 격심한 모순에 휘말린다. 그는 이제 고객을 쳐다본다. 집을 짓고 싶다고요? 그러니까 내가 무어 씨에게 지어 준 그런 집을 말입니까? 그의 내면에는 실망의 파도가 가볍게 일어난다.

그의 내부에서 이런 질문이 일어난다. 왜 무어 저택 같은 집만 고집하는 거지요? 그러면 격론이 시작된다. 잉글랜드풍의 하프팀버 주택을 칭찬하는 이야기는 즉각 그의 성화를 돋군다. 사람들은 물론 그런 집을 좋아해. 나는 마음에도 없는 그런 집을 평생 지으면서 불행하게 살아갈 수는 없어. 이런 생각이 그의 심중에 떠돈다.

하지만 한 시간쯤 이야기를 하고 나면 고객은 왜 그런 집이 현대의 흐름과 어울리지 않는지를 이해한다. 자유민이 사는 땅, 유소니아에서 그런 집을 짓는다는 것은 잘못된 일이며, 또 그런 방탕한 〈취향〉은 진정한 자유가 아님을 이해하는 것이다.

실러 빌딩의 사무실에서 나는 윈슬로 저택과 무어 저택의 도면을 그렸다. 오크 파크에 사는 또 다른 변호사인 볼드윈 씨는 어느 날 내 사무실에 들어와 착수금 조로 350달러짜리 수표를 내놓았다. 무어 씨에게서 정보와 조언을 받은 것 같았다. 나는 이때 프랜시스 주택 단지, 후서와 헬러의 저택, 렉싱턴 테라스, 울프 레이크 리조트 등도 설계했다. 그 밖의 다른 건물들도 세부 사항에 있어서는 스승의 영향을 어느 정도 받은 것들이었다. 나는 물론이고 아무리 뛰어난 건축가라고 해도 자신의 독특한 건축 양식을 하룻밤 사이에 만들어 낼 수는 없다. 내게는 아직 구체적으로 보이는 어떤 스타일이 없었다. 하지만 이런 건물들은 스승의 설계를 모델로 한 것은 결코 아니었다.

나의 고객 윈슬로가 존경하는 스승의 말을 전해 주었다.「프랭크는 이제 자신의 개성대로 설계를 하고 있는 것 같군.」그 말을 듣고 나는 스승이 아직도 내게 관심을 갖고 있다는 것을 알았다.

당시 세실은 자신의 작업을 하고 있었는데 특히 러시 의과대학의 설계에 집중하고 있었다. 우리는 동업을 하지 않았기 때문에 각자 자신의 일을 뛰어야 했다. 나는 너무 바빠서 그를 자주 만나지 못했다. 게다가 그는 새로운 직원 몇 명을 채용했다.

어느 날 우리는 공동으로 사용하고 있는 중앙 사무실에 앉아서 잡담을 나누었다. 나는 그가 낙담하고 있다는 것을 눈치 챘다.

「세실, 무슨 일이야?」

「프랭크, 뭐 별일 아니야. 내가 나 자신을 건축가라고 생각하지 않는다는 걸 빼면 말이야. 그것뿐이야.」

「러시 의대 일이 잘 안 되는 거야? 그 일이 마음에 안 들어?」그는 삐걱거리는 회전의자 위에서 몸을 앞뒤로 움직이면서 나를 쳐다보았다. 그의 표정에는 슬픔과 약간의 장난기가 어려 있었다.

「다 알면서 뭘 물어?」

「그건 멋진 작품이잖아.」

「그게 건축이야?」그가 조용히 물었다.

「평균적으로 말해서 100명의 건축가 중 99명이 하고 있는 것보다는 나은 작품이지. 그들의 허세와 장식에 비하면 말이야. 게다가 세실, 자네는 이제 겨우 시작이야. 자네는 균형 감각이 뛰어나고 세련된 감각이 있어. 게다가 왜 나를 그런 식으로 쳐다보나? 자네는 내가 아는 그 어떤 건축가보다 고객을 성실히 대하고 있어.」또다시 내가 물었다.「도대체 자네는 뭐가 문제야?」

「좋아. 기왕 이렇게 이야기가 나왔으니 솔직하게 털어놓을게. 나는 이제 건축에 별로 흥미를 느끼지 못해. 자네가 열심히 건축 디자인을 작성하는 걸 보는 건 좋아하지만, 내가 설계를 직접 하려 들면 따분해져. 자네에게는 진실이 있어. 자네와 자네가 하는 일이 한몸이 된단 말이야. 난 예전에도 그랬지만 앞으로도 결코 그렇게 될 것 같지 않아. 게다가 더 한심한 건, 내가 과연 건축가가 되고 싶어하는지 확신이 서질 않는다는 사실이야. 자네는 일을 할 때 즐거움을 느끼고 또 거기에 철저하게 몰입하는 것 같아. 그러니까 자네는 아예 일 속에서 살고 있어. 그런데 난 말이야, 자네처럼 못할 것 같아. 어느 날 아침에 잠에서 깼을 때 그런 의심이 들었어. 그러면서 고민이 시작된 거야.」

그의 말은 여태껏 내가 보지 못했던 간극(間隙)을 보여 주었다. 나는 그의 움직임을 놓치고 있었던 것이다. 그는 뒤쳐지고 있었다. 불쌍한 세실. 건축이 인생의 전부라고 생각해 왔을 텐데. 그의 입에서 더 놀라운 말이 튀어나왔다.

「프랭크, 난 동부로 갈 생각이야. 닥터 뷰캐넌의 사업에 관심이 있어서 동업을 해볼까 해. 내 방은 자네가 써. 자네는 곧 사무실을 더 늘려야 할 테니까.」

나는 내 귀를 의심했다. 세실에게 어떻게 이럴 수가 있느냐고 따졌다. 내가 혹시 그의 뒤를 잘 돌봐 주지 않은 게 아닌가 하는 죄책감도 들었다. 너무 야속하다는 생각도 들었다. 지난 몇 년 동안 동고동락해 온 그에게서 이런 말이 나오리라고는 예상하지 못했고 또 그런 만큼 믿을 수 없었다. 나는 따지고 사정하고 호소했지만 아무 소용도 없었다.

「프랭크, 내 마음을 솔직하게 털어놓는 게 좋겠어. 난 내가 못하는 것을 자네가 계속 해내는 것을 지켜보기가 괴로워. 나의 실력은 우리가 이 사무실을 열었을 때보다 더 떨어진 것 같아. 하지만 신경 쓰지 않아. 갑자기 모든 게 시들해지면서 무관심해지는 거, 이건 생각보다 그리 어려운 일도 아니야.」

순간 이런 생각이 들었다. 아까 나의 판단이 맞았구나. 내가 세실을 그동안 돌봐 주지 않았기 때문에 일부러 자신의 능력이 부족하다고 실토하는구나. 나는 그토록 무심했던 나 자신이 부끄러워졌다. 그럼, 세실을 나의 파트너로 끌어들일까. 하지만 그건 문제의 본질이 아니었다. 나는 그가 동의하지 않으리라는 것을 알았다.

그래도 나는 말했다.「세실, 그럼 내 일을 함께 하면 어때? 자네가 나를 도와주면 나도 자네를 이 곤경에서 탈출하도록 도와줄 수 있지 않을까? 이렇게 하면 일이 잘 풀릴 수도 있잖아?」

「아니, 프랭크. 난 자네의 파트너 감이 못 돼. 나는 사업가 체질이 아니야. 난 〈사업〉이라는 말을 경멸해. 그건 내가 감당하기에는 너무 아수라장이고 또 이전 투구야. 내가 건축가 재목이 아니라는 걸 확실히 깨달았어. 자네는 그저 나와 친구로 지내면 되는 거야. 난 언제나 자네의 친구로 있겠네. 자네는 앞으로 크게 성공할 거야. 지금처럼 해나간다면 말이야. 그럴 자격이 충분해. 자네처럼 일을 위해서 집중해서 달려들고 또 온몸을 던져 희생하는 사람도 없을 거야. 그처럼 앞뒤 재지 않고 일만 열심히 하니까 앞으로 신상에 어떤 변화가 생길지 우려도 되는군.」

그는 아무런 유감도 없이 그렇게 말했다. 마음속에서 커다란 짐을 덜어 버린 듯한 표정이었다. 그는 의자에서 일어섰다. 이제 그의 표정은 바뀌어 다시 행복한 얼굴이 되었다. 하지만 나는 비참했다. 세실은 내 앞날의 예언자 같은 사람이었다.

그는 무슨 이유에서인지 동부로 갔다. 그리고 그때 이후 그를 만나지 못했다.

실러 빌딩의 사무실은, 세실이 없기 때문에 아무것도 아닌 상태가 되어 버렸다. 나는 로버트 스펜서, 마이런 헌트, 드와이트 퍼킨스를 만났다. 〈드와이트〉의 사무실은 새로 건립된 스타인웨이 홀 건물에 입주해 있었는데 혼자 쓰기에는 너무 컸다. 그래서 나는 스타인웨이 홀에 들어갔고 중앙에 공동 사무실을 두고서 각자 작업실을 차렸다. 나처럼 건축 업계에 신참인 그들이 나의 최초 동업자들이었다. 그런 파트너로는 조지 딘과 휴 가든이 있었다. 그 당시 젊은 버치 롱은 재주 많은 수완가였는데 우리가 스타인웨이 홀에 끌어들였다.

나는 이런 젊은이들을 데리고 여성 클럽에 가끔 가서 연설을 했는데 나중에는 여성들도 건축에 대해 청산유수처럼 말할 수 있게 되었다. 하지만 여성들은 막상 건설을 하려고 할 때에는 전혀 다른 태도를 취하여 나를 애먹였다. 그래서 〈연설〉은 그들에게 맡기고 나는 건축에만 전념하기로 했다.

이 당시 헐 하우스에서 미술공예협회 Arts and Crafts Society가 발족했다. 나는 이곳에서 「기계 시대의 미술과 공예 The Art and Craft of the Machine」라는 도전적이면서도 긍정적인 논문을 발표했다.[5] 그다음 날 『시카고트리뷴 Chicago

Tribune』지는 기계를 하나의 수단으로 사용해야 한다는 예술가의 주장이 최초로 나왔다면서 나의 논문에 대한 논평을 실었다. 제인 애덤스가 그 글을 썼던 것으로 기억하고 있다. 줄리아 래트롭이 그랬던 것처럼 그녀도 나의 주장에 동조했다. 하지만 나의 논문은 그날 저녁 발표회에 참석했던 주에블린 교수, 트리그스 교수, 건축가들, 공예가들에 의해 파묻히고 말았다. 협회는 그 후 〈수공업〉을 강조하더니 곧 해체되고 말았다.

나의 급진적인 사상은 건축가들이나 교수들로부터 지지를 받지 못했다. 하지만 이미 온 사방에서 조심스러운 경쟁이 진행되고 있었다. 곧 그것은 불완전한 거울에 비친 자신의 일그러진 얼굴을 바라보는 것처럼 되었다. 그 경쟁은 나를 화나게 했다기보다 심란하게 만들었다. 이 당시 젊은 건축가들은 설리번을 직접 만나지는 못하고 나를 통해 복음을 들었다.

나는 내 안의 건축가 정신을 마음껏 발휘할 수 있게 되었음을 즐겼던 것 같다. 나의 건축 정신이 언젠가는 대접을 받으리라고 생각하면서 사람들의 논평이나 중상에 대해 별로 신경 쓰지 않으려고 했다. 그래도 사람들의 논평을 완전히 무시한다는 것은 불가능했다. 나는 허허벌판에 알몸으로 나섰고 그곳에 계속 머물러야 할 것 같았다. 내가 너무 일찍 벌판에 나선 것은 아닌가 하는 의구심은 있었으나 그래도 후회하지 않았다.

스타인웨이 홀에 있는 사무소를 처음 방문한 고객은 워드 윌레츠였다. 나는 하이랜드파크에 있는 그의 집을 리모델링해 주었다.[6] 그 후 고객들이 꾸준히 찾아 주었다.

이 당시 나는 〈로미오와 줄리엣〉이라는 건물을 최초로 엔지니어링 건축 *engineering architecture* — 건축 형태에서 구조가 가장 중요하다고 생각하는 미래 건축술의 효시 — 을 토대로 건설했다. 우리는 정말 열심히 그 건물을 설계했다. 그 건물을 다시 돌아보고 마음속 깊이 새기면서 그것에 깊은 소속감을 느끼는 것이다. 그것은 엔지니어링 건축의 효시이기 때문에 자세히 소개하고자 한다.

---

5 1901년 3월 헐 하우스에서 이 논문을 발표했다 — 원주.
6 워드 윌레츠 저택, 일리노이 주 하이랜드 파크, 1901 — 원주.

로미오와 줄리엣

이 무렵 밸리에는 어머니의 여자 형제인 넬 이모와 제인 이모가 살고 있었다. 두 이모가 운영하는 힐사이드 홈 스쿨의 건물은 내가 설계를 맡았고 1887년 두 이모가 건설하여 40~50명의 남녀 학생을 받아들였다. 이 학교는 좌우명 혹은 교훈으로 〈세상에 맞서는 진리〉를 설파했다. 두 이모는 외할아버지가 농장을 했던 땅에 이 학교를 건립했고 그 후 새로운 건물을 몇 동 더 추가했다. 이 학교의 발전을 한결같이 지켜보고 또 앞날의 어려움을 기꺼이 감당하기 위해 두 이모는 평생 독신으로 살자고 서로에게 맹세했다.

힐사이드 홈 스쿨의 농장 근처에는 외삼촌 다섯 명이 농장을 경영하고 있었다. 그들은 두 이모를 늘 〈더 걸스 the girls〉라고 불렀다. 주위의 농장이 황무지가 되는 한이 있더라도 더 걸스가 원하는 것은 마련해 주어야 했다. 예상된 일이지만, 일부 외숙모들은 그런 아낌없는 지원에 대해 불평을 터뜨리곤 했다. 그러나 오빠들은 여동생들의 학교를 아주 자랑스럽게 생각했다. 인근 십여 개 주에서 유학 온 남녀 학생들은 그들을 〈아저씨〉라고 불렀고 두 이모는 학생들을 조카 혹은 질녀라고 생각했다. 늘 30명 이상의 학생들이 그 학교에서 교육을 받았다. 외삼촌들의 자녀들도 그 학교에서 교육을 받고 대도시로 나와 사무직 노동자가 되었다. 학교는 날로 번창했다.

시카고에서 실즈비 건축 사무소에 다닐 때 나는 그 학교 건물의 도면을 그려 주었고 현지의 시공 업자이며 〈건축 설계에도 다소 안목이 있는〉 크레이머가 그 건물을 지었다. 하지만 크레이머는 아름다운 건축물을 시공하는 데는 별로 조예가 없는 사람이었다. 그런데 학교 뒤에 있는 언덕 꼭대기의 하얀 사암을 파내고 그 자리에 새 급수 시스템을 갖추기 위해 저수지를 조성했다. 저수지 조성 작업이 끝나자 두 이모는 그 저수지를 내려다보는 풍차를 건설하고 싶어 했다. 이것은 학교 운영에 대해 의논하는 가족회의에서 결정되었다.

학교의 관리자 격인 엘렌 이모(일명 넬 이모)는 이렇게 말했다. 「보기 흉한 스틸 타워보다는 예쁜 풍차형 타워를 세우는 게 어때요? 어디선가 보니 나무로 만든 풍차도 있던데요. 난 프랭크에게 그런 디자인을 의뢰해야겠어요.」

「허튼소리, 넬.」 밸리를 자주 방문하는 목사 오빠, 젠킨이 말했다. 「다른 풍차들처럼 스틸 타워로 만드는 것이 좋아. 말 타고 이 지방을 방문할 때마다 그런 타워를 보는데 조금도 싫증이 나지 않더라. 실용적인 데다 저렴하니 얼마나 좋아.」

다른 오빠들도 그렇게 생각했다. 감성이 풍부하고 인정미가 넘치는 제인 이모는 오빠들의 말에 동의하지 않았다.「저 언덕은 인근의 여러 계곡에서도 잘 보여요. 학교 건물과 어울리는 건축물을 세워야 해요. 난 넬의 의견에 동의해요. 프랭크에게 시안을 보내 줄 수 있는지 물어봐요.」

가족회의에서 불만의 소리가 터져 나왔다. 그러나 넬이 강력하게 주장하면 대체로 모든 식구가 따르는 경우가 많았다. 그녀는 이번에도 강하게 나왔다.

제임스 외삼촌이 말했다.「그럼, 프랭크가 뭐라고 하는지 들어 보지 뭐.」

시안이 도착했다. 언덕 꼭대기의 나무들 사이에 설치할 타워의 원근법적 스케치와, 그 구조에 대한 세부 사항이었다. 두 이모는 그 스케치를 마음에 들어 했고 애지중지하는 학교의 분위기와도 어울린다고 생각했다. 외삼촌들이 볼 때 그건 너무 돈이 많이 들고 어리석은 짓이었다.

현지의 시공 업자이며 〈건축 설계에도 다소 안목이 있는〉 크레이머를 불러서 그 스케치를 꼼꼼히 검토한 다음 견적을 내달라고 했다. 가족들은 시공 업자가 견적을 내서 다시 오기를 목이 빠지게 기다렸으나 오지 않았다. 결국 제임스 외삼촌이 몇 마일 떨어진 곳에 사는 시공 업자를 찾아갔다가 혼자서 돌아왔다. 외삼촌들은 제임스가 크레이머로부터 알아 온 사실을 검토하기 위해 한자리에 모였다.

「크레이머 말로는 그런 타워를 짓는 것은 시간과 돈의 낭비라는 거야. 바람이 불면 쓰러질 게 불 보듯 뻔하대. 게다가 60피트 높이라니! 꼭대기에 14피트 높이의 바퀴를 설치하는 건 말이 안 된대. 크레이머 말로는 그 디자인은 커다란 8각형의 나무 파이프 같은 구조래. 각 코너에 세로 4인치 가로 4인치[7]짜리 기둥을 세우고 내부와 외부에 널판을 대어 못으로 박은 다음, 바깥에는 지붕널로 두른다는 거야. 그 구조는 통과 똑같은데, 다른 점이 있다면 통널을 위아래로 대는 것이 아니라 붕대처럼 옆으로 감는다는 거지. 그 8각형 구조의 통 안에 다이아몬드 꼴

---

7 1인치 = 약 2.54센티미터.

을 부분적으로 집어넣어서 다이아몬드의 바깥 절반을 〈스톰 프라우〉[8]로 만든다는 거야. 프랭크는 도면에 그것의 이름을 스톰 프라우라고 썼어. 이건 통의 남동쪽 면에서 시작해 통의 맨 꼭대기까지 칼처럼 뻗어 있어. 이 다이아몬드 모양의 가운데에는 세로 6인치 가로 6인치의 커다란 나무 기둥이 솟아 있는데 구조물 꼭대기의 풍차 바퀴를 떠받치는 거야. 프랭크는 이 구조물의 바닥에 커다란 돌 기초를 쌓으라고 지시했어. 8개의 커다란 고정 나사못을 그 기초에 박아 넣고 그 나사못이 기둥 주위로 6피트 이상 나오게 하라는 거야. 아주 단단하게 고정시킬 수 있도록 말이야.」

「크레이머는 웃었어. 너무 황당무계하다는 거야. 이 사실을 〈더 걸스〉에게 꼭 말해 달라고 하더군. 프랭크가 뭔가 황당한 실험을 하려는 것 같대.」

근심 걱정하는 가운데 가족회의가 열렸다. 넬 이모가 말했다. 「크레이머가 프랭크의 타워는 무너질 게 확실하다고 하던가요?」

제임스 외삼촌. 「응, 그렇대.」

젠킨 외삼촌. 「60피트 높이에 14피트의 바퀴를 가진 구조물이야. 이런 물건이 이 일대의 강풍을 견뎌 내리라고 생각하는 건, 넬, 무리야. 크레이머의 말을 믿어. 왜 이 인근에서는 본 적이 없는 구조물을 지으려는 거야? 이런 사정을 안다면 프랭크도 물러설 거야.」

제인 이모. 「불쌍한 녀석, 이 타워가 바람에 견디지 못한다는 걸 알지 못하다니. 하지만 걔가 그런 걸 어떻게 알겠어? 나도 잘 모르는데. 하지만 녀석, 실망이 크겠는데.」

넬 이모는 아무 말도 하지 않고 창가로 걸어가서 언덕을 쳐다보았다. 그녀는 나무들 사이에 서 있는 타워의 모습을 상상했으리라. 풍차 바퀴가 빙빙 돌아가는 멋진 광경을. 그녀는 이렇게 말했다. 「좀 더 확인해 봐야겠어요. 난 프랭크에게 전보를 치겠어요.」

---

8 storm prow. 바람의 뱃머리 혹은 바람을 견뎌 내는 물건을 의미한다.

풍차, 〈로미오와 줄리엣〉, 위스콘신 주 탤리에신, 1896.

식구들에게는 넬 이모의 그런 태도가 악마에게 속아 넘어가는 바보의 짓으로 보였다. 하지만 기다리는 것 이외에 다른 수가 없었다. 전보의 내용은 이러했다. 〈크레이머는 풍차 타워가 바람에 쓰러질 게 틀림없다고 말했다. 너는 풍차가 끄덕 없으리라고 확신하니? 넬 이모.〉

시카고에서 사무실을 운영하는 젊은 건축가에게서 답신이 도착했다. 〈계획대로 세우세요.〉

가족들은 경악했다. 평화로운 가족들 사이에 갈등이 벌어졌다. 이미 넬 이모는 결심을 했다. 가족들은 그것을 분명히 알았다. 그녀는 무슨 일이 있어도 그 바보 같은 타워를 지을 작정을 한 듯했다!

「그 애는 두 이모의 명성에 먹칠을 하고 말 거야.」

외삼촌들은 그렇게 확신했고 그것은 밸리에서 하나의 슬로건이 되었다. 크레이머도 밸리를 찾아와 절대 안 된다고 거듭 설명했다. 하지만 넬 이모는 궁지에 몰리면서도 굽히지 않고 말했다. 「과연 그 애가 무너질 게 뻔한 건물을 지으려 했겠어요? 붕괴되면 그 아이의 명성이 더욱 위태로워져요. 그 아이는 〈계획대로 세우세요〉라고 말했어요. 그 애가 우리보다 더 잘 알 수도 있잖아요? 이 설계에 대해 아주 소상하게 알고 있지 않다면 그렇게 자신 있게 나오지 못했을 거예요.」

제인 이모가 거들었다. 「그 애는 풍차 설계에 대해 자세히 설명하지는 않았어요. 하지만 자신이 한 설계를 잘 알고 있다는 느낌이 들어요.」

넬 이모는 현지의 시공 업자에게 시선을 돌렸다. 「크레이머 씨, 이 도면대로 풍차를 짓는다면 비용이 얼마나 드나요?」

「950달러가 듭니다.」 그가 말했다.

「쇠로 된 풍차는?」

「275달러.」

넬 이모는 엉뚱하게도 이렇게 대답했다. 「675달러 차이밖에 안 나는군요(당시는 1896년이었다는 점을 감안해야 한다). 물론 우리는 프랭크의 안대로 갈 거예요.」

가족회의는 깊은 불안감 속에서 해산되었다.

사랑하는 넬 이모와 제인 이모

이모님들이 로미오와 줄리엣 때문에 어려움을 겪고 있다는 것을 잘 압니다. 하지만 로미오와 줄리엣이라는 남녀가 수백 년 전에 얼마나 골칫거리였는지 기억해 주세요. 이 두 남녀가 상징하는 원칙은 너무나 중요한 것이기 때문에 오늘날에도 근심을 안겨 주고 있지요. 하지만 두 사람은 서로에게 없어서는 안 되는 존재예요. 앞으로 아시게 되겠지만 일은 로미오가 다하고 줄리엣이 옆에서 그를 부축하며 격려해 줄 겁니다. 로미오가 바람을 견뎌 내는 동안 줄리엣은 이모님 학교의 학생들을 즐겁게 해줄 겁니다. 비유를 너무 장황하게 하면 재미없으니까 이 정도로만 해두지요. 이 구조물의 원리에 대해 말씀드릴게요. 이런 형태 속에서 원활하게 작동하는 원리를 본 적이 없다고요? 천만에요. 나는 이 구조물의 작동을 방해할 만한 그 어떤 원리도 본 적이 없습니다.

바람이 로미오와 줄리엣을 향해 강하게 불어오면 조화를 이룬 두 구조물은 서로 지탱해 주면서 잘 견딜 것이고 바람의 압력은 돌 기초 속에 깊숙이 박힌 고정된 나사못의 잡아당기는 힘에 해소되어 버릴 것입니다. 게다가 이 평화로운 한 쌍이 존속하는 내내, 코너 기둥을 붕대처럼 감싼 널판에 단단히 박힌 대못들이 강력한 힘으로 그들을 지탱해 줄 겁니다. 현지 시공 업자를 독려해 긴 대못을 아주 많이 박아 넣도록 하겠습니다. 못은 엔지니어링이 아니라 〈실천〉이니까요. 이모님, 안심하고 타워를 지으세요. 저도 건설 중에 현장에 나가 보겠습니다.

사랑을 보내며,
프랭크

추신: 로미오와 줄리엣은 지금 밸리 일대에 서 있는 스틸 타워들보다 더 오래, 가령 앞으로 25년은 더 서 있을 겁니다. 밸리의 삼촌들보다 더 오래 살 게 틀림없습니다. 그러니 안심하고 진행하세요. 프랭크.

현지의 시공 업자 크레이머는 건축에 대해 어느 정도 알고 있었는데, 타워가 틀림없이 붕괴할 것이라고 확신했다. 그는 머리를 흔들면서 이렇게 말했다. 「바

로미오와 줄리엣을 지을 당시의 제인 이모와 넬 이모, 1896.

퀴의 스프링에 이르는 기둥이 무려 60피트나 돼요. 게다가 바퀴도 높이가 14피트나 되고요.」그는 정말 황당무계하다고 생각했다.

「정말 웃기는군요.」크레이머가 말했다. 「두 노처녀가 조카를 싸고도는 모습이 말입니다. 그 애는 멋진 옷을 차려입고 여기 와서 여학생들과 언덕에서 노닥거리다가 시카고로 돌아갈 겁니다. 그 애는 재미있는 일에만 관심이 있을 뿐 도무지 근심 걱정이라고는 하지 않을 거예요.」

「하지만…… 꼭 짓겠다고 하니……」그는 마침내 불평을 멈추고 일을 하기 시작했다. 수염이 하얀 다섯 명의 외삼촌들은 그 재앙의 현장에서 가능한 한 멀리 떨어져 있으려 했다. 역시 백발인 두 이모는 57명의 학생들을 돌보는 틈틈이 언덕 위로 올라가 근심하면서 일의 진행을 살펴보았다.

현장에서 일했던 웨일스 출신의 티모시는 집안의 오랜 친구이자 뛰어난 석공이었다. 〈어쨌든〉이라는 단어를 아무 데나 갖다 붙이며 말하는 버릇이 있던 그는 타워의 돌 기초를 거의 완성했다. 그는 이모들이 조카를 호평해 주기를 바란다는 것을 알고 있었다.

「저 친구들(나의 외삼촌들을 가리킴)은 젊은 조카가 머릿속에서 무엇을 생각하고 있는지 잘 몰라요. 어쨌든 그들은 나중에 조카를 우러러보게 될 거요……. 어쨌든. 나무 타워는 절대로 돌 기초를 쓰러뜨리지 못해요.」 티모시는 설계 도면보다 더 단단하고 깊게 기초를 쌓았다. 그는 훌륭한 석공이었고 씩씩한 웨일스 사람이었다. 정말 그랬다. 어쨌든.

타워가 점점 올라가면서 일꾼들은 불안해했다. 그래서 바람이 불어오면 일을 하다 말고 땅으로 내려오기도 했다. 하지만 타워 꼭대기에 설치할 바퀴를 마침내 공중으로 올려 자리를 잡았다. 타워는 바람이 불 때마다 몇 인치씩 흔들렸는데 그건 당연한 일이었다. 이 〈흔들림〉은 일꾼들을 불안하게 만들었다. 몇몇은 이런저런 핑계를 둘러대며 현장을 떠났다. 이 작은 타워의 꼭대기까지 올라가서 밑을 내려다보면 정말 아득했다. 타워는 언덕 꼭대기에 우뚝 서 있었기 때문에 거기에 올라가면 인근의 계곡이 환히 내려다보였다. 타워는 너무 우뚝 솟아 있기 때문에 당연히 거기 올라가면 현기증을 느낄 수밖에 없었다.

나는 딱 한 번 현장을 방문하여 일이 제대로 되어 가고 있는지 또 널판을 네 기둥의 내부와 외부에 못으로 단단히 고정시켰는지 확인했다. 기초 부분에 대해서는 티모시를 믿어도 될 것 같았다.

알고 보면 그것은 단순한 구조물이었다. 그 나무 타워는 나무들과 마찬가지로 땅에 깊숙이 뿌리를 내리고 있었다. 타워는 번쩍 들어서 뽑아 버리지 않는 한, 결코 쓰러지지 않는다. 또 타워를 통에 비유했지만 아무튼 그 통을 깨트리는 것은 불가능하다. 그 통이 쓰러진다고 생각하는 사람은 차라리 통을 깨트려 보는 게 더 좋을 것이다.

로미오와 줄리엣은 인근의 다섯 농장(외삼촌들의 농장)에서 잘 보였고 제인 이모의 거실 창문에서도 잘 보였다. 그 타워가 완공되고 나서 여러 달이 지났을 때 한밤중에 강한 남서풍이 불어왔다. 해가 뜨자마자 다섯 외삼촌은 두 이모의 집으로 달려와 손을 눈 위에 대고 이 타워를 올려다보았다. 타워는 끄덕 없이 서 있었다. 두 이모는 그때 이후 타워에는 아무 문제가 없다고 안심해 버렸다. 하지만 삼촌들은 계속 염탐을 했다. 강풍을 한 번 견딘 것만으로는 아직 안심되지 않는다는 듯이. 그 몇 년 뒤 로미오와 줄리엣을 세우는 데 크게 반대했던 토머스 외삼촌이 별세했다.

하지만 세월이 흘러가도 불신의 대상 — 전 세계 어디서나 새로운 아이디어는 이런 의심의 대상이 된다 — 인 저 우뚝한 전망대는 여전히 인근의 농장들을 내려다보고 있다. 강풍이 그 후 여러 번 불어왔으나 타워는 끄떡 없이 견뎌 냈고 회의론자들은 다음에는 하면서 속절없이 기다려야 했다. 타워가 폭풍을 견뎌 낼 때마다 외삼촌들은 이모네 집을 찾아왔다가 공연히 머리만 흔들어댔을 뿐이었다. 시공 업자이자 건축에 대해 좀 안다고 하던 크레머도 준공 10년 뒤에 사망했다. 석공 티모시도 시공 업자의 뒤를 이어 신비로운 〈어쨌든〉의 나라로 갔다. 생애 후반 미국으로 건너와 어눌한 영어를 쓰며 살았던 티모시. 저 세상을 가리키는 말로 〈어쨌든〉처럼 좋은 말이 따로 있으랴.

이어 제임스 외삼촌이 별세했다. 그는 영웅처럼 씩씩하게 세상을 떠났다. 남은 동생 셋이서 밤을 새우며 임종을 지켜보았다. 방앗간을 했던 존 외삼촌도 그 몇 년 뒤 사망했다. 그보다 또 몇 년 뒤에 — 언덕 위의 타워가 지어진 지 25년 정도 되어 — 로이드 존스 가문의 두 딸도 사망했다. 하지만 그들이 지은 타워는 아직도 그 언덕 위에 서 있다. 역시 그 타워를 미덥지 않게 생각했던 필립 외삼촌은 아주 나이 많은 노인이 된 후 도시로 이사 갔다. 그 몇 년 뒤 젠킨 외삼촌이 세상을 떴다. 그 후 애너의 막내 동생인 에노스 외삼촌만이 평소 습관대로 바람이 많이 분 다음 날 아침이면 문 앞에 나와 손바닥으로 눈에 그늘을 드리우며 밤새 타워가 안녕한지 확인했다. 하지만 그 외삼촌마저도 이제 도시로 이사를 가서 아무도 타워의 안전을 확인하지 않게 되었다. 만약 지난 오랜 세월 동안 타워가 쓰러지기라도 했다면 그들의 불신은 정당화되었을 것이고, 타워를 설계한 건축가에게 준엄한 심판을 내렸을 것이다.

이제 풍차 타워 — 〈로미오와 줄리엣〉 — 가 햇빛 속에 사랑스러운 밸리 지역을 내려다보며 언덕 위에 자리 잡은 지 35년 가까운 세월이 흘렀다. 이 구조물의 창조자인 나는 지금 창문 곁에 서서 풍차의 바퀴가 나뭇잎 사이에서 빙빙 돌아가는 것을 상상하며 올려다보던 넬 이모처럼 나이를 먹고 또 머리도 백발이 되었다. 나는 이곳 탤리에신에서 그 풍차를 올려다볼 때면 깊은 감회에 잠긴다. 아무튼 당시로서는 획기적이었던 그 타워는 지금도 정정한 모습으로 서 있고 밸리 일대 어디에서나 잘 보인다. 이처럼 오랜 세월 잘 봉사해 온 저 구조물을 이제는 철거해야 할까? 아니면 나도 언젠가 그렇게 될 것처럼, 스스로 수명을 다하여 쓰러지도록 내버려 두어야 할까? 현재로서는 타워도 나도 곧 쓰러질 것 같지는 않다. 타워는 세월의 풍상을 뒤집어썼고 나는 이제 백발노인이 되었다. 하지만 언젠가 저 구조물이 쓰러지면 이렇게 말하는 사람이 있을지도 모른다. 「봐라, 마침내 쓰러졌다. 언젠가 그렇게 될 거라고 하지 않았냐!」 하지만, 아니다. 로미오와 줄리엣은 아주 오래오래 버티다가 이 세상을 떠날 것이다.

로미오와 줄리엣을 시공하던 시점에 중서부의 프레리 *prairie*(초원 지대)에 〈힐사이드〉 공사가 진행되었다. 이때 지어진 건물들은 나중에 〈중서부의 새로운 학파 *The New School of the Middle West*〉라는 이름으로 알려지게 되었다.

당시 나는 미국 전역의 사무실 건물에 프리즘-유리를 설치하는 일을 맡은 컨설팅 엔지니어, 럭스퍼 프리즘 회사와 계약을 맺은 덕분에 작업실을 하나 차릴 수가 있었다. 나는 그 작업실을 스튜디오라고 불렀다. 작업실은 애들러와 설리번 건축 사무소에 근무할 때 맺은 5년 계약 덕분에 지은 자그마한 오크 파크 집 바로 옆에 있었다.

집과 사무실을 연결하는 통로에는 오래된 버드나무가 여전히 서 있었다. 나는 그 나무의 기둥을 그대로 둔 채 물샐 틈 없이 단단하게 스튜디오의 지붕을 설치하여 나무가 자랄 수 있게 배려했다. 그 오래된 나무는 여름이면 우리 사무실 안에 시원한 그늘을 드리워 주었다. 나는 그 스튜디오 위에서 양팔을 크게 벌린 것처럼 늠름하게 서 있는 그 초록빛 나무를 사랑했다. 그 인근의 건물 전체를 그 나무 잎사귀로 뒤덮을 수만 있다면 기꺼이 그렇게 했을 것이다. 그 건물들은 너무 겉치레가 심했다.

나는 이 스튜디오에서 약 서른 명의 남녀 조수들과 함께 중서부의 프레리에 세울 건물의 도면을 설계했다. 당시 내가 지은 건물은 그 후 미국 북부, 북서부, 남서부, 서부 등에 들어선 건물에 커다란 영향을 미쳤다. 제도실이 이처럼 가정집 가까이 있었기 때문에 내 아이들은 곧 신발 뒤축에 제도용 압핀을 달고 다니게 되었다. 마침내 내 직장은 내 집과 나란히 있게 되었다. 나는 밤늦게까지 일

윌리엄 윈슬로 저택, 일리노이 주 리버 포리스트, 1893. 투시도, 아트지에 세피아 잉크, 12×5.

하다가 곧장 침대 속으로 들어갈 수 있었다. 또 섬광처럼 떠오르는 아이디어 때문에 잠을 이루지 못하는 밤이면 벌떡 자리에서 일어나 집과 직장을 이어 주는 통로를 통해 스튜디오로 달려갈 수 있었다.

애들러와 설리번 건축 사무소에 다니던 시절, 나는 오크 파크에서 시카고까지 기차로 출퇴근하면서 시카고의 프레리에 세워진 전형적인 미국 주택들을 많이 보았다. 그것은 한마디로 〈모노고리아〉[9]였다. 프레리에 세워진 집들은 하나같이 똑같았다. 명시적이든 묵시적이든 자연에 대해 깊은 믿음을 가지고 있던 나는 그 집들이 자연하고는 아무 상관이 없다는 생각을 했다. 자연스러운 건축이라는 관점에 비추어볼 때 그 집들은 전혀 자연스럽지 않았다. 그러면 어떻게 지어야 자연스러운 집이 될 것인가? 서서히 아이디어가 내 머릿속에 떠오르기 시작했다. 나는 독립 건축가가 되어 집을 하나 지을 때마다 지난번과는 다른 집을 지으려고 애를 썼는데 곧 기회를 잡게 되었다. 또 시카고 주택들의 허례허식을 간파하고 좀 더 실용적인 집을 지었으면 하고 생각하는 사람이 나 하나만이 아님도 알게 되었다.

9 *monogoria*. 볼품없이 천편일률적으로 통일되어 있다는 의미이다.

그럼 내가 프레리에서 보았던 집들은 무엇이 문제인가? 내가 무명 건축가 시절에 보고 느꼈던 모노고리아에 대한 대안이 이제 경험 있는 건축가의 비전 속에서 뚜렷이 구체화되었기 때문에 그것에 대해 말해 보겠다.
  기존의 집들은 모든 것에 대해 〈거짓말〉을 하고 있었다. 우선 그러한 집에는 유기적 통일성이 없었고, 자유로운 국가에 사는 자유로운 사람들이 누려야 마땅한 공간 감각이 결여되어 있었다. 그저 기존에 있던 것 — 그것이 무엇이든 간에 — 을 답답하게 고수하고 있었다. 소위 〈집들〉이라는 것에서 집을 아예 제거한다면 풍경이 훨씬 좋아질 것이고 분위기도 한결 살아날 것이었다. 그것은 빛과 공기를 들이기 위해 구멍을 숭숭 뚫어 놓은 하나의 상자였다. 사람들이 자연스럽게 출입하기에는 너무나 보기 흉한 상자였다. 게다가 지붕이라는 것은 하나같이 박공을 설치하여 역시 보기 흉했다. 게다가 주택의 내부는 〈소목〉이 다 알아서 처리했다. 그래서 옛날에 시공 업자들은 간판에 보통 〈대목과 소목 Carpenter and Joiner〉이라고 썼다. 주택 내부 중 소목이 손대지 않고 평평하게 내버려 둔 곳은 바닥뿐이었는데 주부들은 여기에 대체로 양탄자를 깔았다. 바닥에는 기둥이나 플라스터[10] 장식물을 설치할 수 없었기 때문에 평면 처리했던 것이다.
  오크 파크에서 건축가 생활을 시작한 나는 당시 매너리즘의 늪에 빠져 있던 다른 건축가들과는 정반대의 입장에 서 있었다. 그들은 〈자연은 온 세상을 혈연관계로 만든다〉라는 명제를 믿지 않았다. 반면에 나는 자연스러운 것이 가장 좋다는 생각을 갖고 있었다. 그러다 보니 그들이 지은 주택 단지는 내가 본 것들 중에서 가장 형편없는 건축물이었고 미학적 수준으로 보아도 역사상 최하였다. 그 주택에서 볼 만한 것이라고는 난방, 배관, 전기 조명뿐이었다.
  따라서 건축물의 단순성을 새롭게 정립하지 않으면 안 되었다. 〈단순성 simplicity〉이란 곧 〈유기성 organic〉이라는 사상을 정립하자마자 나는 윈슬로 저택의 설계를 맡게 되었다. 그래서 그 사상을 실천할 수 있게 되었다. 유기적

---

  [10] plaster. 석고 또는 석회 물, 모래 등의 성분으로 이루어져 마르면 경화하는 성질을 응용하여 벽, 천장 등을 도장하는 데 사용하는 풀 모양의 건축재.

단순성은 자연이라는 조화로운 질서 속에 의미 깊은 특징을 부여한다. 이렇게 볼 때 주위에 있는 모든 사물이 아름다움 그 자체인 것이다. 그 어떤 사물도 사소하지 않다.

내가 프레리를 본능적으로 사랑한 것은 그 엄청난 단순성 때문이었다. 나무들, 꽃들, 하늘, 이 모든 것이 단순하면서도 흥미로웠다.

프레리에서는 위로 조금만 올라가도 실제보다 커 보인다. 따라서 높이와 관련된 세부 사항은 아주 의미 있는 반면에, 폭과 관련된 것은 그렇지 않다. 프레리는 엄청나게 넓은 공간인데도 그것이 무의미하게 희생되어 있었다. 모든 〈공간〉이 일률적으로 가로 50피트, 세로 50피트로 분할되어 있었다. 아니면 그보다 적은 가로 25피트, 세로 25피트였다. 부동산 개발업자가 그런 식으로 분할하여 무제한으로 판매했다. 그리하여 이 광대하고 새롭고 자유로운 나라에서, 한군데에 〈웅크려 앉으려는〉 경향이 나타났고, 결과적으로 주택들이 서로 빽빽이 어깨를 마주 대고 비좁게 들어서게 되었다. 땅과 자연스럽게 소통하면서 옆으로 편안하게 퍼지려는 경향은 극도로 억제되었다. 게다가 자동차가 등장한 이래로 이러한 표준화 과정은 오히려 촉진되었다. 표준화에 역행하는 것은 경제적으로나 사회적으로나 용납될 수 없는 우둔한 짓으로 간주되었다. 나는 건물의 가로면 *the horizontal planes*, 그러니까 땅과 함께 나란히 달리는 면이 자연 친화적이고 건물을 땅에 속하도록 만든다고 생각했다. 그리하여 이 생각을 실천에 옮기기 시작했다.

여기서 잠깐 당시 시카고의 프레리에 세워진 주택들이 어떤 천편일률적 특징을 갖고 있는지 한번 살펴보자. 우선 집들은 모두 키가 크고 조밀하게 들어서 있었다. 날씬한 굴뚝은 집보다 더 키가 컸는데 지저분한 손가락이 하늘을 찔러 대는 형상이었다. 그 굴뚝 옆에는 그 못지않게 키가 큰 지붕창이 자리 잡았다. 지붕창은 정교한 장치로 그 자체로 하나의 온전한 건물이었다. 주 지붕에 자리 잡고 있어서 다락방에 있는 사람이 바깥으로 머리를 내밀어 숨을 쉴 수 있도록 〈도와준다〉는 것이었다.

프레리의 축축하고 끈적끈적한 흙을 파내고 주택의 밑바닥에 지하실을 만들었다. 이 축축한 지하실의 석벽은 언제나 지상으로 몇 피트 올라와 있고 거기에

윌리엄 윈슬로 저택, 일리노이 주 리버 포리스트, 1893. 투시도, 아트지에 세피아 잉크, 12×5.

반창(半窓)을 달아 놓았다.
 그리하여 표준 지하실은 둑처럼 약간 솟아올라 집 전체를 감싸안았고 집은 비유하자면 의자에 올라앉은 형상이었다. 이 지하실 위에 자리 잡은 2층 주택의 벽은 주로 나무였다. 이 나무 벽에는 물막이 판자를 댄 후 페인트칠을 하거나 아니면 널을 대고 도색을 했다. 주택의 벽은 이 두 가지 중 하나이거나 아니면 두 가지를 절충해서 벽의 윗부분에 가로로 테두리를 둘러 장식했다. 이렇게 과도하게 치장한 벽에 구멍을 뚫어서 큰 구멍에는 큰 고양이가, 작은 구멍에는 작은 고양이가 지나가도록 했다. 물론 채광과 환기를 위해서라는 목적도 있었다. 이 벽은 코니스[11] 혹은 까치발에 의해 아주 복잡한 지붕과 지붕창으로 이어졌다. 지붕 자체도 이런저런 물매와 화려한 박공으로 장식되어 있었다. 물론 비가 올 때 물을 흘러내리게 하고 다락방으로 사용하려는 의도도 있었다. 주택의 외관도 코너-판, 패널-판, 창문틀, 플린트(주춧돌)-블록, 벽면의 장밋빛 장식, 부채꼴 장식 등으로 요란했다. 당시 건축가들은 주택을 이렇게 짓지 않으면 〈스타일이 살아나지 않는다〉고 생각했다. 그 당시 이런 주택의 건설에는 실톱과 빙빙 돌아가

---

[11] cornice. 벽 윗부분에 장식으로 두른 돌출부.

는 선반이 커다란 역할을 했다.

집주인이 좀 경제적 여유가 있는 사람이라면, 모노고리아 주택의 코너타워를 촛불 11개 모양 돔, 첨탑, 도치된 형태의 순무, 무, 양파 등 자신이 좋아하는 야채의 형태로 마무리했다. 거기에 정교한 퇴창과 화려한 현관이 서로 제 모습을 뽐냈다. 이런 것이 당시 크게 유행했고 시공 업자들은 벽돌이든 돌이든 자재를 가리지 않고 이 특징에 맞추어 시공했다. 아무튼 건축에 관한 한 공평한 사회였다. 당시 모든 건축 자재가 다 비슷해 보였다.

헛간의 대소동이 음악이 아니듯이, 이 쓰레기 더미는 결코 단순함의 미학이 아니었다. 하지만 기존의 건축가로서는 여간 일하기 편한 것이 아니었다. 그는 제도사를 불러서 이렇게 소리치기만 하면 되었다.「이봐, 37호 주택의 도면을 꺼내서 퇴창을 하나 집어넣도록 해. 여주인이 그걸 원한다고 하니까.」

새로운 주택을 짓기

새로운 주택을 지으면서 첫 번째로 해야 할 일은 다락방과 지붕창을 없애고, 그 밑의 쓸데없는 〈높이〉를 제거하는 것이었다. 그다음에 보기 흉한 지하실을 완전히 제거하는 것이었다. 프레리에 짓는 집이라면 그런 지하실은 불필요했다. 마치 〈최후의 심판〉을 가리키는 듯한 날씬한 벽돌 굴뚝들 대신에, 굴뚝은 하나만 있으면 충분했다. 약간 기울어진 지붕이나 평평한 지붕 위에 넓게 자리 잡은 굴뚝이 하나만 있으면 되었고 정 필요하다면 두 개까지는 허용할 수 있었다. 실내에 설치할 대형 벽난로에는 실제로 불을 피울 것이기 때문에, 외부에 이런 큼지막하면서도 키 낮은 굴뚝이 필요했다. 그 당시 실용적인 벽난로는 아주 이례적인 개념이었다. 대신 맨틀*mantel*이 있었다. 맨틀에는, 대리석으로 만들어 석탄 몇 개를 놓고 불을 피우는 것과 벽에 형식적으로 설치한 벽난로 형태의 목재 가구로 그 주위에 타일을 댄 장식물이 있었다. 이것은 조금도 안락한 생활에 도움을 주지 않는 시설이었다. 따라서 내가 프레리에 짓게 될 주택에서 벽난로는 아주 중요한 필수 품목이 될 터였다.

집 안의 석조 시설 깊숙한 곳에서 타오르는 불을 보는 것은 거주자에게 여간 안온함을 주는 것이 아니다.

인간의 평균 키가 나의 〈신체 치수〉와 비슷하다고 보고, 집의 높이를 5피트 8인치(173센티미터)인 사람에 맞추어 낮게 했다. 인간의 신체 치수를 제일 중요한 지표로 삼아 최대한 실내 공간을 옆으로 넓혀 시원한 느낌이 들게 했다. 그래서 이런 말이 생겨났다. 만약 내가 3인치만 더 컸다면(내 키는 5피트 8.5인치였다), 내가 지은 집의 비례가 많이 달라졌을 것이라고. 아마 그럴지도 모른다.
　집의 벽은 낮은 승강대(昇降臺)처럼 보이는 돌 혹은 시멘트 물받이[12]에서 시작되어 2층 창문의 밑창에서 끝났다. 이렇게 해야 침실의 창문을 완만한 물매를 가진 지붕의 바로 밑까지 연이어 설치할 수 있었다. 이렇게 한 것은, 새로운 집에서는 벽이 외부의 빛, 공기, 아름다움을 차단하지 않도록 하기 위해서였다. 기존의 집의 벽은 상자의 일부분이었고 몇 개의 구멍을 뚫는 것만 허용되었다. 내가 윈슬로 저택을 설계할 때에는 이런 벽의 개념이 일부 남아 있었으나, 그 후에 나의 구상은 바뀌기 시작했다.
　내가 생각하는 벽은 상자의 한 면이 아니었다. 벽은 폭풍이나 혹서에 대비하여 거주자를 보호할 수 있는 공간이어야 한다. 또한 외부 세계를 주택 안으로 끌어들이고 또 주택 내부를 외부로 향하게 도와주는 공간이어야 한다. 이런 의미에서 볼 때 나는 기존의 벽의 개념을 완전히 파괴하고 그 대신 스크린 *screen*과 같은 역할을 하는 벽을 생각하고 있었다. 그렇게 한다면 벽은 새로운 공간을 열어 줄 수 있을 터였다. 앞으로 건축 자재가 발달한다면 구조물의 안전성에 위협을 주지 않고도 벽의 공간을 자유롭게 사용할 수 있으리라 보았다.
　시카고 프레리의 기후는 변덕이 심해 혹한과 혹서를 오가며 고온다습하고 날씨가 어둠침침했다 다시 맑게 개이는 일이 잦았기 때문에 나는 지붕의 주택 보호 역할을 크게 강조했다. 그래서 코니스를 당초 목적에 맞도록 설계했다. 지붕 돌출부의 아래쪽은 평평하게 하고 또 밝은 색깔을 써서 반사된 밝은 빛 덕분에 방의 윗부분이 어둡지 않게 배려했다. 돌출부는 두 가지 용도를 갖고 있었다. 하나는 주택의 벽을 보호하는 것이고 다른 하나는 2층의 방들에 반사된 빛을 확산시키는 것이었다. 물론 빛의 확산은 벽의 자리를 대신 차지한 〈빛의 스크린〉, 즉 창

---

12 *water-table*. 바람벽에서 튀어나온 물받이 돌림띠.

문을 통해 가능했다.

이 당시 나는 집을 이렇게 생각했다. 넓은 보금자리 아래 마련된, 안락하게 살 수 있는 실내 공간. 나는 건물의 외관에 〈보금자리〉라는 느낌이 나도록 하는 것을 좋아하며 이 생각은 지금도 변함이 없다.

이어 당시 몰취미하게 남용된 요소들을 제거하기 시작했다. 잡다한 건축 자재 대신에 하나의 자재를 썼고 지표에서 처마에 이르기까지 평면을 구사했다. 나는 이 평면을 내부와 외부가 소통하는 스크린의 개념으로 생각했고, 2층 창문 주위에 단색의 띠를 둘러 처마 바로 밑의 천장까지 둘렀다. 이 스크린 밴드는 처마의 아랫면에 들어간 것과 똑같은 자재로 만들었다(건축가들은 이 아랫면을 소핏*soffit*이라고 부른다).

지표와 평행하게 달리는 건물의 면들*planes*은 대지와 소통하는 기능을 하기 때문에 특히 강조했다. 나는 이 평행하게 달리는 면을 처음부터 3차원의 면*the plane of third dimension*이라고 불렀다. 이 용어는 아주 자연스럽게 생겨났는데 실제로 더 넓은 공간을 창출한다는 의미에서 3차원적인 것이었다.

때때로 나는 2층의 스크린 밴드 밑의 스크린을 지표까지 내려서, 훌륭한 석재로 된 〈징두리 벽판*wainscot*〉으로 처리했다. 이 석재를 기초 부분에 설치된 시멘트 혹은 돌 〈승강대〉 위에 놓았다. 나는 경제적 여유가 있는 고객들에게는 이런 고급스러운 석재를 사용하도록 권유했다.

형태를 살리기 위해, 석재 기부(基部) 혹은 물받이를 기초 벽 위에 설치했다. 이것은 건물의 시공을 〈가시적으로〉 준비하는 첫 단계였다. 이렇게 하기 위해서 벽의 샛기둥*studs*을 기초 벽의 윗부분으로 나오게 하는 것이 아니라 안으로 들어가게 했다. 출입문과 창문의 높이는 이제 평균적 인간의 키 높이에 맞추어 안락하게 통일했다. 다락방을 없애 버리자 자연히 지붕의 높이가 낮아졌다. 주택은 이제 지표에 착 달라붙게 되었고 주변의 프레리 환경과 자연스럽게 소통하게 되었다.

당시 건축 업계에 막 진출한 젊은 건축가는 이런 주택이 그 당시 완전히 〈새로운〉 것이었다고 생각했는가? 그렇다. 그것은 완전히 새로운 것이었을 뿐만 아니라 파격이자 이단이었고 더 나아가 우스꽝스러운 돌연변이였다. 심지어 오늘날에도 그 집을 이상하다고 생각하는 사람이 있을 정도이다. 아무튼 그 집은 너무나 혁신적이었기 때문에 내가 그런 집을 지어서 생계를 유지할 가능성은 거의 없었다. 처음에 〈그들은〉 그 집을 〈외관 개혁〉 주택이라고 불렀다. 당시 사회는 그런 특별한 〈개혁〉에 흥분했기 때문이다. 이런 주택의 단순화 작업은 당시의 상자 형태의 주택에 익숙한 사람들에게는 〈개혁〉처럼 보였던 것이다.

그들은 이 새로운 주택을 온갖 이름으로 지칭했다. 하지만 〈수평 고딕〉, 〈절제 건축(경멸의 뜻으로)〉보다 더 좋은 용어는 결코 찾아 내지 못했다. 학계의 건축가들은 〈르네상스-일본풍〉, 〈부탄풍bhutanese〉 등의 경멸적 용어를 만들어 내기도 했는데 내가 어떻게 그런 비난으로부터 벗어날 수 있었는지 지금도 잘 모르겠다. 어쩌면 이런 생각을 하면서 견뎠는지도 모른다. 절충주의자는 언제나 절충주의만 생각하니까 신경 쓸 거 없어.

내가 위에서 설명한 것은 주로 〈외관〉의 변화였다. 하지만 그 변화는 결코 장식적인 목적을 위한 것은 아니었고 〈내부〉의 변화 때문에 불가피한 것이었다. 이 당시 주택을 지을 때 내부 공간을 이리저리 구획하는 커팅cutting 공정이 필수적이었다. 내부 공간은 상자 옆의 상자 혹은 상자 안의 상자로 이루어졌는데 그 상자를 통칭하여 방이라고 했다. 복잡한 상자 모양 외관에 내부마저도 상자 일색이었다. 주택의 〈기능〉은 곧 상자에서 상자로 통하는 것이었다.

나는 이런 구분이 무의미하다고 생각했다. 이러한 방의 분리는 예전의 형무소를 연상시키는 것이었다. 단 2층에 있는 침실의 프라이버시를 보장한 것은 그런대로 인정해 줄 만했다. 그것은 〈잠자는 상자〉로서는 합격점이었다.

나는 내부 공관의 획기적인 활용 방식으로서, 1층 전체를 하나의 방으로 선언해 버렸다. 주방은 따로 떼어 내 별도의 공간으로 처리를 했다. 하인들의 거주 구역도 1층 주방 옆에 별도로 만들었다. 그런 다음 이 커다란 방 하나에 적절히 스크린을 둘러 거실, 독서실, 응접실 등의 용도로 사용되도록 했다.

그 당시 이런 주택 설계도는 존재하지 않았다. 하지만 나의 고객들은 하인들의 까다로운 주거 문제를 해결하는 데 도움을 준다고 생각하여 이런 아이디어에 동의했다. 불필요한 문과 많은 칸막이도 사라졌다. 고객과 하인들은 이런 자유로운 공간을 환영했다. 주택의 〈공간〉이 더욱 자유로워졌고 살기에 더욱 편리해졌다. 확 트인 내부 공간이라는 개념이 생겨났다.

이렇게 하여 비좁은 집은 종말을 고했다. 문의 수도 줄어들었고 창문의 크기는 커졌지만 창문의 수는 줄어들었다. 창문과 문은 인간의 키 높이에 맞추어 낮아졌다. 이런 변화를 도입하자, 방의 천장도 벽 높이로 낮아졌다. 창문 위의 벽에는 수평의 넓은 플라스터 띠를 둘렀고, 방 천장과 같은 색깔로 통일했다. 이를 통해 천장을 창문 바로 위까지 끌어내릴 수 있었다. 창문 위에 이처럼 플라스터 띠를 두름으로써 천장이 확대되는 효과를 자아냈고 작은 방에서도 머리 위의 공간이 넓어지는 느낌을 주었다. 이러한 수단을 통해 실내 공간이 넓어졌다는 느낌을 주었고 또 실내 공간을 얼마든지 가변적으로 바꿀 수가 있었다.

바로 여기서 가변성 *plasticity*이라는 아주 중요한 요소가 도입되었다. 나는 기계를 성공적으로 사용하려면 이것이 필수적인 요소임을 꿰뚫어 보았다. 가변성과 실내 공간을 강조하기 위해 때때로 창문을 건물의 코너에 배치하기도 했다. 나는 여닫이창을 매우 선호했는데 그것은 외부와의 소통, 자유로운 개폐, 외부 지향성 등을 보여 주기 때문이다. 즉 여닫이창은 단순하고, 그 사용과 효과에 있어서 인간적이며, 무엇보다도 자연스러웠다. 만약 그런 창이 없었더라면 내가 일부러 만들어서라도 사용했을 것이다. 고객들은 그 당시 널리 사용된 내리닫이창을 원했다. 하지만 내리닫이창은 단순하지도 인간적이지도 않았다. 그건 편의만 내세웠을 뿐이었다. 나는 윈슬로 저택에 딱 한 번 내리닫이창을 설치했을 뿐 그 이후에는 결코 설치하지 않았다. 또 나무 트림[13]을 완전히 배제하지는 않았다. 대신 가변적인 것으로 만들었다. 다시 말해 그 당시 유행했던 것처럼 목수가 금방 뭉툭하게 만들어 낸, 그런 것이 아니라 가볍고 연속적인 흐름을 가진 것을 사용했다. 따라서 트림은 더 이상 목수가 만들어 낸 것처럼 보이지 않았다. 기계로 그런 가변적 트림을 만들어 내면 얼마든지 이런 〈절제된〉 효과를 살릴 수 있었다. 이런 가변적 트림은 노무자가 일을 조금 소홀히 해도 감춰 주는 효과까지 있었다. 그 당시 기계와 노동조합이 서로 대립하여 노무자의 사기를 꺾어 놓고

---

13 *trim*. 몰딩 따위의 장식재.

있었기 때문에, 이런 은폐 효과는 노무자에게 도움을 주었다.

　이 당시 기계 자원에 대한 인식이 아주 낮아서 제작소 사람에게 정확한 제작 지시를 내리려면 많은 도면을 그려야 했다. 어쨌든 트림은, 창, 문, 바닥 따위의 바로 위 벽을 장식하는 수평의 좁고 평평한 밴드로 고정시켰다. 방 전체의 벽 표면을 분할하는 수직의 가느다란 나무 밴드가 양 벽을 연결시켰고, 코너 — 외부의 코너 혹은 내부의 코너 — 주위에서 색면the color plane으로 접혔다. 이렇게 하여 트림은 동일한 가변적 방식으로 창과 문을 완성시켰다. 주택의 내부가 이처럼 구조적 공간이 아니라 가변적 공간으로 바뀌면서 프레리의 주택 건설에는 획기적인 요소가 도입되었다. 그것은 건축의 역사라는 관점에서 살펴볼 때 예전에는 없었던 요소였다. 이 가변성의 요소는 트림뿐만 아니라 기타 다른 것에도 활용되면서, 점점 더 커다란 파급 효과를 미치더니 마침내 예기치 못한 결과를 가져왔다. 그 자신을 스스로 조직하는 건축물이 등장한 것이다. 이런 새로운 주택이 여러 채 프레리에 들어섰을 때, 그 집에는 기존 주택의 여러 요소가 거의 배제되어 있었다. 하지만 이 새로운 주택은 프레리에 우뚝 섰고 입주자들은 편리하게 사용했다. 이런 변화를 반기는 것으로 보아 거의 모든 사람이 기존의 주택을 지겨워하고 있었음에 틀림없다. 지금까지 특정한 세부 사항을 지루할 정도로 설명해 온 것은 유기적 단순성의 이상이 미국에 뿌리를 내리기 시작했음을 보여 주기 위해서였다.
　이제 그 이상을 다음과 같이 간결하게 정리해 보고자 한다.

　첫째, 주택에서 불필요한 요소를 줄이고 분리된 방의 숫자를 최소한으로 유지하여, 모든 것을 통합함으로써 내부를 자유로운 공간으로 만든다. 빛, 공기, 조망이 내부 공간 전체에 스며들어 단일성이 살아나도록 한다.
　둘째, 주택을 인근 환경과 연결되어 있다고 생각하고 주택의 여러 면이 지표와 평행하게 달리도록 강조한다. 실내의 바닥을 부지로부터 떨어지게 해 주택의 용도와 직접 관련되게 배려한다. 이와 관련하여 확장된 수평 면과 길고 좁다란 수평 면이 매우 유용한 것으로 판명되었다.
　셋째, 집을 하나의 커다란 상자, 방을 상자 속의 상자로 여기는 개념을 철폐

한다. 모든 벽을 내부와 외부가 소통하는 스크린으로 만든다. 천장과 바닥이 이 스크린의 위아래를 따라 흐르게 한다. 공간의 구분을 가능한 한 최소화한다. 모든 공간 배분에 인간적 측면을 고려해야 하고, 구조상의 낭비 공간을 제거하고, 건축 자재에 어울리는 구조를 설정한다. 실내 공간 전체가 좀 더 감각 있고 살기에 편안해야 한다. 이를 표현하는 가장 좋은 단어는 리버럴*liberal*이다. 확장된 직선과 스트림 라인(연결 동선)이 이에 적합하다.

넷째, 보기 흉한 지하실을 땅 위로 완전히 올려 거주 공간의 낮은 받침대로 만든다. 기초 자체를 집이 들어앉는 낮은 석조 승강대 형태로 만든다.

다섯째, 내부와 외부로 소통하는 출입구를 인간적인 비례로 통일하고 건물의 전체적 구도에서 살펴볼 때, 자연스럽게 설치된 것처럼 조화시킨다. 이런 출입구는 벽이 아니라 빛의 스크린 형태로 만들고 그 위치는 코너를 돌아가는 부분에 둔다. 왜냐하면 새로운 주택의 건축 개념은, 방들이 배치된 벽과 이런 출입구와의 관계를 통해 적절히 표현되기 때문이다. 특히 방은 건축 개념을 표현하는 데 필수적 부분이다. 상자에 구멍을 뚫는 것처럼, 벽에 구멍을 뚫어서는 절대 안 된다. 그것은 가변성의 원칙을 위배하는 것이다. 벽에 구멍을 뚫는 것은 폭력이다.

나는 평면*flat surface*이 기하학적 가능성을 갖고 있음을 보았다. 이런 평면은 단순한 기하학의 가능성을 가진다. 이러한 절제는 상자의 한 면이 아니라 하나의 스크린으로서 평온함과 휴식의 느낌을 준다.

여섯째, 여러 가지 자재를 조합하여 건축하는 방식을 버리고 가능한 한 하나의 자재만을 사용한다. 자재의 질감에서 비롯되지 않은 장식 효과는 배제한다. 건물 전체의 외관을 명확하게 규정해 주거 공간임을 뚜렷이 표현하고 건물의 컨셉션(평온함과 휴식의 공간)을 살린다. 이 당시 공사 현장에 기계가 많이 동원되어 기하학적인 선과 직선을 아주 자연스럽게 살릴 수 있었는데, 따라서 내부 공간도 이런 직선의 특징을 갖는 것이 자연스러웠다.

일곱째, 난방, 조명, 배관 시설을 효율적으로 설치하려면 이런 기계적 시스템이 건물 공사에 꼭 필요하다. 따라서 이런 서비스 시설이 건축적 특징이 되었다. 이런 시스템을 설치할 때도 당연히 유기적 건축의 원칙을 적용한다.

여덟째, 각종 설비를 유기적 건축의 일부로 편입시켜 건물 전체와 조화를 이루게 하려면, 그런 설비를 기계 작업에 알맞게 간단한 구조로 설계해야 한다. 또다시 직선, 직선 형태, 기하학적 패턴이 강조된다.

아홉째, 실내 장식가를 배제한다. 그는 〈판박이 장식가〉로 당시 유행했던 화려한 장식만을 답습할 뿐이다. 유기적이지 않다.

유기적 건축이라는 관점에서 볼 때 위의 여러 원칙들은 합리적이다. 이런 원칙이 구체적으로 어떤 형태를 취할 것인가 하는 것은 나의 개인적인 문제이다. 이 당시 이런 원칙을 충실하게 구현한 기존의 건축물은 하나도 없었다. 하지만 이런 원칙은 내게는 아주 자연스러운 것이었고 당시 상황에서 필연적으로 생겨날 수밖에 없었다. 나는 이런 궁극적 〈형태〉가 장기적으로 가치 있는 것이 되리라고 확신했다.

이제 초창기에 내가 옹호했던 유기적 단순성의 문제를 살펴보자. 나는 곧 이 원칙에 공감을 나타내는 사람들이 있음을 발견했고 필요한 공조와 협력을 얻어낼 수 있었다. 그런데 수수함이 곧 단순함이라고 볼 수는 없다. 이것은 명백하다. 나중에 생겨난 로이크로프트-스틱클리-미션 스타일roycroft-stickley-mission style의 투박한 가구는 헛간의 문짝처럼 지나치게 수수했지만 결코 단순하다고 할 수 없었다. 또 기계로 만든 물건들이 그 자체로 단순하다고 할 수도 없었다. 나의 스승은 일찍이 이렇게 말했다. 〈생각한다는 것은 곧 어떻게 단순성의 효과를 낼 것인가를 궁리하는 것이다.〉 이것은 곧 어떤 목적에 일관되게 봉사해야 한다는 뜻이기도 하다. 이것이 바로 단순성의 비결이다. 다시 말해 이 세상의 사물은 그 자체로 단순성을 획득하는 것은 아니다. 어떤 것이 되었든 사물은 저 혼자 있을 때에는 단순성을 갖지 못하고, 어떤 유기적 전체의 한 부분으로 알맞게 들어가 박혀야만 비로소 단순성을 획득하는 것이다. 조화로운 전체 속의 조화로운 부분이 될 때 비로소 단순성에 도달하는 것이다. 탁 트인 들판의 야생화는 참으로 단순하다. 하지만 그 야생화를 꺾어다가 그 단순성의 효과를 두 배로 높이고자 한다면 단순성은 가뭇없이 사라지고 말 것이다. 들판이 당초 그 꽃을 통해 의도했던 효과가 불분명해졌기 때문이다. 들판에 지천으로 피어 있는 야생 백합이 단순해 보이는 것은 선명한 디자인과 완벽한 의미가 배후에서 작동하고 있기 때문이다. 〈그것들(들꽃)은 수고도 하지 않고 길쌈도 하지 않는다.〉[14] 이에 비해 솔로몬 왕은 〈수고도 하고 길쌈도 했으며〉 또 화려하게 차려입었을 것이다. 그리고 그가 지은 신전에 당시의 좋은 것을 모두 가져다 장식했을 것이다. 솔로몬은 당시의 〈근본주의자〉, 즉 〈교과서대로〉 하는 사람이었을 것이다. 그는 소위 〈취향〉을 갖고 있었을 것이고 아마도 기능주의자였을 것이다.

단순성

세 줄로 충분할 것을 다섯 줄로 주저리주저리 말한다면 그것은 용만(冗漫)이 된다. 3파운드만 있어야 할 곳에 9파운드가 있다면 그것은 비만(肥滿)이 된다. 그러나 말이나 글에서 의미를 강화하고 생생하게 해주는 표현적인 단어를 제거하는 것은 단순함이 아니다. 건축에서도 그런 표현적 요소를 제거하는 것은 단순함이 아니다. 그것은 대체로 어리석음이 된다.

   건축에서 표면을 표현적으로 바꾸는 것, 선을 강조하는 것, 자재의 결을 높이는 것, 상상력의 패턴을 만들어 내는 것 등은 건축적 진술(陳述)을 더욱 웅변적으로 만들고, 건축의 형태를 더욱 의미심장한 것으로 만든다. 따라서 삭제는 때때로 첨가 못지않게 무의미한 것이 될 수도 있다. 실제로 그런 일이 자주 벌어진다. 무엇을 어디에 어떻게 넣거나 혹은 뺄까. 이것을 제대로 아는 것이 단순성의 요체이다. 표현의 자유로 가는 지름길이다.

   주택 안에 있는 예술품들, 이런 것들은 새로운 주택의 초창기에도 이미 단순성을 방해하는 〈장애물〉이었다. 그렇지만 잘 선택한다면, 그러니까 주택의 전체적 분위기에 〈어울린다면〉 괜찮다. 고가구, 현대 건축, 그림, 도자기 등은 건축적 구도의 일부가 될 수도 있기 때문에 나는 그것들을 받아들여 전체적 구도 내에 포함시켜 도면을 작성했다. 이런 귀중품들은 주택에서 하나의 포인트로 작용

---

14 「마태오의 복음서」 6장 28절. 그 아래 이런 구절이 나온다. 〈그러나 온갖 영화를 누린 솔로몬도 이 꽃 한 송이만큼 화려하게 차려입지 못했다.〉

할 수도 있고 또 그런 것들로 인해 주택이 훨씬 우아하고 안락한 주거 공간으로 바뀔 수도 있다. 하지만 이런 온전한 동화(同化)는 쉬운 일이 아니다. 그것이 전체 가운데 한 부분이 되도록 디자인을 해야 하기 때문이다.

나는 건축주들에게 기존의 가구와 설비는 새로운 주택의 필수적 요소가 아님을 누누이 강조했다. 그런 가구들을 사용하려면 지금 붙박이로 짓고 있는 가구들과 조화를 이루어야 하고, 다른 곳에 두었다가 가끔씩 꺼내 써야 한다고 말했다. 그러나 건축주들은 새 건물이 완공되면, 기다렸다는 듯이 전에 가지고 있던 가구들을 실내 공간에 임의로 배치했다. 따라서 건축주가 입주한 새 건물치고 내게 고통을 주지 않은 주택은 별로 없었다. 그들은 〈구 질서〉에 속한 끔찍한 물건들을 주렁주렁 달고 왔던 것이다.

가구를 완전히 〈추상적〉 관점에서 디자인하는 것은 정말 어려웠다. 즉 건축으로 디자인하고 동시에 인간적인 용도에도 이바지하는 〈인간적〉 면모를 갖게 하는 것이 어려웠다. 나는 검은색과 푸른색을 선호했다. 어린 시절부터 이런 색깔의 가구를 친숙하게 접해 왔기 때문에 그런 취향이 평생 유지되었다.

인간은 집단을 이루어 살면서 앉거나 눕거나 각종 자세를 취하게 된다. 또 식사를 해야 한다. 그런데 주거 환경을 설계할 때 식당은 언제나 설계하기가 쉽고, 건축가가 예술적 재능을 멋지게 발휘할 수 있는 부분이다. 혼자 혹은 여럿이서 편안하게 앉아 있는 순간을 위해 공간을 적절히 배열하는 것은 전체 구도의 일부가 되어야 한다. 그러나 이것은 말하기는 쉽지만 달성하기는 어려운 과제이다.

이제 그것을 해낼 수 있고 또 해내야 한다. 왜냐하면 인간적 안락함과 편리함에 봉사하는 특성들이 통합적 관점에서 볼 때 전체의 일부로 녹아들어야 하기 때문이다. 이렇게 볼 때 보통 집의 물건 중 5분의 3을 내다버리면 집이 한결 쾌적해질 것이다. 하지만 이렇게 버린 물건들이 다른 집으로 흘러 들어간다면 그 집 역시 오염될 것이므로 차라리 아예 없애 버리는 것이 더 낫지 않을까?

하지만 〈디자이너〉의 변덕 때문에 인간적 용도와 편안함이 희생되어서는 안 된다. 실내 공간의 모든 측면은 인간적 용도와 편안함에 이바지해야 한다. 그런 안락함이 주택의 외부에서도 느껴져야 한다. 장식은 기능성을 더욱 높이고 더욱 안

빅터 메츠거 저택(계획안), 캐나다 데스바라츠, 1902. 투시도, 아트지에 수채 물감, 39×10.

락함을 주는 것으로 만들어야 한다. 안 그러면 장식의 특혜를 남용하는 것이다.

이러한 원칙이 새로 지은 집들에 적용되면서 층별(層別) 바닥 공간을 자유롭게 활용할 수 있게 되었고 쓸데없는 높이가 제거되어, 새로운 주택에 하나의 기적을 가져왔다. 자유의 느낌이 주택의 면모를 일신시켰다. 주택이 전반적으로 다른 모습을 갖게 되어 사람들이 한결 살기 편안해졌고, 인근의 환경과 잘 어울리는 자연스러운 분위기를 자아냈다.

다른 곳에서는 이런 원칙에 입각하여 지은 집들을 상상하기가 어려웠다. 프레리 하우스에 의해 전혀 새로운 공간 감각이 건축에 도입되었다. 건축은 이제 자유로 가는 길에 들어섰다.

이 새로운 가치가 전 세계의 건축에 도입되었다. 절제된 스트림 라인이 발휘하는 효과 덕분에 새로운 휴식의 느낌이 생겨났다. 약 30년 전에 주택 건축에서 개발된 이 스트림 라인과 단순한 표면이 이제는 증기선, 비행기, 자동차에까지 활용되고 있지만, 그래도 건축 자재, 환경, 인간의 주거 등과 관련된 분야에서 더 자주 활용되고 있다.

그러나 이것보다 더 중요하고 또 하나의 사상으로 더 큰 위엄을 획득하는 것은 가변성의 아이디어이다. 가변성은 유기적 건축을 획득하기 위한 구체적 수단으로 등장했다(가변성을 뼈대에 빗대어 설명해 보자면 그 뼈대에 살을 입히는 표현이라고 할 수 있다). 나의 스승이 말한 대로 〈형태는 기능을 따라가는 것〉이라면,[15] 그것을 구체적으로 표현할 수 있는 수단이 바로 가변성이었다. 그것은 벽과 기둥으로 인한 단절과 복잡성을 제거하여 연속적 표면을 유연하게 표현할 수 있는 유일한 수단이다. 이렇게 하여 오래전부터 세상에 있어 왔던 원칙이 건축술 안에 도입되었다. 나의 작업에서 가변성은 곧 〈연속성 continuity〉이다.

건축에서 가변성은 특정한 건축 사상의 표현이다. 이 사상이 건축 구조물에 도입됨으로써 엉성하게 〈연결되어 있던〉 인간 사회는 비로소 온전한 구조를 갖추게 되었다. 〈가변적〉이라는 이 마법의 언어는 리버 마이스터 루이스 설리번이 기존의 고루한 장식과 자신이 창조한 장식을 구분하면서 즐겨 사용했던 말이다. 이제 그것을 장식 분야뿐만 아니라, 그보다 규모가 큰 건물의 구조 분야에 적용해 보자. 부분에서 작동하는 원칙이라는 것도 따지고 보면 더 큰 전체 속에서 작동해야만 빛을 발할 수 있다.

가변성의 원칙에 입각해 형태가 기능을 따라가는 것이라면, 수직 기둥과 수평 들보를 아예 내던져 버리는 것은 어떤가? 들보와 기둥을 〈연결 기능〉으로 사용하지 않는 파격적인 아이디어는 어떠한가? 코니스도 사용하지 않고 고정 장식물도 건축의 〈특징〉으로 내세우지 않는다면? 벽기둥[16], 수평 부분, 코니스 같은 고정 장식을 없애 버리면? 이런 식으로 건물에서 아예 〈붙박이〉의 개념을 없애 버리는 것이다. 방의 구분과, 분리된 연결 부분을 없애는 것이다. 고전 건축은 이런 붙박이를 고정화시켰다. 하지만 현대의 건축, 특히 기계 시대의 건축은 그

---

15 스승은 루이스 설리번을 가리킨다. 건축사가인 폴 스프레이그 Paul Sprague는 〈형태는 기능을 따라가는 것〉이라는 말을 루이스 설리번이 처음 했다는 증거를 발견해 냈다. 설리번은 1896년 3월 『리핀코츠 Lippincott's』라는 잡지에 실린 「예술적으로 고찰해 본 고층 건물 The Tall Office Building Artistically Considered」이라는 기고문에서 그런 말을 처음 사용했다 — 원주.

16 벽면에 드러나게 만든 장식용 기둥.

래서는 안 된다. 벽, 천장, 바닥을 서로 보완하는 통합적 부분으로 통일해야 한다. 이것들의 표면이 서로에게 스며들어 전체 속의 연속성을 성취하게 하고 그리하여 고정된 혹은 고착된 특징을 제거해야 한다. 루이스 설리번이 전체 속에서 통합성을 달성하기 위해 장식의 배경을 제거한 것이 그 구체적 사례이다. 이러한 이상이 구체적 결과를 낳기 시작했다. 식물이 토양 속에서 자라나 그 자체로 자유로운 존재가 되듯이, 나무가 〈자연에 따라 삶을 살아 나가듯이〉 건물도 주변 환경으로부터 자연스럽게 성장한다는 사실을 인식하게 되었다. 건물은 자연 속에 우뚝 선 나무처럼 위엄을 갖추게 되었다.

문화적 이상

이제 나는 기계 시대의 건축을 위한 이상, 〈미국적〉 건물의 이상을 제안하고자 한다. 내 머릿속에서 그것은 나무의 모습을 하고 있다. 그것은 말하자면 상상력을 이끌어 내자는 간절한 호소이다. 결코 나무를 흉내 내야 한다는 뜻은 아니다.

가변성

일반적인 것에서 구체적인 것으로 차근차근 나아가면서 건축의 가변성이라는 개념이 나를 사로잡기 시작했고 위력을 발휘했다. 나는 흥미롭게 그런 발전의 과정을 지켜보았고 그런 발전이 불러올 결과를 예감할 수 있었다. 가령 허틀리, 마틴, 히스, 토머스, 토맥, 쿤레이 저택과 기타 다른 주택들이 그 구체적 사례이다.[17] 옛날 건축의 문법은 이제 문자 그대로 사라져 버렸다.

마치 마법처럼 새로운 건축 효과가 발휘되기 시작했다. 가변성이라는 원칙 때문에 전혀 새로운 건축 사이클이 생겨났다. 단순함과 조화의 전망이 열리기 시작했다. 그것은 내게 너무나 아름답게 보였고 환희와 경이감을 안겨 주었다. 정말이다. 때때로 나도 모르게 감탄사를 연발했다.

나는 그 후 구체적 연속성이라고 설명할 수 있는 가변성에 집중했다. 건물을 지으면서 이상적 건축이라는 위대한 성과를 거두려고 노력하면서 이것을 하나

---

17 쿤레이 저택을 포함하여 여기에 열거된 저택은 모두 라이트의 작품이다.

의 실천적 원칙으로 삼았다. 모든 미학은 자연을 그 안에 내포하고 있다. 따라서 이런 미학적 이상이 건물의 실제 시공 과정에 반영되는 것은 당연한 일이다.

나중에 이런 사실도 발견했다. 구조적 연속성을 얻기 위해서는 기둥과 들보를 별개인 두 개의 사물로 내버려 두기보다는 하나로 통합해야 했다. 그러나 이와 관련하여 건축 기사들로부터는 별로 도움을 받지 못했다. 기사들은 그때까지 해 오던 습관에 의지해 건축물을 기둥과 들보 이렇게 두 가지로 환원한 다음 필요한 계산을 하고, 어디에 얼마만큼의 기둥과 들보를 설치해야겠다고 말하는 것이 일반적이었다. 나는 바닥과 천장이 서로 만나서 하나로 어우러지는 벽을 만들어야 한다고 주장했는데, 건축 기사들은 그런 것은 난생 처음 본다고 떨떠름하게 말했고, 자신들이 아는 건축 공식으로는 그런 연속성을 계산하지 못하겠다고 대꾸했다. 나는 3차원을 강조하기 위해 지표와 평행하게 달리는 면을 만들어 내고 싶었다. 그래서 나는 중앙을 집중적으로 지탱하는 외팔보 형태로 강화 바닥 슬래브*stiffened floor slab*를 고안했다. 외팔보는 말하자면 웨이터가 손에 든 평평하고 넓은 접시와 비슷한 것이었다. 건축 기사들은 처음에는 어리둥절해하다가 곧 그들의 공식을 가지고서도 충분히 이 연속성의 요소를 습득했다. 이렇게 하여 외팔보가 건축 디자인의 새로운 특징으로 떠올랐다. 외팔보 공법은 도쿄의 데이코쿠 호텔을 건설할 때 사용한 것인데 이 공법 덕분에 호텔은 1922년에 일어난 무서운 도쿄 지진[18]에서도 끄덕 없이 살아남을 수 있었다.[19]

---

18 라이트가 언급하고 있는 것은 1923년 9월에 일어난 지진이다. 그는 뒷부분에서 데이코쿠 호텔 건축 과정에 대해 이야기하면서도 이 연대를 1924년으로 기억하는 오류를 저지르고 있다 — 원주.

19 기둥과 들보의 고정된 형식을 없애고 그 대신 외팔보와 연속성이라는 파격적 형식을 도입한 것이 라이트 건축 철학의 특징이다. 라이트는 기존의 모든 건축물이 상자에 작은 구멍을 뚫어 놓은 답답한 형태에 지나지 않는다고 비판했다. 기둥과 들보를 없애면 건물의 네 귀퉁이를 마음대로 옮겨 놓을 수 있고 그리하여 내부 공간을 외부로 뻗어 나가게 할 수 있고 반대로 외부 공간을 내부로 들일 수가 있다. 기존의 건축에서 기둥 역할을 하는 대표적인 것이 벽인데, 외팔보 공법을 사용하면 이 벽을 스크린으로 전환시켜 어느 것을 짧게 하거나 혹은 넓게 하고 아예 빼버리거나 없앨 수 있다. 이렇게 하여 그는 고정(固定)을 강조하는 기존 건축에 대비되는 유동(流動) 즉 가변의 현대 건축을 탄생시켰다. 라이트는, 이처럼 공간이 외부로 혹은 내부로 향해 흐르는 유기적 건축은 공간을 확장시키는 효과를 가져와 소위 3차원을 만들어 낸다고 보았다. 그는 기계 시대의 특징으로 새로운 자재, 가령 철강과 유리를 건축물에 사용하게 됨에 따라 이런 표준화 자재 덕분에 연속성의 성취가 더욱 용이해졌기 때문에, 더욱더 가변성의 원칙으로 나아가야 한다고 주장했다. 그는 일본 체재 시절 노자의 『도덕경(道德經)』에서 〈건물의 실

C. 덱스터 쇼 저택의 리모델링, 캐나다 몬트리올, 1906. 투시도, 아트지에 수채 물감, 15×8.

그리하여 새로운 미학은 아름다울 뿐만 아니라 실용적임이 입증되었다. 이제 고강도 강철이 주는 경제적이고 과학적인 안정성이 건축물에 도입되기 시작했다. 당시 프린스턴 대학의 베그스 교수는 일련의 실험을 통해 가변성의 미학적 혹은 예술적 이상이 가치 있는 것임을 증명했다. 말하자면 가변성이 빌딩 건축에 있어서 〈연속성〉을 담보해 주는 구체적, 실용적 수단이라는 것이었는데, 나는 이미 그런 원칙을 공사 현장에서 적용하고 있었다. 곧 여러 실험을 통해 필요한 공식이 확립되었다. 구조적 연속성이 건물 디자인의 연속성으로 작용하면서 새롭고 귀중한 경제 원칙으로 확립되었고, 건축 그 자체를 안정시키는 효과를 가져왔다. 또한 대갈못 대신에 용접이 도입되어 이런 효과에 일조했다. 하지만

체는 사방의 벽과 지붕에 있는 것이 아니라 그것들이 둘러싼 살기 위한 공간에 있다〉(제11장)라는 부분을 읽고 더욱 자신의 건축 철학을 확신하게 되었다.

이것은 우리의 이야기를 너무 앞지르는 것이 된다.

자재의 성질

가변성의 원칙으로부터 또 다른 원칙이 도입되었다. 실제 건축에서 일관성을 지키고 또 현장에서 제대로 그 원칙을 적용하기 위해서는 가변성을 새로운 감각 이외에 자재의 과학적 연구를 통해 뒷받침해야 했다.

　강철, 유리, 철근 콘크리트 등은 분명 새로운 건축 자재이다. 만약 이런 자재가 고대에도 존재했다면 오늘날 〈고전 건축〉이라는 것은 개념조차 없었을 것이다. 이렇게 볼 때 건축 자재의 성질에 관한 문헌을 문명사회에서 찾아볼 수 없다는 사실은 놀라운 일이다(이것은 아마 독자도 마찬가지일 것이다). 나는 자재의 성질을 연구하면서 그것을 새롭게 〈보기〉 시작했다. 벽돌은 벽돌로, 나무는 나무로, 콘크리트, 유리, 금속은 각각 콘크리트, 유리, 금속으로 보았다. 이렇게 말하기는 좀 그렇지만, 그것은 상당한 정신 집중을 필요로 했다. 각각의 자재는 다르게 다루어야 했고 그 성질에 알맞은 특별한 용도를 갖고 있었다. 어떤 자재에 적합한 디자인이 다른 자재에는 어울리지 않았다. 〈유기적 가변성〉이라는 단순함

다윈 D. 마틴 저택, 뉴욕 주 버펄로, 1904.

의 이상에 비추어보면 자재에는 저마다 고유한 디자인이 필요했다. 따라서 자재의 성질을 무시하거나 오해한다면 유기적 건축의 개념은 애당초 성립될 수 없다. 어떻게 해야 유기적 건축을 이룩할 수 있을까? 완벽한 상관관계가 제1 원칙이다. 통합 혹은 〈유기성〉이라는 용어는 이런 의미이다. 부분은 어떤 실용적(혹은 생활에 도움이 되는) 목적을 추구하는 전체와 자연스럽게 관계를 맺을 때 비로소 가치를 갖게 된다. 나의 스승은 디자인을 할 때, 벽돌, 돌, 나무, 주철(鑄鐵), 연철(鍊鐵) 등의 옛 자재를 모두 하나의 수단으로 생각했고 풍부한 상상력을 발휘하여 감각 있는 장식을 만들어 냈다.

 스승에게 모든 자재는 그의 꿈을 빚어내는 하나의 수단이었을 뿐이다. 나는 스승을 모시면서 스승의 그런 작업에 기뻐했던 때를 회상하면 슬그머니 부끄러워진다. 아무튼 이런 새로운 생각을 거듭하다 보니 그러한 발상을 실현하는 데 필요한 도구들에 대해 새로운 시각을 갖게 되었다. 당시 어떤 도구들이 사용되고 있었는가? 대부분 자동 기계가 사용되었다. 상업화된 대규모 공장에서 자재를 만들 때 석면기*stone planer*, 목면기*wood planere*, 몰딩기*molding shaper*, 다양한 선반, 전기 톱 따위를 사용했다. 상업화된 〈숍〉에서는 금속 절단기, 거대한 프레스(압착기), 가위, 몰딩기, 압연기 등을 써서 자재를 만들었다. 주철소와 제철소에서는 다양한 크기의 주철과 강철을 만들어 냈다. 하지만 이런 기계들은 루이스 설리번의 흥미를 끌지 못했다. 스승은 그것을 당연하게 여겼는지도 모른다. 하지만 이처럼 금속을 누르고, 잡아당기고, 펼 수 있다는 것은 얼마나 대단한 자원인가! 그것은 구 질서에 일대 타격을 가했다. 이러한 변화는 노동조합의 우산 아래 안주했던 콘크리트 믹싱공, 거푸집 제조공, 진흙 벽돌공, 주조공, 유리 제조공 등에게는 혼란 그 자체였다.

 이런 노동자들이 가입한 노동조합은 보다 규모가 큰 노동조합에 소속되어 있었다. 대단위 노동조합은 숙련된 기술과는 무관한 행정 단위일 뿐이므로 노동자들은 살기 위해서는 이런 조직에서 빨리 벗어나야 했다. 표준화는 이미 피할 수 없는 현실이었다. 표준화는 건축가에게 적이거나 친구이거나 둘 중 하나였다. 건축가는 양자택일의 기로에 놓였다. 선택 결과에 따라 사회에 유익한 기여를 하는 대가가 될 수도 있었고 사치스러운 기생자(寄生者)로 전락할 수도 있었다.

당시 건축가들은 잘 알지 못했지만, 이미 기계의 표준화가 모든 분야에서 수공업의 자리를 빼앗고 있었다. 당시 미국에서 유행했던 의고전주의 건축을 나는 조금도 존경하지 않았고 그것은 스승도 마찬가지였다. 스승을 만나기 전에도 그랬지만 그 후에도 강단 건축 *academic architecture*은 나의 관심사가 아니었다. 하지만 새로운 기계 시대의 질서를 반영하는 새로운 건축은 나의 관심을 끌었고 또 나를 괴롭혔다. 이제 새로운 건물을 지으려면 새로운 기술을 갖추어야 했다. 건물을 설계할 때 새로운 자재들을 잘 활용해야 하는 것은 필요조건이었고, 그런 자재를 만들어 내는 기계들이 좋은 물건을 만들어 내도록 신경 써야 했다. 이미 통합적 질서라는 개념을 확실히 정립했기 때문에 나는 숙련 기능공 일개 군단을 내 앞에 대령한다고 해도 그들을 고용할 생각이 없었다. 건축은 이제 커다란 이상을 실현하는 방향으로 움직여야 했다. 각 부분의 상관관계를 완벽하게 다스려서 통합적인 질서를 실현하는 것, 이것이 시대의 준엄한 요구였다. 따지고 보면 일의 성과를 높여 주고 결과를 확신시켜 주는 것으로서 이 원칙만 한 것도 없었다. 인간관계라는 것도 이런 원칙에서 벗어날 수 없다.

　기존의 건축에서 직선과 평면은 약점으로 인식되었지만 기계 시대가 도래하면서 장점으로 판명되었다. 강철은 분명 하나의 해방이었다. 강철은 거미에 비유할 수 있다. 강철이라는 거미에게 거미집을 짜게 하라. 강철이 유리를 촘촘히 얽어매어 그 완벽한 투명성으로 내부 공간을 보호하게 하라.

　이 풍요한 핵심 사상으로부터 다른 사소한 사상이 새 떼처럼 솟아올랐다. 그것들은 언제나 같은 방향으로 날았다. 하지만 비상할 때마다 좀 더 위대한 목표가 눈에 보였다. 이제 가시권에 들어온 그 목표에 대해 이야기하기 전에 이 〈자유〉로 가는 길 — 이미 30년 전의 일이지만 지금은 그걸 모더니즘이라고 부른다 — 에서 내가 겪었던 몇몇 반응에 대해 이야기하는 것도 흥미로우리라 생각한다.

반응

1893년 윈슬로 저택이 완공된 후, 무어 씨는 사람들의 조롱을 피하기 위해 뒷골목으로 다니면서 출근하고 싶은 생각은 없다며 그처럼 〈색다른〉 집은 싫다고 했다. 그리고 〈어제〉를 맹목적으로 추수(追隨)하는 은행가들은 그런 새로운 주택을 짓는 데 필요한 돈을 융자해 줄 수 없다고 버텼다. 그래서 초창기에 이 새로운 주택을 지으려면 건축주는 친구들에게서 사채를 빌려야 했다. 공사비 견적을 내기 위해 도면을 자재 공장 사람들에게 제시하면, 그들은 도면에 적힌 건축가 이름을 보고 도면을 둘둘 말아 도로 시공 업자에게 건네주면서 이렇게 말했다. 「난 골칫거리를 맡고 싶은 생각은 없소.」 시공 업자들도 도면을 제대로 못 읽기가 일쑤였다. 건물 공사에서 불필요한 부분을 과감히 생략해 버렸기 때문에, 도면은 기존의 것들과는 파격적으로 〈달랐다〉. 소규모 시공 업자들은 새 도면대로 공사를 하다가 파산을 하기도 했다. 그런데 이것이 문제였다. 자격 없는 시공 업자들이 천사들도 발 딛기 두려워하는 땅으로 뛰어들었고 그래서 제일 질이 떨어지는 시공 업자들을 데리고 일을 해야만 했다.

반면 건축주들은 그런 안타까운 상황을 옆에서 〈구경〉만 했고 자신들의 재정적 능력 이상으로 멋진 새 집을 지어 달라고 했다. 또 주택이 완공되어 입주할 때면 낡은 가구들을 달고 왔다. 이건 비극이었다. 왜냐하면 완벽한 통합을 목표로 하는 〈유기적 단순성〉은 모든 기존의 가구들과 피상적 장식을 거부했고 또 조명과 난방 장치를 주택의 건축적 요소를 삼았기 때문이다. 간단히 말하면 건축가는 가구를 전체 건물의 자연스러운 일부로 설계했던 것이다. 벽걸이, 양탄자, 카펫도 마찬가지였다. 그런 물건 — 건축주들이 임의로 가지고 온 엉뚱한 물건 — 은 건축가가 의도한 효과를 손상시켰고 문제를 야기했다. 건축가와 사전에 상의하지 않고 나무를 심는 것도 곤란했다. 가구와 그림도 마찬가지였다.

이렇게 되자 일거리를 찾던 실내 장식가들은 건축주를 방문했다가 건축가의 이름을 알게 되면 과장된 몸짓으로 모자를 벗어들며 작별을 고했다. 〈굿 데이〉라는 간단하면서도 냉소적인 말을 던지면서 떠나갔다. 굿 데이는 얼마 전까지는 〈굿 나잇〉을 의미하는 속어였는데 실내 장식가들은 〈날 샜네〉라는 뜻으로 그렇게 말했다. 새로운 주택의 건축주들은 호기심 혹은 존경의 대상이 되었다. 때때로 중도 노선을 표방하는 자기중심주의자로부터 조롱을 당하기도 했다.

새로운 건물을 짓는 것은 그야말로 새로운 경험이었다. 다른 자재를 선택하면 설계 구상 전체를 바꾸어야 했다. 당시 콘크리트가 널리 사용되고 있었다. 오크 파크의 유니티 교회는 세계 최초의 콘크리트 단일 건물이었다. 다시 말해 나무 거푸집에 콘크리트를 부어 넣어 지은 최초의 건물이었다. 당시에는 플라스터를 바른 집도 새로운 것이었다. 여닫이창은 그 어디에서도 볼 수가 없었다. 이처럼 많은 것들이 새롭게 도입되었다. 중력 법칙과 건축주의 개인적 취향 이외에는 거의 모든 것이 새롭게 시도되었다.

오크 파크 워크숍[20]은 곧 라킨 빌딩, 버펄로에 거주하는 D. D. 마틴과 W. R. 히스의 저택 설계 등을 수주했다.

기존의 건축 철학에 항의하는 건물들

라킨 빌딩은 기존의 건축계에 도전장을 던진 최초의 건물이었다. 오래전 엉클 댄이 유행할 것이라고 예측했던 의고전주의라는 무의미한 장식에 최초로 거세게 항의한 건축물이었다. 당시 미국은 건축에 관한 한 천편일률적으로 한심한 스타일을 답습하고 있었다.

라킨 빌딩[21]은 내부 공간을 보호하기 위해 벽돌로 외관을 벼랑처럼 만든 건물이다. 그 근처를 지나다니는 기차가 내뿜는 유독 가스로부터 빌딩을 보호하기 위한 조치였다.

여기서 이 구조물의 세부 사항을 자세히 거론한다는 것은 다소 지루한 일이 될 것이다. 라킨 빌딩에 대한 이야기는 유럽과 미국의 각종 건축 교과서와 잡지에 여러 번 소개되었으므로 그것을 다시 반복할 필요는 없으리라.

라킨 빌딩은 직선과 평면을 최대한 살리면서 벽돌과 돌을 사용하여 건축의 목적에 강력하게 이바지하는 효과를 획득했다는 평가를 받았다. 이러한 직선과 평면은 정기선(定期船), 비행기, 자동차 등에서도 원용될 수 있었다. 바로 이런 이

---

20 라이트의 건축 설계 사무소를 가리킨다.
21 라킨 빌딩, 뉴욕 주 버펄로, 1903 — 원주.

유 때문에 이 건물은 유럽 건축에 엄청난 영향을 미쳤다.

그 당시 우리 시대에 구현할 수 있는 아름다움의 특징과 기회를 나는 뚜렷이 보았다. 그때도 그렇지만 지금도 그 특징과 기회는 결국 하나라고 생각한다. 온 사방에서 쓰레기 같은 건축물이 세워지고 있었지만 그래도 거기서 커다란 기회를 보았다. 라킨 빌딩을 지을 당시 나는 반항하고 항의하는 건축가였지만, 이런 점도 분명히 인식하고 있었다. 즉 반항하거나 항의하면서 성공할 수 있는 유일한 길은, 건축이 기계 시대의 새 질서를 성실하게 인정하고 그것을 긍정적으로 확인하는 운동이 되어야 한다는 것이다. 나는 이런 사상을 라킨 빌딩에 담았다. 새로운 질서를 구현한 건축물을 온 세상에 보여 주고 싶었다. 하지만 시공 계약을 폴 뮬러가 따내고[22] 오크 파크 워크숍의 대형 제도판에 플라스터 실물 모형을 올리면서, 비로소 내가 원하던 구체적 표현을 찾을 수 있었다. 그러던 어느 날, 손에 잡힐 듯 말듯 하던 최후의 해결안이 한 순간 섬광처럼 떠올랐다. 나는 그다음 날 첫 기차로 버펄로 출장 가서 라킨사의 승낙을 받아 내려고 했다. 그 제안은 이런 것이었다. 3만 달러를 추가로 들여서 본체와는 완전히 독립된 계단 타워를 설치하자. 본체와의 소통이나 탈출구(脫出口)도 완전히 별도로 설치할 뿐만 아니라 환기 시스템도 완전히 독립된 그런 계단 타워를 짓게 해달라. 내가 구상하는 개성적인 건축의 면모를 구현하려면 그 정도의 돈이 든다. 자상하고 관대한 사람인 라킨 씨는 나의 요청을 승낙했다. 그렇게 하여 그 빌딩의 독특한 건축 구조가 탄생했다.

라킨 빌딩은 전체적으로 거대한 방화(防火) 구조물이었는데 아마도 그런 종류의 건물로는 사상 최초일 것이다. 모든 가구는 강철로 만든 붙박이 가구였다. 심지어 책상과 의자도 그랬다. 단 휴지통은 예외였다. 건물의 일부로 디자인하지 못한 것은 휴지통과 전화뿐이었는데, 이미 회사에서 그 두 가지 품목을 마련했기 때문이다.

당시 마그네사이트(菩土石)는 새로운 자재였다. 우리는 이것을 실험한 후 건

---

[22] Paul Mueller는 독일 태생의 엔지니어인데 라이트와 함께 라킨 빌딩, 유니티 교회, 데이코쿠 호텔을 건설했다 — 원주.

물 내부에 전체적으로 사용했다. 나는 많은 새로운 발명품을 고안했다. 공중에 매달린 칸막이, 자동으로 회전하는 책상과 의자, 벽에 설치한 화장실. 이런 것들은 청소를 용이하게 하고 건물의 기능을 원활하게 했다. 이 새로운 건축물은 완전히 실용 일변도였다. 만약 그렇지 않았더라면 그것은 또 하나의 감상주의였을 것이고 우리나라의 건축 문화를 그만큼 타락시켰을 것이다.

윗부분이 밝게 처리된 실내는 쾌적했다. 환하고 환기가 잘되는 곳에서 일하는 대가족 같은 분위기를 자아냈다. 또 중역의 자리는 실내 정중앙에 배치되었다. 맨 꼭대기 층은 식당 겸 온실이었고 아래층에서 올려다보면 양치식물과 꽃들이 보였다. 지붕은 벽돌을 깔아 놓은 오락장이었다.

중역들은 그 건물의 실용성을 인정했으나 라킨사 직원의 〈근본주의적〉 취향으로 볼 때 너무 실험적이었다. 라킨사 직원은 그런 많은 실험 사항들 — 일부 사항은 공사를 지연시키기까지 했다 — 에 심란해했다. 몇 가지 사소한 실수가 그들을 고민하게 만들었고 그리하여 그 건물이 너무 튄다고 생각하게 되었다. 라킨사 직원은 그 건물이 건축의 역사에서 차지하는 위상을 제대로 인식하지 못했다. 그래서 완공 후 몇 년 사이에 제멋대로 무의미한 변경을 가했다. 그들이 볼 때 그것은 회사 사무실 건물 중 하나였고 따라서 다른 건물처럼 취급해도 무방했다. 그들로서는 그렇게밖에 생각하지 못했을 것이다. 하지만 건축의 역사에 있어서 그 건물은 토머스 제퍼슨의 유해[23]를 관에 담아 영원히 매장해 버리는 영구차 역할을 했다.

오크 파크의 워크숍에 유니티 교회를 설계해 달라는 주문이 들어왔다. 당시 나는 스튜디오라는 말 대신에 워크숍이라는 단어를 선호했다. 이 무렵 나의 워크숍에 공모전에 출품해 달라는 초청이 쇄도했다. 하지만 그 프로그램이 아무리 매력적이라도 또 아무리 좋은 조건을 제시하더라도, 나는 공모전 참가를 일관되게 거부했다. 이것은 그때 이후 변함이 없다.

23 콜로니얼풍의 건축물을 의미한다.

유니티 교회(내부), 일리노이 주 오크 파크, 1904.

건축 공모전

세상은 건축 공모전을 통해 좋은 건물을 얻은 적이 없는데 그 이유는 이렇다.

첫째, 심사 위원들은 반드시 평균적인 사람들 사이에서 뽑힌다. 일정한 〈지지층〉이 심사 위원을 고르는 것이다.

둘째, 이런 과정을 거쳐 심사 위원으로 뽑힌 평균적인 사람들은 응모 작품 중에서 제일 좋은 것과 제일 나쁜 것을 먼저 솎아 낸다. 평균적인 사람들이 평균적으로 일을 하려면 이런 평균적 방법에 의존할 수밖에 없다.

셋째, 따라서 공모전은 평균을 위한 평균에 의한 평균에 속하는 작품 결정전이 된다.

넷째, 그 결과 공사가 시작되기도 전에 이미 시대에 뒤떨어진 건물이 선택된다.

건축에서 평범함이 민주적 이상이라면 이것은 아주 민주적 절차라고 할 것이다. 하지만 실제로는 그렇지 않다. 공모전은 경험 없는 청년이 〈프로젝트〉라는 미명 아래 습작을 해보는 기회에 불과하다. 게다가 분위기를 더욱 망쳐 놓는 것은, 공모전을 노리는 모든 건축가가 상금을 타기 위해 참여한다는 것이다. 따라서 심사 위원들의 평균적 편견과 취향을 십분 의식한 작품을 제출하지 않을 수 없다.

유니티 교회 당국도 처음에는 공모전을 열 것을 고려했으나 곧 그만두고 건설위원회의 위원들이 난상토론을 거쳐 나에게 발주하기로 결정했다. 어떤 강력한 개인이 〈운영〉하지 않는 한, 위원회는 대체로 아주 평균적인 결정을 내리는 경향이 있다. 하지만 이 위원회는 찰스 E. 로버츠라는 발명가에 의해 〈운영〉되고 있었다. 그가 강력하게 자기 의견을 밀어붙여 이런 결정이 났는데 만약 그가 없었더라면 유니티 교회도 존재하지 않았을 것이다.

자, 그러면 유니티 교회를 자세히 분석하여 어떻게 해서 현재의 모습을 가지게 되었는지 살펴보자.

유니티 교회의 디자인

만약 유니티 교회의 만인구원론자 목사인 닥터 존놋 대신에 프라 후니페로[24]가 담당 목사였더라면 유니티 교회의 〈스타일〉은 미리 정해져 있었을 것이다. 만약 라투르 신부가 책임 목사였다면 이 교회는 미디-로마네스크풍으로 건설되었을 것이다. 닥터 존놋은 자신의 성장 배경 때문에 자신이 알고 있는 유일한 전통, 그러니까 날씬한 첨탑이 하늘을 찌르는 하얀색의 뉴잉글랜드 교회를 짓자고 주장했으리라. 만약 감상주의가 합리성으로 통하는 세상이라면 그렇게 되었으리라.

그러나 목사는 불운하게도 자기주장을 내세울 수 없었다. 형편상 그는 〈건축의 대의〉에 굴복할 수밖에 없었다. 그리하여 직선과 평면이라는 새로운 건축 철

---

24 Fra Junipero(1713~1784) 신부. 스페인 출생의 프란체스코 수도회 수도사로서 샌디에이고를 비롯한 캘리포니아 남부에서 가톨릭 선교 활동을 펼치면서 이탈리아-스페인풍 주택을 그 일대에 널리 보급했다.

학이 외팔보 슬래브cantilever slab로 나타날 예정이었다.

아래의 설명을 읽는 분들은 이 건축 철학을 수용해 주실 것을 바란다. 유니티 교회의 평면도와 투시도를 함께 참조할 것을 권한다. 글의 내용을 명확하게 파악하려면 도면을 자주 참고하는 것이 좋다.

이 교회의 건설 위원회는 〈선량하고 진실한 사람들〉이었다. 그중 한 사람인 찰스 E. 로버츠는 기계 공학자이면서 발명가였는데 특히 창조적인 일을 좋아했다. 유소니아라는 밀가루 반죽에서는 단 한 명의 개명된 사람만 있어도 충분히 효소 역할을 할 수가 있다. 그러나 건축은 늘 갈등 양상을 보인다. 〈선량하고 진실한 사람들〉이 건설 공사를 하려고 할 때 특히 그러하다. 먼저 건물 건설의 철학이 문제였다. 인간의 감수성은 악기의 현과 같아서 진정한 예술가는 그 현으로 연주를 한다. 〈추상적으로?〉 하지만 여기서 이런 상징은 피하기로 하자. 그런 상징은 너무 뻔하지 않은가. 문학에서라면 모르지만 건축에서는 사정이 다르다. 건축의 기술과 예술을 논의하는 데 문학의 〈상징적〉 형태는 꺼내지 말기로 하자. 인간 감수성의 깊숙한 내면에 자리 잡은 내적 리듬감은 예술의 일반적 고려 사항보다 훨씬 높은 곳에 존재하고 있다. 그렇다면 왜 자그마한 하얀색 뉴잉글랜드 교회에는 첨탑이 달려 있는가? 왜 하늘을 가리키는가?

나는 건설 위원회에 이야기를 하나 해주었다. 한 성직자가 하느님을 너무 보고 싶어 한 나머지 높은 산을 계속 걸어 올라갔다. 산꼭대기에 이른 후 가장 높은 나무 꼭대기까지 타고 올라갔다. 그는 수척하고 피곤에 젖어 땀이 흐르는 얼굴을 하늘 높이 쳐들고 소리쳤다. 「주여.」 그러자 한 목소리가 들려왔는데 〈어서 내려가라, 어서 돌아가라〉는 것이었다.

정말로 하느님의 얼굴을 보고자 하는가? 그렇다면 그분의 신자들이 살고 있는 저 아래 계곡으로 내려가라. 그곳에서 비로소 하느님의 얼굴을 볼 수 있을 것이다. 자그마한 하얀 뉴잉글랜드 교회의 첨탑은 그분을 보기 위해 산꼭대기까지 올라간 그 성직자를 너무 닮지 않았는가? 그 첨탑은 뭔가 잘못된 상징이 아닌가? 순수한 감정을 왜곡시키는 감상주의가 아닌가? 이제 좀 더 단순해져야 할 때가 온 것이 아닌가? 아무리 알려고 해도 알 수 없는 〈하늘〉에 대해 안달하기보다는 〈지상〉에 사는 사람들에게 더 많은 관심을 가져야 하지 않을까? 인간은 하늘에 대해 아무리 알려고 해도 자신의 감각으로는 알 수가 없다.

그렇다면 하느님을 위한 신전 — 이성적이라기보다는 감상에 불과한 생각 — 보다는 신자들을 위한 교회를 짓는 것이 더 좋지 않을까? 신자들이 편안하게 모여서 하느님을 위해 인간 자신을 연구하는 공간을 만드는 것이 더 유익하지 않을까? 현대적인 만남의 장소이면서 오락실의 역할도 하는 그런 공간을.

이런 목적에 알맞은 아름다운 〈방〉을 지어라. 이런 간단한 철학에 입각해 그 방을 아름답게 만들라. 자연스러운 인간을 위한 자연스러운 건물을 지어라.

목사는 자신이 〈리버럴〉하다고 했지만 실은 그렇지 못했다. 그리하여 그의 자유로운 정신은 도전을 받았고 그의 이성은 무시되었고 위원회 전원의 호기심이 발동되었다. 그런 건물은 어떻게 생겼을까? 그들은 그런 것을 감히 상상하지 못하겠다고 말했다.

「바로 그 때문에 여러분은 나를 찾아온 것입니다.」 내가 말했다. 「나는 그것을 상상할 수 있습니다. 여러분이 그런 교회를 짓도록 도와드리겠습니다.」

나는 건설 위원회 위원들에게 구체적인 시안을 곧 보여 주겠다고 약속하며 헤어졌다. 그들은 자신이 어수룩한 것인지 아니면 바보에게 우롱을 당한 것인지 아니면 바보를 상대로 바보짓을 한 것인지 의아해하면서 자리에서 일어섰다. 그 〈방〉은 그날 밤에 탄생하기 시작했다.

자, 이제 건축적 아이디어의 영역으로 들어가 보자. 첫 번째 아이디어는 먼저 고상한 〈방〉을 창출하는 것이었다. 그 방이 건물 전체의 윤곽을 규정하도록 하는 것이다. 내부의 방이 곧 외부의 건축이 되도록 하자. 이것이 첫 번째 아이디어였다.

어떤 형태로? 이 질문에 대한 답은 〈어떤 자재로?〉라는 물음에 직결되었다. 1906년 당시 400명의 신자를 수용할 수 있는 교회를 4만 5천 달러의 적은 비용으로 지을 수 있는 자재는 딱 하나뿐이었다. 콘크리트였다.

주어진 예산 범위 내에서 그러한 효과를 낼 수 있는 자재는 콘크리트뿐이었다. 그러나 이 콘크리트조차도 그 당시에는 나무 〈거푸집〉이 필요했고 또 외부 단장을 위해서는 콘크리트가 아닌 다른 자재가 필요했다. 당시 콘크리트를 벽돌이나 돌로 덮고, 벽의 내부는 플라스터나 나무로 치장하는 관습이 있었다. 외부를 벽돌이나 돌로 덮는 것보다 플라스터로 바르면 더 저렴하게 시공할 수 있으나 기후 탓에 플라스터가 콘크리트에 잘 달라붙지 않는다는 결점이 있었다. 차라리 거푸집을 써서 콘크리트를 타설해 별도의 블록 혹은 덩어리로 만들면 어떨까? 이 블록 혹은 덩어리를 가지고 아예 내벽을 만들고, 전체 건물의 분위기와 어울리는 내부 공간을 창출하는 것이다. 그리고 외부에 사용하는 블록-덩어리에도 〈겉단장〉을 안 하는 것이다. 그러면 비용이 훨씬 저렴해지고 또 오래갈 것이다.

그렇다면 이런 콘크리트 덩어리의 내·외부를 어떻게 북부 지방의 혹한으로부터 보호할 것인가? 어떤 지붕을 댈 것인가? 콘크리트로 지붕을 만들려면 어떻게 해야 할까? 물론 슬래브로 해야 한다. 그것도 강화 슬래브로. 한 가지 자재로 일관된 분위기를 자아내는 건물을 만들려면 이 방법 외에 다른 것이 없었다.

이 모든 게 너무 무거워 보이지 않을까? 위원회는 너무 노골적이라고 반대하지 않을까? 건물 위에 슬래브를 얹는다는 생각이 그들에게 비종교적인 것으로 보일까? 그들이 보기에 신성모독일까? 왜?

평면 슬래브는 직설적이었다. 그것은 고상하다고 할 정도로 단순했다. 이 당시 콘크리트를 타설해 넣는 나무 거푸집이 주요 지출 항목이었다. 따라서 같은 거푸집을 계속 사용하는 것이 바람직하고 또 필요했다. 따라서 빌딩의 4면을 모두 똑같이 설계하는 것이 하나의 방법이 될 수 있었다. 간단히 말해서 건물은 도면상에서 정사각형의 형태를 취했다. 교회는 큐브(입방체)가 되어 아주 고상한 형태를 갖게 될 것이었다.

슬래브는 성질상 큐브에 속했다. 〈*Credo simplicitas*(아주 단순한 원칙).〉 이 형태는 상상력이 흘러넘치고 또 모든 형태를 초월한 듯한 〈아우라〉를 내뿜었고 심지어 〈행복한〉 분위기를 조성했다. 기하학적 형태는 인간의 감수성 속에서 어떤 인간적 특질을 상징한다. 가령 큐브나 사각형은 완전성, 원과 구형은 무한성, 직선은 강직함, 길게 늘인 직선은 휴식, 삼각형은 열망 따위를 나타낸다.

외부의 콘크리트 덩어리를 단장할 예산은 없었고, 콘크리트를 일단 타설하면 그대로 두어야 했다. 이런 훌륭한 이유가 있었기 때문에 허세부리는 겉치레를 무사히 피할 수 있었다. 타설 과정에서 표면을 매끈하게 만들면 되었기 때문에 베니어를 붙인 것 같은 〈파사드〉[25]를 생략할 수 있었다. 이것은 나중에 많은 실험을 하게 되는 원인이 되었다. 그 성공 여부에 대해서는 보는 사람에 따라 의견이 다르겠지만.

이어 교회 그 자체 — 아직도 내 머릿속에 있는 것이지만 — 가 형체를 잡기 시작했다. 교회가 들어설 레이크 가에는 차들이 많이 다녔기 때문에 소음이 심했다. 따라서 건물의 3면을 막아 버리고 교회 옆에 있는 마당을 통해 출입하는 것이 바람직했다.

대강 이런 구상으로 유니티 교회에 관한 것은 손쉽게 마무리 지을 수 있었다. 그러나 만인구원론자 교회의 활동에는 주일 학교, 축제, 오락 따위의 세속적인 측면이 있었다. 이런 기능을 하는 곳을 교회 내부에 같이 둔다면 인간이 신을 향해 예배를 드리는 저 고상한 〈방〉의 단순성이 침해될 것 같았다. 그래서 나는 이런 세속적 활동을 위한 공간인 〈유니티 하우스〉를 부지 뒤편에 독립된 건물로 지었다. 이 하우스는 행사의 필요에 따라 이동 스크린으로 공간을 나눌 수 있게 했다. 이것은 비록 별도 건물이지만 교회와 조화를 이루도록 했다. 두 건물의 출입구는 두 건물을 이어주는 연결고리로 설계했다.

자, 다시 교회 자체로 돌아가 보자. 어떤 종류의 〈네모난 방〉을 지어야 할까. 큐브 형태의 효과를 어떻게 살려야 예배실의 용도에 부응할 수 있을까? 일반 교회처럼 제단을 뒤쪽에 두어서 신자들이 불경스럽게 목사와는 뚝 떨어진 채 출입문을 들락날락하는 그런 형태를 취해야 할까? 그렇게 해서 레이크 가의 소음이 그냥 예배실 안으로 쏟아져 들어오게 해야 할까?

그건 아니었다. 제단을 거리와는 뚝 떨어진 교회 뒤쪽의 입구에 두면 어떨까? 그리고 신자들이 교회 양옆의 방을 일단 통과한 다음에 예배실 안으로 들어서게 하는 것은 어떨까? 이렇게 하면 예배 시간에 지각한 신자들은 이미 와 있는 신자들에게 방해도 되지 않고, 그들의 눈총을 받지도 않을 것이다. 이것은 예배실

---

25 façade. 건축물의 주된 출입구가 있는 정면부. 건물 전체의 인상을 단적으로 나타내는 것으로 그 구성과 의장은 매우 중요하다.

의 정숙과 위엄을 보장해 줄 것이다. 이런 구상으로부터 좌우 양쪽에 낮은 방 혹은 〈회랑〉 통로를 설치한다는 아이디어가 솟아났다. 그 통로는 중앙의 현관 로비에서 예배실로 들어가는 계단을 연결해 줄 것이었다. 이 방을 통해 안으로 들어서는 신자들은 예배실 안을 들여다볼 수는 있지만 이미 그 안에 있는 사람들은 밖을 볼 수 없다.

예배를 마치고 신자들이 헤어질 때, 그들은 앞쪽의 목사를 향해 걸어 나와 그에게 작별 인사를 한 다음 제단 양쪽의 문을 열어 젖히고, 아까 입장했던 로지아[26]를 통해서 나가면 되는 것이다. 이렇게 하면 기존 교회에서처럼 목사에게 등을 돌리고 예배실을 빠져나가지 않고, 그 대신 제단 쪽을 향해 걸어 나가면서 예의 바르게 퇴장할 수 있다. 신자들은 자연스럽게 목사에게 인사를 할 수도 있다. 아무도 몰래 빠져나갈 수는 없다. 이처럼 제단과 입구의 위치를 함께 고려함으로써 이런 반대 방향의 통행이 가능해졌다.

이것은 구상대로 실현되었다. 400명의 신자가 앉아서 충분히 다리를 움직일 수 있는 공간을 가진 400석 규모의 예배실을 상부의 하중을 견딜 수 있도록 4개의 독립된 기둥이 떠받치게 설계했다. 이 콘크리트 기둥은 속이 비어 있어서 열을 골고루 분배하는 도관 역할도 했다. 이 4개의 기둥은 예배실의 네 구석에서 2층의 앨코브[27]를 만들도록 설계되었다. 그런 다음 측면의 앨코브에 빛을 환하게 비추어서 실내를 구름 한 점 없는 대낮처럼 환하게 만들도록 했다. 이런 환한 분위기와 더불어, 네 기둥 사이의 중앙 천장은 천창(天窓)으로 처리하여, 햇빛이 콘크리트 들보와 호박색 유리 천장을 통과하도록 조치했다. 따라서 바깥 날씨와 상관없이 조명이 일광의 따뜻함을 유지할 수 있었다. 밤에는 인공조명을 밝히도록 했다. 이런 조명 구조는 유기적인 기능을 발휘했고 빛의 확산을 도왔으며 실내 공간을 밝게 했다.

예배실 양옆에 있는 로지아 사이의 넓은 수납장은 신자들이 가지고 온 짐 따위를 놓아 두는 공간이었다. 이 수납장은 주 출입구 로비 바로 옆에 있었기 때문

26 *loggia*. 1면 이상의 면이 벽이 없이 트인 방 또는 홀, 회랑, 현관을 의미한다.
27 *alcove*. 방에서 쑥 들어간 빈 공간, 혹은 벽이나 칸막이로 둘러싸인 공간.

에 유니티 하우스에서 오락 행사를 개최할 때에도 사용할 수 있었다. 유니티 하우스는 중앙 공간 양옆의 갤러리[28]가 아주 높기 때문에 교실로도 활용할 수 있었다.

유니티 하우스의 세속 공간 양쪽 끝에 긴 주방을 설치하여 교회에서 〈축제〉가 열릴 때 사용할 수 있게 했다. 목사의 사무실 겸 서재는 두 건물을 연결하는 출입 로비 위에 설치했다. 서재에서는 여닫이창을 통해 세속적인 홀을 내려다볼 수 있었다. 서재의 위치는 제단 바로 뒤였다. 이 모든 것이 질서정연했고 자연스러웠다.

이제 유기적 전체의 개념을 염두에 두고 이런 자연스러운 배열이 콘크리트를 통해 〈구체적으로〉 어떻게 표현되는지 살펴보자. 우선 실제로 건설된 건물은 합리적 비례의 산물이라는 점을 인식해야 한다. 〈도면〉은 아이디어의 구체적 표현이지만 상상 속에서 〈느껴진〉 것이다.

첫째, 위원회에게 말해 준 이야기 속 철학의 문제가 있다. 모든 예술적 창조물은 그 나름의 철학을 갖고 있다. 그것은 창조의 첫 번째 조건이다. 하지만 어떤 사람은 미소를 지으면서 〈창조의 결과〉로 철학이 생겨났다고 말할지도 모른다.

둘째, 각 부분에 스며들어 가야 할 전체적 목적이 있다. 다시 말해 합리적 비례의 문제이다. 각 부분의 비례는 아직 창조되지 않은 머릿속의 전체와 어우러져야 한다. 거푸집에 타설된 콘크리트 덩어리는 이 점을 분명히 구현해야 한다. 이런 다양한 부분을 어떤 일정한 방향으로 조율한다는 것은 결코 쉬운 일이 아니지만 창조의 필수 조건이다. 이와 관련하여 건축가는 실현 가능한 형태를 고려해 가면서 건축의 목적과 자재에 합당한 〈도면〉을 구상한다.

이때 건축가의 상상이 가장 중요하다. 일단 구상이 가다듬어지면 건물의 형태는 저절로 뒤따라 나온다.

그다음에 우리는 〈스타일〉의 문제에 도달한다. 하지만 이런 초기 계획이 모두 수립되었다면 주된 문제는 일단 해결된 것이다. 그 구상을 강화할 것이냐 완화할 것이냐 따위의 자잘한 조정 문제만 남은 것이다. 따라서 많이 변하지는 않

---

28 *gallery*. 한쪽 면이 트여 있고 지붕이 있는 통행로.

는다. 세부 사항의 유기적 통합이 곧 스타일인 것이다. 유니티 교회의 구체적 형태는 우리가 추구해 온 모든 특징을 갖추게 될 것이다. 우리가 지금껏 해온 일들이 우리의 작업 원칙과 조화를 이룬다면 말이다. 건물의 구조는 나뭇가지가 잎을 내뻗듯이, 그런 식으로 이루어지지는 않는다. 건축가가 의도적으로 그 구조를 비틀고 때로는 거기에 적절한 힘을 가해야만 비로소 원하는 구조를 얻을 수 있다.

우리는 스타일을 선택하지 않는다. 이렇게 작업을 해나가는 과정에서 스타일은 자연스럽게 생겨난다. 건축가의 경험에 비추어볼 때 이것은 신나는 순간이다. 그는 이제 자신이 머릿속에서 구상했던 어떤 것의 구체적 모습을 본다. 이런 질서의식과 인생의 아름다움에 대한 사랑으로부터 어떤 것이 탄생한다. 그것은 인류에 대한 희망, 환희, 저주 등의 메시지를 던질 수 있다면 계속 살아 나간다. 이제 건축가는 자신의 메시지를 느낀다. 하지만 그 메시지는 〈그들의 것〉이기도 하다. 건축가의 이러한 사랑과 이해로부터 건물이 탄생하고, 그 건물은 차례로 그 건물을 사용하는 사람들을 축복하는가 하면 저주한다.

만약 건물을 사용하는 사람들이 그 건물을 이해한다면 건물은 그들을 축복한다. 그들이나 건축가가 이해하지 못한다면 그들을 저주하고 또 그들로부터 저주를 받는다. 건축가는 설계를 하면서 이런 믿음과 공포를 동시에 느낀다. 이것은 어떤 예술가나 마찬가지이다.

이제 깊이 생각하는 시간이 온다. 회의감 때문에 괴로워하고 열정으로 온몸이 뜨겁게 달아오른다. 실현 가능성 여부를 검토해 본다. 구상한 것을 모두 종이 위에 그려 놓고 구체적인 규모를 정하면서 자신의 구상이 타당한지 점검한다. 처음에는 작은 규모로 나중에는 큰 규모로. 마침내 각 부분을 대규모로 만든다.

아, 저 하얀 종이! 도면의 논리를 입증해 줄 종이! T자, 삼각자, 눈금자. 종이의 하얀 표면 위에 누워 건축가를 유혹하는 자들. 유혹!

「이봐! 블랙 켈리에게 작업실 난로에 불을 지피라고 해! 브라운 새디에게 저녁 식사용 버뮤다 빵을 구울 수 있는지 물어봐. 그리고 네 엄마에게 음악을 좀 연주할 수 있는지 물어봐. 난 여기서도 들을 수 있으니까. 바흐나 베토벤 같은 것을 연주하라고 해.」

활활 타오르는 불은 창조력을 기르는 데 보탬이 된다. 열심히 일하는 예술가에게 양파처럼 생긴 빵도 힘을 준다. 그러나 그를 진정으로 격려해 주는 것은 위대한 음악이다. 그렇다. 음악은 진정 하나의 격려이다. 사라사테의 손에 쥐어진 활과 바이올린에서 창조의 음악이 흘러나오는 것처럼, 건축가의 손과 T자로부터 창작품이 만들어지는 것이다. 집중해서 일하기 위해서는 한밤중에 제도판 위에서 일하는 게 최고이다. 사람들의 방해를 받지 않고 계속 일할 수 있으니까.

그러면 마음속에서 온갖 생각이 흘러간다. 〈디자인은 자연의 여러 요소들을 순수한 기하학적 관점에서 추상한 것이다.〉 순수 디자인을 이렇게 정의하면 적절할까? 하지만 자재 속에 깃들어 있는 자연의 패턴과 결texture은 정형화하는 경향이 있다. 최고의 추상은 예술가의 손에서 구체화되고, 자극을 주고, 또 그의 노력을 풍성하게 하는 그런 것이 아닐까? 이 콘크리트 덩어리는 어떤 결을 갖고 있을까? 자갈을 써보면 어떨까? 자갈의 표면을 깨끗하게 닦으려면 어떤 조치를 취해야 하지?

바로 그런 것이 리얼리티(實在)였다. 그렇다. 〈멋진 것〉은 모두 리얼리티다. 리얼리티는 늘 그런 것인가?

하지만 기하학보다 밑에 있는 리얼리즘은 늘 이 멋진 것을 망쳐 놓는다. 직선을 깨끗하고 의미 있게 유지하라. 평면을 표현이 풍부하고 매끈하게 다듬은 것으로 만들라. 하지만 평면에 자재의 결이 깃들게 하라.

리얼리티는 정신이다. 본질은 외관 뒤에 숨어서 숨쉰다. 그것을 잡아라! 그리고 결국 리얼리티는 기하학을 초월한다. 기하학에 마법과 매혹을 던지는 것이 바로 리얼리티이다. 그렇다. 내가 볼 때, 바로 그것이 예술가가 된다는 것의 의미이다. 외관 뒤에 숨어 숨쉬는 본질을 포착하는 것. 설계 작업을 계속 해나가면 이런 생각과 질문들이 꼬리를 물고 이어진다. 그러다 보면 아침이다! 잠시 눈을 붙여야 한다!

그렇게 해서 유니티 교회의 도면이 마침내 완성되었다. 아직 미진하지만 그래도 도면에는 상식과 건강미가 흘러넘친다.

여기 종이 위에 연필로 그려 놓은 평면도, 단면도, 입면도가 있다. 단 〈유니티 하우스〉의 외관을 정하는 작업은 아직 하지 못했다. 이처럼 용도가 다른 두 건물이 조화되도록 하는 것은 아주 어려운 일이었다. 또다시 정신을 집중해 디자인을 해야 했다. 며칠에 걸쳐 한 번에 여러 시간씩 작업을 했다. 어떻게 하면 교회의 성스러운 규모를 하부 단위인 유니티 하우스에서도 그대로 유지할 수 있을까? 고상한 본관의 기능을 훼손하지 않고서 말이다. 유기적 건축의 이상을 유지한다는 것은 건축가의 상상을 부단히 괴롭히는 명제이다. 나는 오래전부터 그걸 알고 있었다. 무엇보다도 사소한 세부 사항을 일치시키는 문제가 더 많은 생각과 시간을 요구했다. 건축가를 더욱 당황하게 만드는 것은, 나중에 그런 사소한 문제가 중요한 문제로 발전한다는 것이다. 어떤 사소한 특징 하나가 제대로 해결되지 않아 도면 전체를 내던져 버린 적이 얼마나 많았던가!

이 건물의 설계를 완성하기 위해서는 총 34장의 그림을 그려야 했다. 다른 많은 건물의 그림과 마찬가지로 유니티 교회의 스케치도 유실되었다. 유기적 건축을 만들어 내기 위해 여러 날 동안 고생하면서 힘들게 그린 그림들이었는데, 제대로 보관하지 못해 아쉽다.

유니티 하우스의 설계를 제대로 끝마쳤기 때문에 손쉽게 건물을 시공할 수 있었다. 하지만 다양한 기능 때문에 다양한 건축적 요소를 동원해야 하는 공사에서 이런 〈전체의 조화〉를 유지한다는 것은, 건축가의 입장에서 볼 때, 결코 간단한 일이 아니다. 그의 이상이 높으면 높을수록 그것을 실현하는 일은 그만큼 더 어렵다.

자, 이제 평면도, 입면도, 건물 모형과 사진을 한번 살펴보라. 실제로 건설된 건물에 당초의 구상이 그대로 표현되어 있지 않은가. 새로운 자재를 사용하는 새로운 공법을 더욱 개선하여 멋지게 활용했다. 지붕 슬래브, 다락방 벽, 스크린 벽, 기둥과 유리 스크린 등이 커다란 예배실을 감싸 안고 있다. 성스러운 공간으로서의 예배실이라는 개념이 온전히 구현되었을 뿐만 아니라 건축가가 의도한 그대로 표현되어 있다. 건축 자재를 사용하여 한가운데에 빈 공간을 창조한 것이 아니라, 스크린으로 둘러싼 성스러운 공간이 건축의 핵심 〈모티프〉를 살려 내고 있다.

이 건물에서 나타나는 스타일의 문법은 이런 것이다. 콘크리트 덩어리, 평평한 슬래브, 예배실의 상자 구성 등을 콘크리트의 성질에 따라 기능적으로 배열하다 보니 자연스럽게 스타일이 살아난 것이다. 모든 건축적 요소들이 그 신성한 공간을 둘러싸고 도열해 있다. 이런 건축적 형태는, 나무 거푸집에 콘크리트를 타설해 만들어 낸 큐브의 형태이다. 그렇지만 한 가지 뚜렷한 모티프를 관찰할 수 있다. 그것은 〈내부〉가 〈외부〉와 소통한다는 것이다. 특징상 네모의 형태를 가진 여러 건축적 요소들은 이런 단일한 주제에서 결코 벗어나지 않는다. 여기서 우리는 구조의 유기적 통일성을 성취했고 그 결과 건물의 특징이 아우라처럼 풍겨 나오는 것이다. 바로 이런 것이 스타일이다. 네모가 큐브로 발전하면서 자연스럽게 스타일이 생겨났다.

유니티 교회를 잘 이해하면 그 건물을 좋아하게 된다. 건물은 원래의 목적에 잘 봉사하고 있다. 이 건물은 짓기도 쉽다. 그 하모니는 대담하면서도 독특하고 그 멜로디는 순수하면서도 감미롭다. 당시 유행했던 〈취향〉의 관점에서 보자면 〈네모〉는 너무 적극적이고, 직선과 평면은 너무 비타협적이다. 하지만 유니티 교회는 건축이 얼마든지 자재의 성질을 살려 가며 독특한 개성을 구현할 수 있음을 보여 주었다. 이 교회는 현대의 작업 조건, 자재, 사상을 모두 수용하여 지은 아주 현대적인 건물이었다. 주제도 선명하고 형태도 완벽했다.

정신을 집중하여 만들어 낸 이 도면에 의거하여, 상관 계수의 조정이나 스케일 테스트 등 추가 작업이 이루어질 것이다. 건물 전체를 단순하고 깨끗하게 유지하기 위해 이런저런 세부 사항들의 난점을 해결하는 일이 계획과 시공 과정에서 계속 벌어질 것이다.

하지만 아주 구체적인 사항들에 대한 도면은 아직 제작하지 않았다. 또 전체적인 디자인을 통일하기 위해 어떤 사소한 것들을 생략할 것인가도 계속 연구해야 했다. 이런 연구는 결코 끝나지 않을 것이다. 이런 점에서 유기적 건축은 〈끝나는〉 법이 없다. 유기적 건축의 최종 목적은 결코 이룰 수 없는 것이다. 또 그럴 필요도 없다. 이상은 언제나 피안에 있어야만 가치가 있는 것이 아닌가? 하지만 우리는 이제 평면도와 투시도를 만들어서 〈선량하고 진실한 사람들〉로 구성된 위원회에게 보여 줄 수 있다. 통상적으로 위원회는 스케치를 보고 검토했다. 하지만 새로운 방식으로 건물을 짓겠다면서 스케치만 보여 줄 수는 없는 노릇이었다. 건물의 전체적인 모습을 스케치에 앞서서 보여 주어야 했다.

유니티 교회는 이미 종이 위에서 완전한 건물로 탄생했다. 〈스케치〉는 없었고 있을 필요도 없었다. 건축가로서 제일 어려운 순간은 자신의 작품에 회의적인 사람들에게 처음 도면을 보여 주는 때이다. 가능한 한 그 시기를 늦추면서 모두 조바심 나게 하는 것이 중요하다. 이처럼 뜸을 들이는 시간은 정말 중요하다. 그런 시간은 길게 잡을수록 좋다.

모든 사람을 사로잡을 만한 희망은 어떤 것일까? 나는 며칠씩 밤을 새우면서 희망을 걸 만한 사항들을 몇 번이고 다시 검토했다. 하지만 내 디자인의 운명이 걱정되기 시작했다. 만약 많은 수정을 요구해 온다면? 그렇다면 과감하게 그 디자인을 내던지고 다른 일을 새로 시작할 생각이었다.

아무리 생각해도 로버츠 씨 이외에는 희망을 걸 만한 구석이 없었다. 나는 궁리 끝에 도면을 먼저 그에게 보여 주고 그가 위원회에 설명하는 방식을 선택했다. 그는 나의 제안을 기꺼이 받아들였고 내 도면을 이해했다! 그 자신이 발명가였기 때문이다. 모든 건축 프로젝트는 이런 우호적인 사람이 있어야 성공할 수 있다. 로버츠 씨는 건물 모형을 요구해 왔고 나는 즉시 그것을 만들어 제출했다.

로버츠 씨는 모형이 마음에 든다고 했고 이어 위원회를 소집했다. 궁금한 얼굴로 검토 회의에 참석한 위원들은 경악을 금치 못했다. 어떻게 이런 디자인이 나왔느냐는 표정이었다. 이런 순간, 창조적인 건축가는 과거의 〈스타일〉을 맹종하는 건축가들에 비해 아주 불리한 입장에 선다. 과거를 추종하는 건축가들은 건축주가 혹시 항의라도 하면 과거의 〈스타일〉, 가령 베네치아의 산 마르코 대성당이나 카펠라 팔라티네[29]를 거명하면서 건축주를 위협하여 얼마든지 자신의 의사를 관철시킬 수 있다.

그에 비해 유기적 건축을 이상으로 삼고 있는 창조적 건축가는 그런 화려한

---

29 *Capella Palatine*. 로마 팔라티움 언덕에 있는 작은 성당.

과거의 사례들은 들이대지 못하고 자신의 원칙과 합리성을 설명할 수 있을 뿐이다. 그가 호소할 수 있는 곳이라고는 창의적인 건축주의 독특한 생각과 판단뿐이다. 특수에서 보편을 떠올릴 수 있는 그런 이상적인 건축주를 만나야만 자신의 철학을 설명할 수 있는 것이다. 이런 건축주를 만난다는 것은 얼마나 어려운 일인가! 자신의 괴팍함을 보편적 지성으로 생각하는 건축주를 만나는 것이 다반사였다.

아무튼 나와 발명가 이렇게 두 사람은 첫 번째 만남에서 위원회를 설득하기 위해 최선을 다했고 한 명의 지지자를 얻는 데 성공했다. 이제 나의 도면을 의심하는 사람은 목사를 포함하여 네 명이었다.

네 명 중 스킬린 씨는 노골적으로 적대적이었다. 담임 목사인 닥터 존놋은 호감을 가졌지만 그래도 대단히 신중한 편이었다. 뭔가 어렴풋이 신세계를 엿본 듯한 표정이었으나 어느 쪽의 손을 들어 줄지 알 수 없었다. 결국 목사가 우리 편으로 돌아서서 찬성이 네 표가 되자 희망이 보였고 대세가 우리 쪽으로 기울었다.

우리는 세 표가 더 필요했다. 설계 작업은 이미 완료된 상태였다. 네 명의 찬성자들이 나머지 사람을 설득하기로 했다. 담임 목사가 찬성한 이상 다른 사람들을 분명히 우리 편으로 끌어들일 것이었다. 마침내 스킬린 씨를 제외한 나머지 사람들의 회의와 공포를 불식시킬 수 있었다. 스킬린 씨는 예배실 내부가 틀림없이 어두울 것이고 음향 효과가 나쁠 것이라고 내다보았다. 마침내 위원회는 그의 반대와 경고에도 불구하고 공사를 진행하기로 공식적으로 결정했다. 유소니아에서 공사를 할 경우 스킬린 씨 같은 반대파가 있는 게 정상이었다.

자, 그러면 교회의 시공을 누가 맡을 것인가? 여러 주 동안 시공 업자를 찾아보았으나 선뜻 해보겠다고 나서는 업자가 없었다. 그들이 내세우는 이유는 도면이 너무 간단해서 시공하기 곤란하다는 것이었다. 도대체 계기로 측량할 내용이 하나도 없다는 것이었다. 상상력과 창의력을 너무 많이 요구하여 안전하지 않다는 핑계도 댔다. 유일하게 견적을 낸 업자는 우리의 예산보다 두 배 혹은 그 이상의 금액을 적어냈다. 아무도 그 공사를 맡으려 하지 않았다. 시공 업자는 건설 일의 성격상 도박사였지만 그래도 안전한 쪽에 패를 거는 것을 더 선호했다.

그때 폴 뮬러가 등장하여 도면을 한번 훑어보더니 당초 예산에서 약간만 더 얹어 주면 해보겠다고 말했고 결국 해냈다. 그는 1년간의 공사 기간 동안 흥겹게 일을 잘 해냈고 큰 적자를 보지도 않았다. 그가 우리의 아이디어를 구원해 주고 또 창조 활동에 적극 참여한 것을 나는 고맙게 생각했다. 그 후 우리는 함께 많은 공사를 했다. 나는 시공 분야에서 배울 것이 정말 많다는 것도 깨닫게 되었다. 교회 건물은 완공되었고 일요일에 개관될 예정이었다.

나는 개관식에 가지 않고 집에 머물러 있었다. 교회가 문을 열자마자 우리 집 전화에 불이 났다. 축하 전화가 쇄도했다. 나는 만족해하면서 축하 인사를 즐거운 음악처럼 들었다. 마침내 전화받는 일이 지겨워져서 어린 프랜시를 데리고 산보를 나가야겠다고 생각했다. 내가 막 모자를 눌러 쓰는데 또 다른 전화가 왔다. 스킬린 씨의 목소리였다. 「내가 한 말을 취소하겠소. 햇빛이 아주 환해요. 정말 만족스럽습니다.」

「잘 들리나요?」

「그래요. 아주 환하고 소리도 잘 들려요. 이제야 당신의 주장이 옳았다는 걸 알겠습니다.」

「감사합니다.」

「굿 바이.」 마침내 내 설계를 의심했던 위원이 진심으로 나를 칭찬했고 또 화끈하게 잘못을 시인했다. 나는 프랜시를 공중에 던졌다가 즐거워서 비명을 지르며 내려오는 아이를 양팔로 받아들였다. 건물을 설계하는 일은 원래 모험의 성격이 강하다. 그건 예전부터 그랬고 앞으로도 그럴 것이었다.

비록 건축에 대해 관심 있는 사람이라 할지라도 지금까지의 이야기가 다소 지루하고 무의미할지도 모르겠다. 이야기의 서두에서 밝힌 것처럼 도면과 사진을 면밀히 연구하지 않으면 잘 알 수 없는 부분도 있으니까. 건물의 특징과 스타일을 만들어 주는 원칙을 설명하려다 보니 유니티 교회를 비교적 자세히 분석했다. 어쩌면 이 교회를 설계한 내가 이런 분석을 하는 게 어울리지 않을지도 모른다.

전통적 교회에서 현대적 건축을 추구하는 문제! 종교와 예술은 내적 경험의 서로 다른 형태이다. 인류가 점점 발달하면서 이 두 가지는 더욱 풍성해지고 깊어졌다. 이 두 가지 모두 없어서는 안 되는 것이다. 하지만 종교적 경험은 이제 교회를 넘어서고 있다. 종교 그 자체를 넘어서고 있다는 것이 아니라 교회라는 제도를 초월하고 있다는 말이다. 이것은 건축이 인간적, 과학적, 문화적 이유로 르네상스를 초월한 것과 비슷하다. 나는 옛 교회 건물들의 형태가 감상주의의 표본으로서 현재까지 살아 있으니 폐기되어야 마땅하다고 생각한다. 교회는 예배당인 동시에 아름다움과 영감을 일깨우는 오락의 장으로 거듭나야 한다. 과거의 의식(儀式)만을 강조하는 장엄한 교회? 아니다. 이제 그런 교회는 더 이상 현대와는 어울리지 않는다. 나는 그런 건물이 살아 있다고 보지 않는다. 그것은 더 이상 자유롭지 않다.

물론 지금까지 설명해 온 것 중에서 가장 중요한 것은 말로는 설명할 수 없다. 또 굳이 말로 설명할 필요도 없다고 생각한다. 그렇지만 이러한 분석 과정을 통해, 사람들이 디자인이 진행되는 과정을 살펴볼 수 있었을 것이라고 생각한다. 어떤 생각의 바퀴가 굴러가는 모습을 보았을 것이다. 위의 설명문의 행간을 유심히 읽으면 건축가 지망생은 나름대로 암시를 얻을 수 있을 것이다. 사실 어떤 특정 건물의 사례를 간략히 설명하는 것만으로는 스타일의 요체를 분명히 보여 주지 못하지만 그래도 약간의 힌트는 얻을 수 있으리라 본다. 창조의 과정을 남에게 설명한다는 것은 여간 힘든 일이 아니다.

이 무렵 에버리 쿤레이 부부가 일리노이 리버사이드에 주택을 짓겠다며 나를 찾아왔다. 나는 몰랐는데 이 부부는 나를 찾아오기 전에 내가 지은 모든 건물을 검토했다고 한다.
오크 파크의 워크숍을 찾아온 날, 쿤레이 부인은 내가 지은 주택에서 〈원칙의 얼굴〉을 보았다고 말했다. 그것은 나에게 대단한 칭찬이 아닐 수 없었다. 나는 최선을 다하여 쿤레이 저택을 설계했다. 지금 와서 과거를 회고해 보니, 그 당시 내가 가장 잘 지은 주택이 쿤레이 저택이 아니었나 하는 생각이 든다.
나의 관점에서 볼 때 가장 잘 지은 건물인 쿤레이 저택의 이야기는 여기서 다루지 않겠다. 왜냐하면 지금껏 길게 설명해 온 나의 건축 철학이 바로 이 주택에 그대로 반영되었기 때문이다.

쿠노 프랑케

하버드 대학에 교환 교수로 온 독일인 쿠노 프랑케(미학 전공)가 시카고에 들른 길에 오크 파크 워크숍으로 나를 찾아왔다. 그는 전에 프레리에 세워진 새로운 집들을 보고서 그 건축가의 이름을 여러 번 물어본 끝에 나를 찾아왔다는 것이었다. 이 독일인 교수는 주변 친구들에게 소개를 부탁했고 그래서 매력적인 아내와 함께 오크 파크를 방문했다. 그는 하루 종일 워크숍에 머물렀고 그다음 날도 또 찾아왔다.

그도 과거에 윌러 씨와 엉클 댄이 권유했던 것처럼, 나에게 유럽으로 유학을 떠나라고 권했다. 독일에서 체류하면서 일을 하면 어떻겠느냐는 말도 했다.

「나는 당신이〈유기적으로〉일을 한다는 점을 잘 압니다.」그가 말했다.「나의 고국 사람들은 피상적으로 일할 뿐이지요. 하지만 그들은 당신의 장점을 알아볼 겁니다. 미국 사람들이 당신의 일을 이해하려면 오랜 시간이 걸릴 겁니다.」

나는 언제나 독일, 괴테, 실러, 니체, 바흐 — 음악을 자신의 형태로 선택한 위대한 건축가 — 를 좋아했다. 그리고 뮌헨! 이런 사람들이야말로 옛 독일이 아닌가! 빈은 언제나 나의 상상력을 자극했다. 파리? 그 도시는 한 번도 생각해 본 적이 없었다. 독일로 갈 수 있다면 정말 좋을 것 같았다.

나는 그런 유혹을 그때까지 철저히 거부해 왔다. 하지만 마음속에서 유럽을 꿈꾸어 본 적은 여러 번 있었다. 그보다 전에 C. R. 애슈비가 나를 찾아온 적이 있었다. 그는 역사적으로 유명하고 아름다운 건축물이나 자연을 보호하기 위해 설립된 단체인〈내셔널 트러스트*National Trust*〉의 대표로서 미국에서 강의를 하고 있는, 런던 미술 공예 운동*Arts and Crafts Movement*의 회원이었다. 그는 오크 파크에 하루 머물면서 쿠노 프랑케와 비슷한 권유를 했다. 나는 애슈비에게 내가 보는 미국의 미래를 설명해 주었다. 나는 이제 그 설명을 쿠노 프랑케에게 또 해주었다. 내가〈엉클 댄〉에게 써먹은 것과 비슷한 주장을 하면서.

「하지만 미국이 마침내 당신의 생각을 이해하게 될 때, 당신은 어디 있을까요?」미학 교수가 물었다.「당신은 앞으로 백 년은 더 살 거라고 생각합니까?」

「오 아닙니다. 하지만 그런 시기가 오는 것을 볼 정도로는 오래 살리라 봅니다.」 내가 말했다. 「미국은 빨리 발전하고 있습니다. 이 나라는 자유의 나라입니다!」 나는 프랑케에게 애슈비가 주최한 만찬에 참석한 어떤 시카고 사람 이야기를 해주었다. 그 시카고 시민은 거드름 떠는 애슈비를 참을 만큼 참아 주다가 마침내 자리를 박차고 일어나 이렇게 말했다. 「시카고의 문화가 현재로는 별것 아니라는 걸 인정합니다. 하지만 시카고가 그 문화를 뒤쫓아 가면 확실히 그걸 자신의 문화로 만들 겁니다.」 미학 교수와 나는 서로 호탕하게 웃었고 유럽 이야기는 그걸로 끝이었다.

쿠노 프랑케 교수의 방문 직후 독일 베를린의 바즈무트라는 출판사에서 출판 제안을 해왔다. 나의 작품을 모두 보내 주면 드로잉 전집을 내주겠다는 것이었다. 이 제안은 오크 파크 워크숍을 방문했던 쿠노 프랑케의 주선으로 성사된 것이었다. 당시에는 그 내막을 잘 몰랐지만.

오늘 아침 이 부분을 쓰고 있는데 신문에 실린 쿠노 프랑케가 사망했다는 부고 기사를 읽고서 잠시 그의 생각에 잠겼다.

닫힌 길

건축가로서 정신없이 바쁘게 지내다 보니 세월은 어느덧 1909년이 되었고 나이는 마흔 살이 넘어 있었다. 너무 피곤한 나머지 일에 대한 집념이나 관심이 점점 엷어지는 것을 느꼈다. 매주 주말도 없이 밤늦게까지 일하면서, 어린 시절 제임스 외삼촌의 농장에서 배운 것처럼 〈피로에 피로를 가중시켜 왔다〉. 하지만 그렇게 일만 하다 보니 이제 벽에 내몰린 느낌이었다. 도무지 출구가 보이지 않았다. 내가 뭘 원하는지 알지 못했기 때문에 어디론가 훌훌 떠나고 싶었다. 독일로 가서 바즈무트 모노그래프를 위한 자료를 준비하면 어떨까? 나는 동경하는 눈빛으로 그 방향을 쳐다보았다.

나는 매일 오후 네시면 안장을 댄 검은 말 가노(일본인 스승의 이름을 딴 것)를 타고 오크 파크 북쪽의 프레리를 달렸다. 때로는 말이 달리는 대로 내버려 두었고, 때로는 말고삐로 제동을 걸기도 했다. 어떤 때는 주머니에 넣어 간 책을 읽기도 했다. 늘 야외에서 책 읽는 것을 좋아했는데 특히 휘트먼을 많이 읽었다.

소년 시절부터 승마, 수영, 춤, 스케이팅, 남독(濫讀)은 나의 취미였다. 그리고 늘 음악에 목말랐다. 뒤에 자동차 운전이 이런 취미 목록에 추가되었다. 자동차는 모든 가치에 미묘한 혹은 분명한 혼돈을 가져왔는데, 나 역시 그런 혼돈으로부터 자유롭지 못했다. 일에서 휴식으로, 다시 휴식에서 일로. 이런 과정을 아무리 여러 번 반복해도, 내 몸보다 더 사랑하는 건축을 위해 들이붓는 최선의 노력과 정신 집중에서 오는 피로를 떨쳐 내지 못했다. 그런 노력을 하면 할수록 어떤 부작용이 발생하는 것 같았다.

개인적인 것이든 아니든 주변의 모든 것이 나를 짓누르기 시작했다. 특히 가정의 일이 나를 심하게 억압했다. 내가 뭘 원하는지 잘 알지 못했다. 내가 아이들과 나의 집을 사랑한 것은 분명했다. 진정한 가정을 이루는 것은 남자의 가장 큰 이상이다. 그러나 나는 심신이 지쳐 있었고 〈자유〉를 얻기 위해 아내에게 〈이혼〉을 요구했다. 예상했던 것이지만 그 요구는 거부되었다. 하지만 무작정 거부하지는 않고 앞으로 1년 만 기다려 주면 이혼해 주겠다는 조건이었다. 1년이 지나갔지만 당초 약속과는 달리 캐서린과 약속의 당사자들은 법적 자유를 주지 않았다. 따라서 그 상황하에서 내게는 하나의 선택밖에 남아 있지 않았다. 나는 임의로 그 상황을 주도하면서 관련 당사자들에게 가장 좋다고 생각되는 결정을 내렸다. 나는 가정을 유지할 수 없었다. 가정이라는 지고한 이상을 유지하기 위해서는 여러 가지 조건이 갖추어져야 하는데…… 아무튼 당시의 갈등 상황에서 나는 다음과 같은 세 가지 원칙을 정했다. 그 당시 나의 개인적 상황을 구체적으로 적기보다는, 정직한 생활을 위한 수단으로서 그 세 가지 원칙을 거론해 보겠다.

사회학적 진술

첫째, 호혜적 관계가 아닌 결혼은 좋지 않으며 온갖 형태의 노예제도보다 더 나쁘다. 둘째, 결혼은 호혜적 관계일 때에만 가능한 것이다. 사랑은 부동산이 아니다. 사랑을 그런 식으로 생각하는 것은 야만이다. 그런 식으로 결혼을 보호하려는 것은 야만주의이다. 셋째, 자식은 그 부모가 인류의 장래를 위해 내놓은 신의와 성실의 표시이다. 불법적 자식이라는 개념은 가당치 않다. 단지 합법적 혹은 불법적인 부모가 있을 뿐이다.

진정한 민주 국가라면 이 3대 원칙과 관련된 곳에 법이 개입해서는 안 된다. 나는 위의 3대 원칙에 대해 이런 추가 결론을 내렸다.

첫째, 합법적 결혼은 한 남자와 한 여자 사이의 민법적 계약이다. 남녀는 재산을 공유하고 그들 사이에서 태어난 아이들을 부양할 의무를 진다. 이런 점에서 볼 때 합법적 결혼은 법적 해석의 대상이 되며 다른 관련 계약의 구속을 받게 된다. 그러나 합법적 결혼은 〈성적 관계〉에 대한 법적 허가 정도로 간주되어서는 안 된다. 현재의 법률이 그렇게 만들고 있는 것처럼, 그런 성적 관계가 법적 관점에서 본 결혼의 전부인 것처럼 볼 수는 없다.

둘째, 법이 보호하는 한도 내에서라면, 사랑은 불개입의 혜택과 의심의 혜택[30]을 받을 자격이 있다. 상업적 결혼이 아니라면 사랑은 마땅히 그러해야 한다. 만약 결혼이 그런 상업의 수준으로 격하되어 버린다면 그런 거래를 규제하는 법률의 지배를 받아야 한다. 사랑은 그 자신의 보호 수단이 되거나 아니면 그 자신의 파괴 수단이 되어야 한다. 정말로 강인한 사랑으로 성장하려고 한다면.

셋째, 아이는 사랑을 통해 사회에 내놓은 맹세 같은 것이므로, 그 맹세를 지키기 위해 법적 구속을 가하는 것은 국가의 의무이다. 맹세의 실질은 다음과 같은 것이다. 모든 아이는 좋은 주거, 좋은 음식, 좋은 대접, 몸과 마음을 성장시키는 기회 등을 누려야 한다. 또한 아이는 그가 태어난 집안이 제공할 수 있는 모든 것을 누려야 한다. 이런 것 중에서 가장 바람직한 것은 사랑이다. 그런데 이 마지막 것은 법률의 관심 사항이 될 수 없다.

시련과 타락의 시기 동안에 위에 적은 결론들이 내 마음속에서 계속 메아리쳤다. 그것들은 하나의 권리로 귀결되었다. 모든 남자는 그렇게 살 권리가 있다. 이런 권리를 부정한다면 그 무엇보다도 남녀 관계의 재정립을 위협할 것이고, 또 권리를 원만하게 주장할 수 없는 상황이라면 남녀 관계의 파괴만 초래할 뿐이다.

---

30 피고가 유죄인지 무죄인지 불분명할 때 일단 피고의 유죄를 의심하면서 피고에게 유리한 해석을 내려주는 것을 말한다.

나의 일, 도면, 제도사들, 고객들을 시카고 출신의 젊은 건축가 폰 홀스트에게 모두 넘겨 버리고 또 가족에 대해서는 1년간 최선의 부양 조치를 해놓고서, 나는 증발해 버렸다. 가족들과도 의도적으로 모든 연락을 끊어 버렸다. 물론 내가 책임을 져야 할 사항, 또 인간적으로 이행해야 할 의무는 게을리 하지 않았다.

매디슨의 집과 대학을 떠나 시카고 행 기차에 몸을 실었던 20대 초반에 그랬던 것처럼 나는 미지의 세계를 향해 떠났다. 자유에 대한 나의 신념, 내가 이미 일을 통해 증명해 보였던 인생에 대한 신념을 시험하기 위해.

객관적 자유를 얻기 위한 모든 투쟁이 그러하듯이 나는 변화와 파멸의 위험 앞에 직면해 있었다. 그 후에 내가 깨달은 것이지만, 객관적 자유를 얻기 위한 투쟁은 생각보다 훨씬 깊고 진지한 문제였고, 또 지상에서 완료되는 법이 없었다. 나의 투쟁은 자발적인 유배의 길로 이어졌다.

자발적인 유배

낭만적인 고대 도시 피에솔레. 나는 비아 베르디에 있는 크림색의 하얀 빌라에 머물렀다.[31] 이런저런 가정 문제로부터 피난처를 얻고자 했던 사람들, 얼마나 많은 그런 사람들이 바로 이곳 피에솔레에서 안식을 얻었던 것인가! 나 또한 이곳에서 그녀와 함께 피난처를 얻었다. 내가 사랑의 이름으로 반역을 했기 때문에 그녀는 불가피하게 함께 연루되었던 것이다.[32]

그녀와 함께 피렌체에서 더 오래된 도시로 뻗어 있는 언덕길을 걸어 올라가노라면, 길옆에 장미 떨기가 보였고 또 향기가 느껴졌다. 낮에만 그 길을 산책한

---

31 라이트와 마마 보스윅 체니는 1909년 가을에 독일로 떠났다. 그 후 라이트가 먼저 이탈리아로 갔고 체니는 1910년 봄 혹은 여름에 이탈리아에서 라이트와 합류했다. Anthony Alofsin, *Frank Lloyd Wright: The Lessons of Europe*, University of Chicago, 1993을 참조하라 — 원주.

32 여기서 말하는 그녀는 마마 보스윅 체니인데, 라이트는 체니 부부의 주택을 설계해 주다가 이 여인을 만나 사랑에 빠졌다. 체니는 이혼에 동의했으나 캐서린은 4남 2녀를 낳은 조강지처임을 내세우며 이혼에 동의하지 않았다. 라이트와 마마 체니는 그 후 결혼하지 못하고 마마가 비극적인 죽음을 맞이할 때까지 동거했다. 두 사람이 언론과 사회에서 받은 비난의 집중포화는 이루 말할 수 없었다.

마마 보스윅 체니

것이 아니라 밤에도 팔짱을 끼고 걸었다. 달빛에 물든 숲 속 깊은 곳에서 들려오는 나이팅게일의 울음소리도 들었다. 인생의 깊은 구렁텅이에 빠진 자의 노랫소리를 들으려고 하면서……. 우리는 비좁은 비아 베르디를 마주보는, 단단한 벽의 끝 부분 어딘가에 자리 잡은 자그마한 문에 이르는 순례의 길을 매일 돌았다. 그 문을 통과한 후 세상을 향해 중세의 문을 닫아 버리면 자그마한 벽난로에 장작이 활활 타오르는 것을 볼 수 있었다. 하얀 앞치마를 두른 이탈리아인 하녀가 웃으면서 임시 주인과 여주인을 맞이했다. 구운 닭고기, 농익은 와인, 캐러멜, 커스터드 등으로 이루어진 완벽한 저녁 식사를 차려 놓고서. 나는 그때처럼 맛있는 닭고기, 와인, 캐러멜을 먹어 본 적이 없다.

또는 담벼락이 높은 정원에 나가 피렌체의 태양 아래, 무더기로 피어 있는 노란 장미 아래 앉아 있기도 했다. 노란 장미 떨기 근처에 있던 돌로 만든 자그마한 탁자에는 하얀 천이 덮여 있어서 두 사람이 앉기에 딱 좋았다. 우리는 오두막에서 나와 언덕길을 천천히 걸어 올라가 양귀비 밭을 통과하여 발롬브로사 들판을 내려다보는 언덕까지 갔다. 그곳에 있는 폭포의 물소리는 소나무 숲의 깊은 정적에 파묻혀 들리기도 하고 들리지 않기도 했다. 소나무 냄새를 가슴 깊숙이 들이마시면서 작은 산간 오두막에서 잠시 낮잠을 청하기도 했다.

우리는 다시 손에 손을 잡고서 햇빛과 먼지 가득한 저 오래된 꼬불꼬불한 길을 걸어서 천천히 돌아왔다. 그 길은 냇가를 따라 나 있는 고색창연한 이탈리아의 길이었다. 정말 오래된 길, 정다운 길이었다.

심신이 지친 우리는 함께 유럽의 화랑을 돌았다. 그곳의 벤치에 앉아 조형의 아름다움, 건물의 아름다움, 조각의 아름다움, 회화의 아름다움을 마음껏 감상했다. 그곳에는 〈키에사(교회)〉의 심판도 없었고 또 우리를 떼어 놓으려는 인간의 손길도 없었다.

믿음직한 동지! 마침내 이루어진 꿈? 아니다. 그것은 황금의 실이었다. 〈삶〉이라는 귀중한 옷감에 새겨진 인간의 무늬였다. 그녀의 〈삶〉은 이제 견고한 집으로 구축된 것이다. 나는 그때까지만 해도 그렇게만 알았다. 그리고 그것이 영원할 줄 알았다.

피에솔레로 자발적 유배를 다녀온 후:
사회학적 결과

이제 내가 어디를 가나 언론이 내 뒤를 쫓아다녔다.[33] 이러한 박해에 대해서는 이 책의 뒷부분에서 또 이야기하겠지만 여기서는 내가 경험으로부터 얻은 세가지 추론만을 적을 생각이다. 이 당시 나는 내가 사랑하고 존경하는 가족뿐만 아니라 언론으로부터 무자비한 박해를 당했다. 그러면서도 공정한 바탕 위에 우리 모두에게 더 나은 삶을 정립하기 위해 애를 썼다.

추론 1: 미국의 언론은 모두 개인이 소유하고 있으므로, 앞에 적은 3대 원칙과 관련하여 특정한 개인을 박해하고 모욕하는 행위는 저속한 행위라고 보아야 한다.

33 1910년 유럽에서 돌아올 무렵 라이트는 언론과 주간지들로부터 불륜이라며 집중 공격을 받았다.

추론 2: 아주 개인적인 문제를 언론이 뉴스의 대상으로 삼아서는 안 된다. 세 명[34]의 당사자가 범죄나 학대를 저질렀다는 증거가 없는 한, 언론의 추적은 법률적 문제에 국한되어야 한다.

추론 3: 세 명의 이해 당사자의 사생활은 그 어떤 물질적 이해 관계보다 훨씬 더 소중하다.

앞에서 적시한 세 가지 결론과 위에서 금방 적어 놓은 세가지 추론을 의도적으로 무시하는 사회가 어떻게 자유 사회라 할 수 있으며, 또 그런 사회가 어떻게 오래갈 수 있겠는가? 모든 인간의 열정은 〈삶〉의 진보에 기여한다. 희생은 이기심으로부터 시작되고 심지어 사랑도 처음에는 욕정으로부터 시작된다. 그 외에 많은 것들도 그렇게 시작된다. 법률은 〈불개입〉이나 〈한발 뒤로 물러서기〉를 하지 않는 한 도덕적 기풍을 진작하는 데 도움이 되지 못한다. 그렇게 초연하게 불개입을 고수해야만 개인적인 문제로 위기에 처한 개인이 스스로의 힘으로 〈해결하거나 파멸하거나〉 둘 중 하나를 선택할 수 있다.

하지만 나는 이런 생각도 한다. 이 짧은 인생에서 어떤 지속적인 인간관계를 발견하지 못한 개인은 자신의 인생을 크게 낭비하고 있는 것이다. 채찍질, 조롱, 검열, 그 어떤 사회적 제재도 이런 낭비를 사회적인 모범 또는 효율성으로 둔갑시켜 주지는 못한다. 공포로 눈먼 사람 혹은 분노하는 여호와의 역할을 자임하는 사람 등을 제외하고는, 나의 이런 주장을 이해할 것이다.

우리 정부가 금지와 징벌 등의 방식으로 주류업을 단속하는 것처럼 섹스의 문제마저 단속하려고 함으로써, 국법이 오히려 위협이나 복수의 도구가 되어 버리지 않았는가?

문명사회라면 개입해서는 안 되고 또 개입할 여지가 없는 분야에 법이 개입하게 된다면, 그것은 당연히 남용될 수밖에 없다. 문화가 선택의 자유 위에서 활짝 꽃필 때 비로소 진정한 민주주의의 문화라 할 것이다. 정부의 역할이 너무 광범위할 경우 민간인 사회는 어떻게 굴러가겠는가? 개인적 한풀이를 목적으로 여론

---

34 아내 캐서린, 라이트, 내연의 여자 마마 보스윅 체니를 가리킨다.

을 이용하는 무자비한 혹은 복수심에 찬 개인의 손에서, 국법은 그 노리개나 도구로 전락하게 된다. 정부는 마땅히 이러한 법률의 착취 행위를 예방해야 한다.

건국의 아버지이며 공화국의 창업자인 토머스 제퍼슨은 이렇게 말했다. 〈가장 적은 역할을 하는 정부가 가장 우수한 정부이다.〉 이런 생각이 근본적으로 옳다는 믿음, 세대에서 세대로 이어져 온 내 조상들의 신념, 이런 것들을 지원 세력으로 삼아 나는 부정적 여론의 소용돌이를 헤쳐 나갔다. 오크 파크의 집과 사무실이 분열되면서 겪은 깊은 고뇌와 엄청난 낭비에도 불구하고, 탤리에신의 건축을 밀고 나갔다. 나는 내가 정말로 좋아하는 일, 생활, 사랑을 밸리 일대로 옮겨 왔다.

탤리에신Taliesin은 웨일스 사람들에게 예술의 영광에 대해 노래해 준 웨일스의 음유 시인의 이름이다. 웨일스어로 〈빛나는 이마〉라는 뜻이다. 이 이름에는 웨일스의 전설이 많이 얽혀 있다. 나는 리처드 허비의 매력적인 가면극 「탤리에신」을 보고서 이 유명한 음유 시인을 보다 더 잘 알게 되었다. 나의 친척들은 모두 웨일스어로 집 이름을 붙였기 때문에 나도 그렇게 해야겠다고 생각했다.

탤리에신

지금 탤리에신이 빛나는 〈이마〉처럼 서 있는 이 언덕은 내가 어린 시절 제일 좋아했던 곳이다. 3월이면 이 언덕에 할미꽃이 자랐고 언덕 등성이에는 아직도 눈이 남아 반짝거렸다.

이 언덕 꼭대기에 오르면 저 아래 계곡과 그 인근 계곡의 나무 우듬지들이 보이는데 마치 비행기를 타고 내려다보는 착각을 일으킨다. 남동쪽으로는 〈로미오와 줄리엣〉이 환히 보이고 산등성이에 세워진 힐사이드 홈 스쿨도 보인다.

소년 시절 나는 이 일대의 평면도를 손금 들여다보듯 샅샅이 익혔다. 언덕의 등고선이 곧 나에게는 입면도나 다름없었다. 봄이 되어 눈 밑에서 부드러운 새싹이 싹트고, 여름에는 녹음이 무럭무럭 짙어지다가 가을에는 영광스러운 단풍으로 불타오르는 그 언덕 일대의 모습. 나는 그 입체적 풍경을 모두 기억하고 있었다. 나는 지금도 나 자신을 그 풍경의 일부분이라고 생각한다. 나무들, 새들,

꿀벌, 붉은 헛간, 그 언덕에 살던 모든 짐승들과 마찬가지로.

    1909년 봄 오크 파크의 가정생활이 나의 자유 — 내 영혼이 당연히 누릴 자격이 있다고 생각했던 그 자유 — 를 억압했을 때, 내 자부심을 지키기 위해서는 자발적 유배를 떠나는 것 이외에는 달리 방법이 없었다. 그래서 궁지에 몰린 채, 법률의 보호도 박탈당한 채 나는 지도도 없이 미지의 땅으로 떠났고 그곳에서 비정상적인 삶을 살았다. 그러다가 나는 밸리로 돌아왔다. 오래전 나의 할아버지가 희망과 피난의 땅 아메리카로 건너온 것처럼. 그러나 할아버지가 신봉했던 〈이사야〉의 존재는 잠시 잊어버리는 잘못을 범했다. 아, 이사야. 사람을 때리고 징벌하는 이사야.

    이제 건축은 나의 열정이 되었다. 내가 볼 때 건축은 우리가 〈아메리카〉라고 부르는 땅에서 자연스럽게 솟아난 어떤 것이다. 그것은 들판의 돌과 동격을 이루고 어떤 것, 〈이우는 꽃과 시드는 풀〉을 동정하는 어떤 것, 들판의 백합을 보

이탈리아의 피에솔레, 1910, 사진 프랭크 로이드 라이트.   이탈리아의 피에솔레, 1910, 사진 프랭크 로이드 라이트.

이탈리아의 피에솔레, 1910, 사진 프랭크 로이드 라이트.

살피려고 애쓰는 내 온유한 할머니의 마음 같은 것, 〈아메리카〉라는 변화에 자연스럽게 어울리는 것이다. 그 언덕에 어떤 집이 마치 군림하듯 들어선다는 것은 생각조차 할 수 없었다.

    나는 이제 알았다. 집은 언덕 위에 혹은 그 어떤 것 위에 군림하는 존재가 아니라는 것을. 집은 언덕 속으로 스며들어 가야 하는 것이었다. 언덕과 집이 서로 함께 살면서 더 행복해질 수 있어야 하는 것이었다. 따라서 집의 자재를 언덕 주위에서 찾아보는 것이 당연했다. 인위적 노력은 가급적 억제해야 했다. 인간이 그 집에 뭔가를 억지로 추가하려고 하면 그것은 어쩔 수 없이 모방적인 것 혹은 추악한 것이 되고 말았다. 왜? 자연스럽지 않기 때문이다. 그렇다면 자연스러운 집은 아예 없는 것인가? 나는 그런 집이 있다는 것을 증명했고, 이제 내가 직접 들어가서 살 〈자연스러운〉 집을 짓고 싶었다. 나는 언덕 일대를 면밀히 살펴보았다. 그곳의 암벽은 자연스럽게 쭉 내밀고 나와 층을 이룬 것이 마치 빌딩 같았다. 검붉은 삼나무와 하얀 자작나무와 어우러진 그 암벽은 정말 조용하고 강인했다. 암벽 아래의 초록색 등성이도 풍경의 정취에 한몫 거들었다. 바위, 나무, 등성이, 이런 것들은 모두 남부 위스콘신의 얼굴을 이루고 있었다.

나는 내가 사랑하는 남부 위스콘신의 일부가 되고 싶었고 그 풍경의 얼굴에서 굳이 내 조그마한 부분을 돋보이게 하고 싶지 않았다. 내가 그때까지 배워 온 건축이라는 것은 결국 나무의 성장과 마찬가지로 독립적인 엮임과 얽힘, 그 이상도 그 이하도 아니었다. 누구나 보면 알 수 있듯이, 너도밤나무는 너도밤나무일 뿐이다. 스스로 참나무가 되겠다고 나서지 않는다. 또한 소나무는 자작나무가 되겠다고 나서지 않는다. 그렇지만 각 나무는 서로 함께 있을 때 상대방을 더 아름답게 해주고 그러면서 숲 전체가 더욱 아름다워지는 것이다.

이 세상에는 그럴듯한 건물이 많이 존재해 왔다. 하지만 전보다 더 그럴듯한 건물을 만들 수는 없는 것일까? 나무와 암벽이 자연스럽게 풍경 속에 녹아들듯이 또는 할아버지와 할머니가 풍경의 일부였듯이, 언덕 그 자체가 되어 버릴 수 있는 집이 분명히 있을 것이다.

물론 자연스러운 집을 짓는다고 해서 동굴이나 통나무 집 같은 그런 자연 주거를 만들겠다는 것이 아니라, 정신이나 솜씨에 있어서 자연에 아주 가까운 그런 집을 만들고 싶었다. 다시 말해 과거의 살아 있는 건축물이 지닌 그런 건축적 생생함을 표현하는 집을 짓고 싶었다. 내가 그때까지 본 것 중에는 그런 정신을 표현한 집이 없었다. 이제 우리나라는 많이 변했다. 할아버지와 할머니는 물론 훌륭한 분들이었지만 생존 당시 훌륭한 주택에서 생활했다는 생각은 들지 않는다. 하지만 내 머릿속에는 언덕과 집이 서로 결혼하여 그 후 오래오래 행복하게 살 수 있는 그런 집이 분명히 있었다. 나는 그것을 머릿속에서 꺼낼 생각이었다. 나는 그 집의 모양을 분명히 볼 수 있었고 그것을 언덕의 〈이마〉에 짓기 시작했다.

그 집을 지어야겠다는 신념은 아직도 시작 단계에 있었다. 과수원에 심은 어린 사과나무, 포도원에 심은 어린 포도덩굴, 산비탈에 심은 어린 소나무처럼. 나는 언덕 주위의 모든 풍경에서 나의 신념을 보았다.

나는 집 뒤에서 언덕 꼭대기를 올려다보았다. 언덕 자체가 활짝 꽃핀 사과나무들의 열병식(閱兵式)이었다. 그 그윽한 향기가 계곡 아래로 흘러내려 왔고 나중에 시간이 좀 흐르면 빨간 사과, 하얀 사과, 노란 사과가 주렁주렁 달린 가지가 땅 쪽으로 처져 내려올 것이었다. 열매가 달린 사과나무는 오렌지나무 못지않게 아름다웠다. 나는 봄날 꽃가루를 눈발처럼 휘날리는 자두나무들을 보았다. 가을이 되면 그 나무에는 푸른색, 빨간색, 노란색 자두가 많이 열리는데 나무를 살짝 흔들어도 땅에 툭툭 떨어지곤 했다. 무수하게 열을 지으며 늘어선 베리 덤불도 보았다. 핑크색과 초록색의 구스베리가 초록색 가지 아래 알알이 매달려 있었다. 까치밥나무의 검은 잎사귀 아래 루비처럼 매달린 베리도 보았다. 검은 까치밥나무의 강렬한 냄새는 사람의 정신마저 얼얼하게 만들었다. 나는 이런 것들을 기억하면서 그것들이 열릴 때를 기다렸다.

검은 버찌, 하얀 버찌. 딸기밭은 하얀색, 보라색, 초록색이었고 깨끗한 밀짚으로 덮여 있었다. 나는 무수하게 열을 지으며 늘어선 아스파라거스를 보았고 주변에 지천으로 널려 있는 화려한 장군풀을 보았다. 나는 언덕 남쪽 등성이에 있는 포도원을 보았다. 보라색, 초록색, 노란색 포도가 풍성하게 열렸고 그러면 남자아이들과 여자아이들이 바구니를 들고 와 바구니 가득 포도를 따 가지고 집으

탤리에신, 위스콘신 주 스프링 그린, 1911

로 돌아가 방 안을 꽃처럼 단장했다. 언덕 등성이에는 꼭지에 초록빛이 도는 참외가 지천으로 누워 있었다. 양계장 옆의 하얀 양봉장에는 벌들이 쉴 새 없이 잉잉거리며 꿀을 저축했다.

그리고 내가 키웠던 짐승들! 황소의 제왕인 온유한 홀스타인 종 소는 움직일 때마다 들판과 초원을 아름답게 수놓았다. 초원과 언덕에서 방목하는 양 떼. 봄이 되면 음매 하고 울어대는 어린 양. 밥 찌꺼기를 황금으로 만들어 주는 툴툴거리는 암퇘지들.

나는 원기 왕성한 잘 훈련된 말들을 보았다. 털이 반짝반짝 빛나고 걸음걸이가 씩씩한 검은 말과 하얀 암말. 그 말에 안장을 얹고 돌 디딤대 앞으로 데려가 그 등에 훌쩍 올라타 내가 좋아하는 시골길을 달리는 맛이란! 말은 시골에서 가장 좋은 친구였다. 들판에서는 말에 쟁기를 얹어서 밭을 갈기도 했다. 산등성이는 파종기에서 추수기까지 계속 색색의 옷을 갈아입었다. 나는 보라색 볏을 가진 수탉과 그가 거느린 수백 마리의 암탉을 보았다. 하얀 계란들. 연못 위의 오

탤리에신, 위스콘신 주 스프링 그린, 1911.

리들. 거위들. 나무 그늘이 드리운 물위에서 유유히 떠다니는 백조들.

나는 자바산(產) 공작들을 보았다. 그것은 마당의 벽에 딱 붙어 있으면 하얀색으로 보였다. 나는 야채 밭에서 나와 언덕에 있는 깊은 동굴 — 할아버지의 야채 저장소 — 로 들어갔다. 동굴의 모래 바닥에는 셀러리, 스쿼시, 순무, 감자, 당근, 양파, 양방풍나물, 양배추 따위가 쌓여 있었고 때로는 천장에 매달려 있었다. 사과, 배, 포도는 저장실 바닥에서 천장까지 쌓아 올린 나무 상자에 가득 들어 있었다. 그리고 크림! 소년에게는 크림이 금지되어 있었다. 그 걸쭉한 크림을 스푼으로 떠서 향기로운 모닝 커피에 넣으면 마치 계란처럼 둥둥 떴고 또 주홍색 딸기 위에 얹으면 가볍게 미끄러져 내렸다. 그렇다. 탤리에신은 주거이자 직장이면서 동시에 정원이자 농장이어야 했다.

나는 그 모든 것을 보았다. 나는 주택의 기초를 잡으면서 소, 말, 돼지, 닭이 뛰어다닐 터도 함께 잡았다. 이 모든 생활 수단이 소년 시절로부터 나온 것인데 좀 더 개량되었다는 점이 다를 뿐이다. 그렇게 해서 언덕을 위한 〈빛나는 이마〉의 건설이 시작되었다. 언덕은 주택이 들어서도 아무런 방해도 받지 않고 우뚝 솟아올라 인근 전원 지대의 풍성한 삶을 증언했다.

1마일 떨어진 언덕에 채석장이 있었다. 그곳에는 노란 사암이 언덕의 정면을 장식하는 암벽처럼 지층을 이루며 차곡차곡 쌓여 있었다.

그 사암은 산등성이를 장식하는 암벽과 똑같은 질감을 갖고 있었다. 인근의 농부들로 사암 운반 팀이 구성되었고 평지에서 언덕으로 끌어올리기 위해 인력이 두 배로 보강되었다. 북유럽 출신의 늙은 석공 파더 라슨이 채석장에서 발파하여 떼어 낸 돌 약 500개가 언덕 위로 수송되어 왔다. 돌은 테라스와 마당의 포도(鋪道)를 쌓는 데 들어갔고, 산등성이에 비스듬하게 놓고 커다란 벽처럼 만들었다. 등성이의 암벽 비슷한 분위기를 연출하는 데도 사용되었다. 주택을 지표와 가능한 한 가깝게 붙어 있게 하기 위해, 다양한 방향에서 돌이 팔을 내뻗도록 조치했다. 그 땅은 우리 할아버지의 땅이었다. 돌은 그 땅의 일부가 되어야 했다.

마침내 어디서 포도와 벽이 끝나 땅이 시작되는지 구분하기가 어렵게 되었다. 특히 언덕 꼭대기에서는 그런 느낌이 더욱 강했다. 그곳은 4면의 코트[35]를 내려다보는 낮은 담벼락이 있는 정원이었는데, 등성이에 박아 넣은 돌계단을 통해서

만 접근할 수 있었다. 코트 위의 언덕 한쪽에는 한 무리의 멋진 참나무들이 자라고 있었다. 커브형의 나지막한 돌담이 이 나무들을 둘러싸고 있고, 거기서 돌길을 따라 걸어 내려오면, 뿜어 낸 물이 원의 중앙에서 연못을 이루는 샘과 연결된다. 각 코트마다 이런 샘이 있고 거기서 흘러내린 시냇물을 모으기 위해 아래쪽에 커다란 댐을 설치했다. 언덕의 기슭에 연못을 만들기 위해 시냇물을 가로질러 두터운 돌담을 세웠고, 계곡의 물을 높여 탤리에신에서 보이게 했다. 이렇게 하여 폭포 아래로 떨어진 물을 양수기로 뿜어 올려 높은 언덕 위에 만들어 놓은 돌 저수조(貯水槽)로 보냈다. 이 저수조는 언덕 꼭대기의 정원 바로 뒤에 있었는데 이곳의 물을 방출하여 샘을 채우고 또 저택 바로 밑의 야채 밭에 물을 주었다.

 탤리에신은 주거, 건축가의 워크숍, 조수 일을 하는 젊은 제도사들의 거처 등 다양한 역할을 해야 했다. 또 농장 일을 도와주는 농부들의 오두막이기도 했다. 본채 뒤의 코트에는 농가 건물이 들어섰다. 탤리에신은 돼지에서 집주인에 이르기까지 안락함과 아름다움을 나누어 주는 진정한 보금자리가 되어야 했다.

 그곳은 자급자족까지는 아니더라도 필요한 물품이 충분히 상비되어 있는 곳이 되어야 했다. 200에이커[36]의 너른 땅에 주거, 음식, 의복, 기타 오락 시설 등이 빠짐없이 갖추어지도록 했다. 탤리에신에는 자체 발전기, 연료창고, 수송 및 급수 시스템이 갖춰져 있었다.

 탤리에신은 나의 아이들과 그 아이들의 아이들이(가능하다면 여러 세대에 걸쳐서) 즐길 수 있는 오락장이 되어야 했다. 위스콘신의 농촌에 자리 잡은 이 수수한 인간적 건물은 언덕 꼭대기에 자리 잡은 네 개의 코트에 의해 구체화되었다. 각 코트는 언덕 사면(斜面)을 따라서 일종의 진입로 *driveway*를 형성했는데 한쪽에는 낮은 건물들이 들어섰고 다른 한쪽에는 언덕 꼭대기를 보호하는 석벽에 기댄 화단을 만들어 놓았다.

 네 개의 코트는 주로 돌로 조성되었다. 층층이 쌓인 돌은 낮은 쪽의 집에서는 벽이 되었고, 지표에서 솟아올라서는 굴뚝이 되었다. 인근에서 채굴되는 이런

---

35 *court*. 본채를 4면에서 둘러싼 마당이다.
36 1에이커 = 약 4,047평방미터.

돌이 있었기 때문에 높은 쪽의 집 벽은 나무로 만들었고 플라스터를 발라서 마감했다. 이렇게 하여 텔리에신은 주위의 언덕이 그러하듯이 돌과 나무를 적절히 혼합한 형태가 되었다. 언덕의 선이 곧 지붕의 선이 되었다. 언덕의 사선이 곧 집의 사선이 되었다. 널따란 처마 밑의 그늘 속에 들어 있는, 가벼운 나무 벽의 플라스터 표면은 저 아래 강가의 모래밭과 똑같았고 색깔마저도 같았다. 바로 그 모래밭에서 벽에 바를 자재를 가져 왔으니까.

외부의 마감재는 회색 나무 등걸의 색깔이었다. 지붕 표면의 지붕널은 햇빛에 그을리도록 내버려 두었는데 그 결과 그 주위의 나뭇가지들처럼 은회색을 띠었다. 커다란 석조 벽난로의 기둥들은 육중하게 우뚝 솟아 있었다. 내부 공간에서는 벽난로를 중심으로 활동을 해야 하기 때문에 이런 벽난로를 여럿 설치했다. 벽난로의 깊게 터진 입구 부분은 단단한 암석으로 처리했다. 밖에서 보면 이 육중한 직사각형의 돌덩어리는 단단한 안정감을 주지만, 안에서는 아주 안락한 느낌을 제공한다.

석공들은 건축가의 지시에 따라 인근 채석장에서 가져온 돌을 일정한 패턴으로 배치했다. 돌의 모서리가 밖으로 나오게 하면서 가늘고 길고 평평한 암반이 되도록 돌을 쌓았다. 석공들은 돌을 하나 자리에 놓은 다음 뒤로 물러서서 그 효과를 살피곤 했다. 곧 석상을 조각하는 조각가나 되는 것처럼 돌에 깊은 관심을 드러냈다. 때로는 뒤로 한 걸음 물러서 고개를 갸우뚱거리면서 돌이 빚어내는 효과를 유심히 살피기도 했다. 그러다가 어떤 결론에 도달하면 앞으로 나가서 돌을 자기 마음에 들게끔 옮겨 놓았다. 이런 수정 작업을 조금도 귀찮게 여기지 않았다. 말하자면 그들은 난생 처음으로 예술가가 된 것이었고 그 일을 마음에 들어 했다. 공사장에는 이런저런 석공들이 많았다. 젊을 때 체코에서 이민 온 대드 시그놀라가 최고였는데 필립 볼크가 오면서 최고의 자리를 내주었다. 볼크는 텔리에신에 5년간 머물면서 석공 일을 많이 도와주었다. 아무튼 개성이 다양한 석공들이 참여했기 때문에 텔리에신에서는 오늘날까지 각 석공들의 개성을 엿볼 수가 있다. 그러면서도 그 개성이 전체 속에 잘 어우러져 있는 것은 참으로 신기하다. 나는 돌 구조물을 볼 때마다 그걸 만든 석공을 머릿속에 떠올린다.

그 당시 이 무거운 돌덩어리를 언덕 꼭대기로 끌어올리려면 인력과 마력(馬

力)을 잘 활용해야 했다. 트럭이 등장한 것은 몇 년 후의 일이었다. 모래, 돌, 자갈, 목재 등을 필요한 곳까지 운반하기 위해 수송 책임자는 엄청나게 고생을 했다. 이 일을 하기 위해서는 머리도 있어야 하지만 무엇보다 뚝심이 있어야 했다. 당시 벤 데이비스가 이 일을 맡았다. 벤은 아주 창조적인 십장이었고 욕도 곧잘 했다. 벤이 이 수송 공사에 대해 이야기하고 있는 걸 듣노라면 모자를 벗고 그 노고에 감사드리고 싶어진다. 수송 담당 인부들은 밥 먹듯이 욕을 해댔지만 벤은 꼭 필요할 때 욕설과 뚝심을 섞어 넣어 원하는 결과를 얻었다. 어느 날 벤이 인부 다섯 명과 무거운 돌을 나르고 있는데 돌이 갑자기 운반 막대기에서 벗어나 벤의 엄지발가락을 짓눌렀다. 나는 돌 주위를 돌면서 큰 부상은 아닌지 살폈다. 벤은 식식거리며 그 돌을 위협적으로 노려보더니 심하게 욕을 해댔다. 그는 화가 나서 길길이 뛰었다. 벤도 저렇게 흥분할 때가 다 있구나라는 생각이 들 정도였다. 그 어떤 〈라 마르세예즈〉[37]도 그 어떤 모세 같은 예언자도 이 때의 벤처럼 심한 분노를 터트리지는 못했으리라. 윌리엄 블레이크는 풍성함은 곧 아름다움이라고 말했다. 그 순간의 벤이 숭고했다고 말한다면 신성모독이 될지 모르지만 아무튼 그 순간의 벤은 정말 숭고했다.

나는 스프링 그린에서 ─ 인근의 지명은 대부분 〈Black Earth(검은 대지)〉 〈Blue Mounds(푸른 언덕)〉 〈Lone Rock(외로운 바위)〉 〈Silver Creek(은빛 여울)〉 등 토속적인 것이었다 ─ 뛰어난 목수를 찾아냈다.

윌리엄 웨스턴은 타고난 목수였다. 그는 건축가가 곁에 서서 일하는 모습을 지켜보고 싶게 만드는 그런 목수였다. 그는 단 한 번도 엉성하거나 불필요한 동작을 하지 않았다. 그가 직접 만든 자루가 달려 있는, 아주 가벼운 망치로 매번 꼭 필요한 곳을 딱 알맞은 힘으로 두드려댔다. 그의 망치는 뛰어난 검사(劍士)의 검과 같았다. 똑똑한 머리와 정밀한 손을 가진 그는 그 어떤 건축가에게도 보배 같은 존재였다. 이 목수는 온갖 시련과 어려움에도 불구하고 탤리에신에 14년 가까이 머물렀다. 미국의 시골에서는 가끔 뛰어난 일꾼이 태어나는데 빌리(윌리엄의 애칭)가 바로 그런 사람 중 하나였다.

---

37 La Marseillaise. 프랑스 대혁명 때 민중들이 부른 행진가로 훗날 프랑스 국가가 되었다.

겨울이 닥쳐왔다. 아주 혹독한 추위였다. 지붕을 얹었고 벽토를 발랐으며 창문을 달았기 때문에 인부들은 실내에서 일할 수 있었다. 저녁이면 차가운 바람이 바닥 판자를 통해 슬슬 파고들었기 때문에 인부들은 벽난로에 둘러앉아 장작을 집어넣으면서 몸을 덥혔다. 인부들은 인근 마을 출신이었으나 주중에는 현장에서 숙식을 제공해야 했다. 토요일 밤이면 그들은 주머니에 주급을 받아 넣고 식료품이나 기타 필요한 물품을 사들고 집으로 돌아갔다. 인부들은 모두 재미있는 사람들이었다. 그중에 조니 본이라는 아일랜드인 친구가 있었는데 나는 지금도 그가 천재라고 생각한다. 그는 또 다른 아일랜드인 친구를 동업자로 삼아 콘크리트 사업을 하다가 파산했는데 나는 그 이야기를 듣고 그를 채용했다. 「우리는 더 일찍 망했을 건데 일을 잔뜩 맡아 놓고 있었기 때문에 망하는 시기가 뒤로 늦추어졌습니다.」 나는 이 호리호리한 천재가 어느 날 인부들과 농담하는 것을 엿들었다. 목수들은 전에 여러 도시의 현장에서 내 밑의 십장으로 일했던 빌리 리틀을 막 놀리고 있었는데, 그 자리에 조니가 뛰어들었다. 조니가 이렇게 허풍을 떨었다. 「이봐, 난 이 주택을 말이야, 단 한 장의 도면을 가지고 지었다고.」 그러자 빌리가 이렇게 되받았다. 「그래, 그건 아무것도 아니야. 난 말이야 오크 파크에 있는 모든 집을 맨손으로 지어 냈지.」 저 영리한 빌리 리틀의 재치를 따라갈 자는 아무도 없었다.

건설 노동자들은 아무리 도면이나 시방서(작업 지침서)가 많이 있어도 충분하지 않다고 투덜거린다. 건축가들은 이런 비난의 말을 가끔 듣게 된다. 하지만 탤리에신의 일꾼들은 그 일을 하나의 모험으로 여겼다. 사실 그것은 모든 면에서 모험이었다. 특히 예산의 측면에서 그러했다. 나는 공사 내내 공사비 조달을 위해 이리저리 뛰어야 했다. 정말 어렵사리 공사비를 마련했던 것 같다. 우리는 가능한 한 내부에는 표면이 무지(無地)인 목재를 사용하려고 애를 썼다. 돌도 견고하면서도 내부를 잘 보호할 수 있는 것을 사용했다. 모든 각기둥pier과 벽에서도 목재와 돌의 그런 특성이 잘 드러나도록 했다.

내부의 바닥에도 외부의 바닥처럼 돌을 깔았다. 그것이 여의치 않을 때에는 검은빛이 나는 넓은 삼목판을 썼다. 벽에 사용한 벽토는 시에나토(土)를 섞어 발라 건조시키면 짙은 황금색이 나는 자연스러운 것을 썼다. 외벽에도 동일한 벽토를 사용했으나 시멘트 때문에 좀 짙은 회색이 났다. 하지만 전체적 구성에 있어서, 벽들이 바닥에서 솟아오르는 형태나 공간 위에 지붕을 덮는 방식이 이 유기적인 집의 큰 특징이었다. 집은 전체적으로 보아 대단히 자연스러웠다. 방은 텐트처럼 지붕에 접하고 있고 왁스를 칠한 줄무늬가 있는 매끈한 목재를 사용했다. 채광을 신경 써서 설계했기 때문에 낮 동안에 각 방의 열린 틈으로 햇빛이 환하게 스며들었다. 여닫이창을 사방 벽에 많이 달았기 때문에 벽은 자연스럽게 밖으로 열리면서 조망을 확보해 주었고 붉은색, 하얀색, 검은색 참나무와 벚나무, 포도 덩굴의 냄새가 실내 공간으로 흘러들었다. 겨울 몇 달만 제외하고 봄에서부터 가을까지, 일출에서 일몰까지 온갖 꽃의 향기와 새들의 울음소리가 창문 너머 내부 공간으로 흘러들었다.

　나는 겨울이면 고드름이 처마를 아름답게 장식하는 그런 집을 원했기 때문에 물받이 홈통은 달지 않았다. 눈이 와서 지붕에 두껍게 쌓여 본채 바깥의 코트로 눈 녹은 물이 천천히 떨어져 내릴 때 고드름이 처마를 장식하기 시작했다. 6피트 길이로 매달린 수정의 프리즘은 외부의 풍경과 내부의 관찰자를 서로 소개해 주기라도 하는 듯이 밝게 반짝거렸다. 겨울의 탤리에신은 서리의 궁전이 되었다. 벽 위에는 눈이 쌓이고, 처마에는 무지갯빛 고드름이 매달리고, 창문의 통유리에는 아라베스크 무늬의 성가가 환상적으로 꼈다. 겨울 풍경이 극치의 아름다움을 연출했다. 그러나 내부의 십여 군데 벽난로에서 장작이 밝게 타오르면서 연기가 굴뚝을 통해 별들을 향해 올라가는 동안, 탤리에신의 창문들은 밝고 따뜻하게 빛났다. 그처럼 따뜻한 분위기는 어디서든 좀처럼 찾아보기 어려우리라.

　내부의 설비도 간단하고 절제된 것이었다. 갈색의 얇은 아마 양탄자로 바닥을 덮었는데 나중에는 석판과 널찍한 나무판자의 단순미를 살리기 위해 치워 버렸다. 문과 창은 수수한 갈색의 체크무늬 천으로 장식했다. 가구는 트림과 동일한 목재로 〈집에서 만든 것〉이었고 대부분 트림 사이에 끼워 넣었다. 나는 이와 관련하여 올드 댄 데이비스로부터 칭찬을 들었다. 데이비스는 부자이면서도 〈절약〉으로 유명한 웨일스 출신의 이웃 사람이었다. 「야, 대단한데 프랭크.」 그가 말했다. 「자네도 절약을 하고 있군.」 나를 위해 현장에서 일해 온 또 다른 이웃

마더 윌리엄스는 이런 반론을 폈다. 「절약한다고요? 그는 절대 그런 사람이 아니에요. 시카고의 시어스 앤드 로벅 백화점에서 사온 물건도 그처럼 값싸게 보이도록 만드는 재주가 있어요. 난 그걸 알아요.」

북부(北部)의 집. 그 집은 낮고 넓고 아늑했으며 주변 환경과 자연스럽게 어울리는 시원한 주거지였다. 여름의 미풍에 활짝 열려 있는 집, 필요하다면 개방된 캠프같이 될 수 있는 집이었다. 봄비가 내리면 지붕을 두드리는 빗소리는 자연의 음악이 되었고, 넓은 처마는 창문을 아늑하게 보호해 주었기 때문에, 포근하게 내리는 봄비를 감상하기 위해 마음대로 창문을 열어 놓을 수가 있었다. 탤리에신은 그런 건축적인 배려를 감사하게 생각했다. 주택의 설비를 감사하는 마음으로 받아들여 이자와 함께 되갚아 주었다.

탤리에신은 정말 질서정연했다. 모든 것이 제자리를 찾아 들어가고 깨끗하게 정리되었을 때 그 얼굴은 환하게 빛났고 행복한 미소를 지었으며 모든 방문객을 환영했다. 나는 그 집이 아주 인간적인 면모를 지녔다고 확신했다.

언론에 이 집이 〈널리 소개되는〉 바람에, 토요일과 일요일이면 인근과 원동에서 많은 방문객이 찾아왔다. 몇몇 모험심이 강한 아주머니들은 거실로 통하는 네덜란드풍 출입문까지 올라왔다. 하지만 그들은 나를 보지 못했다. 내가 거실 안쪽의 기다란 시트에 누워 있었기 때문이다. 그들은 머리를 들이밀고 〈오!〉와 〈아!〉를 연발했다. 그들은 아주 잠깐 침묵했지만 곧 좀 대담한 성격의 어떤 아주머니는 〈글쎄……〉 하고 말했다. 「일반 주택에서 살다가 이런 혁신적인 집에서 살 수 있을까?」

북쪽을 바라보는 키 큰 창을 통해 햇빛이 스며드는 스튜디오는 네 개의 서재로 이루어져 있었다. 한 서재는 크고 나머지 세 개는 작았다. 이 네 개의 서재 중앙에는 방화(防火) 처리된 귀중품 보관용 석실이 있었다. 도면, 개인 문서, 잔돈 같은 것은 석실 밖에 놔두었다. 그러나 겐로쿠[38] 시대에 만들어진 장식품과 채색 목판화는 석실 안에 안전하게 보관했다. 나의 해외 체류가 계속되면서 중국

---

[38] 元祿. 일본 에도 시대 중기에 5대 쇼군 도쿠가와 쓰나요시(德川綱吉)가 다스린 시기(1688~1704)를 말한다.

도자기와 조각품, 아즈치 모모야마[39] 시대의 병풍 따위가 석실 안으로 계속 흘러들었고 몇 년 지나지 않아 장식으로 쓰이는 물품들도 모두 진귀한 〈골동품〉이 되었다.

만약 방문객의 눈이 이런 장식물에 한동안 머문다면 그는 호사스런 안복(眼福)을 누리게 될 것이다. 오래전 다른 문명에서 만들어져 탤리에신까지 건너온 이 메신저들은 평화와 호의(好意)의 정령들이 아닐까? 석실 안에 혹은 선반 위에 놓인 이 물건들은 형제 같은 동포 의식을 나누어 주는 듯했다.

왜냐하면 탤리에신의 이야기도 결국은 이러한 골동품 못지않게 오래된 것이기 때문이다. 아니, 그것은 인간의 정신처럼 오래된 것이다. 이러한 오래된 동양의 골동품은 그런 정신적 발달의 흔적이며 시간이 흘러가면서 인간의 발전에 동참했고 이제 이곳으로 와 휴식을 취하면서 제 집에 돌아온 듯한 느낌을 주는 것이다. 이 골동품들을 쳐다보면 이런 생각이 자연스럽게 떠오른다. 이 물건들은 이야기 속의 이야기이다. 그것은 새것에 대한 고풍스런 논평이다. 골동품들이 이미 오래전 저마다의 삶을 살았듯이, 새것은 이제 그 나름의 삶을 살아가는 것이다.

북부의 강한 바람이 이제 낮은 지붕 위로 불어온다. 하지만 그 집 안에서는 진지한 희망이 평화로운 입김을 내뿜는다. 이 일대의 벼락은 유명하다. 모든 것을 쳐부술 듯 강력하다. 그러나 탤리에신은 미소를 짓는다. 탤리에신은 제 일을 열심히 하면서 그 의무를 수행하고 자신의 과거를 잊지 않는다. 그러나 이 집을 인정하지 않으려는 자칭 〈새것〉은 여전히 중상모략을 일삼았다. 탤리에신은 분노했고 반격하려고도 했지만 그렇게 하지 않고 미소를 지었다. 탤리에신은 하나의 〈이야기〉였기 때문에 그런 도전을 받아들여야 했다. 이 집은 폭풍과 스트레스, 위협과 중상에 가까운 호기심을 이겨 내고 행복을 향해 나아갔다. 3년 이상을 그렇게 대응했고 그동안 늘 미소 지었다. 그 정신의 평온함을 느낀 사람들은 탤리에신 밖에서 노호(怒號)하는 언론의 폭풍을 믿을 수가 없었다. 언론은 자상한

---

[39] 安土桃山. 오다 노부나가와 도요토미 히데요시가 천하의 정권을 잡았던 시대. 일본 미술이 중세에서 근대로 이행하던 시기이다.

영혼 — 한 여인 — 이 평생 그곳에 정착했기 때문에 그런 식으로 몰아 붙였던 것이다.[40]

서서히 창조적인 정신과 욕망이 돌아오기 시작했다. 탤리에신은 되살아나기 시작했고 나는 이곳에서 설계 작업을 재개했다. 시카고 연락 사무소는 이제 오케스트라 홀 빌딩에 입주해 있었다. 하지만 워크숍은 어디까지나 탤리에신이었다. 이 연락 사무소에서 여러 건의 건물을 수주했다. 쿤레이 부인이 발주한 이웃용 오락장도 그중 하나였고 또 시카고 대학 근처에 지은 미드웨이 가든도 있었다. 미드웨이 가든은 여러모로 새로운 작품이었고, 탤리에신의 비극과도 상관이 있기 때문에 여기서 그 이야기를 자세히 해보겠다.

미드웨이 가든 이야기

1913년 가을 젊은 에드 월러는 시카고 미드웨이 가든의 아이디어를 생각해 내고 구체적인 작업에 들어갔다. 그는 먼저 내게 자신의 구상을 털어놓았다. 내가 잘 정리된 탤리에신 I의 워크숍에 막 들어서려는데 에드가 제안을 해왔다. 월러와 나는 이미 밸리에서 약 2년 동안 함께 일해 오고 있던 터였다.

「이 오래된 도시를 오가면서 느끼는 건데 말입니다.」 에드가 말했다. 「흉하고 보기 싫은 건물밖에 없어요. 싸구려 혹은 지저분한 것뿐이에요. 나는 이 연기의 소굴, 자동차 도로, 술집들로 가득 찬 황야에 가든을 하나 설치하고 싶어요.」

그 이야기는 그의 아버지를 연상시키는 바가 있었다. 그의 아버지는 리버 포리스트의 서재에서 나를 엉클 댄에게 소개해 주며 유럽으로 유학 가라고 권했던

---

40 자상한 영혼 — 한 여인 — 은 마마 체니를 가리킨다. 279페이지의 사진을 참조하라. 라이트는 1904년 37세 때 오크 파크에 사는 E. H. 체니 부부를 위해 단층 저택을 설계해 주었는데 이때 마마 체니와 사랑에 빠졌고 1908년에 두 사람은 결혼하기를 원했다. 체니 씨는 이혼에 동의했으나 캐서린 라이트는 동의하지 않았다. 1909년 마마 체니와 라이트는 유럽으로 사랑의 도피를 했고, 이때 여섯 아이의 어머니인 캐서린 라이트가 자신이 처한 난처한 상황을 솔직하게 털어놓음으로써 언론에서는 두 사람의 사랑을 대대적으로 보도하기 시작했다. 1911년 미국으로 귀국한 마마와 라이트는 언론의 십자 포화를 맞았다. 그럼에도 불구하고 1911년 말부터 두 사람은 캐서린 라이트가 이혼에 동의하지 않는 바람에, 정식으로 결혼하지 못한 상태로 탤리에신에서 살기 시작했다. 마마는 1914년 8월 15일 비극적인 죽음을 맞이하는데, 위에서 나오는 3년 동안의 미소는 바로 이 1911~1914년을 가리키는 것이다.

바로 그분이었다.

「시카고 시민들은 아름다운 가든 리조트를 고맙게 생각할 겁니다. 시민들은 이곳에 와서 좋은 음악을 듣고 식사를 하고 술을 마실 수 있습니다. 독일인이 가족끼리 잘 간다는 뮌헨 근처의 공원 같은 걸 만드는 거지요.」

「지금 춤바람이 불고 있습니다. 젊은 사람들을 위해 가든 내부에 무도장을 설치할 수도 있습니다. 그리고 외부에는 오케스트라를 위한 공연장을 설치해 지식인들이 멋진 음악회를 감상할 수 있도록 하는 겁니다. 물론 이런 사람들은 집에서 저녁 식사를 하고 음악회에 참석하는 거지요.」

「문제는 연주 시즌이 그리 길지 않다는 겁니다. 그래서 한쪽에 저녁 식사를 하러 나오는 사람들을 위한 윈터 가든을 짓는 겁니다. 그 중앙에는 무도장을 설치하고요. 또 수입을 확실히 올리기 위해 1년 내내 문을 여는 바도 지어야겠어요 (당시는 아직 금주법이 시행되기 전이었다). 우리는 이 가든을 거대한 규모의 연예 오락 센터로 운영할 수 있습니다. 파블로바가 춤을 추고, 맥스 벤딕스가 풀 오케스트라를 지휘하고 실외의 음악은 일곱시부터 트는 겁니다. 오케스트라가 공식 연주를 하지 않는 시간에는 윈터 가든에서 춤곡을 연주해 줌으로써 청춘 남녀들이 마음껏 춤을 출 수 있게 하는 겁니다. 일주일에 여러 번 아침 공연을 하는 겁니다. 사람들이 건물의 발코니와 높은 곳에 나와서 구경을 하도록 만드는 겁니다. 빛, 색깔, 음악, 움직임이 어우러진 즐거운 곳이 될 겁니다.」

「프랭크, 당신이라면 이곳을 아주 특별한 곳으로 만들 수 있습니다.」 그가 계속 말했다.

「어디에 부지를 마련해야 할지도 알고 있어요. 미드웨이에서 남쪽으로 약간 벗어난 곳에 적당한 땅이 있습니다. 오래된 상 수시 플라스[41]가 그곳이에요. 벌써 여러 해 동안 개발된다는 말만 무성할 뿐 방치되어 있는 땅이지요. 크기도 아주 적당해요. 약 3에이커 정도예요. 당신이 설계를 하면 디자인 비용은 충분히 받아낼 수 있을 겁니다.」

하지만 에드는 공사비를 어디서 구할 것인지 생각하지 못하고 있었다. 그는

---

41 *Sans Souci Place*. 프랑스어로 근심이 없는 장소라는 뜻이다.

공사비를 해결하는 건 가장 쉬운 일이라면서 자기가 알아서 해결하겠다고 대답했다.

「이 아이디어를 어떻게 생각합니까?」 그가 물었다.

소년 시절 알라딘과 마술 램프는 나를 매혹시켰다. 나는 이제 그것이 하나의 상징임을 알고 있었다. 젊은 아라비아인은 창조적 욕망의 상징이고 마술 램프는 상상력의 상징이었다.

나는 가만히 앉아서 생각해 보았다. 나 자신이 알라딘이라면 젊은 에드는 램프의 요정인가? 그는 미술 램프 속의 무수한 노예를 다 알고 있는 걸 보니 요정임에 틀림없었다. 그 사업은 일종의 강신술(降神術)처럼 보였지만 나는 마법을 믿었다. 나도 전에 마술 램프를 문질러서 유사한 효과를 보지 않았던가.

「자네가 연락 사무소로 돌아가면 상 수시 플라스 부지의 측지도를 보내 주게. 에드, 다음 월요일에 다시 와 보게. 그때 내 생각을……」

그는 월요일에 다시 찾아왔다. 미드웨이 가든을 설계하는 일은 마치 하늘에서 툭 떨어지듯 손쉽게 이루어졌다. 아주 짧은 시간 내에 컬러 도면을 만들었다. 젊은 에드는 아주 흡족해했다.

「내 이렇게 될 줄 알았어요. 아주 만족스럽습니다.」

우리는 폴 뮬러를 〈램프의 노예〉로 삼는 데 동의했다. 시공 업자 폴은 그 사업에 흥미를 느꼈고 예의 정력적인 태도로 꿈을 현실화하기 시작했다. 그의 파트너, 십장, 숙련공, 미숙련공 등은 모두 〈유니언union〉이라고 불리는 시카고 건설 노동조합의 다양한 부서에 소속되어 있었다. 뮬러는 이 노조로부터 통상적인 계약 조건으로 건설 인력을 빌려 왔다. 하지만 미드웨이 가든을 시공하는 데 핵심적인 조직가는 바로 뮬러 자신이었다. 젊은 에드도 공사가 시작되기를 앉아서 기다리지만은 않았다. 젊은 만큼 팔팔한 친구였다. 그의 천재는 곧 발휘되기 시작했고 그것은 공사 내내 계속되었다.

며칠 사이에 상 수시 플라스 부지에는 사람이 들끓기 시작했다. 현장에 인력을 파견한 노조는 부러운 듯 감시의 눈을 번득거렸다. 과거의 상 수시 플라스를 연상시키는 것이라고는 부지 한쪽 구석에 세워져 있는 녹슨 강철 타워뿐이었다. 노무자들이 그 타워를 해체하려 했으나 노조 측이 곧 제동을 걸었다. 그들은 그 낡은 타워는 강철로 이루어져 있기 때문에 숙련 철근공이 해체 작업을 해야 한다고 주장했다. 이것은 천 달러의 비용이 추가로 들어가는 것을 뜻했으나 따질 계제가 되지 못했다. 노조도 그런 사실을 알고 있었다. 결국 숙련 철근공이 타워를 해체했다.

시공 업자인 폴 뮬러는 6피트 2인치의 거한으로, 확성기를 들고 공사현장을 두루 돌아다니면서 온 사방을 향해 큰 소리로 작업 지시를 내렸다.

굴착기, 증기삽, 마차, 각종 쓰레기, 쓰레기를 실어 가는 트럭, 손수레, 노새, 더 많은 트럭, 콘크리트믹서, 기중기, 진폴,[42] 진흙, 물, 인부들. 시멘트백 Cement-bag, 모래, 벽돌, 들보, 목재 등이 산더미같이 쌓였다. 석공, 회반죽통 운반공, 벽돌공, 벽토공, 목수, 철근공 등은 유능한 십장의 지시를 받아 가며 필요한 때에 필요한 일을 해냈다. 십장들은 옛 강철 타워 자리에 임시로 설치한 현장 사무소에서 나온 건축가의 청사진을 정확히 읽어 냈다. 현장 사무소의 전면에는 〈폴 F. P. 뮬러 건설 회사〉라는 표시가 커다란 검은 글자로 쓰여 있었다.

청사진이 어디서 나왔는지 독자들은 잘 아실 것이다. 이 소란스러운 현장을 만들어 낸 주역인 젊은 에드는 신이 나서 건설 현장을 휘젓고 다녔다. 오늘날까지 이 공사를 진행한 시기는 그의 인생에서 가장 빛나는 한때로 남아 있다.

에드의 사무실에는 찰리 매튜스라는 세련된 친구가 있었다. 찰리는 예술가 기질이 농후했고 음악을 광적으로 좋아했다. 그 또한 미드웨이 가든 계획을 열광적으로 지지했다. 다른 사람들에게 그런 열정을 전염시켜 이 사업에 투자하도록 만들었다. 이처럼 현장에서 바쁘게 건설 작업이 진행되는 동안, 에드, 찰리, 그리고 친구들은 공사비를 조달하느라고 바빴다. 나중에 밝혀졌지만 총 공사비 35만 달러 중 6만 5천 달러밖에 조달하지 못했다. 당시 이런 심각한 자금 압박에 대해 아는 사람은 에드 이외에는 없었을 것이다. 나는 심지어 에드도 그걸 알았을까 하는 의문이 든다. 아무튼 미드웨이 가든을 짓기 위해 확보한 돈은 그 정도밖에 되지 않았다.

하지만 이런 사실은 안중에도 없다는 듯, 가든은 자꾸자꾸 위로 올라가면서

---

42 *gin poles*. 가이 로프로 받치고 끝에 도르래를 단 한 줄 크레인.

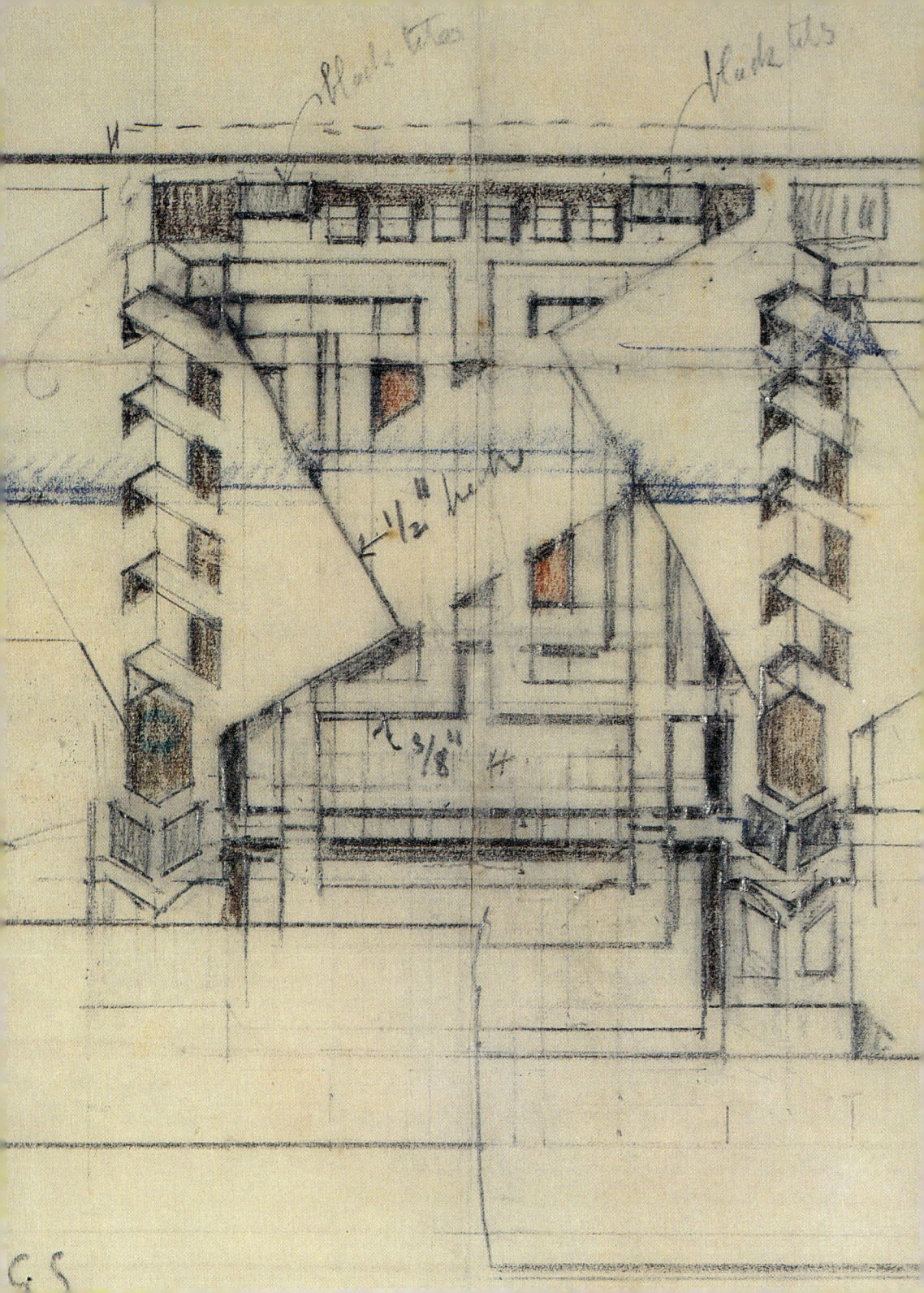

모습을 드러내기 시작했다. 노조도 적극적으로 협조해 주었지만 시카고의 날씨도 마치 한몫 거들겠다는 듯 아주 좋았다. 이제 미드웨이 가든을 90일 내에 완공하여 저녁 식사를 하러 나온 사람들을 좌석에 앉히고 테이블 위에 음식을 올려놓고 음악을 연주하는 일만 남아 있었다. 이것 이외에는 내 머릿속에 아무 생각도 없었다. 개관 날짜는 1914년 5월 1일이었다.

미드웨이 가든은 썸머 가든으로 설계되었다. 낮은 돌담 테라스를 4면에서 프로므나드,[43] 로지아, 갤러리가 둘러싸고 있는 형태였고, 이 가든은 다시 윈터 가든으로 이어졌다. 윈터 가든 역시 내외부를 석재 테라스와 발코니로 단장했다. 이 윈터 가든은 중심가에 세워져 오케스트라 박스 ochestra box를 마주 보고 있었다. 에드가 수입원으로 구상한 바는 도로에서 잘 보이는 모퉁이에 있었다. 에드는 바가 사람들이 많이 다니는 길에 있어야 손님을 끌 수 있다고 주장했다. 그 친구는 인간의 약점을 잘 알고 있는 게 틀림없었다. 전국적으로 금주법이 시행되기 전까지 이 바는 아주 장사가 잘되었다.[44]

대로에 면한 먼 쪽의 두 모퉁이에는 덩굴과 꽃으로 장식된, 우뚝 솟은 환영탑(歡迎塔)이 있었다. 밤이 되면 이 두 탑에 불을 환히 밝혀 썸머가든과 윈터 가든으로 들어가는 출입구를 널리 광고했다.

인간의 위장이 신체 하부에 자리 잡고 있듯이, 주방은 건물의 아래쪽에 자리 잡았고 짧은 터널로 연결되어 있었다. 이 터널을 통해 두 가든의 손님들에게 재빨리 음식을 내놓을 수 있었다. 웨이터는 테라스, 발코니, 지붕 등 여러 곳으로 아주 손쉽게 접근할 수 있었다. 손님이 앉을 수 있는 자리는 그런 곳에 많이 있었다.

〈빠른 서비스와 뜨거운 음식〉이라고 존 보겔상은 말했다. 존은 건물 내부에서 손님을 환대하고 즐겁게 하는 일을 맡았다. 맥스 벤딕스는 오케스트라로 손님의

---

[43] promenade. 산책로.
[44] 미국은 1919~1933년 동안 전국적으로 주류의 판매와 구매를 금하는 법률을 시행했다. 밀수의 증가와 법률 단속의 어려움 때문에 1933년에 폐지되었다.

미드웨이 가든의 계단 디자인 일리노이 주 시카고, 1913. 트레이싱지에 연필과 색연필, 31×33(부분).

귀를 즐겁게 했고, 가든의 매혹적인 건물은 손님의 눈을 시원하게 했다. 이렇게 하여 손님들의 주머니에서 나온 돈은 미드웨이 가든의 금고로 들어갔다. 〈빠른 서비스와 뜨거운 음식은 저녁을 먹으러 온 손님들을 만족시키는 비결입니다.〉

존은 당시 시카고에서 레스토랑을 운영해 성공을 거두었기 때문에 자신이 무슨 말을 하고 있는지 잘 알고 있었다. 주방의 위치를 정하고 건물 내의 다른 장소들과 연결한 후 우리는 〈존의 지시에 따라〉 주방을 배열했다. 그러나 오케스트라 박스는 논쟁거리가 되었다.

애들러와 설리번 건축 사무소 — 이 건축 사무소는 오디토리엄 빌딩뿐만 아니라 스물여섯 개의 크고 작은 오페라 하우스를 설계했다 — 에서 쌓은 경험을 통해 나는 그 오케스트라 박스를 설계했고 그 정도면 충분히 통한다고 생각했다.

하지만 음악의 귀재인 찰리 매튜스는 다른 생각을 갖고 있었다. 그는 과거에 지휘자로 일한 적이 있기 때문에 이 중요한 부분(오케스트라 박스)이 성공적으로 시공되도록 감독하는 위원회의 위원으로 임명되었다. 누구나 다 알고 있는 바지만, 음향 시설은 단순하면서도 과학적으로 설계되지 않으면 커다란 〈골칫거리〉가 되기 일쑤였다. 하지만 당시에는 이런 사실이 별로 알려져 있지 않았다. 그래서 찰리는 미국 전역을 돌아다니면서 음악가들의 조언을 구했다. 음악가들마다 의견이 달랐고 모든 음악가가 나의 설계와는 다른 오케스트라 박스를 원했다.

나는 내 디자인을 변경하지 않으려 했다. 그러자 찰리는 화를 내면서 전문가들을 초빙해 왔다. 나는 가든의 4면에 소리가 잘 울려 퍼지도록 오케스트라 박스의 전면에 개방된 부분을 설계했는데, 전문가들은 하나같이 이것이 오류라고 말했다. 찰리가 말했다. 「그 부분을 바꿉시다.」

「안 돼. 그런 이유로는. 그보다 더 좋은 이유를 내놓아야 해.」 내가 말했다.

「프랭크, 당신이 오케스트라 박스에 대한 세계 유일의 권위자입니까?」 찰리는 평소의 그답지 않게 크게 화를 내며 물었다.

「물론 아니지, 찰리.」 내가 합리적으로 내 주장을 내세우려고 애쓰면서 말했다. 「하지만 이 오케스트라 박스에 대해서는 말이야, 내가 그 정도 권위를 갖고 있다고 생각해.」

잠시 뒤 에드가 전화를 했다. 「건축가님, 정말 그 오케스트라 박스에 아무 문제없다고 생각하십니까?」

「에드, 그렇다네.」

「그럼 계획대로 진행하십시오. 누구 때문에 그걸 변경하지는 마세요.」 그 누구는 분명히 찰리를 의미하는 것이었다.

이 오케스트라 박스에 관한 한 나의 입장은 가든의 공기(工期)를 지키려던 노조의 입장과 비슷했다. 노조는 준공 보너스를 받으려면 주어진 공기 내에 건물을 완공해야 했다. 나도 내 입장이 옳다는 것을 보여 주려면 그 오케스트라 박스를 빨리 시공하여 음악을 연주해 봐야 했다.

찰리와 그런 마찰을 일으키고 보니 나도 속으로는 은근히 걱정이 되었다. 하지만 내가 그런 마음을 겉으로 드러내 보였더라면 모두들 그 오케스트라 박스에 대해 들고일어났을 것이다. 그러면 기한 내에 그것을 지을 수 없었을 것이다. 만약 내가 마음이 약해져서 이런저런 사람의 의견을 반영하여 여섯 가지 다른 방식으로 오케스트라 박스를 지었더라면 기한 내에 완공하지도 못했을 뿐만 아니라 결국은 다 뜯어 내야 했을 것이다.

그래서 나는 찰리와 화해하는 뜻에서 약간의 변경을 제안했다. 오케스트라 박스 위에 컵 형태의 지붕을 씌우기로 했다. 이렇게 하기 위해 연주자들 뒤에 있는 벽을 9피트 높이로 올렸다. 그리고 개방된 부분이 심각한 논쟁거리가 되었기 때문에, 그 부분의 옆면을 부분적으로 닫을 수 있도록 했다. 옆면에 회전문을 달아서 필요할 경우 닫을 수 있도록 했다. 만약 필요가 없다면 연주 곡목을 알려 주는 판 혹은 네온사인을 다는 장식 공간으로 활용하면 되었다. 이러한 임기응변은 직원들 사이의 관계를 회복시켜 주었다.

미드웨이 가든은 곧 혼란에서 벗어나 형체를 잡기 시작했다. 길고, 낮고, 평평한 선들과 새로운 직사각형 석재들이 구체적인 형태를 드러냈다. 사람들은 그런 모습을 보면서 저기서 도대체 무엇이 나올까 하고 궁금해하기 시작했다.

미드웨이 가든이 설계될 무렵인 1913년, 아르누보는 발상지인 프랑스에서 죽어 가고 있었고 그것을 받아들인 다른 나라에서도 한물가고 있었다. 유럽에서는 조각과 회화 분야에서 다양한 〈추상적〉 실험이 이루어져서 미학의 선구자들을 흥분시키는 한편, 일반 대중을 모욕하고 있었다.

하지만 그 자체로 추상이라고 할 수 있는 직선과 평면은, 내가 독립적인 건축가로 첫걸음을 내딛던 바로 그 순간부터 내 건물의 특징이었다. 〈리얼리즘〉에는 전혀 관심이 없었던 나는 여러 건물들에 나타난 리얼리즘적 요소에 대해서 불만을 갖고 있었다. 회화의 『브레이킹 홈 타이스*Breaking Home Ties*』, 조각의 로저스 그룹*Rogers Group*, 『리버티*Liberty*』 표지 등 당시의 작품은 천편일률적으로 〈리얼리스틱*realistic*〉을 지향하고 있었다. 그리고 건물들은 옛날 스타일을 지루하고 천박하게 모방하고 있었다. 나는 미드웨이 가든을 설계하고 있을 당시, 건축 업계에서 진행되고 있던 그 모든 일을 조금도 존경할 수가 없었다. 나는 믿음직스러운 T자와 예리한 삼각자만을 가지고 미드웨이 가든을 설계했다.

그러면서 제1 원칙, 즉 순수한 형태의 추구로 되돌아가고자 했다. 진정한 소재와 건전한 구성을 통해 석재에 아름다운 패턴을 만들어 주고, 회화와 조각의 수준을 높여서, 창조 정신으로 무장된 알라딘의 마술 램프의 영역으로 들어가고자 했다.

나는 맥스 벤딕스가 가든에서 연주하게 될 오케스트라 음악처럼 완벽한, 한 세기에 한 번 나올까 말까 한 그런 일관된 구조물을 만들어 내고자 했다. 유치원 시절, 직선, 평면, 네모, 삼각형, 원형을 가지고 놀았던 경험을 완벽하게 발휘하고 싶었다. 만약 이것들 외에 다른 형태가 필요하다면 네모에 삼각형을 추가하여 6각형을 만들 수가 있었고, 원형에 직선을 추가하면 8각형을 만들 수 있었다. 부피를 더해 〈조각*sculpture*〉을 얻으면 네모는 큐브가 되고, 삼각형은 사면체가 되고, 원형은 구체가 되었다. 이런 기초적 형태와 모양이 건축의 세계에서 효과를 발휘하는 비결이다. 번쩍거리는 화려함과 아름다운 장식이 그런 효과를 가져다주는 것은 결코 아니다. 지금도 그렇지만 나는 이미 그 당시 이러한 진리를 깨우치고 있었다. 이것은 알라딘이 마술 램프를 비벼 대던 그 시공간에서도 역시 진실이 아니었던가?

그렇다면 이제 〈원천〉으로 되돌아가 나만의 고유한 방식으로 그 원천을 생생하게 살려 내어, 이곳 시카고에서 상상력을 통해 아름다운 멜로디를 만들어 내는 것이 좋지 않겠는가? 음악이 귀를 위한 축제라면 형태는 눈을 위한 축제가 될 수 있다. 진정한 건축도 그렇게 될 수 있다. 건축은 리얼리즘의 풍경화를 닮아야 할 필요는 없다.

하지만 시카고 사람들은 이런 주장에 어떻게 반응할 것인가? 시카고는 이런 점을 〈볼〉 수 있을 것인가? 시카고는 형태, 소리, 색상의 질을 판단하는 데 한참 뒤떨어져 있었다. 시카고에는 아직 〈예술〉이 도래하지 않았다. 회화는 아직도 여전히 사실적 모사(模寫)의 수준에 머물러 있었다. 그림이 실물하고 똑같을수록 시카고 사람들은 좋아했다. 조각도 마찬가지였다. 조각 작품은 사실적이어야 했다. 특히 만져서 생생한 촉감이 느껴지면 질수록 더욱 위대한 조각품으로 간주되었다.

시카고는 당시 내가 의도했던 그런 추상 영역으로의 모험을 받아들일 것인가? 아니, 추상이 무엇인지나 아는가? 아마도 모를 것이다. 아니, 단언하거니와 모를 것이다. 나는 그런 문제를 다른 사람과 의논하지 않았다. 나 혼자만 간직하고 있었다. 이런 개인적인 문제들이 남들에게 무슨 의미가 있단 말인가?

다행스럽게도 인간에게는 어린아이 같은 측면이 있다. 단순하면서도 강인한 형태와 순수하고 밝은 색깔로 호소하면 반응해 오는 것이다. 시카고는 아직 세련되지는 못했지만 동시에 타락하지도 않았다. 이런 호소가 시카고 시민의 마음을 직접적으로 움직일 수 있을지도 몰랐다.

직선, 네모, 삼각형, 원형을 추상적 수준에서 작업하는 것이 이제 나의 습관이 되었고, 미드웨이 가든의 건축, 회화, 조각에 특징을 부여하는 원칙이 될 터였다.

내가 국내외에서 보았던 대부분의 건물들은 싸구려 감상주의, 관능적인 우둔함 등이 비무려진, 예쁘게 장식된 풍경에 지나지 않았다. 미드웨이 가든에서는 에로티시즘을 철저하게 배제할 터였다. 감상주의는 물론 사절이었다. 영원한 구조만 남을 것이었다. 인간을 묘사한 조각상도 전체 구도에 편입되기는 하겠지만, 그 전체의 균형감에 이바지하는 한도 내에서 건축물을 돋보이게 하는 목적으로 도입될 터였다. 인간의 〈조각상〉은 전체적인 효과를 높여 주는 한도 내에

서만 그곳에 서 있어야 할 것이었다.[45]

인간의 조각상? 기하학적 형태를 취한 인간 요정들만 도입될 것이었다. 그런 것들만 전반적인 기하학적 즐거움에 동참시킬 예정이었다. 나는 윈터 가든 내부와 외부의 각기둥을 장식할 인간 조각상을 구상할 때 어느 정도의 기하학적 형태를 취할 것인가, 명확하게 감을 잡았다. 그리고 로스앤젤레스에서 젊은 알폰소 이아넬리를, 은퇴한 노(老) 리처드 벅을 전원에서 초빙해 왔다.[46]

이런 아이디어를 단조로운 색상을 바탕으로 실현해야 했다. 과연 그것을 어느 정도까지 밀고 나갈 것인가? 나는 미술 협회의 윌리엄 헨더슨과 잭 노턴, 오리엔트의 제리 블룸 등에게 색상 장식의 전반적인 계획을 보여 주면서, 나름대로 결정을 했다. 미드웨이 가든에서 회화와 조각은 그들의 원래 자리로 돌아가게 될 터였다. 그것들은 원래 건축의 일부였던 것이다. 이 건물에서는 건축가가 그 모든 세부 사항들의 주관자가 되어야 했다(나는 그 사실을 숨기지 않았다).

하지만 예술가들은 그들 나름대로 아주 민감한 존재들이다. 현대의 예술가들은 건축가의 〈악보〉에 맞추어 일정한 역할만 수행하는 데 별로 익숙하지 않다. 과거의 예술가들은 〈모두 함께〉 적극적으로 협조했으나 오늘날은 별로 그렇지 못하다. 그들은 그런 의무를 괴롭게 여긴다. 그들은 그런 역할을 해야 하는 걸, 동양적 표현으로 말하자면, 〈체면을 잃는 일〉이라고 생각한다. 하지만 나는 그들의 협조를 얻어 냈다. 그들의 개인적 감정이 어땠는지는 잘 모르겠으므로 그 이야기는 일단 뒤로 미루기로 하자.

내 머릿속에 있던 생각들이 벽돌과 콘크리트에 의해 가든에서 구체화되었는데 위와 같이 그것들을 자세히 적어 보았다. 현장에서 일은 밤낮 없이 진행되었

---

45 제3부에서 라이트는 당시의 미국 건축이 장식 효과만 노리는 *pictorializing*(그림처럼 예쁘게 꾸미기)에 주력한다고 비판하면서, 일를 플라스터빌트Plasterbilt 부인(벽토로 지나치게 겉단장을 한 집), 게이블모어Gablemore 부인(장식용의 박공이 지나치게 많은 집), 플랫톱Flattop 양(상자 모양의 집)에 비유한다. 예쁘게 장식된 풍경화는 신고전주의의 픽처레스크 무브먼트, 즉 그림 같은 정원을 가꾸려는 운동을 낮추어 말하는 것이다.

46 Alfonso Ianelli(1888~1965). 이탈리아 태생의 조각가로 미드웨이 가든 공사 때 라이트와 함께 일했다. Richard Bock(1865~1949). 독일 태생의 조각가로 미드웨이 가든 공사 이전에 여러 프로젝트에서 라이트와 함께 일했다 — 원주.

다. 나의 아들 존이 공사 감독을 맡았다. 나 자신도 너무 지쳐 피곤할 때면 퇴근도 하지 못하고 윈터 가든 한구석에 있는 대팻밥이 가득 쌓인 곳에 설치한 침대에서 그냥 자버렸다. 존은 공사 감독을 조금도 게을리 하지 않았다.

「라이트, 이것 좀 보게.」 어느 날 화가 난 뮬러가 내게 따지듯이 말했다. 「자네는 왜 저 젊은 불독을 여기다 배치했나? 저 친구는 나만 졸졸 따라다녀 귀찮아 죽겠어. 게다가 심심찮게 내 엉덩이를 이빨로 물어뜯으며 괴롭혀. 아 정말 괴롭구먼. 일을 하다가 조금이라도 잘못된 것이 있으면 모두 다시 해야 하나? 어떻게 그렇게 하라는 거야? 일을 공기 내에 끝내려면 그건 무리한 주문이야. 그러니 제발 저 친구를 좀 치워 주게!」

하지만 그건 존이 일을 잘하고 있다는 뜻이므로 나는 〈치우지〉 않았다. 존은 아주 열심히 일하고 있었다. 그의 〈이빨〉은 꽤 쓸 만했다. 우리는 조각가들을 위해 현장에 두 군데 임시 사무실을 세웠다. 딕키(리처드의 애칭) 벅과 이아넬리는 조수들과 여자 모델과 함께 이 사무실에서 작업을 했다. 여자 모델은 남자들의 지속적인 관심 대상이었다. 그 모델은 전혀 읽지도 않으면서 입센의 희곡을 겨드랑이에 끼고 출퇴근했다. 그녀는 원피스, 구두, 스타킹, 장갑, 모자를 착용하고 왔는데 그래야 옷을 벗고 입는 것이 간편했다. 그녀의 모나리자와 같은 미소는 가든의 소입상에 그대로 드러나 있다(이아넬리 덕분에).

조각이 임시 사무실에서 제작되는 동안. 화가들은 가든 건물 내의 나무 비계 위에서 그림을 그렸다. 화가들은 미술 협회의 제자들을 데리고 왔는데 그중에는 재능 있는 여자 캐서린 더들리도 있었다.

어느 날 조각가들이 사용하는 임시 사무실에 흉악하게 생긴 노조 사람이 고개를 들이밀었다. 「노조는 온갖 구실을 붙여서 벌써 일곱 번이나 이 사무실에 다녀갔어요.」 내가 말했다.

「이봐요. 그게 어쨌다는 거요? 저기 비계 위에서 그림을 그리는 여자는 어떻게 된 거요? 그 여자는 예술가가 아니지요?」

「그녀는 분명 예술가입니다.」 내가 말했다.

「아, 그래요? 그 여자는 사교계 여성처럼 아주 아름답던데.」 그가 고개를 숙이고 턱을 내밀며 말했다. 「저 여자를 현장에서 쫓아내세요. 안 그러면 가든을 결코 열지 못할 겁니다. 그리고 저기 비계 위에서 그림을 그린다고 하면서 담배를 연달아 피워 대며 앉아 있는 세 친구는 도저히 예술가 같지 않아요. 저 사람들도 카드(노조 가입증)를 끊도록 하세요.」

「예술가가 아니라고요?」 내가 말했다. 「예술가 맞습니다. 너무 뛰어나서 미술 협회에서 선생님으로 활약하고 있어요.」 (나는 그 말이 노조 사람에게 깊은 인상을 심어 줄 것이라고 생각했다.) 「가서 한번 물어보세요.」

「난 아무한테도 물어보지 않을 거요. 저 사람들에게도 카드를 끊으라고 해요.」

그는 조각가 벽과 이아넬리를 쳐다보았다. 모델은 그 앞에 커튼이 쳐져 있어 보이지 않았다.

「저 커튼 뒤에는 뭐가 있는 거요?」

「자 한번 둘러보세요. 조각 작업을 열심히 하고 있잖소. 당신은 도대체 여기에 무슨 용건이 있다는 거요?」

「무슨 용건?」 노조 사람이 말했다. 「내가 여기 왜 왔는지 그 이유를 말해 주지. 당신은 지금 저 커튼 뒤에 노조에 가입해야 마땅한 사람을 숨겨 두고 있는 거요. 그렇지 않소?」

노조 사람은 조각가들을 째려보았다.

「저 사람들은 카드를 갖고 있소?」

「저들은 카드가 필요 없습니다. 예술가예요. 조각가라고요. 척 보면 모르겠습니까?」 (나는 그 말을 내뱉지 않을 수 없었다.)

「아니. 우리 노조에 가입해 있는 조각공이나 모형 제작공이나 다를 바가 없소. 저들도 카드를 발급받지 않으면 이 일을 할 수가 없소.」

나는 딕키를 비계에서 불러 냈다. 그는 윈터 가든의 커다란 각기둥에 들어갈 네 개의 커다란 대문자를 작업하던 중이었다. 나는 그를 한쪽으로 데려갔다.

「딕키, 내가 볼 때 이건 정말 우습군. 노조의 횡포야. 아무튼 저 노조 친구는 술에 취한 것 같아. 딕키, 은행에 예금 남은 것 좀 있나?」

「약 7달러 정도 있을 겁니다.」

「좋아! 수표책 있나, 딕키?」

「예.」

「이봐, 저 위대한 예술가들에게 얼마 지불하지?」

「1점당 35달러입니다.」

「70달러?」

「70달러.」

「좋아. 딕키, 저 노조 친구에게 70달러짜리 수표를 끊어 줘.」

「이름은?」

노조 친구는 수표를 받아들고 몸을 돌리더니 다시 한 번 째려보았다. 그때 커튼이 갈라지면서 모자를 쓰고 장갑을 끼고 입센의 책을 겨드랑이에 낀 모델이 앞으로 걸어 나오는 게 보였다. 그녀는 눈을 내리깔고 있었다.

흉악하게 생긴 노조 친구는 씩 웃었다. 「알았어! 알았다구.」 그자는 웃음을 터트리며 문밖으로 나갔다.

「이거 어쩌죠?」 딕키가 말했다. 「저 깡패가 은행에서 수표를 내밀었다가 잔고가 없다는 걸 알면 득달같이 이리로 달려올 텐데.」

「정말 나타나는지 어디 두고 보자고.」 내가 말했다.

노조는 이런저런 핑계를 대며 여섯 번 이상 그 일을 중단시켰다. 하지만 이번 사건과 관련해서는 아무런 문제도 일으키지 않았다. 그래서 예술가들은 일을 계속할 수 있었다. 노조에서는 그 후 아무런 방해도 하지 않았다.

엄청난 준공 압력과 계속된 철야 작업 덕분에 가든은 거의 완공 단계에 이르렀다. 야간 작업을 할 때마다 연철로 만든, 전기 바늘이 달려 있는 램프들이 하늘 높은 곳에서 현장을 환히 비추었다.

멀리서 보면 그 램프들은 가든의 홍보를 톡톡히 해주었다. 하지만 존 보겔상이 볼 때 충분하지 못했다. 그는 〈*MIDWAY GARDENS*〉라는 거대한 컬러 네온사인을 은밀히 준비하고 있었다. 나는 그의 계획을 사전에 알아내고 그와 싸워서 잠시 동안 그를 말릴 수 있었으나, 결국 보겔상은 준공 후 얼마 지나지 않아 그 거대한 네온사인을 세우고 말았다. 나의 유기적 디자인에 입힌 첫 번째 타격이었다. 우리는 당초 콘크리트로 만든 양각 무늬에 주홍색과 초록색의 플래시글래스*flash-glass*를 집어넣어 벽을 밝게 채색할 계획이었으나, 결국 돈이 없어서 무산되고 말았다.

윈터 가든의 네 구석에 타워를 세워서 덩굴과 꽃으로 장식하여 그것을 환영탑으로 만든다는 계획도 예산 때문에 미루어야 했다. 가든의 네 모퉁이에 커다란 나무를 심는다는 계획 역시 보류되었다. 돈을 벌어들이려면 꼭 필요한 〈장식용 경비〉마저도 부족한 상태였다. 옥상의 전기 바늘과 타워를 고정점(固定点)으로 삼아 다양한 크기의 컬러 풍선을 무수히 가든 위에 띄울 계획이었으나 그것마저도 예산 부족으로 하지 못했다. 풍선을 사는 데 돈이 크게 드는 것이 아니었는데 그런 작은 돈마저도 커다란 부담이었던 것이다.

금전적인 문제가 정말 심각하게 대두되었다. 근심. 분노. 하지만 여전히 희망은 남아 있었고 앞날에 대한 전망은 창창했다. 뮬러는 손아래의 동업자와 불화를 일으켜서 헤어진 뒤 혼자 공사를 밀고 나갔다. 만약 그가 없었더라면 미드웨이 가든은 영원히 개관되지 못했을 것이다. 우리는 일단 가든을 개관하면 첫 시즌만에 금전적인 문제가 말끔하게 해결될 것이라고 믿고 있었다.

그러던 어느 날 오후 내가 윈터 가든에서 늦은 점심을 먹고 있는데 탤리에신

프랭크 로이드 라이트의 스튜디오 주택, 시카고의 괴테 가, 1913. 투시도, 트레이싱지에 연필과 색연필, 9×26.

에서 끔찍하고 비극적인 소식이 전해졌다. 나는 그 일로 인해 한동안 가든을 떠나야 했고 그 후 오랫동안 창조적인 활동을 중단했다.

한편 가든은 비록 완공은 안 되었지만 시카고 역사상 일찍이 보지 못했던 멋진 사회적 이벤트로서 개관을 단행했다. 미드웨이 가든은 개관 당시 완공된 것은 아니었는데 그 후에도 결코 완공되지 못했다. 출입문의 장식들도 미진한 상태였고 다른 세부 사항들도 손볼 곳이 많았다. 그럼에도 불구하고 내가 당초 그 건물을 설계하면서 의도했던 것은 분명히 구현되어 있었다. 개관식에 참석했던 사람들은 그 광경을 결코 잊지 못했다. 색상, 형태, 빛, 소리를 완벽하게 갖춘 그 건축물은 수천 명의 아름다운 드레스를 입은 여자와 턱시도를 입은 남자들에 의해 생생하게 살아났다. 그 광경은 참석자들에게 하나의 마법이었다. 개관식에 참석한 사람들은 마치 꿈속에 있는 것처럼 움직이고 말을 했다.

시카고 사람들은 경탄하고, 칭찬하고, 승인했다. 그들은 수십 번 수백 번 되풀이하여 그곳을 다시 찾았다. 많은 사람들이 이집트풍 건물이라 했고, 또 어떤 사람들은 마야풍이라 했고, 다른 사람들은 일본풍이라고 했다. 보는 사람마다 다르게 보기는 마찬가지였다. 그 건물은 보는 사람들에게 신비와 낭만을 불러일으켰고, 사람들로 하여금 자신의 내부에 있는 것을 가지고 그것을 해석하도록 유도했다.

시즌 내내 시카고 사람들은 그 기이한 아름다움을 배알하러 왔고 에드 회사의 금고는 차오르기 시작했다. 그처럼 많은 관중을 동원했으니 누가 봐도 성공적인 사업이었다.

나는 이처럼 미드웨이 가든이 인기 절정일 때 현장에 다시 나왔다. 아직도 정신이 멍한 상태였지만 그래도 가든의 인기를 눈으로 직접 확인하고 싶었다. 음향 시설은 오케스트라 박스 덕분에 아주 완벽했다. 심지어 찰리조차도 아무 말 하지 못했다. 그렇지만 아직 미완성인 부분이 너무 뚜렷하게 눈에 띄어 예술 작품의 효과가 만점이라고 할 수는 없었다. 이 때문에 나는 그 건물이 성공작이라는 흔쾌한 느낌을 가질 수가 없었다.

당시는 비극의 시대였다. 곧 1차 대전이 터졌다. 시카고는 비상할 정도로 흥

러빈 블러프스 다리, 일리노이 주 글렌코. 투시도, 아트지에 수채 물감, 18×24.

분했고 어디서나 정상적인 생활이 어려워졌다. 가든은 여전히 재정적으로 어려운 상태로 두 번째 시즌을 맞이했다. 그래도 첫 번째 시즌의 인기가 지속된다면 장래는 밝은 편이었다. 파블로바는 계속 춤을 추었고 오케스트라는 환상적인 연주를 계속했다. 회사는 채권자들의 빚을 절반도 갚지 못했는데 금고를 도둑맞았다. 이제 경영진의 불화는 노골적인 것으로 번져 나갔다.

  주류 업체인 에델바이스사가 이 혼란을 틈타서 가든을 헐값에 사들였다. 이 회사는 그들이 만든 맥주를 가든에 도입했다. 맥주는 훌륭했으나 회사 경영진은 상상력이 부족했다. 오로지 맥주 판매 기술만 도입했을 뿐이다. 가든은 에델바이스 사가 원하는 그런 〈맥주〉 가든으로 지어진 것이 아니었다. 미드웨이 가든은 수준 이하의 사람들에게 넘어갔고 그 결과 시들기 시작했다. 에델바이스 사는 가든을 다시 단장하려고 애를 썼다. 유능한 경영자를 영입하고, 콘크리트에 색칠을 하고, 무지 표면에 스텐실stencil을 입히고, 어울리지도 않는 엉뚱한 소입상(小立像) 따위를 세웠다. 그것은 노골적으로 부르주아 〈취향〉에 영합하기 위한 싸구려 계획이었다. 원래 유기적 통합을 지향했던 당초의 디자인은 저속하고 야비하고 대중적인 취향으로 〈재단장〉되었다. 통합적인 소재를 사용한 건축물에 선정적인 붉은색, 저속한 하얀색, 악취미의 푸른색을 입혔다. 또 다른 〈박람회〉의 효과였다.

그리고 〈금주법〉이 시행되었다. 온 나라에 금주가 시행되었다. 그것이 이미 방향을 잘못 잡고 비틀거리던 미드웨이 가든에 치명타가 되었다. 이제 전국이 금주법 치하에 있었으므로, 미드웨이 가든의 당초 의도가 더욱더 구현되기 좋은 상황이 되었다. 아름다움에서 즐거움을, 즐거움에서 아름다움을 얻어 내야 할 필요가 더 커진 것이다. 위대한 도시가 예술적인 만남을 주선해야 할 필요성이 높아진 것이었다. 술 대신에 환상적인 아름다움을 상상력 넘치는 방식으로 관리해야 할 때가 되었다.

그러나 미드웨이 가든은 맥주 없는 〈맥주 가든〉의 수준으로 타락해 있었다. 그것을 원래의 목적대로 끌어올려 운영할 수 있는 상상력의 소유자가 없었다. 한때 저명했던 가든은 이제 과거의 영광 — 순수한 가능성, 시카고 아스팔트와는 다른 생활 — 을 꿈꾸며 서서히 타락해 가고 있는 중이었다. 미드웨이 가든은 한물간 미녀의 몰골을 하고 있었다. 과거 한때 영예, 지위, 찬사를 한몸에 지녔으나 가혹한 상황에 내밀려 수치스러운 상태로 타락한 여자가 되고 말았다. 그 건물의 상태는 점점 악화되어 갔다. 술집에서 혹은 시카고의 거리에서 흔히 말하듯 여러 번 〈손이 바뀌었다〉. 그 새로운 손들은 제멋대로 그것을 변경해 댄스홀을 만들었다. 가든에 스케이트장을 설치해 온갖 사람들을 유치했다. 이렇게 하기 위해 내부를 더욱 저속하게 꾸몄다. 뺨에 분을 칠하고, 입에 루즈를 바르고, 번드레한 조화(造花)로 장식한 매춘부가 되었다. 〈그들〉은 순결한 백색 콘크리트 조각에 저속한 색을 입혔고 장식물에 스텐실로 싸구려 그림을 그려 넣었고, 건물 전체의 동선(動線)과 양감(量感)을 파괴했다. 그렇다. 비유적으로 말한다면 미드웨이 가든은 지체 높고 아름다운 여자가 거리에서 웃음을 파는 여자로 영락한 것이었다. 나는 종종 이런 생각을 했다. 〈누군가 자비로운 마음에서 저 건물에 치명타를 가해 해체해 준다면 얼마나 좋을까?〉

오늘날 그 건물은 해체되었고 그 자리에 주유소와 세차장이 들어섰다. 나는 감사하는 마음을 갖고 있다. 건물 해체 공사를 맡았던 업자는 그 건물이 너무나 견고했기 때문에 계약가보다 더 많은 돈을 들여 철거해야 했다고 한다.

한때 매혹적인 여주인이었던 미드웨이 가든은 아름다움과 고상함을 잃고 높은 지위에서 추락하여, 젊은 시절에 그토록 경멸했던 타락의 영역으로 들어가고 말았다. 이제 그 건물은 여느 건물과 다를 바 없이 천박하고 저속해졌다. 여기저기 아직도 남아 있는 아름다움과 스타일의 흔적은 오히려 수치심만 더욱 깊어지게 했을 뿐이었다. 우리는 그리 늙지 않은 여자에 대해 이렇게 말하는 것을 자주 듣는다. 〈그녀는 한창 때 아주 아름다웠는데. 하지만 지금은!〉 그 미녀의 옛 흔적은 오히려 추악한 느낌을 강화하고 현재의 모습을 더욱 견디기 어렵게 한다. 해체되기 전의 젊은 미드웨이 가든은 그러한 미녀와 똑같은 비극을 겪었다.

기이한 운명이여! 이제 해체되고 없는 미드웨이 가든을 세상 사람들은 혁신적이었던 건물로 평가하고 있는 것이다. 만약 미드웨이 가든이 시카고에서 진정한 동반자의 도움을 얻을 수 있었더라면 그 운명은 어떻게 되었을까? 시원한 담쟁이 덩굴에 뒤덮인 채 더욱 유서 깊은 건축물로 살아 숨쉬고 있었을 것이다. 담벼락을 따라 아치 모양으로 나무들이 늘어서서 그 빈 공간에 잔잔한 의미를 심어 주었을 것이다. 마치 행복한 듯 반짝거리는 눈빛처럼. 그 유기적인 건축물은 여러 해에 걸친 정성스러운 보수 덕분에 더욱 원숙하고 중후한 모습이 되었을 것이며, 그런 유쾌한 추억 때문에 그 어떤 대도시에 갖다 놓아도 보물 대접을 받았을 것이다.

연기, 자동차, 술집만 가득한 황야에서, 미드웨이 가든을 아름다움의 오아시스로 만들려는 사랑과 긍지와 명예가 시카고 사람들에게는 없단 말인가? 젊은 에드는 이런 〈리조트〉를 시카고가 절실히 필요로 한다고 생각했는데, 시카고는 그렇게 생각하지 않는단 말인가?

미드웨이 가든이 거의 완공되어 갈 무렵 나의 아들 존과 나는 공기를 지키기 위해 필요한 야간 작업을 감독하기 위해 현장 한구석의 대팻밥을 쌓아 올린 곳에 침대를 마련하고 거기서 잠을 잤다. 현장에서 잠잔 그다음 날 정오, 우리가 새로 완공한 바의 한구석에서 늦은 점심을 먹고 있는데 스프링 그린에서 장거리 전화가 왔다. 탤리에신이 화재로 파괴되었다는 것이었다. 그보다 끔찍한 비극은 없었다. 나는 그날 저녁 기차를 타고 집으로 돌아가는 길에 그 비극을 조금씩 알게 되었다.

불과 서른여섯 시간 전만 해도 나는 정답고 행복한 상태의 탤리에신을 뒤로한 채 시카고로 출근했다. 그런데 이제 불행이 벼락처럼 떨어져 내렸다. 나는 전에 친구의 추천으로 한 남자 하인을 고용했다. 그는 얇은 입술을 가진 바베이도스 출신의 흑인이었다. 이 흑인이 갑자기 광인으로 돌변하여 도끼로 일곱 명을 살해하고 집에 불을 질렀다. 채 30분도 되지 않아 탤리에신의 주거 동(棟)이 전소되어 땅 위에 돌 더미로 무너져 내렸다. 일진광풍 같은 흑인의 미친 충동과 동물적 살기에 의해 모든 것이 잿더미가 되어 버렸다.

나머지 절반인 사무 동은 살아남았다. 윌 웨스턴이 그것을 살려 냈다. 그는 초

탤리에신 II, 위스콘신 주 스프링 그린, 1914~1915.

인적인 힘을 발휘하던 그 광인과 맞섰고 간신히 그 광인의 손아귀와 도끼질에서 벗어날 수 있었다. 그 대결에서 상처를 입고 피를 흘리는 상황이었는데도 그는 언덕 아래 가장 가까운 이웃집으로 달려가 경고를 발동하며 도움을 요청했다. 이어 재빨리 옥수수 밭을 통해 탤리에신으로 되돌아와 보니 학살은 끝나 있었고 집은 불타고 있었다. 웨스턴은 제대로 서 있을 힘도 없었는데도, 분수의 바닥에 살해된 채 버려진 어린 아들 곁을 지나, 정원 벽의 틈새에 보관해 두었던 소화(消火) 호스를 꺼내려고 달려갔다. 그는 그 호스를 간신히 꺼내 타오르는 불과 맞서서 싸웠다. 그러던 중 이웃이 달려와 그를 구조했다. 벽난로와 커다란 석조 굴뚝은 이제 입을 쩍 벌린 검은 구멍이 되어 밸리의 하늘을 올려다보고 있었다.

탤리에신을 지어 헌정한 그녀와 그녀의 두 아이들은 사라졌다.[47] 재능 있는 도제 에밀 브로델, 윌리엄 웨스턴의 어린 아들, 정원사인 데이비드 린드블룸, 성실한 일꾼인 토머스 브렁커, 이렇게 일곱 명이 흑인 하인의 광기에 희생되었다. 미쳐 버린 하인은 연기가 나는 폐허가 된 스팀 보일러 화실(火室)에 숨어 있다가 발견되었다. 그는 도지빌 감옥에 투옥되었다. 묵비권을 행사하던 그는 며칠 뒤 그곳에서 죽었다.

가족 예배당의 마당에서 조촐한 장례식이 거행되었다. 탤리에신 사람들이 할아버지와 할머니 무덤 근처에 깊은 구덩이를 팠다. 장례식은 그저 우스꽝스러운 행사에 지나지 않았다. 장의사가 만들어 온 천박한 〈관〉은 내게 신성모독처럼 보였다. 그래서 나는 정원의 소나무를 베어 하얀 관을 만들었고 그 속을 꽃으로 가득 채웠다. 나는 탤리에신의 목수가 직접 그 관을 만들도록 했다.

나의 아들 존이 시신을 들어서 꽃 속에 누이도록 도와주었다. 꽃들은 그녀를 위해 활짝 피어 있는 것 같았다. 꽃들을 꽉꽉 눌러 다진 후 관 뚜껑을 꼭 닫았다. 그 단단한 관을 인부들이 들어올려 역시 꽃으로 가득 채운 스프링 마차에 실었다. 다비와 조앤이 꽃들에 눌린 채 뒷자리에 앉아 기다리고 있었다. 우리는 모든

---

[47] 1914년 8월 15일, 체니 부인과 어린 두 자녀는 탤리에신에 불이 붙자 집 밖으로 뛰쳐나왔으나 미쳐 버린 흑인 하인은 도끼로 그들을 살해했다.

것을 꽃 천지로 만들었다. 탤리에신이 처음 지어진 때부터 그 성실한 마차 팀은 우리를 이 지역의 계곡과 언덕 너머로 싣고 다녔다. 봄, 여름, 가을, 겨울, 거의 매일.

　나는 마차 바퀴 옆에서 걸으면서 말들을 잘 인도하여 교회 묘지까지 갔다. 거기에서는 아무런 조종 소리도 울려 오지 않았다. 아무도 기다리고 있지 않았다. 존이 내 뒤를 따라왔다. 힐사이드 홈 스쿨의 학생인 랠프와 오린이 예배당 문 앞에서 기다리고 있었다. 우리는 함께 힘을 합쳐서 꽃으로 뒤덮인 소나무 관을 금방 만들어 놓은 구덩이 바닥으로 내렸다. 그리고 나서 나는 그들에게 나 혼자 있게 해달라고 말했다.

　나는 그 무덤의 흙을 나 혼자 덮고 싶었다. 8월의 태양이 낯익은 인근 언덕들 뒤에 강렬한 햇빛을 투사하고 있었다. 나는 어렴풋이 시대의 저 먼 그림자들을 느꼈다. 그것들은 잠재의식에서 튀어나와 그 자신을 표현하려는 듯했다…… 이어 어둠이 다가왔다…… 나는 어둠 속에서 캄캄함을 느끼며 무덤의 흙을 덮었다.

　〈마마〉를 묻은 곳에는 비석도 세우지 않았다. 지난 5년 동안 자유를 얻기 위해 내가 그 이전의 생활을 모두 포기하면서까지 싸웠던 노력의 흔적은 이제 씻은 듯이 사라졌다. 절망이 끝나고 또 다른 절망이 시작되는 곳에 비석을 세워 봤자 무슨 소용이 있겠는가?

혼자가 되다
나는 탤리에신 I의 살아남은 절반에 머물렀다. 파괴되지 않은 스튜디오 작업실 뒤쪽에 있는 작은 침실에서 살았다. 탤리에신 II를 지을 생각을 하면서.

　아무도 내 곁에 있는 것 같지 않았다. 아름다운 산등성이에 화재로 인해 입을 떡 벌리고 있는 커다란 구멍은 내 인생 마냥 공허하고, 불타 그을렸고, 추악했다. 탤리에신 I을 파괴한 그 비극은 나를 아주 이상한 곤경에 처하게 했다.

　그 끔찍한 학살의 현장으로 돌아온 이후 나는 아무도 만나려 하지 않았고 단지 일꾼만 잠깐씩 만났을 뿐이다.

비극이 벌어진 그다음 주 밤중에는 언덕에 나와 당직자 한 명만 있었다. 당직자는 무릎에 권총을 놓은 채로 마당 앞 계단에 앉아 밤을 새웠다. 인근 주민들이 무슨 일이 또 벌어질지 몰라 무서워했기 때문에 그런 당직자를 세웠다.

그 자그마한 뒷방에서 보낸 밤들은 어둠 그 자체였고, 이해할 수 없는 기괴한 공포로 뒤덮여 있었다. 달빛도 없는 듯했다. 밤하늘에는 별도 보이지 않았다. 저 아래 연못에서는 개구리 울음소리도 들려오지 않았다. 기이하고 부자연스러운 침묵. 폐허의 어떤 부분에서는 아직도 연기가 솟아올랐다. 나는 잠을 자지 못해 온몸이 마비된 상태로 침대에서 일어났다. 정신을 차리기 위해 냉수로 샤워를 한 다음 밤중에 혼자 정처도 없이 언덕으로 올라갔다. 하지만 검은 밤, 기이한 공포, 아름다움의 부재를 의식하며 다시 돌아왔을 뿐이다. 내가 아무리 손으로 더듬어 봐도 어디에서도 위로를 얻을 수 없었다. 나는 어둠 속에서 더듬거리며 다시 침대로 돌아왔다.

이상한 일이었다! 이곳 탤리에신에서 나와 평생을 함께하기로 한 그녀의 영혼도 가까이 느낄 수 없었다. 모든 것이 완전히 사라진 듯했다. 최초의 상실의 고뇌가 옅어지자, 검은 절망이 나를 엄습하여 그녀를 향한 나의 상상력과 감각을 마비시켰다. 그 타격은 너무나 컸다. 나는 그 어떤 믿음, 그 어떤 희망에서도 구원을 얻을 수 없었다. 온몸이 부르르 떨리는 혐오감 이외에는 아무것도 느끼지 못했다. 그러나 집을 다시 지어야겠다는 생각은 나에게 약간의 위안을 주었고 끊임없이 엄습해 오는 구토 증세를 일시적으로 완화시켜 주었다.

그것이 내 유일한 위안거리였다. 내 인생의 유일한 색깔이었다. 그리고 음악. 사람들이 피아노를 구하기 위해 창문 밖으로 내던지는 바람에 피아노 다리가 부러졌다. 파손된 피아노를 스튜디오 벽난로에 붙여 세워 놓았다. 나는 피아노 앞에 앉아 건반을 쳐보려고 애썼다. 그러나 모든 것이 사라져 버렸고 기이한 그림자가 어두운 방 안에서 낯선 억압의 형태로 어른거렸다.

그 당시 나는 고개를 돌리면 언덕에서 검은 구멍을 보았고 모든 사물 위에 내린 어두운 밤을 보았다. 그리고 아주 오싹했던 그림자들. 빛이 없는 괴상한 대낮이 지나가면 검은 밤이 찾아왔다. 마마는 완전히 사라져 버렸다. 이것은 애매모호한 말장난이 결코 아니다. 실제로 그때 상황은 그랬다. 그녀에 대한 생각은 그 후 몇 년 동안 검은 망각 속으로 사라져 버렸다. 내가 그토록 사랑했던 그녀에 대한 생각이…….

차라리 잊어버리는 게 잘된 일이라고? 하지만 그녀에 대한 생각뿐만 아니라 내 인생 전체가 그런 망각 속에서 허우적거리고 있었다. 내 의식은 검은 진공 상태에 있었다. 시간은 더 이상 존재하지 않았다. 낮이 지나가면 밤이 왔고 주변의 모든 것에 무감각해졌다. 그저 집을 다시 짓기 위해 기계적으로 손발을 놀렸을 뿐이다.

하루 일과, 가령 내게 가져다주는 세 끼 밥을 먹는 것은 순전히 습관적으로 하는 행동이었다. 나는 서서히 가라앉기 시작했다. 몸도 많이 축났다. 등과 목에

탤리에신 II, 위스콘신 주 스프링 그린, 1914~1915.

부스럼이 났다(나는 전에 부스럼이 난 적이 없었다). 체중도 빠졌다. 마침내 나는 시더 가 25번지에 있는 나의 작은 집으로 돌아와 그곳에서 혼자 살았다. 아일랜드인 가정부 한 사람을 제외하고. 나는 예전에 안경을 쓰지 않았으나 이제 안경을 써야 했다. 일을 할 때 안경은 필수품이 되었다.

자연은 잔인한가 하면 자비롭다. 어떤 기능이 너무 과도하게 사용되면 자연스럽게 마비가 찾아온다. 진정한 고통은 치유가 시작될 때 찾아온다. 이런 점에서 인간의 정신은 감각과 마찬가지로 자연의 법칙에 종속된다.

끔찍한 외로움이 나를 사로잡기 시작했다. 그러나 나는 그때까지 알았던 사람들, 사랑했던 사람들에게 도움을 요청하지 않았다. 어머니는 내가 탤리에신으로 와달라고 요청하지 않은 데 크게 섭섭해했다. 나는 아이들을 언제나 따뜻하게 환영했으나 그 애들도 부르지 않았다. 하지만 내 아이들은 어려움에 처한 나에게 정말로 성심성의껏 대해 주었다. 나는 그 고마움을 결코 잊지 못할 것이다. 하지만 그런 상황에서는 낯선 사람들 사이에서 지내는 것이 가장 좋았다. 내가 그때 왜 그랬는지 그 당시나 지금이나 그 이유를 알지 못한다. 아무튼 혼자 있는 것이 좋았다. 그렇게 여러 달이 지나갔는데 평생의 시간이 흘러간 것 같았고 지금도 그런 느낌에는 변함이 없다.

이제 의식(意識)이 돋아나기 시작했다. 검게 그을린 그루터기에서 푸른 싹이 돋아나듯이.

하지만 그 사실은 여전히 남아 있다. 여러 해가 지난 뒤에, 우리가 탤리에신에서 같이 살았던 시절을 되돌아보면 마치 어두운 방 안을 들여다보는 것 같았다. 그 방 안에는 공포가 어른거렸고, 이상한 유령이 돌아다녔다. 나는 그 방에서 멀찍이 떨어져 있는 것이 좋겠다고 생각했다.

나는 앞은 내다볼 수 있었지만 뒤는 돌아볼 수 없었다. 한동안 아무것도 보지 못할 것 같다는 생각이 엄습했다. 이런 공포는 채찍이 되어 나를 후려쳤고 그 때문에 나는 계획보다 일찍 일을 손에 잡게 되었다.

탤리에신의 일을 또다시 언론은 대서특필하기 시작했다. 탤리에신에서 그처럼 많은 인명의 희생이 있었는데도 그들은 개의치 않았다. 탤리에신의 영웅적 투쟁은 모욕당하고 조롱당했다. 단칼에 조각이 나버린 심장은 노골적인 동정에 의해 더럽혀졌는데 그건 차라리 노골적인 호기심보다 더 감당하기 어려웠다.

〈심판 후 저주받았다.〉 그들은 이렇게 써댔다. 그것은 무슨 이단에 대한 종교 재판인가? 그것은 일종의 재판인가? 나의 할아버지의 영혼처럼, 결코 정복되지 않는 영혼을 짓밟아 버리기 위한 공개 재판인가? 그 자유로운 영혼은 생활과 일과 사랑이 곧 진선미(眞善美)라고 믿고 있었는데, 그 진선미의 구현체인 탤리에신이 처참하게 파괴되어 고통받는 영혼을 그토록 쓰러트리고 싶다는 말인가?

참사가 있기 몇 달 전 나는 석조 테라스에 앉아 밸리를 내려다보고 있었다. 나는 참나무 아래 아주 값비싼 — 보통 소 수백 마리 값인 — 홀스타인 종 암소, 메이플크로프트가 서 있는 것을 보았다. 그 옆에는 별로 값이 나가지 않는 보통 소 두 마리가 함께 서 있었다. 그런데 갑자기 마른 번개가 치더니 홀스타인 종 암소의 머리를 내리쳤다. 나머지 두 마리 소는 하나도 다치지 않고 그 자리에서 유유히 벗어났으나 유독 메이플크로프트만이 벼락에 맞아 죽어 나자빠졌다. 왜 하필이면 아주 값비싼 메이플크로프트인가?

왜 탤리에신인가? 이 질문에 대해 〈선량하고 착한 사람들〉이 많은 대답을 공개적으로 내놓았다. 〈그들〉은 이제 설교라도 할 수 있을 만큼 충분한 텍스트를 가지고 있었다. 그중에서도 비정상적인 행동 때문에 정상적인 사람들의 적개심을 샀다는 설교가 가장 흔해 빠졌다. 그런 적개심이 어느 정도 한계점에 도달할 때까지 축적되다가 일시에 명백한(혹은 암묵적인) 형태로 폭발했다는 것이다. 그렇다면 아주 완벽하게 기른 암소 메이플크로프트에게도 그런 〈비정상적인 행동〉을 적용할 수 있다는 말인가? 보통(혹은 정상적인) 암소들의 질투와 불쾌함이 그 홀스타인 종 암소를 죽였다는 것인가?

말도 안 되는 소리! 사람들이 나의 영혼을 비난하는 것에 대해 느꼈던 분노는 서서히 가라앉았고 마침내 이런 생각이 솟구쳤다. 탤리에신은 계속 존재해야 해. 희생된 사람들을 위해서라도 원 상태로 복구해야 해. 이렇게 외로운 계곡에서 불에 그을린 끔찍한 폐허의 상태로 내버려 둘 수는 없어.

몸을 움직이고 바쁘게 행동하는 것은 어느 정도 고뇌를 씻어 주었다. 부활의 몸짓이 시작되면서 고뇌의 그림자는 탤리에신을 떠나가는 것 같았다. 건축가의 의지에 따라 모든 것이 다시 움직이게 되었다. 꾸준히 돌에 돌을 얹고, 널판에 널판을 얹으니 탤리에신 II는 탤리에신 I의 폐허 위에서 일어나기 시작했다. 끔찍한 폐허는 불유쾌한 기억만 불러일으켰으나 이제 모든 것이 변했다. 돌로 바닥을 깐 로지아에서는 밸리의 로이드 존스 예배당이 내려다보였다. 이 아름다운 석조 로지아는 비극의 현장에 떡 버티고 서서 비극을 은폐해 주었다. 거대한 벽난로가 있는 영빈관을 서쪽 동에 추가했다. 어머니와 나이 든 이모들을 맞이하기 위한 방이었다. 나는 이제 그분들을 탤리에신에 모셔 올 생각이었다.

이제 과거를 회고한다거나 상심하며 슬퍼하는 일은 없을 것이다. 과거에 탤리에신에 존재했던 아름다움은 즐거운 기억으로 계속 남아서 새로운 아름다움을 창조할 것이다. 탤리에신을 찾아오는 사람은 누구든 불문하고 그런 아름다움의 정신에 동참하게 될 터였다. 나는 그렇게 믿었다.

그 끔찍한 비극이 언론에 공개되면서 전국 각지에서 수백 통의 위문편지가 답지했다. 나는 그 편지들을 읽지도 않은 채 꽁꽁 묶어서 모두 불태워 버렸다.

탤리에신 II

더 많은 돌, 더 많은 나무, 더 많은 일거리, 더 많은 일꾼, 더 많은 희생, 이런 것들을 더욱 효율적으로 활용해야 했다. 그러자면 더욱 창조적으로 일을 해야 했고 필요한 자금을 벌어들이고 끌어 오기 위해 더욱 노력할 필요가 있었다.

가을, 겨울, 봄, 그리고 여름이 지나가고 1915년 늦가을이 되어 탤리에신 II는 탤리에신 I의 폐허에 완벽한 모습을 갖추고 들어섰다. 전보다 더 평온하고 더 아름다운 집이었다. 〈시련을 겪은〉 흔적이 조금도 없는 탤리에신. 제물을 요구하여 그것을 가져갔다는 모세와 이사야식 심판을 거부하면서 탤리에신 II는 우뚝 위용을 드러냈다. 제물을 요구하다니? 누가? 제물을 가져가다니? 무엇 때문에? 그런 감상적, 미신적, 신성모독적 설명은 당치도 않았고 아무런 쓸모도 없었다.

하지만 탤리에신이 견뎌 낸 그 참사를 통해 뭔가 뚜렷한 것이 다가오고 있었다. 그것은 반항 따위가 아니라 일종의 확신이었다. 목적의식이 뚜렷하니 더욱 머리를 꼿꼿이 쳐들 수가 있었다. 나의 눈은 사물을 더욱 분명히 볼 수 있었다. 슬픔과 혼란으로 한동안 휘청거렸던 발걸음에는 탄력이 붙었고 일이 다시 활기를 띠면서 나는 더욱 굳건해졌다.

독일의 바즈무트 출판사가 발간한 나의 작품집은 아름다운 제본을 자랑하는 훌륭한 책자였다. 미국 내에서 그 책을 판매하는 일과 관련하여 다윈 D. 마틴이 나를 도와주었다. 그러나 내가 집에 보관했던 그 책자들은 탤리에신이 불타 버리는 바람에 잿더미가 되었고 겨우 30부 정도만 건질 수 있었다.

그다음에 환경의 변화가 있었고 그것이 내게 위안의 손길로 다가왔다. 아주 빠르게...... 나는 일본 도쿄에 데이코쿠 호텔을 지어 달라는 부탁을 받았다.

일본인 건축가 요시타키와 데이코쿠 호텔의 사장인 하야시 아이사쿠를 주축으로 하는 건설 위원회가 호텔을 설계할 건축가를 찾아다니면서 전 세계를 일주했다. 그리고 미국의 중서부에 도착하여 그 〈새로운〉 집들을 보았다. 그들은 즉시 그 집에 관심을 갖게 되었다. 비록 일본식은 아니었지만 이런 형태의 집이라면 일본에 잘 어울릴 것 같다고 그들은 생각했다. 나를 만나기 위해 새로 지은 탤리에신 II를 찾아왔다. 탤리에신도 그들에게 커다란 감명을 주었다. 하야시 상은 이렇게 말했다. 「진무천황[48]의 시대로 되돌아간 느낌이 드는군요.」 그의 상냥한 아내 다카코도 그랬지만 하야시 상 역시 그 집을 아주 좋아했다.

하야시의 젊은 아내 다카코 상은 아름다운 일본 전통 의상을 입고 있어서 탤리에신을 더욱 빛내 주었다. 나는 이 당시 사진이 몇 장 되지 않는 것을 아쉽게 생각한다. 말이 없고 수줍음이 많은 그녀는 외국 문물 특히 우리 미국의 예절에 대해 관심이 많았다. 어느 날 저녁 식사를 하다가 그녀가 물었다. 「리에토(라이트) 상, 갓댐*goddam*이란 무슨 뜻이죠?」

「갓댐?」 나는 그녀가 어디서 그런 말을 들었는지 의아했다.

「아, 다카코 상, 그것은 〈아주*very*〉를 의미하는 정중한 말입니다. 가령 *it is a goddam fine day*(아주 좋은 날이다), *it is goddam fresh butter*(아주 신선한 버

---

[48] 神武天皇. 일본서기에 나오는 제1대 천황. 여기서는 아주 까마득히 오래전이라는 뜻이다.

탤리에신 II를 방문한 하야시 아이사쿠와 그의 아내, 1915년경.

터다)라는 식으로 사용하죠.」 그러나 그녀는 식사 내내 갓댐이라는 말로 좌중을 웃겼다. 식사가 끝난 뒤에 그녀는 아주 순진한 얼굴로 감사의 의미로 나에게 〈*goddam good dinner*(아주 훌륭한 만찬이었습니다)〉라고 말했다.

그녀는 속으로 그 말의 뜻을 알면서 일부러 그랬을까? 식사 내내 사람들이 그 말만 하면 웃었는데 그녀라고 몰랐을 것 같지는 않다. 사람들과 함께 흔쾌히 웃었던 하야시도 그 점에 대해서 나에게 아무런 언급도 하지 않았다.

화마(火魔)를 피해 무사히 살아남은 탤리에신의 워크숍에서 나는 하야시 상의 요구조건에 따라 데이코쿠 호텔의 계획안을 작성했다. 소(小) 위원회는 탤리에신에 일주일 묵은 후에 도쿄로 돌아갔다. 몇 달 뒤 도쿄로 와달라는 공식 초청장이 날아 왔다. 나는 한시바삐 가고 싶었기 때문에 득달같이 달려갔다. 정말 미국에서 벗어나고 싶었다. 어쩌면 나 자신으로부터 〈벗어나려고〉 한 것인지도 모른다. 나의 이성과 균형 감각이 되돌아오고 있었음에도 불구하고 뭔가 끔찍한 일이 벌어질지도 모른다는 예감에 시달렸다. 자나 깨나 임박한 재앙의 느낌이 가시지 않았다. 이런 불길한 느낌은 지진의 내습(來襲)과 잘 어울리는 것이었다. 사실 나는 도쿄에서 새로 짓게 될 건물을 지진으로부터 보호해야 할 의무가 있었다. 그럼에도 불구하고 나는 일본을 피난처 겸 위안처로 여기고 있었다. 일본과 독일은 내가 꿈속에서 동경해 왔던 나라였다.

오크 파크 워크숍에서 일했던 시절, 일본의 목판화는 흥미를 자극했고 또 나에게 많은 것을 가르쳤다. 나는 스물세 살 때부터 건축술의 단순화 과정에 눈뜨기 시작했는데, 일본 목판화에서 동지 의식을 발견했다. 그 그림에는 중요하지 않은 사항들은 과감히 생략되어 있었다. 내가 그 목판화를 발견한 이래 일본은 아주 낭만적이고 예술적인 나라로 다가왔다. 일본의 목판화는 유기적인 특성을 갖고 있었고, 자연에 밀착되어 있었으며, 생활과 일의 자연 조건이 빚어낸 토착적 산물이었다. 내가 볼 때 일본의 목판화는 살아 있는 혹은 죽은 유럽 문명보다 더 〈현대적〉이었다.

나는 1906년 일본으로 건너가 일본 목판화를 구하고 다니면서 이 사실을 더욱 뚜렷이 깨달았다.

하늘을 향해 부르는 노래

배가 요코하마 만에 닻을 내리자 내가 전에 가졌던 느낌이 더욱 깊어지고 강화되는 것을 알게 되었다. 험준한 산지(山地)가 갑자기 눈앞에 나타났다. 그러한 지형에 따라 근처의 바다도 갑자기 높아진 듯했고 해변으로 이르는 완만한 등성이 따위는 보이지 않았다. 부두에 도착한 것은 아침이었다. 하얀 삼판선(船)들이 점점이 펼쳐져 있는 푸른 바다 위로는 저 멀리까지 황금빛 하늘이 드리워져 있었다. 삼판선들은 마치 푸른 물위에서 쉬고 있는 하얀 새들 같았다.

그 산등성이와 산기슭은 〈오래된〉 조각품 같은 느낌을 주었다. 여러 세기에 걸쳐서 조탁해 온 결과 아름다운 곡선을 가진 테라스가 되어 있었다. 논들은 층층이 위로 올라가다가 초록색이 난만한 야채 밭이 되었다. 그 논들 위로 어린 소나무들이 비스듬히 밀생(密生)하고 있는 산꼭대기가 있었다. 그것은 일본 정부가 전국적으로 시행하고 있는 영림(營林) 사업의 결과였다. 그런 획일적인 영림 형태는 어디를 가도 볼 수 있었다.

　이엉을 얹은 농가들은 나무에 깃들인 새들처럼 산기슭에 고즈넉이 자리를 차지했다. 아니면 가파른 등성이에 달라붙은 푸성귀 같다고 해야 할까. 다시 시선을 부두 쪽으로 돌리면 평평한 삼판선에서 노를 젓고 있는 어부들의 구릿빛 상체가 햇빛 속에서 빛났다. 다시 땅 쪽으로 시선을 돌리면 들판에서 일하는 푸른 옷을 입은 농부들이 보였다. 그들이 입은 푸른옷은 풍경 속에서 마치 꽃이나 새처럼 보였다. 새들은 이상하게도 노래를 부르지 않았다. 꽃들은 향기를 거의 풍기지 않았으나 너무나 밝고 화려하여 인위적인 느낌을 주었다.

　나는 육지에 내려 거리에 처음 들어서면서 밝은 옷을 입은 행복한 어린아이들, 밝은 기모노를 입은 여자들의 등에 업혀 있는 갓난아이들을 보았다. 어린아이는 일본인이 보배 중의 보배로 여기는 존재이다. 여자들은 노소를 불문하고 모두 기모노를 입고 있었다. 그들의 목에서 하얀 발뒤꿈치까지 간결한 곡선이 간단없이 물결쳤다. 하얀 버선을 신은 발을 나무 게다에 찔러 넣고 아장아장 걸어갔기 때문이다. 이 하얀 버선을 신은 발은 일본의 전통 종교인 신도(神道)가 어떻게 일본의 주거에 작용해 왔는지 선명하게 보여 준다. 발, 하얀색, 목면은 그 어떤 것보다 이 이야기의 핵심 요소이다.

　일본은 어린아이와 노인을 너무나 잘 보살피기 때문에 어린아이와 노인의 천국이라는 말까지 있다. 일본에서는 노년이 홀대받지 않고 우대받는다. 이것은 우리 미국 문화에서는 찾아보기 어려운 것인데 그렇다면 일본이 미국보다 더 문명되었다는 증거인가?

　남녀노소 구분할 것 없이 이 인내심 많은 사람들은 하나의 거대한 가족을 형성한다. 그들은 서로 사랑하고 존경한다. 축축한 비포장 도로를 걸어가는 일본 여인의 발은 〈다비〉로 감싸여 하얗고, 여인들은 늘 그렇게 하얀 상태를 유지한다. 다비는 하얀 목면으로 만든 일종의 양말이다. 외출할 때는 다비를 신고 다시 게다를 신는다. 게다는 벗어서 방 밖에 놔두는 나무 발굽 같은 것이다. 게다를 벗은 〈하얀 발〉이 먼지 하나 없는 다다미방으로 들어선다. 그들이 방바닥에 까는 장판은 다다미라고 한다.

　이 다다미는 아주 깨끗하다. 나는 도쿄로 가는 기차의 좌석에서 차창 밖을 내다보며 무릎을 꿇고 앉은 일본인 남녀들을 보았다. 그들의 다비 바닥은 먼지 하나 없이 깨끗했다. 그들이 깔고 사는 다다미방이 얼마나 정결한지 짐작할 수 있었다.

깨끗하라! 〈깨끗하라〉는 일본의 고대 종교인 신도의 핵심적인 가르침이었다. 신도는 선량한 사람 혹은 도덕적인 사람이 되라고 하기보다는 깨끗한 사람 — 깨끗한 손, 깨끗한 마음 — 이 되라고 가르친다. 신도는 주택을 인간이 만든 물건 중 가장 깨끗한 것으로 만들었다. 또한 정신적 의미의 청결도 강조했다. 그 결과 쓸데없는 것은 어울리지 않는 것으로 혐오하는 의식이 길러졌다. 먼지 묻은 것은 추악한 것이었다. 여러 세기가 지나가는 동안, 노동자의 집이든 귀족의 집이든 일본인의 집들은 이 〈깨끗하라〉는 정신에 입각해 건설되어 왔다. 말하자면 집은 하나의 신전이었다.

일본의 문물을 좀 더 많이 알게 되면서 나는 일본의 고유 주택을 〈제거의 미학〉으로 이해했다. 그들은 먼지뿐만 아니라 불필요한 것도 제거했다. 나는 일본 주택에 매혹되어 그 집을 분해하고 다시 조립하면서 많은 시간을 보냈다. 일본 주택에서 의미 없는 부분은 발견하지 못했고 〈장식〉을 위한 장식도 별로 보지 못했다. 왜냐하면 장식품은 모두 안 보이는 곳으로 치워 놓고 딱 필요한 부분만 앞에 내세우기 때문이다. 일본인은 건물을 만드는 데 사용된 간단한 자재의 아름다움을 강화하는 일에도 아주 열심이었다. 또다시 〈정결함〉이 돋보이는 부분이었다.

나는 단순함을 지고의 덕목으로 생각하는 지구상에서 유일한 나라를 발견했다. 일본 주택의 바닥은 모두 생활공간으로 이용된다. 그곳에서 잠을 자는가 하면 무릎을 꿇고 앉거나 식사를 하기도 한다. 비단 방석을 가져다 놓고 그 위에 무릎을 꿇고 앉아 명상을 하는가 하면 피리를 불기도 하고 때때로 〈사랑을 나누기도 한다〉. 일본 주택의 신성한 바닥에 붙박이로 오래 설치되어 있는 물건은 별로 없다. 집 안에서 사용하는 모든 가구는 사용하지 않을 때에는 떼어 내 적당한 곳에 보관하도록 디자인되어 있다. 처음부터 이런 식으로 설계되어 있다. 그들은 때와 장소에 맞게 그런 가구를 사용해야 아름답다고 생각한다. 방과 방을 나누는 칸막이조차도 청소를 할 때에는 떼어 낼 수 있게 되어 있다.

기이하게 들릴지 모르겠지만, 나는 이런 오래된 일본 주택이 내가 열심히 작업해 온 현대적 표준화 작업의 완벽한 사례라고 생각한다. 청소를 위해 떼어 낼 수 있는 다다미는 일률적으로 세로 3피트 가로 6피트이다. 집의 크기와 형태는 모두 이 다다미의 수량에 따라 결정된다. 미닫이 칸막이는 모두 이 다다미의 끝부분에 맞추어져 있으며, 집의 크기를 언급할 때는 9첩 방, 16첩 방, 36첩 방 가옥이라고 말한다.

천장과 지붕을 받치는 간단한 4각 나무 기둥은 다다미의 교차점에 세워져 있다. 미닫이문인 쇼지(障子門 혹은 障紙門)는 창문을 대신하며 내부의 공간을 감싸 안는다. 쇼지는 사실상 외부 벽의 역할을 하는데, 밀어서 벽 속으로 집어넣을 수 있고 필요시 떼어 낼 수 있다.

바닥 밑으로는 시원한 바람이 불어온다. 천장에는 낮고 평평하고 널찍한 판자를 대었고, 그 위의 비스듬한 지붕에는 흙을 먼저 바른 후 기와를 얹는다. 천장과 지붕 사이가 크게 벌어지기 때문에 머리 위의 공간이 시원하다.

화장실은 정원의 한 구석, 〈악마의 구석〉에서 멀찍이 떨어진 곳에 설치한다. 모든 미신에는 어느 정도 상식이 반영되어 있는데 나는 그 악마의 구석이 바로 선들바람이 불어오는 곳임을 발견했다. 일본의 화장실인 벤조(便所)는 반들반들한 나무판자로 바닥을 댄 옥외 시설이다. 그 옆에는 대개 자연석으로 만든 물통이 있다. 아니면 물이 철철 넘쳐흐르는 커다란 양푼이 놓여 있다. 물통 위에는 자그마한 대나무 국자가 있는데, 주인이나 손님이 벤조에서 나오면 하녀가 깨끗한 물을 떠서 손을 씻으라고 건네준다. 그것은 신도의 청결 사상을 증명하는 또 다른 시설이다. 하지만 외국인 손님은 처음엔 좀 당황할지도 모르겠다.

그러면 주방은? 몇 계단을 걸어 내려가면 그것을 발견할 수 있다. 그것은 마당이 딸린 타일 바른 방인데 서까래가 높은 공간이다. 주방의 설비는 주로 표면에 매끄럽게 광낸 콘크리트 혹은 돌로 되어 있다. 거기에는 서양의 〈수집가〉를 매혹시킬 만한 청동 주전자나 도자기 등이 걸려 있다.

그리고 욕실! 이것 또한 별채로 꾸며져 있다. 마당이 딸려 있고 바닥에 돌이나 타일이 깔린 바닥은 약간 기울어져 있어서 양동이 따위에서 흘러나온 물이 저절로 배수되도록 꾸며져 있다. 그 돌바닥 위에 판자로 된 평평한 받침대를 올려놓았는데 그 위에 맨발로 올라가서 서는 것이다. 벽에 붙여 만들어 놓은 욕조는 넓고 깊어서 그 안에 들어가서 설 수 있다. 욕조의 물은 밑에서 가열하게 되어 있다.

나는 욕조에 들어가기에 앞서 먼저 몸에 비누칠을 하고 온몸을 박박 문질렀다. 그런 다음 욕조 안으로 들어가 견딜 수 있을 때까지 버티면서 몸의 때를 씻어 냈다. 일본의 모든 체제가 그렇듯이, 목욕도 신도에서 가져 온 일종의 종교적 의식이다. 목욕은 거의 일상적인 행위이고 아주 손쉽게 할 수 있다. 일본 사람들은 가볍게 옷을 벗어 버릴 수 있고, 간편하게 그 옷을 다시 입을 수 있다. 그들의 복장에서도 단순성, 편의성, 안온한 휴식감이 느껴진다. 그들의 몸은 그들의 집처럼 깨끗하다. 신도가 그렇게 가르친 것이다. 나는 일본 옷이 아주 편하게 느껴져서 일본 여관이나 주택에서 늘 그 옷을 입었다.

이처럼 사람의 일상생활을 편안하게 해주는 특징 이외에, 일본의 주택은 어디서 정원이 끝나고 어디서 정원이 시작되는지 잘 구분이 되지 않았다. 나는 그것이 너무나 유쾌한 구도라고 생각하여 더 이상 문제로 보지 않았다. 일본의 주택은 거북이가 자신의 귀갑(龜甲)을 움직이듯, 그런 자연스러움에 따라 지어져 있다. 그것은 그들의 구릿빛 피부, 잘 빗은 머리카락, 밑으로 쳐진 영리하게 빛나는 갈색 눈처럼 자연스러웠다.

이런 가정적 분위기, 이런 〈무한의 순치(馴致)〉에 더해 부인이라는 뜻의 〈오쿠상奧さん〉이라고 불리는 자상한 가정주부의 특별한 손길이 있다. 또 그녀의 딸들인 〈오 카니 상〉과 〈오 히사 상〉도 집안일을 적극적으로 돕는다. 그렇게 집안일을 열심히 하는 여자들의 마음속에는 종교적 헌신 같은 것이 깃들어 있다.

〈아무런 낭비 없이 가장 단순한 길로 가자.〉 이것이 일본의 신도가 매일 가르치는 철학이다. 이러한 가르침은 일본의 가장 위엄 있고 고상한 의식이라는 다도(茶道)에서 찾아볼 수 있다. 가난하든 부유하든 일본의 교양 있는 여성은 저명한 다도가 센리큐가 가르친 대로 다도 의식을 수행할 수 있어야 한다. 나는 다도를 배우려고 애쓰면서 센리큐가 분재의 도사라는 것도 알게 되었다. 이 다도는 사랑하는 혹은 존경하는 손님에게 우아하면서도 절제 있는 동작으로 차를 대접하는 기술에서 나온 것이라고 한다. 이 다도 의식은 〈깨끗하라〉는 이상을 극단으로까지 밀고 나간 것이어서 우리 서양인들은 오래 견디기가 어렵다. 하지만 이 의식에는 지저분한 것을 싫어하고 무질서를 극도로 혐오하는 〈깨끗하라〉라는 정신이 철학의 수준으로 고양되어 있다.

서양인은 이런 태도를 수용하기 어려울 것이다. 왜냐하면 신도의 가르침을 일상생활에서 실천하려는 관점에서 볼 때, 서양 주택의 실내 배치는 마치 쓰레기를 되는 대로 방치해 놓은 것처럼 보일 것이기 때문이다. 만약 그리스도교 신자의 주택에 일본의 신도 의식을 적용한다면, 그런 정신적 엄숙주의는 미국식의 〈그림 같은 집〉을 망쳐 놓고 말 것이다. 그리고 우리의 〈취향〉은 그들에게 작용하여 그들을 망쳐 놓은 꼴이 되었다. 왜냐하면 우리 서양인과 접촉함으로써 그들은 갑자기 그런 엄격한 의식을 지킨다는 것이 대단히 어렵고 또 불필요한 일이라는 것을 깨달았기 때문이다. 그들은 서양의 문물을 받아들임으로써 그런 엄격한 자기 수련이 세속적 권위나 권력 혹은 풍요의 필수적 부분이 아님을 알게 된 것이다.

일본 주택의 구석구석에는 정신이 살아서 약동한다. 그것은 진정한 노래이다. 그것은 그들의 〈하늘〉과 하나가 되는 것이다. 일본인은 〈아름다운〉 것에 대한 욕구를 충족시키고 싶어 한다. 그들은 그런 욕구를 제2의 천성으로 여긴다. 이러한 욕구는 우리 서양인들에게도 그렇지만 그들에게도 자연스러운 것이다. 일본인들은 아무리 빈한한 집이라도 아름다운 물건을 보관하기에 알맞은 장소인 도코노마(床の間)를 마련해 놓고 있다. 차분하게 회칠한 도코노마 벽에는 간단하지만 진귀한 그림 따위를 걸어놓는다. 혹은 아름다운 분재 화병을 가케모노[49] 옆에 배치한다. 그 밑에는 멋진 조각 작품이나 래커 칠을 한 추상적 형태의 장식물을 가져다 놓는다. 이렇게 세 점의 예술품을 한군데에 배치함으로써 집주인의 예술적 안목을 과시하는 것이다.

이 작품들은 그날, 그 주간, 혹은 그 계절의 어떤 사건에 대해 알려 주는 문화적 의미를 갖는다. 이런 분위기에 문학도 한몫 거든다. 유명한 시인의 시를 써놓

---

49 掛(け)物. 족자나 편액 등을 총칭하는 말이다.

은 멋진 글씨를 액자에 넣어, 쇼지 위의 공간인 란마[50]에 걸어 놓는 것이다. 이런 예술품은 아무리 아름다운 것이라도 때를 놓치면 그 의미가 없어진다. 다시 말해 〈계절〉에 맞아야 한다. 그리고 어떤 분야이든 그 분야의 가장 훌륭한 작품이어야 한다.

  이런 예술품들은 진귀한 것이기 때문에, 철이 지나면 비단에 조심스럽게 싸서 금고 같은 안전한 곳에 보관한다. 그런 다음 가문의 보물 중에서 때에 맞는 다른 것을 꺼내 도코노마를 장식한다. 일본인은 교양 있는 민족이기 때문에 아름다운 물건을 사랑하고 또 그것을 정성스럽게 관리한다. 그들에게 아름다운 물건은 종교적인 것이고 그 물건에 바치는 정성은 신자로서의 특혜이자 의무이다.

  일본인의 집에 들어가면 일단 무릎을 꿇어야 하는가? 그렇다. 우리 서양인이 두 발로 당당하게 서 있는 것을 정체성의 표현이라고 생각한다면 그들은 무릎을 꿇고 단정하게 앉아 있는 것이 교양인의 본 모습이라고 생각한다. 서양인은 일본의 집에서 살 수도 없고 살아서도 안 된다. 우리는 앞으로 한 세기 혹은 두 세기 동안 일본의 높고 멋진 이상에 단련되어야만 우리 나름의 이상적인 집에서 살 수 있을 것이다. 서양은 영감의 원천을 필요로 하는데 그것을 모방하기가 그리 쉽지 않다. 서양이 일본의 주택을 모방하느니 차라리 다른 것을 모방하는 것이 더 쉬우리라.

  진짜 야만은 원칙을 무시하는 것, 그것이 아닌가? 야만은 단지 본능만 믿는 것이지 않는가? 우리가 말하는 소위 〈취향〉이라는 게 바로 그것이 아닌가? 풍요 때문에 문란해진 우리의 본능이라는 것은 따지고 보면 야만이나 다름없다. 왜냐하면 정신을 갖고 있되 그것을 발휘하지 않고, 과거의 빛나는 문화를 갖고 있되 감상적으로 오용하고 있기 때문이다. 이런 문란함은 생활을 위태롭게 하고 피해를 준다.

  나는 무릎이 아픈 것을 무릅쓰고 일본인들로부터 몇 가지 교훈을 얻으려고 애썼다. 일본의 공식 만찬 뒤에 열리는 다도회에 참석하여 그들의 비결을 좀 알아보려고 했다. 하지만 곧 단순한 절차가 끊임없이 반복되는 데 질려서 그 후 다도

---

50 欄間. 천장과 윗미닫이틀 사이에 통풍과 채광을 위해 교창(交窓)을 낸 부분.

회 초청 건이 있으면 가능한 한 피하려고 했다. 나는 그런 훈련이 서양인에게는 맞지 않는 듯하다고 솔직히 말했다. 그건 내가 감당하기에는 너무 벅찬 훈련이었다! 서양인은 아직 충분히 문명화되지 못했다. 또 환경은 고사하고 인생의 어떤 부분을 그처럼 이상화하는 의식을 너그럽게 받아들일 정도로 문명화되지 않았다고 말했다. 적어도 현재로서는, 일상생활을 그런 〈의식(儀式)〉의 수준으로 높일 정도가 되지 못했다. 서양인은 즐거움과 슬픔을 다른 방식으로 표현하고, 우리의 오락은 일본의 것과는 다르다고 설명했다. 나는 교양 높은 일본의 환경에서 우리가 아주 조야한 존재라는 것을 첨예하게 의식했다. 우리가 엄지손가락을 밖으로 펴는 데 익숙한 반면에 그들은 엄지손가락을 자연스럽게 안으로 접는다. 그들은 앉을 때 자연스럽게 무릎을 꿇지만, 우리는 발을 쭉 내뻗고 앉아야 한다. 서양의 문명은 비단 같은 다리, 보기 좋은 허벅지, 하이힐 등에 바탕을 두고 있다. 이에 비해 일본의 문명은 우아한 팔, 아름다운 유방, 표현력이 풍부한 손에 바탕을 두고 있다. 멋진 구두에서 쑥 솟아오른 팽팽한 다리는 우리의 하늘을 가리킨다. 아름다운 유방, 팔, 손은 그들의 땅을 가리킨다. 여기에 차이점이 있다.

　물론 이런 차이점은 국민성의 차이에서 비롯된 것일 뿐이다. 일본의 간단한 주택 구조는 예술이라는 환경 속에서 일본인이 얼마나 높은 교양 수준을 성취했는지 보여 준다.

　〈깨끗하라〉는 신도의 가르침은 일본 주택의 단순한 구조, 구석구석에 스며들어 있다. 그 간결한 구조를 살펴보면 정말 멋진 예술을 가지고 있고 또 그것을 직선적으로 표현하고 있음을 알 수 있다. 일본인의 이러한 〈노래〉를 살펴보면서 나는 이런 생각을 했다. 서양인은 너무나 오래되고 감상적인 그리스도교적 편의주의 때문에 실용성으로부터 멀리 떨어진 것은 아닐까? 하늘을 땅 쪽으로 끌어 당기려는 이 간단한 신도의 지혜는 살펴보지 못하고, 그 대신 땅을 하늘 쪽으로 들어올리려고 너무 애를 써온 것은 아닐까?

　나는 일본에서 이러한 인간성의 노래를 매일 발견했다. 하늘을 향해 부르는 이 신도의 노래는 일본인의 주택에서 매일 울려 퍼졌다. 나는 그 〈노래〉가 내면적 본성이 활짝 꽃핀 것이라고 보았다. 나무와 꽃들과 벌들이 그런 활짝 피어남

이듯이. 나는 무릎을 꿇고 그 노래를 들으면서 많은 것을 배웠다. 구키 남작 — 외로운 남작은 음식에 조예가 깊었고 많은 멋진 요리를 준비했다 — 이나 다른 일본인 신사들이 나를 불러 그들의 의식과 저녁식사에 참여하도록 배려해 주었던 것이다. 24코스의 멋진 일본식 만찬이 끝난 뒤에는 센리큐 선사가 규정해 놓은 원칙을 철저히 따르는 〈다도회〉가 열렸다.

이 모든 것들이 일본에 대한 나의 생각에 스며들었다. 그리고 현대적 건축이라는 관점에서 볼 때 일본 건축은 그 어떤 나라의 건축 못지않게 현대적이었다. 이제 좌절과 파멸을 뒤로하고 일본 땅으로 건너온 나는 감사와 희망의 마음으로 일본 생활에 몰두하기 시작했다. 그러나 본성과 특성 — 둘 다 운명이라고 생각한다 — 의 요청에 따라 나는 일본에 혼자 오지는 않았다.

탤리에신 참사가 있은 지 몇 달 후에 나는 짧은 편지를 하나 받았다. 아주 자상한 어조로 동정을 나타낸 편지였는데 고통이 무엇인지 이해하는 사람인 것 같았고 뛰어난 예술적 지성을 가진 사람의 글이었다. 아무리 봐도 고상한 정신을 가진 반백의 숙녀가 보낸 편지였다. 그녀 자신도 깊은 고통을 당한 것 같았다. 나는 그 편지를 어머니에게 보여 주었고, 정말 고맙게 편지를 읽었다는 답신도 보냈다. 그러자 나를 한번 만날 수 없겠느냐는 답신이 왔다. 그녀는 자신을 여류 조각가라고 밝혔다. 그녀 자신도 나 못지않게 인생의 슬픔을 많이 겪었다고 말했다. 정말 불운한 연애 사건으로 엄청난 고통을 당했다는 것이었다. 또 인생에 대해 어떻게 생각할 것이냐에 대해 여러 가지 유익한 조언을 해왔다. 그녀의 인생철학은 그리 새로운 것은 아니었을지 모르지만 내가 그동안 잊어버렸던 것 혹은 그 당시로서는 절실히 필요한 것이었다.

나는 답신을 써서 오케스트라 홀 사무실에서 만나자고 했다. 그녀는 근무 시간 이후에 찾아오겠다고 회신해 왔다. 이렇게 해서 나는 미리엄 노엘과 만났다. 그녀는 내가 기대했던 것과는 정반대였다. 나는 솔직히 말해서 놀라지 않을 수 없었다. 편지에 담긴 성숙한 지혜와 젊고 아름다운 용모를 일치시키기 어려웠다. 하지만 그녀가 사무실의 책상 맞은편에 앉아서 천천히 자기 이야기를 시작

미리엄 노엘

하자 나는 그녀가 어떻게 그런 편지를 쓸 수 있었는지 이해하게 되었다.

그녀는 입양(入養)과 자신의 취향에 따라 파리지앵 *Parisien*이 된 여자였다. 한눈에 똑똑하고 세련된 여자라는 것을 알아볼 수 있었다. 그녀는 과거에 상당한 미인이었을 것 같았고 지금도 그러했다. 얼굴에 수줍어하는 듯한 창백함이 감돌았다. 적갈색 머리카락은 풍성했다. 상대를 꿰뚫어 보는 듯한 투명한 눈은 부드러운 초록색이었다. 꼿꼿이 세운 상체와 자신을 의식하는 태도 등은 아직도 젊은이의 몸매를 연상시켰다. 그녀는 당시 유행했던 물개 가죽 망토와 모자를 쓰고 있었고, 자그마한 손에는 반지를 여러 개 끼고 있었다. 목에는 보석 십자가 펜던트가 달린 황금 목걸이를 걸고 있었다. 그녀는 이야기를 하면서 하얀 비단줄에 매달린 외알 안경을 만지작거렸다. 그녀는 사무실 책상 위에 담배 케이스를 내려놓았다. 나는 담배를 한 개비 빼어든 그녀를 위해 불을 붙여 주었다. 나도 한 개비 뽑아서 피웠다. 그녀는 왼손에 자그맣고 쭈글쭈글한 검은 책을 들고 있었다. 그녀는 그 책도 책상 위에 올려놓았다. 메리 베이커 에디가 쓴 『과학과 건강 *Science and Health*』이라는 책이었다. 그녀는 최근에 심리학을 공부하고 있다고 말했다.

「절 어떻게 생각하세요?」 그녀가 물었다.

그녀는 아주 미세하게 머리를 계속 흔들어댔기 때문에 어딘지 아픈 사람 같다는 인상을 풍겼다. 그녀는 나를 빤히 쳐다보면서 대답을 기다렸다.

「난 지금껏 당신 같은 사람을 만나 본 적이 없습니다.」 내가 말했다.

그녀의 두 딸은 결혼했고 아들은 여행을 좋아해서 늘 어디론가 떠돌아다닌다고 말했다. 현재 그녀의 주위에는 아무도 없었다. 「갈 만한 데도 없고 가고 싶지도 않아요. 불운한 연애 사건 때문에 오랫동안 가슴이 아팠어요.」 정말 그런 것 같았다.

그녀는 유럽에서 1차 대전이 터지는 바람에 다른 미국인들과 함께 파리에서 쫓겨났다. 현재는 시카고에 있는 결혼한 딸 집에서 살고 있다고 말했다. 그녀는 파리 시절 호레이스 홀리 부부로부터 내 얘기를 들었고, 탤리에신 참사를 신문에서 보았다고 말했다. 그 소식에 너무 가슴이 아파서 감히 편지를 써서 도움을 주고 싶다는 생각을 했다고 이야기했다. 그처럼 과감한 행동을 한 것을 용서해 달라고 말하기도 했다.

우리의 만남은 그렇게 시작되었다. 참사 이래 나는 어머니와 사무실 사람을 빼놓고 그 누구와도 말해 본 적이 없었다. 물에 빠진 사람은 지푸라기도 잡는다는 속담이 있다. 그녀는 분명 지푸라기는 아니었다. 총명하고 세련된 여자였고 도움을 줄 수 있는 밝은 빛이었다. 어둠과 실명(失明)으로부터 나를 구원해 줄 수 있는 사람 같았다.

그렇게 해서 눈먼 사람이 또 다른 눈먼 사람을 이끄는 이야기가 시작되었다.

감상적인 사람들은 어떻게 삶을 꾸려 나가는가? 위선에 의해? 나는 그 질문을 내가 알고 있는 가장 감상적인 사람인 나 자신에게 자주 던졌다. 먼저 자기 자신을 상대로 위선을 부려야만 남들을 상대로 위선적인 행동을 할 수 있다.

이제 도쿄로 가는 세 번째 여행길에 세련된 미리엄이 동행하게 되었다. 나는 또다시 하얀 눈을 이마에 뒤집어쓴 성스러운 후지 산이 황금빛 하늘을 향해 우뚝 서 있는 모습을 보았다. 멀미가 나는 선상에서의 시간은 아주 느리게 지나갔다. 한 시간이 지나가면 육지에 도착할 시간이 그 만큼 단축되었다는 것이 유일한 위안이었다. 새벽에 〈중국의 황후〉 선은 요코하마 만에 닻을 내렸다. 마침내 배의 엔진이 멈추었고 중국인 소년들이 손님들을 깨우지 않으려고 조용히 오가면서 갑판 위에서 하선 준비를 했다.

지난 두 번 일본을 방문했을 때의 아름다운 감각이 다시 살아나면서 여행에 지친 심신을 달래 주었다. 부두에서 올라탄 인력거는 낯익은 거리를 달려갔다.

나는 2년 전 일본을 두 번 방문한 후에 다시 일본에 왔다. 커다란 일이 기다리고 있었다. 기초 테스트는 끝나고 앞으로 근 4년 동안 데이코쿠 호텔을 짓는 일에 매달려야 할 터였다.

사람들은 성인 남녀의 자발적이고 공개적인 관계(동거 관계)는 잘 굴러갈 것이라고 믿는 경향이 있다. 하지만 그런 관계일수록 남녀 양쪽 모두 인생에 대한 이상이 높은 법이다. 서로에게 진실하게 대하려 하고 또 보통 사람보다 더 높은 성취의식을 가지고 생활을 해나가려는 의욕이 있는 것이다. 이처럼 높은 윤리

프랭크 로이드 라이트의 숙소, 데이코쿠 호텔의 별채, 일본, 도쿄, 1916.

의식은 남녀의 개성과 성실성에 여간 부담이 되는 일이 아닐 수 없다. 법적인 결혼 관계라면 당연히 서로 이해하고 넘어갈 만한 문제도, 동거 관계에서는 서로 상대방을 의식하게 된다. 동거 관계는 특히 여자에게 많은 희생을 요구한다. 용감해서 혹은 우둔해서 그런 관계를 맺게 된 여자는 오로지 그 관계 하나만을 보고 살게 된다. 왜냐하면 그런 상황과 환경으로 인해 그녀는 사회로부터 고립되는데 이것은 시간이 갈수록 견디기 힘든 부담이 된다. 이런 관계를 성공적으로 유지하려면 내면의 의지력이 아주 강한 억센 여자가 되어야 한다. 다시 말해서 동거 관계에 수반되는 비정상적 생활을 아무렇지 않게 여길 수 있는 배짱이 있어야 한다.

나는 아직도 〈불법〉이었다. 다시 말해 캐서린과의 결혼 계약으로부터 자유롭지 못한 몸이었다. 아무리 그녀를 설득해도 통하지 않았다. 그래서 나와 함께 살겠다는 여자는 비정상적인 생활 혹은 익명의 생활을 각오하지 않으면 안 되었다. 동거 관계에 있는 남녀가 만약 비극을 겪게 된다면 그것은 합법적 결혼 관계의 남녀보다 두 배의 부담이 된다. 왜냐하면 그 관계는 법적으로 보호받지 못할 뿐만 아니라 사회로부터 〈거 봐라 잘됐다〉는 식의 무자비한 공격을 받게 되기 때문이다.

나는 평생 어디론가 숨어 버린다는 생각을 해본 적이 없었다. 만약 내가 그런 생각을 했더라면 나는 동거 관계를 결연히 거부했을 것이다. 무엇보다도 무의식적인 위선은 정말 나쁜 것이기 때문이다. 하지만 의식적인 위선도 나쁘기는 마찬가지여서 그것은 영혼을 확실히 또 재빠르게 부식시켜 버린다.

나는 비겁한 자가 창조적인 일을 할 수는 없다고 생각한다. 애매모호한 행동은, 그런 행동을 일방적으로 당하는 자보다는 그것을 능동적으로 하는 자에게 열 배 이상의 피해를 입힌다. 비밀과 위선은 인간의 성격에 복구할 수 없는 피해를 안긴다. 남들의 위선도 견디기 어려운 것이지만, 위선을 능동적으로 저지르기보다는 차라리 피해자가 되는 것이 낫다.

정직하고 건강한 삶은 사회를 병들게 하지 않는다. 사회라는 옷감을 망치는 썩은 실은 바로 〈위선적인〉 삶이다. 가장 이상적인 결혼 관계? 그런 관계는 아마도 그게 필요 없는 사람들이나 유지할 수 있으리라. 하지만 법적 결혼의 보호

장치 없이 남녀가 한집에서 생활한다는 것은 대단히 어렵다. 아주 원시인이거나 아주 고매한 사람이거나 둘 중 하나여야만 그런 시련에서 살아남을 수 있다.

데이코쿠 호텔의 경영진은 새로 지은 호텔의 임시 별채에 나의 숙소를 마련해 주었다. 호텔 측은 내가 그려 준 도면에 의거하여 이 별채를 지어 놓았다. 신 데이코쿠 호텔을 짓는 동안 늘어나는 투숙객 수요에 대비하기 위해서였다. 내가 일본에 도착해 보니 별채는 막 완공된 상태였다.

이 작은 집의 창문은 남쪽으로 〈일본의 정원〉을 내다보고 있었고 호텔 본채와 연결되어 있어서 각종 서비스를 받을 수 있었다. 나는 일본인 소년을 사환으로 두고 있었다. 주위를 둘러보니 도쿄의 신비가 온 사방에 널려 있었다. 도쿄는 여러 면에서 런던과 비슷했고 온 사방에 놀라운 일 천지였다. 호텔 안은 이렇게 깨끗한데 밖에 나가면 지저분한 거리가 있었고, 수수한 문과 한적한 출입로를 통과해 나아가면 궁성(宮城)이 있었다.

도쿄의 이 한구석에 벽난로 — 불은 언제나 피워져 있었다 — 가 있는 자그마한 거실이 있었다. 발코니에는 관목과 화분이 가득 놓여 있었고 침실에는 테라스와 욕실이 딸려 있었으며 자그마한 식당에서는 호텔에서 배달된 음식을 먹을 수 있었다. 거실, 침실, 주방이 모두 별채의 1층에 있었다. 1층에서 계단을 걸어 올라가면 편리한 스튜디오 겸 침실이 나오는데 지붕에 펜트하우스로 지은 것이었다. 나는 여기서 잠을 잤다. 여기에 제도판을 갖다 놓고 누구의 방해도 받지 않고 열심히 일하다가 피곤할 때면 언제나 침대로 뛰어 들어가 잤다.

우리는 바로 이 별채에서 동거 관계에 들어갔다. 잠깐 동안 평화롭고 서로 도움이 되는 관계가 지속되었다. 우리 집에는 자그마한 그랜드 피아노가 있었고 도쿄의 친구들은 모두 피아노 연주를 잘했다. 우리는 좋은 책도 많이 읽고 공부도 열심히 하고 밤이면 도쿄 시내를 산책했고 일요일 같은 때는 자동차를 대절하여 놀러 갔다. 이런 오락 행사는 늘 마음에 맞는 친구들과 함께했다. 그들은 우리의 입장을 충분히 이해하고 또 각자의 개성을 존중해 주었으며 서로의 생활을 편리하게 해주려고 최선을 다했다. 우리는 도쿄에서 흥미롭고 또 매력적인 러시아 사람들을 많이 만났다. 재주 많은 폴란드인 루비엔스키 백작 부부, 체레

미시노프 공주, 아블로모프 공작 부부, 이바노프 부부, 뛰어난 피아니스트이자 언어학자인 올가 크린스카, 〈자유 혼의 학교〉라는 멋진 이름을 가진 학교를 운영하는 일본의 하니 부부 등. 특히 하니 부부를 위해서 나는 그들의 필요에 적합한 학교를 하나 설계해 주었는데 그것은 귀중한 인생 경험이 되었다.

통찰력이 남다른 미리엄은 벌써 여러 해 동안 기이한 병을 앓고 있었다. 때때로 그녀는 자신의 감정을 괴상할 정도로 과장하면서 며칠씩 가정생활을 엉망으로 만들어 버렸다. 나는 왜 그녀가 저토록 짜증을 내는 것일까, 그 원인을 알아내려고 무척 애를 썼다. 그 과정에서 나 자신을 냉정하게 되돌아보기도 했다.

그녀가 신경 계통의 문제로 엄청난 고통을 당하고 있다는 것은 분명했다. 그녀에게서 이상한 증세가 나타나기 시작했다. 그녀는 며칠은 모든 것에 행복해하고 모든 것에 즐거워했다. 그러다가 갑자기 뒤집어져서 모든 것에 우울해하고 의기소침해졌다. 이렇게 갑자기 기분이 바뀌는 데는 아무런 이유나 원인도 없었다. 그녀가 자신의 감정을 기이하게 과장하는 증세는 점점 더 심해졌다. 그 격렬한 반응과 행동은 점점 이해하기 어려워졌다. 마치 그녀의 내면에 두 명의 다른 사람이 들어앉아서 서로 맹렬하게 싸우면서 내면을 완전히 파괴해 버리는 것 같았다. 그러다가 폭풍은 가라앉고 다시 평화가 찾아와 당분간 우아하고 매력적인 생활이 재개되었다.

중간에 행복한 한때가 간간이 찾아드는 이 괴상한 갈등의 분위기가 데이코쿠 호텔을 짓는 내내 우리의 동거 관계를 지배했다. 해가 갈수록 그녀의 격렬한 폭발은 더욱 파괴적이 되어 갔다. 건전한 상식과 가정의 평화는 가뭇없이 사라지고 그 자리에 갈등하는 남녀의 싸움이 연속극처럼 자리를 잡았다. 데이코쿠 호텔을 건설하느라고 너무 피곤하여 집에 오면 쉬고 싶었는데도, 비참함과 불안감이 분위기를 무겁게 짓눌러 제대로 쉴 수도 없었다. 이제 어디로 가든 그 괴로운 시련은 사라지지 않았다.

하지만 그런 와중에서도 일본 목판화를 수집하는 즐거움이 있었다. 신비로우면서도 경이로운 에도[51] 시내를 탐사하는 것도 신나는 일이었다. 나는 목판화를 손에 넣기 위해 에도를 구석구석 돌아다녔다. 일본의 목판화는 그 어느 그림보다 자전적(自傳的) 성격이 강하다. 만약 나를 교육시킨 것 중에서 일본 목판화를 빼버린다면 내 인생이 어디로 흘러갔을지 막연했으리라.

일본 목판화의 원칙인 생략의 복음은 건축업에 종사하는 나에게 절실한 교훈이었다. 그런 교훈은 〈입체파*Cubisme*〉와 〈미래주의*Futurisme*〉를 창시한 프랑스 화가에게도 절실한 것이었다. 엄밀하게 말하면 소위 〈모더니즘*modernisme*〉이라고 하는 경향의 밑바닥에는 바로 이 교훈이 도사리고 있다. 이처럼 엄청난 영향을 주었는데도 불구하고 사람들은 그것을 별로 주목하지 않았고 그 공로를 인정해 주지 않았다. 따라서 나와 함께 일본 목판화를 찾아 에도 여행길에 나서는 것은 독자에게 그리 괴로운 일도 시간 낭비도 아닐 것이다. 이런 중요한 문화의 원류를 찾아 나선다는 것은 보람 있는 일이 아니겠는가? 우리 문화가 독창적인 것인가 아닌가를 따져보는 것도 중요한 일이 아니겠는가?

나는 독자가 일본 목판화에 별로 관심이 없다는 것을 안다. 하지만 이 책은 자서전이기 때문에, 일반 전기 작가들이 독자의 흥미를 유발하지 못할까 봐 빼버릴 만한 자료도 과감히 넣을 생각이다.

일본의 오래된 일지(日誌)

도쿄에 있는 동안 일본 목판화를 찾아다니는 것은 나의 커다란 취미가 되었다. 사실 아무리 찾아다녀도 지겹지 않은 그런 취미였다. 목판화 수집은 주로 밤에 했는데 먼 곳에 물건이 있다면 낮에도 일부러 시간을 내어 찾아갔다. 목판화 수집의 매력은 그야말로 무한했다. 어떤 사람들은 나보고 중독되었다고 말하기도 했다.

이 시기에 목판화 수집이 내 생활에서 차지한 비중은 아마도 음악을 빼놓고는 가장 컸을 것이다. 나는 마음이 울적할 때는 음악을 들었고, 그것으로도 위로가 되지 않을 때에는 채색 목판화를 찾아 도쿄 거리로 나섰다.

일본 목판화! 그것은 곧 눈, 달, 안개와 꽃, 황혼, 새벽, 저녁, 후지 산, 샤미센,

---

51 江戶. 도쿄의 옛 이름.

오 히사 상, 반딧불이, 불꽃놀이, 게이샤, 스미다가와, 도카이도, 홋카이도, 요시와라의 세계였다.

  일본의 고전 예술은 이 민중 예술을 경멸하고 거부했다. 하지만 오랜 시간이 경과한 이 시점에 와서 평가는 달라졌다. 민중 예술은 옛 도시 에도의 생활을 생생하게 재현하고 있기 때문에 〈위대한 예술〉로서 조금도 손색이 없다. 단지 그 예술이 제작되었던 시대나 그 후의 몇 세대 동안 너무나 대중적이고 값싼 거리의 물건이라고 하여 홀대받았을 뿐이다.

  목판화를 제외하고 모든 일본의 서예와 그림은 소위 〈고전 화풍〉이었다. 다시 말해서 중국의 서예와 회화를 모방한 것이다. 서양인들이 그리스와 로마의 문화를 모방하여 예술을 발전시킨 것처럼. 고대 일본의 〈고전〉 예술은 전쟁에서의 영웅 정신, 국가와 가족에 대한 충성을 강조했다. 나는 이것을 데이코쿠 극장에 자주 다니면서 알게 되었다. 일본의 고전 예술은 중국 스타일을 답습한 것이었는데, 그들(옛 일본인들)에게 현대적 의미의 자유로운 〈사랑〉은 일종의 〈금기〉였다. 일본 고전의 세계에서 우리가 요즘 알고 있는 〈아름다움〉은 별로 값나가는 물건이 아니었다. 우리가 오늘날 사용하고 있는 〈예술art〉이라는 말에 해당되는 일본어는 비주쓰(美術) — 눈속임 — 인데 일본인들은 그것을 주주쓰(呪術)와 비슷한 수준으로 생각했다. 그 때문에 독특한 일본 문화의 옛 모습을 생생하게 기록하는 일은 목판화가 담당하게 되었고 이 대중 예술 덕분에 현대의 일본인이나 서양인들은 마치 사진을 들여다보듯 옛 일본의 모습을 선명하게 관찰할 수 있다.

  이 목판화의 가치는 프랑스가 먼저 알아보았다. 다른 나라들도 프랑스에 뒤이어 이 그림의 독특한 가치를 인정했다. 그러나 일본 목판화 컬렉션을 세계에서 가장 많이 갖고 있는 나라는 미국이다.

  1730년 당시 목판으로 그림을 찍어 내는 것은 일본에서는 새로운 기술이었다. 1755~1800년 사이에 목판 덕분에 고대의 채색화를 많이 찍어 낼 수 있게 되었고 〈민중〉 화가들의 작품이 일반에 널리 알려지게 되었다. 목판이라는 이 간단한 도구를 통해 더 많은 그림이 대중의 손에 들어갔다. 오늘날 대형 인쇄기 덕분에 미국의 거리에 많은 일간 신문들이 배포되는 것과 똑같은 이치이다.

이렇게 볼 때 지금으로부터 백여 년 전에 에도에서 위대한 화가들이 목판을 통해 자신의 그림을 널리 보급한 것은 오늘날의 대형 인쇄기가 한 역할과 비슷하다. 이 목판이라는 〈손 인쇄기〉를 통해 나온 작품은 뉴욕 거리에서 판매되고 있는 일간 신문과 마찬가지로 저널리즘의 성격을 갖고 있다. 단지 인쇄 방식이 기계인가 혹은 손(보다 구체적으로 목판)인가의 차이가 있을 뿐, 그 목적은 동일하다.

〈인간 행위의 원천은 몇 개밖에 되지 않지만 그 변형은 무한하다.〉 괴테라면 그 몇 개를 자기 보존, 배고픔, 섹스라고 지목했을 것이다. 자기 보존이 이웃을 포함하고, 배고픔이 야망을 포함하고, 섹스가 사랑을 포함한다면 오늘날 뉴욕의 일상생활을 움직이게 만드는 기본적인 동기가 모두 망라되어 있다고 말할 수 있다. 이것은 백여 년 전의 에도에서도 마찬가지였다. 따라서 우리 인간은 기계가 가져온 복잡성과 혼잡스러움에도 불구하고 과거나 지금이나 별반 달라지지 않았다. 단지 의미 있는 현상에 대한 감수성과 욕구가 약간 달라졌을 뿐이다.

에도의 민중 예술인 목판화에는 진실과 우아함이라는 인간의 기본적 특질이 잘 표현되어 있다. 이 그림에는 그 당시의 삶이 진솔하게 묘사되어 있을 뿐만 아니라 충실히 반영되고 해석되어 있다.

인간 속에 들어 있는 어떤 특질을 곧 예술이라고 말하는 것은 어리석은 일이리라. 그러나 〈예술〉은 우리가 무엇을 하든 그런 특질을 〈아름답게〉 만드는 것임에는 의문의 여지가 없다. 목판화를 찾아 나서는 나의 여행에 독자들이 동참해 주기를 바란다. 목판화가 보여 주는 에도, 에도가 바라본 목판화를 자세히 검토해 보자.

에도

로마와 마찬가지로 에도도 〈일곱 언덕의 도시〉이다. 모든 것이 선전의 수단으로 동원되는 영원의 도시이다. 〈불 밝힌 간판〉은 시카고에만 있는 것이 아니라 이곳에도 있고 문명만큼이나 오래된 것이다! 그러나 이곳의 〈선전〉은 사람의 눈을 피곤하게 하지 않는다. 그 자체로 아주 아름다운 〈표의문자〉이고 사람의 눈을 즐겁게 한다.

거리에 즐비하게 늘어선 이층집들. 1층은 가게이고 2층은 가정집이다. 가게의 앞을 가리고 있는 미닫이문은 기하학적 무늬의 나무 창살로 보호된다. 미닫이문은 안에서도 밖이 잘 보이고, 밖에서도 안이 잘 보인다. 밤이 되어 실내에 불을 켜면 안에 있는 사람의 그림자가 미닫이문에 비치고, 그 사람이 움직이면 그림자도 따라서 움직인다. 가게 2층에서 상아 조각으로 연주하는 샤미센(三味線)의 구슬픈 소리도 미닫이문을 통해 흘러나온다. 그 집의 딸인 히라니 상이나 노부 상이 연주하고 있는 것이다.

이러한 풍경은 목판화에 묘사되어 있는 그대로이다. 미로처럼 구불구불한 길 양편에 다닥다닥 붙어 있는 가게들에는 모두 미닫이문이 달려 있다. 가게에는 온갖 기이한 물건들이 흘러넘치고 있지만 아주 질서정연하다. 가게들은 목판화에 묘사되는 일곱 가지 유명한 풍경 중 하나이다.

아주 오래된 이 현대적 도시의 조용하면서도 즐거운 생활을 도요노부, 하루노부, 순쇼, 시게마사 같은 대중 화가들이 즐겨 그렸다. 그 뒤를 이어 기타가와 우타마로, 가쓰시카 호쿠사이, 안도 히로시게 같은 우키요에(浮世繪) 화가들이 배출되었다. 페리 제독이 국제적 〈협조〉를 강요하기 이전의 시대였다. 아직 네덜란드 선원들도 표류해 오지 않았다. 강건한 영국 선원인 윌 애덤스가 이 해안에 표류해 와 안개, 달, 눈, 꽃, 그리고 여인의 땅을 보게 되었다. 이 영국 선원은 처음엔 쇼군(將軍)이 귀국을 허락해 주지 않아 돌아가지 못했으나 나중에는 일본 여자와 결혼하여 이곳에 정착했다. 완전한 고립 속에서 독특한 문화를 발전시켜 온 이 나라는 애덤스를 통해 서양의 문물을 어느 정도 알게 되었다. 그리고 목판화를 통해 서양인들은 이 나라에 대해 어렴풋이 알게 되었다.

흥미진진한 에도는 넓으면서도 주민이 많은 도시이다. 비포장 도로들은 사람과 마차의 통행으로 단단히 다져져 있고 길 양옆에는 청회색 기와를 얹은 이층집들이 즐비하다. 에도는 분명 세계의 대도시 중 하나이다. 이미 수백만 명의 사람들이 이곳에 살고 있다. 어디를 가나 사람 천지이다. 도시는 짐을 잔뜩 실은 마차를 끌고 오는 사람, 물건을 팔면서 돌아다니는 사람, 산책하는 사람, 가게 앞을 얼씬거리는 사람들로 넘쳐난다. 이륜마차에는 짐을 너무 많이 실어서 사람들이 뒤에서 밀어 주어야 한다. 등에 이상한 혹이 난 말의 고삐를 쥔 채 말 주인이 복잡하게 뒤엉킨 사람들 사이로 걸어가고 있다. 커다란 검둥이 황소의 뿔에는 청록색 머리 장식을 씌워 놓았다. 그 황소는 아주 시무룩한 표정으로 장작과 물건을 산더미처럼 실어 놓은 수레를 힘들게 끌면서 천천히 걸어가고 있다. 단정한 옷을 입은 사람들, 손수레, 등짐과 말들, 알록달록한 옷을 입고 산보하는 사람들, 숨을 몰아쉬는 황소들 사이에서 밝은 옷을 입은 아이들이 뛰어놀고 있다. 햇빛을 받고 있는 꽃들처럼 유쾌한 복장을 한 아이들은 길에서 유유히 놀 권리를 갖고 있는 듯하다.

차양이 쳐진 보라색과 황금색의 가마. 가마의 네 귀퉁이에서 비쭉 나와 있는 막대기를 어깨 위에 올려놓은 맨다리의 쿨리[52]들이 그것을 운반하고 있다. 앞에 두 명, 뒤에 두 명.

어디를 가나 신비롭다. 마치 남의 사생활을 엿보는 것처럼. 마치 다른 세계에서 온 기이한 사람들이 유유히 활보하는 듯하다. 이런 엄청난 활동에도 불구하고 마치 마법으로 그 장면을 연출한 듯 깊은 생각에 잠긴 듯한 정적이 모든 것을 뒤덮고 있다. 하지만 편안하고 안온한 듯한 즐겁고 쾌활한 분위기가 함께 드리워져 있어 휴식과 친밀감과 만족감을 드러내고 있다.

황혼이 떨어진다. 희미한 어둠 속에서 하얀색이나 검은색의 기이한 글자가 새겨진 붉은 지등(紙燈) — 원형, 타원형, 원통형 — 이 하나둘씩 불을 밝힌다. 길거리를 따라 이러한 지등이 도열해 일대 장관을 이룬다. 모든 건물에는 아름다운 등, 커다란 등, 자그마한 등 등 온갖 등이 반드시 걸려 있다. 어떤 등은 길 위에 세운 높다란 대나무 막대 위에 걸려 있다. 이곳에서 불빛은 사람의 눈을 즐겁게 한다. 영원의 도시답게 이곳에서도 저 오래전부터 내려오는 선전 간판이 있다. 이 〈불 밝힌 간판〉은 문명(文明)처럼 오래된 것이다.

에도의 거리는 흥겨움으로 넘친다. 매혹적인 아이들이 모두 거기에서만 노는 것 같다. 이곳에서 풍성함은 곧 질서정연한 아름다움이다. 이처럼 눈을 황홀하게 하는 축제에 수반된 부가물(附加物)로 보도를 콕콕 찍어대는 게다 소리가 크게 혹은 작게 들려온다. 그것은 동물들이 서로 부르는 소리처럼 아무런 의미가

---

52 쿨力. 제2차 세계대전 전의 중국과 인도 출신 노동자를 지칭한다.

없으나 그래도 저 먼 곳에서 들려오는 소리처럼 아련하다. 가까운 곳에서 들려오는 드높은 웃음소리와 유쾌한 목소리도 딸각거리는 게다 소리와 구성지게 어울린다.

에도에는 늘 웃음소리가 감돈다. 그리고 딸각딸각 하는 게다 소리. 거리를 돌아다니는 방물장사가 외치는 소리. 갑자기 짐승이 빽 하고 내지르는 소리. 일본의 음악은 동물 울음소리와 비슷하다. 밤에는 침묵의 신비가 온 사방을 감싼다. 어쩌면 그것은 바람이 만들어 내는 밤의 소리인지도 모르겠다. 아니, 노래일 수도 있고. 간간이 샤미센의 슬픈 가락이 밤중의 침묵을 찢어 놓는다. 가게 뒤에 있는 개인의 정원에서는 구슬픈 피리 소리가 사랑스러운 음악의 리본처럼 천천히 울려 퍼진다.

나는 가정의 단란함과 은밀한 만족을 느낀다. 에도의 밤의 세계는 심야에도 〈활기〉차다. 불빛이 흘러나오는 곳에서는 그것을 분명히 볼 수 있다. 그 장면에는 조용한 움직임이 스며든다. 붉은색 지등, 하얀색 지등이 매혹적으로 빛나는 곳에는 깊은 그림자가 다정하게 어른거린다. 에도는 밤에 충분히 밝지 않기 때문에 이처럼 그림자가 은밀하게 잠복해 있다. 에도는 현대 사교계 여성의 붉은색 거실처럼 천천히 침잠(沈潛)한다. 하지만 거리는 여전히 질서정연하고 깨끗하다. 이 야경 속의 인물들은 화려한 성장을 한 것이 아니라 수수하면서도 간편한 옷을 입고 있다. 그래야 훌렁 벗기에도 좋다.

창밖에는 에도의 밤 풍경이 화려하게 펼쳐져 있다. 그러나 창 안에는 정적이 감돈다. 너무나 자상하고 따뜻하고 안온하며 인간적이다. 밤중에 은은하게 빛나는 지등과 그 안에서 가볍게 움직이는 불꽃은 신비한 메시지를 전한다. 그것은 지등의 배후에 도사린 어둠과 신비를 은연중에 암시한다. 오싹한 검은 옷을 입고 허리춤에 쌍칼을 찬 무사들이 그 앞을 지나간다. 그들의 칼은 언제라도 무엇인가를 혹은 누군가를 베어 버릴 것 같다. 그들은 활달할 걸음걸이, 뻐기는 듯한 태도를 갖고 있다. 이러한 〈으스대는〉 태도는 뉴욕 5번가의 갱들을 위협하기에 충분하다. 그들은 에도로 출장을 나온 모험심 많은 사무라이들이다! 이어 엄청나게 덩치가 크고 무서운 자세를 하고 있지만 얼굴만은 환해 보이는 사람들이 나타난다. 그들의 검은 머리카락은 이마에서부터 뒤쪽으로 완전히 넘겨져서 머리에 딱 달라붙어 있다. 이 권력자의 뒤를 여러 명의 부하와 졸개들이 따른다. 그런 와중에 아주 뚱뚱한 자도 등장한다. 그들은 스모도리(스모 선수)이다. 일본은 여러 세기 동안 오로지 스모에만 종사하는 사람들을 키워 왔다. 이 스모가 유명해지면서 당연히 목판화의 소재로 등장했다. 서양인들이 종마를 키우듯이 스모도리를 그토록 오랫동안 키워 왔다니! 하지만 그것은 사실이다. 일본인들은 그렇게 해왔다.

우리는 날렵한 몸매의 사나이들을 본다. 그들은 짚으로 만든 커다란 종 모양의 모자로 얼굴을 가렸다. 허리춤에 단도를 찬 채 날렵하게 어디론가 걸어간다. 그들은 고무소[53] 혹은 거리의 무법자이다. 이 지점에 이르면 서서히 목이 마른다. 그렇다면 녹차나 술을? 다방은 어디에나 있다. 도쿄 만 근처에 있는 한 다방은 붉은 지등이 무수히 걸려 있는 것으로 특히 유명하다. 다방의 입구에는 하얀 물감으로 그 가게 주인의 몬(가문의 문장)을 그려 넣은, 푸른색의 짧은 휘장이 펄럭거린다. 그 휘장을 밀치고 들어서면 도로와 똑같은 높이로 다져 놓은 돌바닥이 있는 현관이 나오고 더 안으로 들어가면 약간 높은 다다미방에 무릎 꿇고 앉아 있는 아름다운 일본 여인들이 미소 지으며 더욱더 낮게 고개를 숙이며 손님을 환영한다. 그런 다음 쾌활하게 일어나 손님의 손을 이끌며 실내로 안내한다. 우리의 구두는? 물론 벗어야 한다. 양말만 신은 채 깨끗하고 향내 나는 에도의 다다미 바닥을 밟아야 한다.

이제 방 안에 들어서서 주위를 살펴보면 단순한 형태와 아름답고 깨끗한 소재가 실내 인테리어를 어떻게 돋보이게 하는지 알게 된다. 실내는 바뀌는 색깔과 재빠른 움직임의 분위기를 연출한다. 소음은 조금도 없고 순은(純銀)의 웃음소리만 들린다. 하얀 다비를 신은 발에 어울리게 다다미 바닥은 먼지 하나 없이 깨끗하다. 인간이 만들어 놓은 것이 어쩌면 저렇게 세련되고 또 깨끗할까? 나무 패널 사이에 끼워 넣은 미닫이문은 다다미의 연결 지점에 설치하게 되어 있기 때문에 마음대로 내부 공간의 넓이를 조정할 수 있다.

[53] 虛無僧. 봉건 시대의 떠돌이 선종(禪宗) 승려.

도쿄의 데이코쿠 호텔을 위한 폴리크롬 벽화, 1916~1922. 트레이싱지에 연필과 색연필, 36×33(부분).

우리는 그런 방들을 지나가면서 매혹적인 광경을 엿보게 된다. 비단옷을 입고, 손에 부채를 쥐고, 검은 염료를 머리에 바른 손님들이 보이는 것이다. 아, 그들의 스타일은 모방하기가 불가능한 영원의 스타일이다. 그 자체로 하나의 사물인 검은색은 여기서 하나의 계시가 된다.

이제 좁은 복도를 사이에 두고 양옆으로 늘어선 방들을 지나간다. 반들반들하게 닦아 놓은 마룻바닥은 손님들이 지나가는 순간, 마치 귀뚜라미가 귀뚤귀뚤 우는 것처럼 삐걱거린다. 통로를 지나가면 아름다운 화분에 심어 놓은 꽃과 식물로 가득한 안뜰이 보인다. 바깥의 어둠을 바라보며 통로를 걸어가는 동안 반딧불이를 모아 놓은 작은 우리[籠]가 나무 기둥에 매달려 있는 것이 보인다. 마침내 어떤 방을 거쳐서 앞으로 나아가니 매혹적인 광경이 눈앞에 다가선다. 그것은 일본식 정원이다! 여름 들판의 벌레소리처럼 온 사방에서 샤미센 소리가 흘러나온다. 마치 문을 활짝 열어놓고 듣는 것처럼 구슬픈 피리 소리도 들려온다. 정원에는 달빛이 가득하다. 소나무 가지 밑에서는 달 모양의 지등이 은은하게 빛난다. 미세하게 흔들리는 지등의 불빛이 정원의 연못 위에 떨어지는 물소리와 어우러진다. 연못 장식물의 맨 윗부분에서 떨어지는 물은 샤미센 소리나 피리 소리와 화음을 이루면서 풀들 속에 절반쯤 몸을 감춘 괴상한 암석들 사이로 졸졸 흘러간다. 그 작은 인공 시내는 달빛을 받아 은색으로 반짝거린다. 암석과 소나무 등걸 주위에는 꽃과 관목이 다소곳이 자리 잡고 있다. 그것들은 연못 가장자리에서 달빛을 받아 아름답게 빛나는 보석이 되어 훌륭한 배경을 이룬다. 일본식 정원은 아주 오래전의 전원 풍경을 연상시킨다. 혹은 자그마한 제국이나 왕국을 생각나게 한다. 너무나 작아서 실제인지 믿을 수 없는 그런 왕국!

여기에 소란스럽고 세속적인 세계에서 온 사람들이 등장한다. 우리는 황홀함에 사로잡힌 채 비단 방석 위에 무릎을 꿇고 앉는다. 그리고 이 완벽한 예술의 공간을 공손한 눈빛으로 바라본다.

이제 하나의 예술 작품, 그 주변 환경 못지않게 경이로운 존재가 그 방 안으로 들어온다. 그녀는 서양의 여인처럼 다리를 중심으로 단장한 것이 아니라 머리, 손, 유방을 공들여 단장했다. 그녀는 부드럽게 웃으며 겸손한 자세로 입장한 뒤 우아하게 고개를 숙인 다음 무릎을 꿇고 앉는다. 이런 미천한 사람을 이처럼 좋은 밤, 이처럼 영예로운 자리에 불러 주신 신사 양반들에게 감사를 올린다고 말한다. 얼굴에 하얀 분칠을 한 여인의 검은 머릿결. 그리고 하얀 술잔과 어울리는 보라색 입술.

검은색! 〈검은색〉의 과학과 예술은 어디에서나 등장한다. 검은색으로 짙게 단장한 눈은 손님을 그윽하게 바라본다. 손님을 접대하기 위해 여인의 매혹적인 작은 몸은 쉴 새 없이 움직인다. 그 움직임에는 우아함과 세련미가 배어 있다. 그저 우아하다는 말밖에 생각나지 않는다. 이제 우리는 그들에게 무엇을 말해야 하는가? 그저 투박하게 〈고항(飯)〉이라고 말하고는 나머지는 모두 그들에게 맡겨 버린다.

다른 손님들처럼 무릎을 꿇고 앉은 우리는 곧 다양한 크기의 검은색 밥사발과 진홍색으로 옻칠한 술잔이 상 위에 가지런히 배열되는 것을 본다. 그러한 배열은 하얀 술병에 의해 더욱 강조된다. 그 술병은 유명한 도공이 양각으로 무늬를 새겨 넣은 예술품이다.

먼저 깨끗한 소나무 젓가락을 집어 들고 두 개로 쪼갠다. 이 젓가락은 한 번 쓰고 버리는 일회용이라 늘 깨끗하다. 검게 옻칠을 한 밥사발 뚜껑을 열고 김이 무럭무럭 나는 밥을 대하고 있으면 이런 밥은 일본에서나 먹을 수 있을 것이라는 생각이 든다. 우리가 빨간색 밥사발을 비우면 예쁘장한 하녀는 커다란 검은색 밥통에서 밥을 퍼서 자꾸만 더 먹으라고 권한다. 나베시마 사기그릇에 완벽하게 담아 내온 생선 요리는 손님을 기쁘게 한다. 옻칠한 황금 주발에 담긴 맛있는 생선 수프는 아마도 서양 손님의 비위에 맞지 않을지도 모른다. 알록달록한 색깔의 과자 통에 든 과자도 실망스러울지 모른다. 서양의 과자처럼 그렇게 달지 않다. 다른 소리에 섞여 멀리서 북소리 같은 것이 들려온다. 그 소리에 가만히 귀를 기울여 보면 낯설긴 하지만 슬픈 가락이라는 것을 알 수 있다. 귀는 그 가락을 이해하려고 애쓰나 실패하고 만다. 그것은 텅 빈 드럼통 위로 떨어지는 빗소리처럼 무심하다. 이어 손님들이 밥 먹는 것을 지겨워하면 키 작은 〈무스메(娘)〉가 바구니에 든, 김이 무럭무럭 나는 젖은 수건을 가져다준다. 수건은 완전히 짜서 물기는 없고 약간 축축하다. 손님이 그 수건을 받아들고 손과 얼굴을 닦는 동안, 무스메는 수줍어하면서도 즐거운 표정으로 손님을 바라본다. 외국인 손님이 무릎을 꿇고 앉아 있었던 탓에 다리에 쥐가 나서 신음을 내며 가볍게 다리를 펴는 순간이나 오래 꿇어앉아 있어서 마비된 다리로 일어서다가 다시 푹 쓰러지는 순간, 무스메는 재미있다는 듯이 웃음을 터트린다. 손님이 그처럼 쓰러지는 것은 술에 취했기 때문이 아니다.

그동안 복도에서는 게이샤들이 아무 소리도 내지 않고 아주 조신하게 이리저리 오간다. 그들은 손에 샤미센을 들었고 연지를 바른 관자놀이 이외에는 얼굴 전체가 하얗다. 그러나 진홍색 입술은 하얀 뺨과 극명한 대조를 이룬다. 관자놀이를 붉게 칠한 것 이외에는 오늘날 뉴욕의 숙녀들이 하는 화장과 별반 다를 바 없다. 이러한 게이샤의 모습을 스즈키 하루노부, 도리이 기요나가, 기타가와 우타마로, 가스카와 순쇼 등의 대중 화가들이 잘 기록해 놓았기 때문에 오늘날 우리는 이들의 모습을 생생하게 기억하고 있다. 현실 생활에서 그런 게이샤의 모습을 직접 본 외국인 손님은 이렇게 외친다. 「목판화에 나오는 그대로네!」

목판화는 그림 같은 가정생활도 보여 준다. 목판화를 보면 부채가 얼마나 우아하고 미학적인 일상 용품인지 알 수 있다. 아름다운 숙녀가 〈고토(琴)〉를 연주하는데 이 멋진 악기는 다다미 위에 놓여 있다. 숙녀는 그 위로 몸을 숙이면서 그 악기를 쓰다듬는다. 이 목판화를 보는 순간, 관람객은 자기도 모르게 소리친다. 「정말 세련되었네!」 「우아하면서도 단순한 미학(美學)이야!」 일본은 일상생활의 필수품에 준엄한 미의식을 섞어 넣었구나! 섞어 넣었다고? 아니다. 일상생활의 필수품을 아름답게 〈만든〉 것이다. 이것이 소위 문명이라고 하는 것이다. 하지만 그 효과가 너무 뛰어나 사실이 아닌 것처럼 느껴진다. 그 그림 속에, 저기 저 어둠 속에 뭔가 어른거릴 것만 같다. 어쩌면 그럴지도 모른다. 여기는 동양이 아닌가! 서양의 회의주의자는 경계하면서 주위를 자꾸만 살핀다.

지금까지 우리는 부도덕한 것은 하나도 보지 못했다. 이런 우아함과 아름다움이 구현되어 있는 일상적인 물건의 배후에는 부도덕한 무엇이 어른거리는 것은 아닐까. 아마 그럴 것이다. 서양에서 추악함이 미덕의 일종이라면 이곳 동양에서 아름다움은 부도덕한 것일지도 모른다. 하지만 그 아름다움이 순수하고 순진하고 매혹적인 것으로 보이니 이것은 또 어찌된 조화(造化)인가.

자, 이제는 약간 다른 이야기가 나온다. 이제 우리는 일본의 창녀를 살펴보게 될 것이다. 이 떠오르는 태양의 나라에서 창녀는 부도덕한 존재인가? 아니다. 단지 도덕과 사랑을 애써 구분하지 않는 존재일 뿐이다. 이제 우리는 이곳 일본에 와 있기 때문에 그 차이를 알 수 있다.

원래 지저분한 것이 아름다운 것으로 변화할 수 있을까?

아마 그렇지 않을 것이다. 이제 한번 살펴보기로 하자. 우리는 가마 안으로 들어가 무릎을 턱에 받친 채 쪼그리고 앉는다. 가마는 길게 늘어선 가게들 옆을 천천히 지나간다. 그 가게들 중 상당수가 〈뉴스news〉 가게, 즉 목판화를 판매하는 가게이다. 우리는 딸랑거리는 지팡이를 들고 등에는 선반 달린 날씬한 캐비닛을 맨 방물장사를 지나쳐 간다. 그 선반에는 때때로 대중 화가들이 그린 절묘한 목판화들이 가득 들어차 있다. 공공장소에서 팔려고 가지고 다니는 것이다. 말하자면 방물장사의 캐비닛이 일종의 신문 가판대인 것이다. 그리고 방물장사는 〈신문팔이 소년〉인 셈이다.

극장의 배우 목판화도 온 사방에 붙어 있다. 몸을 파는 여자인 오이란(遊女)과 고무소의 그림도 목욕탕이나 다른 가게에 붙어 있다. 그때나 지금이나 〈선전〉은 이처럼 활발하다. 하지만 그 때문에 화가의 개성이 손상되는 법은 없다. 이건 왜 그럴까?

갑자기 저 앞에 커다란 검은 문이 나타난다. 그 문 앞에는 여러 그루의 벚나무들이 활짝 펴 있다. 무수한 붉은 지등과 하얀 지등의 불빛 때문에 벚꽃은 핑크빛 눈처럼 보인다. 그 문을 열고 들어서면 우리는 목판화에 묘사된 오이란 혹은 요시와라 유곽(遊廓) 행렬을 보게 된다. 그 행렬은 마치 우리를 기다리고 있었던 것 같다.

정교하게 꾸민 행렬의 한가운데에는 화려한 옷과 거창한 머리 장식으로 과장되게 꾸민 여성이 걸어간다. 그녀는 도발적인 걸음걸이를 뽐내며 천천히 움직인다. 검은 옻칠을 한 게다를 신은 다비에 감싸인 자그마한 발이 움직일 때마다 꾸민 듯한 교태가 진동한다. 그녀는 얼굴에 하얀 분칠을 했고 입술은 선홍이다. 화려한 의상, 무표정한 얼굴, 검은색과 황금색 머리 장식, 이러한 그녀의 몸 전체에서 인간적인 면모를 풍기는 부분이라고는 재빨리 돌아가는 검은 눈동자뿐이다. 하얀 가면을 쓴 듯한 그녀는 당신을 잠깐 쳐다보다는데 그 눈동자의 심연에는 장난기가 가득하다. 그녀는 단정한 걸음걸이와 인공적인 우아함을 뽐내면서 천천히 걸어간다. 그녀의 주위에는 역시 여자들이 많으나 그녀처럼 화려하지는 않다. 그녀의 뒤에 기둥서방 격인 고무소 두 명이 따라간다. 이들도 멋지게 옷을 차려입었으나 오이란에 비하면 역시 초라한 존재다. 그래도 그 초라함 속에서 나름대로 당당함을 보여 주고 있다. 이 행렬이 보여 주는 화려함은 야만적인 특성을 가졌다고 해야 하리라. 그렇게 말하는 것 외에는 달리 표현할 방법이 없다. 행렬은 그 야만의 여왕을 중심으로 혹은 그녀 뒤를 따라간다. 그녀는 천천히 문 앞으로 다가가고 벚꽃은 그녀의 머리 위로 떨어져 내린다. 뒤이어 다른 화려한 오이란이 따라오고 있다. 춤추듯 어른거리는 지등을 손에 든 무리의 호위를 받으면서.

행렬은 화려한 불빛 주위에서 어른거리는 회색 나방처럼 되돌아가기 위해 방향을 180도 돌린다. 그러자 차분한 색상의 옷을 입은 남자들이 그녀에게 매혹당해 〈여왕〉의 뒤를 따른다. 이런 화려한 행렬은 보통 사람들의 눈을 현혹시키기 충분하고, 천상의 영광이 재현된 듯한 착각을 유발한다.

다른 무리들이 길 반대편에서 행렬을 이루며 걸어왔다. 교행하는 길의 중간에는 벚나무들이 촘촘히 심어져 있다. 각각의 오이란 일행은 저마다 독특한 특색이 있다. 비록 그 행렬이 지켜야 할 표준 절차 같은 것이 있지만, 그래도 그 일행의 개성을 완전히 제압하지 못한다. 벚꽃이 마구 떨어져 핑크빛이 되어 버린 길 위에서 벌어지는 행진과, 온 사방에 울려 퍼지는 검은색으로 옻칠한 게다 소리. 그것은 서양인이 결코 이해할 수 없는 영광의 의식이다.

여기 동양에서 여자는 한없이 숭상되어 남자들 가운데 하나의 상징이 된다. 이런 오이란들은 그냥 여성이 아니라 〈여성〉 그 자체이다. 제도화하여 실제보다 더 크게 느껴지는 여성이다. 풍기문란하지 않느냐고? 아니다. 그것은 수준 높게 전문 직업화되었다. 그러한 전문직은 이곳 일본에서 사안(事案)의 형편에 따라 혹은 선호도에 따라 하나의 프리미엄을 갖는다. 이 막강한 힘은 예술로 꾸며지고 문명화되어 일본 특유의 예술과 문화를 표상한다. 이 제도는 아직 〈도덕적〉 구분에 눈뜨지 않았기 때문에 죄악이 되지 않는다. 그들은 이처럼 남자를 즐겁게 해주는 일에 어떤 자부심을 느끼는가? 그들의 일에 어떤 보람 같은 것을 느끼는가? 남자의 욕망의 대상으로서 보다 더 화려하고 호사스러운 존재가 되어야 한다는 그런 절실한 생각을 갖고 있는가?

오이란을 찬미하고 칭송하는 목판화 밑에 쓰여 있는 글로 미루어 보건대, 그들은 그런 보람과 긍지를 갖고 있는 듯하다. 일본 문화가 발전해 오는 단계에서 그 당시의 사회적, 자연적 힘은 이런 사치스럽고 풍성한 〈여자〉의 프리미엄을 여자들에게 부여했다. 만약 사치스러움을 아름다움으로 볼 수 있다면 오이란이야말로 그 예이다. 우타마로 같은 화가는 요시와라 유곽에서의 생활을 마음껏 즐기면서 비평했고 여자가 모든 것의 상징인 목판화 연작을 제작했다. 그러나 우타마로의 그림은 완상(玩賞)의 대상인 동시에 비난의 표적이 되었다. 당시의 지식인들은 이곳 에도의 요시와라를 기억하거나 혹은 망각했다. 검은 가면을 쓴 사무라이는 이곳을 찾아와서 위안과 낭만을 즐겼고, 그들이 다른 방법으로는 얻을 수 없는 자유의 도취 속에서 무서운 쌍칼을 잠시 내려놓았다.

여기에 음악, 시가, 무용, 여흥의 사회적 우아함과 멋진 기예가 있었다. 그것은 결코 동물적 차원의 쾌락이 아니다. 그것을 동물적인 것으로 매도하기 위해서는 〈도덕적〉 잣대를 들이대야 하는데 그런 요소가 완전히 결여되어 있다. 고대 그리스 철학자와 헤타이라[54]의 관계가 그러했듯이, 이곳의 손님과 유녀의 관계에도 그러한 요소가 배제되어 있다.

이런 모든 행위를 하는 데 자의식이 배제되어 있기 때문에 그 자신의 타락에 대해 전혀 의식하지 않는다. 만약 이런 관점에서 요시와라를 바라볼 수 있다면 우리는 이곳의 아름다움을 꿰뚫어 볼 수 있을 것이다. 그러니까 아무 선입견 없이 그것을 있는 그대로 바라볼 수 있어야 한다. 〈불결하다〉라는 선입견을 가진 마음의 눈으로 쳐다본다면 결국 모든 것이 그렇게 보이고 만다.

에도 일지(목판화)에 화가들이 기록해 놓은 이곳의 생활을 보고 있노라면 우리는 악덕의 증거가 아니라 순진함의 증거를 보게 된다. 하지만 오늘날 뉴욕의 신문이 이런 내용의 기사를 보도한다면 경찰이 신문사 편집실을 수색해 모든 자

---

54 *Hetaira*. 그리스인들의 향연에서 술자리 시중을 들어 주는 여자.

료를 압수해 버릴 것이다. 서양에서는 도덕 관념이 지나치게 발달하여 원초적 로맨스를 모두 저속하고 지저분한 것 혹은 동물적인 것으로 매도하기 때문이다.

그러나 목판화가 우리에게 보여 주는 바는 그런 것이 아니다. 인생과 아름다움에 대한 사랑, 그것이 하나의 훌륭한 시적 주제를 형성하고 있다. 그것이 에도 시대 요시와라의 유곽, 그 멋진 비단을 직조하는 훌륭한 실이 된다. 에도 시대에 이곳에는 원초적인 로맨스가 있었으나, 오늘날 남아 있는 타락한 요시와라에서는 그것을 찾아볼 수 없다(서양에서는 오래전부터 유곽이 타락한 장소로 매도되어 왔다). 이제 이곳에서는 금전만이 유일한 교환 가치이다. 따라서 행운이 따르는 우연한 로맨스 이외에는 그런 로맨스를 찾아볼 수가 없다.

아무튼 우리는 에도 시대의 요시와라 유곽 풍경을 위대한 화가들인 순쇼와 시게마사가 남긴 그림 일지에서 찾아볼 수 있다. 그들은 〈자그마한 초록색 집의 미녀들〉이라는 연작에 유녀의 우아한 생활을 생생하게 기록해 놓았다. 모든 에도 일지에는 이런 원초적 로맨스가 담겨 있다.

데이코쿠 호텔의 건설 계획안이 확정되어 건설이 진행되는 동안, 에도는 늘 내 등 뒤에 펼쳐 놓은 병풍 같은 존재가 되었다. 그것은 때때로 나의 건축 디자인을 내다보는 창인가 하면, 나의 생애를 회고하는 뒤안길이기도 했다. 하지만 에도 시대 일본인의 생생한 삶이 기록된 목판화 이야기는 여기서 줄여야겠다. 이제 도쿄의 신 데이코쿠 호텔 이야기로 넘어가 보자.

왜 대지진에도 불구하고 데이코쿠 호텔은 붕괴되지 않았는가

일본인들은 어릴 적부터 후지 산을 민족의 영산(靈山)으로 여기면서 성장한다. 이 산을 거의 국가의 산신(山神) 정도로 여긴다. 신성한 후지 산은 장엄함과 영원함의 표상으로 일본인의 머리 위에 군림한다. 그들은 쉴 새 없이 산세가 바뀌는 후지 산을 깊이 숭배한다. 그들은 후지 산, 태양, 달, 구름, 안개 등을 원초적 아름다움의 요소라고 생각한다. 후지 산의 위엄과 의젓함은 지구상 어디에서도 찾아볼 수 없다고 생각한다.

이 성스러운 산은 옛 일본과 현대 일본의 신이라고 해도 과언이 아니다. 그런

데 이 위대한 산을 만들어 낸 저 무서운 힘이 주기적으로 그 신실한 백성들의 목숨을 앗아 간다. 바다 위에 떠 있는 이 섬나라를 떠받치는 대양(大洋)의 엄청난 힘이 깊은 계곡의 지표면에 계속 압력을 가하고 있고, 바다의 해류는 이곳으로 몰려들어 지하에서 엄청난 가스와 증기를 만들어 내는데 이것이 갑자기 지표면 바깥으로 분출되면서 지진이 발생해 엄청나게 많은 사람의 목숨을 앗아 간다.

거대한 파도가 일본의 땅덩어리를 강타하면 엄청나게 넓은 지역이 하룻밤 사이에 폐허가 되어 버린다. 마을 전체가 사라져 버린다. 기존에 있었던 섬들이 사라지고 그 자리에 새로운 섬들이 생겨난다. 산들이 납작해지고 계곡이 위로 솟구치면서 해안선의 윤곽이 달라진다. 지진이 발생한 후에는 언제나 커다란 불이 난다! 지진도 무섭지만 그 후의 커다란 화재는 더욱 무섭다.

여러 세기 동안 이런 재앙에 시달리다 보니 일본인들은 지상에 가볍게 집을 짓는 버릇을 지니게 되었다. 하지만 나무와 종이로 만든 일본의 집들은 특히 불에 취약해 조그마한 불길에도 다 타버리기 일쑤였다. 일단 화재가 발생하면 백여 호 정도가 불타고 마는 게 아니라 수천 호 혹은 도시 전체가 불타서 사라져 버렸다. 특히 지진의 강도가 강할수록 그 끝은 대화재로 이어졌다.

땅 속으로 꺼지지 않은 시체들은 매장되고, 일본인들은 또다시 〈しかたがない(어쩔 수 없다)〉라고 말하면서 예전과 다름없이 삶을 영위해 나간다. 지진은 운명이요 정복할 수 없는 힘이라고 체념하는 것이다. 지진은 인간의 힘보다 월등히 강하기 때문에 힘으로 맞서는 것은 어리석은 노릇이라는 것이다. 〈어쩔 수 없다!〉 데이코쿠 호텔을 지으면서 일본에서 4년여 체류하는 동안 나는 이런 운명주의적 태도를 여러 번 보았다. 데이코쿠 호텔 부지도 지진계를 보면 단 한시라도 조용히 있는 법이 없었다. 나는 이 무서운 힘을 피할 방안을 곰곰이 생각하면서 힘 대 힘이 아닌 다른 방법으로 대비해야겠다고 생각했다.

페리 제독의 도래와 함께 일본 땅을 밟게 된 〈외국인들〉은 일본의 슬픔과 기쁨을 공유하게 되었다. 그리고 곧 일본 수도 도쿄에 거주하는 외국인들을 수용할 수 있는 숙소가 필요해졌다. 외국인들의 수가 늘어나면서 공식적인 사교의 장 혹은 숙박 시설이 필요해졌다. 아무래도 외국인들은 일본인처럼 다다미방에서 편안히 잘 수 없었다. 외국인의 주거 수요는 꾸준히 늘어났다. 사정이 그렇게 돌아가자 일본 천황이 직접 그 수요를 충족시키는 일에 나서서 독일인들에게 호텔 건설을 의뢰했고 그들은 목재와 플라스터로 독일풍 호텔을 완공했다.

그러나 세월이 지나가면서 이 호텔은 낡아 버렸고 좀 더 크고 웅장한 호텔을 건립해야 했다. 이번에 황실은 새 호텔의 건립과 관련하여 조선 회사, 시멘트 회사, 은행, 담배 회사 등 일본 국내의 자본가들과 손잡고 공동으로 호텔을 건설하기로 했다. 그리하여 미국인인 내가 그 일의 설계와 감독을 맡게 되었다.

일본에 초대받아 간 〈외국인들〉은 그때까지 일본의 전통에 대해 모자를 벗고 경의를 표시한 적이 없었다. 일본에 적합하든 않든, 외국인들은 자신들의 나라에 있는 것을 함께 가지고 왔다. 공손하고 겸손한 일본인들은 그런 외국의 문물에 깊은 인상을 받았고 그것을 고맙게 받아들이면서 경탄했다. 그들은 서양인이 가르쳐 준 대로 따라했다. 하지만 비록 일본의 예술 전통이 중국에서 건너온 것이라 할지라도 그것은 세계에서 가장 고상하고 가장 순수한 예술 중 하나이다.

나는 일본의 전통을 모욕해서는 안 된다는 것을 본능적으로 알았다. 서양은 동양으로부터 배울 것이 많다. 나는 일본 목판화를 처음 보고 또 노자의 『도덕경』을 처음 읽은 이래 동양을 동경해 왔다. 그리고 일본은 동양으로 향하는 관문이었다.[55]

일본에서 건물을 지을 때는 저 무시무시한 지진을 고려해야 한다. 호텔의 설계도를 작성할 때나 그 후 4년 동안 현장에서 감독할 때에도 지진에 대한 공포는 내 머릿속을 떠나지 않았다. 일본에 사는 사람들은 그 공포로부터 벗어나지 못한다. 밤중에도 마치 바다 위에 떠 있는 듯한 느낌이 들 때면 잠에서 깨어났다. 그것은 기이하게 으르렁거리는 땅속의 진동이었다. 갑자기 충격이 왔다가 잦아들고 그다음에는 빙글빙글 도는 것이다. 갑자기 건물의 밑바닥이 빠져 버리는 느낌이 들면서 벽토와 목재들이 삐걱거리며 뜯겨 나갈 듯하다. 이것은 건물 전체가 폭삭 내려앉아 버릴지도 모른다는 징조이다. 지진처럼 인간의 행복을 하

---

[55] 라이트는 노자의 『도덕경』을 읽고 깊은 감명을 받았다고 한다. 특히 제11장 중 〈문과 창을 뚫어 방을 만드는데 그 가운데 아무것도 없기 때문에 방의 쓸모가 생겨난다〉라는 부분을 보고 자신의 건축 철학을 재확인했다고 한다. 이 책의 뒷부분에서 현대 건축에 대해 강연하면서 라이트는 또다시 노자의 무위자연 철학을 거론한다.

루아침에 박살내 버리는 자연의 재앙이 또 있을까.

지진이 발생하면 일본인들은 순식간에 얼굴이 창백해지고 이마에 땀이 나기 시작한다. 하지만 지진이 더 격렬해지지 않는 한 그 이상의 표정 변화는 없다. 나는 지진을 면밀히 연구했다. 그것은 일종의 파동(波動)인데 바다에서 일어나는 것이 아니라 땅에서 일어나는 현상이다. 지진은 엄청난 충격을 수반하는데 지상에 있는 그 어떤 견고한 물체도 그것에 저항하지 못한다. 파동이기 때문에 긴 말뚝과 같은 깊은 기초는 저절로 흔들리며 따라서 건물 전체가 흔들린다. 그러므로 지진이 자주 일어나는 땅에서 기초는 짧거나 얕게 설계해야 한다.

호텔 부지의 표층(表層) 8피트 정도 아래에 60~70피트에 달하는 무른 점토층이 있었다. 이 점토층은 무서운 충격을 완화하는 데 적합한 쿠션 같은 것으로 정말 고마운 존재였다.

그 위에 호텔 건물을 뜨게 하면 어떨까? 바다 위에 뜬 군함처럼 말이다. 견고함이 요구되는 엄청난 무게의 건물 말고, 극히 가볍고 화사하고 유연한 구조물을 만들면 어떨까? 양손을 깍지 낀 모양으로 건물을 지으면 어떨까? 이렇게 손가락을 서로 끼고 지진의 움직임에 자연스럽게 순응하면서, 힘으로 누르면 몸을 굽히지만 건물을 압박하는 힘이 사라지면 원래 상태로 돌아가는 건물 말이다. 그 어떤 방향으로도 자연스럽게 굽히고 펼 수 있는 건물.

지진과 싸울 필요가 무엇인가? 지진의 움직임에 순응하면서 그것을 극복하면 되는 일이 아닌가? 나는 그런 식으로 건물의 설계를 시작했다.

가장 중요한 문제는 액체 상태의 진흙 위에 있는 8피트의 치즈 모양의 흙에서 어떻게 하면 최대의 적재력(積載力)을 얻을 수 있는가 하는 것이었다. 나는 지름 9인치, 깊이 8피트의 구멍을 판 후 콘크리트를 부어 넣었다. 그러한 과정을 거쳐 만든 콘크리트 말뚝에 차량 몇 대 분의 주철을 올려놓고, 이것이 땅속으로 가라앉을 때까지 하중을 가해 시험했다. 그리고 이 시험에서 얻은 하중의 반응 수치를 기록하고 또 무른 부분을 찾아내기 위해 부지 전체에 걸쳐 천공(穿孔) 작업을 했다. 지표 2피트 되는 곳까지 지하수가 흐르고 있었기 때문에 천공 작업을 한 다음 될 수 있는 대로 빨리 콘크리트를 부어 넣어야 했다. 그 뒤에는 끝이 뾰족한 말뚝을 박아 구멍을 뚫고 그 말뚝을 빼내면서 직접 콘크리트를 부어 넣었다.

이러한 자료에 의거하여 기초 계획 — 벽의 기초가 된 부분 전체에 걸쳐 중심에서 2피트를 잡고 각 방향으로 이 콘크리트 말뚝을 박는다 — 을 세웠다. 이렇게 하면 깊이 8피트의 상층 부분 전체의 강도가 지표에서의 항력(抗力)이 된다. 그건 간단했다.

그러나 넓은 기초 밑에서 수축되어 압착되기 쉬운 흙은 말뚝의 마찰을 크게 할 것이다. 실험은 이 압축이 마찰을 크게 하더라도 건물의 안전도에 큰 영향을 미치지 않는다는 것을 보여 주었다. 이는 건물이 5인치 침하(沈下)하면 건물 자체가 말뚝을 그 깊이만큼 박아 넣는 것을 의미한다. 그것은 경제적이지만 매우 위험하고 복잡한 일이었다.

하지만 나는 건물의 하중을 파운드 단위로 세분해 계산했고 실험을 통해 얻은 자료에 따라 건물이 지진의 파동을 이겨 내고 지표 밑 부분에서 자연스럽게 뜰 수 있도록 조치했다. 하중의 계산 단위마다 약간의 오차는 있었지만 전반적으로 균일한 하중 저항 강도를 유지하도록 했다.

이 기초 공사는 당시 도쿄에서 시행된 기초 공사보다 몇 십만 달러 싸게 먹혔다. 그러나 데이코쿠 호텔 측이 나의 건설 구상을 미리 알았더라면 그들은 아마도 반대하고 나섰을 것이다. 사실 〈뜬소문〉 때문에 건설 계획안이 유산될 뻔했다. 그러나 진리는 언제나 이긴다. 그것은 분명 진동을 흡수하는 데 적합한 설계였다. 쿠션, 말뚝, 그리고 이 모든 부분에 균일하게 하중을 가해 심판의 날(지진의 발생)이 오면 유감없이 진가를 발휘할 터였다.

그렇다면 어리석은 경직 구조 대신에 어떻게 하면 유연한 구조를 만들어 낼 수 있을 것인가? 먼저 건물을 몇 개 부분으로 나누었다. 그리고 아무래도 60피트 이상의 길이가 되는 부분은 설계를 할 때 바다, 벽, 기초를 이음매로 전부 단단히 연결하도록 했다. 부분과 부분이 접하는 곳은 모두 기초에서 벽까지 이음매로 연결했다.

여기까지는 합리적이고 또 조심스러운 계산이었다. 그러나 지하에서 일어난 진동은 벽을 움직이게 하고, 바닥을 침하시킬 가능성이 있기 때문에 바닥을 벽과 벽 사이의 기둥으로 지지하는 것과는 다른 구조가 필요했다.

그런 구조에는 외팔보 공법이 적합했다. 웨이터가 쟁반 중앙에 손을 받치고 팔을 들어 쟁반을 나르는 것처럼 하중의 균형을 유지하여 바닥을 지지하면 어떨까? 일반적 공법처럼 양쪽 끝의 벽으로 바닥 판을 지지하는 것이 아니라, 바닥 전부의 지지대를 바닥의 중앙 한쪽에 집중시키면 어떨까?

그렇게 하려면 그때 내가 이미 터득했던 외팔보 공법을 택해야 했다. 외팔보는 구조상의 모든 원리에서 볼 때 가장 낭만적이고 또 자유롭고 이 경우에 가장 적합했다. 웨이터의 손이 쟁반 밑의 중앙에서 쟁반 전체를 지지하듯이 바닥 층 전체를 외팔보 슬래브로 한다는 원칙이 세워졌다. 그리하여 이쪽에서 저쪽 끝까지 건물의 바닥 전체가 외팔보에 의해 지지되었고, 이것이 데이코쿠 호텔의 구조가 되었다.

지진이 일어났을 때 일본의 건물에 사용된 지붕 기와는 수없이 많은 사람을 죽였다. 그래서 지붕에는 손으로 만든 가벼운 녹색 구리판을 얹기로 했다. 일단 유사시 불필요하게 많은 사람이 죽도록 할 이유가 없지 않은가?

외벽의 기초 부분은 넓고 두껍고 또 무거우면서 상부로 갈수록 얇고 가볍게 되어 있다. 당시 도쿄의 건물은 모두 머리 부분이 컸으나 나는 진동에 대항해 중심을 낮추고, 벽의 경사를 디자인의 미적 요소로 만들었다. 벽에서 바깥쪽으로 외팔보로 빼낸 슬래브 끝은 모두 장식적인 모양의 구멍을 뚫어 가볍게 하고 동시에 건물의 빛과 그림자를 풍족하게 했다. 도쿄에서 어디를 가나 굴러다니는 돌은 떡갈나무와 같은 정도의 무게로 가볍고, 세공하기 쉬운 용암류(鎔岩流)였다. 이 흔한 자재를 귀족적인 건물에 사용하는 것은 모험이라고 생각되었으나, 결국 이 돌을 주 자재로 사용했는데 내가 선택한 건물의 형태에도 잘 어울렸다. 건물 전체는 2중의 셸 구조shell construction — 얇고 교묘한 벽돌로 된 외벽과, 홈을 파 공동(空洞) 처리한 벽돌을 4피트 또는 그 이상의 높이로 쌓은 내벽 — 가 되었다. 이러한 2중 셸은 그 사이에 부어 넣은 콘크리트로 서로 접합했다.

이처럼 건물 표면은 화산암과 벽돌의 모자이크화이자, 이음매가 있는 모노리스[56]가 되었다. 배관과 배선 설비를 건물 내부에 설치할 경우 지진이 일어났을

---

56 monolith. 한 암석으로 된 기둥(비석) 혹은 중공(中空) 초석, 단일체(單一體)를 가리킨다.

때 쉽게 파괴된다. 따라서 배관과 배선 설비를 모두 구조에서 따로 분리하고 기초와도 별개로 하여 지하 층의 홈(溝)에 설치한 후 콘크리트 덮개를 덮었다. 주 파이프와 보조 파이프는 모두 납땜한 납 파이프를 사용하고 홈에서 나온 휘어진 납 파이프는, 수직 샤프트shaft에 매단 후 다시 보조 파이프를 통해 욕실로 연결했다. 이렇게 하면 파이프나 배선은 진동이 있을 때, 흔들려도 파손되지 않는다. 끝으로 결코 소홀히 할 수 없는 것은, 입구 앞뜰에 건축적 특징으로서 큰 연못(저수지)을 만드는 일이었다. 여기에 지붕에서 흘러내린 빗물을 모아 호텔의 급수(給水) 시설에 연결한다.

 이렇게 하여 모든 건축적 특징이 실용적인 필요에 따라 설계되었다. 건물의 스타일이라는 점에서는 이 건물을 소유하는 사람들의 전통을 존중하여 직선과 평면을 적절히 수정하고 조절했다. 디자인의 성격도 그에 준해서 조정했다. 나는 가능한 한 숙달된 인력을 많이 활용하려고 했다. 왜냐하면 어떤 기계 장비를 동원할 수 있는지 정확하게 알지 못했기 때문이다. 또 기계로 어느 정도 작업을 해낼 수 있는지 예측하는 것도 어려웠다. 내 생각에 많이 할 수 있을 것 같지 않았다.

 마침내 설계 도면이 확정되었다. 하지만 그 도면에 따른 공사비 견적을 낼 수가 없었다. 너무나 낯선 도면이었기 때문에 대형 건설회사는 일을 맡지 않으려 했다. 그 공사를 아예 포기하거나 우리 힘으로 짓거나 둘 중 하나였다. 데이코쿠 호텔, 건축가, 자체 선정의 시공 업자 등으로 꾸려 가야 했다.

 언어가 커다란 장벽이었다. 일꾼들이 일하는 방법도 달랐다. 하지만 〈외국인〉 건축가는 18~20명의 일본인 건축과 대학생들을 부하로 데리고 있었는데 그중 몇 명을 설계 도면 작성 과정에서 위스콘신으로 데려와서 연수를 시켰다. 외국 시공 업체로는 시카고의 폴 뮬러 회사, 그 외에 두 회사가 있었다. 그리고 나머지는 모두 일본 회사들이었는데 호텔 사장인 하야시 상이 시공 업체를 관리했다. 우리는 이미 시즈오카에 도요(陶窯)를 하나 사두었고 거기서 외벽에 사용할, 스타일과 크기가 독특하고 날렵하면서도 멋진 벽돌을 만들어 냈다. 이제 벽돌은 가져다 사용하기만 하면 되었다.

 우리는 내벽에 사용할, 세로 홈이 새겨진 속 빈 벽돌도 만들어 두었다. 그런 벽

데이코쿠 호텔 건설에 참여한 사무실 사람들, 헬멧을 쓴 라이트 뒤에 서 있는 사람이 엔도, 라이트 바로 앞에 있는 사람은 사장인 하야시, 그 옆은 폴 뮬러, 1922.

돌은 일본 내에서 처음 사용되는 것이었다. 또한 니코 근처의 오야에 훌륭한 채석장도 마련하여 거기서 캐낸 각종 돌을 도쿄의 현장으로 수송했다. 석재는 4년 내내 계속 공급되었다. 오야 채석장의 커다란 구멍은 그랜드 센트럴 터미널[57]의 터 파기 공사를 할 때처럼 큼지막했다.

우리는 공사 기간 동안 초록색의 점박이 돌에 각종 무늬를 새겨 넣는 석공을 백여 명 고용했다. 평균적으로 공사 현장에는 약 600명의 인력이 4년 내내 투입되었다. 노동자들 대부분이 출퇴근하기 어려운 시골 출신이었기 때문에 현장에 가족을 데려와서 함께 생활했다. 그래서 현장에는 많은 가구(家口)가 함께 살면서 요리하고, 빨래하고, 잠을 잤다. 우리는 노동자들에게 집을 짓는 방법을 열심히 — 어떤 때는 열정적으로 어떤 때는 욕을 해가며 — 가르쳤는데, 결국 우리의 방법과 그들의 방법을 절충하게 되었다.

돌을 쪼개는 데 있어서 돌톱을 사용하라고 했지만 곧 그들이 선호하는 돌도끼에 밀려나고 말았다. 무거운 돌을 옮길 때 기중기와 진폴과 권양기를 사용하려

---

[57] 뉴욕 42번가에 있는 대형 기차역.

했으나 그들은 목도질(사람의 어깨로 지어 나르는 것)을 더 선호했다. 비계를 사용하지 말고 실내에서 벽돌을 쌓아서 쓰라고 말했으나 소용없었다. 그들은 지난 몇 세기 동안 가느다란 나무 막대기를 절묘하게 엮은 것(비계)을 실외에 걸쳐 놓았고, 그 위에서 날렵한 발로 날아다녔다.

그들은 정말 손재주가 뛰어났다! 대단한 기술자들이었다! 그렇게 끈질기고 총명할 수가 없었다. 따라서 그들에게 우리의 방식을 고집해서 시간을 낭비하기보다는 그들의 방식을 수용하는 것이 더 현명했다. 나는 그들의 자연스러운 방식을 더 많이 채택하기 위해 원래의 계획을 많이 수정했다. 언어는 점점 더 문제가 되지 않았다. 그러나 괴상한 실수는 자꾸만 반복되었다. 일본인의 문제 접근 방식이 나선형인 것만은 사실이다. 모든 방향에서 문제에 접근하는 경향이 있기 때문에 일직선이 되지 못하고 나선형이 되는 것이다. 하지만 그들의 온유하고 총명하고 충성스러운 특징은 그런 단점을 보충하고도 남았다. 부하들이 사무라이에게 바치는 듯한 그런 충성심을 갖고 있었다. 우리는 곧 그들에게 감화되었고 모든 것이 순조롭게 진행되었다.

테라스, 코트, 수백 세대의 노무자 가족 숙소 등에 들어갈 자재가 서로 뒤엉켜 아주 혼잡스러웠던 현장 부지에서 서서히 호텔의 모습이 드러나기 시작했다. 노동자들은 점점 더 그 일에 흥미를 느끼는 듯했다. 호텔의 어떤 부분이 완성되어 모습을 드러내면 그것을 칭찬하거나 비판하는 노동자들의 모습을 보는 것은 흔한 일이 되었다. 그들은 비판하더라도 나름대로 근거를 갖고 있었다.

미국의 건설 업계에서는 도저히 찾아볼 수 없는 감은지정(感恩之情)과 충성심이 가득했다. 그건 정말 뿌듯한 체험이 아닐 수 없었다.

작업의 진행을 가로막는 것은 명절이었다. 일요일에도 일을 했으나 2주에 한 번 정도 이틀간의 명절 혹은 기념일이 반드시 있었다. 그런 손실을 회복하려면 사나흘이 걸렸다. 그래서 공기는 늦어지게 되었다. 그리고 장마! 도쿄 사람들은 비가 하늘에서만 오는 게 아니라 땅에서도 온다고 말했다.

우리는 일본의 전통적 시공 방식에서 반드시 동원되는 값비싼 지붕 덮개와 옆면 덮개를 사용하지 않겠다고 고집을 부려 관철시켰다. 그러나 일본인들의 전통적 지혜가 옳았던 것으로 판명 나고 말았다. 만약 우리가 건물과 자재를 햇빛과 비로부터 보호했더라면 7개월 정도 빨리 공사를 끝낼 수 있었을 것이다. 뿐만 아니라 일을 더 편리하고 효율적으로 수행할 수 있었으리라. 이런 실패를 더 이상 반복해서는 안 되었다. 건설 위원회의 〈이사들〉은 그동안 주기적으로 만나 공사 진행 사항을 점검했는데 2년이 지나자 불평을 하기 시작했다.

도쿄에 주재하는 영국인(영국인은 도쿄의 미국인을 좋아했다)과 미국인(왜 해외에 나와 있는 미국인은 자기들끼리 싸우는가?)으로부터 소문이 흘러나왔던 것이다. 대충 요약하면 데이코쿠 호텔의 건축가는 미친 사람이라는 것이었다. 지진이 발생하면 저 호텔 건물부터 무너져 내려 지하의 진흙 속에 묻혀 버릴 것이라고 숙덕거렸다. 지하에는 호텔을 삼켜 버리고도 남을 만큼의 진흙이 있다는 이야기였다.

열광적인 태도가 다소 미지근해지기 시작했다. 건축가 사무실 사람들의 열기는 조금도 수그러들지 않았지만 하야시 사장은 매일 공격을 당하면서 괴로워했다. 이런 결정적인 시기에 공사를 완공하려면 3백 5십만 엔이 더 필요하다는 것이 밝혀졌다. 상황은 점점 암울해져 갔다.

그 무렵 호텔의 아래층이 완성되면서 그곳에서는 적은 수의 일꾼들이 일을 하고 있었다. 어떤 부분을 재빨리 시공해야 하면 그 부분에 인력을 집중적으로 투입했다. 가벼운 구리를 덮어 만든 지붕도 완성되었다. 바닥 슬래브가 실내 공간을 덮자마자 인테리어 목재, 가구, 각종 장식 작업이 일거에 시행되었다. 나는 미국에서 좋은 가구 견본을 여러 개 가져와서 그것을 분해해 가며 노동자들에게 도면대로 가구를 만드는 방법을 가르쳤다. 가구도 전체 디자인의 일부였기 때문이다. 그들은 이 분야에서는 뛰어난 기능공이었다. 양탄자는 디자인을 베이징으로 보내어 그대로 만들어 오게 했다. 양탄자는 대형 연회실과 객실의 인테리어 분위기에 맞도록 특별히 디자인했다.

우리는 이제 전체 공정의 3분의 2 이상을 진행한 상태였다. 외국인들은 자재비와 인건비에 대해 자세히 알지 못했기 때문에 그에 맞추어 일할 방법이 없었다. 그래서 공사 초기의 지출 계획대로 몇 년 간 공사가 진행되었다.

그런데 문제가 발생했다. 공사비가 바닥난 것이다. 이사들이 다시 소집되었다. 오쿠라 남작은 위원회의 위원장이었다. 남작은 호텔 부지의 소유자로서 호텔의 주식을 갖고 있었을 뿐만 아니라 60퍼센트에 달하는 일본 황실의 주식도 위임받고 있었다. 해운 회사를 경영하는 하얀 머리, 하얀 눈썹, 꿰뚫어 보는 듯한 눈빛의 아사노 상, 늘 온화한 태도로 분위기를 원만하게 유지해 주는 담배 회사 사장 무라이 상, 수염이 길어서 허리까지 오는 은행가 와카이 상, 가나카 상, 기타 6명의 이사들이 이사회에 참석했다. 오쿠라 남작은 공사 초기부터 나를 적극 지원해 왔다. 때문에 그는 난관에 빠져 있었다.

예전의 이사회는 구 호텔 건물에서 열렸고 늘 여흥이 뒤따르는 유쾌한 모임이었다. 하지만 이번 회의는 아니었다. 아주 침울했다. 아주 오래 진행되었고 분위기는 살벌했다. 나이 여든에도 머리가 검은 오쿠라 남작은 일본 제국의 경제통으로 알려진 사람이었다. 남작은 상좌에 앉았고 나는 그의 왼쪽에 앉았다. 그 오른쪽에는 하버드를 졸업한 남작의 비서 겸 나의 통역사가 앉았다. 다른 사람들은 어디에 앉았는지 잘 기억이 나지 않는다. 그들은 모두 참석했고 한 목소리로 걱정을 했다. 나는 그들의 끝없는 질문에 대답을 해야 했다. 먼저 건물의 기초 이야기였고 ─ 늘 기초가 화젯거리였다 ─ 그다음이 공사비였다. 아, 공사비!

회의가 시작되자 남작은 한동안 침착하면서 부드러운 태도를 유지했다. 그는 화가 나면 아랫입술을 밖으로 내밀면서 약간 떠는 버릇이 있었다. 그의 버릇이 점점 더 분명하게 나타나기 시작했다. 갑자기 그가 벌떡 의자에서 일어섰다. 그는 상체를 앞으로 숙이면서 고개를 비쭉 내밀더니 화난 듯이 식식 소리를 내면서 양손으로 테이블을 쾅 내리쳤다. 평소 점잖기 짝이 없는 남작으로서는 아주 이례적인 행동이었다.

좌중은 갑자기 강풍을 맞은 듯이 잠잠해졌다. 완전한 정적이 감돌았다. 남작은 여전히 선 채로 나를 내려다보았다. 어떻게 해야 할지 잘 모르는 상태였지만 나도 본능적으로 벌떡 일어섰다. 통역사도 일어서더니 이렇게 말했다.「남작은 이렇게 말씀하셨습니다. 〈만약 저 젊은 사람(나이는 상대적인 것이다)이 호텔이 완공될 때까지 일본에 남아 있겠다면 남작이 필요한 돈을 마련할 테니까 나머지 임원들은 더 이상 떠들지 마라.〉」

나는 당시 향수병에 시달리고 있었고 몸도 약간 아팠지만 남작에게 동의한다는 뜻으로 손을 내밀었다. 그렇게 해서 계약이 맺어졌다. 이사회는 그렇게 끝났다. 이사들은 책임을 면해서 기뻐하기는커녕 하나같이 붉어진 얼굴에 화를 내면서 방에서 나갔다.

파르테논 신전을 건설했을 때, 페리클레스도 지금의 오쿠라 남작 같은 역할을 맡았을까? 그 회의 덕분에 신 데이코쿠 호텔의 건설 공사는 계속되었다. 이제 모든 이사가 저마다 스파이가 되었다. 벽에도 귀가 달려 있었다. 프로파간다 행위는 점점 늘어났다. 내 행동의 자유는 사라졌다. 나는 전보다 훨씬 어려운 상황에서 일해야 했다. 그러나 나를 도와주는 일본인 조수들은 정말 충성심이 강했고 우리는 또 다른 폭풍이 닥쳐올 때까지 일치단결해 일을 해나갔다.

이사들은 남작을 찾아가 이렇게 말했다. 「연못(저수조)을 제거하여 4만 엔을 절약하는 것이 좋겠습니다.」 남작은 그 제안이 합리적이라고 생각해서 사람을 시켜 나를 불렀다. 그는 이미 연못을 짓지 않기로 결심하고 있었다. 아무리 합리적으로 그 필요성을 설명해도 소용이 없었다. 나는 통역사를 통해 이렇게 말했다. 그 연못은 지진에 대비하기 위한 마지막 보루이다. 만약 재앙이 닥치면 도시의 수도는 끊어질 것이고 500피트 높이의 호텔 건물 전면에 달린 창은 모두 목재로 되어 있기 때문에, 설혹 호텔 건물이 지진을 견뎌 내더라도 화재를 이기지 못해 내려앉을지 모른다. 나는 이미 도쿄에서 다섯 건의 대형 화재를 목격했다. 아무리 내화재(耐火材)를 설치했다고 하더라도 소방수(消防水) 없이 그 자체로 불을 견뎌 내기는 어렵다.

상관없다. 연못을 제거하라. 나는 절대 제거할 수 없다고 답변했다. 만약 연못 제거를 끝까지 고집한다면 남작은 나와 맺은 계약을 위반하는 것이 되며 나는 내일 당장 짐을 싸서 귀국하겠다. 나는 그렇게 말하고 남작의 사무실을 나섰다. 결국 나는 도쿄를 떠나지 않았고, 그 연못은 2년 뒤 도쿄 대지진이 발생했을 때 결정적인 역할을 했다.

이제 1년 만 더 있으면 나는 귀국할 수 있었다. 도쿄의 날씨는 가을과 봄에는 좋지만 여름과 겨울에는 습기가 많아 축축했다. 게다가 일의 진행으로 인한 스트레스가 나를 극도로 피곤하게 만들었다.

드디어 건설 공사가 거의 끝났다. 건축가 사무실은 호텔 정면에서 보면 왼쪽이 되는 동의 꼭대기 층으로 이전되었다. 거기서 일하고 있던 어느 날 정오였다. 열 명으로 줄어든 사무실 직원들이 함께 일하고 있었다. 갑자기 커다란 충격이 닥쳐오더니 호텔 건물을 한 번 들었다 놓았다. 직원들은 제도판을 든 채 사무실 바닥에 쓰러졌다. 진동이 시작되면서 공황 사태가 발생했고 완전히 아수라장이 되었다. 호텔 건물 전체가 글자 그대로 진동했다. 나는 목숨을 건지기 위해 달아나는 노동자와 직원들에게 밀려 쓰러졌다. 옥상 사무실에 인원이 열 명 정도밖에 없었기에 망정이지 더 많은 인원이 있었더라면 나는 밟혀서 큰 부상을 입을 뻔했다. 나는 거기 그렇게 엎드린 채 〈지하의 파동〉이 건물 전체를 통과하면서 건물이 신음을 내며 몸을 비트는 듯한 모습을 분명히 상상할 수 있었다. 갑자기 무엇인가 떨어지면서 커다란 소음이 들려와 나는 불안해졌다. 하지만 그것은 최근에 화재를 당한 구 호텔의 커다란 굴뚝 다섯 개가 떨어져 내린 소리로 판명되었다. 굴뚝이 떨어지는 그 순간에는, 건축가 사무실 바로 뒤에 있지만 보이지는 않는 대연회장이 붕괴된 것이 아닌가 하는 느낌이 들었다.

이 끔찍한 시련을 겪는 동안 오로지 한 명의 조수만이 내 곁을 지켰다. 정말 충성심이 강한 나의 오른팔, 엔도 상이었다. 그는 얼굴이 새하얗게 된 채 땀을 뻘뻘 흘리고 있었다. 지진이 멈추자 우리는 후들거리는 무릎으로 일어서서 밖의 지붕으로 나갔다. 길 건너편에서 겁먹은 채 서서 올려다보는 노동자들의 무리가 보였다. 그들은 목숨을 건지기 위해 연장을 내팽개치고 미친 듯이 길 건너편으로 달려갔던 것이다. 심지어 코트에서 일하던 노동자들도 달아났다. 거기서 그들은 하얗게 질린 채 몸을 부들부들 떨면서 아무 말도 하지 못하고 그저 올려다보기만 했다. 도시 전체에 이상한 적막이 감돌았다. 곧 도시의 십여 군데 지역에서 화재가 발생했다. 비상벨이 울리고 다시 아수라장이 되었다. 저 아래 도로에서는 여자들이 겁먹은 아이의 손을 잡은 채 엉엉 울며 서 있었다.

우리는 방금 52년 만에 찾아온 최악의 지진을 견뎌 낸 것이었다. 호텔 건물은 전혀 손상을 입지 않았다. 기초 부분에 설치된 계기(計器)는 전혀 이상이 없음을 보여 주었다. 호텔이 강력한 내진 능력을 갖추었다는 것이 증명되었다. 도시가 많은 피해를 입었으나 호텔은 무사하다는 보고를 접한 하야시 상은 감사의 눈물을 터트렸다. 지난 1년 동안 그의 삶은 살아 있어도 산 것이 아니었다. 주변 사람들의 의심과 비판이 그처럼 혹독했던 것이다.

1년이 지나갔다. 건물은 이제 완공되기 일보 직전이어서 건축가가 바로 곁에 붙어 있어야 할 필요가 없었다. 오른쪽 동을 완공해야 했지만 그것은 이미 완공된 왼쪽 동의 복사판이었기 때문에 전혀 문제가 없었다. 그래서 나는 아무런 양심의 거리낌 없이 귀국할 수 있었다. 오쿠라 남작을 비롯한 내 고객들은 관대했고 감사의 표시로 상당액의 보수를 더 얹어 주었다. 나는 남작과 이사들이 주최한 정식 샴페인 만찬에서 〈작별 인사〉를 받았다.

드디어 배를 타고 귀국하는 날이 돌아왔다. 대기하고 있는 차에 타기 위해서 호텔 뒤쪽에서 새로 지은 건물을 통과하여 앞쪽으로 나가야 했다. 사람이 아무도 없어서 나는 의아했다. 정문 앞뜰로 나서자 거기에 노동자들 전원이 출입문을 주시하면서 내가 나오기를 기다리고 있었다. 사람들이 나의 노고를 너무나 고마워한다는 것이 역력하게 보였다. 나는 그런 감사 표시에 정말 감동했다. 이러한 정성은 일본이 아닌 다른 나라에서는 찾아볼 수 없는 것이다. 그것은 내가 평소 존경해 왔고 나의 작품 속에 반영하고 싶어 했던 옛 일본의 고상한 정신이었다.

내가 마당으로 나오자 잡부부터 각 직종의 십장에 이르기까지 모든 기능공들은 웃고, 울며, 건축가와 서양식으로 악수하고 싶어 했다. 그들은 〈오라이트〉[58]라는 말을 배웠고 그것을 고맙다는 뜻의 〈아리가토〉와 섞어서 말했고 또 〈사요나라, 리에토 상〉 하고 말했다. 그런 정성 어린 작별 인사에 〈리에토 상〉은 그만 울음을 터뜨리고 말았다. 그들은 기차역에 이르는 히비야 길까지 차를 따라오며 계속 〈반자이(萬歲), 리에토 상, 반자이!〉라고 외쳤다.

18마일 떨어져 있는 요코하마 부두까지는 기차를 타고 갔다. 부두에 도착하니 60명의 반장들이 미리 거기까지 나와서 나에게 작별의 인사를 했다. 나는 뱃전에 서서 그들의 모습이 아스라이 사라져 갈 때까지 지켜보았다. 그들은 계속 손을 흔들었다. 정말 자상한 사람들이었다! 이 세상 어디에서 그런 친절과 온정의 따뜻함을 또다시 느껴볼 수 있을 것인가!

---

58 *all right*의 일본식 발음이다.

2년 뒤인 1924년 로스앤젤레스. 거리에서는 사람들이 대재앙이 일어났다는 소식을 외쳐댔다. 지진으로 도쿄와 요코하마가 완전히 함몰되었다는 것이다! 역사상 최대 규모의 지진이었다! 끔찍한 뉴스가 날마다 들어오고 있었다. 인간의 힘은 그 대재앙 앞에서 완전히 속수무책이었다.

나는 걱정이 되어 잠을 이룰 수 없었다. 신 데이코쿠 호텔의 운명이 어떻게 되었는지 궁금했고, 수기오, 엔도, 하야시, 남작, 그리고 일본에 있는 많은 친구들의 안부를 너무나 알고 싶었다. 마침내 사흘째 되던 날 새벽 두시에 전화벨이 울렸다. 『이그재미너 Examiner』지는 내게 데이코쿠 호텔이 완전히 붕괴된 것 같다고 말했다. 나는 가슴이 덜컥 내려앉았지만, 일부러 웃음을 터트리며 물었다. 「그걸 어떻게 알았죠?」 현지에서 전보가 도착했는데 데이코쿠 대학, 데이코쿠 극장, 데이코쿠 병원 등 이름에 데이코쿠(帝國)가 들어 있는 건물이 잔뜩 기재되어 있었다는 것이다. 내가 대답했다. 「이봐요, 일본에는 앞에 데이코쿠라는 단어가 들어가는 건물이 많기 때문에 쉽게 혼동할 수 있어요. 만약 도쿄에 멀쩡한 건물이 있다면 그건 데이코쿠 호텔일 거라고 확신합니다. 만약 호텔이 붕괴했다는 기사를 냈다가는 나중에 오보를 정정해야 할 걸요.」

그들은 웃음을 터트리더니 전화를 끊었다. 그리고 열흘 동안 불확실하고 상반되는 보고서만 들어왔고 확실한 것은 없었다. 당시 통신이 두절되었기 때문이다. 그러다가 전보가 들어왔다.

1923년 9월 13일. 캘리포니아 주 버몬트 애비뉴 B 1645호 올리브 힐 스튜디오. 오늘 도쿄로부터 다음과 같은 전보를 받았음. 당신의 천재를 기념하듯 호텔은 아무런 피해도 입지 않았습니다. 수백 명의 집 없는 사람들이 호텔의 완벽한 서비스를 받고 있습니다. 감사합니다.

오쿠라 임페호

이 좋은 소식이 알려지자, 남작의 전보는 전 세계에 인용되면서 건축 정신의 승리를 널리 전파했다.

남작이 도쿄에 가지고 있었던 두 채의 거대한 저택은 사라졌다. 그가 도쿄 시에 기부한 박물관과 그 소장품도 모두 사라졌다. 남작이 악수를 해주며 지원해주었던 미국인 건축가의 호텔만이 지진에 유일하게 살아남은 대형 건물이었다. 이제 그 어떤 흥정, 그 어떤 대가를 내놓아도 그만한 건물을 사들일 수가 없게 되었다.

편지가 속속 답지하면서 일본인 친구들이 모두 안전한 것으로 밝혀졌다. 건축가에게 제일 인상적인 뉴스는 이런 것이었다. 지진이 끝나고 매장하지 못한 시신들이 부패하면서 일본인들은 2차 충격에 빠졌다. 그들은 어린아이들을 데리고 호텔의 뜰과 테라스로 찾아와, 그 건물을 살려 준 신에게 그들도 살려 달라고 빌었다. 당시 도쿄에는 커다란 화재가 발생해 불길이 호텔 바로 앞까지 번진 상태였다. 호텔의 직원들은 호텔 앞의 연못까지 길게 줄을 서서 연못 — 당시 도쿄에서는 그 어디에서도 물을 구할 수 없었다 — 의 물을 퍼서 불이 번질 만한 창문에 계속 끼얹었다. 그리하여 비좁은 길 쪽에서 올라오는 불길을 돌릴 수 있었다. 데이코쿠 호텔을 위해 마지막 방화 보루로 남겨 둔 것이 톡톡히 위력을 발휘했던 것이다.

데이코쿠 호텔을 완공한 후 나는 로스앤젤레스에 머물면서 내 아들 로이드의 도움을 받아 가며 새로운 유니트-블록 시스템unit-block system을 연구하고 있었다. 〈데이코쿠〉라는 이름이 붙은 건물을 완공하고 나니 웬만한 건물은 다 시시해 보였다. 귀국한 직후 나에게 간간이 들어오는 의뢰는 모두 마땅치 않았다. 데이코쿠 호텔 같은 것이 아니면 별로 의욕이 생기지 않았다. 아니면 호텔 공사를 하면서 하도 애를 먹어서 완전히 탈진했기 때문인지도 모른다.

나는 지난 4년 동안 가정불화 속에서도 창조적인 공사를 감독해 왔는데 북부 출신인 내가 태평양의 습한 땅에 오래 있다 보니 심한 병에 걸렸다. 이제 여든 가까이 된 노모가 내 건강이 좋지 않다는 소식을 듣고 가까이 있기 위해 일본으로 건너왔다. 어머니가 오신다는 사실은 그나마 악화되어 있던 미리엄과의 관계를 완전히 끝장내 버렸고 그녀는 미친 듯이 화를 내며 태평양 건너 미국으로 돌아가 버렸다.

다행히도 일본인들은 어머니를 높이 받들었다. 일본에서는 노년이 하나의 특혜였다. 나의 어머니는 생애 만년에 행복하면서도 보람찬 시기를 보냈다. 어머니는 특히 황궁의 가든 파티에 초대받아 간 것을 자랑스럽게 여겼다. 그곳에서 어머니는 마치 왕비 같았고 실제 왕비보다 훨씬 더 행복해 보였다. 그 파티를 위해 나는 어머니의 의상에 특별히 신경을 썼다. 자그마한 은회색 햇빛 가리개. 아름다운 은발을 장식하는 자그마한 보랏빛 모자. 은회색 드레스 위에서 물결치는 긴 보라색 망토.

스기오(일본인 사환)는 어머니에게 아주 공손하게 대하면서 가는 곳마다 모시고 다녔다. 도쿄의 친구들은 어머니에게 인사를 드리러 찾아왔고 어머니를 각종 행사에 초대했다. 어머니는 도쿄에서 심심하지 않게 시간을 보냈다. 그러나 4개월 뒤 어머니는 미야노시타로 차를 타고 가다가 가벼운 교통사고를 당했고 그 때문에 다시 미국으로 돌아갔다. 아무래도 어머니가 활동하기에는 미국이 더 제격이었던 것이다.

내가 괴로우면서도 고마운 상황에서 호텔 건설 일을 감독하던 4년 동안 나는 건축가 사무소에서 직접 일의 현황을 지켜볼 수 있었다. 가령 내가 어느 날 아침 무언가를 디자인하면 며칠 뒤에는 그것이 현실로 등장했다.

세계에서도 유수한 건물인 데이코쿠 호텔을 짓는 동안 건축가는 화가, 조각가, 엔지니어의 작업 등 모든, 전 분야의 수작업을 조율하는 종합 예술의 거장이었다. 참으로 이상한 일이었다! 현대의 기계식 공정에 의거하여 집 짓는 일에 익숙한 건축가의 지시에 따라 온갖 뛰어난 수작업이 모두 동원되다니!

그 이행기의 건물*transition building* 속에서 하나의 세계가 서서히 모습을 드러내기 시작했다. 그것은 중세의 예술가가 마음대로 예술 작품을 제작한 방식과 동일한 방식으로 지어진 건물이었다. 내가 미리 준비한 도면은 폐기되는 경우가 많았고 내가 현장에 상주했기 때문에 도면 변경이 필요할 경우 즉시 바꿀 수 있었다. 이 작품은 단 한 명의 건축가에 의해 지어진 것이다. 고대에는 이런 일은 상상조차 할 수 없었다. 대규모 공사는 대를 물려 가며 여러 명의 건축가들이 달라붙어서 완공했던 것이다.

이곳 할리우드에서 나는 얼마 전에 완공된 그 거대한 건물을 계속 꿈꾸고 있었다. 나는 과거의 에도, 현재의 도쿄에서 1,009일을 머물면서 그 건물의 완공을 지원했다. 도쿄의 데이코쿠 호텔은 아름다운 건축물로서 말하자면 하나의 로맨스였다. 나는 여러 해 전부터 건축의 로맨스를 꿈꾸고 있었는데 그러던 중 도쿄로 불려가 이 호텔을 짓게 된 것이다.
　하지만 일본의 전통을 고려하지 않고 직선과 평면을 무조건 강요하는 것은 일본의 아름다운 문화 생활을 무시하는 일이었다. 내가 볼 때 일본의 멋진 전통은 존중받을 만한 가치가 있었다. 나는 직선과 평면의 개념을 도입했지만 아주 조심스럽게 예의를 지켜 가며 건물에 반영했다. 나는 현대적 건물을 지으면서도 그것이 그들 고유의 건물이 되도록 신경을 썼다. 그리하여 오늘날 호텔 건물은 히비야 공원 건너편, 해자(垓字)를 두른 황궁과 그럴듯한 짝을 이루고 있다. 호텔은 별로 일본적 특징을 자랑하지 않지만 자연스럽게 황궁을 닮은 건물이 된 것이다.
　나는 일본인들에게 그들의 공간 보존 감각과 정갈한 물건 사용이 실내에서 무릎을 꿇지 않고서도 이루어질 수 있다는 것을 — 그러니까 선 자세로도 얼마든지 그런 기능을 수행할 수 있다는 것을 — 보여 주고 싶었다. 건물에 하나도 손상을 입히지 않는 상태로 문명의 이기인 배관, 전기, 냉난방 시설 등을 설치할 수 있다는 걸 보여 주고 싶었다. 기계 시스템은 문화에 해악을 입히는 것이 아니라 이득을 가져다줄 수 있는 것이다.
　나는 현대적 설비와 건물의 입식(立式) 문화가 얼마든지 가능하다는 걸 일본인들에게 보여 주고 싶었다. 그들은 지금껏 실내에서 무릎을 꿇은 자세로 그런 기능을 수행해 왔다. 나는 석재를 사용하면서도 지진을 이겨 낼 수 있는 건설 방법을 그들에게 보여 주고 싶었다. 내진(耐震) 건설 방법은 내가 갖고 있는 자원을 최대한 활용해야 하는 아주 까다로운 문제였다.
　이렇게 하여 공사가 끝났을 때 나는 그 건물이 그들의 땅에서 아주 〈자연스럽게〉 보이기를 바랐다. 황궁 해자 건너편에 있는 고상한 일본식 건물과 썩 잘 어울리는 그런 건물이 되기를 바랐다. 옛것과 새것이 잘 어우러지는 그들의 건물 못지않게 상상력 풍부한 그런 건물이 되기를 원했다.

간단히 말해서 일본의 문화가 목재에서 석재로, 좌식에서 입식으로 이행(移行)해 가기를 바랐고 그 과정에서 일본 고유의 문화가 크게 손상되지 않기를 희망했다.

그래서 여기 〈이행기의 건물〉이 우뚝 버티고 서게 된 것이었다. 나는 이런 생각도 했다. 모든 위대한 건물은 결국 이행기의 건물이 아닐까? 이것은 앞으로도 늘 그렇지 않을까? 헤라클레이토스라면 분명히 그렇게 말했을 것이다. 그러나 헤라클레이토스는 이단자로 취급받아 돌을 맞았고 아테네의 거리에서 바보 취급을 당했다. 다른 많은 그리스 문화의 위인들처럼. 하지만 그런 홀대에도 불구하고 그들이야말로 그리스 문화 그 자체였던 것이다.

다소 부끄럽기는 하지만 나는 이렇게 말하고 싶다. 나는 이 독특한 민족의 생활에 동참하면서 로맨스에 사로잡혔다. 그리하여 그들에게 내가 갖고 있는 그들에 대한 느낌을 남겨 주고 싶었다. 비록 그것이 그리 값나가는 것이 아니라 할지라도.

데이코쿠 호텔을 짓는 동안 앨라인 반스달의 주택을 짓는 공사도 함께 진행되었다. 그녀는 그 집이 세워지기도 전에 집 이름을 〈홀리혹 하우스〉라고 지어 놓았다. 나는 그 집의 이름을 〈캘리포니아 로만차〉라고 불렀다. 솔직히 말해서 이번에는 좀 쉬어 가면서 집을 짓고 싶었다.

나는 탤리에신 참사 직후 시카고의 시더 가의 집에서 기거하는 동안 반스달 양을 만났다. 헨리 셀[59]의 소개였다. 반스달 양이 로스앤젤레스에서 일부 자본을 투자한 극장 프로젝트와 관련하여 그녀를 내게 데려왔던 것이다. 그녀의 크고 시원한 눈은 극장 사업가 같지 않은 인상을 주었고, 아주 작은 손과 발을 볼 때 어떻게 저런 야심 찬 프로젝트를 벌일까 하는 생각이 들었다.

나중에 나는 그녀가 로스앤젤레스에 지을 계획인 극장의 계획안을 작성했다. 이제 노자, 도(道), 선(禪), 무사도(武士道)의 세계에서 귀국한 나는 당분간 할리

---

[59] 저널리스트인 헨리 블래크먼 셀Henry Blackman Sell은 1913년 리틀 시어터 때문에 시카고에 매혹되었다. Kathryn Smith, "Frank Lloyd Wright, Hollyhock House, and Oliver Hill, 1914~1924", *Journal for the Society of Architectural Histories*, March 1979, p.18. — 원주.

우드의 그리스도교 신자들을 위해 일하기로 했다.

홀리혹 하우스는 올리브 힐 위에 우뚝 서 있다. 내가 일본에 상주하면서 자리를 비우는 바람에 이 집은 아주 어렵사리 완공되었다. 그 외에 시급히 해결해야 할 다른 프로젝트도 많이 있었다. 그러나 그 전에 앨라인 반스달의 이야기를 마무리 짓기로 하자.

할리우드의 홀리혹 하우스

건축은 음악보다 더 위대한 예술이다. 궁극적으로 볼 때 어떤 예술이 다른 예술보다 더 위대하다는 말을 할 수는 없겠지만 편의상 그렇게 말할 수 있다. 그렇지만 나는 바흐, 모차르트 등 음악의 거장들을 은근히 부러워해 왔다. 그들은 집중해서 곡을 쓰고 난 다음에는 상아 지휘봉이나 하다못해 손을 우아하게 쳐들기만 해도 백여 명에 달하는 적극적인 손과 마음들이 그에 화답하면서 대가의 디자인을 구체화하려고 애를 쓴다. 그것은 다시 말해 대가가 원하는 소리를 내기 위해 천 개의 손가락이 우호적으로 또 열성적으로 거든다는 뜻이기도 하다. 이 얼마나 엄청난 자원인가! 이러한 자원은 비교적 근대에 들어와서 생겨난 것이다.

나는 가령 스토코프스키가 지휘하는 차이코프스키의 피아노 협주곡을 들을 때마다 내 마음이 영광스럽게 고양되어 음악 이외의 것은 모두 잊어버리게 되는 경지에 들어선다. 나는 그 순간만큼은 나의 모든 상상력을 인류의 영광을 위해 정복할 수 있다. 비록 교향곡의 주제가 제1 악장에 다 드러나기는 하지만. 바흐는 나에게 끊임없는 영감을 주었고 심지어 유익한 정보를 주기까지 했다.

음악의 대가들은 분위기에 따라 푸가에서 소나타, 로만차에서 콘체르토, 그리고 이 모든 것을 종합하여 교향악으로 엮어 내는 등 얼마든지 다양한 음악의 형식을 구사할 수 있다. 하지만 건축가는 이처럼 다양한 형식을 갖고 있지도 못하고 또 아무리 노력해도 그런 형식이 지닌 용이함에는 도달할 수 없다. 그래서 건축으로 문화에 기여하는 데는 한계가 있다.

어린 시절, 밤에 잠을 자기 위해 침대에 누운 후에도 계속 눈을 뜬 채 아버지가 연주하는 음악을 듣는 일이 많았다. 아버지는 특히 베토벤을 좋아해서 그의 곡을 밤늦게까지 연주했다. 어린 마음에도 음악은 이상하게 나를 감동시키는 언

어로 말했다. 그 후 나는 음악이 바로 인간의 마음을 표현해 주는 언어 — 모든 언어를 넘어선 언어 — 라는 것을 알게 되었다. 아버지가 내게 처음 가르쳐 준 대로 교향악은 소리의 대성당이었다. 지금 나는 훌륭한 건축물이라면 반드시 교향악과 유사해야 한다고 생각한다.

그래서 연극인 앨라인 반스달이 할리우드에 그녀의 집을 지어 달라고 의뢰해 왔을 때, 그 건물은 올리브 홀의 로맨스로 만들어 보고 싶다는 생각이 들었다. 약간 감상적인 기질이 있는 반스달 양은 자신이 여러 가지 이유로 좋아하는 홀리혹(접시꽃)을 집의 이름으로 삼았다. 그러면서 접시꽃을 주택의 주 모티프로 설계해 달라고 나에게 요구했다.

반스달은 평범한 여성이 아니었기 때문에 평범한 집을 요구하지 않았다. 이것이 그녀가 소위 〈예술 애호가〉라는 여자들과 다른 점이었다. 사실 그녀는 자신의 그런 점을 특히 강조했다. 하지만 그런 자부심이 자꾸 그녀의 발목을 잡았고 그녀의 고상한 목적을 방해하고 혼란스럽게 만들었다. 만약 어떤 여자가 마차를 타고 별까지 올라갔다면 앨라인 반스달도 그렇게 하고 싶어 했다. 홀리혹 하우스와 〈연극 예술〉을 한두 세대 앞서 간다는 〈뉴 시어터*New Theater*〉 건물에 관한 한, 그녀는 자신이 선정한 건축가를 하늘의 밝은 별로 삼은 셈이었다.

〈시학(詩學)〉, 〈로맨스〉 같은 말은 건축가를 찾아서 이리저리 헤매는 건축주들에게는 반갑지 않은 용어였다. 건축주들은 로맨스 같은 말을 가능하면 듣지 않기를 바랐다. 로맨스라는 말을 잘 사용하고 〈낭만적인〉 분위기를 남 못지않게 즐기는 사람들도 건축주가 되면 사정이 달라졌다. 로스앤젤레스에 건축 부지를 가지고 있는 고객들은 감상주의라는 〈전염병〉에 빠져들었다. 그것은 그 지역의 전반적 건축 분위기에 일방적으로 영합하는 〈세련된〉 건축가들이 전염시킨 질병이었다. 이런 건축가 그룹에서 예외적인 존재가 하나 있었는데 바로 어빙 길이었다. 하지만 그의 간결한 단순성의 건축 미학은 유행을 좇는 건축주들을 만족시키지 못했다.

앨라인 반스달을 위한 〈홀리혹 하우스〉, 캘리포니아 주 로스앤젤레스, 1917.

미국에서 이처럼 감상적 건축물을 추구하는 행위는 결과적으로 수십 억 달러를 낭비하게 만들었고, 수백만 명의 선량한 시민들에게 심각한 정신적 피해를 안겼다. 이런 이유 때문에 탤리에신이 그랬던 것처럼 홀리혹 하우스도 자연스럽게 지어진, 자연의 집이 되어야 마땅했다. 중서부의 집이 중서부의 환경에 적응해야 하듯이, 홀리혹 하우스도 캘리포니아의 환경을 최대한 활용해야 했다. 이것은 반스달 양의 원래 목적에도 부합하는 건축 철학이었다. 그녀의 집은 〈형태의 시학〉을 최대한으로 살린 그런 집이 되어야 할 터였다. 왜냐하면 캘리포니아의 아름다운 집은 캘리포니아의 아름다운 환경을 그대로 반영해야 하니까.

하지만 우리 말 〈로맨스〉는 아주 의심스러운 단어이다. 그것은 이상의 실현이라기보다 인생으로부터의 도피를 암시한다. 옛날부터 그랬는지 아니면 불순 세력의 농간인지는 몰라도, 로맨스라는 말은 〈환상〉을 시도하는 허황된 어떤 것으로 전락하고 말았다. 〈로맨스〉는 마음속에 느슨하게 깃들어 있는 것, 정신 속에 삐딱하게 자리 잡은 것, 환상적인 어떤 것, 실제적이지 않은 것, 비현실적인 것 등으로 해석되었다. 로맨스의 산물은 기껏해야 이국적인 어떤 것으로 치부될 뿐이었다. 최악의 경우에는 바보 같은 것으로 폄하되었다. 미국에서 로맨스는 새로운 생활을 은폐하는 병적이면서 바보 같은 가면에 지나지 않았다.

그것은 기계의 시대에 엄연한 현실의 압박으로부터 달아나려는 한심한 시도였다. 그 현실 〈너머〉에 있다고 여겨지는, 현실에서는 있을 수 없는 세상을 추구하는 바보들의 행위였다. 하지만 아무도 현실의 경계를 벗어나지 못한다. 그 경계를 벗어나려고 하다가 오히려 더 가혹한 그물에 사로잡혀 갇혀 버리는 것이다. 그것은 바보들의 왕국에서 바보들이나 하는 짓이었다.

그러나 음악에서 〈로만차〉는 자유로운 형태 혹은 음악가의 취향에 맞는 형태를 구사할 수 있는 자유를 의미한다. 음악가가 로만차를 선택하는 기준은 오로지 음악적 비례가 적당한가 하는 것이다. 음악이 유기적으로 구성되어 신비스러운 느낌이 그 안에 구현되고, 〈소리〉로 표현된 느낌의 하모니가 완벽하면 그 음악이 어떤 형태를 취했느냐 하는 것은 전혀 문제가 되지 않는다. 자, 이제 〈소리와 귀〉를 〈형태와 눈〉으로 바꾸어 보라. 로만차 개념은 건축에서도 충분히 통하

앨라인 반스달을 위한 〈홀리혹 하우스〉, 캘리포니아 주 로스앤젤레스, 1917.

는 아이디어가 아닌가?

또 이런 논조를 이어나가면, 거실, 침실, 주방, 욕실은 결코 형태의 미학을 깨트리는 물건이 아니다. 그것은 아름다운 여인의 신체 기관과 그 움직임이 일반적 의미의 〈로맨스〉 개념을 깨트리지 않는 것과 똑같은 이치이다. 잘 생각해 보면 이 말이 충분히 일리 있음을 알 것이다. 그래서 우리는 로맨스에서 유래한 로만차라는 말을 자유로운 형태의 주택에 붙여 볼 수 있다. 그 건물은 주택의 기능과 목적과 조화를 이루고, 정직한 감정(헛된 감상주의가 아닌 감정)을 표현하며, 이런 모든 의도를 의미심장하고 가시적인 〈형태〉로 구현하는 그런 주택이다.

하지만 나는 오케스트라의 지휘자가 아니기 때문에, 금전을 시시콜콜 따지는 냉정한 건축 업계 사람들을 상대해야 하고, 괴팍하면서 때때로 귀족이기까지 한 고객들을 설득하거나 아니면 비위를 맞추어야만 한다. 이렇게 해야만 로만차를 조금이라도 실현할 수 있고 건물의 건축적 완전성을 구현할 수 있다. 나의 운명은 모르타르[60] 통, 벽돌 통, 콘크리트믹서, 건설 노동자들, 〈노동조합〉, 기계 등과 같이 움직인다. 그리고 마지막으로 소홀히 할 수 없는 〈표현의 매개 수단〉인 고객이 있다. 아, 고객! 저 특별한 희생자를 가리키는 기이한 용어! 이 희생자는 건축을 예술이라고 생각하는 건축가를 희생물로 삼고, 건축가도 고객을 제물로 삼는다.

나는 지금 이러한 사실을 알고 있다. 여자가 되었든 남자가 되었든 인간의 마음 속에는 밖으로 실현되기를 바라는 잠재적인 예술에의 동경이 있다. 그리고 건축가는 이런 영혼의 내밀한 동경을 실현해 줄 구체적 수단이다. 그런데 이 실현 과정에서 고객과 건축가의 마음이 서로 맞지 않으면 미묘한 균형이 일거에 무너져 버린다.

물론 우리는 상당한 지위에 있는 사람의 경우를 말하는 것이다. 많은 사람들은 자신의 집에 대해 조금도 신경 쓰지 않는다. 마치 말들이 마구간이 널찍한지 아닌지 사료가 언제 어디에 놓이는지 별로 신경 쓰지 않듯이. 그러나 여기 홀리혹 하우스에서는 상황과 기회가 맞아떨어졌다. 적어도 상황이 애매모호하지는 않았다.

내가 이렇게 서언을 길게 늘어놓는 것은 이 로만차 프로젝트의 상당 부분을 별로 기억하고 싶지 않기 때문이다. 사실 나는 그 일을 잊어버리려고 애써 왔다.

반스달 양은 이 아름다운 부지, 올리브 힐을 내게 내주면서 캘리포니아의 평온하고 푸른 하늘에 어울리는 집을 지어 보자고 제안했다.

우리는 함께 작업에 착수했다. 아니 보다 정확하게 말하자면 내가 구체적 설계 작업에 착수했다. 나의 〈고객〉은 나름대로 집에 대해 구상한 바가 있었고 또 건축가의 의견을 구했다. 하지만 그녀는 방랑벽에 사로잡혀 온 세계를 돌아다녔기 때문에 그 어떤 아이디어도 오랫동안 구체적으로 진행되는 경우가 없었다. 그래서 저렇게 돌아다니면서 무엇 때문에 집을 지으려 할까 하는 의문이 들 정

---

[60] *mortar*, 시멘트와 모래를 물로 반죽한 것.

도였다. 나중에 나는 이런 결론을 내렸다. 저 부인은 그런 방랑벽을 가라앉히기 위해서 아름다운 집을 필요로 한다.

그녀는 진득하지 못했다. 어느 한 곳에 오래 머물러 있지 못했다. 그녀는 전 세계를 여행하면서 마치 전폭기가 폭탄을 터트리고 유유히 하늘을 날아가듯이, 불쑥 건설에 관련된 제안을 내놓고 사라져 버렸다. 도무지 언제 어디서 또 다른 폭탄이 떨어질지 알 수 없었다. 하지만 언젠가 떨어지기는 떨어졌다.

설상가상으로, 나는 데이코쿠 호텔의 건설을 맡게 되면서 4~5년에 걸쳐 태평양을 오가는 신세가 되었다. 일본에서 데이코쿠 호텔을 열심히 짓고 있는데 할리우드의 그녀에게서 소식이 오는가 하면, 내가 마침내 할리우드에 건너갔을 때 그녀는 스페인에 있으면서 편지나 전보를 보내 왔다. 또 내가 시카고나 샌프란시스코에 가 있을 때 그녀는 뉴욕에 있으면서 소식을 보내 왔다. 내가 태평양 위에서 멀미를 하고 있을 무렵에, 로키 산맥의 시원한 산간 리조트에 있는 그녀에게서 지시가 떨어졌다. 홀리혹 하우스를 짓던 시절에 무선 통신은 없었고 전보만 있었다. 그래서 홀리혹 공사의 고객과 건축가는 전보로만 의사소통을 해야 했는데, 이렇게 더디게 의사 소통을 하다가 그만 때를 놓쳐 버렸던 것이다.

앨라인 반스달처럼 파격적인 고객, 올리브 힐같이 아름다운 부지, 캘리포니아의 멋진 기후, 자유를 무엇보다 선호하는 건축가, 이렇게 화끈한 팀이 짜여졌으니 뭔가 문제가 생기지 않을 수 없었다. 설혹 〈대리인〉을 통해 일을 하더라도 말이다. 그런 여러 가지 상황을 감안할 때 이 캘리포니아의 〈로맨스〉는 당장 걷어치워야 했다. 안 된 일이지만 나는 도무지 그것을 〈연주〉할 수가 없었다. 만약 내 마음대로 그것을 연주하려고 했다면 홀리혹 하우스는 결코 완공되지 못했을 것이다. 하지만 나는 아쉽다. 끝까지 내 뜻을 관철시켜 내 방식으로 연주해야 했는데 결국 그렇게 하지 못했다.

수학을 승화시킨 것을 음악이라고 하는가? 그렇다면 건축은 서로 연결된 형태의 수학이라고 할 수 있을 것이다. 나는 그 당시까지도 직선과 평면을 사용하고 있었다. 나는 그것을 사용하는 데 익숙했다. 하지만 로만차의 경우에는 〈유기적 장식〉이라는 제3의 수학적 요소를 도입하고자 했다. 직선과 평면을 수정하고 강조하여 은근한 아름다움, 적절한 스코프scope, 원활한 리듬을 가미하고자

앨라인 반스달을 위한 〈주택 B〉, 캘리포니아 주 로스앤젤레스, 1920.

했다. 나는 이것을 캘리포니아 로만차의 필수적 부분으로 제안했다.

앨라인 반스달은 이런 계획안을 만족스럽게 받아들였을까? 모르긴 몰라도 아마 그랬을 것이다. 그녀는 결코 남을 모방하고 추종하는 네오, 콰지, 슈도였던 적이 없었다[61]. 그녀는 아메리카 인디언처럼 토속적이었는가 하면, 그 어느 유럽인 못지않게 아름다운 것을 볼 줄 아는 시야가 넓은 여행가였고, 동시에 아메

---

61 *neo, quasi, pseudo*는 모두 사이비라는 뜻이다.

리카 앵초(櫻草)처럼 미국적이었다.

나는 약간 양심의 가책을 느꼈다. 〈내면의 목소리〉가 말했다. 〈기계 시대의 보편적 도구인 기계가 자기도 알아 달라고 소리치면 어떻게 하지?〉 나를 비판하는 사람들도 가끔 그들의 의무를 게을리 했다. 젊을 때는 특혜조차도 지겨워지는 것이다. 나는 내면의 목소리에게 잠시 〈어디론가 가버려라〉 하고 말했다.

홀리혹 하우스는 또 다른 피크닉(신나는 사업)이 될 터였다. 나의 도면은 형태의 시학(詩學)을 충실히 구현했고 반스달 양을 한껏 즐겁게 했다. 내가 아무리 높은 음으로 〈로만차〉를 작곡해도 그녀는 모두 받아들였다. 설사 내가 교향악을 작곡했더라도 괜찮을 뻔했다.

그러나 나의 고객은 바빴고 나도 도쿄로 긴급히 소환되어 갔다. 설혹 건물의 계획안을 작성했다 하더라도 스케치를 보완해 시공에 적절한 도면으로 구체화해야 했다. 건물을 제대로 지으려면 그런 세부 사항과 추가 지시 사항이 있어야 한다. 건축 일이란 대개 이런 식으로 진행되기 때문에 이것은 그리 불합리한 진행 절차라고 할 수 없었다. 그런데 이 준비가 좀 소홀했다.

나의 아들 로이드가 〈노조〉를 대표하는 사람으로 로버트슨을 소개했다. 당시 상황으로 보아 로버트슨은 나의 부하 루디 쉰들러의 도움을 받아 가며 유능한 〈콘서트마스터(樂長)〉의 역할을 해야 했다. 그러나 로버트슨은 평범한 악보밖에 읽을 줄 모르는 사람이어서 나의 악보를 제대로 해석하지 못했고 쉰들러는 아예 해석하지도 못했다. 루디 쉰들러는 성격이 원만한 건 좋은데 — 그 때문에 내가 그를 좋아한 것이지만 — 실력이 야물지 못했다. 하지만 시공자와 감독이 모두 평범한 사람으로 짜였다는 것은 공사를 위해서는 불행한 일이었다. 곧 태평양 건너에서 공사가 잘 진척되지 않는다는 소식이 들려왔다.

로버트슨은 도면이 제대로 나오지 않아서 일을 할 수가 없다고 둘러댔다. 하지만 그것은 일부만 맞는 말이었다. 시공자는 툭하면 건축가를 물고 늘어졌고 그런 불평은 그칠 날이 없었다. 하지만 로버트슨은 그런 주장을 그럴듯한 알리바이로 들이댔다. 왜냐하면 많은 시공자들은 그런 변명이 통하는 것을 무수히 보아 왔기 때문이다. 아무튼 믿을 수 없는 시공자는 그런 불평을 들이대어 자신에게 유리하게 국면을 끌고 가는데, 사실 그의 안중에는 자신의 이익밖에 없었다.

이것은 건설 업계에 잘 알려진 사실이다. 시공자는 남을 위해 시공하는 법은 별로 없고 자신의 이익을 제일 먼저 챙긴다. 그는 도면이 부실하다고 주장했지만 그것만이 공사가 지연된 이유는 아니었다. 도면은 충분히 완성된 상태였다. 시공자가 도면을 제대로 이해하지 못하면 그를 교육시키기 위해 끊임없이 세부 시공 사항을 설명해 주었다.

손발이 자그마하고, 독신이고, 부자이며, 세속적인 여자, 이러한 여자 고객의 난점은(물론 여러 가지 난점 중의 하나이지만), 주변에 〈친구〉가 너무 많다는 것이다. 자신이 〈친구〉임을 끊임없이 증명해야 하는 직원들은 마치 충신이나 되는 것처럼 여사장을 향해 금전적인 문제에 대해 줄기차게 조언한다. 그러다 보면 여사장은 갑자기 뭔가 깨달은 바가 있어서 이제와는 다른 태도를 취하게 된다. 대개의 건축주들은 이런 반응을 보였다.

그리하여 여사장 주변의 친구들이 홀리혹 하우스의 건설에 대해 전문가인 것처럼 행세하기 시작했다. 그건 소돔인들이 성스러운 체하는 꼴이나 다름없었다. 이런 자들을 제대로 견제하지 않으면 공사는 망해 버리고 만다. 이런 결정적인 순간에 건축가, 건축주, 시공자라는 영원한 3각 관계가 등장한다. 건축주는 건축가에게 조금이라도 문제의 기미가 보이면 곧장 시공자의 그늘 밑으로 숨어 버리는 경향이 있다. 아니나 다를까! 홀리혹 하우스 공사에서도 우려했던 상황이 발생했다.

나의 고객은 이제 건축가의 어떤 결점 때문에 화가 나 있었다. 그 결점은 그의 성격과 관련이 있었는데 그 순간 가장 고약하고 해결하기 어려운 결점은 이런 것이었다. 건축가가 설계와 관련하여 건축주의 의견을 완전히 깔아뭉갰다는 것이었다. 건축주의 친구들이 일방적으로 제안한 도면의 변경을 건축가가 완전히 거부했다는 것이었다(그는 건물의 생명을 구하려면 거부할 수밖에 없었다). 이것이 문제의 핵심이었고 풀어야 할 과제였다.

이렇게 갈등이 벌어지자 건물 공사가 절반쯤 진행된 상태에서 〈그들이〉 나머지 공사를 전적으로 맡아서 하겠다고 나섰다. 나는 이 시점에서 홀리혹 하우스 공사장을 홀연히 떠났어야 했는데 그렇게 하지 못했다. 감상적인 건축가는 자신의 창작품에 대한 애정을 거둘 수가 없었던 것이다. 당신은 당신의 자식을 사랑하는가? 건축가도 자식 같은 건물을 사랑한다. 나는 그들이 건물을 멋대로 망가트릴 것을 뻔히 아는 상황에서 스스로 물러날 수가 없었다.

아홉 번째로 도쿄 행 배에 오르기 전날, 나는 내 부하를 현장에 남겨 두는 것에 동의함으로써 공사에 계속 매달렸다. 하지만 나는 물론이고 건축주가 〈친구〉의 간섭 혹은 음모의 결과를 감수해야 할 것임을 뻔히 알고 있었다. 나의 이러한 태도는 명백한 피로감, 명백한 허약함, 명백한 비겁함일지도 모르겠다.

홀리혹 하우스 발주처 측의 비현실적이고 성급한 결정이 가져온 참담한 결과는 다른 건축가와 명철한 건축주에게 타산지석이 될 수 있으리라. 좀 더 구체적으로 말해 보자면, 여사장 주위의 〈친구〉는 〈비용을 절감하라!〉는 절대 명제 아래 일시적인 땜질 처방을 자꾸 주문했다. 땜질 처방은 결국에 가서 보면 원칙대로 하는 것보다 비용이 더 많이 든다. 게다가 일부 건축가들에게 경종을 울리기 위해 하는 말인데, 그들(건축가들)이 총명하고 고집 세고 의심하며 수상한 눈초리로 쳐다보는 건축주들을 무시한 전례가 있기 때문에, 문제는 더욱 꼬이게 된다.

자, 이런 이야기는 그만 하도록 하자. 아무튼 로스앤젤레스 올리브 힐의 소유주는, 〈친구〉의 말만 믿고, 제 딴에는 선량한 의도와 타당한 이유로 공사를 직접 맡았다. 그 타당한 이유 중 가장 큰 원인 제공자는 바로 나였다. 앞에서 베토벤, 바흐, 그리고 로만차라고 했던가? 그건 참 씁쓸한 각성(覺醒)이었다.

하지만 이제 막 시적(詩的)인 아이디어가 태어나려 하고 있었다. 그것은 고집 세고, 의심 많고, 야비하고, 소유욕 강한 낡은 세계 — 그 세계가 내놓는 각종 다루기 어려운 소재 — 를 극복하고 올리브 힐 언덕 위에 우뚝 모습을 드러낼 것이었다. 그 공사를 둘러싸고 온갖 험담을 해대는 〈친구〉를 적절히 견제할 수만 있다면.

내가 이처럼 바보스러울 정도로 공사의 경과를 소상히 밝히는 것은 고객이 건축가를 믿어야 한다는 것을 강조하기 위해서이다. 일단 건물 공사가 비정상적이고 괴상한 계획에 따라 진행되기 시작하면 그 어떤 건축주도 건축주, 건축가, 시공자라는 A. I. A[62]가 만든 3각 구도에서 빠져 나오지 못한다. 아무리 우둔한 건

---

62 *American Institute of Architects*. 미국 건축가 협회.

축주라도 결국에 가서는 고객과 건축가의 이해가 일치한다는 것을 알게 된다. 특히 공사의 중요한 사항일수록 더욱 그러하다. 그리고 시공자는 3각 구도(이것은 물론 시공자의 잘못은 아니다)라는 그 상황 때문에 건축가와 건축주의 적수가 되어 버린다. 물론 시공자의 도덕성이 탁월하여 그런 이익 추구적인 속성을 초월하는 경우에는 이야기가 달라지겠지만. 아무튼 공사 초기부터 시공자가 고객에게 귓속말하는 것을 차단할 수 있어야 한다. 시공자는 시공의 특성상 새로운 건물일수록 초보자일 수밖에 없다. 그러나 그들은 그런 사실을 인정하려 들지 않는다.

아예 공사를 중단시킬 수도 있었던 이러한 혼란과 오해와 불신의 와중에서도 공사는 계속되었다. 그리하여 감히 범접하기 어려운 형태가 나타났다. 기이할 정도로 아름다운 〈형태〉가 모습을 드러낸 것이었다. 항상 다투는 사람들도 그 사실을 깨닫기 시작했다. 역경 속에서도 어떤 통일성을 지니고 올리브 힐 언덕을 새로운 의미로 장식하는 건물이 고개를 내밀었다. 그 모든 다툼은 결국 찻잔 속의 태풍에 지나지 않았던 것일까? 도면의 디자인이 아무리 훼손되었다고 할지라도 그 모든 마찰, 낭비, 실수를 극복하고 본래의 건축 정신을 구현한 것일까?

아니다. 건축가와 건축주가 서로 반목했지만 치열한 장인 정신과 끈질긴 성취욕이 위력을 발휘하여, 그 모든 어리석음에도 불구하고 건물의 〈형태〉가 밖으로 드러난 것이다. 나는 언덕 위에 우뚝 서 있는 홀리혹 하우스를 볼 때마다 기적 같다는 생각이 든다. 아니, 그것은 분명 기적이었다.

어느 정도 시간이 흐른 지금에 와서 그때를 되돌아보니 내가 그때의 싸움을 과장한 것이 아닌가 하는 생각도 든다. 어린아이의 안전을 우려하는 부모가 늘 과장하는 버릇이 있듯이. 나는 반스달 양의 인품을 과소평가했다. 그녀는 정말 마음속에 아름다운 것의 형상을 품고 있었고 그것을 끝까지 고집할 수 있는 사람이었다. 그녀는 친구들의 간섭을 물리치고 그 아름다움의 형상을 꾸준히 밀고 나갔다. 그녀는 소심한 성격 때문에 사소한 싸움에 말려들었지만 결코 원래의 목표를 잃지 않았다. 이제 와 생각하니 과거의 일이 아쉽기만 하다. 독자 여러분이 이 부분의 행간을 면밀히 읽었다면 눈치 챘겠지만 그런 사태를 일으킨 주 원인은 나 자신이었던 것이다. 나는 고객을 깔보았다. 지금에야 겨우 알게 된 그녀의 본 모습을 당시에는 제대로 알지 못했던 것이다.

그리하여 캘리포니아 로만차로 구상된 홀리혹 하우스가 할리우드 언덕에 우뚝 서게 되었다. 그 일대에 흔한 네오 스패니시*Neo-Spanish*풍 주택과는 전혀 다른 집이었다. 하지만 스스로의 자부심으로 충만하고 또 살기에도 편안한 집이었다. 그렇다. 홀리혹 하우스는 대단히 자부심이 넘치는 집이었다.

그런데 왜 유소니아 주택은 천편일률적으로 국내용 모델 한 가지만 지향해야 하는가? 유소니아 사람들은 그렇게 천편일률적이지 않은데도 말이다. 왜 앨라인 반스달 같은 사람이 올더먼 쉬무츠코프 부인의 집에서 살아야 하고 나아가 불르바드 윌셔에 있는 레지 플라스터빌트 부인의 사이비 하시엔다*pseudo-Hacienda* 주택에서 살아야 하는가?[63] 결국 개성이란 인생에서 가장 중요한 덕목이다. 그렇지 않은가? 제대로 된 민주주의라면 개성을 밀어 줘야 한다. 유소니아는 개성을 지키기 위해 혼신의 힘을 다해 싸우지 않으면 안 된다. 특히 우리가 오늘날 널리 보게 되는 〈유행〉의 표준화 작업이, 소위 〈국제주의 양식 *international style*〉이라는 허울 좋은 구실을 내세워 절충주의를 시도할 때, 개성이야말로 그에 맞서 싸우면서 지켜야 할 가장 소중한 덕목이다.

내가 볼 때, 〈유행〉은 내일 아침이면 시체가 되어 나자빠질 그런 쓸모없는 것이다. 만약 당신이 〈유행〉을 좇아 주택을 지으려고 한다면 건축 과정에서 그 집은 이미 한물간 물건이 될 것임을 각오해야 한다.

인간 정신의 표현과 관련해서 그래도 끝까지 버틸 수 있는 것은, 특성으로 구체화된 원칙인 것이다. 그리고 개성이야말로 그 특성의 진정한 본질이다. 이런 특성을 살린 집은 반짝 유행의 흐름에서 저만치 떨어져서 안전하게 또 의연하게 서 있는 것이다.

홀리혹 하우스는 바로 그런 집이다. 그리고 앨라인 반스달은 마침내 돌아왔

---

63 Schmutzkopf와 Plasterbuilt는 현대 건축에 대한 안목이 없는 시시한 사람, 플라스터로 외벽을 바른 건물을 좋아하는 사람이라는 뜻으로 실제 인물을 가리키는 이름이 아니다. 플라스터빌트 부인은 이 책의 뒷부분에서 의고전주의 건축을 매도하는 용어로 자주 등장한다.

다. 그녀는 예전에 그 어떤 집에 머물렀던 것보다 홀리혹 하우스에 더 오래 머물렀다. 그녀는 집 주위에 화초를 심어서 색을 입혔다. 그녀는 집을 돌보았고, 서로 대리인을 내세워 집을 짓는 과정에서 건축주와 건축가의 투쟁 때문에 저질러진 몇 가지 건축 초기의 실수를 바로잡았다.

어떤 실수는 바로잡을 수가 없어서 있는 그대로 받아들였다. 햇빛이 그 집을 비추면 주변의 녹음은 더욱 환하게 빛났다. 소나무는 산 속에서 일종의 카펫 역할을 하기 때문에 그녀는 언덕 뒤에 송림을 조성했고, 그 숲 주위에 유칼립투스 나무도 심었다. 게다가 건물 마당에는 화려한 색깔의 꽃도 많이 심었고 건물 내부에는 오스트리아 산 양탄자를 깔았다. 그녀는 유럽에서 엄선한 그림들을 가져다가 주택 디자인의 일부였던 가구와 내실 벽의 그림들을 보강했다. 한동안 그녀는 할리우드의 명사가 되었고 그 집을 아름답게 꾸미는 일에 열을 올렸다. 이어 그 당시 하얀 석고 모형이 완성되어 있던 〈뉴 시어터〉를 짓는 일에 시선을 돌렸다.

회색과 초록색의 올리브 나무들이 울창한 올리브 힐에서 미국 개척민의 딸은 여왕처럼 자유롭게 살 수 있는 자신만의 영지를 구축했다. 이 세상 어디를 쳐다보아도 그런 집은 발견할 수가 없었다. 이민 2세대인 그녀는 자신이 언젠가 세상을 떠나야 한다는 것을 알고 있었다. 그녀의 머릿속에는 이 집을 3세대에게 물려주어야 한다는 의식이 자리 잡았다.

앨라인 반스달은 그 모든 마찰, 낭비, 실수를 극복하고 여기까지는 대성공을 거두었다. 그녀의 왕국이 아름다움과 중요성의 명성을 더해 가고 그 집의 건축 정신이 전 세계적으로 널리 알려지게 되면서 그녀는 자신이 그런 집을 혼자 소유하고 있다는 사실에 고독감을 느끼게 되었다. 그녀는 그런 집을 소유하지 않았을 때보다 더 고독해졌다.

예술가들이 찾아와 그 집을 칭송했다. 홀리혹 하우스는 그녀가 여름이면 방문하는 유럽 대륙의 저명한 아틀리에에서 뛰어난 예술 작품으로 평가되었다. 유럽인들은 할리우드로 찾아왔고 그 집에서 인간 정신의 고상한 조화(調和)를 엿보았다. 새로운 〈프로테스탄트〉들은 — 나름대로 타당한 이유를 내세우며 — 건축가가 자신을 둘러싼 기계의 압력에도 불구하고 자신을 멋지게 표현했다고 평가했다. 하지만 이 캘리포니아 로만차는 위대한 건축 예술의 또 다른 단계일 뿐이었다. 단계 대신 시학이라는 말을 써도 상관없다. 건축이라는 말을 싫어한다면 말이다.

할리우드에서는 앨라인 반스달이 볼셰비키(공산주의자)라는 말이 나돌았다. 아니 〈말로만 볼셰비키〉라는 말도 떠돌았다. 이름을 중시하는 자들은 — 이들에게 이름은 곧 관념이고, 관념은 곧 이름이었다 — 그녀를 조롱했다. 그녀가 사상 측면에서는 〈프롤레타리아〉이지만 실제로는 공주 못지않은 귀족적 생활을 영위한다는 비판이었다. 그녀는 보통의 공주들보다 한결 더 우아하게 살고 있고 그 생활 스타일은 그 누구도 따라올 수 없을 정도로 호사스럽다는 비판이었다. 과연 그녀는 아주 〈시적인〉 환경에서 살고 있었다. 개척자의 딸로 태어나 그녀 자신 또한 개척자인 반스달 양은 완벽한 로맨스 속에서 거주했다. 주위의 사람들이 사이비 스페인 양식, 사이비 이탈리아 양식, 죽어 가고 있는 잉글리시 하프 팀버 English half-timber 주택, 콜로니얼풍 저택 등 사이비 낭만으로 치장한 주택에서 살고 있을 때 그녀만이 진정한 낭만을 구현했다.

그런데 그녀가 그 집을 덜컥 기증해 버렸다. 아무도 그녀의 진정한 동기가 무엇인지 몰랐다. 인간 행동의 동기는 서로 무관해 보이는 잡동사니 속에 감추어져 있거나 복잡한 감정의 실타래 속에 은폐되어 있기 때문이다. 그녀는 부동산 업계의 사람들이 군침을 흘리던 그 집의 집문서를 남에게 넘겨 버렸다. 그녀는 현재 상태 그대로 기증했다. 심지어 충실한 일본인 요리사인 〈조지〉도 함께 넘어갔다.

그녀는 현명하게도 미국의 가장 빈곤한 계급 — 기계의 지속적 승리 때문에 가장 비참한 빈곤 상태로 떨어진 사람들 — 에게 그것을 내놓았다. 하지만 그 건물이 가장 고맙게 여길 사람들에게 돌아간 것은 아니었다. 그녀는 그 집의 용도를 〈캘리포니아 아트 클럽〉으로 한다는 조건하에 캘리포니아의 예술가들에게 기증했다. 향후 15년 동안 집의 상태를 현재 그대로 유지해야 한다는 조건이 붙어 있었다. 그녀의 말로는 그 정도 기간이라면 상상력 풍부한 캘리포니아적(的) 〈형태〉를 예술가들이 충분히 습득할 것이라는 이야기였다. 그녀는 그다음에는 그 건물이 가루가 되어도 상관없다는 듯한 태도였다.

주택 시장이라는 곳은 투기가 넘쳐나고 모든 것이 조만간 판매할 수 있는 물건으로 화하는 곳이기 때문에, 진정한 부를 가진 사람들은 문화재를 그 시장에 내놓는 법이 좀처럼 없었다. 그러나 이 방랑벽을 가진 개척자의 딸은 그녀의 아름다운 집을, 로스앤젤레스 부동산 업자가 감정가로 매긴 〈몇 백만 달러〉라는 꼬리표를 붙인 채, 예술가들에게 기증해 버렸다. 그녀는 예술가들의 삶의 수준을 높이기 위해서 기증을 결심했다. 또한 기계 시대에 태어나 생존을 위해 허덕이는 예술가들에게 큰 도움이 되리라고 생각했다.

이제 서서히 허물어져 가고 있는 홀리혹 하우스는 질책하고, 불평하고, 훈계하는 예술가들의 말을 들어 주느라고 피곤하다. 예술가들이 그 집을 훈계한다면, 그 집도 마찬가지로 그들을 훈계한다. 어쩌면 그 집은 — 기증자가 그렇게 의도한 대로 — 그들의 생활에 동조하면서 새로운 방식으로 새로운 삶을 살아 나갈지 모른다. 이렇게 본다면 홀리혹 하우스는 여전히 그녀의 집이다. 왜냐하면 그녀가 아니었더라면 그런 집은 아예 생겨나지 않았을 것이고 또 그 집은 그녀의 정신을 분명히 구현하고 있기 때문이다.

한편 홀리혹 하우스 공사가 끝난 후 나는 로스앤젤레스 일대를 둘러보고 심한 혐오감에 사로잡혔다. 사람들은 기계식 삽을 가지고 언덕을 파헤치기 바빴다. 언덕 꼭대기에 그들 나름의 〈스타일〉을 구사하면서 한시바삐 주택을 짓고자 했다. 나는 그런 스타일이 미학적으로 전혀 가치가 없다고 보았다. 시대에 뒤떨어진 사람들이 어중이떠중이 격으로 이런저런 건축 양식을 절충해 집을 짓는 행태는 정말 누구도 못 말리는 것이었다. 당시의 유행은 멕시코-스페인풍이었다. 그 당시 샌디에이고에서 주택 전시회가 있었는데 멕시코-스페인풍을 최신 유행으로 전파했다. 그러한 절충주의 스타일은 앞으로 30년간은 계속될 전망이었다.

이 스타일로 사람들은 로스앤젤레스 일대에 예쁜 그림 같은 집을 만드느라고 정신없이 바빴다. 하지만 그것은 집을 그림처럼 예쁘게 하는 것이 아니라 천박하게 하는 것이었고, 벽토 바른 작은 동굴을 위장하여 〈예술과 장식〉을 통해 견강부회하는 것일 뿐이었다. 그들은 베개를 쌓아올리는 방식으로 주택을 〈편안하게〉 만들었고, 실내에 가구를 〈잔뜩〉 들여놓는 것이 우아한 일이라고 생각했다. 나는 로스앤젤레스에서 일했던 몇 년 동안 건축주나 시공자가 〈예술을 의식하는〉 집 혹은 사교적으로 〈편안한〉 집을 짓는 것을 목격하지 못했다.

천박한 효과를 노린 사막 같은 집뿐이었다. 내부의 원칙은 뒷받침되지 않은 채, 독창적이 되고 싶다거나 〈남들과 다르고 싶다〉는 욕망 하나만 있을 뿐이었다. 양각(陽刻)한 〈빤한 표면〉만 보였다. 하지만 천편일률적인 건축 정신 혹은 건축 정신의 부재(不在)만 눈에 크게 띄었다. 〈취향〉 — 이라고 해봐야 무식의 소치이지만 — 이 다소 단순함 쪽으로 옮겨 가기는 했지만 그 건축에는 유기적 통합의 느낌이나 사상은 전혀 반영되어 있지 않았다. 모든 건물이 공허하고 위선적인 분위기를 풍겼고 조야한 스페인 중세풍에 지나치게 기울어져 있었다. 이런 취향이 내일의 건축을 위해 무슨 도움이 될까? 아무런 의미도 없는 어리석은 취향에 지나지 않는다. 이건 틀림없다.

곧 리얼리티를 갈구하는 저 오래전의 허기가 나를 괴롭히기 시작했다. 나는 로맨스를 리얼리티로부터의 도피라고 생각하지 않았다. 나는 적어도 허세를 부리는 사람은 아니었다. 여기서 좀 더 깊이 이야기를 해볼까? 건축의 기반으로서, 건설 공사에 어떤 일정한 체계를 부여하려는 것이 나의 목적이고 희망이었다. 만약 이런 체계가 없다면 건축이라는 것도 없다. 나는 이렇게 생각했다.

어떤 형태? 합리적이고 타당한 건설 공사의 체계를 먼저 수립해 놓으면 형태는 자연적으로 따라오게 되어 있다. 콘크리트 블록? 그것은 건축의 세계에서 가장 싸구려에 가장 볼품없는 것이다. 그것은 〈바위의 표면〉을 가진 돌의 모조품으로 건축의 맨 밑바닥 재료이다.

이것으로 무엇을 할 수 있는지 한번 생각해 보자. 블록의 이음매 속에 철근을 넣으면 콘크리트를 넓은 범위에 걸쳐 일반적인 방법으로 이용할 수 있다. 현대 건축의 새로운 국면에 이것이 적당하지 않다고 할 수 있을까? 그것은 견고하고, 고상하고, 아름다우며, 또 값도 싸다. 이렇게 볼 때 현대 건축에는 여러 가지 국면이 있을 수 있다.

이와 같은 계획을 실행하는 데 필요한 상상력이란 무엇일까. 그것은 생기 없는 덩어리 *mass* 속에 철강을 항장력(抗張力)으로 사용하는 가변적 수단이다. 콘크리트는 플라스틱처럼 가변적인 자재이고 상상력의 영향을 잘 받아들인다. 나는 그것으로 뭔가 만들어 낼 수 있다고 생각한다. 말하자면 건물을 피륙처럼 직조(織造)하는 것이다. 그리고 나는 〈조개껍질〉을 생각해 냈다. 그 속에 강철을 넣은 조개껍질인 것이다. 이 직물의 날실로 철강을 쓰고, 씨실로 돌을 사용하는 것이다. 블록의 무게는 40~50파운드로 하고 크기는 사람이 취급할 수 있는 유니트(단위)로 한다. 이와 같은 블록을 이용하여 직물을 만들거나 조개껍질을 만드는 것인데 이때 블록 전체를 강철로 감고 묶는 것이다. 바다, 천장, 벽을 모두 이런 식으로 만들되 단 속은 텅 비게 만든다.

나는 이미 미드웨이 가든의 상부 벽에 이런 직물 같은 블록을 사용한 바 있었다. 만약 내가 모르타르 이음매를 제거할 수만 있다면 건물의 전 구조를 기계의 힘으로 완성할 수 있다. 이렇게 되면 기능 인력이 필요 없게 된다. 나는 이 작업을 〈라 미니아투라〉[64]에서 해볼 수 있으리라고 생각했다.

가볍고 강한 것. 철강이라는 거미가 가변적 물질(콘크리트) 안에 거미집을 짓는다. 그 거미집은 블록이 완성된 후 시멘트의 코어 *core*를 속에 넣어 결합시킨다. 속이 텅 빈 조개껍질 속에 사람이 사는 것이다! 〈조개껍질〉이 사람의 거주지가 되는 것이다! 그렇게 못할 이유도 없지 않은가.

이것은 유기적 건축이 한 단계 발전한 국면이다. 직선과 평면에 직물의 짜임새를 첨가함으로써, 조개껍질 속에 더욱 풍성한 공간 감각을 구현할 수 있게 되었다. 조개껍질의 풍성한 외피는 가시적인, 진정한 건축적 덩어리로 모습을 드러낼 것이다. 이것이야말로 건축의 획기적 진보였다. 장식은 전체가 부분의 합보다 더 크다는 것을 보여 줄 것이고 또 이러한 의도를 잘 살려 줄 것이다.

이러한 의미에서 진정한 〈덩어리〉는 언제나 현대적인 것이다. 미국 건설 업계의 화살 통에 화살이 한 발밖에 없다는 건 아쉬운 일이 아닐 수 없다. 미국에는 이런 토착적 정서를 무시하는 경향이 존재해 왔다. 나는 이 일에 내 아들 로이드를 끌어 들였다.

---

64 *La Miniatura*. 스페인어로 〈모형〉이라는 뜻.

나의 제자들

내 밑에서 건축 경력을 시작한 몇몇 젊은이들은 로스앤젤레스에서 나와 함께 일했다. 당시 LA에서는 거짓되게도 픽처레스크[65]와 리앨터레스크[66]가 판치고 있었다. 내 제자들은 일반 대중의 조야함을 수정하고 모방하기만 하는 유소니아를 견제하기 위해 무엇을 했던가? 그 당시 미국, 유럽, 일본 등지에서 건축가로 일하는 젊은 제자가 50~60명 정도 되었다. 그들은 내 밑에서 배우기 위해 전 세계에서 찾아왔다. 하지만 학생 자격으로 온 것은 아니었다. 나는 선생이 아니다. 그들은 일종의 도제 자격으로 찾아왔다. 탤리에신에서 숙식을 제공하는 것 이외에 보수는 없었다. 하지만 좀 더 재능을 닦아 일을 도와줄 수 있는 단계에 이르면 소액의 보수를 지급했다. 능력이 더욱 커지면 그들이 일한 양에 따라 숙식 이외에 월급을 지급했다. 오크 파크의 워크숍에서는 각자 다 알아서 생활비를 해결해야 했기 때문에 숙식비에 상당하는 명목적 비용만 제공했다.

나는 6~7명 정도를 제외하고는 모든 제자들에게 만족한다. 그들의 열성과 충성심은 정말 나무랄 데가 없었다. 물론 이러한 충성심은 내 개인에 대한 것이 아니라 일에 대한 것을 말한다. 어쨌든 그들은 그것 때문에 불원천리하고 나를 찾아온 것이 아니었던가.

제자들이 이처럼 자연스럽게 모여드는 것은 그들에게 유리한 점도 있었고 불리한 점도 있었다. 내가 일부러 찾아다니면서 제자를 모집한 적은 없고 나한테 오겠다는 사람들만 받았다. 나는 때때로 제자들 사이의 단합을 위해 〈효율〉을 일부 희생하기도 했으나, 그렇게 많이 희생한 것은 아니었다. 나는 젊은 사람들의 아첨을 좋아한다. 그들도 나를 좋아하고 나도 그들을 좋아한다. 그들이나 나나 이렇게 하는 것이 아주 자연스럽다. 하지만 제자들 중에는 스승이 보지 않는 곳에서 스승의 방식을 표절해도 무방하다고 생각하는 젊은이도 있었다. 나중에 가서는 그러한 행위를 정당화하기까지 한다. 이런 유형의 제자는 곧 비방자가 된다. 그가 내 이름을 파는 것을 선선히 허용해 주지 않으니까 나를 방해물로 생

---

[65] *picturesque*. 〈그림 같은〉이라는 뜻으로 여기에서는 장식적인 면을 강조한다는 의미로 쓰였다.
[66] *realtoresque*. 〈부동산업자가 주도하는〉이라는 의미이다.

각하는 것이다.

 내 작업의 독특한 개성은 처음부터 끝까지 단 한 번도 궤도에서 이탈해 본 적이 없다. 내 작업은 그 중심선을 지키며 꾸준히 발전해 왔다. 나의 작업 시스템, 혹은 시스템의 부재 — 나는 전통적 의미의 사무실을 운영해 본 적이 없다 — 는 나의 버릇이 되었고 아주 원활하게 기능을 발휘했다. 왜냐하면 나 자신이 작업의 모든 세부 사항에 관여했기 때문이다. 내가 현장을 비우면 문제가 발생했고 심한 경우에는 배신도 당했다. 아무튼 나는 일반적인 건축 사무소가 운영하는 그런 〈조직〉을 갖춘 적이 없었다. 내가 설계 행위의 중심에 우뚝 서 있는 한 그런 조직이 불필요했다. 내가 있는 곳이 곧 나의 사무실이었다. 이것이 기존의 건축 사무소와 나의 커다란 차이점이었다. 일을 깐깐하고 정확하게 할 수 있는 이점이 있었지만 조직이 없다는 점에서는 한계라면 한계였다.

 나를 찾아온 청년을 거절한다는 것은 늘 어려웠다. 한번은 이런 일이 있었다.
 어느 일요일 아침, 오크 파크 스튜디오. 나는 그 전날 늦게까지 일을 해서 잠을 자던 중에 불려 나왔다. 한 소년이 스튜디오로 나를 찾아와 만나기를 원한다는 것이었다. 나는 침대에서 일어나 아래층으로 내려갔다. 제도실 중앙의 작업 테이블 옆에 한 소년이 서 있었다. 덩치가 작았고 얼굴에는 사춘기의 여드름이 잔뜩 나 있었고 수줍어하며 얼굴을 붉히고 있었다. 건축가가 되고 싶습니다. 선생님의 작품을 너무 좋아합니다. 나도 그런 집을 지었으면 좋겠습니다. 뭐 그런 이야기였다.
「이름은?」
「프랭크 번입니다」, 아일랜드계 소년이었다.
「어디서 일하지?」
「몽고메리 워드스에서요.」
「무슨 일을 하나?」
「물품 포장을 하고 있습니다.」
「얼마나 받나?」
「주급 10달러입니다.」

건축을 배워도 괜찮을 것 같은 환경이었다. 「고등학교만 다녔나? 그 후에 집에서 공부를 했고?」 「예, 조금.」
「너무 갑작스럽지 않나. 하던 일이 있는데 느닷없이 건축을 배우겠다니?」
「예, 그건 좀 그렇다고 생각합니다.」
「자네는 제도에 대해서는 전혀 모르는데…… 나한테 무슨 일을 해주고 주급 10달러를 받겠다는 건가?」
「사환부터 시작하면 어떨까요? 바닥 청소를 하고 유리창 닦기도 하고 뭐든지 시켜만 주십시오.」 「하지만 사환은 벌써 몇 명이나 있는 걸.」 소년의 얼굴에 낙담한 기색이 역력했다.
소년이 갑자기 하던 일을 그만두고 건축을 배우겠다고 결심한 데는 뭔가 결연하고 감동적인 데가 있었다. 그게 내 마음을 움직였다. 이런 돌연한 전환(轉換)은 늘 나를 감동시켰다. 이 소년에게는 뭔가 있는 것 같았다. 그는 창백한 얼굴로 거기 서 있었다. 나는 그가 필요 없었고 원하지도 않았다. 하지만 저 순진한 어린 소년이 거기 그대로 서 있었다. 그 소년의 내부에 뭐가 있는지 어떻게 알겠는가?
「좋아. 써 주지.」 내가 말했다.
그 친구는 나와 함께 4년을 근무했고 그보다 몇 년 앞서서 시작한 아이들보다 훨씬 더 우수한 자질을 보여 주었다. 그는 나의 최초의 〈충실한〉 제자였다. 그는 건축가로 독립한 후에도 언제나 내가 도움을 요청하면 만사 제쳐놓고 달려왔다. 제자들 중에는 이미 〈건축가〉였던 인물이나 대학 건축과 학생이 여럿 있었지만, 그래도 이 아일랜드계 소년의 채용 과정은 내가 워크숍에서 사람을 뽑는 과정을 잘 보여 주는 전형적 사례이다. 여러 명의 세련된 유럽인 건축가들이 탤리에신의 작업 과정에 참여했다. 하지만 그들의 자격이 어떠했든 간에 제자들은 모두 동일한 대접을 받았다. 제자들은 자격이 있는 것으로 판명되면 2년에서 10년까지 머물렀다.
제자들에게는 학교에 다니러 온 것이 아니라는 점을 결코 잊지 말라고 당부했다. 그들은 작업 중인 나에게 도움을 주기 위해서 그곳에 온 것이었다. 나는 현장에서 활발히 뛰고 있는 건축가였다. 그들은 직접 나의 작업을 지켜볼 수 있고 그 과정에서 자신의 능력에 따라 나를 도와줄 수 있었다. 그들에게 숙식은 제공했지만 보수는 능력과 서비스에 따라 지불했다. 얼마를 받고 얼마나 배울 수 있는가 하는 것은 그들에게 달린 문제였다.

제자들은 스튜디오에서 내가 작성한 스키마(계획안)와 스케치를 놓고 찬반으로 갈라져 논쟁을 했고 그다음에는 내가 제자들에게 그들의 능력에 합당한 일을 떼 주었다. 어떤 제자는 너무 많은 자유를 감당할 수 없어서 그걸 오용한 나머지 스튜디오에서 떨어져 나갔다. 어떤 제자는 스튜디오에서 배운 것을 가지고 밖으로 나가서 마치 자기 것인 양 팔아먹었다. 어떤 제자들은 그런 환경을 아주 흡족하게 생각하고 잘 적응했다. 자유를 마음껏 누리면서도 나에게 충성심을 바치는 일은 그리 쉽지 않았으나 그런 제자들이 여럿 되었다.

그들을 어떻게 생각하느냐고? 그들이 어떤 일을 성취했느냐고? 글쎄, 그들이 진출한 건축 업계는 철저히 상업화되어 있었고 어떤 일정한 스타일에 집착하는 경향을 보이고 있었다. 건축이라는 일 자체가 — 아직 건축의 원칙이라는 게 확립되어 있지 않았기 때문에 — 기능주의자들에 의해 상업화되어 있었다. 그들은 실용주의 노선을 지향한다고 말했지만 실은 속되거나 유행을 모방하는 〈취향〉을 뜯어먹고 살고 있었다. 나는 가끔 제자들에게 〈시류에 영합하는 것〉 — 당시의 상업적 타락을 추수(追隨)하는 것 — 을 질책한 적이 여러 번 있는데 그때마다 제자들의 답변은 〈우리는 먹고살아야 한다〉는 것이었다.

그러면 나는 왜? 하고 반문했다. 나는 꼭 그런 식으로 먹고살아야 하는지 의문이었다. 자신이 사랑하는 것을 희생시켜 가며 기생충처럼 살 필요는 없지 않는가. 어째서 모든 관계 당사자들을 공정하게 대접하는 다른 일 — 정직한 〈먹고살기〉 — 을 시도하지 않는가. 어떤 제자들은 자신이 커다란 흐름의 일부라고 말했다. 「혼자서 버티기는 너무 어렵습니다.」 다른 제자들은 경쟁자가 되었고 또 다른 제자들은 〈탈락자〉가 되었다.

아무튼 나는 그들이 겪었을 반대의 하중(荷重)을 잘 알고 있으며 그래서 그들 모두에게 동정심을 느낀다. 건축가들 중 상당수가 고통을 당한 후 잊혀진 존재가 되어 버리지만 그래도 이 업계에 아직까지 남아 있는 제자들은 이제 좀 수월하게 일을 하고 있다. 나의 제자들은 미국의 중서부, 북서부, 남서부, 서부 등지

앨리스 밀러드를 위한 〈라 미니아투라〉, 캘리포니아 주 파사데나, 1923.

에서 활발하게 활약하고 있다.

하지만 현대의 생활은 우리의 그런 노력을 조롱하고 방해한다. 인생이 계속되는 동안 미래를 위해 몇 가지 보람 있는 것을 지키려는 우리의 노력을 말이다. 혼란과 패배에 맞서는 유일한 힘은 원칙이다. 원칙은 우리의 요새이자 피난처이다.

라 미니아투라 작업이 진행되는 동안, 나의 제자들 중 몇 명이 독립하여 캘리포니아에서 활발하게 활동을 펼치고 있기 때문에 여기에 제자들 이야기를 몇 마디 적었다. 블록 시스템 실험이 성공리에 끝났고 그래서 나는 블록 시스템을 적용해 건설한 최초의 주택인 라 미니아투라를 시공할 준비를 완료하였다.

라 미니아투라(모델 하우스)

라 미니아투라는 선인장이 자라듯 자연스럽게 생겨났다. LA 일대에는 미국 중서부 프레리에서 이사 온 사람이 많이 정착했는데 그들은 번영하는 농부들로서

이 지역의 영원한 햇빛 속에 살고 싶어서 중서부를 떠나왔다.

척박하지만 햇빛 가득한 이 지역 인근에는 아직도 개척되지 않은 땅이 많았다. 그런 땅들은, 보기 흉한 주택들이 무차별적으로 들어서기 이전에 이 일대가 얼마나 시적인 땅이었는가를 보여 주었다. 기이한 황금색을 발하는 언덕들이 모래펄 위에 우뚝 솟아올라, 명아주 관목 때문에 표범 무늬처럼 얼룩덜룩한 등성이와 합쳐졌다. 이러한 전경이 저 멀리 아득한 데까지 계속하여 펼쳐졌다. 이러한 풍경이 뒤로 물러나면서 점점 푸른색을 띠는 순간, 인간의 눈으로는 그 광활한 풍경을 모두 담을 수 없다는 느낌을 갖게 된다. 그 풍경은 더욱 푸르게 짙어지다가 마침내 흰 눈을 이마에 두른 청산(靑山), 그리고 푸른 하늘과 하나로 합쳐진다.

낮고 긴 플라스터 벽 이외에, 인간이 이 광대한 풍경에 도입한 또 다른 조화의 노래는 유칼립투스나무였다. 키가 크고 잎이 갈라진 이 나무는 영원한 햇빛에 어울리는 무심한 여성적 우아함 속에 서 있으면서 올리브-그린, 아이보리-화이트, 하얀-황금색, 장미-보라색 등의 교향악에 한 가지 색조를 더 보탰다.

비도 내린다. 그러나 1년에 한 번 홍수가 날 정도로 온다. 그것은 지붕을 세차게 두드리고, 모래밭을 휩쓸며, 갑작스러운 물살로 모랫바닥에 거대한 돌을 굴리지만, 일과성(一過性)일 뿐 잠시 후면 모랫바닥은 예전처럼 건조해진다. 하지만 인간은 그 물을 가두어 둔다. 곧 사라져 버리는 빗물을 산꼭대기의 콘크리트 저수지에 가두었다가 포도원, 과수원, 잡목림, 세로 20야드[67] 가로 40야드의 정원 잔디밭에 급수하는 것이다. 중서부에 있는 집처럼 이곳의 집에도 그 정도의 마당이 있었다. 저 기이하고 천편일률적인 물건들(집)이 아주 근엄한 표정으로 잔디밭을 내려다보고 있다. 그 집들은 창문을 통해 밖을 내다보는 집주인들처럼 모두 굳은 표정을 하고 있다.

비옥한 중서부에서 이곳으로 새로 이사 온 사람들은 태양을 그들의 집으로 삼기 위해 왔다. 하지만 주인이 햇빛을 어떻게 이용해야 할지 모르듯이, 그 집도

---

67 1야드 = 91.44센티미터.

앨리스 밀러드를 위한 〈라 미니아투라〉, 캘리포니아 주 파사데나, 1923.

전혀 햇빛의 혜택을 받아들이지 못한다. 와이셔츠 복장이 그 신규 이주민의 한계였는데 그의 집은 와이셔츠를 입고 활동하기에는 여러 가지로 불편했고 그 외에 살기〈편안한〉장치가 하나도 없었다.

그의 집은 그가 이주해 오기 직전의 생경하고 거친 황무지의 분위기 그대로이다. 중서부의 영하 날씨를 견뎌야 하는 예전의 집처럼 도전적이다. 이제 겨울 추위를 대비해야 할 필요가 없는 상황인데도 그처럼 단단히 무장하고 있으니, 그들의 집은 도무지 영원한 햇빛과는 어울리지 않는다.

햇빛을 찾아서 이곳으로 온 사람들이 집 주위에 화초를 심어 봐도 별로 좋은 결과가 생기지 않는다. 햇빛이 좋기 때문에 그들은 온갖 기이한 화초와 나무를 심고 또 기른다. 그들은 일종의〈컬렉션〉을 전시하듯이, 네모반듯한 잔디밭에 화초와 나무를 그럴듯하게 배열한다. 이어 현관과 거실이 들어서고 파이, 빙수, 흔들의자, 츄잉 검 따위가 등장했다.

그러나 곧 프라 후니페로 신부와 라투르 신부가 등장하여 캘리포니아 일대의 주택에 영향을 미치기 시작했다. 왜냐하면 이들이 고국에서 가져온 이탈리아-스페인풍 주택이 캘리포니아의 기후와 잘 맞아떨어졌기 때문이다. 이 남부 스타일의 주택은 이미 스페인과 멕시코에서 강한 햇빛을 막아 주었으므로 남부 캘리포니아에서도 곧 유행했다. 따라서 가톨릭의 선교 본부 건물은 캘리포니아의 중서부 이주민들의 주택을 변모시키기 시작했다. 비록 그들이 포교한 가톨릭은 중서부의 확고한 종교적 신념에 밀려 거부되었지만.

그래서 햇빛을 보고 이주해 온 중서부 사람들은 프라 후니페로의 건물을 흉내 내기 시작했고 그의 정원과 스타일을 모방했다. 심지어 그가 가져온 골동품들도 사기 시작했다. 하지만 중서부 사람들은 여전히 밀짚모자, 영국식 코트, 바지와 구두 등 자신들의 복식은 완강하게 유지했다.

그러나 중서부에서 온 이주민들은 날씨를 감안해 가끔 부드러운 깃이 달린 셔츠를 입되 모자를 쓰지 않는 경우도 있었다. 하지만〈성장(盛裝)〉을 할 때에는 단 하나도 바꾸려 들지 않았다. 중서부에서 온 이주민들은 프라 후니페로가 혹은 스페인 사람들이 그들의 집 주위를 살펴보듯이〈프라 후니페로〉식 주택으로 가득한 환경을 둘러보았다. 그런 집은 프라 후니페로에게는 득이 되었을지 모르나, 햇빛을 찾아 캘리포니아로 온 중서부 이주민에게는 해를 입혔다.

멕시코를 통해 들어온 스페인풍 주택이 캘리포니아 남부 일대의 주택 문화를 장악하기 시작했다. 동굴 같은 집의 벽토 바른 수수한 벽들이 산정의 저수지 덕분에 짙은 녹음 사이에서 서로 마주 보았다. 그 벽들은 뭔가 새로운 것처럼 반짝거렸고, 이국적인 나무 잎사귀들을 가려 주는 수수한 막이 되었다.

평범한 존스 집안과 스미스 집안을 위해서는 시원한 파티오(스페인식 안뜰)가 들어섰다. 좀 부유한 로빈슨 집안을 위해서는 화려한 하시엔다(스페인식 농장)가 들어섰다. 아치형의 로지아와 포도 덩굴로 덮인 주랑(柱廊)도 생겨났다. 투박한 스페인풍의 지붕은 햇빛을 분홍색으로 반사했다. 손도끼로 다듬은 대들보는 산뜻하게 펼쳐놓은 차양에 가려졌다.

캘리포니아는 중서부 기후보다 캘리포니아 기후에 더 익숙한 신부들이 도입한 주택 문화로 되돌아갔다. 그래서 오늘날의 캘리포니아 사람들 — 아이오와, 위스콘신, 오하이오에서 태어난 사람들 — 은 스페인풍의 건물과 스페인 골동품에 대한 취향 이외에는 이렇다 할 자신만의 고유한 문화를 갖고 있지 않다. 격자무늬의 도시 계획, 근대식 화장실, 현관과 주방과 간이 식당의 도입, 이런 것들은 모두 선교사의 유물이었다. 그것은 나름대로 하나의 발전이었다. 현재의 상태를 유지하면서 뭔가 하나씩 추가해 나간다는 점에서 발전이라고 말할 수 있다. 하지만 술에 탐닉하는 캘리포니아는 그 모든 것을 유칼립투스와 미모사와 장미로 은폐했다. 이렇게 하여 그림 같은 장식만을 추구하는 건축가들의 오류는 완전히 묻혔다. 이들은 기술과 장식이 건축의 전부라고 착각하는 사람들이었다.

이런 겉만 번드레한 그림 위주의 건축이 팽배한 분위기 속에서, 마침내 자그마한 스튜디오 하우스인 라 미니아투라가 건설되었다. 그 주변의 감상주의를 철저히 배제한 채.

자유롭고 용감한 사람의 고향인 미국에서 모든 진실한 건물은 영혼을 괴롭히는 십자군이었다. 이것은 프라 후니페로의 선교 사업이 십자군의 활동과 비슷했던 것과 같은 이치이다(비록 프라 후니페로의 선교 사업은 실패로 끝나기는 했지만). 하지만 그가 도입한 스페인풍 주택 문화는 성공을 거두었다. 그것은 독창적인 문화라고는 할 수 없었지만, 아무튼 그는 고국의 주택 문화를 그대로 옮겨 놓은 것이다.

하지만 라 미니아투라는 그런 주택이 아니었다. 이 자그마한 건물은 이런 주택 문화에 무엇이 결핍되어 있는지 과학적으로 탐구하려는 시도에서 출발한 야심 찬 사업이었다. 기존의 주택에는 무엇이 결핍되어 있는가? 간단히 말해서 근대적 산업과 미국의 생활이라는 관점에서 보았을 때 캘리포니아만의 독창성이 결여되어 있는 것이다.

현재 들어서 있는 주택들은 그런 결핍을 심각하게 느끼지 않는 듯했다. 그러나 라 미니아투라는 진정한 〈건축〉으로 인정받기를 바랐다. 이 이야기의 여주인공은 시카고 근처 중서부 프레리 출신의 조지 매디슨 밀러드의 부인인 앨리스 밀러드이다. 날씬하고 활달한 밀러드 부인은 만인의 행복을 위해 열심히 싸우는 사람이다. 그녀는 어떤 물건을 보면 그것이 자기가 원하는 것인지 아닌지 명확하게 알았다. 그리고 가능하면 그것을 얻으려고 애썼다.

밀러드 부부는 내가 15년 전 시카고 근처의 하이랜드 파크에 지어 준 집에서 죽 살아 왔다. 나는 첫 번째 집을 지어 준 부부가 두 번째 집의 설계를 요청해 왔을 때 정말 기뻤다. 내가 지어 준 총 172채의 집주인 가운데 두 번째로 설계 요청을 해온 경우는 밀러드 부부가 열한 번째였다. 나는 이런 영광스러운 일을 한 건 더 추가할 수 있어서 마음이 뿌듯했다.

나는 내 작품 중에서 가장 좋은 집을 밀러드 부인에게 만들어 주리라고 생각했다. 그러자면 무엇보다도 그 집은 바로 그 부지와 일체가 되어야 했다. 그녀의 집은 그녀의 필요 — 밀러드 부인은 고서(古書) 수집가였다 — 를 전반적으로 충족시키는 합리적인 주택이 되어야 했다. 그녀가 대포처럼 생기고 종잇장 같은 지붕을 가진 저 천편일률적인 스페인풍 주택을 가져야 할까? 스페인풍 장식을 파는 장식 회사의 제품을 덕지덕지 붙인 그런 집? 그녀는 그런 집을 가져서는 안 되고 또한 샌디에이고 박람회가 새롭게 유행시킨 풍경 페인팅[68] 주택을 가져서도 안 되었다. 그녀에게는 진짜 집을 마련해 주어야 했다. 밀러드 부인은 예술

---

68 *scene-painting*. 겉만 번드레하고 실용성은 떨어지며 의고전주의풍 건물을 천편일률적으로 답습한 건축 양식을 의미한다.

가 기질이 풍부한 사람이었다. 하지만 푸른 눈을 빛내며 솔직하게 웃기를 좋아하는 부인은 그 집의 건축과 관련하여 아무런 의심도 하지 않았다(물론 막연하게 추측은 했을지 모른다). 그녀의 새 집은 건축 업계의 악순환적 분위기에 빠져들어 조롱의 대상이 될 수도 있었다. 어떤 건축주가 새로운 스타일의 집을 지어서 개성을 뽐내며 살아가려 할 때, 왜 그토록 많은 슬픔을 겪어야 하는지 나는 도무지 이해할 수 없었다. 하지만 현실은 어쩔 수가 없었다. 주택도 결국 사람이 짓는 것이기 때문에 질시하는 사람들의 본성이 드러나는 것이다.

나는 일본에서 귀국한 직후부터 직물 같은 블록-슬래브로 지은 집의 설계도를 구상해 왔다. 그녀는 그 아이디어에 별로 거부감이 없었다. 우리는 건설 업계에서 천대를 당하던 콘크리트 블록을 사용해 그때까지 이 자재에서 발견하지 못했던 영혼을 생생하게 되살려 냄으로써 나무처럼 부드러운 결을 가진 아름다운 집으로 만들 생각이었다. 콘크리트 블록으로 만든 그 집은 그 땅에서 자라난 나무들처럼 자연스러운 한 그루 나무가 되어 우뚝 서 있을 것이다.

우리가 할 일은 콘크리트 블록을 잘 다스리고, 정제하고, 직조하는 일이었다. 물론 블록의 접합부에 강철을 넣고 거기에 콘크리트를 타설하여 항장력을 높이는 일도 못지않게 중요했다. 이렇게 하면 벽은 날렵하면서도 단단한 강화 슬래브가 될 것이고 마음먹은 대로 다양한 형태를 만들어 낼 수 있을 터였다.

벽을 이중 구조로 할 생각이었다. 한 벽은 내부를 향하고 다른 한 벽은 외부를 향하게 하되 벽과 벽 사이에 빈 공간을 두어 여름에는 시원하고 겨울에는 따뜻하면서 늘 건조한 상태를 유지할 계획이었다. 결이 있는 내부의 블록은 훌륭한 배경을 이룰 것이며 여기에 오래된 그림, 멋진 책, 양탄자 등을 걸 수 있을 것이다. 햇빛에 노출되는 바깥의 벽은, 심지어 유칼립투스나무도 부러워하고 존경할 정도로 자연스러운 나무의 모습을 띨 것이다. 그녀는 귀중한 장서와 골동품에만 화재 예방 조치를 하는 것이 아니라, 집 전체를 내화 구조로 만들고 싶어 했다. 나는 내화 구조에 대해 구상한 바를 그녀와 의논했고 그녀는 내 이야기를 들으면 들을수록 흡족해했다. 나는 이 구조에 대해 계획안을 작성했다.

당시 밀러드 부인은 공사비로 1만 달러를 책정해 놓고 있었다. 그녀는 추가로 2천 달러를 조달할 수도 있고 못 할 수도 있다고 말했다. 돈을 빌려 줄 은행가들은 지난 시대에 태어난 사람들이었고 새로운 아이디어에는 적대적인 그룹이었다. 어떤 아이디어가 위대하면 할수록 은행가의 적개심도 높아졌다. 따라서 추가 비용이 들어오지 않을 것을 고려해 건축 설계를 아주 경제적으로 해야만 했다. 가령 밀러드 부인은 거실은 하나만 있어도 된다고 했다. 대신 커다란 벽난로가 있어야 하고 아름다운 발코니를 달고 싶다고 주문했다. 침실은 발코니를 통해 들어가는 것으로 해달라고 했다. 그 침실도 널찍하게 설계하되 옷 보관실과 발코니와 욕실이 따로 있어야 했다. 그녀는 발코니에 추가 욕실을 설치하는 아이디어를 선호했다.

이어 적당한 크기의 손님방을 두되 손님이 없을 때에는 사무실로 사용하고 싶어 했다. 이 방에도 욕실이 딸려 있어야 했다. 물론 화장실은 두 개여야 했다. 식료품 창고, 부엌, 하인의 침실, 저장실, 목욕탕이 딸려 있는 응접실 — 소규모 파티를 열 수 있을 정도의 크기 — 이 필요했다. 여기에는 세 개의 화장실이 필요했다. 밀러드 부인의 눈썰미는 탁월했다. 그녀는 싸구려 목재는 싫어했고 싸구려 하드웨어는 더 더욱 싫어했다. 그녀는 날림 시공을 혐오했고 그런 시공은 금방 알아보았다. 반드시 그것을 짚어 냈다. 그 집에 조잡한 자재를 사용해서는 절대로 안 되었다. 게다가 주택 구조의 필수적 부분으로 차고를 설치해야 했다. 그녀는 이 모든 설비에 내화 시설을 하고 반영구적인 아름다운 집을 짓는 데 1만 달러(앞에서 언급한 금액)를 내놓았다.

도면이 완성된 후의 어느 날 그녀는 열띤 목소리로 말했다. 「우리의 〈완벽한〉 집을 지어 줄 시공자를 방금 발견했어요. 나는 그 시공자와 한참 이야기를 나누었고 그가 얼마 전 완공한 내 친구의 집도 그와 함께 가서 보았어요. 그녀의 예산보다 싸게 그 집을 지었다고 해요. 그래서 그녀에게 많은 추가 설비를 무료로 해주었대요. 그는 너무 훌륭하게 또 효율적으로 일을 하기 때문에 건축가가 필요 없을 정도라고 해요. 자 함께 가서 그 집을 보도록 해요.」

여기에 〈3각 관계〉의 또 다른 다리〔脚〕가 등장했다. 물론 그 사람은 처음에는 미소를 지으며 나타날 터였다. 나는 그녀의 요청을 거절하지 못했고 그래서 같이 그 집을 보러 갔다.

그 집은 나쁘지는 않았다. 그 예산으로는 상당히 잘 지은 집이었다. 밀러드 부인이 원하는 것과 거의 비슷한 수준이었다. 나는 시공자와 대화를 나누어 보았고 그녀는 그 사람이 아니면 시공을 맡기지 않겠다고 할 정도가 되었다. 그녀는 말했다. 「그 사람이라면 〈완전히〉 믿어도 될 것 같아요.」 그녀는 건축가에 대해서도 변함없는 믿음을 갖고 있었다. 하지만 그녀는 시공자도 완전히 신임하는 것 같았다. 그리하여 익숙하면서도 좀 위험한 상황이 전개되기 시작했다.

「그 사람을 어떻게 생각하세요?」 그녀가 밝은 목소리로 물었다. 하지만 아주 초조하게 나의 반응을 살피는 것 같았다.

「이런 문제에서는 여자의 직관이 아주 중요하지요. 그 사람은 총명한 것 같습니다. 독립적으로 시공한 경험도 풍부하더군요. 그는 이 블록-슬래브 아이디어도 마음에 든다고 했고 또 아무런 이득도 취하지 않고 계약을 수행하겠다고 했습니다. 말하자면 시공 경험을 쌓겠다는 거였어요. 그러니까 자발적으로 이 일을 맡으려 하는 겁니다. 당신이 다른 시공자는 생각도 하지 않는다고 하니 그 사람의 말을 액면 그대로 믿겠습니다.」

그녀는 안도의 한숨을 내쉬었다. 이제 됐다고 안심하는 것 같았다. 나는 그녀의 그런 생각에 반대할 만한 타당한 이유가 없었다. 하지만 그녀만큼 안심이 되지는 않았다. 사실 나는 이렇게 말해 주었어야 했다. 「건설 업계에 있는 사람치고 당신을 위해서나 혹은 나를 위해서나 그런 커다란 희생을 자발적으로 하려는 사람은 아무도 없습니다.」

일부 자재 업자들도 그를 높게 평가하면서 추천했다. 내가 그들에게 전화를 걸어 보았던 것이다. 이제 그 사람을 시공자로 선정하는 데 아무 문제가 없는 듯했다. 이제 저 익숙한 3각 관계가 형성되었고 밀러드 부인의 엄명이 내려진 상황에서 나는 더 이상 토를 달 수 없었다. 그녀가 시공자를 철저히 믿고 있다는 것을 알았기 때문에 그녀의 마음을 바꾸려 한다는 것은 감히 생각도 못할 일이었다. 아무튼 그녀는 건축가가 골치 아픈 사람이니 그를 쓰지 마라는 친구들의 경고를 무시하면서까지 나를 밀어주었고, 또 일반적이고 감상적인 주택 문화에 도전하려는 나의 노력에 동참하기 위해 오랜 세월 다져 온 우정을 일부 잃어버릴지 모르는 위험까지도 감수하지 않았는가. 시공자는 처음에는 잘했다. 모든 업자들이 늘 그렇듯이.

내가 이 일을 이처럼 자세히 설명하는 것은 처음에는 모든 〈로만차〉가 달콤하다가 어느 한순간에 물거품으로 변해 버릴 수 있음을 보여 주기 위해서이다. 시공자는 처음에는 열성적으로 일을 했다. 일이 무럭무럭 진행되어 나가는 모습은 마치 누룩을 넣은 자그마한 밀가루 반죽이 커다랗게 부푸는 과정과 비슷했다. 하지만 일은 그 후에 점점 시들해지다가 갑자기 죽어 버리는 것이다. 그건 마치 아이를 처음 낳아서 기뻐하다 어느 날 갑자기 아이가 병사(病死)한 상황과 비슷했다. 아이의 생명을 지키려면 부모가 매 순간 조심하면서 아이를 살펴야 한다. 마찬가지로 건물의 생명을 구제하려면 건축주가 지속적으로 시공자를 감시해야 한다.

나는 이 공사와 관련된 이야기를 자세히 털어놓겠다. 이런 일이 인간의 영혼에 어떤 도움을 주는지 살펴보기 위해서이다. 자, 이 시공자를 우리 계획의 대부 *god-father*라고 해보자. 나는 *god*이라는 단어와 *father*라는 단어 앞에 적절한 비난의 형용사를 넣을 수도 있을 것이다. 하지만 그것은 독자의 상상에 맡기기로 하겠다.

밀러드 부인은 시공자를 하나의 축복이라고 보았고 그가 꼭 필요한 존재라고 생각했다. 이렇게까지 말하기는 좀 부끄럽지만, 아무튼 그녀는 시공자를 신임했다. 내가 알기로 그 누구도 그 어떤 것도 믿어서는 안 되는 건설 업계에서 말이다. 그들이 〈겉만 번지레〉해서 또는 그들이 이 바닥에서 신참이어서, 또는 그들이 이러저러해서 등등, 불신의 이유를 들면 한이 없을 것이다.

나는 당시에는 이런 사실을 몰랐다. 하지만 그 일이 있은 후 나는 아무도 믿지 않게 되었고, 밀러드 부인도 그랬으리라 생각한다. 심지어 나까지도 의심했을지 모른다.

예리한 독자들은 이미 간파했을지도 모르지만, 그녀와 나는 구제불능의 초보자였다. 산타클로스 같은 존재를 철석같이 믿는 순진한 사람들이었다. 밀러드 부인이 데려온 시공자가 한 말을 그대로 믿고서 1만 1천 달러 정도면 자신들의 〈사명〉을 달성할 수 있으리라고 생각했다. 하지만 그 액수는 시공자가 낸 견적 금액일 뿐이었다. 그는 아무런 망설임도 없이 계약서에 서명했다.

그는 서명하지 않을 이유가 없었다. 어차피 안 지킬 거였으니까. 아니, 그런 심보였으므로 그 어떤 계약서에도 주저 없이 서명을 했을 것이다. 한편 우리는 밀러드 부인이 원래 사두었던 나무 없는 부지를 퇴짜 놓았다. 그 대신 내가 봐두었던, 앞뒤로 유칼립투스 숲이 있는 계곡의 땅을 사들였다. 그 계곡은 서클 드라이브를 통해 후방에서 접근이 가능했다. 계곡의 앞으로는 품위 있는 레스터 애비뉴가 지나갔다.

내가 보기에 계곡에 집을 지으려는 사람은 아무도 없었다. 사람들은 산꼭대기나 산 중간쯤에 집을 지으려 했다. 그건 버릇처럼 굳어진 관행이었다. 나는 그게 나쁜 버릇이라고 생각했다. 아무튼 그 일대의 그런 관행 덕분에 우리는 부지를 반값에 사들일 수 있었다. 그것은 산꼭대기의 최고 좋은 땅을 전액 다 주고 산 것보다 더 훌륭한 땅이었다.

계곡으로 접근하려면 집 뒤쪽의 서클 드라이브를 통해 들어가야 했다. 그리하여 레스터 애비뉴 쪽의 앞부분은 약간 가라앉은 정원이 되었다. 밀러드 부인의 집은 앞뒤의 유칼립투스 숲 사이에서 우뚝 솟아오를 예정이었다. 발코니와 테라스는 집 앞쪽의 계곡으로 이어지게 되어 있었다. 양옆의 이웃들은 이런 설계 구도를 환영했다. 그들의 집 옆쪽을 정원 공간으로 남겨 두기 때문이었다.

우리는 시공에 착수했다. 곧 시공자는 밀러드 부인의 환심을 사기 시작했다. 그는 실제 능력 이상으로 부인의 평가를 받았다. 그는 완전히 공사를 휘어잡았다. 나는 그런 상황에 대해 경악과 분노를 느끼지 않을 수 없었다. 건축가가 자신의 건축 구상에 대해 전심전력으로 매달리는 데 대한 하나의 안전판으로 건축주가 시공자에게 일방적으로 매달리는 것은 그리 유쾌한 일이 아니었다. 그녀의 친구들이 그 정도로 나를 시기하고 모함했단 말인가? 아니면 그게 그녀의 성격이었는지도 모른다. 하지만 그녀는 그런 사실을 결코 인정하지 않으려 했다. 그래서 나는 이 자리를 빌려 얼굴을 붉히면서 그 사실을 있는 그대로 말하고자 한다. 나는 다른 사람들에게 들어서 이런 사실을 알았다. 캘리포니아 지방에서는 — 여러 가지 이유가 있겠지만 날씨 때문에 — 건축가가 건물주의 신임과 평가를 얻기 위해서는 자주 시공자를 상대로 경쟁을 해야 했다. 하지만 건물주로부터 그토록 신임을 받는 시공자의 〈특별한〉 자질은 무엇인가? 특히 그 건물주가 여성 고객일 때? 물론 그 시공자가 아주 〈실용적인〉 사람일 것이라고 선뜻 대답하기가 쉽다. 성가신 건축가의 존재에도 불구하고 말이다. 그는 물막이 판자와 지붕 널을 알고 있으니 당연히 콘크리트 블록도 알 것이라고 생각하는 것이다. 특히 여성 건물주에게는 이런 〈실용적인〉 남자의 매력은 거부하기 어려운 것이다. 여자는 남자보다 훨씬 객관적이고 그래서 명백한 사실에 아주 약하다.

　나는 이런 건축가와 시공자 사이의 경쟁에 대해 분개하기는 했지만 그에 대해 아무런 이의도 제기하지 않았다. 사실 이렇게 말하기는 아주 씁쓸하지만, 설사 내가 이의를 제기했더라도 결과는 전혀 달라지지 않았을 것이다. 그래서 나는 일단 협조하기로 하고 매일 현장에 출근했다. 나는 구체적 시공 방식과 세부 사항을 작성했고 마침내 블록을 찍어 내는 플라스크 flask와 박스를 제작했다. 모래, 자갈, 시멘트의 비율을 아주 조심스럽게 결정했다. 배분 비율을 작업할 때마다 약간씩 다르게 조정하여 블록의 색깔이 다양하게 나오게끔 신경 썼다. 〈시공자〉는 LA의 친척들을 데려와 블록을 제작하게 했다. 우리는 숙련공을 쓰지 않았다. 그래서 시공자의 친척들은 등짐을 지고 계단을 걸어 올라가 벽의 필요한 부분에 블록을 부려 놓았다. 이 모델 하우스는 저예산(低豫算) 공사였기 때문에 웬만한 것은 현장에서 만들어 써야 했다. 이 때문에 온갖 불편한 사항들을 그대로 참아야만 했다. 이런 것을 빼놓고 나머지 일들은 디자인대로 잘되어 나갔다. 아주 원활했다.

　그 집을 짓기 위해서는 뉴욕 시의 세인트 존 대성당 건설 공사 못지않게 꼼꼼한 도면 준비와 시공 감독이 필요했다. 나로서는 울워스 빌딩을 지을 때보다 더 많은 골칫거리를 감당하면서 일을 해나가야 했다. 그래도 모든 창조적 노력을 아낌없이 〈퍼부어 넣었다〉.

　그 집은 나에게 많은 집 중 하나인 그런 존재가 아니었다. 그렇다. 밀러드 부인의 친구들이 지적한 게 맞았다. 건축가가 자신의 아이디어에 몰두한 나머지 집착에 가까운 증세를 보였다. 이제 블록들은 햇빛을 받았고 유칼립투스 숲에서 키가 높아지기 시작했다. 〈베 짜는 사람〉은 블록의 효과에 대해서 몽상했다. 새로운 〈생활〉 — 낭만적이고 아름다운 캘리포니아에서의 생활 — 을 위한 새로운 〈비전〉이 그의 머릿속에서 마구 솟구쳤다. 그것은 지금껏 각성하지 못한 사람들에게 일대 강펀치가 될 터였다. 이 소규모 모델 하우스를 기점으로 온갖 형태와 건축미를 가진 대형 건물들이 그의 머릿속에서 샘솟았다. 복잡하고 까다로우며 낭비적인 기존의 시공 방법은 점차 폐기될 터였다. 아무리 시시한 오두막일지라도 예전 시대의 건축적 통일성을 가진 주택이 될 것이었다. 기계는 더 이상 우리 시대의 아름다움을 가로막는 존재가 되어서는 안 된다. 마침내 나는 더 아름다운 〈질서〉에 다가설 수 있는 획기적 수단을 거의 손에 넣었다. 표준화는 기계의 영혼이었고 마침내 나는 표준화를 하나의 원칙으로 삼아서 〈베 짜듯 구조를 만들어 내는〉 방법을 발견했다. 그 수단으로 코바늘을 짜듯 구조를 만들어 내 다양한 건축적 아름다움을 구현할 수 있었다. 그리고 나는 이런 사실을 시인해야겠다. 그런 생각을 하는 과정에서 나는 그 작은 집이 밀러드 부인의 소유라는 사실을 망각해 버렸다. 팔라디오! 브라만테! 산소비노![69] 그들은 모두 조각가에 지나지 않는다. 여기에 〈베 짜는 사람〉인 내가 우뚝 서 있었다. 비록 이처럼 소규모 주택이지만 그로부터 무수한 가능성이 파생될 수 있다!

베 짜는 사람은 그 아이디어를 더욱 확장시키기 위해 각종 연구와 도면 작업에 매진했다. 그는 이렇게 생각했다. 예술 분야에서 모든 위대한 아이디어는 — 사람들이 조롱해도 나는 개의치 않겠다 — 처음엔 이처럼 한미하지 않았던가? 마침내 진정한 기계 시대의 건축 방식이 이 작은 집에서 시작되었던 것이다. 그것은 한치의 오차도 없는 이상적인 건축 방식이었다. 그 방법의 속성상 허례허식과 무의미한 사치를 완전히 배제했다. 눈 가리고 아웅 하기에만 급급한 기존의 건축 업계에 신선한 충격을 줄 성실한 시공 방법이었다. 기계적 수단을 거의 무한할 정도로 다양한 분야에서 사용하는 것이 결코 비현실적인 꿈이 아니었다! 이렇게 하여 나는 이미 소규모 모델 하우스의 범위를 넘어서고 있었다!

자, 그러면 다시 모델 하우스 이야기로 돌아가자. 나의 이런 건축 철학을 지지해 주는 발주자를 만났다는 것은 행운이 아닐 수 없었다. 다른 사람들이 뭐라고

---

[69] Palladio(1508~1580), Bramante(1444~1514), Sansorino(1467~1529). 르네상스 시대의 대표적인 건축가들.

하든 간에 그녀는 시공 초기 단계에서 그런 건축 철학을 적극적으로 밀어주었다. 물론 나보다 시공자를 더 신임하기는 했지만 나의 설계대로 시공을 해나갔다. 그녀는 정말 탁월한 식견과 지성을 갖춘 사람이었다.

이렇게 하여 집은 2층까지 지어졌고 밀러드 부인은 여름 휴가를 보내기 위해 유럽으로 갔다. 그녀는 나에게 한마디 언급도 없이 휴가를 떠나기 전에 시공자에게 필요한 공사 대금을 지불했다. 영수증도 받지 않고. 그녀는 유럽으로 건너간 후 편지로 내게 그 사실을 알렸다. 당시 우리 3자의 관계를 놓고 볼 때 시공자에게 영수증을 요구한다는 것은 왕(王)에게서 하사받은 말(馬)의 이빨을 감정하겠다고 하는 것처럼 무례한 일이었다. 그것은 나의 자존심을 한없이 건드리는 일이었다. 하지만 그 무렵 나는 그것을 초월했거나 아니면 포기한 상태였다.

나는 매일 현장에 차를 타고 출근했으나 어느 날 갑자기 시공자가 나타나지 않았다. 나는 화를 내고 불평을 하면서 이리저리 그를 찾아보았다. 마침내 그를 찾아내 그로부터 약속을 받아 냈다. 그러나 밀러드 부인의 시공자는 나에게 와서 돈을 더 내놓으라고 했다. 돈을 더 받을 수 있다면 공사를 재개하겠다는 것이었다. 나는 어렵사리 돈을 마련해서 그에게 건네주었으나 그는 여전히 움직일 기미를 보이지 않았다. 밀러드 부인은 공사가 상당히 진행되었겠지 하는 기대를 가지고 귀국했으나 별로 진전이 없는 것을 보고 낙담했다. 이제 그녀도 나름대로 무슨 생각을 하는 듯했다. 우리의 3각 관계에 의심이 스며들기 시작했다. 나는 〈그녀의〉 — 아니, 그 시점에서는 〈우리의〉라고 말하는 것이 더 타당했다 — 시공자에 대해 뒷조사를 했다. 좋다. 설사 내가 더 이상 주택 사업을 수주하지 못한다 하더라도 그 경위를 있는 그대로 털어놓겠다.

나는 마침내 아주 멀리 떨어진 곳에서 자신의 집을 짓고 있는 시공자를 찾아냈다. 바닥에는 타일을 깔았고 가구도 완전히 새것이었고 그랜드 피아노까지 들여놓은 집이었다. 참으로 이상했다. 우리가 뒷조사를 좀 더 해보니 그 집의 건설 공사는 아무런 법적 문제가 없었다. 모든 것이 그의 아내의 이름으로 되어 있었다.

우리는 공정을 절반쯤 소화하고 있었다. 그리고 예산은 3분의 2가 집행된 상태였다. 그 예산 중 일부가 이 집의 타일 바닥에 들어간 것이 아닐까? 아니면 새로운 가구? 혹은 그랜드 피아노? 하지만 그런 자잘한 일을 따져 무엇할 것인가? 시공자는 시공 과정에서 고마워할 줄 모르고 툭 하면 화를 내는 건축가에게 질려서 현장을 떠나 버렸던 것이다. 밀러드 부인은 이제 창의력이 풍부한 건축가 때문에 깊은 난관에 빠진 것이었다. 그 시점에서 내가 그녀의 시공자를 피곤하게 했다면 나 역시 그 못지않게 피곤해하고 있었다. 그렇지 않아도 그녀의 친구들은 건축가를 못마땅하게 생각해 왔다. 이제 그들은 〈거봐, 내가 뭐랬니?〉 하고 말할 수 있게 되었다.

바로 이런 희비극적인 상황에서 나의 고객은 몸을 우뚝 일으켜 세워 이 이야기의 여주인공으로 등장했다.

「우리는 이 집을 반드시 완공할 거예요. 내가 가지고 있는 전 재산을 바쳐서라도 말이에요. 아름다운 집이 될 거예요. 설사 내가 희망한 것처럼 잘 지어진 집은 되지 못하더라도 저기 마당에 있는 블록 더미로부터 뭔가 가치 있는 것이 탄생할 거예요.」 이야기는 그걸로 끝이었다. 나는 내 주장을 펴다가 역습을 당한 것이었다.

라 미니아투라를 짓기 전에 이런 일이 있었다. 한 고객이 나를 찾아와 1만 달러면 어느 정도의 집을 지을 수 있겠느냐고 물었다. 나는 정확한 견적을 낼 수는 없지만 그 정도 돈이면 돈 주고 사지 못하는 어떤 훌륭한 가치를 집에 부여해 줄 수 있을 것이라고 대답했다. 그 고객의 집을 짓는 데 결국 1만 8천 달러가 들었다. 집주인은 그 정도의 가치가 충분히 있다면서 차액을 부담해 주었다. 하지만 밀러드 부인의 1만 1천 5백 달러짜리 집은 그보다 훨씬 더 가치가 나갈 것으로 예상되었다. 하지만 나는 그녀에게 그 이상을 부담할 능력이 없다는 것을 알고 있었다. 그래서 나는 고향에 편지를 써서 그녀와 공동 담보로 차액을 조달할 수 있는지 알아보았다. 아주 굴욕적인 융자 신청서를 제출함으로써 간신히 그 비용을 융통할 수 있었다. 내가 저질러 놓은 일, 공사를 완공하려면 그 정도 벌을 받는 것은 어쩔 수 없었다. 그래서 나는 6천 달러 조달이라는 징벌을 나 자신에게 부과했다. 그 당시 이런 사정에 대해서는 아무에게도 말하지 않고 공사를 계속 밀고 나갔다.

우리는 금융가들을 계속 만나고 다녔다. 땅은 넓고 집을 짓겠다는 사람은 많은 지역에서 그들은 아주 인기 있는 존재였다. 나는 홀리혹 하우스 사람들 이외에는 아는 사람이 없었는데 그들은 도움이 되지 못했다. 이미 은행에서 융자를 받은 상태였다. 금융계 사람들을 찾아다니면서 융자 문제를 의논할 때마다 신의와 우정에 산산이 금이 가는 시련을 겪었다. 나의 고객은 가장 친한 〈친구들〉을 피해 다니고 있었다. 돈 문제로 쪼들리는 사람에게 일어나는 당연한 현상이었다.

나는 밀러드 부인의 억장이 무너지고 있다는 것을 알았다. 하지만 그녀는 용감하게 미소 지으며 모든 일에 씩씩하게 대처했다. 그녀는 기죽지 않고 새로운 시공자들을 불러 왔으며 쾌활한 태도를 유지했다. 아무도 시공자를 못 찾아올 때에도 그녀는 어디선가 시공자를 데려왔다. 하지만 그들은 계속 사라져 갔고 나는 상당히 일을 잘할 것 같은 시공자를 하나 찾아냈다. 이 사람이 일을 마무리 해 주었는데 결국 다른 시공자들보다 별반 나을 것이 없었다. 아니, 솔직히 말한다면 그들보다 못했다.

이제 우리는 적자, 상환 독촉 전화, 조롱, 위협, 채무, 모욕 등에 둘러싸였다. 마침내 그런 현상의 최종 절차로 소송이 벌어졌다. 그 일대에서는 소송이 흔하게 벌어졌다. 내가 6천 달러를 미리 조달해 놓고 있어서 얼마나 다행인지 몰랐다.

소송을 제기한 사람은 놀랍게도 우리의 최초 시공자였다. 나는 그 친구가 도대체 뭘 원하고 뭘 기대하는지 이해할 수 없었다. 그는 결국 5백 달러 벌금을 내고 소송 비용을 부담하라는 판결을 받았다. 아마도 그의 뻔뻔스러운 태도 때문에 그런 판결이 내려졌을 것이다. 우리는 그를 정식으로 〈해고〉했다. 그렇게 해서 그자를 깨끗이 정리할 수 있었다. 하지만 그자가 소송을 제기한 본래 목적은 고객의 착한 마음씨를 이용해 뭔가 덕을 보려는 것이었다. 나는 그렇게밖에는 생각할 수가 없었다.

하지만 그 모델 하우스는 완공되어 우뚝 모습을 드러냈다. 여기가 약간 이지러지고 저기에 약간 금이 갔지만 그래도 전반적으로 잘 지어진 집이었다. 밀러드 부인은 그런 흠에 대해 가슴 아파했다. 그녀의 안목은 높았지만 돈을 대주는 금융가들은 상환 가능성을 낮게 보고 아주 짜게 대출을 해주었기 때문이다. 아무튼 그녀는 집을 완공할 수 있어서 기뻐했다. 그녀는 정말 선량한 태도로 끝까지 잘 싸웠다.

  처음부터 끝까지 이 집을 위해 그토록 고생을 많이 했기 때문에 나도 바보스러울 정도로 자부심을 느꼈다. 추가된 테라스 벽, 발코니, 기타 부대시설 등을 생각할 때 그 정도의 공사비로 어떻게 저런 집을 지을 수 있었는지 믿을 수 없었다. 물론 공사비 중 일부가 다른 곳으로 새나갔다는 것을 우리 모두 알고 있기는 했지만.

  우리는 일을 마치고 휴식을 취했다. 집주인이 이탈리아에서 사들인 장서와 다른 물건들을 실내에 배열했다. 우리는 매혹적인 벽난로에 불을 붙이고, 오후에 티 테이블에 함께 앉았다. 실내 인테리어는 우리가 구상한 그대로였다. 물론 찬찬히 들여다본다면 금융가들이 돈을 제때 빌려 주지 않아 좀 소홀히 한 구석도 엿보이겠지만 그것은 거의 무시할 수 있는 정도였다. 좋은 자재와 훌륭한 시공 솜씨를 알아보는 집주인은 실내 한가운데에 서서 그 집의 전반적인 멋을 즐기면서도 기계적 결함에 대해 마치 심장에 금간 것처럼 지적하기를 게을리 하지 않았다. 그럼에도 불구하고 그녀는 자신의 승리를 즐겼다. 10개월 전만 하더라도 머릿속 아이디어에 불과했던 것이 지상에 그 구체적 모습을 드러낸 데 깊은 만족을 느꼈다.

  계곡은 활기 넘치는 자그마한 정원이 되었고 풀장은 콘크리트 블록과 나무들의 모습이 비치는 연못이 되었다. 그 집의 매스 *mass*와 질감 *texture*은 유칼립투스 숲을 더욱 아름답게 만들었고 마찬가지로 숲은 집의 벽면을 더욱더 아름답게 단장해 주었다.

  값비싼 정원 테라스, 발코니, 옥상 정원(당초의 저렴한 인테리어 계획에 추가된 것) 등은 그 집을 계곡의 자연스러운 일부로 만들어 주었다. 너무나 주변 환경과 잘 어울렸기 때문에 다른 곳에서는 그런 집을 짓지 못할 것 같은 인상을 주었고, 또 그런 분위기를 내기 위해 들어간 추가 비용을 후회하지 않게 만들었다. 하나의 기적이 일어난 것이다. 도시의 하수관이 지나가는 계곡 일대를 시가의 반값에 사서, 온갖 어려움과 혼란을 무릅쓰고 공사를 계속 수행하여, 무한한 매력을 갖춘 완벽한 주거 환경으로 바꾸어 놓은 것이었다. 정말 그 집은 매력 그 자체였다! 온갖 마찰, 낭비, 실수를 일거에 상쇄해 버리는 생생한 품격이 그 집에 구현되어 있었다. 바로 그것이 아이디어의 힘이다.

라 미니아투라. 전에는 아무것도 없었던 곳에 새롭게 태어난 실체. 하지만 신들은 인간의 창조적 노력을 시험하지 않고 가만히 놔두는 법이 없다. 일본인은 신들이 질투심 많다는 것을 알기 때문에 그들을 달래기 위해 아주 잘 보이는 곳에 빤한 실수를 일부러 노출시킨다. 공사비 조달과 관련하여 금융계의 사람들은 여러 군데에서 실수를 했으나 우리는 실수를 하지 않았다. 그리고 바로 그것 때문에 계곡에 먹구름이 가득 몰려왔다. 날씨가 늘 좋은 지역에서는 그런 예기치 못한 일이 느닷없이 벌어지는 걸까? 지난 50년 동안 사람들은 그 일대 — 그 집의 지하실 밑 부분 — 를 지나가는 하수관이 넘쳐서 역류하는 것을 보지 못했다. 그러나 하늘이 두 쪽 난 것처럼 비가 쏟아졌고 폭우는 주방의 콘크리트 바닥까지 흘러들어 그 집을 군함처럼 띄울 기세였다. 폭우는 그 집을 노아의 방주로 착각한 것일까? 하지만 폭우는 그 집을 띄우지는 못하고 다만 경멸의 표시로 낮은 쪽 테라스에 진흙을 잔뜩 남기고, 지하실 밑 부분의 불을 꺼트렸으며, 가스히터를 진흙 더미 밑에 묻어 버린 다음, 홀연히 사라졌다. 앨리스 밀러드 부인의 정신력, 믿음, 자부심도 그 불과 함께 꺼져 버렸다. 그녀는 울었다. 남자는 울지 않는다. 대신 욕설을 퍼붓는다. 눈물이 여자의 것이라면 욕설은 남자의 것이다.

그러나 우리는 곧 파사데나 시의 비용으로 그 피해 사항을 원상 복구시켰다. 하지만 이것으로 비참한 일들이 완전히 끝난 것은 아니었다. 아직도 더 파헤쳐야 할 비참한 사건이 남아 있었다.

모험가 시라노 드 베르주라크는 평생 이상주의자로서 승리만 거듭해 오다가 부주의하게도 머리에 화분을 맞고 죽었다. 화분은 그가 지나가던 창문에 놓여 있었고 그는 칼집에 칼을 꽂은 채 그 밑을 지나가고 있었다. 나는 늘 그 화분에는 빨간색 제라늄이 심어져 있었을 것이라고 생각해 왔다.

힘들게 싸워서 간신히 이상주의를 실현하게 된 라 미니아투라는 이제 그와 비슷한 운명을 맞이할 예정이었다. 캘리포니아 지역이 〈영원한〉 햇빛의 지대이기 때문에 주택의 지붕이 비바람 치는 중서부 주택의 지붕처럼 허술해도 된다고 생각하지 말기 바란다. 햇빛은 그 지붕을 열한 달 두 주 닷새 동안 내리 구워서 아주 바싹 오그라들게 만든다. 그리고 지붕이 다시 회복될 틈도 주지 않은 채 느닷없이 비가 내린다. 엄청난 비가 지붕의 표면을 강타하는 것이다.

나는 이 사실을 잘 알았고 또 남부 캘리포니아의 지붕들이 전 세계의 지붕을 모두 합쳐 놓은 것보다 더 많이 비가 샌다는 것을 알았다. 그래서 캘리포니아 주민들은 비라고 하면 질색한다. 사실 그런 비를 통해 물을 얻을 수 있기 때문에 그들은 그 지역에서 살 수 있는 것이다. 하지만 그런 비가 느닷없이 그들의 지붕을 뚫고 새어 내리면 그들은 분개했다. 그것은 공포에 가까운 반응이었다. 나는 이런 기후에 대해 잘 알고 있었기 때문에 이 모델 하우스에 그런 누수 현상이 발생하지 않도록 각별히 신경을 썼다.

내가 마련한 지붕 디자인은 완벽한 것이었으나 결과적으로는 그 누구도 만족시키지 못했다. 왜 그렇게 되었을까? 지붕이 줄줄 새는 데 대해 무슨 변명을 할 수 있을까? 시공자는 벽 꼭대기 부분의 배수(排水) 시설에 대해 나에게 거짓말을 했다. 이유는 그뿐이다. 나는 타호에 볼 일이 있어서 출장을 가면서 시공자에게 이 점을 특별히 신경 써야 한다고 당부했다. 내가 탤리에신으로 안전하게 피신한 이후에 지붕은 새기 시작했다. 밀러드 부인은 내 감정을 건드리지 않으려고 나에게는 아무 말도 하지 않은 채 다른 시공자를 불러 보수 공사를 했다. 지붕은 고치기 쉬웠다. 고친 후 1년 동안은 비가 내리지 않을 거니까. 이런 부끄러운 일을 고백하는 것이 내가 그 일을 너무 가볍게 생각한다는 인상을 줄지도 모르겠다. 하지만 나는 정말 속으로 뉘우쳤다. 이런 이야기를 해서 문제를 더 복잡하게 만든 것 같은 느낌도 들지만 말이다. 사정이 어찌 되었든 앨리스 밀러드 부인의 강인한 정신력은 비록 약간 저하되기는 했지만 이 최후의 시련도 끄떡 없이 견뎌 냈다. 자, 이런 〈삐딱한〉 고백은 그만두기로 하자.

밀러드 부인의 강한 결단력과 라 미니아투라에 대한 확고한 믿음은 조금도 흔들리지 않았고 우리는 결국 그런 시련을 웃어넘겼다. 그렇다. 우리 두 사람은 결국 그걸 옛날이야기 삼아 즐겁게 이야기할 수 있게 되었으나 그 당시에는 그렇지 못했다.

신들은 그 아름다운 집을 질투하여 지붕이 새게 만들었고 그리하여 현지의 A. I. A, 밀러드 부인의 개인 비서들, 측근들, 부동산 업자들, 삼류 인테리어 업자들, 말만 번드레한 시공자들, 지붕 시공자들, 무위도식자들, 법률가들, 배관공들, 관광객들, 푸주한, 야채장수, 지지자들, 하인들 ― 〈거봐 내가 뭐랬니?〉라고 말하면서 거들던 모든 사람들 ― 은 지붕이 새는 것을 기화로 그 집을 죽이려 들었다. 이 마지막 일화는 지금 생각해도 아쉽다. 그들은 마치 창문의 화분마냥 내 머리 위에 떨어져서 나를 박살내려 했다. 우리는 그 불운한 상황을 결국 극복했다. 그 집은 전반적으로 하자가 없는 집이었다. 하지만 구경꾼들은 그렇게 생각하지 않았다. 왜냐하면 라 미니아투라는 그 명확한 건축 철학으로 인해 그들을 모욕했기 때문이다. 그들은 그런 특별한 존재가 그대로 살아 있는 것을 눈뜨고 봐주지 못했다. 나는 그들의 이런 방해가 없었더라면, 라 미니아투라가 미국 건축의 미래에 많은 영향을 끼쳤을 것이고 나의 건축 활동에도 큰 도움이 되었을 것이라고 생각한다.

아무튼 시라노 드 베르주라크는 죽었지만 라 미니아투라는 죽지 않았다. 그처럼 팔팔한 젊은이가 죽는다는 것은 말도 되지 않았다. 캘리포니아에서 최초로 태어난 라 미니아투라는 바다 건너 유럽 건축가들의 존경과 사랑을 한몸에 받았다. 오늘날 그 집의 건축 공정(工程)이 미국뿐만 아니라 유럽에서도 널리 활용되고 있다. 이 모델 하우스는 미국 건축가들에게 무조건 해외의 것을 베끼기보다는 고유의 전통을 활용하는 것이 더 좋다는 교훈을 안겨 주었다. 내가 이런 고통스러운 준공 경위를 부끄러움을 무릅쓰고 자세히 말하는 것은, 아이디어가 지닌 창조적 힘을 강조하기 위해서이다. 일단 어떤 창조적 아이디어가 정립되어 발현되면 그 어떤 방해 세력도 그것의 성장과 발전을 막지 못한다. 아이디어는 그 방해 세력보다 더 큰 힘이라는 사실을 만천하에 보여 주는 것이다. 방해하는 자들은 결국 온갖 술수를 부리다가 법정으로 가서 5백 달러의 벌금을 내고 소송비를 부담하고 결국에는 〈해고〉되었다. 아이디어의 힘은 이처럼 위대하다. 아침이 되면 태양이 뜨듯이, 온갖 방해와 견제에도 불구하고 유기적 건축의 완결성을 추구하는 자는 유행의 강요, 예산의 압박, 트집 잡기 따위를 초월하여 창조적 아이디어를 구현하는 것이다.

아름다운 집을 지은 데 대한 보상이 겨우 그것뿐이란 말인가? 그래도 상관없다. 창조적 아이디어는 그 스스로를 사랑하는 것이다. 그래서 라 미니아투라는 그 모든 마찰, 낭비, 실수에도 불구하고 사랑스러운 유칼립투스 숲 사이에서 푸른 하늘을 머리에 이고 우뚝 서 있다. 그것은 아이디어의 금자탑이다. 마찰, 낭비, 실수는 이제 그것을 파괴하지 못한다. 그리고 밀러드 부인은 현재 그 집에서 살고 있다. 그녀는 천하를 다 주어도 그 집과 바꾸지 않겠다고 말한다. 어떤 사람은 그녀가 졌다고 생각할지 모르지만, 그녀는 그 집을 위해 싸웠고 결국 이겼다. 그래서 그 집은 그녀에게 아주 특별한 의미를 지니고 있다. 그런 모험을 치르고 힘들게 얻은 집이므로 그녀는 그 집을 만끽할 권리가 있다.

라 미니아투라에 반영된 건축 정신은 단순함과 아름다움이다. 하지만 그 집을 짓는 과정에서 시공자는 배신을 했고, 건설 노동자들은 늦장을 부렸고, 친구들은 뒷걸음질 쳤으며, 은행가들은 머뭇거렸고, 전혀 비가 오지 않던 곳에 갑자기 하늘이 두 쪽 나면서 큰 비가 내렸다. 그리고 신들마저도 질투를 했다.

나는 너무 오래 은둔 생활을 했고 또 창조의 책들만 읽고 있으므로, 이 집을 짓던 때의 추억을 가슴 깊숙이 간직하고 있다. 왜냐하면 나에게 로마의 성 베드로 성당을 짓는 것과, 이 작은 집을 짓는 것 이렇게 둘 중 하나를 고르라면 후자를 선택할 것이기 때문이다.[70]

라 미니아투라가 완공되기 몇 달 전에 이미 블록 시스템이 개선되고 향상되었다. 블록 시스템을 이용한 최초의 집이 성공리에 완공될 기미를 보이자 캘리포니아 일대에 블록 시스템을 적용한 다른 주택이 들어서게 되었다. 우선 스토러 하우스, 프리먼 하우스, 앨라인 반스달의 〈리틀 디퍼〉 유치원 등이 있었는데, 반스달은 유치원을 짓다가 중도에 포기하고 그 집을 가든 테라스로 바꾸었다. 이 공사는 홀리혹 하우스 때 현장 일에 참가했던 내 부하가 맡았다.

에니스 하우스는 블록 시스템을 이용해 지은 다섯 번째 집이었다. 나는 이

---

[70] 로마의 성 베드로 성당의 건축적 문제는 이 책의 제3부 〈20세기 건축〉에 상술되어 있다.

일에 내 아들 로이드를 끌어들여 도면을 그려 준 다음 그에게 일을 완전히 넘기고 탤리에신으로 돌아왔다.

지금까지 내 손으로 지은 총 179채의 주택이 나의 집으로 알려져 있다. 이 중 약 70채는 서류상으로만 남아 있다. 만약 이런 집들도 여론의 반대에 부딪혔다면 아주 흥미진진한 이야깃거리가 되었을 것이다. 가령 타호 프로젝트, 도헤니 프로젝트, 기타 주택 공사들도 충분히 재미있는 이야깃거리가 되었으리라.[71]

여기에 구체적으로 기술한 공사들은 성공과 실패를 분명히 보여 주는 전형적 사례들이다. 혹은 공사의 어떤 단계를 잘 보여 주는 것들이다. 하지만 많은 주택 공사들이 별 어려움 없이 재미있게 진행되었다.

나는 여기서 다음과 같은 건물도 인상 깊었다고 기록하고 싶다. 리버 포리스트의 윈슬로 저택, 힐사이드 홈 스쿨 건물, 〈댐퍼 하우스〉, 즉 시카고 대학교 옆에 있는 로비 하우스(이 집은 현재 조합교회 소유이다), 리버사이드의 쿤레이 저택, 버펄로의 마틴 저택, 도쿄의 자그마한 〈자유 정신의 학교〉, 하코네에 있는 후쿠하라 가문의 별장(이 집은 대지진 때 반쪽이 났는데 거실 쪽 절반은 수천 피트 낭떠러지로 추락했고 나머지 침실 쪽 절반은 무사했다. 다행히 가족들이 모두 침실에 있어서 인명 피해는 없었다), 몬태나의 비터 루트 커뮤니티 건물.

캔자스 주 위치토에 있는 헨리 앨런 저택도 인상에 남는다. 헨리는 그 어떤 고객 못지않게 화려한 성품의 소유자이다. 나는 윌리엄 앨런 화이트를 위해서 새 집을 지어 줄 예정이었으나 결국 지어 주지 못했다. 왜냐하면 윌은 옛집에서 다른 집으로 이사 가는 것을 너무나 두려워했기 때문이다.

피오리아의 프랜시스 리틀을 위해 지어 준 집도 언급하고 싶다. 리틀은 그 자신이 뛰어난 시공자였고 또 존 R. 월시 가스 공장의 사장이었다. 리틀은 은퇴 후 그 집을 보브 클라크에게 팔았다. 그리고 미네소타 주의 미네통카 호수의 호반에 세 번째로 그를 위해 집을 지어 달라고 부탁해 왔다. 나는 그 호반의 집을 좋아하지만 리틀 씨 부부는 나 이상으로 그 집을 좋아한다. 아이오와 주의 메이슨

---

71 타호 여름 휴양지(계획안), 캘리포니아, 타호 호수, 1922. 도헤니 관광 목장 리조트(계획안), 캘리포니아, 로스앤젤레스, 1923 — 원주.

시티에 호텔과 은행 단지를 짓게 된 것도 흥미로운 경험이었다. 에어러플레인 하우스, 서브머린, 코치 앤드 포, 폴라스타 등도 기억에 남아 있다. 스프링필드의 다나 하우스 — 마더 로렌스는 굉장히 자상한 부인이었다! — 도 인상에 남는데 부인과 함께 열심히 머리를 맞대고 집 짓는 문제를 상의했었다. 그리고 창의력 풍부한 찰스 E. 로버츠가 오크 파크에서 나를 도와준 일도 생각난다.[72]

내가 지은 많은 주택들이 내 머릿속에서 구름처럼 떠오른다. 휴식 시간의 끝을 알리는 종이 울리면 학생들이 교실로 몰려 들어오는 것처럼. 나는 이 자리를 빌려 자신 있게 — 좀 거만하다는 소리를 무릅쓰고 — 말할 수 있다. 나는 큰 집이든 작은 집이든 모두 일정한 아이디어와 원칙에 입각해 건설했다. 때문에 그 어떤 집도 실패작이 아니었다. 하지만 많은 집들이 도시 계획에 밀려 철거되었다. 많은 집들의 〈손이 바뀌었는데〉 — 신문 광고에서 자주 볼 수 있듯이 — 그것은 이 젊은 국가가 급속히 발전하면서 집주인들의 운명도 재빨리 바뀌었기 때문이다. 그렇게 판매된 집 중 두 채는 원주인이 도로 사갔다. 그들은 다른 집으로 이사 갔다가 도저히 〈편안함〉을 느끼지 못했던 것이다. 그리고 특별히 〈결코 지어지지 않은 집〉의 이야기를 하고 싶다. 물론 그 집이야말로 내가 지은 것 중에서 가장 훌륭한 집이었다.

만화경! 미국의 급속한 경제 변화가 가져온 사회적, 문화적 변화는 이런 말로 설명할 수밖에 없다. 미국인들 자신도 이런 변화를 제대로 알지 못하는데 하물며 유럽인은 말할 필요조차 없다.

하지만 지금까지 그에 대해서 충분히 이야기해 왔다고 생각한다. 홀리혹 하우스와 라 미니아투라를 지으면서 시간, 장소, 상황의 악순환과 내 잘못으로 인해 난처한 입장에 처했던 과정에 대해 말했다. 아름다운 이상을 추구하는 창조적 노력이, 끊임없이 질투하는 인간들과 묘하게 꼬이는 상황으로 인해 방해를 받는 과정을 서술했다. 아주 사소한 상황 하나가 공사 전체를 망쳐 놓을 수도 있었다.

---

[72] 라이트를 적극적으로 지원한 영향력 있는 인사 찰스 E. 로버트Charles E. Roberts는 라이트를 위해 유니티 교회 건설 위원회에 말을 잘해 주었다. 또한 일리노이 주 캥커키에 있는 할리 브래들리 저택, 워런 히콕스 저택의 공사(1900)도 주선해 주었다. 다음을 참조하라.: Leonard Eaton, *Two Chicago Architects and Their Clients*(Cambridge: MIT Press, 1969), pp.77~78 — 원주.

건축에서는 영원한 경계심만이 창조 행위를 보호해 주는 힘이다.

물론 나의 실수와 판단 착오도 거론해야 할 것이다. 또 건축을 본질적으로 〈인간성의 구현〉이라고 볼 때, 인간의 어떤 특성이 드러나게 된다는 점도 지적해야 할 것이다.

풍광이 아름다운 남서부에서 보낸 2년 동안, 그곳의 건설 업계는 싸구려 임시 방편의 천박한 집합소처럼 보였다. 그저 겉만 번드레하고 어떻게 하든 〈팔아넘기겠다〉라는 생각뿐인 것 같았다. 나도 거기에 더 오래 머물렀다면 높은 가격을 부르는 사람에게 넘어가고 말았으리라. 진정한 가치와 깊이에 대한 욕망은 아예 먼 훗날로 미루어 놓고 현재의 이익에만 집착하는 것 같았다. 업계의 모든 사람이 〈되는 대로〉 해나가고 있었다.

그래서 나는 그곳을 떠나 탤리에신으로 돌아가기로 결심했다. 나는 탤리에신에서 몇 년 전에 하다가 중단한 외팔보와 유리를 이용한 사무실 빌딩의 계획안을 마무리 지었다. 그리하여 내셔널 생명 보험 회사의 사장인 A. M. 존슨 씨에게 계획안을 제출할 수 있었다. 존슨 사장은 내가 2년 전에 계획안 초안을 보여 주자 〈입도선매〉 형식으로 내게 2만 달러를 건네주면서 계획안을 완성해 달라고 부탁했다.[73]

외팔보 공법은 도쿄의 데이코쿠 호텔이 대지진을 견디고 살아남을 수 있게 해준 획기적 공법이었다. 존슨 씨는 도쿄에서 그토록 성공적이었던 외팔보 공법을 도시의 마천루 건물에도 그대로 적용할 수 있을지 알고 싶어 했다. 가령 시카고의 워터 타워 스퀘어에 그런 거대한 빌딩을 지어 보면 어떨까?

이 아이디어는 보험 회사 사장을 매혹시켰다. 그는 내게 말했다. 「라이트 씨 — 그는 특유의 껄껄거리는 웃음을 지었다 — 나는 새것을 원합니다. 완전히 새로운 물건 말입니다.」 마천루 계획안이 완성되자 나는 그것을 존슨 사장에게 보냈다. 그는 계획안을 자기 집으로 가져가 침대 밑에 두었다. 어느 날 하녀가 채색 투시

---

[73] 내셔널 생명 보험 회사(계획안), 일리노이 주 시카고, 1924. 라이트는 이 디자인을 루이스 설리번에게 바쳤다 — 원주.

도를 넣어 둔 액자의 유리를 깨트리자, 사장은 그 그림을 차 안에 조심스럽게 싣고 표구상에 가져가 표구를 한 다음 다시 집으로 가져왔다. 존슨 사장은 건축에 그리 관심이 많은 사람은 아니었지만 그 아이디어에만큼은 깊은 관심을 표명했다. 그는 다소 보수적인 사람이었다. 그는 어떤 아이디어가 시장에서 성공하면 그것에 다가가 적극적으로 획득하려고 애쓰는 그런 경영자였다. 우리의 자본주의 제도는 이런 타입의 인물을 많이 양성했다. 그들은 어떤 사업을 주도적으로 이끌고 가는 선장 유형이라기보다 브로커 혹은 금융가 유형이다.

하지만 여기에도 좋은 점이 있다. 가령 어떤 아이디어가 그런 지위에 있는 사람을 매혹시키면 그의 영향력이 미치는 모든 분야의 회사들이 그를 따라하는 것이다. 그렇게 되기 전에는 엔지니어도, 부동산 임대 전문가도, 은행가들도 모두 〈검토할 시간이 없다〉며 그 아이디어를 거부한다. 동료 건축가들도 한결같이 새로운 아이디어를 거부하며 조롱한다. 그러다가 업계를 선도하는 어떤 〈사업가〉가 결정적인 순간에 각성하고 그 아이디어를 극적으로 받아들인다. 그는 성공과 실패의 분기점에 서서 어느 한쪽으로 자신의 영향력을 몰아주는 것이다. 성공하면 그는 그 세계에서 계속 잘 나갈 수 있고 그렇지 않으면 물러나야 한다. 이처럼 보수주의와 보수주의 지지자들은 진정한 선장의 자본주의적 모험에 의존해 그들의 힘을 키워 나간다. 진정한 선장의 비전을 가져와 의존 세력의 필수품으로 전환시키는 것이다. 이런 보수적 유형의 사람에게는 특별한 사건이 발생하지 않는다. 그런 인물은 철저히 중도 노선을 지향하고 그것을 따르는 동료들이 많이 있다. 불행하지만 이것이 사실이다.

하지만 여기 갑자기 존슨 사장이 나타나서 큰 돈을 내놓으며 그 아이디어가 어떻게 전개될 것인지 알아봐 달라고 요청해 왔다. A. M. 존슨은 광신자, 신비주의자, 샤일록, 휴머니스트 등을 합쳐 놓은 듯한 기이한 인물이었다. 동시에 아주 지적인 사람이었다. 그는 기차 사고로 등을 크게 다쳤다. 하지만 강인한 의지를 발휘하여 병을 극복했으며 약간 등이 구부정한 상태로 걷는 것 이외에는 별다른 이상을 느낄 수 없었다.

우리는 함께 데스밸리를 여행했다. 그곳에는 그와 스코티가 지어놓은 임시 숙소가 있었다. 그는 자신의 다지 차를 손수 운전했다. 나는 그의 옆에 앉아서 차창으로 주변의 자연 풍경을 마음껏 감상했다. 존슨 사장은 빌리 선데이[74]의 추종자였고 일요일이면 교회에 나가 열심히 활동했으며 각종 종교 사업에 적극적으로 참여했다. 그는 결코 만만치 않은 근본주의자이면서 논쟁가였다. 종교적으로 그와 나는 완전히 정반대의 입장이었다. 하지만 그는 멋진 아이디어를 찾아내기 위해 나를 입도선매했다! 자연에는 인간이 만든 것이든 아니든, 아이디어를 넣어 두는 비둘기 집 따위는 없다.

존슨 사장의 주요 특징 중 하나는 스코티와 평생 우정을 다져 왔다는 것이다. 스코티는 자신만 아는 지점에 금광을 가지고 있다는 의혹을 받아 왔다. 하지만 내가 볼 때 스코티의 진짜 금광은 A. M. 존슨인 듯했다.

유리 마천루

세로 300피트, 가로 100피트 크기의 남향 부지. 나는 구리와 유리를 벽면의 자재로 삼고 외팔보 슬래브로 벽을 떠받치는 구조를 구상했다. 고객은 표면이 전부 유리로 단장되는 것을 싫어했기 때문에 이 건물의 표면은 7할은 유리, 3할은 구리로 만들기로 했다. 따라서 유리 못지않게 구리가 표면을 차지할 터였다. 구리와 유리로 된 본사 건물, 구리와 유리로 된 서비스 건물 이렇게 두 건물을 짓는 계획안은 거의 다 완성되었다. 나는 모든 주유소 건물에 그대로 적용할 수 있는 표준화된 구조를 만들었다.

나는 그런 사항을 깊이 고려했다. 그것들이 모두 타당한 건축이라고 생각하면서 다양한 방식으로 설계를 했다. 왜냐하면 기계 시대에는 아주 많은 건축의 유형을 가지고 있어야 했기 때문이다. 다양한 자재와 건설 방법이 있기 때문에 다양한 건축의 유형이 나오는 것은 너무나 당연했다. 그 유형들은 모두 진정한 특징 있는 건축이 될 터였다. 그렇다면 어떤 형태로? 나는 예전에 철골 구조로 직행했던 것은 아니었다.

그래서 존슨 보험 회사를 위한 이 계획안은 고층 건축의 문제에 대해 최근에

---

[74] Billy Sunday(1862~1935). 미국의 복음 전도사.

취하고 있는 해결책보다 더 실용적인 해결책을 추구할 좋은 기회였다. 왜냐하면 현대적인 자재와 공법이 향상되었기 때문에 그것들(자재와 공법)을 수직 구조든 수평 구조든 훨씬 원활하게 사용할 수 있었기 때문이다.

따라서 이제 완전한 표준화를 이룰 수 있게 되었다. 왜냐하면 금속 박판sheet metal과 철근 콘크리트라는 자재의 독특한 성질이 표준화를 도와주기 때문이다. 따라서 이제 건축가의 상상력이 더욱 중요해졌다. 자재와 공법이 규격화되었기 때문에 살아 있는 건축이 되느냐 마느냐는 전적으로 건축가에게 달려 있었다.

이전과 같은 외벽은 이제 사라지고, 그 대신 규격화된, 매다는 형태의 구리판 스크린이 바닥 끝 부분에 살짝 맞닿게 되었다. 이제 기존의 벽은 더 이상 무게나 두께로 존재할 수 없게 되었다. 창문 또한 스크린의 한 단위가 되었고 거주자의 의사에 따라 하나하나 또는 몇 개를 동시에 여닫을 수 있게 되었다. 건물의 외부 유리는 전부 안쪽에서 간편하게 위험 없이 청소할 수 있다. 창의 세로 칸막이(비전도 체인 플라스터를 바른 구리 셀)는 다만 바닥에서 바닥을 연결하는 데 충분한 크기와 강도를 가지면 된다. 이 칸막이는 필요한 만큼의 빛을 안으로 투영시킬 수 있다. 투영도가 높으면 그늘이 넓어지고 투영도가 낮으면 그늘을 분산해 실내를 밝게 한다. 이렇게 빛을 투영하는 창의 세로 칸막이는 비유적으로 설명하면 햇빛 속에서 장님이 휘두르는 칼날과 비슷한 것이다.

가로 세로 2피트라는 작은 단위를 선택하게 된 것은 존슨 사장이 〈너무 많은 유리〉에 대해 우려했기 때문이었다. 그래서 1열을 건너 세로 칸막이에 다섯 개 간격으로 또 하나 여분의 세로 칸막이를 두도록 했는데 이것은 금속의 면적을 넓게 하여 큰 리듬을 만들어 내기 위해서였다. 수평 방향의 살대는 넓을수록 물과 먼지가 내려앉는 경향이 있기 때문에 보강할 필요는 없다. 바닥 끝 부분은 칸막이로 되어 있는 창과 창 사이에 사용한 것과 같은 치수로 경사지게 한다. 이렇게 하면 바닥은 규칙적으로 2피트 단위로 구분된 단순한 가로 칸막이 가운데 하나로 스크린상에 나타난다. 또한 바닥 자체는 스크린 표면의 오목한 전면에 군데군데 나타난다. 이것은 바닥과 스크린이 서로 이어져 콘크리트 구조 자체를 돋보이게 하기 때문이다. 이렇게 하여 구조의 두 요소인 바닥과 스크린을 결합시킨다.

빌딩의 바깥 쪽 표면은 보는 각도에 따라 색이 변하는 무지갯빛이나 담백광(淡白光)의 구리로 보강한 유리로 한다. 빛이 쬐는 바깥쪽 스크린과의 충돌을 피하기 위해 지지하는 탑은 구획선에서 들어간 곳에 배치한다. 이렇게 하면 바닥은 외팔보 슬래브가 된다. 외팔보의 길이는 이 경우 12피트나, 외팔보의 크기는 빌딩의 설계 용도에 따라 신축적으로 조정할 수 있다. 탑은 바닥 전부를 관통하고 정상에서 노출된다. 샤프트에서 가지 쳐서 나오는 전구나 배관 및 냉난방용 도관을 빼내기 위해 탑의 크기를 크게 하며, 그것을 바닥 슬래브 안으로 넣지 않고, 밖으로 보이게 설계한 배관 안으로 넣어 천장 아래로 각 사무실 출구까지 연장한다. 모든 전기 기구나 배관은, 건물과는 별도로 샤프트 안에 설치한다. 왜냐하면 이것들의 위치를 바꾸거나 분리할 때 자재나 시간의 낭비를 줄일 수 있기 때문이다.

유니트 시스템에 따라 조립한 내부의 칸막이에는 구분해서 바로 지정한 장소로 들어갈 수 있는 문이 있다. 바깥쪽 벽랑(壁廊)의 일반적인 스타일에 어울리도록 디자인한 이러한 내부의 칸막이는 바로 사용할 수 있게 만들고, 임대인이 사용할 용도에 맞추어 하루 만에 구조를 바꿀 수 있다. 존슨 사장은 노련한 건물 주였는데 이런 간결함을 마음에 들어 했다. 이것은 일상 용품인 자동차 제작 공정에 적용된 규격화를 건물에 적용한 사례였다.

일반 고층 건물의 창과 비교했을 때 유리를 사용한 면적은 약 10퍼센트(유리를 끼우는 구리 부분을 넓히거나 좁히는 데 따라 오차가 있을 수 있다) 정도 증가했을 뿐이며, 따라서 냉난방 비용은 그다지 증가하지 않는다. 구리로 된 세로 칸막이는 절연체로 충전하고 창의 개폐는 정확하게 작동할 것이므로, 이런 높은 기능성으로 인해 유리 사용이 증가해 발생한 비용을 충분히 보상한다. 라디에이터는 이 바깥쪽 스크린의 아래쪽 유니트 앞에 레일을 달아 세트로 놓고, 자유롭게 움직일 수 있도록 설치해 청소하기 쉽게 한다.

지상 2층 또는 3층까지 속이 훤히 들여다보이는 유리를 위층에서 아래층으로 매달아 입점한 가게 주인들의 요구를 완전히 충족시킨다. 아무래도 가게 안이 들여다보이면 손님의 관심을 끌기도 쉽고 또 상품의 전시 효과도 높아질 것이다.

바닥과 바닥 사이를 연결하는 데 필요한 계단이 여기서는 실용적인 화재 비상구로서 중요한 역활을 하며, 각 섹션의 전후에 마련되어 있다. 그리고 각 층은 방화문(防火門)으로 구분되어 있으나 이어지는 계단은 곧바로 아래 보도로 통하고 있다.

이러한 건물의 구조는 지금까지 건축된 어느 고층 건물보다도 약 3분의 1은 가벼운 것이다. 그리고 진동에 대해 3배 정도로 저항력이 강하다. 건물의 구조는 인체처럼 양다리 위에 균형을 잡고 있고 벽은 어깨에서 나와 있는 팔과 같이 매달려 있으며, 전체의 무게는 안전성이 확보된 곳에만 그 하중을 가하고 있다.

이 계획의 가장 큰 가치는 이러한 설계 덕분에 〈석조 건축〉을 타당한 방식으로 배제했다는 것이다. 이 건물의 내부와 외부를 이루는 건축 요소들은 공장에서 조립해 오고, 다만 건물의 가장 복잡한 부분만 현장에서 조립하게 된다. 현장에서 멀리 떨어진 부품 조립 작업장은 현장보다 경제적 효율성이 10:1로 앞설 것이고, 미래의 건축에서는 점점 더 이런 조립 작업장의 위상이 높아질 것이다.

탑과 바닥의 구조는 안쪽과 바깥쪽의 어느 표면에도 포함되지 않는다. 파괴되는 것을 예방하기 위해, 구조는 지금까지 혼란하고 복잡했던 모든 부분과 완전히 분리하여 만든다. 기존의 고층 건물은 짓는 데 시공비가 많이 들었을 뿐만 아니라 각각의 건축 요소가 유기적 통일성을 이루지 못했다. 나의 디자인에는 〈건축〉의 개념이 온전히 살아 있고 모든 요소들이 유기적으로 관련되어 있다.

모든 장치의 배관이나 설치 기구는 워크숍(외부의 프리패브 공장)에서 잘라서 가져왔기 때문에, 현장에서는 그것을 결합하기만 하면 된다. 따라서 노동력이 그만큼 절약된다. 피팅*fitting* 작업은 이제 필요 없고, 이음매를 나사로 고정하는 것은 냉난방이나 배관 작업에서만 필요해졌다. 이렇게 하여, 글자 그대로 워크숍에서 만든 빌딩이 지어진 것이다. 다만 기둥이나 바닥에 들어갈 콘크리트나 철근 콘크리트는 현장에서 제작했다.

이 디자인에서 건축은 현장에서 공장으로 옮겨졌다. 이러한 작업장의 이동은 디자인의 목적에 부합하는 것이었고, 이득을 낼 수 있는 조치였으며, 예술적으로 기능을 발휘할 수 있는 아이디어였다. 기계 시대의 요청에 따라, 건물에 들어갈 설비들, 가령 호루라기에서 피아노에 이르기까지 모든 물품이 규격화되었다.

이것은 풍부한 상상력을 보여 주는 동시에 실용성 높은 조치였다.

이 건물에는 사용하지 못하는, 남는 공간은 단 한 군데도 없다. 일부러 장식 〈효과〉를 내기 위해 만든 부분도 없다. 내부에나 외부에나 건축상의 〈겉치레〉를 노린 곳도 전혀 없다. 각 층의 공간은 구획선까지 전부 임대 가능했는데 이것은 건물주인 존슨 사장을 기쁘게 했다. 하지만 건물의 층수가 특정 높이 이상으로 높아지면 공간을 일정 부분 줄여야 한다는 규정이 있었는데, 그런 규정이 적용되지 않는 층에만 구획선까지 공간을 넓혀 놓았다.

이 빌딩은 잘 설계된 실용적인 상업 건축물이며 모든 부분이 건물의 용도에 〈이바지하고〉 있다. 이런 아름다운 건물이 나오게 된 이유는 여러 가지이지만 당시 형편상 그것을 존슨 사장에게 말할 필요는 없었다. 실제로 나는 그에게 아무 말도 하지 않았다.

건물의 다른 필요 부분에 대해서는 더 이상 언급할 만한 중요 사항이 없다. 나머지 것들은 관행에 따라 짓기만 하면 되었다. 이 외팔보 구조의 목적은, 기계를 사용하여 과학적인 실용성을 획득하는 것이었다. 무엇보다도 나는 진정한 규격화를 달성했다. 이렇게 하여 탁월한 건축 정신이 반영된 건물을 지었을 뿐만 아니라 가치 있는 원칙을 현대의 건물에 얼마든지 반영할 수 있다는 것을 보여 주었다.

내가 이 연구를 시작한 것은 1920년 겨울이었다. 이 건물의 주된 특징은 1917년의 데이코쿠 호텔 이래 내 마음속에서 물고기처럼 헤엄치고 있었다. 운 좋게도 나는 이 계획안을 〈리버 마이스터〉인 루이스 H. 설리번에게 보여 줄 기회가 있었다. 그가 별세하기 얼마 전의 일이었다.

나는 스승의 말씀을 자랑스럽게 기억하고 있다. 「난 이런 작품이 나오리라는 것을 알고 있었지. 이건 민주 국가의 건축이야. 프랭크, 난 그런 정신을 이 도면에서 볼 수가 있어. 이건 진짜 장인(匠人)의 작품이야. 예술 작품이라고. 이 작품이야말로 내가 그동안 줄곧 주장해 온 바로 그거야. 자네는 알지? 나 자신은 당시의 환경 때문에 이런 것을 만들 수 없었지. 하지만 자네도 나의 가르침이 없었더라면 이런 것을 만들지 못했을 걸세.」

나는 스승과 그분의 다양한 업적이 없었더라면 결코 그러한 경지에 도달하지 못했으리라는 것을 잘 안다. 그래서 이 디자인을 스승에게 바친다.

데이코쿠 호텔을 짓고 로스앤젤레스에서 블록 시스템을 이용한 건물을 짓는 동안, 미리엄과 나는 〈법적〉 요건을 갖춘 생활을 여전히 할 수 없는 상태였다. 법적인 이혼을 하지 못했기 때문에 미리엄과의 관계는 법적으로 보자면 아무것도 아닌 동거 관계일 뿐이었다. 그래서 우리는 자발적으로 유배를 떠날 수밖에 없었다. 탤리에신은 불운한 삶을 살아야 하는 미리엄에게 하나의 은신처가 되었다.

그러나 탤리에신 II에서 재개된 삶은 이미 변질되어 있었다. 다정한 언덕을 아무 근심 없이 걸어 본다든지 저 아래 강가에서 상쾌하게 수영한다든지 하는 일은 더 이상 불가능했다. 시골길을 따라 말을 타고 달리는 일도 없었다. 겨울에 자전거나 스케이트를 탄다든지 즐거운 마음으로 썰매를 타는 일도 없어졌다. 아무런 자유도 없었고 노래를 부르지도 않았다. 전혀 그럴 의도가 아니었는데 나도 모르게 삶은 은밀한 독약의 침투로 마비되어 버린 것 같았다. 탤리에신은 내부로부터의 붕괴에 직면해 있었다.

탤리에신 II에 들어왔던 새로운 생명은 곧 그곳을 떠나고 말았다. 그래서 나는 일본으로 건너갔다. 관리인들과 나의 충실한 제자인 윌리엄 스미스만이 그곳에 머물렀다. 그 후 몇 년 동안 탤리에신은 무기력증에 빠져들었고 매해 몇 달 동안 전 세계에서 찾아오는 구경꾼들에게 둘러싸였다. 탤리에신의 산등성이에서 휴식을 취하던 고대(古代)의 신들의 머리 위에도 먼지가 내려앉았다.

탤리에신은 지난 몇 년 동안 계속 나를 부르고 있었다. 나는 그 집이 나와 내가 사랑하는 사람들을 위해 다시 소생하는 때를 간절히 기다렸다. 그리하여 나는 탤리에신으로 돌아왔다. 몇 달 전 나는 정식으로 이혼 허가를 받아서 미리엄과 결혼했다. 그러나 내 예상과는 달리 결혼은 우리의 사이를 좋게 한 것이 아니라 오히려 더 나쁘게 만들었다.

결혼을 하자 그동안 탤리에신에 기울였던 그녀의 관심이 갑자기 사그라진 듯했고 전보다 더 안절부절못하고 또 성깔이 사나워졌다. 마침내 그녀는 더 이상 탤리에신 생활을 견디지 못하겠다면서 〈자신만의 삶을 살기 위해〉 그곳을 떠났다. 당시 그녀는 자기 의견에 조금이라도 반대를 하면 곧바로 폭력적인 태도로 돌변했다.

그녀는 먼저 시카고로 갔다. 나는 그런 상황에서도 악화된 우리의 관계를 정상으로 돌려 놓을 수 있다는 희망을 간직했다. 그녀와 나 양쪽에서 감내한 고통과 희생은 이루 말할 수가 없었다. 또 부끄러운 느낌도 있었다. 나는 성격이나 기질상 전혀 그런 사람이 아닌데도 저 기이한 도덕적 비겁함 때문에 나의 패배를 선뜻 시인하지 못하고 있었다. 하지만 그녀의 태도가 날로 폭력적이 되어 갔기 때문에 나는 시카고의 저명한 정신과 의사(현재 제네바 체류)인 닥터 윌리엄 힉슨을 찾아가 그녀의 상태에 대해 상담했다. 내가 그토록 두려워하면서 오랫동안 미루어 왔던 상담이었다.

의사와 상담한 결과 나는 지난 6년간의 고생이 처음부터 헛된 일이었음을 확신했다. 미리엄은 이제 자신뿐만 아니라 가까운 사람들에게도 폭력을 휘두를 수 있는 위험한 상태였다. 나는 그녀가 일방적으로 내놓은 여러 가지 조건을 약간 수정한 다음 부부 관계를 끝내는 데 동의했다. 그녀는 시카고에서 다시 로스앤젤레스로 갔다. 닥터 힉슨은 그녀의 상태를 조금이라도 호전시킬 수 있는 유일한 방법은 〈그녀가 마음대로 하게 내버려 두는 것〉이라고 말했다. 그녀에게 반대하면 오히려 그녀의 생명력을 더 빨리 소진시키게 된다는 것이었다. 최종적인 조치는 제임스 힐 판사가 내려 주었다.

나는 탤리에신에 계속 머물렀다. 〈미국의〉 대표적 주택이라는 명성 때문에 전 세계의 젊은이들이 이곳을 찾아와 그 건축 정신을 배우고자 했다. 미국의 토속 문화가 유럽에 어떤 메시지를 던지고 있는지 알고자 했다. 낮 동안에 열심히 일한 다음에는 피아노, 바이올린, 첼로를 연주하며 바흐, 베토벤, 헨델의 종교에 대해 속삭여 주었다. 윌리엄 블레이크, 새뮤얼 버틀러, 월트 휘트먼, 퍼시 셸리 등의 작품을 낭송했다. 칼 샌드버그, 에드나 밀레이, 링 라드너 등의 글도 읽었다. 산간 지대에서의 생활은 이 소규모 사해동포주의자 그룹에 활력을 불어넣었다. 그들은 적극적으로 〈미국〉을 알려고 했다. 왜냐하면 미국 건축가들이 미국을 유럽화하려고 애쓰고 있는 판국에 탤리에신은 조용히 유럽을 미국화하고 있었기 때문이다.

하지만 해외에서 탤리에신을 찾아온 사람들이 느꼈던 평화도 그리 오래가지 못했다. 고작 열한 달 동안의 평화와 호의가 있었을 뿐이다. 탤리에신에 소장된 아름다운 예술품들은 이 집의 피와 살이 되었다. 그러나 그 예술품들은 고독과 슬픔의 표상이었다. 저 혼자 있어도 위엄을 잃지 않는 그 예술품들 위로 가끔 살아 있는 생각이 흘러 넘쳤다. 탤리에신은 꿈을 꾸고, 명상에 잠기고, 일을 하고, 잠을 잤다.

커다란 벽난로는 집 안으로 빛과 온기를 계속 흘려 보냈지만 집은 더 이상 살아 있는 것 같지 않았다. 반목과 불화는 저 우뚝한 벽과 다정한 천장을 부끄럽게 만들었다. 언젠가 행복이 다시 찾아오겠지 하는 희망만이 겨우 숨 쉬고 있었다.

이 사 야

미리엄과 내가 마침내 헤어진 지 약 1년쯤 된 어느 저녁때였다.[75] 폭풍우가 몰려 오려는지 번개가 번쩍거리고 있었고 바람이 거세게 불었다. 나는 언덕 꼭대기에 있는 자그마한 별채 주방에서 저녁 식사를 마치고 아래쪽 뜰 쪽에 있는 거실로 내려오던 중이었다. 그런데 내 침실에서 연기가 무럭무럭 피어나고 있지 않은가! 또다시 불이 난 것이다!

거센 바람의 부채질을 받은 불과 싸우는 것은 여간 힘든 일이 아니었다. 저녁이라 사람들은 모두 퇴근하고 없었다. 집에 남아 있는 사람은 나, 운전사, 일본인 제자 가메키 이렇게 세 사람뿐이었다.

나는 두 사람을 불러 물을 갖고 오라고 소리쳤다. 그 후 두 시간 동안 나는 계속 〈물 가져와!〉라고 악을 써댔다. 내가 이제 불길을 잡았다고 생각한 순간, 천장 위에서 오싹한 소리가 났다. 그것은 〈지붕〉 밑 빈 공간으로 불이 옮겨 붙었다는 뜻이었다. 또다시 경보가 발령되었고 이때는 인근 주민들까지 가세해 탤리에신의 불길을 잡으려고 애를 썼다. 하지만 바람이 불길을 계속 재촉했다. 이제 지붕 밑의 불은 열 군데 이상으로 번졌다. 「집 안에 있는 것만이라도 건져요.」 사

---

[75] 미리엄 노엘은 1924년 5월에 라이트를 떠났다 — 원주.

람들이 소리쳤다.

「아니야. 싸워야 해. 싸워야 해. 불길과 싸워. 탤리에신을 온전히 살리든지 아니면 통째로 잃든지 둘 중 하나야.」 나는 소리쳤다. 그처럼 끈덕지게 소리치는 내 몰골은, 침몰하고 있는 배의 갑판에서 배를 살릴 수 있다고 소리치는 어리석은 선장의 모습과 비슷했다.

더 많은 물이 필요했다. 「물 가져와! 물 가져와! 물 가져와!」 사람들이 불길과 싸우기 위해 언덕을 넘어 탤리에신으로 모여들었다. 거센 바람이 불길에 힘을 실어 주어, 엄청난 연기 기둥과 불꽃이 탤리에신의 안뜰을 휩쌌다. 이젠 내가 봐도 건물이 전소될 것이 뻔했다. 아, 무자비한 바람! 불길 못지않게 바람도 잔혹했다.

연기가 솟아오르는 지붕에서 사람들은 발에 화상을 입었고, 연기를 들이마셨고, 머리카락과 눈썹이 불탔다. 그 살벌한 현장의 반공(半空)에서는 천둥이 울리면서 벼락이 쳤다. 언덕에는 얼마 전부터 많은 사람들이 나와 아무 말 없이 불구경을 하고 있었다. 나는 잠시 멈춰 서서 이런 생각을 했다. 내가 지금 이사야와 싸우고 있는 것인가?

하지만 나는 싸움을 포기할 수 없었다. 불길이 작업실로 번질 조짐이 보였기 때문에 무슨 일이 있어도 그것만은 막아야 했다. 하지만 모두들 손을 놓고 있었다. 그들은 탤리에신 전체를 포기하는 수밖에 없다고 말했다. 그리고 파괴의 손길이 마침내 작업실에 미쳐서 서서히 그곳에서도 불길이 오르기 시작했다. 이제 물도 바닥났고 사람들의 기력도 소진되었다. 사람들은 호흡과 기력을 회복하기 위해 지붕 주위에 드러누워 있었다.

갑자기 엄청난 천둥소리가 들리더니 불길을 부채질하던 바람의 방향이 바뀌어 작업실에 도달한 불길을 후퇴시켜 계곡 쪽으로 몰고 가기 시작했다. 이어 폭우가 쏟아졌다. 그러자 마치 용광로에 홍수가 쏟아진 것처럼 불길은 사라져 버렸다. 연기와 불꽃의 구름은 반대 방향으로 휩쓸려가기 시작했다. 마치 보이지 않는 거대한 손이 구름을 쏙 집어내 다른 쪽으로 던지는 것 같았다. 구경꾼들은 겁을 먹은 채 입을 딱 벌리고 쳐다보기만 했다. 그것은 초인간적인 신성의 작용인 듯했다.

탤리에신의 절반(주거 동)이 또다시 사라졌다. 통유리창과 수정 같은 연못이 잿더미가 되어 뜨거운 포도 위에 나뒹굴었다. 오랜 세월에 걸쳐 인간의 영혼이 만들어 낸 꽃봉오리들 — 우리는 그것을 예술품이라고 부른다 — 이 불에 타 재가 되었거나 파손되었거나 완전히 사라져 버렸다. 또 다른 야만적인 타격이 가해진 것이다.

도쿄에 4년여를 머물면서 기를 쓰고 모았던 예술품은 모두 사라지고 내게는 가죽 바지, 불탄 양말, 입고 있는 셔츠, 작업실만 남아 있을 뿐이었다. 나는 완전히 패배한 채 망연히 서 있었다.

하지만 나는 잠시 패배한 것뿐이었다. 나는 결코 물러서지 않을 생각이었다. 내가 서 있는 바로 이 자리에서 탤리에신은 다시 살아날 것이다! 그림자 속에서 어떤 사람이 나타나서 내게 그렇게 말해 주었다. 그리고 나는 올기반나가 말한 것을 믿었다.[76]

번개가 다시 쳤다. 인간의 부주의와 잘못을 범하기 쉬운 기질이 하느님의 진노를 불러오는 이유란 말인가? 나는 화재의 원인을 찾으면서 그런 생각을 했다. 화재 원인은 합선이었다. 내 침대 밑에 있는 전화기가 늘 말썽을 일으키더니 그만 합선된 것이었다. 나의 설계도를 빼놓고 내가 이 세상에서 개인적으로 갖고 있던 물건은 모두 사라졌다. 하지만 이번에는 인명이 희생되지 않았으니 얼마나 다행인가. 귀중한 예술품들은 모두 타버려 오래전 그 작품을 만들었던 장인들의 영혼을 만나러 갔다.

그렇다. 후대를 위해 그 예술품을 보관해야 할 의무를 지켜야 했던 나는 한심하게도 그것들을 보호하지 못했다. 하지만 그것들은 여전히 내 마음속에 살아 있다고 나는 생각했다. 나는 건축을 통해 그것들의 정신이 내 속에 생생히 살아 있음을 증명할 계획이었다. 나는 지옥처럼 끔찍한 화재 뒤에 찾아온 언덕 위의 깊은 어둠을 향해 — 그 언덕 위에 서 있는 애원하는 존재들을 향해 — 그렇게 말했다.

---

[76] 라이트는 탤리에신 화재 직후 시카고에서 올기반나를 만나서 그녀를 탤리에신으로 초대한 바 있는데, 그림자 속의 어떤 사람은 그녀를 가리킨다.

그리고 그 기괴한 군중들! 그 끔찍한 화재가 집을 파괴하는 동안, 그들은 언덕 꼭대기에 서서 멀거니 불구경만 하고 있었다. 어떤 사람들은 동정의 눈초리를 보냈는가 하면 어떤 사람들은 피할 수 없는 운명의 힘을 확신하면서 별로 동정하지도 않았다. 어떤 사람들은 그런 파란만장한 일을 겪고 난 뒤에 탤리에신이 〈소생할 수 있다〉라고 생각한 어리석음을 비웃는 것 같았다. 다른 사람들은 담배를 짝짝 씹으면서 재미있는 구경거리가 생겼다는 표정이었다.

탤리에신을 다시 공격한 것은 바로 운명의 힘이었나? 그것은 이사야의 손길이었나? 하지만 탤리에신의 핵심 인물인 나는 — 살아 있는 사람들로부터 힘을 얻어 — 전보다 더 멋진 탤리에신을 짓겠다고 결심했다. 나는 또 다른 탤리에신을 지을 수 있다고 자신했다!

며칠 뒤 재건 공사를 하기 위해 화재의 파편을 정리하면서 나는 불에 타고 그을려서 까맣게 변색되어 버린 당대(唐代)의 대리석 조각의 머리, 위대(魏代)의 현무암으로 만든 조각의 파편, 송대(宋代)의 토기, 명대(明代)의 도자기 등을 발견했다. 그것은 신들에게 바쳐진 제물이었다. 나는 이런 파편을 모아서 석재로 만들었고 그것을 탤리에신 II 자리에 새로 지을 집에 자재로 사용하겠다고 결심했다. 그것들은 탤리에신 III의 자재로 사용되었다.[77]

또다시 혼란, 파괴, 황폐를 겪은 후에 나는 탤리에신의 워크숍에서 일하기 시작했다. 들판에 나가서 산책도 하고, 강에서 수영도 하고, 언덕 위로 차를 몰고 가기도 했다. 겨울에는 스케이트를 탔다. 하지만 창조하고 싶은 욕망은 뒤쳐져서 천천히 따라오고 있었다. 다소 늦어지기는 했지만 그래도 다시 소생했다. 창조를 바라는 허기(虛飢)는 그리 먼 곳에 있지 않았다.

한편 탤리에신 I이 파괴되기 직전에 리버 마이스터와 나는 화해했다. 엄청난 실패작으로 끝난 컬럼비아 박람회 이후, 설리번과 애들러는 서로 헤어졌고 그다음부터 스승의 일은 그리 잘 굴러가지 않았다. 내가 애들러와 설리번 건축 사무

---

[77] 탤리에신 II는 1925년 4월에 불탔다.

소를 그만둘 즈음, 개런티 빌딩이 막 수주되었다. 그 빌딩은 애들러와 설리번의 공동 명의로 건설된 마지막 건물이었다.

　이제 과거를 거슬러 올라가 애들러와 설리번의 이야기를 해보자.

　창조적 작업의 특성 때문에 애들러와 설리번 건축 사무소는 별로 돈을 벌지 못했다. 건축 업계에서 좋은 대우(혹은 최고 대우)를 받기는 했지만, 그들의 작업 비용은 실제 수주 단가보다 더 들어가는 경우가 많았다. 컬럼비아 박람회 이후에 닥쳐온 대공황은 애들러와 설리번에게 커다란 타격을 입혔다. 이런 위기의 순간에 크레인사의 크레인 사장이 애들러와 접촉해 크레인사의 엘리베이터를 팔아 주면 연간 2만 5천 달러를 수고비로 주겠다고 제안해 왔다. 회사가 어려워서 고민하고 있던 애들러는 그 제안을 받아들였다. 누군가는 돈을 벌어들여야 했다. 이 일을 기화로 두 사람은 헤어졌고 파트너가 상업적으로 타락한 데 분개했던 설리번은 혼자 남게 되었다.

　설리번은 곧 그간의 고객이 모두 애들러의 고객이었다는 사실을 깨닫게 되었다. 루이스 설리번은 애들러의 고객들이 다 빠져나간 자리에서 새롭게 사업을 시작해야 했다. 애들러와 설리번 건축 사무소 시절의 고객 중 설리번을 끝까지 밀어준 고객은 단 한 명뿐이었다. 그는 슐레징거 마이어 백화점의 사장이었는데 스테이트 가에 새로 짓는 소매상 건물의 설계를 설리번에게 맡겼다.

　한편 내가 들은 바에 따르면 크레인사의 새로운 사자(獅子) 애들러에게는 불운한 일이 발생했다. 그는 새로 건설될 시겔 쿠퍼 빌딩에 크레인 엘리베이터를 판매하기 위해 뉴욕으로 출장을 갔다. 이때 경쟁 입찰자인 스프레이그 일렉트릭사는 애들러와 설리번 건축 사무소 시절에 애들러가 작성한 보고서를 꺼내들었다. 그것은 몇 년 전 오디토리엄 빌딩의 설계 때 엘리베이터와 관련하여 그가 작성한 보고서였다. 그 보고서에는 스프레이그 일렉트릭사의 제품이 최고라고 평가되어 있었다.

　애들러는 빈손으로 시카고로 돌아왔고 크레인으로부터 질책을 당했다. 〈사자〉는 그런 어투의 말을 듣는 데 익숙하지 못했다. 특히 현재의 사장이 예전에 그를 찾아와 일거리를 달라고 하던 사람이었기 때문에 더욱 참기 어려웠다. 그

회담의 결과, 애들러는 1년치 연봉을 위로금으로 받는 조건으로 고용 계약을 해지했다. 주위의 사람들은 두 건축가가 서로 합치기를 희망했다. 그러나 설리번은 다시 합칠 생각이 조금도 없었고 애들러는 더 이상 파트너의 무례함을 참고 지내는 것은 싫다며 손사래를 쳤다.

이 무렵 애들러는 유니언 리그 클럽에 와 있었는데 사람을 시켜 나를 불렀다. 그때까지 나는 스승인 설리번과 서로 연락하지 않는 상태였고, 사무실을 나온 이후 만나지도 않았다. 애들러는 뚱한 표정이었다. 오디토리엄 빌딩을 지을 때 고객들을 만족시키기 위해 자신이 커다란 모험을 했고, 또 설리번의 요구 사항을 맞춰 주기 위해 타워의 높이도 추가로 높여 주었는데, 그걸 설리번이 모두 모른 체했다는 것이었다. 트러스 위에 연회장을 추가한 것, 퍼디낸드 펙의 비위를 맞춰 주기 위해 오디토리엄의 공간을 넓혀 준 것, 기타 등등의 이야기도 했다. 오디토리엄 빌딩의 공사가 아직 완전히 끝나지 않았다는 것과, 타워가 모양을 잡아가면서 건물에 불필요하게 추가된 부분은 철거 중이라는 이야기도 해주었다.

나는 그가 크게 변했다는 것을 알았다. 그는 설리번이 개런티 빌딩의 도면을 발간하면서 아예 애들러의 이름을 빼버린 데 분개하고 있었다.

「라이트, 내가 없었더라면, 개런티 빌딩은 아예 존재하지도 않았을 걸세!」

「그렇지요.」 내가 말했다. 「하지만 선생님의 이름이 누락된 것은 설리번 씨의 의도가 아니었을 겁니다. 아마도 출판사 쪽에서 실수를 한 거겠지요. 한번 확인해 보시지 그러세요?」

「확인해 볼 것도 없어. 확실하다니까.」 그가 말했다.

나는 설리번과 다시 합치는 문제를 그에게 거론했다. 업계에서는 두 사람이 헤어진 것을 아쉬워하는 사람들이 많다. 두 사람은 서로에게 필요한 존재였다. 두 사람이 그동안 함께 해온 일을 봐라. 둘이 다시 합치면 정말 큰일을 할 수 있을 것이다. 대공황은 오래가지 않을 것이다. 그래서 옛날의 관계를 다시 회복하는 것이 좋다. 이렇게 말하는 사람들이 많다는 것을 전했다.

「아니야, 라이트.」 애들러는 버릇대로 수염 가득한 턱을 앞으로 내밀며 말했다. 「매출이 적더라도 내 사무실을 내가 직접 운영하는 게 나아. 대형 사무실은 임대료와 인건비가 많이 나가 실속이 없어. 내 능력으로 할 수 있는 빌딩 몇 개만 맡아서 할 생각이야. 5만 달러를 벌어서 천 달러를 남기는 것보다 5천 달러를 벌어서 2천 달러를 남기는 게 나아.」

그는 숱 많은 눈썹을 위로 치켜뜨고 정직한 눈빛으로 나를 쳐다보며 이렇게 말했다. 「내 충고를 명심하게. 자네도 꼭 이렇게 해야 하네.」

「제 몫을 하는 건축가는 파트너 따위는 필요 없는 법이야.」 그가 덧붙였다.

나는 두 사람 사이에 존재했던 오래된 우정이 이제 끝났다는 것을 알았다.

우리는 유니언 리그 클럽을 나와서, 오디토리엄 빌딩이 있는 와바시 애비뉴에 그가 얻어 놓은 자그마한 사무실까지 함께 걸어갔다. 한편 설리번은 아직도 타워(오디토리엄 빌딩)에서 근무하고 있었다. 두 사람이 그처럼 결별했다는 사실은 내 가슴을 아프게 했다. 하지만 나는 두 사람이 언젠가 합칠 것이라고 믿었고 애들러와 헤어질 때 그렇게 말했다. 근심과 실망이 이미 노 건축가의 건강을 많이 손상시켰다. 그로서는 그런 영락한 처지가 도무지 납득되지 않았을 것이다.

그는 곧 세상을 떠났다.[78]

그 후 7년이 더 흐른 다음 스승과 나는 다시 만났다. 스승의 사업 여건은 아주 악화되어 있었다. 오디토리엄 빌딩 경영진은 그 화려한 타워 오피스를 더 이상 설리번에게 내주지 않겠다고 통보했다. 그대신 전에 애들러가 사무실을 얻었던 와바시 애비뉴의 방 두 개짜리 사무실로 옮겨 가라고 권했다. 나중에 그 사무실마저도 폐쇄되었다.

그는 장거리 전화를 걸어서 나를 불렀다. 다행스럽게도 나는 약간의 돈을 내어 스승에게 그 자그마한 사무실을 되찾게 해드렸다. 하지만 스승이 파리 시절부터 몸에 익혔던 버릇(음주)은 그의 건강을 사정없이 파괴하고 있었다. 그는 나를 부드럽게 불렀다. 「프랭크.」 나는 스승의 그런 다정한 부름을 언제나 좋아했다. 그 전에는 늘 〈라이트〉였다.

스승은 용기를 잃지 않았다. 그것은 결코 사라지지 않을 것이었다. 눈빛도 예전처럼 반짝거렸다. 예전처럼 특유의 유머 감각이 발휘될 때에는 눈빛에 장난기

---

[78] 당크마르 애들러는 1900년에 사망했다 — 원주.

가 가득했다. 하지만 행동거지는 예전과 같지 않았다. 그의 몸은 서서히 퇴화하고 있었다.

    나는 스승의 책상에 잠시 앉았다가 책상 위에 가득 널려 있는 서류를 본 기억이 있다. 책상에는 스승이 과거에 작업한 소규모 은행 건물들의 사진도 있었다. 타워 시절, 스승이 웨인라이트 빌딩을 지을 때 번쩍거렸던 천재가 아직도 남아 있었다. 그는 아직도 그를 보좌하고 있는 조지 엘름슬리에게 크게 의존하고 있었다. 리버 마이스터는 이제 안락의자에 편안히 앉아 있었고 클리프 드웰러스 클럽의 종신 회원이었다. 이런 특혜를 베풀어 준 것은 그 클럽의 관대함을 증명해 주었다. 나는 일본에 있던 시절에도 스승에게 편지를 보냈고 로스앤젤레스에서도 그렇게 했다. 시카고에 갈 때마다 콩그레스 호텔에 투숙하면 내 방의 옆방까지 함께 잡아서 스승을 모셨다.

    그는 저 아래쪽 코티지 그로브 애비뉴의 오래된 워너 호텔에 묵고 있었다. 그건 예전에 스승이 자주 묵었던 호텔이라는 점 이외에는 별 특징이 없는 곳이었다. 스승은 내가 데이코쿠 호텔을 완공한 것을 자랑스러워했다.『레코드*Record*』지에 그 건물에 관한 논문을 두 편이나 게재하기도 했다.「마침내, 프랭크」그가 말했다.「그들이 자네로부터 빼앗아 갈 수 없는 어떤 것을 해냈군.」(스승은 왜 〈그들〉이 내게서 빼앗아 가지 못한다고 생각했을까? 〈그들〉은 일단 빼앗으려고 마음만 먹으면 먼저 무력을 쓰고 그게 안 될 경우 온갖 술수를 다 써서라도 빼앗아 가는데…….)

    시카고의 여러 건축가들이 스승에게 호의를 보였고 또 친절하게 대해 주었다. 특히 아메리칸 앤드 루카스사의 게이츠, 호팅거, 노스웨스턴 테라 코타사의 여러 사람들이 도움을 주었다. 하지만 스승은 예전과 마찬가지로 동료 건축가들을 인정하지 않았다. 아니 전보다 더 인정하지 않는 것 같았다.

    그는 벌써 여러 해 동안 좋은 일거리가 자신보다 못한 — 비교하는 것이 어리석을 정도로 — 건축가들에게 넘어가는 것을 지켜봐 왔다. 고객들은 그의 개인적 버릇 때문에 그를 〈불신 혹은 증오〉의 눈빛으로 쳐다보았다. 그런 버릇은 건축 공사와는 상관도 없고 또 건축가로서의 능력과는 무관한 문제인데도 말이다. 지방색, 편견, 무지 등이 스승의 적이었다. 〈천재? 천재 좋아하시네!〉가 그들의 반응이었다. 그 용어는 스승을 도와주는 것이 아니라 오히려 방해했다.

천재는 경계해야 해. 비용을 신경 쓰지 않거든! 안전을 너무 따지고 말이야!

하지만 이제 스승의 능력은 그 자신에 의해 파괴되고 있었다. 태고 이래로 천재들이 그렇게 해왔던 것처럼 스승은 외로움, 좌절, 배신으로부터 벗어나기 위해 술에 의존하고 있었다.

만약 좋은 기회가 있었더라면 비록 만년이기는 하지만 스승은 적어도 몇 년 동안 아주 멋진 건축물을 내놓을 수 있었을 것이다. 질투가 가미된, 사람들의 기피와 거부 등으로 인해 스승의 주위에는 주의를 요하는 인의 장막이 높게 둘러쳐졌고, 그것은 이 나라 사람들을 눈멀게 했고 또 그의 건강을 상하게 만들었다. 때때로 그의 절망감이 그의 타고난 자부심과 낙관주의를 압도했다. 아무리 용감해도 때로는 생활비 때문에 공포감을 느낄 때가 있었다. 그러다가 문제가 다 해결되었다. 적어도 당분간은.

그는 마음만 먹으면 언제든지 신랄해질 수 있었다. 예전의 그가 그랬던 것처럼. 스승은 쓸쓸한 기분에 빠지면 여남은 명의 동료 건축가를 화제로 삼아 사정없이 비판해댔다. 그러면 좌대(座臺)에 올라가 있던 그들의 동상이 거꾸로 떨어져서 속의 것이 다 터져 나올 지경이었다. 그 비판의 칼날은 예리한 동시에 번쩍거렸다.

설리번은 이때 『아이디어의 자서전 The Autobiography of an Idea』이라는 책을 쓰고 있었다. 그는 가끔 그 책의 일부분을 나에게 읽어 주었다. 그는 이제 건축이라는 표현 수단을 완전히 잃어버린 상태에서 글 쓰는 일로 소일했다. 그럴 때면 예전의 스승의 모습으로 되돌아왔다. 그 책을 쓰는 일은 아주 중요한 소일거리였다.

그는 이미 2년 전에 탤리에신을 방문한 바 있었다. 그때에도 탤리에신이 있는 언덕 꼭대기까지 올라가는 것을 힘들어했다. 2년이 지난 지금 나와 함께 탤리에신을 방문했을 때 굉장히 숨차 했고 그가 평생 애호한 진한 커피를 여러 잔 마신 후에도 호흡이 완전히 정상으로 돌아오지 않았다. 그는 내 팔을 붙잡고 아주 천천히 걸었다. 그의 몸이 가라앉고 있었다. 나는 형편이 허락하는 한, 일주일에 한 번 정도 그를 찾아가 보았다.

그 후 몇 달이 지나갔는데 워너 호텔에서 탤리에신으로 전화가 왔다. 나는 스승의 숙소를 찾아갔을 때 방 안이 정말 어지러운 것을 보고 깜짝 놀랐다. 게다가 상당히 여러 날 전부터 스승은 병이 들어 있었다. 점점 더 밭은 간격으로 심하게 온몸이 가라앉는 〈시기〉가 찾아왔다. 나는 스승의 방을 청소해 주지 않은 것을 보고 워너 호텔 측을 들었다 놓았다. 매니저는 스승에게 잘해 주려고 애를 쓰고 있었으나 그도 어떻게 해볼 방도가 없었다. 우리는 결국 입주 간호사를 구했다. 스승의 절친한 동료로 그의 말을 잘 이해하고 또 그에게 필요한 것은 뭐든지 해 주었던 적갈색 머리의 여자 모자상(帽子商)은 당시 입원 중이었다.

「프랭크, 내 곁을 떠나지 마.」 그가 애원했다. 「여기 있어 줘.」

나는 그의 곁에 머물렀다. 스승은 저녁 무렵 정신이 돌아오는 것 같았다. 우리는 곧 나올 그의 책 『아이디어의 자서전』에 대해 이야기했다. 그는 책이 팔리면 다소 수입이 있을 것이라고 예상했다. 나는 스승이 필요로 하는 것은 다 마련해 주었고 그날 저녁 늦게 그가 잠든 후 탤리에신으로 돌아왔다. 내가 필요하면 즉시 달려오겠다는 약속을 입주 간호사에게 남기고.

며칠 뒤 시카고 시내로 나갈 일이 있어서 다시 그를 만나러 갔다. 용태가 다소 좋아진 것 같았다. 그때 막 출판된 『아이디어의 자서전』 한 부가 배달되어 있었다. 그것은 그의 침대 맡 탁자 위에 놓여 있었다. 그가 침대에서 일어나고 싶다고 해서 내가 일으켜 세워 주었다. 그는 양발을 바닥에 내려놓고 무릎을 담요로 가렸다. 어깨에는 내 양복을 벗어서 덮어 주었다. 그는 책을 바라보았다. 「프랭크, 책이 나왔네.」 나는 스승의 옆에 앉아서 내 팔로 그의 어깨를 감싸면서 그의 체온을 따뜻하게 유지해 주고 또 부축해 주었다. 그를 위로하기 위해 등을 쓰다듬는데 손바닥에 척추 마디마디가 느껴졌다. 그의 심장이 크게 뛰는 것도 느낄 수 있었다. 의사는 그의 심장이 커피와 술 때문에 원래보다 두 배로 팽창되어 있다고 말했다.

「그 책을 내게 좀 건네줘. 자네에게 줄 첫 번째 책이야. 연필!」 그는 팔을 쳐들어 연필을 쥐려고 했다. 하지만 그렇게 하지 못했다. 그는 힘없이 웃으면서 포기했다.

나는 그 책을 읽지 않았다. 내가 그 책에 대해 아는 것이라고는 스승이 직접 읽어 준 부분뿐이다. 나는 그것을 차마 읽을 수가 없었다.

그래도 스승에게는 아직 용기가 남아 있었다. 그는 힘없는 목소리로나마 잠시 욕을 했다. 눈은 푹 꺼져 있었지만 그래도 밝게 빛났다. 그는 자신의 죽음에 대해 농담을 했고 중얼거리듯이 욕을 했다. 그는 그때 처음으로 자신의 종말이 가까워졌다고 시인했다. 하지만 내가 볼 때 그는 팔을 제대로 못 쓰기는 했지만 전보다 더 나아진 것 같았다. 그는 더 이상 인생에 미련이 없었고 그에 대해 이야기하지 않으려 했다. 사실 그의 인생은 참으로 고달팠다. 그가 알고 있는 몇 안 되는 친구들은 좌절한 건축가의 삶에 별로 도움을 주지 못했다. 불과 1년 전만 하더라도 그는 외로움 속에서 『건축 장식의 체계*The System of Architectural Ornament*』에 들어갈 아름다운 드로잉을 직접 그렸다. 이 드로잉을 그리기 전까지만 해도 수전증에 걸린 것처럼 떨던 그 손으로 말이다. 이 드로잉은 말년에도 전성기에 비해서 그의 스타일이나 기량이 조금도 떨어지지 않았다는 것을 보여 준다. 그의 장식 기술은 최후의 순간까지도 지고한 수준에 도달해 있었다. 나는 스승의 건강 상태가 이보다 더 나빴던 적도 있었다는 것을 알고 있었다. 그래서 이번에도 다시 회복하리라고 예상했다. 나는 그를 다시 침대에 누이고 담요를 덮어 준 뒤 침대 곁에 앉아서 지켜보았다. 그는 곧 잠이 들었다. 또 한 차례 위기가 지나간 것 같았다. 그는 깊은 잠에 빠져들었고 깊은 숨을 쉬면서 잘 자고 있었다. 간호사는 잠시 외출했다. 그때 탤리에신에서 긴급 호출이 왔다. 나는 간호사에게 무슨 일이 있으면 즉시 연락해 달라는 메모를 남기고 그 방에서 나왔다.

탤리에신으로 돌아온 나는 초조하게 전화를 기다렸다. 그러나 전화가 오지 않자 안심하고 다른 일에 매달렸다. 이튿날 나는 신문에서 스승의 부고를 보았고 또 맥스 더닝으로부터 부음을 알리는 장거리 전화를 받았다. 스승은 내가 마지막으로 본 그다음 날에 세상을 떠났다. 따뜻한 마음씨의 소유자인 맥스 더닝을 비롯한 여러 건축가들이 임종 직전에 그를 찾아왔다가 그 뒤처리를 다 해주었다. 그들은 나를 부르지 않았다.

스승은 이 세상에 유품을 별로 남기지 않았다. 몇 달 전 내가 해드린 새 양복 한 벌, 아홉 살 무렵 남동생과 어머니와 함께 찍은 은판 사진이 전부였다. 사진 속의 형제는 어머니의 양옆에 서 있었다.

그는 죽음이 닥쳐 왔음을 알고 간호사에게 이 중요한 물건을 〈프랭크〉에게 전해 달라고 말했다. 나는 스승이 목에 두르고 있던 그 따뜻한 머플러를 기념으로 가졌으면 하는 생각도 했지만 결국에는 그렇게 하지 않았다. 그건 감상주의였다. 그게 무슨 소용이 있겠는가? 스승은 이미 이 세상 사람이 아닌데!

그 누구도 나에게 장례 절차를 문의해 오지 않았다. 생전에 그를 제대로 돌보지 않은 친구들이 그의 시신을 수습하여 그레이스랜드에서 평범한 장례식을 치렀고 윌리스 라이스가 추도 연설을 했으며 나도 그 장례식에 참석했다. 나중에 그들은 스승을 위한 〈기념비〉를 디자인했다. 그의 무덤 앞에 세울 장식 슬래브로 설리번 스타일의 장식물이었다! 그들은 이 기념비의 제작을 조지 엘름슬리에게 맡겼다. 조지는 내가 실즈비 건축 사무소에서 애들러와 설리번 건축 사무소로 옮겼을 때, 무슨 일이 있을 때를 대비하여 대타 요원으로 데려다 놓은 나의 조수였다. 내가 애들러와 설리번 건축 사무소를 나간 뒤 그가 내 자리를 차지했고 그 후 스승 밑에서 10년 넘게 함께 근무했다. 하지만 스승을 이해하고 사랑했던 나의 입장에서 볼 때 이런 기념비는 아이러니한 것이었다. 기념비라는 것은 따지고 보면 돌덩어리에 지나지 않는다. 스승에 대해서 그들이 고작 생각해 낼 수 있는 것이라고는 그 돌덩어리 하나뿐인 것이다. 그런 기념비를 세우는 사람들에게는 정작 기념해야 할 내용보다는 돌덩어리 하나를 무덤 앞에 세우는 게 더 중요한 것이다.

각종 기념비들! 우리는 언제 이런 속되고 천박한 행위를 끝내려는지! 위인을 〈기념〉하기 위해 기념비를 세우는 사람들은 위인의 생전에 그를 위협하고, 중상하고, 조롱하고, 모욕한 사람들이 아닌가. 그 대표적인 사례로 에이브러햄 링컨이 머릿속에 떠오른다. 생전에 링컨을 배신했던 수많은 사람들이 링컨이 죽자 그에게 무수한 기념비를 바쳤다. 그를 사랑하고 존경한다면서. 하지만 그들은 위인이 정말 곤궁할 때에는 〈자비〉를 베푸는 데 인색했고 그가 죽었을 때에는 사후의 일에 지나치게 간섭하고 나섰던 것이다.

스승의 작품

옛것에 새것이 들어가 있고 동시에 새것에 옛것이 들어가 있는 것, 바로 이것이 원칙이다. 루이스 설리번은 그 무엇보다도 원칙을 사랑했다. 바로 그것이 설리번의 위상을 확보해 주었고 또 그의 작품에 의미를 부여했다.

원칙에 대한 이러한 헌신은 아주 특기할 만한 것이다. 왜냐하면 그의 주위에는 해로운 문화적 안개가 자욱이 깔려 있어서 이 세상에서 아름다움을 구현하려는 밝은 희망을 흐려 놓았을 뿐만 아니라 방해하고 있었기 때문이다. 〈신의 이름을 들먹이며 범죄 행위를 거룩함으로 위장하려 하듯이〉, 설리번의 생전에 건축 업계 또한 〈의고전주의〉라는 미명 아래 거짓말을 일삼고 있었다. 그런 거짓말로 그들은 무지와 무능을 감추었고 루이스 설리번의 창조적인 작품들을 모욕했다.

그의 위대한 작품들이 이런 척박한 시대에 태어났다는 것은 하나의 경이이다. 그의 탁월한 미적 감각을 조롱했던, 소위 〈민주주의〉라고 불리는 저 어중이떠중이가 활개치는 상황 아래에서 그런 작품들이 나왔다는 것은 하나의 예언이다. 그는 이 나라의 감추어진 미덕을 가장 멋지게 가장 훌륭하게 제시했던 것이다.

그가 짧은 기간 동안에 우리를 위해 남겨 놓은 건물들은 그의 최소 부분에 지나지 않는다. 그의 심중에는 이 나라를 위해 바치고 싶은 무한한 가치가 잠재해 있었다. 하지만 이 나라는 그를 낭비했다. 그러고 싶어서 그렇게 한 것이 아니라 그를 제대로 이해하지 못했기 때문에 낭비해 버렸던 것이다.

인간적 가치의 표현으로서 위대한 명성을 얻은 모든 작품은 그 시대와 관련지어 연구해야 한다. 결국 작품은 자신의 시대를 향해 자신의 가치를 주장했고 또 그 당시의 인간적 관점에 자연스럽게 스며들었기 때문이다.

따라서 그가 우리에게 남긴 작품도 그런 관점에서 이해해야 한다. 그가 최초로 남긴 위대한 건물인 시카고의 오디토리엄 빌딩을 한번 생각해 보라. 그 멋진 석조 건물의 침착하고 고상한 외양. 하나의 단위로 탁월하게 구상된 자유롭고 아름다운 실내. 깊은 크림색 혹은 부드러운 황금색 장식.

이 오디토리엄 빌딩과 비교해 볼 때, 비슷한 시기에 나온 다른 건축가들의 작품은 예전 건축 양식의 무분별한 복제에 지나지 않는다. 가령 미시간 애비뉴의 풀먼 빌딩, W. W. 보잉턴의 〈무역청〉, 저 끔찍한 유니언 스테이션 역사(驛舍),

기타 무감각한 고딕풍의 〈복제물〉 등이 그것이다.

　스승은 초창기에 존 에들먼의 영향을, 나중에는 로마네스크풍의 정감을 되살린 H. H. 리처드슨의 영향을 받았다. 그 외에 존 루트를 인상 깊게 보았는데 루트는 스승보다 미국 건축의 문제점을 깊이 인식하지는 못했지만 그래도 그의 건축 방식은 직언(直言)을 하는 편이었다. 하지만 이들은 그의 스승이라기보다 동료였다. 그들이 나름대로 어떤 느낌을 갖고 일을 하고 있을 때, 스승은 새것으로 나아가는 길을 느꼈을 뿐만 아니라 〈생각〉하고 있었다.

　계획의 달인이며 용인(用人)의 대가인 당크마르 애들러는 스승의 충실한 파트너였다. 애들러의 영향은 굉장한 것이었는데 그 까닭은 애들러 자신도 뛰어난 시공자였기 때문이다. 그는 뛰어난 관리자였고 탁월한 비평가였다.

　오디토리엄 빌딩이 오늘날의 모습을 갖추게 된 것은 당크마르 애들러의 훌륭한 판단과 절제된 영향력 덕분이다. 오디토리엄 빌딩의 화려하고 가변적이고 상상력 넘치는 인테리어를 그 당시의 절단, 토막, 조각내기 등과 한번 비교해 보라. 그것을 동시대 빌딩들의 무의미한 경직 구조와 어색한 실내 처리와 한번 비교해 보라. 그 빌딩들은 야심 찬 태도와 장쾌한 몸짓을 지향하려 했지만 결국에는 어설픈 시늉에 그치고 말았다. 설리번의 동시대 건축가들은 〈가변적〉이라는 단어를 이해하지 못하는 세상에서 살았다. 예외가 있다면 견고한 외벽을 자랑하는 벽돌 건물(존 루트 작)인 모나드녹 빌딩 정도였다. 건물이라고 하면 하나같이 돌로 만든 외벽에 구멍을 뚫어 놓은 것이었다. 그 당시 건축과 관련하여 〈가변적〉이라는 단어가 제대로 이해되었는지 의심스럽다. 심지어 스승도 이해하지 못했을 수도 있다. 하지만 루트도 리처드슨도 종합적인 건축 정신을 갖고 있지 못했으나 스승은 달랐다.

　이것은 오디토리엄 빌딩을 보면 잘 알 수 있다. 이 위대한 선구적 건물은 본질을 절묘하게 파악하여 건축에 대한 지식을 더 깊게 해놓았다. 당시 내가 애들러와 설리번 건축 사무소에서 근무했기 때문에 잘 아는데, 이런 성과의 대부분은 설리번에게서 나온 것이다. 이 건물 공사는 그를 완전히 녹초로 만들어 버렸다. 하지만 그런 열성 덕분에 건물의 인테리어는 아주 아름답게 완성될 수 있었고 세계에서 가장 훌륭한 오페라 룸이라는 명성을 얻었다. 나는 이 건물의 전 공정을 지켜보았다.

스승의 천재는 이 건물의 완공이 가져다준 성공과 명성 덕분에 활짝 피어났다. 물론 파트너인 당크마르 애들러도 덩달아 명성이 높아졌다.

그 뒤를 이어 게티 툼, 세인트 루이스의 웨인라이트 빌딩이 지어졌다. 그레이스랜드 공동묘지에 있는 게티 툼은 조각, 석상, 시(詩), 감수성이 하나로 어우러진 작품이다. 그것은 게티를 기념하기 위해 세워진 아름다운 석관(石棺)으로 초연하면서도 낭만적인 분위기를 풍기는 건축물이다. 엄밀하게 말하면 건축에 바치는 기념비이다.

스승이 웨인라이트 빌딩의 측면도와 입면도를 스케치한 것을 내게 내밀었을 때 나는 그의 머릿속에 어떤 구상이 오고가고 있는지 완벽하게 파악했다. 그 작품은 루이스 설리번의 걸작이면서 동시에 위대함의 절정이었다. 태양 아래 모습을 드러낸 그 마천루는 새로운 것이었고 미덕, 개성, 아름다움을 두루 갖춘 걸작이었다. 미국의 고층 건물에는 통일성unity이 없다는 것이 큰 문제였는데 루이스 설리번이 구체적 요령을 제시한 것이다. 예전의 고층 건물은 그저 층 위에 층을 쌓는 방식으로 건설되었다. 높이를 너그럽게 수용하는 것이 아니라 그저 높이와 싸우려고만 들었다. 뉴욕과 시카고의 고층 건물들이 그나마 통일성을 갖추게 된 것은 스승이 고층 건물을 하나의 조화로운 단위unit로 인식하면서부터였다. 다시 말해 높이 그 자체가 하나의 승리가 되도록 설계한 것이었다.

웨인라이트 빌딩은 이런 고층 건물의 효과를 처음으로 천하에 알린 선구적 작품이었다. 그리하여 오늘날까지도 고층 건물을 건축할 때 이 빌딩이 모델 노릇을 하고 있다.

남성적인 〈웨인라이트〉 빌딩과 여성적인 버펄로의 개런티 빌딩은 이를테면 건축가 설리번의 두 자녀였다. 이 두 건물에서는 물질과 정신이 하나라는 증거가 명백히 드러나 있기 때문에, 스승은 인류에게 커다란 봉사를 한 것이다. 이러한 증거는 나중에 기계 시대에 오면서 더욱 확실하게 나오게 되는데 그런 증거의 제시는 예술가-건축가들의 신성한 몫이 되었다.

〈컬럼비아 박람회〉의 교통관은 그 어떤 건물보다 스승에게 애를 많이 먹였다.

그는 황금의 출입문은 곧장 구상했으나 나머지 부분은 결단을 내리지 못하고 망설였다. 나는 전에 그가 초조해하는 것을 보지 못했으나 그때만큼은 초조해했다. 하지만 그 멋진 건물은 온통 의고전주의풍인 건물들 사이에서 군계일학처럼 빛났다. 이것을 보면 그가 공연히 초조해했다는 것을 알 수 있다.

하지만 교통관은 웨인라이트 빌딩에 비해 볼 때 건축 업계에 어떤 해법을 제시한 작품은 아니었다. 이 빌딩 또한 그림같은 아름다움만을 추구한 건물 picture-building이었다. 비록 그런 건물이기는 해도 리듬, 합리성, 개성을 가진 건물로 다른 것들처럼 겉치레에만 치중하는 무의미한 시늉으로 일관한 빌딩은 아니었다. 어쨌든 풍경-페인팅으로서도 특기할 만한 풍취를 지닌 건물이었다. 또 그것이 그 건축물을 만든 건축가의 의도였다. 그것은 아주 독특한 목적 아래 창조된 건물이었다. 이 건물의 〈외관〉은 그런 목적에 잘 부합하고 있다.

스승의 천재와 창조 정신이 잘 구현된 작품으로는 시카고 오디토리엄 빌딩의 인테리어, 그림 같은 교통관, 게티 툼, 웨인라이트 빌딩 등을 들 수 있다. 그가 작업한 다른 작품들은 모두 이것을 근간으로 하고 어떤 것은 이 줄기에 접붙인 것이고 또 더러는 그 줄기에서 자라난 것이다. 그러나 건축 정신과 상관없이, 소재 그 자체가 갖고 있는 원시적 힘의 응용이라는 측면에서 보자면, 이러한 건물의 질은 다소 떨어진다고 볼 수 있다.

그럼 여기서 소재(자재) 이야기를 해보자. 그 어떤 소재가 되었든 간에 스승의 상상력은 강력하게 그 소재를 지배했다. 하지만 소재 자체의 아름다움을 살리면서 건축을 해나가는 방식에 대해서, 스승은 필요성을 느끼지도 못했고 또 인내심도 없었다. 주철, 연철, 대리석, 플라스터, 콘크리트, 목재 등 모든 소재는 그의 상상력을 그대로 담아 냈을 뿐 그 자체의 미학을 발휘하지는 못했다. 이 점에 있어서 그는 자신의 원칙을 철저하게 실천하지 못했다. 그는 너무나 상상력이 풍부했고 또 미적 감각이 뛰어났기 때문에 그 자신과 목표 사이에 어떤 것이 개입하는 걸 허용하지 않았다. 따라서 그의 작품의 질이 미흡한 곳에서는 — 그가 그것을 의식했든 안 했든 — 그의 이상(理想) 역시 미흡했다.

나는 그의 감각적인 장식sensuous ornament에서 그의 화려한 개성과 원칙이 명료하게 드러난다고 생각한다. 그가 회심의 장식을 얻었을 때 빙그레 웃던 모습도 기억난다. 그의 장식 체계는 그 자체로 완벽하고 또 독특했다. 그것은 인간적이며 마음에 호소하는 매력을 갖고 있다. 그것은 말하자면 설리번 자신의 매력이다. 그의 장식은 오랫동안 사랑받고 또 기억될 것이다. 왜냐하면 고대와 현대를 통틀어서 그처럼 아름답고 우아한 장식을 만들어 낸 건축가는 없기 때문이다. 그것은 비유적으로 말한다면 아름다움에 대한 사랑이 빚어낸 온유한 미소이다.

스승의 장식 체계가 증명하듯이, 그는 열정적이고 진실하며 시적인 사랑의 능력을 아주 많이 갖고 있었다. 이 방면의 스승의 작품은 신비하고 난해하면서도 고귀한 분위기를 풍긴다. 하지만 스승의 작품에는 여러 세기에 걸쳐 진화해 온 문화의 덩어리 — 가변적 표현의 스키마나 〈스타일〉 — 는 보이지 않고, 저 잔인한 로마 시대 이래 시정(詩情)을 분쇄해 온 잔인한 물질주의가 활개치는 풍토 아래 열심히 그것을 극복하려는 개인의 노력만이 보일 뿐이다. 여러 문화권에서 여러 세기에 걸쳐 불러 내려고 애써 온 뮤즈, 바로 그 여신을 스승은 불러 내려고 애썼다. 그의 짧은 생애 동안 루이스 설리번은 매혹적인 내면의 미소로써 뮤즈에게 구혼해 왔던 것이다.

이것은 우리에게 이런 사실을 보여 주는 것이 아닐까? 장래 언젠가 개개인이 자신만의 스타일이라는 고귀한 특질을 가지고 작업하는 그런 때가 오리라는 것을.

그런데 그런 스타일이 과연 지금 어디에 있는가?

아, 스승의 장식이 보여 주는 저 지고한 에로스의 정신이여! 나는 종종 그가 제도판 위로 허리를 수그리고 열심히 일하는 모습을 보았다. 그는 무엇을 그리고 있었던가? 나는 그의 상징을 알고 있었다. 나는 일에 몰두하는 순간의 스승의 느낌을 잘 알았다. 그는 여성(아름다움의 상징) 편력에 나선 카사노바인가? 가뭇없이 진동하는 가변적 형태를 손안에 붙잡기 위해 이 감각의 편력에 나선 모험적인 스승에 비하면, 카사노바는 한갓 살[肉]의 감각이나 뒤쫓는 바보에 지나지 않는다. 보카치오의 상상력이라는 것도 마구간 심부름꾼의 수준에 불과하다. 아마도 라블레의 영혼이라면 스승의 느낌을 이해했으리라. 그는 분명 그것을 알아보았다고 실토했으리라. 아, 정숙한 숙녀(뮤즈)의 마음을 얻기 위해 내면의 영역으로 용감하게 모험에 나선 스승의 망토와 칼을, 나는 얼마나 떨리는 마음으로 부여잡았던가! 그가 숙녀에게 구애하는 동안 나 또한 그녀의 하녀에게 열심히 구애했다! 아, 정답던 그 시절이여!

스승이 이처럼 〈형태〉를 미학적으로 애무한 것, 그것은 그 자체로 완벽했고 또 스승의 공로로 돌려져야 마땅하다. 우리가 조각, 회화, 문학을 그렇게 대하듯이, 건축의 형태도 귀중한 보물로 여겨야 한다. 스승의 원칙을 적용하려고 하는 사람은 그것을 결코 스승처럼 잘해 낼 수 없다는 것을 알리라. 하지만 자기 몫을 하려는 예술가라면 자연이 그에게 준 날개를 사용해야 한다. 아무리 좋은 날개라도 스승의 날개로 날려고 해서는 안 된다. 에로스는 변덕스러운 신이어서 한 번 구경한 것은 탐탁치 않게 생각한다.

스승은 천재였다. 아니 천재성이 스승을 사로잡았다고 해야 할 것이다. 천재성이 그의 내부에서 살아 움직였다. 스승은 그것을 탕진했다. 스승의 천재가 작용하지 않는 신체의 나머지 부분은 그 천재 때문에 탕진되었다. 그는 열심히 살았다. 나는 그것을 안다. 그는 평생 동안 자신의 노력에서 나온 것을 소중하게 여겼고, 그런 노력 자체가 그의 인생에서 가장 뛰어난 내면적 특질이었다. 그는 이처럼 내면을 중시했고 자신의 외면적인 부분, 가령 출세한 인생 따위는 그렇게 대단하게 여기지 않았다.

천재의 노력은 그의 당대에는 좀처럼 눈에 띄지 않는다. 또한 천재의 전반적 영향력은 추적할 수 있거나 눈에 보이는 것이 아니다. 인간사는 언제나 유전(流轉)한다. 우리가 만물에서 발견하는 생명은 늘 가변적인 것, 다시 말해 하나의 생성 과정이다. 우리가 이런저런 이름으로 그 생명을 고정시키려 해도 잘되지 않으며 또 그 과정을 인간의 입맛대로 규정하려 해도 생각처럼 되지 않는다. 바다에 던진 조약돌이 시간과 공간상에서 파문을 일으키며 사라져 가듯이, 천재의 노력도 영원한 파급 효과를 남긴다. 천재란 결국 원칙의 표현이다. 따라서 천재는 천재(원칙)에 맞서서 달리는 법이 없다!

우리는 그가 남긴 작품들 속에 그의 특질이 잘 구현되어 있음을 본다. 설리번의 이러한 건축 정신은, 당시와 예전의 온갖 건축 학파와 기능주의적 세일즈맨 정신을 모두 합친 것보다 더 열성적으로 이 나라의 장래를 의식한 것이었다.

H. H. 리처드슨은 감성이 뛰어난 건축가였고 로마네스크풍의 〈스타일〉을 선호했다. 그러나 스승은 거기서 한발 더 깊이 파고들었고 똑같은 로마네스크풍, 나아가 고딕풍으로부터 더 독특한 스타일을 만들어 냈다.

이런 위대한 개척자가 바로 루이스 설리번이었다. 그래서 스승의 업적은 스탠퍼드 화이트 같은 인물의 리더십과는 극명한 대조를 이룬다. 화이트는 감식가의 정신을 소유한 건축가였다. 그의 재능은 일반 대중의 취향에 부합했고 게다가 절충주의자였다. 화이트 같은 건축가 덕분에 미국에서는 〈좋은 취향〉을 추구하는 절충주의 그룹이 생겨났고 이들은 응용 편의주의라는 미명 아래 미국의 건축을 망쳐 놓았다. 하지만 화이트 같은 부류는 이제 그들이 어떤 이름으로 자신들의 업적을 평가한다고 해도, 대중에게 영합하는 퇴행적 집단일 뿐이다. 그들이 추구하는 아름다움이라는 것은 분 바르고 립스틱을 짙게 바른 천박한 여자의 아름다움이다.

이런 어처구니없는 집단이 — 버티고 있든 혹은 퇴행하고 있든 — 완벽하게 전통에 충실한 스승의 건축 정신을 알아 주지 않는다고 해서 무슨 큰 문제가 되겠는가? 정신은 언제나 글자를 초월하는 것이므로, 설리번의 충실함은 그들보다 훨씬 더 위대한 것이다.

왜 스승의 뛰어난 건축 정신이 사이비 건축 정신과 이기적 야심의 아수라장에 휘말려 실종되어야만 하는가? 왜 20세기 초에 건강하고 풍성한 문화는 자라나지 못하고 상업적으로 안전한, 쓸모없는 모방작만 판치게 되었는가? 이러한 문화는 예전에도 그랬지만 지금도 결코 오래가지 못한다. 고개를 돌려 로마를 한번 바라보라. 왜 자유인이 편의주의의 노예가 되어 로마의 운명을 따라가려 하는가?

그렇다. 스승의 작품은 그 자체로 일가를 이루는 진귀한 장식을 제외하고는 오래가지 못할 것이다. 특히 그가 추구한 형태는 그와 함께 사라질 것이다. 하지만 이것은 그리 중대한 문제가 아니다.

간이 샤워장 같은 장식에는 화강암 더미를 자재로 사용하지 않는다. 그래서 스승의 명성을 확보해 줄 단단한 형태 같은 것은 남아 있지 않다. 그래도 스승에게 다행스러운 일도 많다. 가령 그의 동료 중에는 그가 건축 업계에 진정한 공헌을 했다고 생각하는 사람이 많다. 스승과 같은 개척자가 그 짧은 생애 동안 여러 가지 업적을 남겼다는 것은 우리 후학들에게 하나의 축복이다. 특히 시대의 질시와 조롱을 받아 가며 그런 업적을 남긴 것은 결코 쉬운 일이 아니다. 이 개척자의 업적은 곧 한 인간이 다른 인간들을 위해 봉사해 온 발자국이다. 그것은 인간성의 진정한 증명이자 인간을 위한 간절한 헌신이었다.

스승에게서 많은 결점을 발견할 수 있으리라. 그러나 그게 뭐 그리 대수이랴. 그것은 진정한 존재에게는 반드시 수반되는 투박한 모서리에 지나지 않는다. 그의 말투나 일하는 방식 등 외양이 아닌 본질 ─ 그가 남긴 말과 그의 업적 그 자체 ─ 을 정성껏 자유롭게 연구하는 사람들은 많은 보람을 얻게 될 것이다.

그러나 현학적인 마음가짐을 가진 사람이 그것을 연구한다면 그는 점점 더 스승에게 적개심을 품게 될 것이다. 생전의 스승은 이러한 적개심을 성가시게 생각한 때도 있었지만 아무래도 좋다는 듯이 웃어넘겼다. 어떤 개성적인 아이디어에 이처럼 적개심을 품는다는 것은 곧 편협한 마음의 증거인데 그런 태도는 농장에서, 소도시에서, 주류 사회에서, 더욱이 권부(權府)인 교회, 뉴욕, 할리우드에서 두루 발견된다. 위선자들은 본능적으로 급진주의자를 두려워하는 경향이 있는데 그런 두려움이 곧 증오심으로 이어지는 것이다.

루이스 설리번 개인이 어떤 사람이었든 간에, 건축가 루이스 설리번은 급진주의자였다. 인류의 역사를 앞장서서 선도해 온 이상주의자들이 모두 급진주의자였던 것처럼 말이다. 그러나 우리가 마음으로 깊이 존경하면서 숭배해 온 사람들도 때로는 우리들 가운데서 살지 못하는 경우가 있다. 스승의 경우가 그러했다. 만약 이런 상황이 계속된다면 어떻게 대가(大家)가 우리들 가운데서 이상을 위해 살면서 또 〈성공할〉 수 있겠는가?

아, 성공을 거두지 못한 개척자여! 서거하기 얼마 전 그는 너무 피곤하고 또 절망에 빠진 상태에서 내게 이렇게 말했다. 「이제 급진적인 일을 하기가 더 어렵게 되었고, 설사 그런 일을 했다 하더라도 사회의 인정을 받기는 더욱 어려워졌어. 전보다 더.」

「사람들은 이제 생각을 하지 않아!」

「모두가 민주주의라는 이름 아래 평범함을 향해 떠밀려 가고 있어. 필연적으로 말이야. 적어도 내 눈에는 그렇게 보여.」

어쩌면 스승은 잘못 생각한 것인지 모른다. 인간의 생명에 해로운 필연이라는 것은 있을 수 없다. 인간 세상의 심장 한가운데서 채화(採火)되어 나온 횃불, 저 고대로부터 스승에게까지 이어져 온 생명의 횃불, 스승이 근 20년 동안 높이 쳐들고 주위를 밝혀 주었던 그 횃불은 결코 꺼지지 않을 것이다. 그것은 앞으로도 계속 사람들의 손에서 손으로, 세대에서 세대로 끊임없이 이어져 나갈 것이다.

나의 어머니는 83세에 돌아가셨다.[79] 스승은 천수를 누리지 못하고 서거했다. 세 번씩이나 사랑스러운 집이 사라졌다. 첫 번째 집은 오크 파크에 있었는데 19년간 유지되었다. 두 번째 집 탤리에신은 5년간 서 있었다. 세 번째 집 탤리에신 II는 11년간 버티었다. 이제 네 번째 집을 내 손으로 완공했다. 구타를 당하고 징벌을 당하고 그래도 여전히 감상적인 사람이, 예전과 마찬가지로 끈질기게 삶을 추구하면서 그 집을 새롭게 지었다.

그리고 삶의 심연으로부터 도움의 손길이 뻗어 왔다. 그 어떤 희생도 마다하지 않는 이해자와 함께. 올기반나였다. 그녀는 따뜻한 동정을 베풀며 진정한 친구가 되어 주었다. 그렇다. 여자는 남자의 가장 훌륭한 친구이다. 남자가 여자를 그렇게 대해 주기만 한다면.

탤리에신 II의 화재를 통해 내가 느낀 것은 이제 하나의 확신이 되었다. 그것은 아주 간단하다. 사람은 정말로 자기 자신에게 솔직하다면 인생의 세 가지 것에 대해 일정한 권리를 갖고 있다는 것이다. 이제 그것을 솔직하게 털어놓으면 이러하다.

그 사람의 삶.

그 사람의 일.

[79] 애너 로이드 라이트는 1923년 1월 9일에 사망했다 — 원주.

그 사람의 사랑.

나는 다시 일하기 시작했다. 여러 사람들과 어울려 일을 하면서 봄을 보냈고 전보다 더 삶을 사랑하게 되었다. 또 다른 여름, 가을, 겨울이 지나갔고 1925년 초가 되어 또 다른 탤리에신에서 생활하고 일할 기회가 주어졌다.

탤리에신 III는 탤리에신 I과 II가 잿더미로 무너져 내린 자리에, 그 안에서 살았던 생명이 스러져 간 바로 그 자리에, 회한과 자부심이라는 이율배반적인 느낌을 자아내며 우뚝 서 있었다. 탤리에신 II의 석회석 각기둥, 외벽, 벽난로 등은 불길 속에서 검붉게 변하면서 내려앉았다. 하지만 나는 가능한 한 많은 돌을 살려 냈다. 불에 그을리기는 했지만 파괴되지 않은 돌을 따로 골라 냈고, 조각품들의 파편을 잿더미에서 건져 내 새 집의 외벽 자재로 사용했다. 그리하여 외벽은 전에 없던 풍성함을 갖추게 되었다.

예전의 건물들은 추가 공사를 통해 하나씩하나씩 생겨났지만 이번에는 한꺼번에 자연스럽게 공사를 했다. 탤리에신 I과 탤리에신 II의 공사 경험을 바탕으로 나는 탤리에신 III를 짓는 데 필요한 연필 스케치 40장을 작성했다. 아직도 탤리에신 II의 공사비를 완불하지 못하고 빚을 진 상태였지만 그 어떤 것도 탤리에신 III를 짓겠다는 나의 결심을 흔들어 놓지 못했다.

폐허가 된 나의 집을 두고 또다시 언론의 〈취재 공세〉가 벌어졌다. 이번의 언론 보도는 선정적이지도 매정하지도 않았다. 결국 신문기자들도 사람이었고 그들마저도 내 사정을 자세히 알게 되자 친절하게 나왔다.

지난 7년 동안 가정 생활에서 겪은 좌절은 말로 형언하기 어려운 것이었다. 그 좌절된 삶이 건드린 모든 것은 결국 파괴되고 말았다. 나는 공사가 진행되어 폐허 위에서 조금씩조금씩 집이 모습을 드러내는 것에서 위안을 얻었고 부끄럽게도 심한 상실감에 빠져 있던 나 자신을 책했다. 그리고 이번에는 더 좋은 건물 자재를 사용했다. 더 잘 훈련된 일꾼을 썼고 더 뛰어난 설계와 시방서(작업 지침서)를 만들었다. 공사비 조달에 어려움을 겪었지만 전보다 더 큰 인내심으로 꾹 참았다. 근심이 깊어질수록 내 마음은 겸손해졌다.

아무튼 그런 심정으로 새 집을 짓는 일을 밀고 나갔다. 비록 수치와 근심으로 고개를 잠시 숙였지만 탤리에신의 빛나는 이마는 곧 전과 다름없이, 아니 전보다 더 환하게 빛날 터였다. 〈삶〉이 부여한 이 세 번째 시련에서 새로운 〈삶〉이 그 외벽을 올리는 일을 도와주었고 그것을 전보다 더 고상하게 만들어 주었다. 여러 해 동안에 걸친 깊은 슬픔, 시련, 패배 끝에 탤리에신 Ⅲ는 새로운 영혼을 선물받았다. 사실 그 집은 그런 영혼을 간절히 소망하고 있었다. 그 영혼은 지금껏 탤리에신이 발견하지 못한 것 혹은 발견했으되 곧 잃어버렸던 것을 되찾아 올 터였다.

분명 이사야는 이 낮게 펴져 있는 보금자리 위에서 중얼거리고, 호령하고, 내리치는 폭풍우의 모습으로 서 있었다. 탤리에신의 상공에서는 번개가 번쩍거리며 하늘을 여러 조각으로 갈라놓았다. 하지만 이곳에 찾아든 저 행복한 우인(友人)은 그 어떤 희생도 마다하지 않을 태세였다. 탤리에신이 예전의 삶을 되찾아 행복의 기억을 회복할 수만 있다면 말이다.

그러나 숱 많은 검은 곱슬머리를 가진 사랑스러운 얼굴이 살짝 고개를 쳐들 때면, 그것을 못 봐줘서 얼굴을 찌푸리는 모세와 이사야는 저 언덕 뒤에서 또다시 징벌을 가할 태세로 기다리고 있었다. 탤리에신의 삶이 세 번째로 잿더미에서 일어나는 바로 그 순간을. 분노하는 예언자는 또다시 징벌을 가할까? 과연 두 번이나 같은 곳을 때릴 수 있을까?

과연 〈더 크고 더 요란한 뉴스〉를 찾아 움직이는 인간의 부도덕이, 저 무자비한 예언자 — 자칭 여호와의 대리인이라고 하는 자 — 와 손을 맞잡고, 소위 〈올바른〉 일을 하겠다고 나섰다. 이번에는 죽음과 불로 징벌하는 것이 아니라 광기로 징벌하면서.[80]

〈징벌〉하라는 외침과 아우성이 관리들의 문 앞에까지 도달했다. 일부 관리들은 그런 아우성에 마음이 움직여 동조했다. 오로지 그 외침과 아우성만 듣고 관리들은 그것을 더욱 강하게 증폭시켰고 더욱 널리 펴져 나가게 만들었다. 그리하여 탤리에신을 마땅히 보호해 주었어야 할 사람들이 또 마음만 먹었다면 그렇게 해줄 수도 있었던 사람들이, 〈이사야〉에 현혹되어, 탤리에신에 최후의 모욕

---

[80] 탤리에신 I의 화재가 일어났을 때 마마 체니가 죽음을 당했고 탤리에신 II는 화재로 파괴되었고, 이번에는 언론이 정신병자인 미리엄 노엘을 등에 업고 제멋대로 도덕률을 내세우면서 탤리에신 Ⅲ을 차압하여 빼앗아 가려고 한 사실을 완곡하게 표현하고 있다.

(차압 조치)을 가했다.

　탤리에신은 분노하며 반격하려 했으나 또다시 양팔을 거두어 들였다. 과연 누구를 친단 말인가. 이사야처럼 어린아이들과 여자들을? 거리에서 찢어진 옷을 입은 채 피 흘리는 아이들을? 그러려면 차라리 허공을 때리는 것이 더 나았다. 그 대신 탤리에신은 일에 몰두했다. 일은 이사야를 막아 내는 가장 좋은 방법이었다. 마침내 탤리에신의 삶은 적어도 그 보금자리의 외벽 안에서는 배신을 당하지 않았다. 비록 외벽 바깥에는 분노하고 질투하는 예언자들이 득시글거리더라도.

　이렇게 하여 탤리에신은 버텨 냈다. 그동안 신문기자, 편집자, 리포터, 카메라맨, 발행인, 변호사, 하급 관리, 연방, 주정부, 군정부, 현지 관리, 워싱턴의 변호사들, 미니애폴리스의 변호사들, 시카고의 변호사들, 밀워키의 변호사들, 매디슨의 변호사들, 바라부의 변호사들, 도지빌의 변호사들, 스프링 그린의 변호사들, 온 사방의 신문기자들, 판사들, 위원들, 검사들, 보안관들, 간수들, 법관들, 연방 이민국 관리들, 경찰관들, 워싱턴 관리들, 상원의원과 하원의원들, 주지사들 — 그 밖의 온갖 〈당국자들〉 — 이 최악의 일을 저질렀다. 아니 그렇게 하는 것이 그들로서는 최선의 조치였다.

　그러한 〈소동〉 — 소동이라는 말보다 요란스럽다는 의미의 일본어 야카마이시(喧しい)가 더 적절한데 — 은 마침내 친구들과 고객들의 개입으로 끝났다. 탤리에신의 차압 조치를 풀고 나는 거기에서 일을 할 수 있게 되었다.

　그렇다. 이사야는 고대 이스라엘의 분노하는 예언자이다. 탤리에신은 그보다 더 고상한 예언자이고 이사야를 두려워하지 않는다. 이 드루이드 바드(고대 켈트족의 음유 시인)는 예전에도 자비로운 아름다움을 노래했고 지금도 노래하고 있다. 아름다움이 있는 곳이면 어디서든 탤리에신은 시드는 꽃과 이우는 풀을 칭송하며 노래한다. 탤리에신은 사람을 사랑하고 신임한다.

　유대인 이사야가 서 있던 그 자리에 전보다 더 고상해진 탤리에신이 세 번째로 들어섰다. 켈트인인 탤리에신은 겸손하게 자신을 자유의 땅 유소니아에 세워진 건축물이라고 선언하면서 모든 성실한 사람이 누려야 할 권리를 주장하고 나

탤리에신 III, 위스콘신 주 스프링 그린, 1925.

탤리에신 III, 위스콘신 주 스프링 그린, 1925.

섰다. 그가 정직한 사람이라면 당연히 자신의 삶, 일, 사랑을 누릴 권리가 있다고 말이다.

자, 이제 이런 추상적인 비유는 그만두자. 나는 삶과 일을 같은 것으로 여겼던 그때에 집도 일도 없는 몸이 되었다. 그 둘을 지키지도 못하는 무력한 사람이 되었다. 집, 일, 사랑(하는 사람들)이 더 크고 더 흥미로운 뉴스를 찾아다니는 언론의 무책임하고 광기 어린 분노 앞에 무자비하게 착취당했다. 이곳 미국에서는 그 어떤 평범한 사람도 자신의 행동 하나로 그런 바닥 없는 저속한 구덩이를 팔 수가 있는데 내가 바로 그 경우였다. 나의 커다란 시련은 적개심에 가득 찬 여인이 보복 심리와 언론의 사주에 놀아나 그녀 자신은 물론이고 그녀가 만졌던 모든 물건을 파괴하려고 나섰다는 것이었다. 사실 언론은 〈기삿거리〉를 만드는 데 관심이 있었을 뿐, 그녀의 건강이나 그녀의 행복에 대해서는 전혀 관심이 없었다. 그들의 목표는 오로지 〈뉴스〉였을 뿐이다. 그리고 〈뉴스〉라면 모름지기 나쁜 뉴스가 되어야 했다. 만약 어떤 소식이 그 자체로 〈나쁘지〉 않다면 억지로라도 나쁘게 보이도록 만들어야 했다.

자기 스스로 자신에게 입힌 〈상처〉에 뒤따라 나오는 저 무자비하고 천박한 언론의 보도가 가져다 준 시련은, 나 자신의 귀책(歸責)이 아닌 실패보다 한결 더 참기가 어렵다. 이것은 언제나 그러하다. 나는 3년 동안 스스로 부과한 상처를 견디고 있었고 공개된 비밀은 〈언론〉이 터트린 스캔들로 인해 공개된 상처가 되었다. 그리고 마침내 끝없는 모욕과 굴욕과 곡해(曲解)를 겪게 되었다.

하지만 나는 그 상처를 혼자서 감당하도록 방치되지는 않았다. 그래서 나는 그때의 일을 여기에 기록하고 그 나머지는 〈삶〉에 맡기고자 한다. 이제 여기서 사상 처음으로 화제를 추구하는 언론이 저지른 사실 왜곡과 과장은 냉정한 객관적 사실과 만나게 된다.

이런 떠들썩한 소란 속에서도, 올기반나는 우리의 관계에 인간적 가치가 있다고 믿었고, 위엄 있는 자세를 유지했다. 올기반나는 탤리에신 II를 파괴해 버린 저 기괴한 불길이 던진 그림자에서 살며시 걸어 나온 여자였다.

나는 미국 생활의 이런 불유쾌한 측면을 먼저 그녀에게 보여 주게 된 것이 정

프랭크 로이드 라이트, 1928.   올기반나 힌젠베르크, 1928.

말로 미안했다. 나는 이러한 소란을 통해 공인들이 벌이는 엉뚱한 정치적 쇼를 그녀에게 자세히 설명해 주었다. 우리는 기성 체제를 무시하는 사람처럼 언론의 도마 위에 올랐고 그렇기 때문에 우리가 그에 대한 비난을 뒤집어쓸 수밖에 없다고 나는 그녀에게 설명했다. 올기반나는 그 모든 고통을 담담히 받아들였고 아무런 원망도 보이지 않았다. 그래서 우리 두 사람은 우리의 자리에서 굳건히 버티고 설 수 있었다.

그녀는 몬테네그로에서 우리 집안과 비슷한 그런 가계에서 태어났다. 그녀의 성장 환경은 나와 비슷한 데가 많았다. 그녀는 아홉 살이 되었을 때 카푸카스의 바툼에 살던 시집간 언니 집으로 갔다. 러시아에서 교육을 받는 것이 아무래도 유리했기 때문이다. 그녀의 아버지는 몬테네그로에서 근 30년 동안 대법관을 지냈다. 생애 만년에 장인은 실명하여 장님이 되었다. 그는 자신의 손을 잡고 체티니에의 거리로 안내해 주던 어린 딸의 얼굴을 보지 못했다. 그는 맹인인 상태로 대법관 자리를 여러 해 동안 지켰다. 그녀의 어머니는 〈보예보다〉 마르코의 딸이었다. 마르코는 발칸의 장군이었는데 일반 대중은 그 덕분에 몬테네그로의 독립을 유지할 수 있었다고 믿었다. 몬테네그로는 웨일스나 바스크와 마찬가지로 결코 정복되지 않는 사람들이 사는 자그마한 산악 국가이다. 올기반나는 공식 사회에 소속된 가부장적 집안에서 강한 의지와 정신을 가진 여자로 성장했다.

우리가 처음 만났을 때 나는 내 자신을 자유의 몸이라고 생각했다. 적어도 그 상황에서는 그렇게 생각할 수밖에 없었다. 이렇게 생각하는 것은 그녀도 마찬가지였다. 그녀는 그때도 그 후에도 미리엄 노엘과 만난 적이 없었지만 내가 처한 상황을 나만큼이나 잘 알고 있었다. 나는 올기반나를 만나기 1년 전에 이미 미리엄과 완전히 별거에 들어갔고 남은 절차라고는 이혼 서류에 최종적으로 서명하는 것뿐이었다. 그리고 그 서명도 곧 첨부되었다.

하지만 이런 사실들은 뉴스가 될 수 없었다. 선정적인 보도를 즐기는 신문 기자들은 〈몬테네그로 댄서〉라는 황당한 말을 만들어 냈다. 그들은 그 말에 입각해 〈이야기〉를 지어 냈고 멋대로 그녀의 성격을 암시했다.

나는 피아노를 가끔 치지만 그렇다고 해서 내가 피아니스트인 것은 아니지 않은가? 올기반나는 춤을 추기는 했지만 프랑스의 퐁텐블로에 있는 구르디예프[81] 학교에서 명상 훈련 과정의 하나로 춤을 추었을 뿐이다. 하지만 기자들은 그럴듯한 그림을 만들어 내기 위해 이 학교마저도 수상스러운 곳으로 둔갑시켜 버렸다.

이렇게 하여 아주 느닷없이 공개적인 소란이 벌어졌다. 나는 올기반나를 간신히 오빠가 사는 홀리스로 보내, 오빠 블라디미르 부부의 집에서 잠시 지내도록 했다. 이제 그녀의 주위에는 사랑으로 보호해 주는 사람이 있었다. 지난 2주간의 굴욕과 비참함을 생각하면 커다란 환경의 변화였다. 그녀의 친정 사람들이 홀리스에 와서 함께 묵으라고 해서 나도 그곳으로 갔다. 나는 아침마다 블라다(블라디미르)와 함께 시내로 나와서 혼자 뉴욕 거리를 헤매고 다녔다. 나는 나의 소재지가 알려지는 것을 두려워하여 아무도 만나지 않았다. 이 무렵 나는 대

---

[81] Gurdjieff(1872~1949). 러시아의 신비주의 명상가로서 러시아 혁명 이후 파리에 옮겨 와서 명상학교를 운영하면서 준종교적 수행을 가르쳤다.

도시에 대한 인상을 글로 쓰기 시작했다. 이렇게 해서 나온 글이 「구속당하여In Bondage」와 「유소니아의 도시The Usonian City」 두 편이다.

올기반나의 건강은 생각처럼 빨리 좋아지지는 않았다. 날씨는 춥고 쌀쌀했다. 블라다의 집에서 크리스마스를 지낸 후 어디로 갈까 생각하다가 푸에르토리코로 가기로 했다. 좀 먼 곳이지만 그래도 날씨가 쾌청한 곳이었다. 당시 푸에르토리코는 미국령이었기 때문에 별도로 여권이 필요없었다. 미국 내의 다른 곳은 생각해 볼 수가 없었다. 어디로 가나 기자들이 따라붙어 온갖 흙탕물을 튀기니까.

우리는 신분을 숨기고 아틀란티스의 잔존 지역으로 가는 배에 올랐다. 섬에 도착해서는 섬의 오지에 있는 〈코아모〉라는 한적한 여관에 들었다. 코아모 여관에서는 인근의 뜨거운 유황 온천 물을 파이프로 끌어와 여관 내의 스페인풍 석조 욕조에 가득 채웠다. 우리는 그 욕조 안에 들어가 수영을 하면서 놀았다. 밤에는 모기장을 치고 잤지만 그래도 끊임없이 모기와 싸움을 해야 했다. 날씨는 밤낮 없이 후덥지근했으며 차를 타고 산 속으로 들어가야 좀 시원한 느낌이 들었다. 산 속의 공기는 좋았다. 스페인풍의 산간 도로도 인상적이었다.

봄이 활짝 피어났고 하얀 나무 등걸에 밝은 진홍색 꽃잎들이 피어났고 그 밑에 떨어져 쌓인 잎들은 수려한 풍경을 만들어 냈다. 도로는 진홍색 꽃잎들로 뒤덮였다. 정말 인상적인 광경이었다. 우리는 오픈카 뒷좌석 앞에 가로대를 설치하고 거기에 바구니를 걸어 그 안에 이오반나를 놓았다. 딸아이는 그 안에서 흔들리는 것을 아주 편안하게 느꼈다. 우리는 코아모 여관에서 점심 식사를 하고 매일 섬을 탐사했다. 가끔 소나기가 내렸지만 곧 개였다.

푸에르토리코는 아름다운 섬이었지만 그곳 사람들의 생활은 비참했다. 그들은 높은 문화를 가진 민족이었으나 현재는 퇴보한 상태인 듯했고, 온유하지만 무감각했다. 그리고 믿을 수 없을 정도로 가난했다. 〈미국인들〉이 이미 설탕 농장을 상당 부분 사들였다. 그래서 농장의 대부분이 〈미국〉에서 진출해 온 자본의 손으로 넘어간 상태였다. 임금은 하루 7센트였다. 임금 인상을 하면 설탕 값에 영향을 미칠 것이기 때문에 〈인상〉될 가능성은 별로 없었다.

도처에서 가난이 너무나 눈에 띄었기 때문에 그 아름다운 섬도 올기반나에게는 별로 위로가 되지 못했다. 그녀는 영양실조에 슬픈 눈동자를 한 어린아이들,

슬픈 얼굴에 허약한 표정의 여자들을 보고 너무나 가슴 아파했다. 그 섬의 남자들이라고 해서 별반 나을 것도 없었다. 푸에르토리코 사람들은 너무나 가난했다! 우리는 한 농부가 몇 마일이나 떨어진 곳에서 여윈 말을 타고 코아모 여관에 온 것을 보았다. 그는 붉은 손수건으로 덮은 자그마한 닭 한 마리를 팔기 위해 그 먼 길을 온 것이었다. 몇 푼이라도 챙기기 위해. 이런 광경은 도처에서 목격되었다.

우리는 낭만적 역사를 가진 그 아름다운 섬 — 아틀란티스의 일부였음에 틀림없는 — 에서 두 달 정도 머물다가 작별을 고하고 워싱턴으로 돌아왔다. 수도에는 봄의 첫 기운이 감돌고 있었다. 이오반나는 매일 오전 의사당 앞으로 나가 바람을 쐬었다. 충실한 가정부 알마는 그 아이에게서 한시도 눈을 떼는 법이 없었고 그 어머니도 아이를 애지중지했다. 하지만 이 무렵 올기반나는 쇠꼬챙이처럼 말라 있었다. 호텔 주인은 걱정하면서 자신이 특별히 만들어 올릴 음식은 없냐고 물어 왔다. 그녀는 음식을 거의 입에 대지 않았다.

그런 방황은 이제 그만두어야 했다. 스트레스가 너무나 심했다. 우리는 집으로 돌아가야 했다. 그래서 박해를 각오하고 탤리에신으로 돌아갔고 그 결과에 책임을 지겠다고 생각했다. 그런 애매모호하고, 위험하고, 값비싸고, 까다로운 방황에 비하면 그 어떤 것도 더 안전하고 더 나은 조치인 것 같았다.

이와 관련하여 내가 다시 탤리에신을 떠나게 된 경위를 설명해야 할 것 같다. 당시 나는 법적 절차에 의해 그 집을 잃게 되었다. 은행이 공식적으로 법적 절차를 밟아서 나의 퇴거를 명령했기 때문이다. 두 번의 화재, 탤리에신 소장품의 소실, 강요된 휴식의 시기, 소모성의 소송, 많은 변호사들. 이런 것들 때문에 나는 큰 빚을 졌고 금융 기관의 제재를 받게 되었다. 금융 기관의 관행은 흥미로운 것이었다. 법적 기구라는 것은 일단 잘못 작동하기 시작하면 그 기구를 굴리는 교활한 지능의 몰개성적 조종을 받았다. 그것은 인간이 좋아하는 어른용 장난감 같은 것이다. 농장에서 흔히 볼 수 있는 동물들에게 부착해 일을 시키는 수확기

올기반나와 이오반나, 1926.

(收穫機) 같은 것이다.

그런 파국이 닥쳐오기 전에 나는 본의 아니게 변호사의 조언을 받아들였다. 변호사는 올기반나, 이오반나, 스베틀라나를 데리고 텔리에신에서 잠시 피신해 있으라고 조언했다. 이번에는 적어도 3개월 정도는 은신해 있어야 한다는 것이었다. 그 정도의 시간이면 변호사는 나의 부주의로 인해 꼬이게 된 복잡한 일을 모두 해결할 수 있을 것이라고 예상했다.

「잠시 떠나 있어요.」 리바이 뱅크로프트는 말했다. 「석 달이면 당신의 복잡한 상황을 정상으로 돌려 놓을 수 있을 거예요. 그때쯤이면 여론도 가라앉을 겁니다. 그때가 되면 미리엄 노엘과 언론이 벌이고 있는 여론 재판도 원인 무효가 될 겁니다.」

「당신이 반발하면 그녀는 언론을 위해 더욱 열심히 연기를 펼칠 것이고, 그러면 당신은 언론의 헤드라인과 〈작문〉의 소재가 될 겁니다. 그들은 관계 당국을 〈들쑤실〉 겁니다.」 리바이가 말했다. 「우리나라의 하급 관리들은 신문이 좌지우지한다고 해도 과언이 아니에요. 신문이 그들을 어떻게 보느냐에 따라 그들의 모가지가 붙었다 떨어졌다 하니까요. 관리들은 정상적인 절차보다는 그런 여론몰이에 힘입어 자리를 지키는 형편입니다.」

「언론은 기삿거리를 만들어 내기 위해 관리들을 움직일 것이고 그러면 그들은 당신을 체포할 수밖에 없을 겁니다. 물론 올기반나도 함께 말입니다.」

「이 문제를 잘 생각해 보세요.」

「그들은 무책임한 여자의 탐욕과 질투심을 들쑤셔서 작업을 하고 있는 거예요. 생각해 보세요. 그 여자는 공명심과 복수심으로 가득 차 있고 그걸 빼놓으면 잃을 것도 없어요. 그들은 무슨 수를 써서라도 기삿거리를 만들어 내려 할 겁니다. 그 여자도 덩달아 연기를 해줄 거고요. 그들을 제지할 수 있는 수단이 전혀 없어요.」

「그 여자는 별거에 동의했고 그 후에 이혼 서류에 서명까지 해놓고는 막판에 와서 그런 합의를 뒤집어엎었어요. 그들이 그녀를 사주했기 때문이죠. 싸움을 걸면 당신이 전 재산을 그녀에게 내놓을 수밖에 없을 것이라는 사탕발림을 늘어놓으면서 말이에요.」

「게다가 그녀는 이제 당신이 자발적으로 내놓지 않는다면 힘으로 빼앗을 수 있다고 생각하고 있어요. 그들의 사주를 받아서 말이에요. 그들은 당신에게 땡전 한 푼 안 남을 때까지 파고들 겁니다. 그 결과 당신에게 돈이 한 푼이라도 남아 있으면 그게 오히려 이상할 지경이 될 겁니다.」

나는 변호사의 말이 모두 사실이라는 것을 알았다. 나는 몇 년 전에 이미 〈여론 재판〉을 경험했다. 1911년 탤리에신에서. 그 불쌍한 여인[82]이 변호사와 언론에게 노골적으로 이용당하고 착취당했던 것이다. 이제 그런 이용과 착취가 또다시 반복될 판이었다.

내가 두 여자의 명예를 훼손하기보다는 데인 카운티 법정에 당당히 출석한 후 — 나는 이혼 허가를 받으려면 그렇게 해야 했다 — 법정을 걸어 나왔을 때, 그 여자(미리엄 노엘)는 〈모욕당한 아내〉의 모습을 연출했고 그녀의 변호사들은 내가 가진 것을 모두 빼앗아 가려고 공격적으로 나왔다. 변호사와 언론은 분명 예전과 같은 수법을 쓰고 있었다. 나는 위스콘신 은행에 4만 3천 달러를 빚지고 있었다. 탤리에신 III을 다시 짓느라고 융자를 받았던 것이다. 게다가 내가 중국과 일본에서 수집했던 예술품도 화재 때문에 또다시 잃어버리고 말았다. 또 과거와 현재의 여론 몰이 때문에 일을 제대로 못해 수입을 올리지 못한 탓도 있었다.

이런 상황에서 힐 판사와 리바이 밴크로프트 변호사는 이런 조언을 해주었다. 「은행을 찾아가세요. 은행장은 당신의 친구입니다. 그는 은행을 보호하기 위해서라도 당신을 기꺼이 도와줄 겁니다.」

「은행에 당신의 전 재산을 백지 위임하십시오. 단 한 건이라도 빼놓지 마십시오. 당신의 계획안, 소장품, 도면, 스튜디오와 농장의 도구들, 그 모든 것을 위임하십시오. 그 품목을 모두 적어 넣으세요. 우리가 언론 플레이에 맞서서 싸울 시간을 확보할 때까지 그렇게 해두세요.」

〈변호사를 두고도 자기 의견대로 움직이는 고객은 바보나 다름없다.〉 이런 변호사 업계의 격언이 있다. 에번 에번스 판사가 내게 이 격언을 알려 주었다. 수

---

[82] 첫 번째 아내 캐서린을 의미한다.

완꾼으로 소문난 짐은 나를 은행에 데리고 가서 상황을 설명했다.
「좋습니다.」 은행 측은 말했다. 「우리가 도와드리겠습니다.」
짐은 기차를 타고 먼저 돌아가야 했기 때문에 나를 위스콘신 은행장 사무실에 두고 갔다.

은행 측 변호사가 서류를 작성하는 동안 한 시간쯤 기다려야 했다. 「여기.」 은행 측 변호사가 말했다. 「여기에 서명하십시오.」 나는 순순히 서명했다. 그러자 나에게 1만 5천 달러짜리 수표가 건네졌다. 물론 나는 신용 이외에는 아무것도 가지고 있지 않았다. 그것이 당시 탤리에신의 있는 그대로의 상황이었다.
리바이는 그 문제에 대해 이렇게 설명했다. 「당신이 잠시 피신해 있는 동안 은행이 모든 것을 알아서 해줄 겁니다.」
「모든 것이 그들의 수중에 있고 그들은 자신을 보호하기 위해서라도 당신을 적극 옹호하고 나설 겁니다.」
「하지만 리바이, 느낌이 안 좋아요. 당신이 말한 대로 내가 등을 돌려 이 싸움에서 도망을 친다면, 그동안 내가 싸워서 얻은 모든 걸 잃어버리게 돼요. 이건 내 양심에도 어긋나고 내 스타일도 아니에요. 과연 이런 식으로 얼마나 버틸 수 있을지 의문이에요. 괜히 은행을 찾아가 서명을 했다는 생각도 들어요.」 나는 사정했다. 「이 일에 결연히 맞서서 정면 투쟁을 하는 건 어때요? 나를 적극 활용하세요. 난 정말 괜찮아요. 그렇게 안 보일지 모르지만 난 도덕적으로도 아무 하자가 없어요. 그건 당신도 알잖아요. 내가 앞장서서 씩씩하게 싸우고 당신이 옆에서 도와주면 되잖아요.」
「프랭크, 당신은 한 가지 사항을 잊어버리고 있어요. 우선 당신 아이가 있잖아요. 그들은 그 애를 물고 늘어졌어요. 게다가 올기반나는 이런 소동을 더 이상 견디지 못해요. 그녀는 엄청난 스트레스를 받고 있다고요.」
「나도 알아요.」 내가 말했다. 「하지만 우리가 함께 있는 한 그런 건 문제도 되지 않아요. 도망치는 것보다는 함께 있으면서 싸우는 게 낫잖아요.」

프랭크 로이드 라이트와 이오반나, 미니애폴리스, 1926.

「하지만 내가 말한 대로 하면 당신 가족은 함께 있는 것이나 마찬가지 아닙니까.」 변호사가 초조한 목소리로 말했다. 「내 말을 한번 잘 생각해 보세요.」
나는 잘 생각한 후에 그 조언을 거부했다.

하지만 리바이는 순순히 물러서지 않았다. 올기반나도 잠시 딴 데 가 있는 것이 낫겠다고 생각했다. 리바이는 올기반나와 아이들을 내세워서 나를 설득했고 결국 그가 이겼다. 그의 강한 설득력과 성실성은 인정해 주어야 했다. 그는 변호사로서 나무랄 데 없는 사람이었다. 그의 성실성은 의문의 여지가 없었다.

나의 어린 가족과 나는 캐딜락을 타고 어디론가 향해 갔다. 미니애폴리스로 한번 가보자. 미네통카는 아름다운 곳이었다. 세이어 부부가 그곳에 살고 있었다. 때는 9월이었다.
하지만 미네통카는 리바이가 원한 곳이 아니었다. 그는 캐나다를 염두에 두고 있었다. 나는 캐나다 행에 반대했다. 그런 상황에서 올기반나가 미국을 떠난다면 다시 입국할 때 엄청 문제가 생길 것 같았다. 그 정도로 모험을 하고 싶지는 않았다. 함께 있으면 위기를 돌파할 수 있을지 모르지만 헤어지면 망한다는 생각이 들었다. 그래서 우리는 미시시피 강을 따라 상류 쪽으로 거슬러 올라갔고 미니애폴리스의 라크로스에 도착했다. 우리는 당시 그렇게 함으로써 연방 법률을 위반했다는 사실을 몰랐다. 우리가 차에서 내려 주 경계를 걸어서 통과했더라면 그것은 범죄가 되지 않았다.
우리는 미네통카에서 심프슨 부인 소유의 매력적인 작은 집을 발견했다. 나는 심프슨 부인에게 잠시 휴가를 다녀오라고 설득한 다음, 우리가 3개월 동안 — 리바이 변호사가 제시한 기간 — 그 집을 좀 이용할 수 있게 해달라고 요청했다. 보안을 유지하기 위해, 비용은 그녀 명의로 지불하고 우리는 그녀가 부재하는 동안 손님 자격으로 머무르는 걸로 해두었다. 우리는 리처드슨 부부인가 뭔가 하는 가명으로 행세했다. 우리는 자주 그 가명을 잊어버렸다.
우리는 너무 눈에 잘 띄어 곤란한 빅토리아풍 캐딜락을 심프슨 부인의 차고에 처박아 두고 그 대신 호수에서 클리버 씨의 보트를 빌려 탔고 시골길을 자주 산책했다. 이렇게 해서 우리의 도피 생활이 시작되었고 나는 난생 처음 도망자 신세가 되었다. 우리의 비밀은 세이어 부부만 알았다. 곧 그들의 친구인 디바인 부부도 우리가 누구인지 알게 되었다.

나는 올기반나의 간청을 받아들여 이 자서전의 집필에 착수했고 심프슨 부인의 작은 집에서 자서전의 첫 두 부분을 완성했다. 모드 디바인이 오후마다 우리 집에 들러 내가 써놓은 원고를 타자기로 쳐 주었다.

우리는 곧 신문 보도를 통해 우리가 〈법망을 피해 달아난 도망자〉 신세라는 것을 알게 되었다. 언론의 선정적 보도를 더욱 부추기는 그럴듯한 법률 용어였다. 올기반나의 전남편 — 스베틀라나의 생부 — 은 검찰 측과 한편이 되어서 탤리에신을 찾아왔다. 우리가 떠난 지 며칠 후였다.

우리가 스베틀라나를 데리고 사라진 것을 발견하자, 그는 국선 변호사의 안내를 받아 가며 바라부 카운티 법원에 출두하여 자신의 아홉 살짜리 딸을 〈납치〉한 자에게 체포 영장을 발부해 달라고 신청했다. 법적 장치라는 것은 참으로 요물이어서 양심적인 사람보다는 비양심적인 사람에게 더 유익한 물건이다. 그러니 변호사들이 〈신출귀몰한〉 융통성을 발휘하는 것은 그리 놀라운 일도 아니다. 하지만 우리는 계속 도피 생활을 하는 것 이외에 뾰족한 수가 없었다. 우리는 전보다 더 조심했고 완전히 이름을 감추고 도피 생활을 했다. 사태의 본질이 무엇인지 너무나 잘 알고 있는 나로서는 그렇게 숨어 다니는 일이 도무지 못마땅했다.

아무튼 우리는 계속 생활해 나갔고 나는 이 자서전을 계속 써 나갔다. 나의 아들 존이 나를 찾아와 탤리에신의 작업 세부 사항에 대해 지시를 받아 갔다. 그리고 우리는 적응해 갔다. 어떤 상황에? 우리는 상황이 어떻게 전개될지 잘 몰랐다.

나는 결정적 실수를 저질렀다. 도피 행위는 그들의 저속한 비난에 힘을 실어 준 것밖에 되지 않았다. 저들이 기소라고 부르는 박해 행위에 용기를 불어 넣어 준 것이었다. 언론은 나의 도피행을 대대적으로 보도했고 일반인들은 그것을 보고 박해자의 행위가 정당하다고 판단했다.

여섯 주가 흘러갔다. 심프슨 부인에게 변호사 아들이 있었는데 그는 낚싯대를 찾으러 왔다는 구실로 미니애폴리스에 내려왔다. 어머니 집의 다락방에 그 물건이 있다는 것이었다. 나는 그가 우리를 유심히 쳐다본다는 것을 의식했다. 하지만 별로 대수롭지 않게 생각했다. 올기반나는 그를 보고 걱정을 했다. 「걱정하지 마.」 내가 말했다. 「엄마의 명예가 있는데. 그 엄마의 아들이잖아. 그녀는 숙녀라고.」

우리는 막 저녁 식사를 마친 참이었다. 갓난아이를 침대에 누였다. 스베틀라나는 베란다 쪽 자기 침실에서 자고 있었다. 모드 디바인은 자서전 원고를 타이핑하고 있었다. 벽난로에서는 불이 밝게 빛났다. 따뜻하고 아늑한 9월 말의 저녁이었다.[83]

시간은 아홉시 반쯤이었다. 거리에 면한 거실의 문에서 거친 노크 소리가 들려왔다. 내가 문으로 가서 열었다. 미리엄 노엘의 변호사 — 스베틀라나의 생부와 한편이 된 — 가 이끌고 온, 거칠게 생긴 열 명 정도의 남자들이 서 있었다. 그들 뒤에는 내가 전에 본 적이 있는 듯한 기자들이 다수 서 있었다. 그들은 강제로 집 안으로 밀고 들어와 우리를 둘러쌌다.

「당신들을 모두 체포합니다.」 덩치가 큰 경찰관이 고압적인 어조로 말했다. 덩치와 생김새가 다른 경관이 세 명 있었다.

올기반나는 그런 비상사태가 터졌는데도 침착성을 잃지 않았다. 그녀는 의자에서 일어서더니 부드러운 목소리로 옆방으로 가자고 말했다. 나는 유리문을 열었고 그들은 모두 옆방으로 들어갔다. 약간 부끄러워하면서. 그들은 유리문을 통해 다른 방을 엿볼 수 있었기 때문에 그 방으로 들어가는 것을 거부하지 않았다.

그들은 옆방으로 들어간 뒤 곧 침착해졌고 고압적인 변호사가 허세를 부리는 듯한 커다란 목소리로 말했다. 「그래 여기 숨어 있었구먼. 마침내 우리가 찾아냈다. 그래, 애는 어디 있나?」 그는 침실 문을 열고 안으로 들어갔다. 나도 그의 뒤를 따라 들어갔다. 그는 잠자는 아이의 담요를 홱 걷어 낸 다음 웃음을 터트렸

---

[83] 실제로는 1926년 10월 21일 — 원주.

「위스콘신 스테이트 저널Wisconsin State Journal」, 1926년 10월 21일자 기사.

다. 「그래! 여기 있군.」

두 경관이 어느새 따라와 내 팔을 하나씩 잡았다. 「폭력은 안 됩니다. 진정하세요. 진정해야 합니다.」

다행히 경관들이 종용하여 그 변호사는 방 밖으로 나갔다. 「프랭크, 우리는 침착하게 대응해야 해요.」 나는 그제야 내가 〈기삿거리〉가 될 행동을 하고 있다는 걸 깨달았다. 또다시 서커스가 시작된 것이다.

「제발 조용히 처리해요.」 그녀가 말했다. 나는 그녀의 말을 따랐다.

물론 이 사건이 일어난 것은 〈제보〉 때문이었다. 〈그 엄마의 아들〉은 자신의 정보가 돈이 된다는 것을 알았다. 집 주위에는 이미 카메라가 설치되어 있었다. 〈기사〉를 훨씬 돋보이게 할 사진을 찍기 위해서. 그때 무능한 내 자신에 대해 내가 느낀 분노란!

나는 사람 좋아 보이는 경관에게 나만 데려가고 애 엄마와 아이들은 보초를 붙여서 아침이 될 때까지 집에 머무르게 해달라고 호소했다. 그들의 덫이 우리 가족을 덮친 것은 역시 이후였다. 경관은 미니애폴리스의 상급자에게 전화를 걸어 보겠다고 시늉을 한 뒤(애 엄마와 아이들을 그런 식으로 뒤에 남겨 놓는 것은 신문기사의 묘미를 감퇴시킬 수도 있었다), 되돌아와서 그와 통화를 할 수 없었다고 말했다.

경관은 본서에 가서 지시를 받아야 한다며 더 이상 말하지 않으려 했다. 내가 밖으로 나가자 플래시 세례가 터졌다. 나는 호송차에 들어가 미니애폴리스의 카운티 구치소로 갔고 야간 근무 중인 경관 앞에 섰다. 그의 이름은 브라운이었다.

브라운은 헤네핀 카운티 공동체에서는 많은 활약을 한 유지였다. 보안관으로 근무하면서, 침례교 지역을 더욱 도덕적인 사회로 만들기 위해 무보수로 활동하는 애국자이기도 했다. 며칠 전 브라운이 두 명의 살인자를 검거하자 한 신문기자가 기사를 내주겠다고 자청하기도 했다. 카운티 사람들에게 그들의 보안관이 얼마나 열심히 일하는가를 보여 주기 위해서 말이다.

그는 오로지 신문 기사를 통해서 우리를 알고 있었다. 나는 그에게 호소했다. 내 입장을 조리 있게 설명했다. 애들 엄마와 두 아이는 아침이 올 때까지 그 집에 머물게 해달라고 사정했다. 만약 그가 모녀에게 자비를 베풀어 준다면 내가 기꺼이 감옥에 가겠다고 말했다.

「라이트 씨, 신사의 명예를 걸고 하는 말인데, 당신이 내 친형님이라도 그렇게 해줄 수가 없어요.」 보안관의 의무를 다해야 한다는 말이었다. 그가 무보수로 일한다는 말도 했다.

「물론 당신의 어머니라도 그렇게 못 해주겠지요.」 나는 더 이상 말을 붙일 수가 없어서 허탈하게 말했다. 「좋아요. 그럼 내 가족에게 전화를 걸어서 이 상황에서 어떻게 해야 할지 몇 마디 일러 주게 해주세요. 가족에게 장거리 전화를 걸고 싶습니다.」 내가 말했다.

「그럴 필요 없습니다.」 그가 말했다. 「가족은 다 여기 와 있어요. 아무튼 당신은 외부와 연락하는 것이 금지되어 있습니다.」

알고 보니 내 가족은 내가 탄 호송차 바로 뒤차로 따라왔던 것이다. 사람들은 이제 일상적인 행동을 하고 있었다. 옆방의 사람들은 그 〈제보자〉를 영웅이라고 치켜세우고 있었다. 〈그들의 게임에 동참해 놀아 준 보상을 해줘야 한다는 것이겠지〉라고 나는 짐작했다.

이제 나에게 엄청난 모욕이 쏟아졌다. 이 자유 국가의 아들에게 과연 이렇게 해도 좋은가. 나 혼자 당했더라면 아무렇지도 않았을 텐데! 올기반나! 그리고 아이들! 나의 죄는, 나 혼자 죗값을 치른 것이 아니라 무려 세 명의 가족을 여기에 연루시켰다는 것이다. 하지만 어떻게 자유 국가인 우리나라에서 이런 일이 일어날 수 있단 말인가!

나는 저명한 공화당 당원인 간수 브라운과 함께 엘리베이터에 탔다. 그리고 브라운은 나를 수감시켰다. 〈그들〉은 나의 몸수색을 했다. 잔돈을 빼놓고 내 돈을 모두 가져갔다. 헤네핀 카운티의 구치소 기록에 내 가족 사항을 기재했다. 그러고 나서 브라운은 미니애폴리스를 대표하여 이 도시의 불청객이 된 나에게 〈굿 나잇〉이라고 다소 회의적인 목소리로 말했다.

간수가 나를 구치소의 긴 통로 아래쪽으로 안내해 갔다. 층층이 쌓아 올린 동물 우리 같은 방들이 연이어져 있었고 트러스 지붕 위로는 텅 빈 공간이 아치 형태를 이루고 있었다. 그가 통로를 걸어가면서 구치소 감방의 쇠문을 열었다가 다시 닫자 쨍그랑거리는 금속성 소리가 났고 그 소리는 우리 뒤의 빈 공간에서 반향을 남기며 길게 울려 퍼졌다. 그는 나를 구치소 맨 끝 방으로 데려갔다. 그곳은 사기꾼과 모리배 등 그래도 죄질이 비교적 〈가벼운 자들〉이 수감되는 방이었다.

모두가 조용했다. 그들은 잠들어 있었다. 간수가 감방의 문을 살짝 열었는데 키가 큰 나는 허리를 약간 구부리면서 그 안으로 들어가야 했다. 감방 한쪽에 지저분한 매트리스가 있었고 맨 구석에 역시 지저분한 변기가 있었다. 정부가 죄수를 다스리기 위해 일부러 그렇게 옹색하게 마련해 놓은 지저분한 감방이 내 몫으로 돌아온 것이었다.

나는 그 안으로 완전히 들어갔다. 간수는 내게 〈굿 나잇〉이라고 말했다.

나의 나라! 자유인으로 태어난 이 나라의 아들에게 이런 식으로 〈굿 나잇〉이라고 말하다니!

동물 우리의 육중한 문은 자동적으로 쇠 홈으로 들어가 철컥 잠겼다. 맨 처음든 느낌은 질식할지 모른다는 것이었다. 하지만 나는 손을 뻗어 차가운 쇠창살을 꼭 부여잡으면서 냉정함을 유지하려 했고 유머 감각을 되찾으려고 애썼다. 그렇게 해야만 나를 구제할 수 있을 것 같았다. 이어 나는 몸을 돌려 세 걸음을 걸어보았다. 거기에 지저분한 수세식 변기가 놓여 있었다. 또다시 질식할 것 같은 느낌이 엄습했다.

거의 숨을 쉴 수 없을 지경이었지만 나는 가까스로 매트리스 위에 앉았다. 매트리스에는 땟국이 줄줄 흐르고 있었다. 아니 때가 아니라 피인가? 누구의 피가 어떻게 여기에?

나는 위를 올려다보았다. 반들반들한 쇠 천장이었다. 손을 뻗으니 만져졌다.

올기반나는 어디에 있나? 아이들은? 나는 정보를 달라고 애원했다.

「애들 엄마에게 쪽지라도 보낼 수 없을까요?」

「안 됩니다. 그건 규정 위반입니다.」 브라운이 말했다.

그 규정이라는 것은 브라운이라는 사람을 만든 기계였다. 브라운은 관성적으로 혹은 습관적으로 구치소라는 기계를 운전하고 있었다.

지성? 해당 사항 없음.

인간미? 해당 사항 없음.

삶, 사랑, 일, 명예? 해당 사항 없음.

그런 것들은 모두 잘라 버려? 잘라 버리라고!

브라운의 기계 속에는 무능력한 증오와 게으름의 저주가 있을 뿐이다. 모욕적인 공포심과 천박한 의심이 있을 뿐이다.

똥과 불명예! 인간에 대한 인간의 잔인함! 인간 사회의 가장 어두운 측면은 인간이 다른 인간을 불신한다는 것이다! 그 자신이 파놓은 깊은 틈새가 그의 장래에 길게 가로놓여 있는 것이다.

선량하든 사악하든 유소니아의 주민은 자기 고장의 구치소에서 이틀 밤을 보내는 저주를 받아 봐야 한다. 선량한 사람, 순종하는 사람, 조심성 많은 사람, 이런 사람들을 단조로운 〈영원〉이 지속되는 감옥에 가두고 그들의 선량함, 순종심, 조심성을 시험해 보아야 한다.

난 왜 이렇게 무능할까, 욕이 저절로 터져 나왔다. 나는 다시 일어서서 감방의 창살을 붙잡았다. 고개를 뒤로 젖히니 간신히 숨을 쉴 수 있었다.

통로 쪽에서 발걸음 소리가 들려왔다. 순찰 중인 간수가 통로 끝 내 감방까지 왔다. 그는 감방 안을 들여다보았다. 그는 아주 알맞은 시간에 잘 와 주었다. 나는 그들이 내 호주머니에 들어 있던 종이쪽지를 그대로 남겨 둔 것을 발견했다. 기이하게도 지저분한 매트리스 위에는 누군가 쓰다만 몽당연필이 놓여 있었다. 「잠깐만요.」 나는 그렇게 말한 다음 종이 위에 급히 몇 자 써 갈겼다.
「이 쪽지를 오늘 밤 나와 같이 들어온 여자에게 좀 전해 주세요.」 나는 종이에 50센트 동전을 집어넣어서 창살 사이로 간수에게 내밀었다. 그는 손가락을 입에 댄 다음 고개를 끄덕였고 50센트는 도로 밀어 넣고 그 쪽지를 가지고 사라졌다.
다시 그가 순찰을 나왔다.
「그녀에게 쪽지를 전했습니까?」
「그럼요.」 그가 말했다. 「그녀는 잘 있어요. 부인은 애들을 돌보고 있어요.」
이 친구는 자신의 〈의무〉를 잠시 소홀히 했다. 하지만 그는 지옥에서나 통하는 악마의 규칙을 깨트린 사람이었다.
약간의 서광이 비치는 것 같았다. 나는 이제 숨을 쉴 수 있었다. 이제 곧 아침이 오리라. 그것은 늘 그랬다. 나의 유머 감각도 되돌아오기 시작했다.
나는 아침이 오기를 기다리면서 지저분한 매트리스의 비교적 깨끗한 쪽에 앉아 있었다. 나는 잠자는 사람들을 깨우지 않기 위해 양말만 신은 채 조심스럽게 감방 안을 왔다 갔다 했다.

동이 트자 먼 곳에서 덜그럭거리는 소리가 나기 시작했다. 그 시끄러운 소리는 점점 더 커지면서 내가 있는 감방 쪽으로 다가왔다. 구치소 전체를 뒤흔들 것처럼 요란한 소음이 마침내 스스로의 무게에 눌려 가라앉았다. 전기 장치가 작동하자 감방의 문들이 갑자기 열리면서 일제히 나는 소리였다. 소음은 천천히 반향을 일으키며 사라졌다.
내 감방과 다른 감방을 연결하는 비좁은 콘크리트 연결 통로가 앞쪽에 있었다. 나는 그 길로 걸어 나갈 수 있었다. 창살에 설치된 작은 문에 구치소에서 주는 빵과 수프가 놓였다. 나는 그 빵과 수프를 먹었다. 조금도 숨 막혀 하지 않고.
　잠시 뒤 내 옆방의 동료가 나에게 인사를 하러 왔다. 그는 손에 석간신문을 들고 있었다. 구치소에도 신문은 들어왔다.
　신문에 애 엄마와 내 사진이 났다.
　「이봐요.」 그가 말했다. 「당신은 아주 멋진 여자를 얻었구려. 그 여자는 언제나 당신 편을 들어 줄 겁니다.」
　「그럼요. 그렇고말고요.」
　「그런데 말이오.」 그가 말했다. 「아무 이유 없이 이런 데 들어오지는 않거든요. 뭔가 잡혀갈 일을 했겠지요.」
　「그런데 문제는 말이에요, 그녀도 여기 잡혀와 있다는 겁니다.」
　「하지만 그녀한테는 아무 일도 없을 겁니다. 그들은 곧 모녀를 놓아줄 거예요.」
　「정말 그럴까요?」 내가 말했다. 「믿을 수 없는데요. 보안관은 설사 자기 어머니라고 해도 놓아줄 수가 없데요.」
　「그래요?」
　「당신은 무슨 일로 여기 들어왔습니까?」 내가 물었다.
　「나요? 술을 팔다가요. 벌써 두 번째입니다.」
　「이봐요, 나에게도 아주 멋진 여자가 있어요.」 그가 계속 말했다. 「그녀가 나한테 어떻게 해주었는지 압니까?」
　「몰라요. 뭘 해주었는데요?」
　「저기, 면회객들이 우리를 찾아오는 곳이 보이지요?」
　나는 고개를 쳐들고 한쪽에 샤워기가 있는 널찍한 공간을 보았다. 수감자는 거기 가서 스크린 와이어를 사이에 두고 면회객과 대화를 할 수 있었다. 스크린의 간격은 아주 촘촘해서 연필 하나 집어넣을 정도밖에 되지 않았다.
　「그녀는 신문을 보고 내가 여기 들어와 있다는 걸 알았어요. 그녀는 면회실로 찾아와서 나를 불렀어요. 그래서 가보았더니, 그녀가 간수들이 다른 데로 간 틈을 타 재빨리 말했어요. 〈지미 바짝 붙어.〉 그래서 바짝 붙었더니 그녀가 드레스 앞섶을 활짝 열어젖히는 게 아니겠어요. 가슴 사이에 뭐가 들어 있었는지 짐작이나 하실 수 있겠습니까? 한번 짐작해 보세요.」

「짐작 못 하겠는데요.」
「술이 1쿼트[84] 들어 있었어요. 1쿼트나!」
「그녀는 간수가 사라지기만을 기다렸어요. 간수가 딴 데로 가버리자 주머니에서 빨대를 세 개 꺼내더군요. 〈지미, 빨리 빨아먹어. 이걸 마시면 기분이 좋아질 거야.〉 그래서 빨대를 집어넣고 다 빨아먹었지요. 정말 이렇게 하리라고 짐작이나 할 수 있겠습니까?」
「아니요.」 내가 말했다. 「아무도 짐작하지 못할 겁니다.」

나는 좀 걷기 위해 통로로 나섰다가 또 다른 죄수를 만났다. 그 통로는 딱 한 사람이 지나다닐 정도의 넓이였다.
「안녕하세요.」 그 재소자가 말했다. 「당신은 이곳에 좀 안 어울리는 것 같군요.」
「예. 기분이 좀 묘합니다.」 내가 말했다.
「나는 오늘 아침 신문에서 당신과 그녀에 대한 이야기를 읽었습니다. 내가 여기 들어왔을 때에는 당신보다 더 크게 기사가 났었습니다.」 그는 손때 묻은 신문 기사 조각을 꺼내서 자랑스럽게 내게 보여 주었다.
「나는 가석방 조작 건으로 여기 들어왔습니다. 곧 재판이 있어요. 하지만 나는 좋은 변호사를 선임했어요. 내시! 주에서 제일 뛰어난 변호사지요. 그가 나를 여기서 꺼내 줄 겁니다.」
「내시는 변호사 이름입니까?」
「예.」 그가 말했다.
「내가 그를 만나려면 어떻게 해야지요? 아직 내게는 변호사도 붙여 주지 않았습니다.」
「내가 오늘 그와 만나기로 되어 있는데 당신의 이름을 알려 드리지요.」
이렇게 해서 나는 또 다른 변호사를 선임하게 되었다.
내시는 과연 좋은 변호사였다. 그는 곧 내가 아무런 합리적 이유 없이 구금되었다는 것을 알아냈다. 구금의 근거는 위스콘신 주 소크 카운티의 집행관이 보낸 전보였는데 그곳에서 나의 체포 영장이 떨어졌다는 것이었다. 이 전보가 브라운

---

[84] 약 1리터.

에게 발송된 것이다. 하지만 확인 절차가 없었다. 그 전보는 누가 보낸 것인가? 의무의 화신인 브라운의 입장에서 보자면 우리는 막연한 의혹에 근거해 수감된 것이었다.

하지만 신문들은 그렇게 생각하지 않았다. 나는 그다음 날 아침 브라운에게 호출당해 신문기자들과 인터뷰를 했다. 그리고 우리는 법정에서 또 다른 장면을 연출한 후에야 비로소 풀려났다. 검찰의 기소 요구에 대해 위스콘신 주 바라부 법원은 근거 없다면서 기각했기 때문이다.

이렇게 하여 이 기소 건은 그 내용이 무엇이든 또 어떻게 시작되었든 간에 결국 각하되었다. 이 결정은 밤늦게 이루어졌기 때문에 나는 다시 〈수감되었고〉 그리하여 또다시 〈기삿거리〉가 되었다. 전문 협박꾼의 손에 있는 법률은 여러 각도의 뾰족한 〈침〉을 가진, 야비한 복수의 도구였다. 우리는 여전히 풀려나지 못했다.

한편 연방에서도 우리 사건에 간여하게 되었다. 그리하여 우리는 북부 침례교 지역에서 〈도덕적〉 성향으로 평판 높은 연방 법관 앞으로 출두했고 우리를 계속 구금할지 여부를 판단하는 것은 그의 손에 맡겨졌다. 그 연방 법관은 그 관직 덕분에 상당히 부유하게 사는 것 같았다. 그의 이름은 잊어버렸다.

우리는 소위 만 법Mann Act을 위반했다는 혐의로 이 연방 법관 앞에 출두했다. 하지만 만 법은 그럴듯한 구실에 불과했고 우리를 괴롭히려는 사악한 세력들이 동원한 교묘한 복수의 도구에 지나지 않았다. 만 씨와 그의 아내는 외삼촌이 운영하던 올 소울스 교회 맞은편에 살던 사람들이었다. 이 만 법이라는 것은 일반 대중의 상식 수준에서 보면 사문법이나 다름없었다. 하지만 법은 법이었고 그것을 위반하면 불법이 되는 것이다. 우리가 주 경계선을 걸어서 넘지 않고 차를 타고 넘은 것이 잘못이었다.

우리는 언론사 기자들과 카메라가 뒤쫓아 오는 상황에서 길 건너편의 연방 청문회장으로 갔다. 신문에서 우리의 기사를 보고 많은 사람들이 청문회장에 모여들었다. 나는 이 사건을 겪기 전까지는 나의 가족을 언론과 카메라로부터 잘 보호했다. 나는 열두 달 동안 기자들을 교묘하게 따돌려 왔다. 나의 어린 딸은 기자들을 따돌리기 위해 유니언 스테이션을 나오면서 어머니의 가슴에 딱 달라붙어 있어야 했다. 나는 올기반나에게 그 어떤 인터뷰에도 응하지 말라고 미리 일러두었다. 하지만 결국에는 어중이떠중이 집단인 기자들의 완전한 〈승리〉로 끝나고 말았다. 그들은 대목을 만났다는 듯이 아우성쳤다.

우리 두 사람은 1만 5천 달러의 보석금을 내는 조건으로 석방이 결정되었다. 하지만 꾀 많고 정치색 짙은 젊은 검사 라파예트 프렌치는 그렇게 뭉뚱그리지 말고 각자 보석금을 내라고 요구해 왔다. 나중에 조사 과정에서 밝혀졌지만 이 검사는 시시콜콜하게 세부 사항을 캐묻는 것을 좋아하는 사람이었다. 그리하여 점점 더 여론 재판이 심해져 갔다!

우리의 사건은 이제 심각한 사건처럼 비치기 시작했다. 너무 심각해져서 우리 친구들도 잘 감당이 안 되는 상황이었다. 친구들은 공개적으로 항의하기 시작했다. 이 즈음에 우리도 사건이 심상치 않구나 하고 생각했다. 내 여동생 제인이 만사를 제쳐 놓고 필라델피아에서 미니애폴리스로 달려왔다. 매기넬도 뉴욕에서 내시 변호사에게 시시각각 전화를 걸어 사건의 추이를 체크했다.

우리는 이 두 번째 법정 출두 — 사람들이 또다시 구름처럼 몰려들었다 — 이후에 비로소 보석으로 풀려날 수 있었다. 하지만 이 새로운 술수 때문에 또 하룻밤을 감방에서 보내야 했다. 헤네핀 카운티 구치소에서 보낸 두 번째 밤은 첫 번째 밤에 비해 그리 나쁘지 않았다.

법정 이외에서는 올기반나를 만나는 것이 금지되었다. 아이들을 전혀 볼 수가 없었다. 하지만 그녀로부터 아이들이 잘 있다는 이야기를 들었다. 올기반나는 너무 피곤해서 쓰러질 지경이었지만 의젓한 숙녀답게 잘 견뎌 내고 있었다. 내일이면 다 함께 만날 수 있을 터였다.

한편 새로운 〈사건〉이 접수되고 나의 새 변호사 내시가 올기반나를 만나기도 전에 연방 수사관이 그녀에게 접근하여 그녀의 〈이야기〉를 완전히 다 빼내갔다. 푸에르토리코 여행을 다녀온 것에 대해서 그녀는 나와 마찬가지로 조금도 자신이 잘못했다고 생각하지 않았다. 그래서 그 수사관에게 있는 그대로 다 말해 주었다. 그는 그녀의 진술을 남김없이 기록했고 미진한 부분에서는 그녀의 도움을 받기까지 했다. 그렇게 하여 푸에르토리코 여행에 대한 아주 자세한 보고서가 작성되었는데, 올기반나는 그가 이 문서를 작성한 의도를 전혀 이해하지 못했다. 그녀에게 그것은 세세한 법률적 〈기록〉의 문제처럼 보였다. 아주 간단히 말해서 숨바꼭질 게임 같았다. 이렇게 해서 그녀의 〈진술서〉가 완성되었다. 우리는 이제 이민법을 위반한 사람들로 몰렸다.

내시는 올기반나의 선의를 악용한 연방 수사관의 수법을 맹렬히 비난했다. 하지만 비난은 비난으로 그칠 뿐이었다. 연방 관리들은 정말 재주가 많았다. 내게는 그들이 법률적 〈점수 따기〉에 아주 능숙한 사람들처럼 보였다.

이오반나를 낳고 나서 올기반나의 건강 회복 겸 휴식을 위해 우리가 〈푸에르토리코〉를 두 달 동안 다녀온 것은, 복잡한 이민국 관리 규정을 〈위반〉한 행위였다. 푸에르토리코가 미국 령이기는 하지만 법적 보호를 받지 못하는 땅이었기 때문에 법률적 관점에서는 외국이었던 것이다. 그래서 〈그들〉의 말에 따르면 전문적 법률의 도덕적 관점에서 볼 때 우리는 부도덕한 목적을 위해 미국에 입국한 것이었다. 연방 관리들은 우리를 멋대로 다루고 있었다. 게다가 우리는 그들의 일을 더욱 간단하게 만들어 주고 있었다. 법률은 하나의 도구이다. 그 도구를 휘두르는 기술은 법률가가 갖고 있는 것이다.

감방으로 되돌아가니 브라운이 깨끗한 매트리스를 들여놓은 것이 보였다. 수세식 변기도 청소되어 있었다.

이틀째 밤 깨끗한 매트리스 위에 드러누웠을 때 나는 재소자들이 말하는 〈보호받는〉 느낌이 무엇인지 어렴풋이 알 것 같았다. 적어도 감방 안에 있으면 아무런 일도 벌어지지 않는 것이다. 창살 사이의 자그마한 출입구를 통해 투입된 동물 사료 같은 식사를 끝내자, 위층의 감방에 있는 누군가가 노래를 부르기 시작했다. 두 명 정도의 남자가 돌아가며 선창을 하고 있었는데 목소리가 아주 남성적인 바리톤이었다. 다른 수감자들도 익숙한 노래가 들려오자 합창에 끼어들었다. 그것은 아주 멋졌다. 그들은 알고 있는 노래를 계속하여 불렀다. 어떤 노래는 대중 가요였고 어떤 노래는 성가였다. 노래를 부르는 사람이 수백 명이었을까? 아마도 반향 때문에 그렇게 많은 사람이 부르는 것처럼 들렸을 것이다. 실제로는 스물다섯 명 혹은 서른 명 정도였으리라. 그들은 밤 아홉시가 될 때까지 계속 노래했다. 그 후에는 모두들 잠잠해졌다. 비록 비참한 상황이었으나 놀라운 단결 정신이었다. 그들은 나의 수치심을 부끄럽게 만들었다.

그날, 가석방 조작 건으로 수감되어 2층 위의 감방에 갇힌 자그마한 친구가 재판을 받으러 나갔다. 그는 좀 늦게 감방으로 돌아왔다. 그는 대중가요를 휘파람으로 부르고 있었다. 나는 창살에 바짝 붙어 서서 아직도 내가 깨어 있음을 알렸다.

「어떻게 되었어요?」 내가 속삭였다.

「20년 떨어졌어요.」 그가 살짝 말하고 다시 휘파람을 불었다. 곧 그는 잠이 들었고 코 고는 소리까지 들려왔다. 그는 무딘 사람인가? 아니면 강직한 사람인가?

다음 날 아침 나는 그를 통로에서 만났다.

「내시가 감형시켜 줄 거예요.」 그가 말했다.

그는 나에게 자신의 속셈을 자세히 설명했다. 그가 말하는 그 불법적 사항이라는 것은 우리가 지켜야 하는 법적 사항 못지않게 복잡했고 또 교묘하기까지 했다. 비록 사기꾼일지라도 기술을 갖추고 있는 것이다. 그 친구는 그처럼 과학적으로 계획을 추진하는 데 전문가적 자부심마저 느끼고 있었다. 최초의 방향이 이런저런 기이하고 우연한 이유 때문에 잘못된 것, 그것뿐이라고 여기는 듯했다. 우회전을 했어야 했는데 좌회전을 했다는 것이었다.

열시에 법정이 개정된 후 내 차례가 와서 나는 나갔고 이어 판결을 받았다. 나는 브라운에게 지난 밤 노래를 불렀던 수감자들에게 돼지고기와 으깬 감자를 올려 보내고 싶다고 말했다.

「미안합니다.」 브라운이 말했다. 「그건 규정 위반입니다.」

〈수감자들〉은 나에게 행운을 빌어 주었다. 간수들도 나에게 따뜻한 악수를 청하면서 앞날의 행운을 기원해 주었다. 심지어 브라운도 따뜻한 인사를 했다. 하지만 규정된 의무에만 충실한 사람은 넘치는 인간미가 필요한 직업에 적합한 사람이라고 할 수 없다. 설혹 그가 그 직업에 걸맞은 재능을 가지고 있다 할지라도.

며칠 뒤 나는 기차역 근처에 클리버 세이어의 차를 주차시키고 클리버가 나타나기를 기다리고 있었다.[85] 그때 포드 차가 반대편 커브에서 멈춰 섰다.

한 남자가 그 차에서 내리더니 활짝 웃으면서 길을 건너와 손을 내밀었다. 「안녕하십니까, 라이트 씨. 내 아내가 저기 차 안에 있습니다. 난 당신을 내 아내에게 소개하고 싶습니다. 그녀를 이리로 데려와도 될까요?」

나는 그 사람을 알아보는 데 2, 3초쯤 걸렸다. 내 쪽지를 올기반나에게 전해 준 바로 그 간수였다. 제복을 입지 않고 사복을 입고 있어서 순간적으로 알아보지 못했던 것이다. 아니면 그 반대였나?

「아닙니다.」 내가 말했다. 「그녀에게 거기 그대로 있으라고 하십시오. 내가 건너가서 인사를 드리겠습니다.」

그녀는 나를 만나서 기쁜 것 같았다.

그도 〈멋진 아내〉를 두고 있었다.

하지만 사건이 모두 끝난 뒤에도 그 주를 떠나는 허가를 얻기까지 며칠 더 시간이 걸렸다. 그것은 복잡한 법률적 절차 때문이었다. 나는 어떤 절차인지 구체적인 것은 잊어버렸으나 아무튼 그곳은 미네소타 주였다.

세이어 부부와 디바인 부부도 친절하게 대해 주었다. 클리버는 나를 자신의 클럽에 넣어 주었다. 두 부부는 아침 일찍 구치소로 찾아와 올기반나를 면회했고 아이들에게 바깥바람을 쐬어 주었다. 나는 애들이 어떻게 밖으로 나올 수 있었는지 의아했다. 아마도 브라운은 그것을 허가해 주고 또 신문에 실릴 사진을 찍었을지도 모른다.

클리버는 그동안 내내 우리에게 아주 잘 대해 주었다. 그는 자신의 마음에 드는 말을 만들어 내서 그것을 계속 써먹었다. 〈후즈 후[86]에서 후스가우[87]가 되었구먼.〉

그의 아버지가 보석 서류에 서명을 했다. 이렇게 해서 우리는 또 다른 여론 재

---

85 이 시련 때 미니애폴리스 주민인 클리버 세이어Cleaver Thayer가 라이트를 도와주었다 — 원주.
86 *Who's Who*. 저명인사라는 뜻이다.
87 *Hoosegow*. 수감자라는 뜻이다.

판이 만들어 낸 고비를 넘겼다.

　미네소타 주를 떠나도 좋다는 검찰의 허가를 기다리면서 미니애폴리스에서 시간을 죽이고 있던 참에 은행에서 원리금을 모두 〈지불하라〉는 통지가 날아들었다. 나는 다소 당황했고 내 전 재산을 은행이 저당 잡고 있지 않느냐는 내용의 회신을 보냈다. 하지만 은행은 그 회신에 답변하지 않았다. 현재 상황이 그런 공식적 기록을 남기기에는 좋지 않다고 판단한 듯했다. 또 하나의 전문적 사항이 전문적 절차에서 벗어난 것일 뿐이었다. 사건의 분류는 세밀하고 구분은 임의적이었으나 그 결과는 놀라웠다.
　이번 사건으로 인해, 내 신용도가 극도로 악화된 듯했다. 그래서 은행은 근저당한 물건을 차압하겠다고 협박하면서, 시세가 좋을 때 팔아 달라며 뉴욕의 미첼 케널리의 손에 맡겨 둔 목판화 컬렉션을 즉시 처분하라고 요구했다!
　당시는 목판화를 처분하기에 좋은 시기가 아니었다. 하지만 은행은 계속 요구했고 결국 나는 어쩔 수 없이 목판화 컬렉션을 4만 2천 달러라는 헐값에 팔아야 했다. 게다가 케널리가 〈중개료〉 명목으로 판매가의 근 35퍼센트를 가져가는 바람에 부채 상환에 큰 부담을 안겼다. 당초 중개료는 15퍼센트로 책정되었는데 말이다.
　북부 〈침례교 지대〉인 미니애폴리스에서 호되게 경을 친 후 우리는 몇 달 동안 뉴욕에 머물렀다. 여동생 매기넬이 우리를 거두어 주었다. 우리는 다소 숨쉴 기회를 잡게 되었다. 막내 여동생과 그녀의 집이 아주 매혹적이었기 때문이다. 재주 많은 그녀는 우리의 울적한 상황을 위로해 주기 위해서 할 수 있는 것이라면 뭐든지 했다. 우리는 함께 있으면서 그 어려운 상황을 견뎌 냈다.
　그러나 법을 앞세운 여론의 공격은 아직 끝난 게 아니었다. 이제 강제 출국에 대한 이야기가 신문에 등장하기 시작했다. 〈그들〉은 공격의 표적을 올기반나로 삼았다. 그녀는 내 여동생의 집 앞에서 이민국 관리에게 정식으로 체포되었고 나는 보석금을 마련하기 위해 내가 가지고 있던 마지막 재산인 자유 채권을 내놓았다.
　이 마지막 공격으로 인해 그렇지 않아도 이미 가득 차 있던 우리의 고난의 잔은 넘쳐흐르게 되었다. 유머 감각은 사라지기 시작했다. 이민국은 결코 친절하지 않았다. 자비롭지도 않았다. 이민국 또한 하나의 기계였다.

은행도 기계이기는 마찬가지였다. 은행은 내가 처한 이런 곤경에 동정은커녕 오히려 더욱더 강하게 부채를 상환하라고 압박하고 나왔다. 나는 더 이상 은행에 건네줄 것이 없었다. 내가 가진 것은 모두 그들의 수중에 있었기 때문이다. 은행도 이 사실을 잘 알고 있었다.

이런 절박한 상황에 처한 나는 나 자신을 주식회사로 내놓는 아이디어를 구상했다. 다시 말해, 나의 미래와 가능성을 걸고 친구와 고객들에게 〈나〉라는 주식회사에 주주로서 소정의 투자를 해달라고 요청할 생각이었다. 나는 그렇게 해서라도 거머리 같은 은행의 손길을 떼어 내고, 탤리에신과 은행에 조금 남아 있는 예술품 컬렉션을 지키면서, 예전처럼 열심히 일하는 나 자신으로 되돌아가고 싶었다. 주식회사로 운영하면 거기서 나오는 배당금은 적어도 채권자로부터 안전할 것이었다. 채권자란 다름 아니라 나에게 이혼 소송을 걸어서 나의 장래 수익 모두를 빼앗아 가려 하는 미리엄과 그녀의 변호사들이었다.

나의 주식회사 구상을 은행은 승인했고, 나는 그 계획을 실천할 요량으로 탤리에신으로 돌아왔다. 그러나 은행에 〈백지 위임〉을 한 상태였기 때문에 우리가 〈돈을 내놓지 못하면〉 언제든지 은행의 변덕에 따라 퇴거당할 처지에 놓여 있었다.

그리하여 성공할 가망이 별로 없어 보이는 주식회사 창립 작업이 시작되었다. 다윈 D. 마틴은 그 아이디어를 마음에 들어 했다. 그는 일정한 주식 금액을 납입했고 변호사를 시켜 서류를 작성했다. 나는 그 아이디어를 다른 사람들에게도 내놓았다. 나의 고객인 애버리 쿤레이 부인도 주식 금액을 납입했다. 나의 친구, 닥터 퍼디낸드 셰빌, 조 어번, 나의 여동생 제인 등이 주식 대금을 납입할 형편이 되지 않았는데도 주식을 사주었다. 나는 이렇게 해서 주식 납입 대금 7만 5천 달러를 확보했다. 이 위기의 순간에 알렉산더 울콧이 여러 가지 방법으로 나를 도와주었다. 찰리 맥아더도 나름대로 도움을 주어서 내 얼굴에서 미소가 사라지지 않게 했다.

이제 필 라폴레트가 내 처지를 딱하게 여기면서 나를 돕고 나섰다.

「프랭크, 자네는 법률 조언을 잘못 받은 것 같아.」

「필, 그런 것 같아. 조언도 잘못되었지만 그 뒤에 진행된 일의 경과도 아주 나쁜 것 같아. 자네가 좀 도와줄 수 있겠나?」

「그러지.」 그가 말했다. 「하지만 사건을 자네가 직접 맡지는 말게. 짐(힐 판사)은 현 위치 그대로 놔두는 게 좋아. 나는 옆에서 도울게.」

그는 퍼디낸드 셰빌과 마틴 씨를 찾아가서 나를 지원할 수 있겠는지 물어보았다. 그들의 대답은 긍정적이었다. 이제 사태는 좀 진정되기 시작했다. 고소 건의 중심 인물인 〈모욕당한 아내〉는 아무런 자금도 없이 할리우드에 머물고 있었다. 그녀의 변호사들도 자금이 없기는 마찬가지였다. 언론은 결판이 나지 않고 질질 끄는 사건 진행 과정 때문에 의욕이 시들해졌다. 우리의 이야기는 더 이상 화급한 뉴스가 아니었다.

만약 지금 추진 중인 주식회사 창립 작업이 완벽하게 수행된다면 그녀와 변호사들은 단 한 푼의 수입도 올리지 못할 터였다. 또 그런 상황에서 공정한 협상을 진행하지 않으면 아예 아무런 〈소식〉도 듣지 못할 것이었다. 우리는 진작에 이런 방향으로 일을 몰고 나가는 것이 훨씬 효율적이었을 터였다. 채권 상환을 요구하던 채권자들도 좋은 조건을 제시하기 시작했다.

그러나 필은 사건 해결 절차를 그렇게 밟지 않았다. 그는 이혼 협상을 시작했다. 이혼 허가를 얻어 내기 위해서, 우리는 법조계에서 즐겨 쓰는 말인 〈깨끗한 손〉을 가진 상태로 법원에 들어가야 했다. 이렇게 하기 위해서 먼저 올기반나가 자발적으로 출국하는 편이 낫다고 필은 제안했다. 그는 이윽고 내게 출국 자금으로 천 달러를 건넸다.

필은 리바이와 똑같은 입장이었다. 지방 검사 누드손은 언론이 주도한 여론(사람들의 편견)을 무시하는 방향으로 움직이지 못한다는 것이었다. 필은 자신이 검사들을 잘 안다고 말했다. 하지만 검사들은 서로 잘 아는 것 같지도 않았다. 그들은 서로 다른 입장을 보여서 상대방을 난처하게 만들기도 했다.

「하지만, 그 검사는 자신이 옳다고 믿는 것을 위해서 꿋꿋이 싸우는 것 같던데. 그가 여론에 밀릴 것 같지는 않아. 내가 가서 그 검사를 한번 만나 볼게.」

「그를 만나지 말게.」 필이 말했다. 「자네가 그를 만나면 그의 입장이 곤란해지고 또 그의 손을 묶어 놓는 결과가 될 걸세.」

그것은 합리적인 조언 같았다.

「프랭크, 길은 한 가지밖에 없네. 올기반나와 아이들을 1년 동안 해외로 내보내게. 그렇게 하지 않아도 그녀의 여권에 하자가 있기 때문에 어차피 정부가 그녀를 추방하게 되어 있어. 이 부분은 달리 해결할 방도가 없어. 그러니 자네는 그 동안 일을 하면서 돈을 좀 벌게. 1년 후 자네가 〈신사답게〉 해외로 나가서 모녀를 데려오면 돼. 1년 뒤에 자네는 정상적으로 이혼을 한 다음 정상적인 생활을 할 수 있어.」

「자네의 계획에 따르면 이혼 허가를 받는 데 얼마나 걸리나?」 내가 물었다.

「잘 몰라. 한 6개월쯤.」

「올기반나와 애들이 집도 없이 해외에서 1년 반을 보내야 한다고? 게다가 돈도 없이? 필, 그건 안 돼.」 내가 말했다. 「자네의 계획은 별로야.」

하지만 필과 그의 파트너(로저스)는 또다시 나를 궁지로 몰기 시작했다.

「자네는 올기반나에게 불공정하게 대하는 거야. 이대로 있으면 그들은 자네와 그녀 둘 다 체포할 걸세. 그러면 어떻게 되겠나? 이 근처에서 배심원이 될 만한 사람들을 많이 알고 있나? 그런 사람들이 자네 편을 들 가능성이 얼마나 되나?」 필이 말했다. 「자네는 그녀보다 자네 생각을 더 많이 하고 있는 거야. 자네는 얼마든지 이런 식으로 버틸 수 있을지 몰라도 그녀는 못 해. 프랭크, 자네가 계속 이런 일 처리 방식을 고집하면, 자네의 자존심과 이기심만 내보이는 거야. 자네가 오래전부터 그렇게 해왔듯이 그녀를 잘 보살피면서 그녀를 해외로 내보내도록 하게. 자네의 용기는 가상하지만 자네의 방침은 불법이야.」

그런 〈도덕군자〉인 척하는 어조는 나의 비위를 크게 건드렸다. 그런 〈잘난 척하는 태도〉는 내가 볼 때 라폴레트의 아들답지 않은 태도였다.

「필, 자네의 말은 〈합법적〉일지 몰라도 인간적이지도 참신하지도 않아. 자네 말대로 올기반나 문제를 처리했다가는 그녀와 이오반나는 모두 끝장나고 말 거야. 그래, 나는 이기적이야. 내 이기심 때문에 이 모든 일이 벌어졌어. 그러니 결말도 그런 식으로 내는 게 좋겠어. 나는 이곳 집에서 내 식구들을 데리고 그대로 있으면서 한번 모험을 걸어 보겠어. 무슨 일이 벌어지든 끝까지 싸우겠어.」

그러자 더 많은 압력이 가해졌다. 나의 법률 조언자들은 내 문제를 해결해 주고 나를 보호해 주기 위해 주식 대금을 납입했던 내 친구들을 끌어들여 압박하기 시작했다. 사실 내가 법률 조언을 받을 수 있었던 것도 그 친구들이 돈을 내주었기 때문이다. 법률 조언자들은 그런 사실까지 언급했다. 그래서 나는 굴복했다. 그들이 주는 돈을 받아들고 당황한 채 집으로 돌아와 가족에게 그 소식을 전했다.

「준비해.」 내가 말했다. 「우리는 워싱턴으로 갈 거야.」

뉴욕으로 가는 길에 나는 내 나름대로 최후의 시도를 해봐야겠다고 생각했다. 나는 올기반나를 데리고 이민국 본부로 갔다. 그리고 사실을 있는 그대로 털어놓았다. 마침 가지고 있던 힐 판사와 스베틀라나 아버지의 공술서를 보여 주면서 사건의 진실을 하나도 숨기지 않고 말했다.

물론 올기반나는 그 어떤 도덕적 기준을 들이댄다고 할지라도 내 아내임에 틀림없었다. 미국에서 태어난 내 아이의 어머니이기도 했다. 그녀의 딸 스베틀라나는 미국으로 귀화한 아버지를 생부로 두었다. 우리 세 사람은 잘못된 법의 그물에 걸려 헤어나지 못하고 있었다! 법의 함정에 빠진 것이다! 선정적인 〈기삿거리〉를 만들어 내기 위해 언론은 우리의 진실을 계속해서 왜곡해 왔다. 선정적 기사를 추구하는 언론의 사주를 받은 무책임한 여자가, 자신의 이익을 위해 법률을 무자비한 착취의 수단으로 이용하고 있었다. 이러한 언론의 박해는 워싱턴의 정부 부처들도 가끔 당하는 문제인 듯했다.

정부 부서의 고위 책임자는 하급 관리하고는 다를 수밖에 없다. 그들은 합리적인 책임감을 갖고 있는 것이다.

「라이트 씨, 일을 제대로 해결하려면 시간이 좀 걸립니다.」

「얼마나 오래 기다려야 합니까?」

「6개월 정도.」

우리는 기다릴 수 있다고 대답했다. 나는 필에게 전보를 보내 〈계획〉을 집행할 필요가 없다고 알렸다. 우리는 집으로 되돌아갈 계획이었다.

필에게서 분노의 편지가 날아들었다. 내가 그와 맺은 합의를 깨트렸다는 내용이었다. 「절대 탤리에신으로는 돌아오지 말게.」

하지만 우리는 돌아왔다. 달리 갈 데가 없었고 게다가 돈도 없었다. 〈깨끗한 손〉이든 아니든 상관없었다.

미리엄 노엘은 돈이 떨어진 데다 빨리 합의를 보라는 변호사들의 압력 때문에 — 변호사들은 수임료 대신 그녀의 부동산을 차압해 놓고 있었다 — 법정에 나와 별거 수당을 신청했고 마침내 2년 몇 개월에 전에 그녀 스스로 동의하고 서명했던 바로 그 금액에 이혼 합의서를 팔아 넘겼다. 하지만 그녀는 〈모욕당한 아내〉인 척하면서 자신의 계획대로 우리를 재정적으로 거의 파멸시켰다. 위스콘신 주에서 내린 이혼 허가는 바람직한 것이었지만 한 가지 저주스러운 조건이 붙어 있었다. 비록 그 이혼은 법률 용어대로 말하자면 〈완벽한〉 것이었지만, 위스콘신 주 법률은 이혼 후 1년 이내에 재혼하는 것을 금지하고 있었다.

나는 이혼만 하면 우리의 어려움이 끝날 것이라고 생각해 왔다. 나는 호프먼 판사로부터 〈완벽한〉 이혼이라는 말을 들었다. 하지만 이혼에 의해 이제 서막이 올라간 것에 지나지 않았다. 〈합법〉이라는 말은 우리의 개성, 특징, 용기, 상식을 모두 말살해 버렸다. 우리는 법률이라는 숨바꼭질 게임을 하고 있었다. 만약 내가 이혼 후 1년 동안 그 어떤 〈부도덕한 상황〉 — 그러니까 내 가족과 함께 있는 것 — 을 연출하고 있다가 적발되면 그 〈완벽한〉 이혼은 무효가 된다고 필이 내게 일러주었다. 법률가는 사건의 법률적 측면만 보는 것 같았다. 하기는 그것 때문에 법률가가 되었겠지만.

클래런스 대로가 오래전에 나에게 아주 그럴듯한 조언을 해주었다. 그는 이렇게 말했다. 「프랭크, 자네의 사건은 법률로 해결할 수 있는 문제가 아닐세. 자네에게 필요한 건 현자의 조언이야. 자네의 친구가 되어 주고 자네를 안내해 줄 그런 정신적 현자 말이야. 법률가들 근처에는 가지도 말게.」

물론 인생이 대중적으로, 정상적으로 또는 법률적으로 굴러가기만 한다면 필의 이야기가 맞았다. 그러나 클래런스가 말한 대로 그 사건은 몇몇 피상적 측면을 제외하고는 결코 법률적인 사건이 아니었다.

그런데…… 이혼 합의금이 지불되자마자 〈모욕당한 아내〉와 한 무리의 기자들은 공정하고 정직하게 일을 처리한 지방 검사를 공격하기 시작했다. 언론이 보기에 그 〈사건〉은 아직도 〈게임〉으로 활용할 가치가 있었다. 그리하여 더욱 천박한 드라마가 전개되었다. 이런저런 장면이 연출되었다. 재주 많은 사람들은 그것을 모두 뉴스로 각색했다. 〈모욕당한 아내〉는 언론에 어처구니없을 정도로 이용당하고 있었다.

  〈완벽한〉 이혼이 이런 것이라니! 우리는 탤리에신에서 굳건히 버티고 있었고 동시에 일을 하려고 애썼다. 여러 건의 프로젝트가 들어와 있었다. 그러나 주식회사 설립 작업은 변질되어 버렸다. 일은 주식 대금 납입자들이 바라는 그런 방향으로 굴러가지 않았다. 은행도 채권자들도 모두 불만이었다. 내 친구들이 나의 곤란한 상황을 종식시키기 위해 3만 5천 달러를 지불했는데도 결과가 이 정도밖에 나오지 않는다면, 밑 빠진 독에 물을 붓듯이 무한정 돈을 들이밀어야 할지도 모르는 상황이었다. 나를 옭아매려는 법적 절차는 정말 성공을 거둔 것이었다. 그것은 아주 다양한 사법적 형태를 갖고 있었다.

  만약 사법 당국에서 나를 이토록 끈질기게 쫓아다닌다면 아무도 투자한 돈을 회수할 가망이 없었다. 이렇게 되자 은행은 주식회사에 납입하겠다던 돈의 투자를 거부했다. 다른 미온적인 투자자들도 나의 유일한 재산이 이혼 문제에 맞물려 있다는 것 — 이 때문에 나는 무자비한 착취의 희생자가 되었다 — 을 알고 주식 대금 납입을 거부했다. 그때까지 들어온 주식 납입 대금은 미리엄 노엘과 그녀의 변호사들에게 건네졌던 것이다.

  그리하여 채권자들은 태도가 뻣뻣해졌고 나는 아무런 힘도 없었다. 이제 상황은 내가 어떻게 해볼 수 없는 것이 되었다. 나는 구제 불능으로 여겨졌고 사건은 더 이상 너도 살고 나도 사는 상생(相生)의 문제가 아니었다. 꼬이고 꼬인 법률적 문제들이 일제히 〈분란〉을 떠는 아수라장이 되어 버렸다. 그리하여 관련 당사자들은 모두 사기가 땅에 떨어졌고 비용은 비용대로 엄청나게 증가했다.

  우리가 집을 비운 어느 날 오후, 은행장이 탤리에신을 찾아와 내 조수들을 모두 고용해 은행 직원으로 삼았다. 조수들에게는 〈우리를 내쫓을 것〉이라고 말했다고 한다. 나는 이 소식을 스튜디오의 충실한 젊은 도제 존 데이비스에게 들었다. 데이비스는 그 이야기를 다른 조수로부터 듣고 나한테 전해야겠다고 생각했다는 것이다.

그다음 날 우리는 은행을 통해 매디슨의 호프먼 판사가 보낸 장문의 법률 통지문을 받았다. 탤리에신 부지가 부도덕한 목적으로 사용되고 있어 저당권자가 분노하고 있고 또 피저당권자는 반발하고 있으므로…… 결과적으로 퇴거 명령을 내리게 되었다는 내용이었다. 나는 즉각 필에게 전화를 걸었다.

그는 별로 놀라지도 않았다. 「그래?」 그가 말했다. 「하지만 별 뾰족한 수가 없어.」

「그럼 가만히 앉아서 이 퇴거 명령을 받아들이라는 이야기야?」

「프랭크, 내 말은 구체적 대응 방법이 생각나지 않는다는 뜻이야!」

그래서 우리는 무슨 대책이 없을까 알아보기 위해 시카고로 갔다. 대책이 없었다. 우리는 당황하기 시작했다.

하지만 바로 전날 나는 앨버트 맥아더로부터 전보를 하나 받았다. 〈선생님, 피닉스로 출장 좀 와주실 수 있겠습니까?〉 그건 신의 섭리처럼 들렸다.

당시 주식회사 설립 계획은 미완인 채 표류하고 있었고 나는 사면초가에 빠져 있었다. 그런데 애리조나로 좀 와달라니.

우리는 그처럼 원했던 이혼 허가는 받았지만 아직 깨끗한 손은 아니었다! 우리는 집도 없고 돈도 없었다. 우리는 당연히 애리조나로 갈 수밖에 없었다. 나는 그곳에서 앨버트와 함께 애리조나 빌트모어 호텔의 설계 작업을 했다.[88]

은행은 채권 회수를 압박하기 위해 탤리에신을 법적으로 소유했다. 은행의 융자금에는 이제 변호사 비용, 법정 소송비, 근저당 비용, 복리 이자 등이 붙어 있었다. 융자금에 대한 담보로 은행에 제공한 2만 5천 달러 모기지에 대한 이자도 추가되었다. 그리하여 은행이 법원의 판결을 받아 탤리에신을 공식적으로 소유

---

88 1927년 후반 혹은 1928년 초반, 앨버트 맥아더는 애리조나 빌트모어 호텔에 라이트의 콘크리트 블록 시스템을 사용하고 싶으니 허가해 달라고 요청했다. 이에 따라 라이트 부부는 피닉스로 내려갔다. Robert L. Sweeney, *Wright in Hollywood: Visions of a New Architecture*, Architectural History Foundation/MIT, 1993. — 원주.

했을 때 나의 빚은 4만 3천 달러에서 5만 7천 달러로 늘어나 있었다.

 법의 힘은 정말 대단했다! 하지만 기이하게도 법적으로 올바른 사람이 도덕, 예절, 에티켓 따위와는 아주 무관한 사람일 수도 있었다. 법의 힘이 곧 정의였다.

 그 후 전개된 일에는 나의 고객 다윈 D. 마틴이 적극적으로 개입했다. 라폴레트는 마틴 씨의 권유로 은행과 접촉해 공정한 해결을 보려고 시도했다. 이제 법과 돈이 충돌했다.

 한편 나를 지원하는 내 친구들에게 겁을 주기 위해 은행은 탤리에신의 장비, 설비, 수집품 등을 경매하는 절차에 들어갔다. 은행은 탤리에신을 길바닥 위에서 사고파는 물건으로 내놓았다. 그러자 평소에는 그 집을 보러 올 일이 없던 사람들이 그 장비와 수집품을 보러 왔다. 실제로 서너 명이 그것을 사들이겠다는 의사를 표시해 오자 은행은 마음을 바꾸었다. 장비, 수집품, 부지, 건물 등을 통째로 팔겠다는 심산이었다.

 하지만 그처럼 패키지로 사들이겠다는 사람은 아무도 없었다. 이유는 다양했다. 나중에 안 사실이지만 나를 봐서 차마 그렇게 하지 못했다는 인간적인 이유도 있었다.

 마침내 9월에 타협이 이루어졌다. 마틴 부부는 라호야에 있던 우리에게 소식을 보내왔다. 〈탤리에신은 당신의 귀향을 기다리고 있습니다.〉 지난 4년 동안 온갖 괴로운 일들만 벌어지더니 마침내 우리를 기뻐 날뛰게 만드는 소식이 도착했던 것이다. 나는 은인이면서 고객인 다윈 D. 마틴을 위해 이리 호(湖) 근처에 여름 별장을 지어 주다가 탤리에신을 비우고 다른 곳으로 떠나야 했다. 그래서 아들 존을 마틴 씨에게 보내어 일을 마무리 짓도록 했다. 하지만 마틴 씨는 싫다고 했다. 「프랭크 로이드 라이트를 대신할 수 있는 사람은 없습니다. 우리는 그가 문제를 해결하고 돌아올 때까지 기다리겠습니다.」

 나는 이제 그를 약간 도와줄 수 있었다. 내가 탤리에신에서 강제 퇴거를 당하고 법률의 기계가 파괴적인 법적 절차를 계속 밟으면서 헛된 동작을 취하던 동안, 은행은 아주 완강하게 나왔다. 그러던 은행이 이제 자세를 바꾸어서 전에 내가 제시했던 타협안을 받아들였다. 은행은 그동안 탤리에신을 영빈관 혹은 직원

훈련원 등으로 사용하면서 건물을 망쳐 놓았는데 가까스로 타협이 성사되자 그 집에서 철수했다.

우리는 탤리에신으로 돌아갈 수 있었다. 채권자들과도 합의가 되었다. 다윈 D. 마틴, 퍼디낸드 셰빌, 벤 페이지 등의 적극적인 도움으로 마침내 합의를 이끌어 낼 수 있었다.

나 자신을 주식회사로 내세운 아이디어에 대해서는 많은 기사가 나왔다. 나의 재정적 문제는 해결되었다는 견해가 설득력을 얻기 시작했다. 이제 내가 재정적 어려움이나 제약 없이 일을 할 수 있고 회사의 울타리를 통해 보호받고 있으므로 열심히 일할 수 있다는 보도도 나왔다. 나중에 이 주식회사에 해롤드 매코믹과 조지 파커도 참여했다. 또 찰스 모건도 자발적으로 주식회사에 참여함으로써 다른 사람들의 관심을 끌었다.

하지만 나는 내가 재정적 의무에서 해방되었다는 듯이 보도한 그런 신문 기사에 대해 별로 기분이 좋지 않았다. 사실을 있는 그대로 털어놓고 말하자면, 마틴 씨를 위시하여 몇몇 의리 있는 친구들이 거의 희생하다시피 돈을 내놓은 것이었다. 내가 탤리에신에서 계속 일을 할 수 있도록 하기 위해서 말이다. 따라서 내 능력을 담보로 한 〈주식회사〉 개념은 그들의 투자를 합법화하기 위한 명목에 불과했다. 그들은 회사의 우선주를 소유했다. 나는 보통주를 소유했는데 이 주식은 우선주에 대한 대금 지불이 다 끝날 때까지는 아무런 가치도 없는 것이었.

주식회사는 주식 대금이 납입되기는 했지만 평가 불가능하고 이렇다 할 자본도 없었으며, 나의 능력 이외에는 돈을 벌어들이는 수단도 없었다. 주식회사 〈설립〉 시점에서 내가 열심히 일을 하지 않는다면 나는 굶어 죽을 것이고 주주들은 투자금을 떼이게 될 것이었다.

이런 상황이 낳은 독특한 파급 효과 중에 다음과 같은 일이 있었다. 나는 그 어느 보험회사든 생명 보험에 가입할 수가 없었다. 신체 조건에는 전혀 하자가 없었지만 〈너무 유명한 인물〉이어서 곤란하다는 것이었다.

마침내 탤리에신으로 돌아가기 직전, 법률 절차상의 싸구려 드라마가 한 번 더 벌어졌다. 우리를 박해하는 자들은 우리가 라호야 해변의 집에 머물고 있다는 것을 알고 있었다. 우리가 라호야 해변의 집을 비운 동안, 〈완벽한〉 이혼 허가를 받아낸 지 근 1년이 다 되어 가는 시점에서, 〈모욕당한 아내〉가 그 집으로 쳐들어왔다. 그녀는 집 안을 엉망으로 만들어 놓았고 자기 좋을 대로 물건을 마구 집어 갔다. 그녀는 이어 샌디에이고 법원을 찾아가 〈모욕당한 아내〉의 역할을 착실히 수행하면서 ― 〈완벽한〉 이혼 허가가 떨어졌는데도 불구하고 ― 〈그녀의 남편〉이 〈부도덕한 짓〉을 하고 있으니 체포 영장을 발급해 달라고 신청했다.

이 사건은 보도되었다. 〈완벽한〉 이혼의 법적 절차 때문에, 나는 저 다양한 법의 〈압제자들〉과 언론을 법적으로 도와주고 있는 꼴이었다. 일간 신문들은 독자들을 즐겁게 하기 위해 개인의 프라이버시를 침해하는 일도 서슴지 않았다. 나의 건축가로서의 명성을 이용하여 내가 정직한 수입을 올리도록 도와주는 것이 아니라, 신문 발행인들은 나의 유명세를 헤드라인 〈뉴스〉감으로 써먹고 있었다. 그게 그들에게 이익을 가져다주는 일인지는 몰라도, 나의 명성은 그 상황에서 나에게 독약으로 작용하고 있었다. 만약 내가 이름 없는 사람이었다면 아마도 나를 그냥 내버려 두었을 것이다. 그러니 결국 내가 지난 22년 동안 열심히 일해서 얻은 명성 때문에 나는 〈지적〉을 당하고 비난을 당하는 꼴이었다.

〈완벽한〉 이혼 후 1년간의 예비 기간이 끝난 뒤에 나는 올기반나와 결혼했다. 그 직후 나의 박해자들은 마지막 발악으로 행동 무대를 밀워키로 옮겼다. 미리엄 노엘은 파리로 가던 길에 밀워키에 들러서, 다시 사주를 받고 소송을 제기했다. 그녀 명의로 된 신탁 재단에 불입해야 하는 돈을 미루지 말고 전부 납부하라는 것이었다. 당시 나의 재정적 능력은 그녀 때문에 현저하게 저하되어 있었다. 그래서 매달 그 재단에 내야 할 돈을 적시에 불입하지 못해 밀린 돈이 1만 1천 달러에 달했다. 이 소송이 시작된 직후 그녀는 중병에 걸렸다. 그녀는 밀워키 병원에서 수술을 받았는데 오히려 지병이 악화되고 말았다. 그녀는 이제 치료 불가능한 상태였다. 그녀가 밀워키에서 사귄 친구가 장거리 전화로 내게 그 사실을 알려 왔다. 나는 병원 측의 조치에 동의한다고 말했다.

몇 달 뒤 의식불명 상태인 채 정신병원에서 개인 요양소로 옮겨진 그녀는 의식을 회복하지 못한 채 사망했다. 그녀의 결혼한 두 딸과 미혼의 외아들은 당시 그녀 근처에 있었다. 하지만 그녀는 자식들의 도움을 받지 못한 채 매장되었다.

한때 활기에 넘치는 여인이었으나 죽기 전에는 거의 형해(形骸)만 남아 있었던 여인. 아주 인공적인 방법에 의한 가짜 휴식밖에는 모른 채, 지난 15년 동안 정신병자 비슷한 상태에서 진정한 휴식은 없이 계속 타오르기만 했던 그 여인. 그녀는 마침내 안식을 찾았다. 그녀와 그녀를 돌보아 왔던 사람들에게 자비가 내려지기를 빈다. 그녀의 자식들은 그녀의 유산을 상속받지 않으려 했으므로, 밀워키에서 사귄 친구와 그녀의 밀워키 변호사가 불운한 미리엄 노엘〈재단〉의 관리인이 되었다.

가 을
주홍색의 옻나무들은 산불에 쫓기는 것처럼 언덕을 내달렸다.
　모든 자연은 눈에 보이는 노래이다. 가지에 매달린 열매에는 미래의 씨앗이 완벽하게 내재되어 있다. 그 씨앗은 현재를 유혹한다. 참나무의 도토리가 그 밑의 부식토로 떨어지면 사람들은 그것을 찾으러 돌아다닌다. 새들과 짐승들이 오래전부터 먹어 온 밝은 색 버찌는 새로운 땅으로 옮겨진다. 배고픔과 욕망을 달램으로써 종(種)들은 미래를 확실하게 담보한다.
　동맥과 정맥을 통해 새로운 수액이 나무에 전달됨으로써 나무는 새 생명을 얻고 차례로 관목, 꽃, 풀에게 영향을 미친다. 불타오르는 듯한 덩굴은 노래하는 가지를 둘러싼다. 잎사귀들은 나무의 가장 아름다운 순간이라고 할 수 있는 개화(開花) 때와 비슷한 색깔을 입는다.
　곧 닥쳐오는 서리의 부드러운 손길은 내부의 리듬에 자연스러운 반응을 일으키리라. 이제 1년의 일을 끝냈으므로 나무, 관목, 꽃, 풀은 뿌리에 귀중한 수액을 내려 보내기 시작한다. 겨울잠을 위해.

　커다란 녹색 전나무들 아래에는 자그마한 가족 예배당이 있다. 가족은 거기서 노래를 부른다.
　〈우리는 인간이 저 태곳적부터 차근차근 발전해 온 것을 보았네.〉

탤리에신 III의 거실, 1926.

하얗게 센 노인의 백발. 반백의 사람들. 그렇게 젊지 않은 사람들. 젊거나 아주 어린 사람들. 모두 함께 고성으로, 가성으로, 평성으로 찬송가를 부른다. 정신을 고양시키는 그 노랫가락은 예배당 천장까지 올라갔다가 열린 창문으로 빠져나가 멀리멀리 알록달록한 언덕까지 퍼져 나간다.

소년은 서 있다. 예배하는 사람들의 기쁨이 담긴 찬송가는 그의 주위를 감돌아서 보라색 천이 덮인 제단을 장식한 황금색, 보라색 꽃다발 위에 넘쳐흐른다. 제단을 장식한 꽃들은 인근의 나뭇가지에서 꺾어 온 것이다. 숲에서 꺾어 온 새빨간 옻나무 가지도 있다.

가족들은 다시 의자에 앉는다. 하얗게 센 노인의 백발, 반백의 사람들, 그렇게 젊지 않은 사람들은 몰래 눈물을 훔친다. 소년은 어른들이 왜 우는지 의아해한다. 어른들은 모든 일이 다 원만할 때 가장 많이 울었다.

성서는 가장자리에 금테를 두른 보라색 제단 위에 펼쳐져 있다. 그날의 설교자(제인 이모)가 책 뒤에서 일어선다.

「은총의 때가 왔다. 감사하라!」
「우리는 무상으로 받았다. 그러니 무상으로 주라.」
「은총! 자유의 선물이 자유로운 영혼에게 다가왔다.」
「은총의 때가 왔다. 남들에게 은총을 나누어 주라.」
「삶을 충실하게 살라. 인간은 아름다움을 사랑한다.」
「그리하여 아름다움은 인간을 사랑한다.」

〈아름다움은 인간을 사랑한다〉는 말은 소년의 마음속 깊숙이 들어와 박혔다. 모든 생명체에 대한 부드러운 감정이 그의 생각 속에 스며들어 행복한 느낌을 불러일으켰다. 그는 이제 설교를 더 이상 듣지 않는다.

〈아름다움은 인간을 사랑한다.〉

그는 주위에 온통 아름다움이 깃들어 있음을 발견한다. 그가 예배당의 제단 위에 가져다 놓은 그 꽃다발에서도.

소년의 시선은 알록달록한 언덕을 배회한다. 방금 추수가 끝난, 황금의 그루터기가 보이는 들판을 바라본다. 아직도 푸르름을 자랑하는 초원에서 풀을 뜯는 검고 흰 소 떼를 보면서 또다시 백일몽에 빠져든다. 이 세상의 모든 아름다움, 모든 생명이 그의 심장 속으로 몰려 들어와 그의 맥박 속에서 펄떡거리면서 그를 존재의 해원(海原)으로 인도한다.

그것은 감사가 아니라 성취였다!

존재의 해원은 그 노래의 파도 위에 소년을 태워 알록달록한 저 언덕 너머 한없이 투명한 푸른 하늘 속으로 데리고 간다.

3
자 유

FRANK
LLOYD
WRIGHT

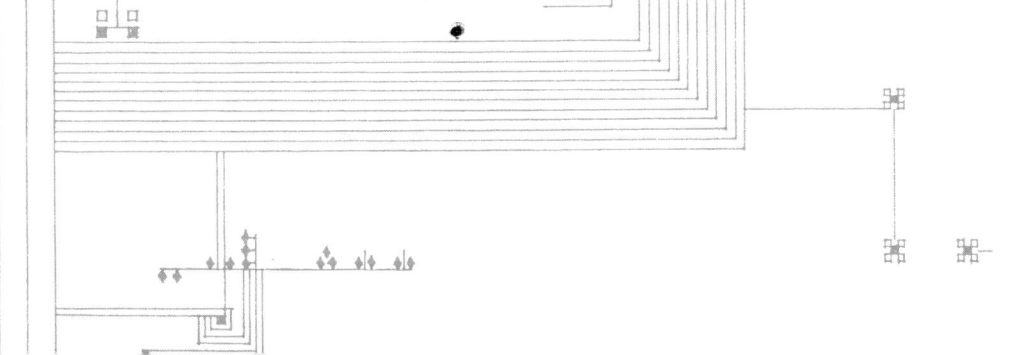

다시 일하기 시작하다

이제 1927년이 되었고 나는 다시 창조적 영감을 되찾았다. 어렴풋이 아른거리던 목표는 암중모색 가운데 이제 그 모습을 뚜렷이 드러내기 시작했다. 불명예스러운 소동과 혼란은 끝났다. 제정신. 정상. 그렇다, 그건 모든 자유의 기초이다. 탤리에신은 파괴되어 있었다. 사람들의 호기심으로 인해 약탈되고 남용되었다. 힐사이드 홈 스쿨의 건물들은 너무 훼손되어 자취가 거의 사라진 상태였다. 탤리에신의 집터에는 거친 풀이 우거지고, 임대해 놓은 땅에는 잡초가 무성했다.

하지만 어두운 구름이 걷히면서, 익숙한 징조와 조짐이 〈옛 탤리에신의 모습을 복원하도록〉 용기를 북돋아 주었다. 미국보다는 오히려 유럽 쪽에서 더 많은 격려가 답지했다. 얼마나 감사해야 할지! 나는 진심으로 고마워했다.

탤리에신에서 마지막으로 하다 만 작업은, 존슨을 위한 외팔보와 유리와 금속을 사용한 사무실 빌딩의 추가 작업과, 고든 스트롱을 위한 자동차 유원지 연구 등이었다. 젊은 부부 몇 쌍이 최근 외국에서 찾아와 나와 함께 일했다. 도쿄에서 온 가메키와 노부 쓰치우라 부부, 취리히에서 온 베르너와 실바 모저 부부, 빈에서 온 리카르드와 디오네 노이트라 부부 등이었다. 오타와에서 온 충실한 윌리엄 스미스는 풍운의 탤리에신에서 9년째 지내고 있었다.

탤리에신에서의 생활은 또 다른 분야로 옮겨 갔다.

기억할 만한 사건

나의 초기 작품집이 1910년 독일의 바즈무트 출판사에서 출간되었다. 그리고 1925년에는 네덜란드의 예술 전문 출판사 벤딩겐에서 나의 작품집이 나왔다. 나는 이렇게 멋진 작품집이 나오리라고는 예상하지 못했고, 지금까지도 이런 뛰어난 작품집을 보지 못했다. 생존 중이든 이미 작고했던 건축가들 중에서 이런 작품집을 가진 사람이 있는지 의심스럽다.[1]

벤딩겐은 네덜란드어, 영어, 독일어의 3개 국어로 예술 책을 펴내는 예술 전문 출판사이다. 이 회사는 19명의 네덜란드와 벨기에의 건축가, 조각가, 화가들이 출자하여 만든 회사이다. 내 작품집의 편집은 저명한 건축가 Th. J. 비데이벨트가 맡았다. 현재 내 작품집은 다른 나라 언어로도 출판된 상태이다. 독일에서 네 권, 일본에서 두 권, 프랑스에서 두 권, 체코-슬로바키아에서 한 권. 하지만 미국에서는 아직 단 한 권도 출간되지 않았다.

또 다른 놀라운 사건은 당베르 왕립 아카데미(플랑드르 예술 아카데미 협회)가 나에게 명예 회원 자격을 준 일이다. 나에 대한 유럽인의 이러한 호평이 들려온 것이 내가 아주 고단한 유배 생활을 하며 떠돌 때였다. 나는 몇 년 동안 유소니아의 많은 도시들을 방황하면서 유소니아 사회를 아래에서 위로 올려다보고 있었다.

나는 탤리에신과 건축 업계에서 4년 동안 추방되어 있다가 막 다시 일을 하기 시작했다. 외팔보 사무실 빌딩, 주유소, 사막의 산 마르코스, 세인트 마크스 타워 등의 설계 도면을 그리는 작업이 기다리고 있었다. 하지만 이 당시 상자 모양

---

1 라이트는 벤딩겐 출판사에서 발간된 책의 놀라운 화보에 대해 언급하고 있다. 그는 자신의 여러 작품집 중 특히 이 책을 좋아했다 — 원주.

의 집들이 또다시 〈새로운 것〉인 양 등장하고 있었다.

유기적 건축의 사상은 외국으로 나갔다가, 모습을 바꾸어 미국으로 되돌아오더니 소위 〈국제주의 양식〉이라는 이름을 달고(실은 상자 모양의 변형에 지나지 않았지만) 판을 치기 시작했다. 이제 그 어떤 〈양식〉도 충분히 현대적이지 못한 것처럼.

이런 시원찮은 〈양식〉의 길을 따라 아슬아슬한 경쟁이 시작되었다. 선전선동의 전문가들은 그 나물에 그 밥인 또 다른 건축 양식을 완전히 새것인 양 선전하기 시작했다. 그룹 안에서 작은 그룹이 형성되었고, 건축가들은 원래의 출처를 숨긴 채 모방해서 만든 비슷한 양식을 가지고 정신없이 경쟁을 했다. 상대방을 옆으로 밀어내려는 모양이 완두 꼬투리 안의 완두콩 같았다. 완두 꼬투리의 존재는 아예 부정하면서.

가엾은 유소니아. 다른 나라들은 안 그런데 왜 유소니아만 이렇게 외국의 유행에 깜빡 넘어갈까? 왜 유소니아는 건축에 대해 무지할까?

상자

유소니아는 지금 이렇게 생각하는 것 같다. 〈모더니티〉는 상자라는 공간 속에 또 다른 공간을 가진 〈국제주의 양식〉이다. 장식이 없고, 근심이 없고 *sans souci*, 격식도 없는 *sans culotte*[2] 상자. 그런 상자 모양 건물을 떠받치는 다리는 맨살이 제격일 터이니 강철이 당연하다.

여기까지는 좋다. 상자는 기둥 위에 세울 수 있다. 상자에 뭔가 집어넣어도 괜찮다. 나도 아름다운 상자를 좋아한다. 하지만 상자 같은 건축물은 20년 전에 그랬던 것처럼 지금도 유치하다. 적어도 내가 볼 때는.

상자에 구멍을 뚫으면 상자가 갖고 있는 아름다움은 사라진다. 그것은 더 이상 심플하지 않다. 상자 아이디어는 곧 자유의 반대 개념이다. 상자 안에서 살려면, 그 상자에 폭력을 가해야만 한다. 상자는 원래 자연과 분리된 사물이다. 건

---

2 퀼로트를 입지 않는 사람, 즉 혁명적인 민중 세력을 가리키는 말이나 여기에서는 스타일 부재의 건축들을 꼬집는 데 쓰였다.

물을 상자 모양으로 만들려면 그것을 환경에 기생(寄生)시키거나 아니면 환경의 순기능(順機能)을 〈박탈해야〉 한다.

상자 모양 건물은 전체를 감안하는 유기적 건축 감각이 발달하는 데 커다란 장애물이 된다.

건축가의 작품은 환경에 〈순응해야〉 한다. 지금처럼 환경을 무시한다면 가까운 장래에는 볼품없는 상자 모양 건물을 제외하고 아무것도 남지 않을 것이다. 따라서 현재의 많은 상자 모양 건물들을 제아무리 새로운 〈미학〉이라고 선전해 봐야 결국은 예전과 마찬가지로 〈편의주의〉에 지나지 않는다.

기술이 없는 아이디어 혹은 나쁜 기술로 실현된 아이디어는 결국 실패작이다.

애리조나

우리는 피닉스와 라호야에 머물면서 〈야카마시이〉[3]가 탤리에신에서 철수하기를 간절히 기다렸다. 그동안 나의 블록 시스템은 또 다른 빌딩 — 애리조나 주 피닉스 부근의 애리조나 빌트모어 호텔 — 의 건설에 적용되었다.

오크 파크 워크숍 시절 내 제자였던 앨버트 맥아더가 그 호텔의 설계를 맡았다. 아주 결정적 순간에, 앨버트는 내게 도움을 요청했고, 블록 시스템을 호텔 프로젝트에 끌어들였다. 방랑벽이 몸에 밴 나는 피닉스로 갔고 앨버트와 함께 6개월 동안 설계 작업을 했다. 결국 계획안은 완료되었지만 앨버트는 독특한 디자인에 으레 뒤따르는 거센 반대와 마주쳤다. 당연히 기술상의 문제로 도면을 바꾸어야 한다는 주장이 제기되었고 맥아더는 그것을 결연하게 물리치지 못했다. 만약 기술적 요소를 변경한다면 그 건물의 경제적 가치는 사라지고, 결과적으로 겉은 번드레한데 내부의 구조는 형편없게 되고 말 터였다. 사실 건물이 자연스럽게 그 기능을 발휘하려면 기술적 절제가 전체 시스템의 첫 번째 가치가 되어야 하는데도 현지 사정은 그렇지 못했다.

나는 자세히 설명하거나 〈제안〉하는 것 외에는 아무 권한도 없었기 때문에,

---

3 일본어로 소란하다는 뜻으로 여기서는 은행에서 파견한 소란스러운 사람들을 가리킨다.

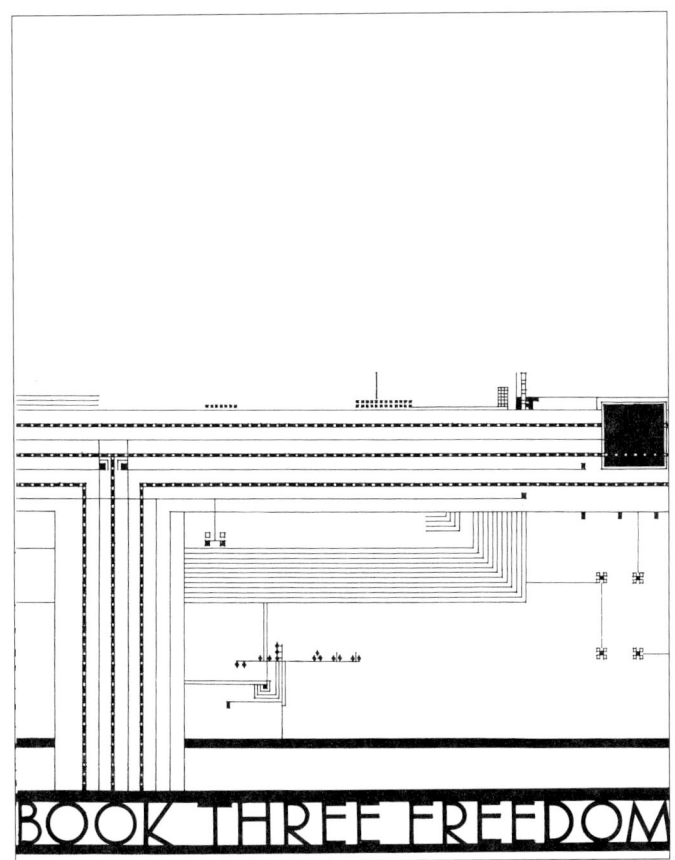

1932년에 출간된 『자서전』 〈제3부〉의 초판본 간지, 디자인 프랭크 로이드 라이트.

이 비극적 낭비를 막는 데 속수무책이었다. 하지만 호텔의 별장을 지을 때에는 시스템의 세부 사항을 잘 시행하여 더 좋은 결과를 얻었다.

　〈애리조나 빌트모어〉 호텔에 대한 자세한 이야기는 앨버트 본인이 말해야만 한다. 만약 그가 이 공사에 관한 기록을 남긴다면 그것은 건축 업계에 귀중한 자료이자 경고가 될 것이다. 앨버트는 호텔 공사에 몰두했고 이와 관련된 개인적인 문제도 많이 겪었기 때문에 앞으로 10년은 기다려야 그 속사정을 털어놓을 수 있을 것이다.

그러는 동안 우리 가족은 오랜 친구 사이인 맥아더 가족 — 피닉스의 멋진 집에서 살고 있는 맥아더 부인과 세 아들 — 과 재회했다. 우리는 그 가족의 환대 덕분에 방랑 생활을 견딜 수 있었다. 만약 피닉스에 맥아더 일가가 없었다면 애리조나 빌트모어 호텔은 존재하지 않았을 것이다.

앨버트와 함께 일하면서 나는 애리조나 주 챈들러에 사는 알렉산더 챈들러 박사를 만났다. 그의 고향인 챈들러는 피닉스에서 약 22마일 떨어진 암반층 위에 있는 마을이었다. 챈들러는 이미 그 소도시에서 상당한 입지를 확보하고 있었다. 그렇게 하는 데 30년이 걸렸지만 그래도 보람이 있었다고 말했다.

챈들러 박사의 꿈은 온전히 보존된 겨울용 〈사막의 리조트〉를 백만장자들에게 제공하는 것이었다. 그는 고향 챈들러에서 10마일 떨어진 솔트 레인지의 몇백 에이커에 달하는 넓고 순수한 사막에 이 리조트를 세우고 싶어 했다. 내가 인근에 있다는 소식을 알게 된 그는 나를 찾아왔고, 우리 가족과 나를 〈산 마르코스〉 부지(敷地)로 초대했다.

챈들러 박사는 이 새로운 사막 리조트에 관해 아주 명확한 아이디어를 가지고 있었다. 그건 좋은 아이디어, 아니 아주 탁월한 아이디어였다. 그는 무려 10년을 기다린 다음에야 건축 계획을 세울 수 있었다. 왜냐하면 나 이외에는 자신이 원하는 디자인을 제공할 수 있는 건축가가 없다고 생각했기 때문이다. 그는 이런 이야기를 하면서 사람 좋은 미소를 지었다. 그의 미소도 환상적이었지만 그보다 더 환상적인 것은 그의 아내의 미소였다. 우리는 함께 그 부지를 보러 갔고 개성 강한 흑인 해리스가 차를 운전했다. 해리스도 예술가였다. 게다가 해리스는 단 한 사람뿐이었다!

지상에서 애리조나의 순수한 사막 지형보다 더 영감을 불러일으키는 곳이 있을까. 여기에는 시간과 공간이 있었고, 챈들러 박사라는 인물이 있었다. 그는 건축뿐만 아니라 다른 어떤 일을 하더라도, 늘 일류가 되려는 독립심과 판단력을 지닌 사람이었다. 나는 그를 좋아했고 라호야에서 방랑하며 탤리에신으로 되돌아가기를 기다리는 동안, 그를 위해 그의 조언을 받아들여 가며 첫 번째 스케치를 작성했다. 나는 집으로 돌아가기 직전에 완성된 스케치를 그에게 보여주었는데 흡족해하는 것 같았다. 그러면서 이듬해 겨울에 공사를 시작하자고 제안해 왔다.

우리는 다시 탤리에신으로 돌아왔고 4, 5개월 동안 이 프로젝트에 매달렸다. 그때 박사로부터 애리조나에 내려와서 현지에서 리조트 도면을 작성하면 어떻겠느냐는 전갈이 왔다. 기쁜 소식이었다. 우리는 영하 22도의 혹한에 갇혀 꼼짝 못했지만 그래도 용기를 내어 휘몰아치는 눈보라를 뚫고 탤리에신에서 출발했다. 탤리에신의 집과 작업장을 폐쇄한 후, 우리 일행 열다섯 명은 자동차를 타고 애리조나로 떠났다.

나는 이 사막의 리조트를 구상하면서 내가 자연적 건축에 대해 배운 소중한 가치를 전부 구현할 수 있으리라 생각했다. 우선 그 디자인은 철저히 실용적인 동시에 자연스러운 것이어야 했다. 그 리조트는 서와로 선인장이 성장하는 것과 비슷한 과정을 거쳐 사막에서 솟아오를 터였다. 따라서 서와로 선인장은 건물 스타일에 영감을 불어넣는 모티프가 되었다.

창조적 건축이 미국 내에서 오랫동안 따돌림을 받아 왔지만 드디어 이곳에서 꽃을 피울 기회가 찾아왔다. 전혀 훼손되지 않은 이상적인 부지가 마련되어 있었고, 더욱 중요한 것은 자신이 무슨 일을 벌이고자 하는지 명확하게 아는 건축주가 있었다. 자신의 삶에서 그런 희귀하고 운 좋은 기회를 잡은 건축가는 아주 드물었다. 미국은 이제 창조적인 건축을 얻게 될 터였다.

본의 아니게 적극적인 창조 작업으로부터 오랫동안 떨어져 있어야 했던 나는 한시바삐 일에 착수하고 싶었다. 나는 스케치 작업을 성공적으로 끝냈고 게다가 〈블록 시스템 기술〉도 완전히 터득한 상태였다. 챈들러 박사와 같은 건축주라면 확실한 성과를 얻을 수 있으리라고 보았다.

우리는 챈들러에 도착하여, 살면서 일하기에 적합한 곳을 찾는 와중에 겨울, 봄, 여름의 세 계절 동안 이곳에서 지내려면 몇 천 달러가 필요하다는 것을 깨달았다. 하지만 여름에는 너무 무더워서 그 숙소에서 지낼 수 없었다.

나는 차라리 사막에서 야영을 하고 싶었다. 야영이 더 좋지 않을까? 숙소를 임대할 돈으로, 설계뿐만 아니라 공사 감리(監理)에도 편리하고 넓은 캠프를 세우는 게 더 낫지 않을까? 나는 내 생각을 챈들러 박사에게 설명하고, 우리가 직접

건설 중인 애리조나 빌트모어 호텔, 애리조나 주 피닉스, 1929.

막사를 세울 수 있는 부지가 있는지 물어보았다. 그는 알았다는 듯이 고개를 끄덕이더니 모자를 쓴 다음, 포드사의 회색 쿠페형 소형 자동차를 타라고 말했다. 그는 평균 시속 55마일 정도로 운전하여 메사[4]를 지나 솔트 레인지까지 갔다.

챈들러에서 10마일 정도 떨어진 지점까지 달린 후, 챈들러 박사는 까마득하게 넓은 사막 한가운데서 우뚝 솟아오른, 넓게 펼쳐진 나지막한 바위 언덕 앞에서 멈추었다. 그곳은 사방으로부터 떨어져 있었고, 새로운 리조트 부지가 보이는 장

---

[4] *mesa*. 침식에 의해 생긴 탁자 모양의 대지. 해안의 육지가 침식되었을 때 지층 위의 단단한 암석층이 남아 이루어진다.

소였다.

그가 물었다. 「이곳이면 어떻겠습니까?」

나는 대답했다. 「여기에 캠프를 세워도 된다는 말씀이지요?」

그는 고개를 끄덕였다.

「멋진 곳이군요! 이보다 더 좋은 데가 어디 있겠습니까?」

그는 이렇게 제안했다. 「하지만 좀 더 호텔 부지 가까운 쪽으로 갑시다, 그곳이 더 나을 것 같아요.」

「아, 아닙니다. 그럴 필요 없어요. 이곳이 마음에 듭니다.」

그곳은 아주 마음에 드는 사막 한가운데에 있는 땅이었다.

그날 오후, 목재가 도착했다. 상자 널(공교롭게도 녹색이었다)과 2인치 두께의 각목 등이었다.

나는 시내의 춥고 텅 빈 사무실에 앉아 설계도를 그렸다. 제자들은 빙 둘러서서 오들오들 떨며 나를 지켜보면서 필요한 연장을 건네주었다. 우리는 제도판을 상자 널 위에 배치했다. 날씨는 매서웠다. 이 고장 사람들은 이런 추위가 30년 만에 닥친 것이라고 이야기했다. 하지만 설계도는 곧 완성되었고 다음 날 아침, 우리는 막사를 짓기 시작했다. 야영지에서 아침을 먹고 있자니 하얀 입김이 났다. 사막과 산 너머로 하늘을 가득 메울 것처럼 떠오른 붉고 둥근 태양은 일대 장관이었다.

그날 밤, 제자들 중 한 명인 도널드 워커는 밖의 목재 더미 위에서 담요를 둘둘 말고 잠잤다. 다음 날 저녁까지 우리는 첫 번째 막사 기초를 세웠고 그곳에 간이침대 세 개를 들여놓았다. 다음 날에는 모두가 잠잘 수 있는 방이 생겼지만 우리 가족 세 명과 내 자신을 위한 공간은 부족했다. 마지못해 우리는 시내로 되돌아갔다. 우리는 아침 일찍 사막으로 돌아와, 60마일에 달하는 광활한 식당에서 아침을 먹었는데 정말 우주만큼이나 넓은 식당이었다. 추위 때문에 몸이 떨렸지만 기분은 최고였다.

거대한 자연의 힘들이 싸우는 이 방대한 땅이 언젠가 미국인들에게 놀이터를 제공할 것이었다. 하지만 아직은 때가 너무 일렀다. 현재로서는 그 땅에 호피 인

디언 부족의 주택, 멕시코-스페인풍 주택, 멋대가리 없는 상자 모양 건물이 들어서 있을 뿐이었다.

이곳 사막에서는 그게 그거인 균형 감각은 곧 사람들의 눈을 피로하게 만들고, 상상력을 망가뜨리고, 이야기가 시작되기도 전에 이야깃거리를 틀어막아 버린다. 따라서 사막의 건물에는 평범한 균형미가 없어야 마땅하고 이것은 야영지에서도 마찬가지이다. 우리는 나중에 그것을 〈오카틸라〉라고 불렀는데 그 이유 중 하나는 부분적으로 이런 독특한 형태 감각에서 비롯된 것이다. 우리가 나중에 지을 새로운 건물, 〈사막의 새로운 산 마르코스〉 역시 빤한 균형 감각 따위는 갖추지 않을 것이었다. 생생하게 살아 움직이는 구조는 우아한 신축성을 갖고 있는 법이니까. 자, 그러면 사막의 모험 이야기를 해보자.

오 카 틸 라

빅토르 위고는 이렇게 말했다. 〈사막에는 하느님만 계시고 인간은 존재하지 않는다.〉

그것이 바로 애리조나 사막이다. 하지만 애리조나 사람들은 중서부풍의 작은 집을 가지고 있고 혹은 그 자신이 멕시코-지중해풍의 팔라초(웅장한 저택)를 가지고 있다고 생각한다. 게다가 믿거나 말거나, 메사에 마천루를 몇 개 세웠다.

오, 절충주의자여, 어디를 가나 따라오는 절충주의자여. 이 절충주의자들 때문에 애리조나에서는 양키-호피 인디언풍 주택이 인기 절정이다. 하지만 그 주택은 멋대가리 없는 집일 뿐이다. 〈취향〉에 영합하여 소위 〈적절하다고〉 생각되는 집을 짓겠다는 노력이 무자비하게 좌절되어 나타난 결과가 바로 양키-호피 인디언풍 주택이다.

이 기괴하고, 다채롭고, 바람이 많이 불고, 광활한 애리조나 지역에서 건물만큼 환경에 역행하는 것도 없다. 그것은 비유적으로 말하면 물을 댄 벌판에 잠시 내려앉았다가 날아가는 까마귀와 비슷하다.

애리조나 빌트모어 호텔, 애리조나 주 피닉스, 1929.

이런 광활한 사막의 주 특징은 훼손되지 않은 원시(原始)인데 그것을 파괴해서는 안 된다. 애리조나에는 자신만의 고유한 건축이 필요하다. 여기야말로 그 어느 곳보다도 곧은 직선과 넓은 평면이 필요한 곳이다. 다른 어떤 지역보다도 선으로 점철하고, 직조되어 부서진 평면을 구사해야 한다. 한없이 넓은 사막에서 무제한의 직선과 평면을 구사할 수 없기 때문에 직선은 점선이 되어야 하고, 평면은 구조에 이바지하는 분절된 평면이 되어야 한다! 애리조나의 길고도 나지막하고 탁 트인 선, 비스듬히 위로 향하는 평면, 이 양자가 어우러진 지표(地表)는 추상적인 선과 색채를 닮았다. 그것은 마치 방울뱀, 큰 도마뱀, 카멜레온, 서와로 선인장, 촐라, 석송(石松)의 모양에서 확인되는 〈리얼리즘〉을 연상시킨다. 그 선과 평면의 리얼리즘이 먼저인지 아니면 그런 자연물의 리얼리즘이 먼저인지 그 순서는 뒤바뀌어도 무방하리라. 하지만 그런 것들이 영감의 원천이라는 것만큼은 분명했다. 층을 이룬 얼룩덜룩한 바위들도 정적을 지키며 품위 있게 누워 있었다. 메사 바닥에서 솟아오른 거대한 암석 덩어리는 사막이 현재 갖고 있는, 자연 그대로의 고상한 건축물이다. 애리조나의 미래 건축의 패턴은? 서와로 선인장이 정답이다. 서와로 선인장은 〈강화된〉 건축의 완벽한 사례이다. 서와로 선인장 내부에 수직 막대기가 있어서, 약 6백 년 동안 원기둥 모양의 커다란 덩어리를 똑바로 지탱하고 있다. 이것은 기능주의자들이 세운 그 어떤 빌딩보다 더 진정한 마천루에 가깝다.

사막은 이런 건축물(자연물)을 통해 주목할 만한 과학적 절약 정신을 보여 준다. 사막은 그 어떤 건축가에게나 소중한 건축의 교훈을 가르친다. 건축가는 서와로 선인장에서 수직 막대기의 구조를 읽을 수 있고 나아가 촐라, 석송, 빅내너의 줄기에서도 격자형 구조와 용접한 관상(管狀) 구조를 볼 수 있다. 심지어 프리클리페어 선인장의 내부에서도 건축의 구조를 배울 수 있다. 대부분의 선인장의 내부는 상자 대 상자 혹은 세포 구조로 구축되어 있다. 선인장은 기둥과 대들보를 세우지 않고도 자신의 내부를 대단히 효과적인 구조로 만든다. 깊이 〈계산〉해 볼 필요도 없이 자연적으로 그렇게 만드는 것이다. 선인장은 가장 뛰어난 엔지니어보다 더 뛰어난 계산 능력을 갖고 있다.

엔지니어들은 흔히 건축가만큼이나 어리석다.

사막의 건조함? 몸의 90퍼센트가 물로 되어 있는 인간에게 그런 환경 조건은 끔찍한 것이지만, 이곳의 특이한 상황에 완전히 적응한 선인장에게는 아무 문제가 없다. 하지만 북부 출신인 우리는 해마다 6개월 동안 애리조나의 순수하고도 단순한 햇빛을 즐기면서 이곳에 있다가 여름철이 돌아오면 시원한 곳을 찾아서 달아난다.

야영지의 메사 너머에는 검게 그을린 커다란 바위 언덕이 나지막하게 누워 있

오카틸라 앞에 주차한 차에 앉아 있는 스베틀라나, 이오반나, 올기반나, 프랭크 로이드 라이트, 애리조나 주 챈들러, 1928년.

고 그 바위 표면에는 인디언들이 긁어서 그린 그림이 많이 남아 있다. 인디언들은 해뜰 무렵, 그곳에 찾아와 태양을 숭배하는데, 태양은 그들이 알고 있는 〈위대한 정신〉의 현신이다.

사막은 태양에 굴복한다. 이곳의 모든 생명은 태양에 의존하고, 태양이 지면 곧 사라진다. 이 사실을 알려 주는 증거는 도처에 널려 있다.

건축가와 그 제자들은 건축가용 캠프를 짓기 위해 함께 일했다. 그 훼손되지 않은 야생의 땅은 전혀 변하는 것처럼 보여도 조금씩 변하고 있었다. 모두 15개의 캐빈(막사)이 필요했다. 그것들은 임시 막사이기 때문에, 편의상 〈하루살이〉라고 부르자. 비유적으로 말하면 그 캐빈들은 거대한 나비 무리이다. 나비들 곁에는 사막 밑바닥에서 완만하게 솟아오른 왕관 모양의 바위들이 있다. 선인장, 그리스우드, 팰로버디로 뒤덮여 있는 이 바위들은 병풍처럼 캐빈을 둘러싸서 어느 정도 아늑한 사생활을 보장해 준다. 그렇지 않았다면 캐빈은 사막에 내던져진 외로운 돌처럼 되어 우리는 그 어떤 사생활도 누리지 못했으리라.

상자 널[5]로 된 캐빈은 야트막한 상자 널의 벽에 의해 연결되었다. 그 수평의 지그재그 선(線)은 〈캠프 단지〉의 경계를 완성할 것이다.

캔버스로 지붕을 친, 이 상자 모양의 건물에 필요한 입구는 역시 캔버스를 덮은 나무 틀을 사용해 만들었다. 문은 고무벨트로 여닫고 통상적인 문이나 창문은 설치하지 않았다. 따라서 정식 문 또는 창문은 눈을 씻고 봐도 없다.

이 흰색의 캔버스 입구가 돛처럼 활짝 펴졌을 때 — 나비에 비유한 것은 별도로 치더라도 — 그 건물은 〈사막의 배〉처럼 보인다. 그 캐빈들은 사막의 선단(船團)이 될 것이다. 나는 이 부분의 도면을 작업하면서 그런 생각을 했다.

우리는 수성 페인트로 수평의 상자 널을 약간 빛바랜 장미색으로 칠해 사막의 빛과 조화시켰다. 이 캠프를 설계할 때 사용한 1:2의 삼각형은 부지 주변의 산 모양을 따라 만든 것이다. 이 삼각형은 캠프의 기초와 수직으로 경사를 이루는 횡단면으로서, 캐빈 전체의 디자인과 일반적인 형태에도 반영했다. 캔버스로 된, 그 특이한 박공의 삼각형에는 빨간색을 칠했다. 이런 빨간 삼각형 모양이 오

[5] 주위에 죽 이어져서 언덕 곁의 건물들을 연결해 주는 판지.

카틸라 꽃망울과 비슷하다고 하여, 캠프 이름을 〈오카틸라〉라고 명명했다. 이 모든 즉흥적인 노력이 아주 인간적인 분위기를 풍기는 것은, 애리조나의 〈자연〉이 사막의 선인장, 바위, 파충류와 잘 어울리는 것과 같은 이치이다.

나는 머리 위에서 눈부시게 반사되는 흰색의 캔버스를 보고 굉장히 기뻐했다. 하지만 동시에 우중충한 중서부의 큰 집을 떠올리면 마음이 우울해졌다.

임시 거처에 불과한데 너무 아름답게 치장하려는 것이 아니냐고? 아름다운 건물을 너무 가볍게 짓는 것이 아니냐고? 하지만 현실은 어떤가. 사람들은 건물을 지을 때 견고해서 〈오래가는 것〉에만 신경 쓰고 아름다움이나 가벼움에 대해서는 거의 무시하고 있지 않은가. 그래서 오래가는 동굴 같은 걸 만들고 있지 않은가. 오래가는 집을 짓기 위해 지금도 동굴을 만들기에 바쁘다면 우리는 그것을 거부한다. 여기에 동굴 따위는 필요 없다. 가벼움과 강도는 이제 동의어(同義語)이다.

자연과 인간의 관계가 변하고 있는 이 시대에, 임시 건물이라고 해서 최고로 만들지 마라는 법이 어디에 있는가? 판지, 각목, 캔버스를 이용하여 만든 임시 건물을 애리조나의 현대 주택의 견본으로 삼으면 왜 안 된다는 말인가? 이 간단한 도구들을 사용하여 저기 6백 년 동안 버티고 서 있는 위대한 서와로 선인장만큼 뛰어난 건축 아이디어를 구현할 수 있다. 저기 숲의 왕처럼 당당하게 서 있는 선인장 옆에서는 자그만 야생 접시꽃이 그을린 바위 틈새에서 자라나, 3일 동안 핀다. 그 일시적인 야생화의 아름다움을 주택에 이전시키면 안 된다는 말인가? 나는 그런 주장을 거부하겠다.

저 작은 꽃이 전체적인 구도에서는 그리 중요하지 않다는 말인가? 결코 그렇지 않다. 그것은 아름다움의 본질을 구현하고 있다.

이 오래된 고상한 서와로 선인장은 그 당당한 기둥 꼭대기에 꽃을 피운다. 때가 되면 그것은 육감적인 흰 꽃의 작은 화관을 달고 자신을 자랑한다. 과연 그 꽃은 오래 필 수 있을까? 서와로 선인장의 흰 꽃은 해가 뜰 때 피고, 내부의 신비스러운 리듬을 따르다가, 오후 네시에는 입을 꼭 다물고 온몸을 감춘 후 다시 몸을 드러내지 않는다. 흰 꽃들은 때가 되면 작은 열매가 된다. 새들이 그 열매 한 조각을 얻기 위해 날아오고 인디언들도 그 열매를 거두어 간다. 이렇게 하여 그 씨앗이 멀리 날아가고 나중에는 땅으로 되돌아간다. 서와로 선인장은 일시(一時)가 곧 영원(永遠)이라는 메시지를 전하는 게 아닐까?

우리의 캠프 〈오카틸라〉는 하루살이이다. 그러나 비록 임시 건물이기는 하지만 한두 개의 씨앗을 퍼뜨릴 수도 있지 않을까? 누가 알랴?
나를 도와주는 제도사, 하인리히, 도널드, 블라디미르, 사이, 용감한 조지 캐스트너, 윌 웨스턴 등과 함께 나는 직접 야영지의 대부분을 세웠다. 우리는 못, 나사못, 경첩을 모아 배[船]의 밧줄로 삼았고, 〈영구적인〉 건물 못지않게 신중히 설계했다. 우리가 갖고 있는 최고의 기술과 참을성을 발휘해 가며 그 가건물을 지었다.

나는 내 작품이 단명했다고 해도 그리 오래 슬퍼하지 않는다. 그보다 더 나은 작품이 나온 적이 없었고, 내 작품의 디자인이 오늘날 원대한 영향을 끼치고 있다는 생각을 하면 위로가 된다. 이제는 기계 시대가 되어서 그 디자인을 사람들에게 널리 전파할 수 있게 되었다. 〈오카틸라〉가 완공된 지 2개월 뒤에 독일 잡지에 이에 대한 기사가 실렸다.[6] 기계(인쇄기의 보편화) 덕분에 이것은 일반 대중에게 널리 알려졌다. 출판물이 이처럼 널리 퍼진 것은 확실히 기계 시대가 우리를 위해 해준 최고의 일 중 하나이다. 하지만 이런 〈영구적 업적〉을 기록으로 남기지 못한 건축가들도 그리 슬퍼할 필요가 없다. 건축학도 끊임없이 변화한다고 생각하면서 마음을 편히 가질 일이다. 오늘날의 워크숍에서는 건축의 원칙이 끊임없이 바뀌고 있다. 오늘 통하는 이런 형태가, 내일에는 저런 형태로 바뀐다.
하지만 유기적 건축을 실천한다면, 현재 도처에서 진행되고 있는 생명의 파괴를 피할 수 있다. 〈기성 체제〉에 영합하려는 노력을 지금 당장 끝낼 수 있다면, 삶은 좀 더 풍요로워질 것이고 덩달아 삶의 질도 높아질 것이다. 사람들이 뽐내며 매달리는 이 어리석고 하찮은 〈차이〉는, 실제로는 아무런 차이도 만들어 내지 못하면서 무의미한 유사성을 되풀이할 뿐이다.

6 라이트는 오카틸라에 여러 달 동안 거주했다 — 원주.

건설 중인 야영지 오카틸라, 애리조나 주 챈들러, 1929년 2월.

바로 이것이 미국의 현대 건축 철학의 잘못된 부분이다. 그 철학은 결코 〈우리의 토양〉에 참신한 씨앗을 뿌리지 못한다. 이것은 정말 안타까운 일이 아닐 수 없다. 성장의 밑거름이 되는 토양은 과거뿐만 아니라 현재에도 모든 예술과 문화의 본령이다. 우리가 이런 간단한 원칙을 따르지 않는다면 우리에게 내일은 없을지도 모른다. 따라서 실속 없는 실수를 되풀이하기보다는 이런 임시 건물을 미래를 위한 교과서로 삼아 보는 것은 어떨까?

우리는 여기서 또다시 〈설교〉를 한다. 최고의 창조주인 자연이 자신의 모든 〈작품들〉이 스스로의 힘으로 방어할 수 있도록 특별한 무기를 준 이곳 사막. 사막에는 스타일이 있다. 이 사막의 설계자(창조주)는 그 안에 서식하는 동물에게 방어기제를 만들어 주었다. 그리하여 사막은 매혹으로 넘친다. 사막의 생물은 이런저런 방식으로 사막의 환경에 적응하는 저마다의 스타일을 갖고 있는데 거기에는 어떤 동일한 양식이 있다. 사막은 선인장뿐만 아니라 파충류에게도 치명적인 무기를 준다. 파충류는 자신을 보호하기 위한 독니를 지니고 있다. 그럼, 〈오카틸라〉는 어떤 방어 시설을 갖추고 있는가? 오카틸라는 쾌적한 피신처를 확보하고 있지만, 캠프의 경계를 이루는 나지막한 판지 벽 외에는 방어 시설이 없다. 사람은 그것을 밀고 들어올 수 있다. 하지만 파충류는 그렇게 하지 못한다.

오카틸라는 임시 막사이기는 하지만 〈사막의 배〉가 〈사막의 악마〉를 만나도 충분히 견딘다는 것을 알게 되었다. 사막의 악마는 누구인가? 가느다란 먼지 기둥으로 이루어진 회오리바람을 하늘 높이 치솟아 오르게 하며 불어오는 소규모 태풍이다. 한두 개의 회오리바람은 항상 어딘가에 있고, 이리저리 왔다 가고, 멀리 있다가 다가오기도 한다. 〈악마〉가 가까이 다가와 막사를 쥐고 흔들면 막사 전체가 바다 위의 배처럼 요동치지만 결코 침몰하지는 않는다.

배의 돛과 같은 캔버스 창문과 문짝은 열려 있어도 모래바람에 다시 닫히거나 혹은 열려서 사막의 바람이 안으로 휩쓸려 들어오기도 한다. 통풍구는 바다보다 약간 높은 위치로 사방에 만들어져 있고, 낮에는 열기를 식히기 위해 열어 놓지만 밤이 되면 닫았다. 경사를 이룬 기다란 캔버스 지붕은 태양을 바라보고 있어서, 겨울에 내부의 찬 공기를 따뜻하게 데워 주는 데 도움이 되었다. 여름이 오면 이 기다란 지붕에는 두 장의 캔버스 사이로 공기가 통과할 수 있게 캔버스를 추가로 덮어야 할 것이다. 만약 우리가 여름 내내 사막에 머문다면 이 추가된 캔버스 덮개를 사용해야 하리라. 그렇게 하면 사막의 배는 돛을 더욱 활짝 편 모습이 되리라.

단단한 무장을 갖추고 천천히 기어 다니는 듯한 사막의 식물들이 온 사방에서 보인다! 오카틸라, 그리스우드, 팰로버디, 메스키트, 빅내너, 촐라, 서와로 선인장. 때가 되면, 이 거대하고 오래된 전쟁터(사막)를 정복하려고 필사적으로 달려드는 저 신비스러운 의도가 작용하게 되리라. 과연 그 결말은 어떻게 될까?

이 척박한 땅에 서식하는 저 식물들에는 그 어떤 신비한 원칙이 작용하고 있는 듯하다. 그 원칙은 지상의 다른 모든 원칙을 합친 것보다 더 강하다. 아니, 힘의 원칙 그 자체이다. 이 땅의 원칙으로부터 아무도 도피하지 못한다. 이 성장의 원칙을 차라리 태양의 원칙이라고 하는 것이 더 낫지 않을까? 이 사막의 식물들은 분명히 태양이 창조적해 낸 피조물이다.

이 피조물의 증식을 위해서는 죽음이 필요했고 그래서 죽음이 고안되었다. 작열하는 태양열이 키워 낸 저 절망적인 투쟁 본능. 그 본능에서 유래한 사막의 스타일과 특징은 결국 태양 그 자체도 이기고 말겠다는 의지인가? 거대한 바위 덩어리와 메사의 모든 선과 형체는 사막에서 자행된 저 끔찍한 폭력을 말해 준다. 사막 속에 있는 모든 존재는 정복당해 상처를 입었고, 서로 싸우는 힘들이 남긴 상흔으로 망가졌다.

하지만 지반 침하는 현재의 지질학적 시기에 들어와 다소 주춤해졌다. 끝없이 이어지는 산맥 중 일부가 이 부드러운 메사를 이루고 있는 현상을 통해 그러한 사실을 짐작할 수 있다. 불〔火〕과 물〔水〕이라는 두 건축가가 만들어 낸 이 광대무변하고, 조용하고, 거대한 땅덩어리에 바람〔風〕이라는 조각가가 찾아왔다. 바람이 끊임없이 침식하고 끝없이 작용하면서 모든 폭력의 흔적을 지우고 새로운 조화를 만들어 낸다. 마침내 물, 불, 바람은 영광스러운 혼연일체를 이루어 영원의 빛 속에 먹을 감는다.

날이 저물면, 각자의 숙소에 있는 밀폐된 철판 스토브가 실내를 따뜻하게 만들어 준다. 우리는 야전 침대에 들어가 담요를 몸에 둘둘 말고 누워 사막의 코요테가 언덕에서 부르짖는 소리를 듣는다. 매일 밤, 야릇하게 울부짖는 소리가 가까이 들려오면 여자들은 그 소리를 능글맞게 여긴다. 하지만 결국 그 소리는 멀어진다.

새벽 세시쯤이면 무척이나 추워서 더 이상 온기를 유지하기 어렵다. 우리는 마침내 야전 침대의 매트리스 밑에 신문지를 겹겹이 쌓아 놓는 법을 알게 되었다. 우리는 곧 태양의 숭배자가 되었다. 푸른 산맥 너머로 여명이 눈부시게 동틀 무렵, 우리는 판지 바닥을 쿵쿵 밟으면서 아침의 첫 햇살을 받으러 달려갔고, 파수병(서와로 선인장)과 함께 황금빛 햇살 아래에서 먹을 감고 있는 〈오카틸라〉를 보았다.

오카틸라, 애리조나 주 챈들러, 1929년 2월.

2주일이 지나자, 우리는 캠프를 일시적이나마 사람 냄새나는 곳으로 만들었다. 애리조나 사막에서의 삶이 이제 시작된 것이다. 이 건물은 말하자면 〈애리조나 타입〉이 되었다. 애리조나 타입이든 아니든, 챈들러에서 10마일 떨어진 언덕에 지은 이 집은 가건물이기 때문에 언젠가는 사라질 것이다. 이렇게 해서 위대한 테마가 기품 있게 표현된 작품이 사라져 간다. 이 가건물은 그것을 몸소 보여 주고 있다.

이러한 사막에서의 모험을 정당화하는 가장 뚜렷한 사유로 경비의 문제를 들 수 있으리라. 챈들러나 피닉스에서 우리가 한 계절 머물렀을 때 지불해야 할 관리비나 임대료보다 훨씬 적은 돈으로 오카틸라를 운영할 수 있었다. 실제 들어간 비용은 캐빈 하나당 약 2백 달러였다. 캐빈을 짓는 일은 우리가 직접 했다. 그게 더 좋았다! 이 경험은 되돌아보면 어려운 점도 있었지만 교훈이 되는 건설적인 점이 더 많았다.

사막의 산 마르코스

야영지는 〈사실상〉 1928년 1월 19일에 완공되었다. 사막에는 인간의 체취가 풍기기 시작했다. 제도실의 〈머리 위〉에 있는 반투명한 캔버스 아래, 우리는 〈사막의 산 마르코스〉 프로젝트를 부지런히 추진했다. 그것은 일에 찌들었지만 아름다움을 좋아하고 아름다운 자연환경을 찾는 백만장자용 리조트였다. 우리는 5월 중순까지 그곳에서 작업했다. 밤에는 가스등을 켜놓고 일했으나 나중에 발전기를 들여놓아 마음대로 전기를 쓸 수 있었다.

우리는 서로 연속된 테라스가 남향으로 서 있는 큰 블록 시스템을 면밀히 계획했다. 테라스는 3개를 1조로 해서 각각 풀장과 정원을 두었고, 셋 중 한 테라스는 산 쪽을 배경으로 하여 나머지 두 테라스 위로 솟아오르게 하는 뛰어난 시스템을 만들어 냈다. 블록 시스템은 단 하나의 자재(콘크리트)만을 사용하는 최신식 시스템이며, 외부와 내부에 석재로 보강했다.

커다란 두 언덕 사이의 골짜기로 이어지는 협곡은 〈리조트〉의 입구로 연결된 길이다. 리조트의 입구는 협곡의 뒤쪽을 바라보고 있다. 구리와 콘크리트로 된 확성탑(擴聲塔)이 거대한 선인장처럼 서 있어, 이 입구를 강조하고 있다. 이것은 소리가 건물 전체에 잘 들리게 하기 위한 것이다. 파이프오르간을 언덕에 설치하는 것은 챈들러 박사의 아이디어였는데 사막에서 야외 연주회를 하기 위해서였다.

식당은 중앙의 커다란 매스 mass 꼭대기에, 채광이 잘되는 유리와 구리를 이용해 정자형(亭子形)으로 만들었다. 이 식당은 언덕의 경사에 인접한 산악 별장 — 전체 계획의 일부분으로 나중에 지을 예정 — 의 날개로 설계된 위쪽 테라스와 연결되어 있다. 때문에 이 산악 별장의 거주자들은 편리하게 식당으로 접근할 수 있다. 건물은 담배 연기나 서비스로 인한 소음으로 손상되어서는 안 된다. 서비스를 하는 직원이나 종업원의 숙박 시설과 차고는 오른쪽의 나지막한 언덕에 위치할 것이고 산 마르코스 리조트의 출입구 역할을 맡을 것이다.

이 길게 뻗은 건물에는 해가 비치는 수평면의 테라스가 있기 때문에 어느 방이나 욕실에도, 또 어느 화장실이나 복도에도 빛이 잘 들게 설계되어 있다. 건물의 생활공간 어디서나 충분한 일광과 아름다운 경치를 볼 수 있다. 건물 전체는 모든 겨울 휴양지가 선망하는, 남향에 세워져 있다.

건물 구조도 그렇지만 각종 설비도 거의 영구적이다. 사막 속에 있는 산 마르코스의 수평선은 모두 하나의 점선이다. 평면은 모두 서와로 선인장처럼 둔한 광택을 갖고 있으며 물결처럼 짜여 있다. 건물 전체는 그 패턴에 있어서 영국풍의 석조 셸로 만들어 산과 선인장을 병풍으로 삼는 하나의 추상화이다. 그러나 산이 영구히 거기 있는 한, 인간이 영구히 살 수 있는 인간 위주의 주거이다.

믿을 만한 견적에 따라 실내 장식을 마치고 가구들을 적절하게 갖춘 〈사막의 산 마르코스〉의 건설 비용은 이 같은 작업이 끝나면 객실당 4천 달러 정도가 될 것이다. 주요한 특징 시설과 서비스 시스템은 대형 용량의 것을 써서, 설혹 모든 객실이 만원이 된다 해도 충분히 서비스를 제공할 수 있는 용량이 되도록 한다. 산악 별장과 단기 체류 손님들이 그 추가 비용을 부담해 줄 것이다.

당초 인간이 없던 사막에, 인간의 거주지가 당당히 모습을 드러냈다. 이 건물은 애리조나의 특징을 고스란히 살렸을 뿐만 아니라 건물의 수명이 지속되는 한 애리조나의 자연과 한몸을 이룰 것이다. 애리조나 사막 자체는 하나의 건축적 영감이었고 실제로 건축가가 그 영감을 실현하는 작업장이었다. 이것이야말로 〈토착적 건축〉이 아니고 무엇이겠는가?

그것은 너무 좋아서 꿈이 아닌가 생각될 정도였다. 실제로 나는 그것이 꿈이 아니었나 생각할 때가 있었다. 이제 설계도가 마련되었고 신중하게 연구한 세부 사항들, 신뢰할 수 있는 견적서, 이 모든 작업을 수행한 사막의 캠프 등이 갖추어졌다. 하지만 챈들러 박사는 어디에 있는가?

4월의 더위는 사막을 조성하고 또 사막을 사막답게 만든다. 〈겨울철〉이 지나면, 휴면에 들어갔던 사막의 생물이 서서히 되살아난다. 야영지의 내 제자들은 기특하게도 이미 방울뱀 아홉 마리를 기르고 있었다. 이 뱀 중 몇 마리는 뿔방울뱀이었다. 도널드는 큰 방울뱀을 잡아, 망사로 덮은 상자 안에 집어넣고 그 상자를 침실의 간이침대 곁에 놓아두었다.

뿔방울뱀은 몸집이 작은 방울뱀으로 덩치 큰 뱀보다 독성이 더 강하다. 뿔방울뱀은 숫자 3처럼 회전하며 옆으로 기어가고, 채찍을 휘두르듯 공격한다. 살아 있는 뿔방울뱀 한 마리를 잡은 제자들은 그 뱀을 도널드의 방울뱀 상자에 집어넣고 어떤 일이 벌어지는지 지켜보았다. 맹렬한 싸움이 벌어졌고 결국 작은 뿔방울뱀이 죽었다. 하지만 다음 날 아침, 큰 방울뱀도 죽었다. 타란툴라(거미)가 갑자기 옷장에서 떨어지기도 했다.

날씨는 이제 너무 더워서 땀이 나오자마자 곧 말라 버렸다. 게다가 깊은숨을 들이쉴 때는 자신도 모르게 고개를 옆으로 숙이며 코와 입을 손으로 틀어막게 되었다. 우리는 하루에도 몇 번씩 물을 벌컥벌컥 들이마셨다. 물자 수송 트럭이 병에 담은 샘물을 매주 한 번씩 싣고 왔다. 올기반나는 물자 담당이었는데, 가끔 보급용 파란색 닷지트럭을 몰고 시내로 나가 필요한 물건들을 사왔다. 캠프 생활은 정말 힘들었다. 모두 서로 도와야 했다. 우리는 설계하고 일하면서, 햇빛이 쏟아지는 넓고 황량한 지역을 차를 타고 돌아다녔다. 일반적으로 말해서 사막은 건조하기 때문에, 그곳의 섭씨 43도는 시내의 섭씨 33도보다 불쾌하지는 않았다.

우리는 탤리에신으로 돌아가기 위해, 중고 페이튼형 오픈카를 구입했다. 다음 겨울에 돌아올 때를 대비하여 캠프를 폐쇄하고 내용물을 잘 보관해 두었다. 오픈카는 육로 여행을 기다리며 캠프 입구에 대기 중이었다.

짐을 모두 싣고 우리는 차에 올라탔다. 올기반나와 나는 앞좌석에 앉아 번갈아가며 운전을 했다. 스베틀라나와 이오반나는 뒷좌석에 앉았다. 덮개가 없는 차라서 앞 유리밖에 우리를 보호할 것이 없었기 때문에 모두 검은색 고글을 썼다.

우리는 캠프를 향해 손을 흔들어 작별 인사를 하고 떠났다. 도중에 우리와 함께 홀브룩까지 갈 예정인 챈들러 박사를 태웠다. 우리는 홀브룩 지역에서 발견된 새로운 자연산 시멘트를 조사하고 싶었다. 어쩌면 블록을 만드는 데 이상적인 소재일 수도 있었다. 메사의 바닥에 쌓여 있는 이 신 소재는 흰색에 빨리 굳고 방수 기능이 있었다. 우리는 사막의 산 마르코스 프로젝트에 사용할 실제의 블록 유니트로 만든 플라스터 모델[7]을, 언덕 위 캠프의 한가운데에 놔두고 떠나 왔다. 그 모델은 지금도 사막의 햇빛을 받으며 반짝거리고 있으리라.

이제 내 가족과 함께하는 두 번째의 신나는 자동차 여행이 시작되었다. 우리는

---

7 벽토로 만든 건물의 모형.

애리조나, 뉴멕시코, 콜로라도 산맥과 평야를 지나, 한없이 넓은 중부를 지나갔고 수백 군데의 마을을 통과했다. 농장과 마을은 다를 것 같은데도 모두 닮아 있었다. 시내와 마을은 미세한 〈차이점〉이 있는 것 같았지만 자세히 보면 결국 그게 그것이었다.

이러한 생각의 흐름을 미국의 생활에 적용해 본다면 결국 천편일률적인 특징으로 요약된다. 나는 〈유소니아〉가 이런 〈획일성〉을 유지하지 말기를 바란다. 어떻게 그 모든 것들이 하나같이 닮았을까? 목수가 지은 뉴잉글랜드의 집은 기계로 세운 아이오와의 집과 같고, 캘리포니아에서도 기계로 세운 집들은 모두 동어반복에 지나지 않는다. 오늘 뉴욕에서 휘파람으로 부는 유행가 가락은 24시간이 지나면 로스앤젤레스 거리에서 유행하는 휘파람 소리가 된다. 이것은 개성이 부족하거나 아니면 유행을 무심하게 받아들인다는 증거일까? 기계적 편의성은 불가피하게 단조로움을 낳을까? 혹은 평범함을?

아무튼 로스앤젤레스의 소형 장식 플라스터 동굴[8]은 이미 미니애폴리스, 버펄로, 뉴욕으로 퍼졌다. 〈내·외부 전문 장식가〉— 이런 간판을 도쿄의 긴자에서도 본 적이 있는데 — 는 건물의 장식을 제멋대로 좌지우지하고, 천편일률적인 장식술은 미 대륙 전역을 휩쓸고 있다. 소수의 취향이 건축 업계의 동향을 결정하는 이 나라에서는 장식가들이 건축가 노릇도 겸하고 있다.

이처럼 천편일률적으로 반복되는 미국의 건축물은 이제 염증이 난다. 결국은 기계의 단조로움 때문에 개성이 없어진 걸까? 하느님 맙소사! 그러나 그 단조로움은 소위 새로운 색조 운운하면서 미국의 건축 시장을 휩쓸어 버렸다. 여기에 참신한 요소는 없다. 건물 내부의 어느 곳에서도 생명을 찾아볼 수 없지만 모두가 겉보기에 행복한 듯이 살고 있다. 분명 다른 건축 양식이 있는데도 불구하고 그걸 활용하지 않고 있으며 진보하려는 생각이 없다. 이처럼 구태의연, 천편일률, 동어반복으로 얼룩진 건물들을 보고 있다가 푸른 신록을 보면 한결 위안이 된다. 나무를 처음 심은 사람이여, 축복받을진저.

시카고에 도착했다. 흥미진진한 사건이 많았던 자동차 여행은 뉴욕까지 이어

---

[8] 특징 없는 장식적인 건물을 동굴에 비유하고 있다.

졌다. 나는 현명한 목사 노먼 거스리와 교구 위원들을 만나 건축 상담을 했다. 거스리가 운영하는 교회 당국은 임대 수익을 올리기 위해서 10번가와 2번 대로가 교차하는 처치 파크에 고층 아파트 건물(세인트 마크스 타워)을 세우고 싶어 했다.[9]

동부의 도시와 마을은 서부와 마찬가지로 다채로운 개성이 부족했다. 다만 예외라면 신축 중인 건물이 적다는 것뿐이었다. 젊은이들이 동부를 떠나 서부로 가버리는 바람에, 동부의 마을과 도시는 젊은이들이 고향으로 되돌아오기를 기다리고 있다는 느낌을 주었다.

우리는 새로 완공된 홀랜드 터널을 지나, 이루 말할 수 없이 혼란스러운 풍경

도헤니 목장 리조트(계획안), 캘리포니아 주 로스앤젤레스, 1923년. 투시도, 트레이싱지 위에 연필과 색연필, 30×13.

9 세인트 마크스 타워(계획안), 뉴욕 주 뉴욕, 1929. — 원주.

속으로 들어갔다. 뉴욕 시내는 토목과 건축, 다시 말해 지하철 공사를 하고 고층 빌딩을 세우느라 대단히 혼잡했다.

하지만 이곳 뉴욕의 건축도 무의미하기는 마찬가지였다. 단지 우리가 지금까지 내내 보아 왔던 무의미한 건축과 다른 점이라면 규모가 더 크고 질이 좀 높다는 것뿐이었다. 하지만 완전성integrity의 개념이 결여되어 있는 것, 엄청 다채로워야 하는데도 처음부터 천편일률적인 점 따위는 조금도 다를 바 없었다. 사람을 잡아먹는 〈마천루〉— 네덜란드어로는 〈볼켄크라버wolkenkrabber〉— 는 철골 구조에 그럴듯한 외관을 입혀 놓은 거대한 덩어리에 지나지 않았다. 이것은 유기적 구조 개념을 정면으로 위반한 것이다.

이에 비해 가볍고 개방되어 있고 항장력이 강한 철골 구조는 그 특징상 덩어리의 정반대 개념이다. 이것은 무거운 돌이나 콘크리트가 아니라 가벼운 금속과 유리와 어울린다. 따라서 구조의 패턴을 돕는 쪽으로 설계를 해야 하고 그 반대 방향(구조에 하중을 가하는 것)으로 나아가서는 안 된다. 석재는 건물의 구조에 도움이 안 될 뿐만 아니라, 엄청난 하중을 추가함으로써 구조의 수명을 위협한다. 저 거대한 각기둥 건물, 무거운 돌로 꼭대기에 총안(銃眼)을 낸 건물, 강철 지주 위에 올려놓은 중세풍의 무의미한 건물, 이런 건물들 뒤에는 〈안전성의 요소〉라는 인간 생명의 문제가 어른거린다. 이런 건물들은 빌딩의 진정한 목적과 특성을 정면으로 위배한 것이다. 기능주의란 말이 좋아 기능주의이지, 석재 가면(假面)의 배후를 들여다보면 너무나 한심하다.

미국의 엔지니어에게

위대한 엔지니어 당크마르 애들러가 생각난다. 그는 몸에 밴 습관대로 방 안에서 이리저리 서성거린다. 덥수룩한 머리카락, 깊숙이 들어간 부동(不動)의 눈 위쪽에 불쑥 나온 눈썹, 근심에 싸여 고개를 수그린 모습. 오디토리엄 빌딩의 대형 타워는 내려앉기 시작했고, 그 부근에 덧댄 구조물로 겨우 하중을 지탱하고 있었다. 그 단단한 석조 타워에 2개 층을 더 올리면서 〈안전성의 요소〉가 약화되었다. 애들러는 발판을 덧대어 설치함으로써 루이스 설리번을 안심시키려 했고, 그것이 타워를 지탱하는 힘을 크게 증강시킬 것이라고 생각했다. 아무튼 이런 많은 건축물에서는, 이런저런 이유로 인해 건물 증축의 유혹이 생겨나고 결국 건축가는 굴복하게 된다.

오디토리엄 빌딩의 경우 준공 후 여러 해 동안, 그러한 굴복의 대가는 전적으로 애들러의 어깨에 부과되었다. 그 고민에 더해, 건축주를 만족시키기 위해, 트러스 위에 예정에 없던 공연장을 증축했다. 오페라 공연장의 이쪽 측벽(側壁)에서 저쪽 측벽을 가로지르는 대형 강철 트러스가 제자리를 잡은 뒤, 다시 오디토리엄을 가로지르는 트러스를 설치하고 그 위에 연회장을 추가했던 것이다. 당연히 벽은 추가된 하중에 짓눌렸고, 눈에 띄게 내려앉기 시작했다. 벽 쪽의 즐비한 아치 모양 특등석은 일체형 강철 구조물이었다. 그것은 벽 쪽에서 실내로 튀어나온 강철 빔(들보)의 끝에 위치했고, 이 상자의 뒤에 있는 기둥 위에서 외팔보로 받쳐져 있었다. 벽이 조금씩 내려앉으면서, 벌려진 커다란 가위 역할을 하던 빔은 특등석을 중간에 두고 양 턱을 쫙 벌린 형상이 되었다. 만약 빔이 버티지 못한다면 강철로 주조된 특등석의 정면은 마치 대포를 발사하는 듯한 굉음과 함께 빔의 이빨 사이에 끼여 박살이 날 것이었다.

타워까지 닿았던 발코니와 휴게실의 수평선은 기울었고 벽의 플라스터 장식은 갈라져 떨어지기 시작했다. 11년 동안 균열이 떠도는 빙산처럼 서서히 진행되었고 내부의 플라스터도 계속 땜질해야 했다. 타워 바로 앞의 인도(人道)는 두 번이나 높여 주어야 했다. 결국 석재 타워의 엄청난 하중이 기초로부터 땅을 밀어 올리자 가도(街道)의 융기가 확연히 눈에 띄었다. 몇 해 동안 화려한 군중은 야회복을 차려 입고 드나들며, 그 모든 현상을 조금도 위험스럽게 여기지 않고 오직 환락의 공연에만 관심을 기울였다.

그들은 가슴 설레는 빛과 음향이 흘러넘치는 황금색의 대형 공연장을 보았다. 하지만 그곳 어딘가에 엄숙한 표정의 건축의 거장이 서 있었다. 그는 마음속에 근심이 가득한 채 서성거리며 건물이 붕괴될 조짐은 없는지 열심히 살펴보았다. 며칠마다 그는 혹시 새로 나타날지 모르는 증거를 주의 깊게 조사하며 평가하고, 필요하다고 생각되면 경고를 하고 자신이 건설한 빌딩을 폐쇄할 준비를 했다. 자칫하면 재앙이 발생할지도 모른다는 사실을 알고 있는 사람은 아무도 없었다. 할 수 있는 일은 기다리면서 지켜보는 것과 필요하다면 제때 경고를 하는 것뿐이었다.

나는 종종 그곳에 들러 자리에 편히 앉아, 대형 공연장의 평온함과 조화를 음미하곤 했다. 어떤 때는 그곳이 텅 비어 조용한 경우도 있었다. 가끔은 멋진 관중과 오페라와 더불어 흥겨운 장면이 연출되기도 했다. 나는 타원형의 널찍하고 부드러운 아치 아래 앉아 보았다. 나는 증축된 연회장이 천정에 타원형으로 매달린 줄 위의 강철 트러스를 뒤틀리게 했다는 것을 알았다. 따라서 그것을 지탱하는 턴버클[10]은 비틀린 강철 트러스를 다시 수평으로 유지시키기 위해 두 배로 강화되었다. 나는 그 트러스 아래에 자주 앉았고 그때마다 지금 이 순간 저 노련한 건축가는 건물 붕괴를 걱정하며 자기 집 거실에서 서성거릴지 모른다고 생각했다.

하지만 거기 앉을 때마다 나는 그를 전적으로 신뢰했다. 균열이 멈춘 지금이야말로 그 어느 때보다 붕괴의 위험으로부터 가장 멀리 떨어져 있었다. 하지만 그 거장이 심한 마음고생을 하고 있다는 것을 알았다. 내 생각에 그것이 애들러의 수명을 20년이나 단축시켰다. 그의 관대한 천성, 꺾이지 않는 용기, 방대한 경험, 이 모든 것이 시련을 겪었다. 단지 건축주 퍼디낸드 펙과 임원들의 끈덕진 요구에 굴복함으로써 그런 대가를 치렀다. 그들은 애들러가 동의한 사항은 뭐든지 전적으로 신임했던 것이다.

뉴욕에 있는 빌딩의 허세를 부리고 미소 짓고 우아한 척하는 파사드의 배후에서, 최고급 초호화 실내 장식의 배후에서, 인간의 생명은 가냘픈 요소 — 〈안전성의 요소〉 — 에 풍전등화처럼 매달려 있다. 그 요소 자체가 불확실성의 요소이다. 엔지니어의 하중 계산표는, 건물에 강철을 어느 정도 규모로 사용하고 다시 그것을 리벳(대갈못)으로 묶으면 골조가 유지된다고 말한다. 하지만 엔지니어는 확신하지 못하고 이렇게 말한다. 「그래요, 하지만 인간이 진행하는 모든 일은 오류에 빠지기 쉽습니다. 안전성을 기준보다 서너 배 보강함으로써 재난이

---

10 *turnbuckle*. 밧줄, 체인, 철사 등을 죄는 데 사용하는 죔기구.

닥칠 기회를 줄여야 합니다. 건물주의 돈을 절약하기 위해서 위험을 감수하는 짓을 해서는 안 됩니다.」 따라서 서너 배 보강한다. 하지만 두 배로 보강해서는 안전해지지 않으니까 네 배로 더 강화한다고 해서 과연 백 퍼센트 안전해질까? 미지의 요소가 언제나 존재할 수 있기 때문에 백 퍼센트를 보장해 주는 곱셈 같은 것은 있을 수 없다. 이런 의식할 수 없는 위험을 받아들이거나 아니면 엔지니어 노릇을 그만두어야 한다.

이 〈인간의 생명〉 문제는 늘 허세를 부리는 건축의 뒤에서 어른거린다. 고속도로를 질주하는 모든 자동차, 고층건물을 오르내리는 모든 엘리베이터의 뒤에 인간의 생명 문제가 어른거리듯이, 건물 공사도 그 방정식에서 벗어날 수가 없다.

하지만 우리는 〈안전성의 요소〉 혹은 무지의 요소가 있다는 것을 전제하고 그것을 피하기 위해 최대한의 노력을 아끼지 않는다. 결국 안전성의 요소를 믿는다는 것은 하중 계산표를 믿는 문제가 아니다. 믿음은 결국 믿음으로 지켜야 한다는 것이 최고의 믿음이다.

석재 가면과 미지의 요소로 되돌아가 보자. 우리가 지어 놓은 이런 평생의 감옥에서 어떤 환상을 소중하게 여기는지 파악하고, 그것을 받아들인다면 어떤 자유를 누릴 수 있는지 알아보자. 당신이 볼 때 이것은 주관적 해석이라고 생각되는가? 만약 그렇다고 생각한다면, 또는 자서전의 본질인 서사(敍事)를 더 좋아한다면 다음 30페이지는 건너뛰어라. 나는 우리를 속박하는 허세와 위선을 먼저 언급할 것이다.

기계가 발언하면 그 만큼 인간은 무의미해진다.

만약 이런 사실을 인정하지 않는다면 우리는 결국 그런 현상에 대한 해결책을 찾아내지 못할 것이다. 현재의 〈그림〉 같은 건축 방식으로는 절대로 이러한 상황을 해결할 수 없다. 그래도 한 가지 희망이 있다. 우리 미국은 모든 인종(이민자들)의 부유한 문화와 접촉할 수 있으며 비록 〈아름다움〉의 복제품이기는 하지만 그것을 나름대로 모방하려고 애쓴다는 사실이다.

우리는 지금껏 기계적인 방식과 위선적인 교육 때문에 위험한 잘못을 많이 저질러 왔다. 그래서 우리 문화에서는 어떤 목적성을 지닌 사업이 정직했던 적이 없었고, 정직한 사업이 어떤 목적을 가지고 있지 못했다. 하지만 이것을 알아차리는 날이 언젠가 올 것이다. 〈취향〉을 가지고는 결코 〈스타일〉을 만들어 내지 못한다는 것을. 스타일은 우연히 그림 같은 상태를 획득할 뿐, 처음부터 픽처레스크(그림같이 예쁘게 꾸미기만 한 집)와는 아무런 상관이 없었다.

인생은 아이디어, 아이디어는 인생이라는 기치를 내건 나의 자서전 제3부의 제목은 〈자유〉이다. 하지만 자유를 어디서 어떻게 얻을 것인가? 어떤 자유를?
영혼의 감옥인 도시에서 우리는 자유를 찾지 못할 것이다. 그림처럼 예쁘게 꾸미려 하는 감상주의에는 자유가 없다. 오로지 새로운 시대와 생활에 어울리는 새로운 기술을 연마함으로써 자유를 찾을 수 있다. 이런 생활 속에서 미래의 도시는 어떤 모습일까? 현재의 도시 지평선 위에는 미래의 도시를 알리는 어떤 징조가 있는가?

사막의 산 마르코스, 리조트 호텔(프로젝트), 애리조나 주 챈들러, 1927년. 투시도, 아트지에 수채 물감, 65×23.

유소니아의 도시

대도시는 군집 본능의 자연스러운 승리이고, 인류의 유아기에 생겨난 일시적인 유물이다. 인간의 성취가 점점 〈현대적〉으로 되어 가면서 이러한 대도시는 사라질 것인가?

문명은 도시를 필요로 하고 그것을 특징으로 하는 것 같다. 문명은 도시를 세웠고 그런 만큼 도시는 문명이 소중히 여기는 사항의 집합체이다. 따라서 도시는 문명에 봉사해 왔다. 하지만 도시를 세운 문명은 한결같이 도시와 더불어 붕괴했다. 문명 자체도 도시 때문에 붕괴하는 것인가?

역사적 기록에 따르면 도시의 발달은 언제나 그 붕괴의 예고편이었다. 도시의 발달로 생겨난 마천루는 도시의 생명을 위협한다. 비록 도시는 그 자체의 관심사에 몰두한 나머지 그것을 꿰뚫어 보지 못하겠지만 말이다.

오늘날 우리가 알고 있는 도시는 붕괴하게 되어 있다고 나는 생각한다. 복잡한 도시의 활동에서 우리는 붕괴를 예고하는 가속을 목격할 뿐이다. 생계를 위

해 끊임없이 이리저리 오가는 개미 떼 같은 화이트칼라의 행동은 〈임대rent〉의 갖가지 형태에 달라붙은 기생적인 활동이다. 이제 임대라는 인위적 경제 시스템이 도시를 장악했다. 그것과 돈은 그 자체로 하나의 중요한 생물이 되었고, 모든 성실한 노동을 수포로 돌리고 있다.

그러나 〈현대〉 문명은 대도시의 붕괴 이후에도 살아남을 수 있고 또 그로부터 혜택을 얻을 수 있다. 왜냐하면 도시의 붕괴 — 충분히 예상되는 일인데 — 는 기계가 인간에게 해줄 수 있는 가장 큰 봉사가 될 것이기 때문이다. 단 인간이 기계를 정복한다는 전제하에서.

그렇지 않다면, 기계가 인류에게 무슨 유익한 의미가 되겠는가? 인공적인 도시는 이미 너무나 비대해져서 그 시체 같은 형태는 구제 불능의 상태로 전락했다. 그런데 만약 기계가 인류를 정복한다면 현대인도 과거의 사례에서 볼 수 있듯이 도시와 함께 멸망할 것이다. 왜냐하면 도시는 기계의 모든 앞잡이들과 마찬가지로, 인간이라는 삶의 동력이 없는 상황에서, 기계적인 형태로만 성장할 것이기 때문이다. 도시는 인간의 모습을 갖고 있다. 그것은 일찍이 도시를 필요로 하여 그것을 세웠던 인간의 불길한 그림자이다. 이렇게 볼 때 과거 한때 도시는 분명히 필요한 것이었다.

지금 이 시간에도 〈입체파〉와 〈미래파〉의 사상을 토대로 한, 기술의 발달이 더 도시화되고 요새화된 도시를 예고한다는 철학적 주장이 나오고 있다. 카페 철학자들은 설계도를 그리면서, 이제 비대화되어 죽음의 길로 가고 있는 예전의 도시보다 더 바람직한 미래 도시를 예언하고 있다. 그들은 설계도를 그리면서 기하학적 배치와 균형을 갖춘 더 높은 건물을 짓는 데만 집착한다. 이렇게 높이에만 집착하는 이유는 무엇인가? 이렇게 나가다간 인간이 도구에 함몰되는 것은 아닐까? 이미 그렇게 되어 가고 있는 것은 아닐까?

이 〈이상적인〉 도시는 인간의 개성을, 비둘기 집 337611호 — 선반 522번, 블록 F, 애비뉴 A, 스트리트 127 — 로 축소해 버린다. 비둘기 집 336611호(선반 117 번)와 비둘기 집 337610호(선반 118번) 혹은 338609호(선반 119번)는 전혀 구별되지 않는다. 이렇게 해서 모든 갈등은 끝나고 무기력의 조화가 확보된다. 무의미[11]가 도래했다! 누구에게나 공평하게 돌아가는 하향 평준화.

저 오래된 개인적 요소가 이제 불탄 뼈다귀로 남아 새로운 숫자 단위로 환원되고, 모노고리아의 후미진 동굴 공간으로 배치되었다. 기계적 시스템은 여기에서 인간의 멸종을 예언하는 것에서 그치지 않는다. 인간은 그런 기계적 도시를 짓기 위해 철학적으로 사망한 것이다. 이 〈미래〉의 도시는 〈인간에 대한 기계의 승리〉라는 노선을 따라 나아가고 있다. 내게는 이 모든 것이 불길한 예언이다. 잘못된 방향이다.

결국 죽게 되어 있는 도시를 세운 힘은 무엇이었을까?

주로 생활의 필요성 때문이었다. 그 필요성이 사라지면, 감상적 관습의 또 다른 이름인 끈질긴 전통이 대도시를 당분간 존속시킬 것이다. 필요성은 구체적으로 무엇인가? 노동력, 연료 소비, 식량 배급의 필요 때문에 도시를 건설했고 그 다음에는 사람들이 많이 모여 있는 곳에 가야만 사람과 접촉하고 의사소통을 할 수 있었기 때문이다. 도시 말고는 개인을 효과적으로 동원하고 적절한 의사소통을 할 수단이 없었다.

고대에는 사람들이 신체적으로 다양하게 접촉하려면, 의사소통을 촉진하고 자극하는 인구의 집중이 필요했다. 당연히 인간적 소통의 거대한 수단으로서 고대 도시가 발전하고 유지되어 왔다. 도시는 곧 사회적, 산업적, 경제적 발전에 필수적인 인간적 소통의 방법이 되었고 부와 권력의 원천이 되었다. 이렇게 사람들이 몰려들어 인구 밀도가 높아질수록 도시는 더 발달했고, 인간적 삶의 열매를 거둘 수 있었다.

그 시절, 도시의 진정한 생명은 개인적 유대를 통한 응집력, 다양성과 접할 기회를 제공하는 데 있었다. 호기심과 경이의 불꽃은 거리, 광장, 집에서 생생하게 타올랐다. 도시에는 사람들을 통치하는 정부가 있었다. 패션과 유행, 개인의 신랄한 재치, 취향, 성격은 도시를 삶의 축제로 만들었다. 고대의 도시는 현재의 도시에 비해 볼 때 일종의 카니발(사육제)이었다. 인간이 만들어 낸 이 제도는 그 존재 조건이 변해도 곧장 바뀌지는 않았다.

건축은 이런 생생한 인간적 조건을 반영했다. 당시 기계가 없었기 때문에 도

11 무의미의 원어는 *Nolition*인데 이는 스페인어 *Nolicion*의 오기인 듯하다.

시와 건축의 공통분모는 나타나지 않았다. 지금은? 공통분모가 나타났을 뿐만 아니라 그것도 기계의 도움으로 나타났다. 새로운 힘은 낡은 것을 무력하고 진부한 것으로 만든다. 따라서 낡은 관습이 새로운 목적을 가져오는 새로운 힘에 저항하는 것은 당연하다.

하지만 기계 시대는 이미 여기에 도래해 있다. 기계의 원칙과 그 위험한 형태를 정면으로 다루지 않으면 안 된다. 오래된 관습의 관성으로 새로운 힘을 억제하려는 감상주의는 기계의 이런 요소를 다룰 수 없다. 우리는 이 힘에 맞서서 그것을 이겨 내야 한다. 아니면 그 힘이 부메랑이 되어 우리의 후손을 위압적으로 찍어누르게 될 것이다.

이제 공통분모 혹은 해방자가 된 기계에게 성장과 미덕의 힘을 부여하지 않으려 한다면 그것은 어리석은 일이 되리라. 이 기계가 건설할 최종적 도시는 고대 도시나 오늘날의 도시와는 사뭇 다를 것이다. 기계의 힘을 무시하는 〈미래의 도시〉는 개성이 메말라 죽어 버린 도시가 되고 말 것이다.

이제 낡아 버린 도시에 새로운 외관을 덧씌울 수는 없다. 과거의 도시는 이미 형해(形骸)가 되었고 〈근본적으로〉 미래와는 어울리지 않는다.

새로운 힘이 새로운 생활을 빚어내는 곳에서, 도시는 무기력하게도 비유기적인 존재가 되어 버렸다. 새로운 힘은 도시를 무용지물로 만든다. 일찍이 도시를 위대하고 강력한 인간의 관심사로 만들었던 요소가 이제는 상황에 밀려 퇴조하고 있다. 도시는 유기적 변화라는 자연 법칙에 따라 지금과는 다른 어떤 것이 되고 말 것이다. 도시를 성립시켰던 방정식 중 인간적 요소는 이미 배제되어 밀려나고 있다. 그 요소는 맹목적으로 흘러가면서 여러 방향으로 표류할 것이다.

도시의 밀집은 의사소통의 수단이라는 관점에서 볼 때 그리 나쁜 것은 아니었다. 하지만 전력(電力), 전화를 통한 의사소통, 자동차가 제공한 개인의 기동성, 사방에 널려 있는 〈선전 광고〉 등이 나오면서 사정은 달라졌다. 여기에 원하는 곳은 어디든 재빨리 가게 해주는 비행기도 공통분모로 등장했다.

이런 여건의 변화에 따라 모든 것은 변하고 있다. 전에는 생각지도 않았던 이런 변화의 유기적 결과가 나타나고 있다. 인간의 자유로운 기동성의 범위가 얼마나 확장되었는지 모른다. 따라서 앞으로 10년 이내에 인간의 행동반경과 그 지평선은 기계의 새로운 기능으로 인해 엄청나게 확대될 것이다. 이제 측정 불가능할 정도로 인간의 행동 지평이 넓어질 것이다.

따라서 도시 건설의 핵심 요인이었던 집중화는 이제 끝났다. 그럼에도 불구하고 유기적 변화를 강요하는 이 새로운 기계 설비들은 당분간 도시의 예전 행태를 묶어두고 있다. 습관 때문에.

이런 습관은 인간성의 최대 약점이다. 인간이 도시로 몰려드는 인구 집중의 원인(도시로의 집중이 고층 건물 등 초과 집중을 가져오는 것)은 이제 새로운 시대에서 무의미한 것이 되었다. 우리는 이런 쟁점을 보지 못했기 때문에 기계적 요소들 사이의 내부 충돌을 목격하고 있다. 또한 아무 생각 없이 고층 건물을 하늘 높이 올림으로써 문제를 해결하려 했다. 비겁하게도, 인간은 이런 압력을 받으면 〈현재 있는 곳에 안주하려는〉 경향을 보인다. 동물적 두려움과 인간의 감수성이 그렇게 시키는 것이다. 그 결과, 우리는 무의미한 마천루를 〈마구 쌓아 올린다〉.

마천루는 경제적 압력을 받은 인간의 약점이 빚어 낸 산물이다. 지난 20년 동안, 기계적 발전은 이런 초과 집중의 혜택을 그대로 유지하는 쪽으로 진행되어 왔다. 엔지니어, 엘리베이터, 마천루에 SOS 신호를 보내면서. 마천루는 건물주가 초과 집중의 혜택을 유지하려는 계략에 지나지 않는다. 마천루는 건물주가 도시의 혜택을 착취하려는 편의적 상업주의에 불과하다.

지금껏 생각지도 못했던 새로운 발명품(전기, 자동차, 전화, 비행기, 라디오, 언론)의 등장으로 사람들이 외곽으로 멀리 퍼져 나갈 수 있는 자유는 더욱 커졌다. 일이 공교롭게 꼬여서 현재는 마천루가 이런 기계 증대의 효과를 독점하고 있다. 마천루는 그것을 인간의 복리 증진에 사용하는 것이 아니라 마천루 자체의 이익을 얻는 데 집중시켰다. 그리하여 부동산 업자는 급증했고 초과 집중은 다시 한 번 붐을 이루었다.

좋든 싫든, 이 새로운 기계 설비의 팽창에서 유래하는 도시의 가속화와 초과 집중이 불러온 스릴을 인정하기로 하자. 사람들은 열기가 치솟을수록, 가속화가

정상적 성장으로 인한 건강한 흥분인지 열병의 징후인지 따지려 하지 않는다. 가속화는 인간의 진정한 발전일까, 아니면 기계 시대를 역사상 가장 단명한 시대로 만드는 상업적 착취일까?

힘은 그 자체가 맹목적이다. 역사의 행간을 자세히 읽어 보면 그것을 알 수 있다. 〈인간은 유기적인 생각에 익숙하지 않지만 유기적 힘과 함께 있다 보니 덩달아 맹목적이 된다.〉 게다가 장기간에 걸쳐 그런 상태로 있었다. 오늘날 혁명적인 새로운 기계의 요소와 더불어 의사소통의 새로운 기능이 발생했고 그것이 새로운 인간적 기능으로 이어졌다. 정보의 그물이 온 사방에 퍼져 있어서 예전이면 정보가 전파되는 데 10년이나 걸렸을 사항도 단 한 달 만에 퍼져 나간다. 온갖 의사소통의 문제에 걸리는 시간은 100 대 1로 단축되었다. 신중하게 잡아 보더라도, 100년이 걸리던 일이 이제는 10년밖에 걸리지 않는다.

20세기에 15년이라는 시간은 예전 같으면 150년에 해당한다. 30년은 왕조가 하나 바뀔 만한 〈시간〉이다. 그래서 어떤 인간의 행동에 대한 반응은 — 아쉽게도 현재는 세일즈맨 정신이 잠정적으로 인간의 행동을 통제하고 있지만 — 그 사람의 당대에 현명한 반응인지 아니면 어리석은 반응인지 판명 나게 되었다. 따라서 어떤 행동이 너무 오래 진행되어 수정할 수 없게 되기 전에 시정해야 한다.

폭넓은 정보망을 통해 유기적 교육이 영향력을 발휘한다면, 예전의 문명이 당했던 유기적 재난을 막을 수 있다. 이 점을 분명히 말해 두겠는데, 그것은 반대로 재난을 촉진할 수도 있다.

이제 마천루의 문제점을 살펴보기로 하자. 폭군 같은 초고층 빌딩은 심각한 교통난을 불러일으킨다. 그리하여 교통 문제는 마천루를 경제적 문제로 접근할 것을 강요하고 있다. 경제는 우리에게 최고의 관심사이지만 이 문제는 해결 방법이 없기 때문에 여전히 미제(未濟)이다. 그렇지만 해결에 대한 〈요구〉는 늘어나고 있다. 현대의 유기적 발전이라는 관점에서 보면 대도시는 첫 단추부터 잘못 꿴 셈이다.

원래는 마을의 교통망이었던 것이 대도시의 교통 기능을 지원하고 있으니, 인간적 고통, 경제적 낭비, 끊임없는 사고가 당연히 발생할 수밖에 없다. 일찍이 마을의 교통망에 불과했던 대도시의 정맥과 동맥의 혈압이 자꾸 높아지면, 심장은 터질 수밖에 없다.

부동산 임대업자가 전문화시킨, 허황된 구조 수단 — 편리한 마천루 — 은 인간의 고통을 가중시키고 있다. 구조 수단은 처음엔 약발을 좀 발휘했는지 몰라도 이대로 내버려 두면 환자(도시)는 곧 죽고 말 것이다. 로스앤젤레스와 시카고가 여러 〈센터〉로 분열되고 그 센터가 다시 더 많은 하부 센터로 분열된 것을 주목하라. 대형 백화점과 통신 판매점의 분산, 공장 이전은 이미 시작되었다. 금융 센터만이 구태의연하게 버티고 있다.

그런데도 〈미래파〉는 마천루를 〈이상적〉인 존재로 파악하고 그것을 미래 도시의 역군으로 삼아야 한다는 주장을 내놓고 있다. 〈옛 부지에 새 도시〉를 세워야 한다면서 신도시 건설을 제안하고 있다. 주변의 도로는 그대로인데 건물만 자꾸 하늘 높이 치솟는다면 교통량의 엄청난 증가는 불을 보듯 뻔한 일이다. 현재의 도로망은 결국 제대로 기능을 발휘하지 못하고 무용지물이 되어 버릴 것이다.

전기, 자동차, 전화, 비행기, 라디오 등 문명의 이기가 고루 분포되어 많은 사람들의 복리를 증진시키는 것이 아니라, 기계 인간들이 사는 미래의 기계 도시에 우뚝 선 마천루들이 이런 기능(문명의 이기)을 모두 독점하여 빈익빈 부익부가 될 미래가 너무나 환히 내다보인다.

〈겉만 번드레한 해결책인〉 이런 마천루가 도심의 혼란을 악화시키면서 가난한 사람들의 주거 문제가 뒤따라 나왔다. 가난한 사람들은 여전히 우리와 함께 있을 뿐만 아니라 그 숫자가 점점 늘어나고 있다. 저들이 말하는 위대한 미래의 기계 도시는 가난한 자들의 존재를 도시의 한 요소로 받아들인다. 〈가난한 사람들〉을 도시 안의 특정 요소로 받아들이고 특별히 배려한다는 것이다. 저들은 설계 도면을 재난에 유기적으로 대비해 만들었다는 것이다!

가난한 사람이 늘어난 위생 시설의 덕을 본다는 것은 한눈에 알 수 있다. 가난한 사람의 주거 구역을 병균이 없도록 깨끗하게 유지할 뿐만 아니라 개인이 어느 곳을 선택하든 생활 지역은 소독된다고 한다. 만약 우리 눈에 비친 저들의 이야기를 그대로 믿는다면.

직선은 끝이 위로 향하게 될 것이고, 평면은 옆으로 퍼져 나가 인간을 해방시킨다고 저들은 말한다. 또 가난한 사람은 부자와 동등해진다. 부자나 빈자나 367222호, 블록 99, 선반 17, 입구 K라는 숫자로 그들의 집을 표기할 테니까.

가난한 사람을 인간으로 보지 않는, 표면과 덩어리로 이루어진 건축은 이미 건물주까지 없애 버렸다. 그러니 왜 가난한 사람이 불평해야 할까? 그래도 가난한 사람은 아직 노동력을 갖고 있지 않은가? 부자는 밑천으로 가지고 있는 게 없다. 저들은 이렇게 궤변을 논한다.

저기 가난한 사람이 있구나! 하지만 그 빈자는 이제 더 이상 쓰레기 더미에 있지 않다. 그렇다. 기계 시스템 속의 기계 단위가 되었다! 빈자는 이제 기계 속의 자그마한 톱니바퀴에 지나지 않는다. 아니면 투바이포(세로 2인치 가로 4인치) 각목(角木)인가. 그의 존재는 이미 왜소해질 대로 왜소해졌지만 더욱 찌그러졌고, 그를 수용하기 위해 〈빈민가〉는 성냥갑 같은 집으로 처리되었다.

미래 도시 — 표면과 덩어리로 이루어진 — 에서 가난한 사람은 미학적으로 새로운 것을 가지고 살아가는 방식을 선택하지 못한다. 이웃과 건물주는 그것을 빤히 보고 있다. 하지만 가난한 사람의 더러운 누더기는 깨끗한 마분지 작업복으로 가려진다. 이 비정한 구도(構圖)에서 가난한 사람은 전시품 B이다. 다가올 표준 도시의 새로운 규격품의 톱니바퀴 300000128이다. 인간은 감상주의냐 무감각이냐 둘 중 하나를 골라야 한다.

이것은 얼마나 간단한가! 이해하기도 참 쉽다.

이것은 사실상 기계에 의한 다양성 속의 단일성 *E Pluribus Unum*이라는 최고의 덕목 *Ne Plus Ultra*이다.

다른 도시는 전혀 필요로 하지 않는 이 〈새로운〉 도시는 아주 공평하다. 이 새로운 〈이상〉은 기업가들의 루틴 경제[12]를 제외하면, 누구든 어떤 것이든 차별하지 않는다. 이 루틴 경제는 보편적인 숫자와 함께한다. 그것은 공통분모이고, 체제의 지표에 의해 공유되고, 체제는 〈이상〉으로서 완벽하다! 50 대 50 경제? 절반은 공통분모에게, 절반은 숫자에게? 공정하지 않은가? 하지만 누가

---

12 *routine economies*. 틀에 박힌 경제를 말한다.

그걸 알랴.

　이 표준화의 혜택을 나누어 갖는 것은 공통분모(루틴 경제)의 관대함에 맡겨 두어야 한다. 게다가 이 미래 도시의 인간은 질서정연하다. 그들은 커다란 전쟁에 동원된 사병들이다. 공통분모는 이 사병들의 군대를 관리하고 표준화하며 이리저리 혹은 위아래로 행진시킨다. 인간의 두뇌가 없는 기계들이 제멋대로 작동하듯이, 공통분모들은 최초의 공통분모가 없으면 제대로 작동하지 못한다. 아니, 그 공통분모라는 것 자체가 이미 기계화 되었다.

　〈요크의 고상한 공작[13]은 1만 명을 거느리고 있어.〉 그들 모두는 10층 위로 올라가고 또 다시 10층 위로 올라간다. 왜 그들이 자꾸 올라가기만 하는지 아무도 모른다. 그들은 이제 간신히 위로, 위로, 위로 올라가고 또 어떤 사람들은 비좁게 아래로, 아래로, 아래로 내려간다. 그들은 자유롭게 드나들지 않고, 아름다운 사물 사이를 편하게 돌아다니지 않는다. 원래 그 푸른 대지와 그들의 생활은 밀접하게 관련되어 있었는데도 말이다.

　이상으로 마천루의 문제점을 짚어 보았다. 이것은 꼭대기 층에 살고 있는 기계적 인간들 — 평민에 비해 더 높은 계층의 특권을 지닌 사람들 — 을 제외하고 모든 사람들을 가난하게 만드는 길이 아닐까?

　우리의 조상은 자유민주주의 국가를 원했다. 그들이 후손에게 물려준 자유의 개념은, 부자들이나 〈가난한〉 사람들이 똑같이 누릴 수 있는 〈개인적〉 자유를 뜻했다. 이런 자유가 없다면 민주주의는 사람들을 모두 기계의 노예로 만들고, 기계를 섬기게 만드는 기계 민주주의일 뿐이다.

　직선을 〈수평으로〉 한번 그려 보라. 평면을 〈대지〉와 나란히 달리게 하여 지면의 모든 것과 평행하게 만들자. 실내 공간의 의미는 밖으로 뻗어 나가 햇빛과 공기를 내부로 순환시키는 것이다. 동굴 같은 건물? 그것은 중세의 돌덩어리처럼 사라지고 있다. 이런 목적을 달성하기 위해, 기계는 이 지상의 단조롭고 따분한 일을 대신해 주는 기능을 맡아야 한다.

---

13 마천루를 비유한 것이다.

만약 기계가 사람을 이롭게 하는 쪽으로 기능을 발휘한다면, 일하는 사람들의 여가는 크게 늘어날 것이다. 이 늘어난 여유는 건축이라는 탄탄대로에서 벌판, 개울, 공원, 정원 등을 만드는 데 쓰여야 한다. 자유의 고속도로는 대양에서 대양으로 뻗어 가고, 숲, 개울, 산, 평야를 함께 묶어 자유의 울타리가 되도록 해야 한다. 모든 인간은 위대한 국가의 자연환경을 더욱 아름답게 확장하고 꾸밀 수 있도록 노력해야 한다. 그리하여 그 아름다운 환경을 미래의 〈유소니아〉의 자녀들에게 물려주어야 한다.

이렇게 사용된 〈기계〉의 위대한 힘은 이런 친환경적인 일을 지원할 것이다. 도시의 인간적인 면모들이 고속도로를 타고 달려가 자연의 아름다움, 더 자유로운 생활과 합쳐지고 그리하여 대지와 함께 성장하게 된다. 증대한 기계가 제 기능을 한다면, 그것은 인간의 생활이 결실을 맺는 대지에 바탕을 두도록 도와줄 것이다. 왜 결실을 맺는 대지인가 하면 인간이 함께하기 때문이다.

선량한 사람들은 시간이 지나갈수록 도시로부터 벗어날 것이고 도시는 점점 더 쓰레기 더미나 기계 상점으로 가득 찰 것이다. 선량한 사람들이 철수하면서, 도시에 횡행하는 깡패의 법칙은 깨뜨리기 어려울 것이고 선창가에 쥐들이 넘치듯이 도시에는 악이 만연하게 될 것이다. 도시는 이렇게 하여 도시 원래의 기능으로 되돌아가게 된다. 그러면 기계는 그 유능한 손을 움직여 도시를 단순화시킨다.

도시라는 기계는 이처럼 부차적인 존재로 밀려났다가 마침내 사라질 것이다. 사람들은 오전 열시에 밀물처럼 도시에 몰려들고 오후 네시면 썰물처럼 빠져나갈 것이다. 이렇게 주중 3일만 출근하고 나머지 4일은 인간을 이롭게 하는 자연환경 속에서 유쾌한 생활을 영위하게 될 것이다.

유기적 변화가 〈기존 체제〉를 물리친다! 중앙 집중화는 유기적 통합에게 길을 내주고 물러난다!

헨리 포드는 머슬숄스[14] 계획을 제안하면서 분산에 대한 명언을 남겼다. 도시

---

14 Muscle Shoals. 미국 앨라배마 주에 있는 강 이름. 포드는 이 강 연안에 자동차 공장을 지을 계획을 제안했다.

와 시골을 나누는 선은 점점 사라지고 있다. 상황은 역전된다. 시골은 도시 기능을 다시 흡수하기 시작한다. 도시는 이제 위축되어 오로지 그 실용성 때문에 존재할 따름이다. 하지만 산업의 분산화 때문에 도시의 실용성이라는 것도 점점 사라지고 있다. 경제 활동의 단위인 개인이 도시의 밀집 상황을 거부하고 기계에도 종속되지 않으면서 더 많은 자유를 주장하고 나설 경우, 실용적 목적을 위한 도시의 집중도 점점 불필요해질 것이다.

이제는 소도시라고 해도 너무 크다는 느낌이 든다. 그런 도시 또한 점점 도시답지 않은 마을로 발전해 나갈 것이다. 장래의 기계 시대를 대비하여 〈도시주의 *urbanism*〉가 아닌 〈전원주의*ruralism*〉에 대비해야 한다. 바로 이것이 현대 건축가들이 해야 할 일이다. 그것은 진정으로 민주적인 일이기도 하다.

미국의 전 지역은 이미 뛰어난 도로망을 갖추고 있다. 눈부신 고속도로. 사방에서 시골의 고속도로를 망치는 전신주는 이미 사라지고 있다. 길가의 울타리는 — 현대의 농업이 그렇듯이 — 더 이상 필요하지 않다. 이 위대한 도로망은 먼저 도시로 몰리는 움직임을 재촉하겠지만 동시에 시골로 회귀하는 움직임도 가져올 것이다.

전국에 깔려 있는 금속 통신망 같은 철도는 무용지물이 된다. 그것은 곧 아무 방해 없이 지속적으로 교통량을 나르게 될 멋진 콘크리트 도로로 바뀔 것이다. 단단한 레일 위에서 느릿느릿 나아가는, 꼴사납고 둔중한 객차는 없어진다. 현재의 무거운 철로는 이미 현대 교통에는 너무 귀찮고 너무 느리다.

시골에는 새롭고 멋진 도로망이 신속하게 건설될 것이다. 도로 자체는 점점 더 건축적 형태를 띠게 될 것이다. 처음에는 과거의 생활을 유지하기 위해 도시에 남아 있겠지만, 넓고 시원하게 뚫린 도로망이 정상적으로 가동되면 사람들은 도시의 무의미한 혼잡으로부터 탈출해 자유로운 새 생활로 나아갈 것이다.

자연 공원은 전국적으로 이용할 수 있게 된다. 이렇게 발전하는 멋진 도로망을 따라 여행하다 보면, 접근하기 쉬운 곳에, 수백만에 달하는 대규모 혹은 소규모의 개인용 건축 부지들이 그냥 놀고 있음을 목격하게 된다. 이토록 놀고 있는 땅이 많은데, 왜 부동산 업자들은 일반적으로 25피트 혹은 100피트 단위로 택지를 분양하는 것일까? 이런 택지 분양은 중세적 사고방식에 지나지 않는다. 현재의 체제는 중세의 영주와 농노의 수직 관계를 생각하면서 예전의 사회적 경제적 범죄를 지속시키려고 애쓰는 것이다. 우리가 기계 시대에 성공을 거두려면 가족당 1에이커 정도의 땅은 분양받아야 한다.

해방의 앞길을 순탄하게 하려면 어떻게 해야 할까? 기계의 표준화된 효율성을 높이고, 기계가 필요한 곳에서만 기계 작업을 집중하고, 기계의 혜택을 널리 보급해야 한다. 기계의 혜택은 인간의 혜택으로 돌아와야 한다. 그렇지 않다면 그것은 쓰디쓴 열매일 뿐이다. 〈도시〉라는 나무에는 이보다 훨씬 쓴 열매가 좋은 열매와 함께 달려 있다. 하지만 이 쓴 열매를 그대로 내버려 두면 결국 그것이 나무 전체를 좀먹고 말 것이다. 기계가 엄청 증가하고 있지만 그것(기계)이 자연스럽게 수용될 수 있는 부분은 아주 작다.

유소니아 도시에 닥쳐올 분산의 중요한 특징 — 유기적 재통합의 사전 지표(指標) — 은 고속도로 주변의 모든 주유소에서 찾아볼 수 있다. 도로변의 주유소는 미래 도시의 서비스 유통 센터가 될 것이다. 자연스럽게 자리 잡은 주유소마다 디자인이 뛰어난 편의점이 들어설 것이다. 그것은 당연히 만남의 장소, 레스토랑, 휴게실, 기타 편의 시설을 통합하는 선두 주자가 되리라. 그것은 이미 도시나 근교에서 가장 좋은 터를 수십만 군데씩 차지하고 있다.

우리는 결국 이렇게 현재의 대도시나 소도시와 달리, 주유소의 기능에 상응하는 수많은 도시를 얻게 될 것이다. 유기적 통합은 중앙 집중화를 극복할 것이다. 유기적 통합은 현대적이다. 뻗어 나가는 중심 라인을 따라가는 유기적 통합은 자유와 모더니티의 표상이다.

위에서 언급한 수많은 소규모 주유소 외에 그보다 규모가 더 큰 교통 센터도 생겨날 것이다. 이것은 진정한 근린 센터로서 각 가정에서 아직 이용되지 않는 물품이나 특별한 연예 프로그램을 제공할 것이다. 하지만 사람이 사는 곳에는 방송, 텔레비전, 출판 등으로 인해 정보가 미치지 않는 데가 거의 없을 것이다.

이런 시설은 예전의 중앙 집중화 기능을 다소 보유하겠지만 그에 따른 문화적 품질은 점점 향상될 것이다. 이미 주유소는 〈식당〉의 기능을 겸하고 있는데 그 숫자와 규모가 급증하는 추세이다.

사람에게 도움이 되기도 하고 사람을 죽이기도 하는 선전 광고는 어디에서나 찾아볼 수 있다. 이것이야말로 기계의 공통적인 능력이다. 기계의 그런 기능은 현재의 도시가 지향하는 〈중앙 집중화〉의 환경에서는 완벽하게 실현되지 않는다. 선전 광고의 단순한 기능이 진정으로 작용되기 시작하면, 현재의 부자연스럽고 제멋대로이고 낭비가 심한 구도는 크게 변모할 것이다.

연쇄 판매는 연쇄 서비스와 연결되어 분산되어 있으면서도 통합적인 효과를 갖는다. 이것은 각종 유통 행위에 보다 직접적이고 완벽한 기계적 방식을 제공한다. 이렇게 되면 옛 도시의 중앙 집중화가 이루었던 것보다 더 큰 효과를 거둘 수 있다. 사람들을 이처럼 완벽하게 동원할 수 있다는 것은 급속히 다가오는 기계 시대의 또 다른 장점이다. 따라서 여행 중인 개인이 음식, 물품, 임시 숙소 등을 원스톱으로 구입할 수 있다. 그런 날이 곧 닥쳐올 것이다. 미국의 훌륭한 고속도로 망은 분산되어 있으면서도 통합되어 있는 미래 대도시의 동맥 노릇을 할 것이다.

길가에는 온갖 흥미로운 가게들이 들어서고 심지어 연예 행사도 흔하게 벌어질 것이다. 도로의 중요성이 증가하고 따라서 자유도 늘어날 것이기 때문에 삶의 질은 향상될 것이다. 훌륭한 도로망을 따라 운행되는 고급 버스는 여행과 교통을 흥미진진하게 만들고 일반화시킬 것이다. 짐스러운 철도는 〈장거리 운송〉만 담당하도록 하자. 독립적인 기계 단위로 개조된 비행기는 곧 하늘에서 운행되면서 육상 운송의 일부를 떠맡을 것이다. 그렇다면, 아직 때가 오지 않았지만 공항은 현대 생활의 또 다른 중심지가 될 것이다.

하루 일정의 여행은 어디에서든 그 자체로 유쾌하며 어디를 여행하든 편리하게 움직일 수 있을 것이다. 도시 여행을 하면서 가다 서다를 반복하는 경우는 별로 없을 것이고 도시의 〈폐허〉를 관광하기 위해서라면 모를까, 도시로 들어가는 일은 거의 없을 것이다. 〈어느 곳〉을 가든 〈여행〉은 즐거운 현대적 상황이 될 것이고 모든 사람이 즐길 수 있는 다양한 모험이 될 것이다.

　도시는 거대한 입[口]이다. 뉴욕은 세계 최대의 입이다. 지방 구석구석에서 식량의 완벽하고도 경제적인 유통과 더불어, 도시를 건설하도록 도와준 중요한 요소는 사라졌다. 도시는 이제 도시의 발상지인 흙과 직접 관련을 맺으면서 살아 나가야 한다. 산지(産地)에서 도시로 물건을 운반하는 데 사용된 값비싼 장거리 운송이 과거 중앙 집중화의 특징이었다면 이제 지방 생산품은 현지 위주로 단거리 운송을 통해 유통되고 있다.
　사람이 사는 곳마다 식량은 물론이고 기존의 도시가 공급해 온 공장에서 대량 생산한 제품을 손쉽게 현지에서 구입할 수 있을 것이다. 또 도시가 생각조차 하지 못한 물건들도 현지에서 유통될 것이다. 무성이든 유성이든 〈영화〉는 혼잡한 영화관보다 가정에서 관람하게 될 것이다. 옛날처럼 구식의 대형 극장보다는, 소집단 혹은 동호인들이 가정에서 교향악 연주, 오페라, 강연 등을 즐기고 시청할 때가 올 것이다.
　개인의 사회적 단위인 가정은 풍요롭고 강력해질 것이며 자급자족하면서 대지의 자유와 사생활의 자유를 마음껏 즐기게 될 것이다. 유소니아의 도시에서 개인의 가정은 예전에 고대 도시가 누렸던 모든 것을 그 내부에 확보한다. 그 외에 개인적 안락함과 자유로운 개인적 선택을 누리면서 다양함 속에서 단일함을 창조해 낸다.
　학교는 규모가 더 작아지고 개성 위주로 다양화되고 모든 기술과 직접 관련을 맺게 될 것이다. 그런 기술 중에서 생활의 기술은 판매 기술보다 더 많은 주목을 받을 것이다. 모든 학교는 정원, 샛길, 시골의 공원 등 매력적인 특징을 갖출 것이다. 학교-공원에서 사람들이 좋아하는 운동 경기가 자주 벌어질 것이고 학교는 인근의 사람들에게 개방될 것이다.
　지역 공동체의 자연스럽고 바람직한 모임을 만들려는 본능을 만족시키기 위해, 산, 해변, 초원, 숲 등 경승지는 자동차 유원지로 개발될 것이다. 이런 휴양지에는 천문대, 경마장, 대규모 연주장, 온갖 단위의 국립 극장, 박물관, 미술관 등이 집중될 것이다. 현대 문명의 특징을 잘 반영하는 유원지에 놀이 시설이 집중되는 것은 필연적이다.

 개인이 소유한 극장은 불필요해질 것이다. 그 대신 전국 구석구석에 자리 잡은 자동차 유원지에서 뛰어난 연극과 그 밖의 공연을 볼 수 있을 것이다. 전국적으로 인기가 높거나 관객의 요청이 많은 그런 연극이 나온다면 말이다.
 이런 유원지들에는 모든 사람들이 일반적으로 편하고 쉽게 접근할 수 있어야 한다. 그런 만큼 관심사와 아름다움의 측면에서 서로 경쟁하고, 여행을 부추기고, 가볼 만한 매력을 제공해야 한다. 이렇게 하여 시골 전체가 잘 개발된 공원이 될 것이고, 그 안에는 사생활을 보장해 주고 아름다움을 간직한 높고 넓은 건물들이 들어설 것이다.
 집중화된 〈미래의 도시〉는 기계의 순기능을 적절히 받아들여 대형 창고 혹은 유통 센터 역할을 하게 되리라. 사람들은 도시를 벗어나 살면서 프라이버시(예전의 도시가 제공하지 않았고 또 개인에게 불필요하다고 보았던 것)를 누리게 될 것이다. 사람들은 교외로 퍼져 나가 인간다운 자유를 찾을 것이고, 자유 민주주의의 의미를 새롭게 되새기게 될 것이다. 그들의 국가는 진정한 〈자유〉 국가이기 때문에 삶의 아름다움과 자유라는 생득권(生得權)이 자연스럽게 주어질 것이다.

 자, 이런 〈자유〉의 이상이라는 관점에서 볼 때, 부지불식간에 도시라는 기계의 함정에 빠져 허우적거리는 현대 생활의 비참함을 어떻게 완화시켜야 할까? 사회는 어떻게 하면 개인의 독립이 점점 마비되는 현상(기계의 지배)을 피할 수 있을까? 어떻게 하면 〈기계〉에 대한 〈인간〉의 승리를 담보할 수 있을까?
 그것이야말로 내 생각에, 건축가의 진정한 관심사이다. 이 드넓은 자유의 나라에서 인간에 대한 생생한 관심사는 어떤 것이 되어야 하는가? 그것은 신선한 햇빛과 공기의 자유, 대지의 폭넓은 공간, 이런 것들을 만끽하는 개성적인 자유인을 가르치고 길러 내는 것이다. 이러한 〈인간〉에 대한 관심은 자유 국가의 특징이 되어야 한다.

우리는 〈다양성 속의 단조로움〉 — 소위 〈국제주의 양식〉 — 이 아니라 다양성 속의 다양함을 필요로 한다. 그 다양성의 규모와 상황이 민주주의의 이상에 걸맞아야 한다. 우리는 이 새로운 삶을 예전 그 어느 때보다도 〈외적 자연〉의 일부로 만들어야 한다. 그것은 〈내적 자연〉과 새로운 조화를 이루기 때문에 〈영원한 자연〉의 일부가 된다.

우리는 대중의 호기심과 경이가 또다시 전기 불꽃처럼 타오르기를 바라지만 고속도로와, 온 대지를 구석구석 누비는 샛길과 더불어 그런 열광이 샘솟기를 바란다. 매력적인 집과 학교, 중요한 공공 광장이 자유로운 분위기 속에서 탁월하게 통합될 때 우리는 자연의 아름다움과 관련된 건축미를 알게 될 것이다. 예술은 자연스러워야 한다. 예술은 우리 자신과, 우리가 무시했던 생득권 사이의 완벽한 조화를 이루는 기쁨이 되어야 한다. 그 밖의 예술은 강매된 싸구려 제품에 지나지 않는다.

우리는 이제 관청의 지배가 줄어들고 질서정연한 자유를 누릴 수 있는 시대를 꿈꿀 수 있다. 확신하거니와, 널찍한 인간적 공간의 배치가 그런 시대적 분위기를 조성해 줄 것이다. 현대 생활에서 개인의 신랄한 재치, 취향, 성격이 발랄하게 피어나고, 멀고 가까운 시골이 생활의 축제 — 멋진 삶 — 가 된다면, 그제야 비로소 〈인간〉과 〈기계〉의 조화로운 균형이 이루어졌다고 할 수 있으리라. 그리하여 기계는 인간적 생활의 해방자로 나서게 될 것이다. 과거의 중앙 집중화는 고정적, 군주적, 독재적인 것이었고, 과거의 문명을 궁극적으로 붕괴시킨 파괴자였다.

유기적 통합은 새로운 〈자유〉가 요구하는 기술이고 우리의 건축은 이런 새로운 〈자유〉의 이상을 반영해야 한다.

세인트 마크스 타워

당신은 유소니아의 이상적 도시에 대한 구체적인 건물, 구체적인 사례를 원하는가? 오케이. 여기에 〈세인트 마크스 타워〉가 있다. 이 현대 건물은 하나의 유형으로서 기계 시대의 요구 사항을 충족시키고, 기계 시대의 자원을 활용하고, 기계 시대의 자재를 기계의 방식에 따라 활용하고 있다! 기계 시대의 직선과 평면은 거대한 규모보다는 의미가 뚜렷한 윤곽*out-line*을 지향한다. 건물의 전체 구조는 내부 공간에 빛이 잘 들어 환하도록 하는 데 중점을 둔다.

구조는 가볍고 강하다(강철 상자에 무거운 석재를 두른 건물보다 3분의 1이나 가볍고 3배나 강하다). 이 18층 건물은 쓸모없는 파괴적인 벽의 두께와 하중에 자리를 내주지 않기 때문에 2층에 해당하는 공간을 생활공간으로 활용할 수 있다. 시카고의 애덤스 가의 모퉁이, 스테이트 가에 있는 고든 스트롱의 리퍼블릭 빌딩과 비교해 볼 때, 〈노출〉된 유리 면적은 10퍼센트에 불과하다.

커다란 가치와 아름다움을 지닌 기계 시대의 제품인 섬유는 이곳 유리의 내부 공간에 드리워져 있어서 채광과 프라이버시를 주변 상황에 알맞게 조정할 수 있다. 지지 구조인 중심 덩어리*central mass*와 바닥을 제외하고, 건물의 모든 부분은 금속으로 만들어져 있다. 칸막이와 가구는 디자인이 통일되어 있고 외부의 공장에서 제작해 온 것이다. 이렇게 경제적으로 공간을 배열했기 때문에 동굴 스타일의 방 다섯 개짜리 아파트의 공간을 그 3분의 2 정도 규모를 가지고서도 창출할 수 있다. 햇빛의 효과가 이처럼 크다.

절약? 예외적이라고 할 만큼 대대적인 절약이 이루어졌다. 〈낭비〉에서 놀라울 정도로 해방되었다.

아름다움? 당연히 첫눈에 보면 좀 이상하다. 하지만 우리가 정기선, 비행기, 자동차에서 볼 수 있는 아름다움을 여기에서도 발견할 수 있다. 그것에 더해, 전체적으로 우아한 멋이 있다. 풍부한 상상력을 바탕으로 한 솜씨로 세세한 곳에서 모든 부분을 전체와 조화시켜 절묘한 울림을 만들어 냈다. 이것은 전보다 더 실용적인 아파트이다.

아름다움? 잘난 체하는 사람이여, 당신이 말하는 아름다움이란 도대체 무엇을 의미하는가? 나는 당신의 대답을 들을 수 없지만 상상할 수 있다. 그 알량한 아름다움에 대해 당신의 생각을 솔직하게 털어놓는다면, 그건 결국 〈취향〉의 문제가 되고 말 것이다. 〈취향〉은 으레 무지의 문제거나 개인의 변덕일 뿐이다.

현실을 직시하라, 절충주의여! 〈세계〉의 그 어떤 위대한 건축도 지금껏 〈취향〉이라는 취약한 기반 위에서 발전하지 않았다. 권위자인 척하는, 당신의 저

내셔널 생명 보험 회사(계획안), 일리노이 주 시카고, 1924년. 투시도, 트레이싱지 위에 연필과 색연필, 42×50.

희귀한 취향조차도 결국은 취향에 지나지 않는다. 위대한 건축은 미학을 연구하는 철학자나 기능주의자의 계산에서 탄생한 것이 아니다. 위대한 건축은 세인트 마크스 타워처럼 건축의 자재, 방법, 목적에 충실하게 건설되고, 더 많은 사람들에게 통찰력을 불어넣는 혜안을 제공할 때 탄생했던 것이다. 그 결과 새로운 생활에 부응하는 새로운 기술이 생겨나고 자유로운 개성이 만발한다. 세인트 마크스 타워 건물은 인간의 실용적 목적에 부합하여 인간의 정신을 만족시키는 방향으로 지어졌다. 여기서 정신이란 반드시 지성을 의미하지는 않는다. 지성만 만족시키려 하는 것은 전환기의 취향을 만족시키려는 것처럼 그 효과가 불확실하다. 나는 지성과 감성이 통합된 그런 정신을 만족시키려 한다.

이 건물은 새롭게 질서를 의식하면서 아름다움을 새로운 각도로 파악하고 있다. 이 건물은 외부의 치장이란 결코 아름다움을 가져다주지 않는다는 인식에서 출발한다. 건물의 용도에 부합하는 다양한 기능을 유기적으로 통합하고 자연스러운 흐름을 살린 내부로부터 그런 아름다움의 특질이 나오는 것이다. 따라서 아름다움은 결코 〈외부〉에 있지 않다.

우리의 목표는 이런 것이다. 뚜렷한 문화적 전제를 설정하고 기계 시대의 요구를 배신하지 않으면서 미래의 도시를 표현하자.

문화적 전제! 이런 형태의 고층 빌딩을 생각해 보라. 아주 다양한 빌딩들이 한 줄기 빛처럼 도심 곳곳에서 아주 높이 솟아 있다. 하지만 기존의 성가신 석조 동굴 같은 빌딩은 모두 내던져졌다. 그 동굴을 제거한 도심 거리에 나무를 심고 푸른 공원으로 만들자. 다양한 그늘을 드리우는 나무들과 꽃이 만발한 관목 사이에서 강철이 거미처럼 투명하거나 반투명한 유리, 채색 유리를 휘감는 광경을 상상해 보라. 이제 공원으로 보이는 도시 전체에서 파란 하늘로 치솟은 이 가벼운 섬유에 아롱거리는 무지갯빛을 살펴보라. 금속으로 제작한 기둥은 터키색, 금색, 은색, 구리색으로 빛난다. 한줄기 빛으로 반짝이는 유리 표면은, 자연스러운 녹음 사이에서 서로 자유롭게 서 있는 빌딩들을 반사한다. 유리 표면에 부딪힌 빛은 굴절하며 다시 눈부시게 빛난다. 이렇게 환한 빛을 받는 공간의 건설비를 전부 합쳐도 답답한 동굴 건설비의 절반에도 못 미칠 것이다. 이렇게 절약한 돈을 대지에 투입한다고 상상해 보자. 그렇게 된다면, 도시를 혼잡으로부터 해방시켜 사람이 살 수 있는 공간으로 되살릴 수 있고, 이런 신선한 바람을 전국으로 확산시킬 수 있다.

자유의 이런 인간적인 혜택이 기계를 통해 되살아난다고 상상해 보자. 멋진 신세계! 당신은 새로운 기계 시대를 흘긋 엿보게 된다. 인간은 기계 덕분에 더 건강하고 행복해진다.

〈자연〉과 경쟁할 수 있을 정도로 자연스러운 예술을 많이 찾아내자. 우리는 그것을 〈인간성〉의 궁극적 특징으로 파악해야 한다. 그렇게 될 수 있도록 지금 여기에서 성장해야 한다.

우리는 인공적인 장인(匠人)이 되어 그것을 직접 만들어야 한다. 하지만 인공의 개념이 개입되는 것은 생활과 자연을 통합시킬 수 있는 한도 내에서만 허용되어야 한다. 인공을 통해 자연으로 나아간다는 것은 인간만이 해낼 수 있는 위대한 속죄이다. 이러한 속죄가 없다면 인간이라는 종은 소멸할 것이고 — 소멸해야 마땅하고 — 유소니아는 결코 태어나지 않을 것이다.[15]

〈배신〉. 산업계의 수장들은 실용적이고 합리적인 방식으로 현대 생활에 알맞은 배경을 마련해 줌으로써 인간의 해방을 도와줄 수도 있었다. 하지만 그들은 감상적인 방식으로 자신들의 변덕스러운 취향을 만족시키는 일에 몰두했다. 그리하여 기계로 제작한 수백만 개의 자재를 사용해 오히려 원본보다도 못한, 골동품 같은 고딕 건물을 양산하고 있다.

디트로이트의 자본가들도 사업가 특유의 감상주의적 취향을 톡톡히 발휘하고 있다. 그들은 지금 수백만 대의 기계를 바쁘게 돌리면서 〈리버티 홀〉을 몇 천 피트씩 확장하고, 오래된 유리 샹들리에와 골동품 — 식민지 시대의 주민들이 가지고 있었거나 청교도들이 영국에서 이곳으로 가져왔던 바이올린과 바이올린 활이나 그 밖의 물건들 — 을 둘 공간을 확보하기에 바쁘다. 청교도들이 그 당시 신세계로 그런 물건들을 가져온 것은 그것 외에 달리 가져올 게 없었기 때문이다. 왜 20세기에 들어와서도 식민지 시대풍의 낡은 골동품을 계속 지어야 할까?

이렇게 하여 미국의 기계 시대를 관리해야 할 위대한 수탁자들(자본가들 이외에 누가 그런 임무를 맡을 수 있겠는가?)은 우리나라를 배신하고 있다. 무익한 감상적 취향을 고집하면서 말이다. 나는 일부 건축가들이 그들에게 이런 〈취향〉의 아이디어를 〈강매했다〉고 생각한다.

15 가령 낙수장처럼 자연 친화적인 집을 짓기 위해서도 먼저 산 속의 자연을 훼손하는 인공이 따른다. 그러나 그 공작을 통해 자연과 하나 되는 더 큰 자연(낙수장이라는 집)이 생겨난다면 그것은 자연에게 속죄하는 길이 된다.

이렇게 하여 산업계의 수장들이 미래를 한결 밝게 만들어 줄 기계 시대의 요청에 등을 돌린다. 수장들은 우리 시대에 늘어난 기계의 힘을 엉뚱한 곳에 낭비해 버린다. 과거의 골동품들을 정교하게 모방하는 일에 열을 올리면서 그것이 즐거운 일이라고 생각한다. 하지만 그것은 그들의 즐거움일 뿐 우리는 전혀 즐겁지 않다. 현대 자본주의 체제의 취약성은 이곳에서 너무나 노골적으로 드러나기 때문에 그 어떤 감상주의, 그 어떤 애국적 호소도 그것을 감추지 못한다.

우리가 당당히 요구할 수 있는 충성을 발견하기 위해 이제 어디로 가야 할까?

스튜디오에서 우리는 밤낮으로 부지런히 일하여 지난 몇 해 동안의 작품 전시회를 준비했다. 약 6백 장의 사진, 몇백 장의 드로잉, 5개의 후기 작품 모형 등이었다. 그 모든 것을 우리가 직접 설계한 〈세트〉에 담아서 유럽으로 가지고 갔다.

유럽 몇 개국의 정부들은 운송 비용을 부담했고 전시회 장소로 공공 미술관을 내주었다. 우리는 각 언어마다 인쇄 색깔을 달리하여 3개 국어로 카탈로그를 준비했다. 그것은 처음 만들어 보는 내 작품의 정통 카탈로그였다. 영어는 관례대로 검은색으로, 독일어는 붉은색, 프랑스어는 파란색으로 인쇄했다. 지난 한두 해는 건설 불경기로 인해 어려운 시기였기 때문에 나는 떠돌아다니면서 강연을 했다. 나는 첫 번째 해외 전시회에서 선보였던 작품을 가지고 미국 내 여러 곳을 돌아다녔다. 처음에는 프린스턴 대학교, 다음에는 뉴욕의 건축 연맹에 들렀다. 뉴욕의 건축 연맹은 축하 연회를 열어 주었고 나를 포함하여 여러 사람들이 연설을 했다. 동창회 같은 분위기였고 나는 연회 중에 여러 번이나 놀랐다. 참석한 건축가들은 자리에서 일어나 나에 대한 찬사를 늘어놓았다. 그것은 나의 업적에 대한 인위적 찬사, 겉 다르고 속 다른 찬사, 혹은 진짜 찬사 등 각양각색이었다. 나는 미국의 동료 건축가들이 이제는 더 이상 나를 두려워하지 않는 것일까 하는 생각도 했다. 과거 나의 전성기 때에는 나를 〈일제히 공격〉하더니 이제는 퇴물이라고 생각하고 있는 건 아닐까 의아해했다. 아니면 나를 자기 생각만 하는 싸움닭이라고 생각하여 아예 제쳐 놓은 것일까. 사실 나의 행동은 그런 인상을 주기에 충분했다.

하지만 아니었다. 나는 곧 진상을 파악했는데, 나라는 인간은 그 어떤 대가를 치르더라도 따돌려야 하는 존재였던 것이다. 나는 〈따돌림당하는 것〉이 유감스럽지 않았다. 저 절충주의의 지속적인 〈잔재〉와 치열하게 싸우는 과정에서 그런 대접을 받더라도, 조금도 개의치 않고 자유롭게 행동할 것이다. 이런 투쟁의 자유는 내게 소중한 것이다. 나는 그 대가를 치렀지만 그리 큰 손실도 아니었다. 나는 동료 건축가들의 따뜻한 동지 의식과, 선량한 호의를 과거나 지금이나 그리워하기는 마찬가지이지만, 그것 때문에 내 행동에 제약을 받지는 않았다.

괴테는 일찍이 동료들의 비판에 대해 이런 시를 지어 대응했다. 〈내가 말을 타고 지나가는데 동네 개들이 짖기 시작한다면 나는 그에 대해 이 한 가지를 확신한다. 아무리 개들이 짖어도 말을 타고 지나가는 사람은 그들이 아니라 나이다.〉 괴테의 이 시는 누가 뭐라고 해도 나는 내 마음대로 하겠다는 결연한 의지의 표명이다. 하지만 세일즈맨 정신을 최고의 예술로 생각하는 시대에 괴테가 태어났다면 과연 그렇게 당당하고 자신 있게 선언할 수 있었을까.

가끔 학자들의 모임에 참석하는 경우, 나는 사촌 동생 딕 존스에게 들은 이야기를 해주었다. 그는 매디슨 대학교를 다니다가 그만두었다. 우리는 저녁 식사를 함께 하던 중이었는데 딕은 냅킨을 펴면서 나를 쳐다보고 말했다.

「형님, 지금 한참 유행하는 이야기가 있답니다. 왜 미국의 플루플루 새는 거꾸로 날까요?」

「플루플루 새라고, 딕? 난 그런 새 이름은 들어 본 적이 없는데.」

딕은 대답했다. 「상관없어요. 그 질문에 대한 정답은 이래요. 바람이 새의 눈에 들어오기 때문에 거꾸로 난다는 겁니다.」

「알았어, 딕. 미국의 플루플루 새는 바람이 눈에 들어오기 때문에 거꾸로 나는군.」

딕은 말했다. 「아니에요, 아니에요. 플루플루 새가 거꾸로 나는 건, 앞으로 날아서 어디로 갈 것인가에 대해서는 신경 쓰지 않고 자신이 원래 있었던 곳이 어디인지 그것만 알려고 하기 때문이에요!」

이 이야기를 해주면 사람들은 모두 웃음을 터트렸다. 딕, 고마워. 그건 아주 멋진 농담이었어. 물론 내게도 의미 있는 농담이었고.

떠돌이 연사

오리건 주 유진의 주립대학교로부터 전시회를 열어 달라고 간청하는, 손으로 직접 쓴 편지가 도착했다. 그것은 건축학과의 모든 학생들과 월터 윌콕스 목사가 서명한 편지였는데 나는 감동했다. 나는 전시 작품을 가지고 그곳에 갔고 이어 시애틀로 갔다. 덴버에서 두 번의 강연을 했고 뒤이어 프린스턴에서 여섯 번의 강연을 했는데, 당시 프린스턴에서 한 강연 내용은 『현대 건축Modern Architecture』이라는 제목으로 출판되었다. 위스콘신에서 두 번의 강연회와 전시회가 열렸다. 미니애폴리스에서도 두 번 열렸다. 과거에 이 도시에서 나를 체포하여 구치소에 집어넣었던 브라운 경관이 구경하러 왔더라면 좋았을 텐데. 그라면 미술 박물관을 가득 채운 사람들 사이에서 편안한 감정을 느꼈을 텐데. 나는 남녀 동료들이 가득 몰려온 몇몇 모임에 감동했다. 특히 시카고와 위스콘신에서의 모임이 그랬다. 오래 사귄 사람들의 모임에서 내게 베풀어 준 따뜻한 환영은 나의 내면에서 잠자고 있던 감상주의를 일깨웠다. 감상주의에 대한 나의 평소 생각을 바꿀 정도는 아니었지만, 그건 사람을 흐물흐물하게 만드는 힘이 있었다!

「저 인간은 여전히 우상파괴주의자다!」 사람들은 숨죽여 가며 분노의 목소리로 속삭였다. 어쩌면 나는 그런 사람일지도 몰랐다. 차라리 나를 〈급진적 radical〉이라고 비난하면서 집으로 되돌아가라고 했으면 좋았을 걸. 〈뿌리root〉에 대한 지식이 없다면 어떻게 삶을 살아 낼 수 있을까? 하지만 학계에서는 〈급진적〉이라는 말이 〈적색분자red〉와 동의어인 경우가 많다. 위선자들은 본능적으로 급진적인 것을 싫어한다.[17]

나는 강연장 어느 곳에서나 인파가 넘치고 젊은이들이 열심히 경청하고 질문하는 모습을 보았다. 자연스러운 현대성은 유소니아 젊은이들의 상상력을 사로잡았다. 당시 나는 현대성이 자유로운 조건 아래 새롭게 문화를 창조하고, 보다 지속적인 자연법을 만들어 내기를 바랐다. 젊은이들의 열렬한 태도와 지적인 질문을 받으면서 나는 나 자신이 더 젊어진 듯한 느낌이 들었고 감사의 심호흡을

---

17 radical이라는 단어는 뿌리를 의미하는 라틴어 radix에서 나온 것이다. radical과 red는 발음이 비슷하다.

했다. 비록 외롭지만 나의 작업이 나 혼자서 하는 것은 아니라는 느낌이 들었다.

그리고 시카고에서는 내 젊은 시절의 메아리가 들려왔다. 어느 날 오후, 전시회가 열리고 있는 미술관으로 키가 큰, 멋진 여자가 걸어 들어왔다. 그녀는 내게 다가오며 미소를 지었다. 나는 한순간 멈칫거리다가 캐서린을 알아보았다. 그녀는 재혼하여 이제 벤 E. 페이지의 부인이 되어 있었다. 나는 지난 15년 동안 그녀를 만난 적이 없었다. 세월의 흐름은 그녀의 용모를 별로 파괴한 것 같지 않았고, 솔직히 말해 여전히 젊고 행복해 보였다. 실제로 그녀는 정말 그렇다고 말했다. 우리는 함께 전시회를 돌아보면서, 오크 파크 가정의 〈또 다른 절반(캐서린 라이트)〉의 도움으로 나온 많은 작품 앞에서 잠시 회상에 잠겼다. 이혼에 동의하기까지 엉뚱한 사람들의 조언 때문에 나를 섭섭하게 한 적도 있었지만, 그녀는 자신이 사랑한 사람들에 대해서 한결같이 의리를 지킨 사람이었다.

밀 워 키

전국 순회 전시회가 끝나자 전시 작품들과 자료는 또다시 탤리에신으로 되돌아왔다. 그 무렵 밀워키의 예술과 문화의 중심지인 레이턴 미술관의 큐레이터, 샬럿 패트리지가 나의 전시회를 개최하고 싶다고 제안해 왔다. 또 전시회와 함께 강연도 해달라고 요청했다. 그녀는 내가 동의한다면, 필요한 경비는 미술관 측에서 부담하겠다고 했다.

밀워키! 내가 볼 때 그곳은 현대적 예술에는 정말로 관심이 없는 도시였다. 그런 밀워키에서 내 작품의 전시회를 열겠다니!

하지만 바로 그 이유 때문에 나는 찬성했다. 나중에 패트리지 양이 전시회에 필요한 자금을 모금하느라고 애를 먹었다는 이야기를 들었다. 그래도 전시회는 계획대로 추진되었다. 나는 바쁘게 제자들에게 지시를 하며 세트를 세우고 있었는데 패트리지 양이 「저널Journal」지에 실을 〈전시회 특집 기사〉를 쓴다는 키 크고 멋진 여기자를 소개했다. 너무 미인이라서 과연 저런 미녀가 건축 따위에 관심이나 있을까 하는 생각이 들었다. 나는 그녀를 무시하면서 계속 작업을 했다. 여기자는 끈덕지게 나를 쫓아다니며 질문을 던졌다. 나는 이것저것 생각나는 대로 잠깐씩 대답했다. 드디어 여기자가 본론을 꺼냈다. 「라이트 선생님, 9백만 달러의 공사비가 들어간 밀워키 시청 건물을 어떻게 생각하는지 말씀해 주시겠어요?」

신 청사는 작은 창문들이 달려 있는, 수직의 단단한 석벽으로 둘러싸인 3층짜리 철골 구조 건물이다. 게다가 키가 큰 석재들이 고전적 분위기를 풍기며 건물 외벽을 빙 둘러싸고 있었다. 건물의 윗부분에는 육중한 석재 코니스를 둘렀다. 내부는 강철로, 외부는 석재로 된 건물이었다. 나는 건축가가 누구인지 알지 못했다.

나는 〈발표〉되리라고 생각하지 않으면서 이렇게 대답했다. 「신 청사는 그 어떤 문화적 관점에서 봐도 밀워키 문화를 50년이나 후퇴시켰습니다.」

「아, 선생님이 그런 말씀을 해주시니 정말 기뻐요!」 여기자는 펄쩍 뛸 듯이 좋아했다.

이어 그녀가 아주 조심스럽게 물어 왔다. 「그 말을 기사화해도 괜찮겠습니까?」 그 요청은 너무 신중해서 나는 잠시 걸음을 멈추고 생각해 보았다. 그걸 발표한들 무슨 문제가 있겠는가? 아무튼 내 말은 사실이 아닌가. 「좋아요, 내가 그렇게 말했다고 해도 상관없습니다.」 인터뷰는 곧 끝났고 나는 그 문제를 더 이상 생각하지 않았다.

나는 그날 밤늦게 퇴근하여 집에 돌아왔다. 다음 날 아침 일찍, 밀워키에서 장거리 전화가 왔다. 「뉴스News」지의 기자였다. 「〈저널〉지가 선생님의 말이라며 이런 진술(그것은 늘 진술이었다)을 헤드라인으로 뽑았어요. 〈신 청사는 그 어떤 문화적 관점에서 봐도 밀워키 문화를 50년이나 후퇴시켰다.〉 어떻게 생각하세요?」

나는 대답했다. 「좋아요, 내가 그렇게 말했습니다. 아니, 50년보다는 차라리 100년으로 해주십시오. 난 평소 생각을 그대로 말했던 겁니다.」

이제 호떡집에 불이 난 것처럼 싸움이 붙었다. 다른 신문사들도 전화를 걸어 확인하려고 했다. 나는 모두 확인해 주었다. 언론은 밀워키의 지도급 건축가들과 후속 인터뷰를 했다. 기자들은 이렇게 평했다. 〈모두들 자신의 의견을 피력하기 두려워한다. 급진적인 건축가의 비위를 건드리지 않으려고 조심한다.〉 나는 그런 기사를 읽고 웃음이 나왔다. 밀워키의 건축가인 툴그렌은 이렇게 말했다.「라이트는 늘 시대를 20년 앞서 가지 않습니까.」신 청사 설계 공모전에서 뽑힌 건축가 앨버트 랜돌프 로스는「저널」지와 인터뷰하고, 그의 설계가 현대적이 아니라 고전적인 이유를 직접 설명했다. 다음은 그의 설명이다.

〈후버 대통령은 최근 워싱턴에서 공공사업의 세출 예산안을 설명하면서 이렇게 이야기했다. 공공건물은 워싱턴에 확립된 신고전주의 전통을 이어가는 것이 좋다.

디자인 공모전에 참가했을 때 나는 대규모 공공건물에 현대적 디자인을 적용할지 여부를 고려해 보았다. 그 결과 현대적인 스케치를 작성했지만 개인적인 생각으로 그것은 공공건물의 용도에 어울리지 않았다. 그 스케치들은 공공의 정신을 풍부하게 표현하지 못했고 전형적이지도 않았다. 그래서 나는 우리 조상들이 공공건물을 지을 때의 선례를 따랐다.〉

청사 설계를 옹호하면서 로스는 이렇게 말했다.〈미국의 가장 뛰어난 건축가 3명이 전원일치로 나의 설계가 아름다움, 구조, 실용이라는 요구 사항을 완벽하게 충족시켰다고 판단했기 때문에 뽑아 준 것이다.

나는 건축의 현대적 추세에 대해 아무런 반감도 없다. 직접 그런 현대적 디자인을 그려 본 적도 있고, 밀워키 청사에 적용할지 여부를 고려하기까지 했다. 하지만 그것은 공공건물에 어울리지 않을 뿐만 아니라, 150년 역사를 통해 구축된 확고한 건축 스타일을 어기는 행동이다.

공공건물에 모더니즘을 도입하는 것은 어울리지 않는다. 아주 혁신적인 것을 시도할 때에는 아주 천천히 해나가지 않으면 안 된다. 공공의 자금을 건축적 실험에 사용해서는 안 된다.〉

로스는 청사의 미학적 측면은 전체 건물 중 10퍼센트 정도밖에 안 된다고 말했다. 청사에서 가장 중요한 것은 채광을 충분히 고려해 밝고 아늑한 효과를 내는 것이라는 이야기였다. 그의 이런 구상은 충분히 성취되었다. 청사, 사무실, 복도, 건물의 유용성 등은 그가 중시하는 사항들이다.

이 글은 기능주의/절충주의의 전형적 관점을 완벽하게 보여 주고 있다. 청사의 미학적 설계가 청사의 기능과 별개의 문제이고 로스의 말마따나 〈10퍼센트〉 밖에 되지 않는다면, 왜 건물의 50퍼센트를 무익한 석재 장식으로 채웠는가?

로스에 대한 반박은 다음과 같다.

밀워키는 시카고 청사를 한번 살펴보라. 20년 전에 〈멋진〉 의고전주의의 결정판이라고 했던 그 건물이, 오늘날 하나의 경제적 범죄로 추락했음을 누구나 명백히 알 수 있다. 그 건물은 문화를 창달하기는커녕 문화에 심한 저주를 퍼부었다.

나는 이렇게 말한다. 오늘날의 밀워키 시청 건물은 똑같은 경제적 범죄이고 다만 로스의 취향에 따라 외관이 약간 수정되었을 뿐이다. 몇 년 안에 이것은 모든 사람들의 눈에 분명히 드러날 것이다. 세상 사람들은 점점 더 명민해지고 있으니까.

밀워키의 한 건축가는 이렇게 말한다. 〈밀워키 시가 애써 번 수백만 달러의 자금을 실험에 쏟아 부어서는 안 된다.〉 이것은 밀워키 시 당국에게는 듣기 좋은 소리일지 모른다. 만약 그렇다면, 밀워키는 정말 중병에 걸렸고 그 결과 밀워키는 영원히 문화의 오지로 머물러야 할 것이다.

건축가 로스의 말에 따르면 그는 〈실험〉을 하고 싶지 않다고 한다. 하지만 로스의 말대로라면, 그는 9백만 달러의 시민 혈세를 과도기의 불확실한 취향에 〈걸고〉 있는 것이다.

따라서 미래의 세대가 시카고의 거짓말보다 밀워키의 거짓말을 더 높이 쳐줄 가능성은 거의 없다. 적어도 시카고의 거짓말에는 몇 가지 핑곗거리가 있다. 당시에는 엔지니어링 건축이 없었기 때문에 안전의 의고전주의를 선택해야 한다는 변명을 할 수 있었다. 하지만 20년이 지난 지금 밀워키의 공공건물의 구조(構造) 운운하는 거짓말을 좋게 보아 줄 근거는 아무 데도 없다.

로스가 지난 10년 동안 미국 건축계와 전 세계 건축계의 발전 상황을 몰랐다면, 엔지니어링 건축을 가리켜 〈실험〉 운운한 것은 이해할 만한 일이다. 밀워키 시청 건물은 감상주의적 오류의 마지막 주자가 되어 버렸고 이런 감상주의는 반드시 실패하게 되어 있다. 시청 건물을 가지고 파격적 실험을 할 수 없다면 차라리 진실과 건전한 상식을 상대로 실험을 해보는 것은 어떨까?
 우리 조상의 선례를 갖다댈 것도 없이, 〈기념비적 돌덩어리〉는 이제 진실로 시효가 만료되었다. 강철, 투명 유리, 철근 콘크리트가 기계 시대의 현실적 구조가 되었기 때문이다. 돌과 철의 콤비로 건물을 만들어 보겠다는 구상은 이미 위험한 시대착오이다. 전국의 젊은 건축가들은 오늘날 이런 사실을 알고 있다. 아니, 생각이 있는 보통 사람도 곧 그것을 알아차릴 것이다.
 건축가 로스여, 왜 감상주의를 가지고 〈도박〉을 하고 〈실험〉을 하는가? 왜 이것을 알지 못하는가?

 나의 반론은 시 고위층 인사들의 분노를 샀다. 그들은 함께 모여, 나를 불러와 그런 모욕적 반론에 대해 해명하도록 하는 문제를 논의했다. 그것은 명확한 결론이 나지 않아 투표에 붙여졌는데 10 대 10 무승부였다. 반대파는 내가 이름이나 내기 좋아하는 자이고, 나를 불러 해명할 기회를 주는 것은 이름 내기나 좋아하는 자의 술수에 말려드는 꼴밖에 되지 않는다고 주장했다. 그래서 나를 부르려던 계획은 흐지부지 되었다.
 언론은 뉴스거리가 없던 차에 마침 호재를 만났다. 평소 같았으면 논설에서 다루었을 기사가 헤드라인으로 실렸다. 그동안 밀워키의 어린이들과 학생들은 나의 작품 전시회에 몰려들었다. 패트리지 양은 미술관의 프로그램이 젊은이들 사이에서 그처럼 관심을 끈 것은 내 전시회가 처음이라고 말했다. 그 전시회를 관람하러 온 건축가들은 소수에 불과했고 대부분 오지 않았다. 전시회에 입장하는 장면이 공개된다는 것은 그들 대부분에게 버거운 짐이었으리라. 그렇지만 호기심을 충족시키기 위해 올 수도 있지 않았을까? 호기심? 그들은 별로 호기심을 느끼지 못하는 듯했다.
 아직도 내가 밀워키에서 해야 할 강연이 남아 있었다. 나는 강연 날짜를 며칠 연기했지만 전시회가 시작된 다음 주의 금요일을 강연 날로 잡았다. 나는 그날 저녁 강연하기 위해 오후 네시쯤 밀워키에 도착했다. 찰리 모건과 나는 피스터 호텔에서 목욕을 하고 패트리지 양이 주최한 약식 만찬에 참석하기 위해 정장을 했다. 그때 문을 두드리는 소리가 시끄럽게 들려왔다. 찰리가 문을 열었다. 보안관이 체포 영장을 가지고 방으로 들어왔다.

무슨 죄목일까? 사망한 미리엄 노엘에게 7천 달러를 지불하라는 판결이 내게 떨어져 있었다. 그녀의 재단이 법원에 나를 고소한 것이었다. 이혼 당시 그녀에게 지급할 위자료는 전액 매디슨 은행에 예치된 신탁 자금에서 지불하기로 되어 있었다. 당시 나의 재정적 능력은 현저하게 저하되어 있었기 때문에 매달 그 재단에 내야 할 돈을 제때 불입하지 못해 밀린 돈이 1만 1천 달러였다. 그녀가 사망하자 그 자금은 자동적으로 내게 귀속되었고, 사망한 노엘에게 돈을 지불한다는 이야기는 곧 나 자신에게 돈을 지불한다는 뜻이었다. 이번에 나를 체포한 죄목은 〈불입할 대금을 적시에 납입하지 않음으로써 신탁 자금을 원래의 기준대로 유지하지 않았다〉라는 것이었다. 하지만 이미 노엘이 사망했기 때문에 그 대금은 결국 내 주머니 돈이나 다름없는 것이었다.

웃기지 않은가? 하지만 법률 집행 절차는 언제나 그런 식이었고 그것은 법적인 용도에 아주 잘 들어맞았다. 어떻게 이 일에 관여하게 되었는지 모르지만 그 〈재단〉의 변호사는, 그 서류에 따라 나를 고발했고 나는 체포되어 카운티 구치소에 수감되었으며 판사 앞에서 재판을 받아야 했다. 내가 법원으로 걸어가는 내내 언론은 사진을 찍었다. 모든 것이 사전에 준비된 각본임에 틀림없었다. 카메라맨들은 온갖 곳에 포진하고 서 있었다. 나는 누군가가 배후에서 조종했다는 것을 눈치 챘고 이런 일이 벌어지는 것에 화났지만 가능한 한 좋은 얼굴을 보여 주기 위해 꾹 참으면서 고개를 꼿꼿이 쳐들었다.

〈법관〉이 질문을 던졌고 나는 대답을 했다. 변호사는 몰려든 언론의 호기심을 충분히 채워 주었고, 〈법관〉에게 나를 밤새 구속해야 한다고 주장했다(강연을 염두에 둔 것이라고 나는 추측한다). 하지만 〈법관〉은 그렇게 몰고 가면 일이 커진다고 우려했던지 그 주장을 받아들이지 않았다. 마지막 순간에 도둑이 제 발 저린 것이었는지도 모른다. 그는 나를 석방했다. 그래서 그들의 〈계획〉은 부분적으로만 성공했다.

석간신문들이 옛 상처를 들쑤시는 헤드라인을 달고 거리에 나돌고 있을 때 찰리와 나는 호텔로 돌아왔다.

패트리지 양은 괜히 나의 강연회를 강행하여 그 도시에 불명예를 초래했다는 밀워키 건축가들의 비난을 받았다. 하지만 그녀 역시 여장부라서 그런 비난에도 개의치 않았다.

오후 여섯시 반. 조촐한 만찬을 위한 시간. 우리는 약속 장소에 도착했다. 찰리는 나보다도 더 화가 나 있었다. 우리는 저녁 식사를 하고 강연장으로 갔다. 아무도 거기서 어떤 일이 벌어질지 예상하지 못했다. 올기반나가 아예 밀워키로 가지 말라고 말렸던 것이 기억났다. 아내는 강연을 취소하라고 간청했다.

강연장에는 청중이 넘쳤다. 시청의 건설 국장도 청중 사이에 끼어 있다고 그들이 내게 알려 주었다. 다들 내가 9백만 달러짜리 청사를 트집 잡았던 독설을 어느 정도 수정할 거라고 생각하고 있었다.

그날 오후 나는 느닷없는 〈체포〉 건으로 기분이 울적해 있었다. 하지만 보안관을 포함하여 모든 관계 당사자들의 따뜻한 환영과 훌륭한 식사는, 내 기분을 완전히 풀어주었다. 나는 그처럼 열광적이고 따뜻한 청중을 다른 곳에서 만나 본 기억이 별로 없다. 그들은 나의 강연을 끝까지 경청했다. 강연을 끝내고 그들이 모두 기다리고 있는 30분의 질문 시간을 가지기 위해 단하(壇下)로 내려갔다. 많은 질문과 대답이 오고갔다.

시청의 건설 국장이 자리에서 일어섰다. 「라이트 씨, 우리는 당신이 신 청사에 대한 발언을 취소하거나 적어도 해명하기를 바라고 있습니다. 그럴 생각이 있습니까?」

나는 대답했다. 「물론입니다.」

「밀워키의 9백만 달러짜리 신 청사는 20세기가 아니라 19세기의 건물입니다. 강철 위에 씌운 저 거대한 석재 덩어리는 문명의 침체를 알리는 기념비일 뿐, 밀워키가 학문적이지도 신사적이지도 않다는 것을 후세에게 전할 것입니다. 학문적이지 않다는 것은 밀워키가 현재 해외의 앞서가는 생각의 흐름을 무시하고 있기 때문이고, 신사적이지 않다는 것은 미래에 대한 의무를 소홀히 하고 있기 때문입니다.」

내부가 강철이고 외부가 석재인 건물은 시대착오이고 파멸을 불러올 뿐이다. 내가 그렇게 대답하자 이상하게도 건설 국장은 흐뭇해하는 것 같았다 청중도 마찬가지였다.

국장은 다시 일어서며 이렇게 물었다. 「그렇다면, 우리가 〈학문적이고 신사적이 되기 위해〉 어떤 청사를 세워야 할지 말해 주지 않으렵니까?」

나는 알고 있는 한 정성껏 현대의 건물을 설명해 주었다.

먼저 단단한 돌 혹은 콘크리트로 테라스식 바닥을 만들고 그 주위에 가든을 설치한다. 이 〈대좌stylobate〉 위에서, 무지갯빛으로 빛나는 강철과 유리의 구조가 솟아오른다. 내부의 모든 것은 눈부시게 빛난다. 전체적으로 가볍고 강한 구조는 공간에 제약이 없고, 자재를 절약할 수 있고, 생각의 흐름이 자유롭고, 우리 시대의 멋진 기회를 표현할 수 있다. 나는 그것을 세세한 점까지 설명하고, 약 5백만 달러만 들이면 현재의 부지에 그런 현대식 건물을 세울 수 있다고 주장했다.

나는 그것을 눈에 보일 정도로 선명하게 묘사했다. 그러자 건설 국장과 그 일행을 위시하여 청중으로부터 박수가 터져 나왔다. 그날의 강연은 흥미진진했고 건축가 로스를 제외한 모든 사람에게 깊은 인상을 주었다. 하지만 로스 본인에게는 간단한 해명의 편지를 보냈다. 내게 그를 해칠 의도가 없었으며 그렇게 믿어 주기를 희망한다는 내용이었다. 나는 진심으로 털끝만큼도 그를 해칠 의도가 없었다.

아무리 작은 창문이라 할지라도 의고전주의의 판유리 창문 뒤에는, 누군가 던진 벽돌의 과녁이 되는, 선량하고 훌륭한 개인이 있다. 내가 벽돌을 던진 것은 분명하지만 이 경우 인간이 아니라 어떤 주의(主義)를 향해 던진 것이었다. 로스는 그런 사정을 충분히 헤아려 줄 수 있는 사람이었다. 나는 그때까지 의고전주의를 향해 직접 벽돌을 던진 적이 없었다. 하지만 지금은 그것을 공론화해야 할 아주 좋은 시점이었다. 의고전주의의 링에 모더니즘이 결투를 신청하는 장갑을 던진 것이다.

로스는 정중한 답장을 보내 왔다. 〈아무런 해도 입지 않았습니다.〉 게다가 그는 아주 신중한 어조로 미래의 건축계가 누릴 자유를 부러워한다고 썼다.

〈재단〉의 변호사는 날조된 〈소송〉을 취하하고, 비굴하게 사과를 하면서 모든 법정 비용을 부담하겠다고 제의했다. 그는 나의 변호사, 짐 힐 앞에서 자발적으로 정보를 제공했다. 그렇게 노골적으로 나갈 생각이 없었지만 밀워키의 〈대여섯 명의 유지급 시민들〉이 〈노골적으로 나가라고〉 우겼다는 것이었다.

이 문제를 왜 끝까지 파헤치지 않았느냐고? 내게는 그럴 수단이 있었다. 하지만 나는 여론 몰이로 인한 박해를 받을 만큼 받은 사람이 아닌가? 그렇게 파헤쳐 봐야 또 다른 여론 몰이가 시작될 뿐이다. 유명세를 싫어하는 사람에게, 여론 몰이는 정말로 피하고 싶은 최후의 무기이다. 그럼 여론 몰이를 주로 하는 사람은 누구인가? 그걸 이용해 돈을 버는 사람들이다. 그들은 아주 냉정해서 수익이 예상되지 않으면 그 어떤 여론 몰이도 하지 않는다. 그래서 나는 그 문제를 없었던 것으로 해버렸다.

그 무렵 네덜란드에서 편지가 왔다. 네덜란드 주재 미국 대사 스웬슨이 암스테르담의 국립 박물관에서 나의 작품 전시회를 열었다는 내용이었다. 스웬슨 대사는 전시회와 관련하여 일장연설을 하고 싶었지만 고작 미국과 미국 국기에 대해서만 말했다. 그러자 네덜란드 건축 협회의 회장이 벌떡 일어나 전시회의 성격과 이유를 대신 설명해 주었다. 그리고 전보도 보내 왔다. 네덜란드 건축가들은 내가 높은 이상을 위해 〈일관성 있는 태도〉를 평생 유지해 온 것에 대해 크게 칭찬했다고 한다.

〈일관성〉이라니! 상상력이 풍부한 정신에게는 어울리지 않는 단어가 아닐까?
나는 그런 주장을 부인하고 싶었다. 나는 진정으로 내가 〈일관성〉을 유지해 왔다고 생각하지 않는다. 중간에 쉰 적이 너무 많았다. 하지만 생각의 방향을 바꾼 적은 없었고 또 발전을 멈춘 적도 없었다. 나는 늘 휴식에서 되돌아온 뒤, 마음을 가다듬고 다시 일했으며 〈직선〉보다 〈탈선〉에서 훨씬 많은 것을 배웠다. 그것도 일관성이라고 할 수 있을까? 그렇다면 나는 네덜란드 건축가들의 그런 판단을 기꺼이 받아들이겠다.

나의 작품 전시회는 이어 베를린의 〈문화 아카데미 *Akademie der Kunste*〉에서 열렸다. 〈제3 제국〉은 현대 예술을 거부한다고 들었는데 제국은 처음으로 현대 건축을 받아들인 것인가? 그곳에서 프랑크푸르트, 다음에는 슈투트가르트, 또 벨기에로 이동했다. 10월에는 다시 미국으로 되돌아왔다. 미국은 나의 모더니즘을 그리 반기지는 않지만 그래도 필요한 건축 철학이기 때문에 그것은 미국에서 나름대로 영향력을 발휘할 것이다. 미국은 왜 이렇게 모더니즘을 거부할까? 한번 절충주의이면, 영원한 절충주의일까?

한편 나는 떠돌이 연사 노릇을 계속하면서 일주일 예정으로 뉴욕에 갔다.

뉴욕에서의 일주일

아마추어 연사로 보낸 일주일은 흥미진진했고 스쳐 지나가는 일이었지만 꽤 흥미로운 결과를 낳았다. 뉴욕에서의 일주일은 화요일 저녁, 브루클린의 20세기 클럽에서 즉흥 연설을 하는 것으로 시작되었는데 그곳은 〈회원만 출입할 수 있는〉 클럽이었다. 약 백 명의 인원이 참석했다.

그들의 초청에 응했을 때 나는 〈쿠퍼 조합〉, 〈프랫 협회〉 등을 생각하면서 장중한 홀에 앉아 있는 청중을 예상했다. 그러나 아니었다. 나는 브루클린의 오래된 프랫 맨션을 찾아갔다. 뉴욕의 유서 깊은 가문의 사람들이 화려한 정장을 입고 기품 있게 기다리고 있었다. 내가 올라선 연단 발판에는 카펫이 깔려 있었다.

나는 준비해 간 원고를 뒷주머니에 찔러 넣은 채, 연단 옆에 비켜서서 〈발아〉 하는 현대 건축의 복음을 〈청춘〉이라는 주제로 대충 설명했다. 내 연설이 끝난 후, 예일 대학교의 교수가 일어나, 미국 현대 건축의 〈감상주의〉를 지독하게 비판한 내 입장에 반대 의견을 표명하면서 〈과거〉를 계승할 권리를 역설했다.

좌중은 그 교수를 칭찬했다. 하지만 그것은 내게 익숙한 상황이었고 그가 제기한 질문을 조목조목 반박하는 것은 별로 어렵지 않았다. 20세기 클럽은 나의 그런 〈반박〉을 들어서 기뻐했을 것이다.

다음 날은 즐거운 수요일이었고, 뉴욕의 여자 대학교 클럽에서 〈현대 건축〉을 논의하는 저녁 만찬회가 있었다. 나는 유명한 마천루주의자들과 함께 공동 명예 게스트로 초대받았다. 그리고 벅민스터 풀러, 뉴욕의 도시 계획가들, 캐서린 드라이어 등도 나와 있었다. 만찬회의 호스티스는 베어플랭크 양이었다.

나는 연단을 바라보면서, 우리 모두가 연설을 마치면 테이블에 앉아 있는 청중이 과연 어떤 반응을 보일지 궁금해했다. 나는 그 파티의 분위기를 망칠지도 모르는 소수파였으므로 맨 나중에 연설하겠다고 요청했다. 마천루 건축가들이 오늘 저녁의 〈예언자〉들이었지만, 베어플랭크 양은 고맙게도 우아한 태도로 나의 요청을 들어 주었다.

벅민스터는 훌륭한 아이디어를 갖고 있었고 재치도 있었다. 청중은 그의 논지를 충분히 이해하는 듯했다. 하지만 그는 땀을 뻘뻘 흘리고 있었다. 방은 더웠고 너나 할 것 없이 모두가 피곤해하기 시작했다. 이미 무거운 분위기가 감돌았다.

이제 시카고 세계 박람회의 세일즈맨으로서 중요한 〈볼켄크라버〉[18] 역할을 했던 연사의 차례가 되었다. 잘 차려입은 그는 멋진 찬사를 바침으로써 연설을 시작했다. 그는 고층 건물 다이맥시언 하우스의 장점을 청중에게 누누이 설명했다. 간간이 내게 찬사를 보내기도 했는데 그건 이런 결론을 꺼내기 위한 예비 작업이었다. 〈하지만 프랭크 로이드 라이트는 기존 노선을 따르지 않을 것입니다. 프랭크 로이드 라이트는 한 번도 기존 노선을 따른 적이 없으니까요.〉

이어 그 〈예언자〉는 시카고 세계 박람회를 현대 건축의 결정판으로 선전했다.[19] 그럼에도 불구하고 그날 저녁의 분위기는 따분했다. 나는 하품을 두 번이나 참았고 주위 사람들도 그런 것 같았다. 오직 집으로 달려가고 싶은 생각만 굴뚝같은 청중에게 지루한 이야기를 길게 늘어놓는다는 것은 동물 학대와 다름없었다. 게다가 연사마다 예의 바르게 나의 작품을 언급했다. 나는 지치고 따분한 나머지 도저히 연설할 기분이 나지 않았다. 그래서 베어플랭크 양이 우아하게 내 차례를 알려 주었을 때 나 또한 앞선 연사들을 약간 칭찬했다. 그런 칭찬은 간결할수록 좋다. 「여러분은 방금 미국에서 가장 잘 나간다는 건축 세일즈맨들의 연설을 들었습니다. 내가 시카고 세계 박람회의 진상을 정확히 몰랐다면, 나 역시 그런 상술에 속아 넘어갔을지 모릅니다. 어쨌든 여러분은 이제껏 너무 많은 미사여구로 꾸민 연설을 들었기 때문에 그걸 더 계속한다는 것은 무의미하다고 생각합니다.」 나는 이렇게 간단히 말해 버리고 도로 의자에 앉아 버렸다. 그런데 청중은 지루하지 않다면서 내 이야기를 해달라고 요구했다.

이런 청중의 반응을 여기에 기록하는 것은 뒤이어 벌어진 일에 그들도 약간의 책임이 있음을 밝히기 위한 것이다.

18 여기서는 마천루 지지자라는 의미이다.
19 *Chicago World's Fair*. 이 박람회는 1933년 5월 27일에 개막되었다. 〈발전의 세기〉 박람회라고도 하는데, 이 때문에 줄여서 발전 박람회*Progress Fair*라고도 한다.

나는 짧은 시간에 너무 많은 이야기를 들었기 때문에 짜증이 난 상태였다. 나는 현대 건축을 논의하는 그 만찬회의 성실성에 의문을 표시하면서 말을 시작했다. 먼저 뉴욕에 마천루 건물을 많이 설계한 절충주의자를 만찬회에 많이 초대한 반면, 그런 고층 빌딩을 건설할 수 있도록 지원해 준 엔지니어들을 초대하지 않은 것을 지적했다. 내가 보기에 그 만찬회는 절충주의자와 모더니스트인 척하는 사람들을 위한 것이었다. 대중이 절충주의보다는 모더니즘 쪽으로 기우는 추세를 간파하고 뉴욕의 절충주의자들은 이제 모더니즘을 절충해야겠다고 생각했다. 그들은 재빨리 모더니스트인 척하면서, 어디에선가 보았을 법한 현대 건축의 〈어떤 특정한 측면〉을 별 이해도 없이 흉내 내고 있다. 나는 이렇게 주장했다.

시카고 세계 박람회는 이런 흉내 내기의 산물인데 그것이 마치 가장 현대적인 추세인 양 〈선전〉되고 있다. 박람회야말로 〈사이비 모더니즘〉인 것이다!

올기반나는 연단 가까이 앉아 있었다. 나는 그녀를 흘긋 보았다. 그녀는 눈살을 찌푸리며 고개를 흔들었다. 나는 바로 옆 식탁에 앉아 있던 여동생 매기넬을 바라보았다. 그녀는 쥐구멍이라도 찾고 싶은 듯한 표정이었다. 그래서 나는 너무 심한 말을 많이 했다는 심정으로 자리에 앉았다. 하지만 청중은 이야기가 끝나지 않은 것으로 생각했다. 일류의 청중은 소동을 좋아하는 것 같다. 그렇기 때문에 그들은 성실한 것 혹은 정직한 것을 얻지 못하는 게 아닐까 하고 나는 생각했다.

나는 그때 처음으로 엉뚱한 길을 통해 모더니즘에 당도한 절충주의자들이 벌이는 저 거대한 위선 덩어리에 대한 나의 생각과 느낌을 솔직하게 털어놓았다. 타락한 상업주의의 표본인 시카고 세계 박람회의 진상을 솔직하게 공개했다. 그것은 뉴욕의 기능주의자들과 〈볼켄크라버〉들이 계속 주도권을 잡기 위해 황급히 올라탄 마지막 역마차였다. 그런 일시적 흥행에 지나지 않는 시카고 세계 박람회를 현대적이라고 평가하는 데 대한 나의 절망감을 가감 없이 털어놓았다. 그러면서 그 박람회는 절충주의자들이 만들어 낸 가장 최근의 〈졸작〉이라고 평가했다.

내가 그렇게 독설을 퍼붓자 주최자인 베어플랭크 양은 난감해했다. 그녀는 고개를 숙인 채 식탁보를 만지작거리고 있었다. 올기반나는 이제 나 때문에 얼굴이 붉어졌고 매기넬도 마찬가지였다. 나는 이렇게 연설을 끝맺었다. 「음, 여러분도 인정할 것입니다. 나는 이 파티를 망칠지 모르는 소수파이기 때문에 맨 마지막으로 연설 차례를 미루어 달라고 요청했습니다. 아무튼 나에게 이런 호의를 베풀어 준 데 감사드립니다.」 그렇게 해서 만찬회는 끝났다.

베어플랭크 양은 나에게 간단히 목례만 보낸 다음, 그날의 주인공인 마천루의 〈예언자〉를 상대로 열심히 이야기하고 있었다. 벅민스터 풀러는 내게 악수를 청했지만 불편한 기색이 역력했다. 나는 애들러와 설리번 건축 사무소 시절, 사무실의 뒷방으로 들어가서 이스벨, 게일로드 등과 복싱을 했을 때 느꼈던 씁쓸함을 다시 느꼈다. 설사 나의 대의명분이 옳은 것이었다 할지라도 그날 밤 나는 썰렁한 분위기를 연출한 대책 없는 연사였다. 나는 절충주의자들의 주장(〈라이트는 상대하기 어려운 독불장군이다〉)을 뒷받침해 주는 행동을 했을 뿐이었다.

만찬장 밖으로 나가자 그날의 예언자, 그의 매력적인 아내, 사랑스러운 딸이 로비에 함께 서 있었다. 나는 그들에게 다가가 작별 인사를 했지만 사과는 하지 않았다. 매력적인 딸이 이렇게 말했다.

「청중 중의 한 명인 어떤 여자가 눈물 어린 목소리로, 불쌍하지만 소중한 우리 〈절충주의자〉 아버지에게 안부를 전해 달라고 하더군요.」

다음 날 저녁에는 더글러스 해스켈이 제안한 타운 홀 모임이 있었다. 그 모임이 성사된 것은 5번가의 개척자 폴 프랭클과 유능한 리 시몬슨의 도움 덕분이었다. 〈미국 장식 예술가 및 장인 조합 American Union of Decorative Artists and Craftsmen〉이 주최한 모임이었다. 모임의 목적은 내가 시카고 세계 박람회에 초대되지 않은 것을 성토하는 것이었다.

동어반복.

나는 이미 초대되지 못한 데 대해 그럴듯한 많은 이유를 제시했고 더 많은 근거를 제시할 용의가 있었다. 이 불경기에 건축가 1명을 실직시켜 나머지 8명, 10명, 아니 15명의 건축가를 박람회에 고용(초대)할 수 있다면 그보다 더 좋은 일이 어디에 있겠는가? 다른 사람들도 나의 그런 판단에 동의했을 것이다.

이 모임은 도심에 있는 크리용 레스토랑에서의 만찬으로 시작되었다. 박람회 지지자 한 사람도 그 모임에 초대받았다. 그날 밤 어떤 이야기가 나올지 잘 모르는 상황에서 그는 내게 다가와 악수를 청했다. 나 역시 무슨 이야기가 나올지 모르고 있었다. 그 박람회 지지자의 얼굴을 살펴보니 그도 모르는 것 같았는데 별로 신경 쓰는 것 같지도 않았다.

홀은 만원이었다. 알렉산더 울콧이 주최자의 자리에 앉아 있었다. 나는 알공킨 강가의 자기 집에서 느긋하게 재담을 하던 알렉스(알렉산더의 애칭)를 본 적이 있는데, 만찬장의 그는 아주 근엄한 태도를 취하고 있었다. 뉴욕에서 살게 되면 아무래도 사람이 한결 세련되고 우아해지는가 보다.

모임은 화기애애했다. 그러나 루이스 멈퍼드가 일어나 연설을 시작하자 분위기가 확 바뀌었다. 그의 저서에도 나타나 있듯이 남성적일 뿐만 아니라 고상한 성격의 멈퍼드는 시카고 세계 박람회를 옹호하지도 않았고 비위를 맞추려 하지도 않았다. 나는 전날 베어플랭크 양의 만찬회에서 했던 것보다 훨씬 솔직하고 진지하게 시카고 세계 박람회의 문제점을 〈현대 건축〉의 관점에서 조목조목 짚어 나갔다.

이어 더글러스 해스켈은 건축연맹에 전시된, 박람회 건축물의 모형들에 대한 의견을 말했다. 열정적이고 명석한 해스켈은 뛰어난 미적 감각을 갖고 있었고, 미학적 잘잘못을 칼같이 가려내는 평론가였다. 이 날 모임에서 진행된 일은 미리 계획된 것도 아니었고 사전에 짠 각본도 없었다. 일종의 〈즉흥〉적인 진행이었다. 하지만 그 모임이 죽어 버린 시카고 세계 박람회의 시체를 해부하는 자리가 되었다는 느낌이 좌중에 퍼졌다.

루이스 멈퍼드는 박람회를 통렬하게 비판했다. 해스켈도 마찬가지였다. 알렉산더 울콧도 그런 식으로 논평했다. 내 차례가 되자, 나는 연설 중에 황급히 다양한 성격의 박람회 두 개 — 사실은 세 개 — 를 구상함으로써 시카고 세계 박람회에 대한 내 의견을 표현하기로 했다. 청중은 나의 가상(假想) 박람회 구상을 경청했다.

그런 가상 시나리오는 건축과 흥행에 건설적인 비판이 될 것 같았다. 내가 처음 시카고 세계 박람회 소식을 듣고 제일 먼저 생각한 것은 1893년에 일어난 문화적 재난[20]을 되풀이해서는 안 된다는 것이었다. 예쁘게 장식하기 *pictorializing*를 좋아하고 겉만 번드레한 상술 때문에 현대의 건축이라는 대의 명분을 빼앗겨서는 안 된다고 생각했다. 사실 절충주의자들은 뉴욕과 시카고의 건물과 공장에 절충주의의 깃털을 잔뜩 붙여 놓았던 것이다. 그런 요소에 다소 매력적인 점이 없는 것은 아니었지만 그것은 현대 건축의 대세를 방해하는 장애물에 지나지 않았다.

하지만 나는 그 모임에서 입장이 거북해졌다. 왜냐하면 〈시카고 세계 박람회 조직 위원회〉가 나를 초대하지 않았기 때문에 내가 그 자리에 일부러 나와 화풀이로 연설하는 것처럼 비칠 수 있었기 때문이다. 나는 초대받지 못한데 조금도 분개하지 않았다. 단지 절충주의 건축가들의 갑작스러운 태도 변화와 도저히 현대 건축이라고 할 수 없는 풍경 페인팅의 문제점을 지적하고자 했을 따름이다.

그곳에서 연설하는 중에 현대 건축이 될 만한 박람회 아이디어 몇 가지가 떠올랐다. 나는 보다 건설적인 비판을 하기 위해 그 계획을 생각나는 대로 말하기 시작했다.

대안 박람회를 위한 세 가지 시나리오

이 시나리오들은 모두 사전에 연구한 바 없는 즉흥적인 생각이었다.

〈현대적 계획 1〉

마천루주의는 박람회를 대표하는 그룹의 특징적 사고이다. 그들은 온갖 미사여구로 박람회를 이상화했다. 가령 〈어떤 마천루에서 바라본 뉴욕은 정말 아름답구나〉. 뭐 이런 식이었다.

그렇다면 이 시나리오에서 박람회를 마천루주의의 정화(精華)로 만들어 보면 어떨까? 가령 엠파이어스테이트 빌딩 따위도 가볍게 수용할 수 있는 초대형 마천루를 건설하는 것이다. 가용할 수 있는 모든 엘리베이터를 동원하여 건물 내부에서의 이동을 지원하게 될 것이다.

20 1893년 시카고에서 개최된 컬럼비아 박람회를 말한다.

예전의 박람회에서는 층계-버팀목을 사용했다. 이번에는 싸구려 자재로 픽처 빌딩들을 지어서, 마천루 건물의 중앙 공간에 설치한 연못, 분수, 인공 폭포 따위를 수 마일에 걸쳐 둘러싸도록 하자. 이런 부대시설은 저 값싼 로마식 문화를 답습하기 위해 고안된 것이리라. 이런 식으로 해서 소위 〈진정한〉 현대의 건축을 만드는 것이다.

만약 엘리베이터가 뉴욕 시민을 수용할 수 있다면 박람회의 군중들이라고 수용하지 못하랴. 여러 층의 기계화된 주차장에서 군중을 직접 엘리베이터에 태우도록 하자. 그 주차장은 진정한 마천루가 곧장 솟아오르는 기초 부지가 되면서 동시에 대형 테라스 역할을 한다. 건물의 구조는 전체적으로 강철을 사용한 철골 구조여야 한다. 이어 층과 층 사이에 외팔보 발코니를 설치하고 각 층의 바닥은 콘크리트 슬래브로 한다. 가든으로 사용되는 층에는 레스토랑을 입주시킨다.

건물을 둘러싸는 자재로는 일반 유리 대신에 가볍고 투명한 대체 유리를 사용할 수 있다. 이렇게 만들어진 무수한 공간을 다양한 출품자들에게 임대해 줄 수 있다. 꼭대기 층들은 정원 전망대나 공연장으로 활용한다. 기반에는 거대한 강당이 넓은 운동장과 함께 들어서서, 안정적이고 폭넓은 기초를 마천루 건물에 제공할 수 있고 또 지상에서 엄청나게 몰려드는 군중을 적절히 수용하여 분산시킬 수 있다. 이 강철 타워 구조물은 3층 갑판의 주차 테라스에서 올라갈 수 있고, 테라스의 한쪽 구석은 오른쪽 각도에서 양 방향이 호수로 뻗어 나가 선박을 위한 잔교(棧橋)와 항구가 될 수 있다. 타워의 그림자가 비치는 호수에는 강력한 동력 펌프를 동원해서 하늘 높이 치솟는 분수를 설치한다. 건물 전체에 현대적 조명 장치를 설치하면 타워에서 반사되어 나오는 빛이 일대 장관을 이룰 것이다. 건물에서 반사되는 빛이 호수의 여러 지점에서 서로 교차하면 호수는 빛의 분수가 되리라.

레이크 프론트 파크는 자연스럽게 현대의 초대형 구조물에 딸린 풍경이 될 것이다. 초대형 마천루 건물의 층 수는 255층은 족히 될 것이다. 전체적인 구조물의 높이는 호수 면에서부터 2,500피트 혹은 반 마일 가량이 될 것이다. 구름은 자연스럽게 혹은 인위적으로 건물의 꼭대기 주위를 떠다닐 것이다. 혹은 경비행기를 동원하여 색색의 연기를 살포하면 그 효과는 더욱 만점이리라.

뉴욕의 기능주의자들은 못 한다고 할지 모르지만, 이런 구조물은 오늘날 재정적으로 혹은 구조적으로 결코 세울 수 없는 것이 아니다. 안전하고 합리적이고 실용적인 관점에서 살펴볼 때 충분히 실현 가능하다. 시카고 레이크 프론트 마천루는 이리하여 에펠탑보다 더 아름다운 모습으로 우뚝 설 수 있다. 에펠탑은 이 마천루의 허리에도 미치지 못할 것이다.

각각의 층은 미래의 온갖 기능이 구현된 실용적 공간을 제공할 것이다. 시내의 여러 회사들은 이 건물로 입주해 올 것이고 그들 산하의 중소기업들도 따라서 입주할 것이다. 이렇게 하고도 공간이 남아서 지속적으로 산업 박람회를 열 수 있을 것이다. 전 세계의 멋진 제품들을 모두 수용할 수 있는 그런 박람회를.

이런 마천루 건물을 지어 놓는다면 앞으로 1세기에 걸친 발전은 따놓은 당상이 아닐까? 건물 꼭대기의 불빛은 이웃 주(州)까지 비칠 것이다. 타워 꼭대기에 달려 있는 안테나를 통해 나가는 무선 통신은 전 세계를 돌며 교신할 것이다.

하지만 마천루는 싫고, 높이 올라가는 것보다는 땅에서 돌아다니는 것을 좋아한다면······.

〈현대적 계획 2〉

지금은 항장력 높은 강철을 적절히 사용하여 건축을 하는 시대이다. 존 뢰블링의 선구적 작품인 브루클린 다리를 보지 못했는가. 그 다리가 전파하는 메시지를 받아들여라.

레이크 프론트 파크 부지에 500피트 간격으로 빙 둘러가며 멋진 철탑 *pylon* — 시카고 세계 박람회 지지자들은 〈철탑〉을 좋아한다 — 을 세워서 모든 출품자들의 작품은 물론이고 각종 수로(水路)까지 수용할 수 있는 공간을 확보한다. 그런 다음 천개(天蓋)를 씌우고 강철 케이블로 철탑에 연결하여 고정시킨 후 다양한 크기의 강철 케이블을 얼기설기 엮어서 유리 대체재를 고정시킨다. 이렇게 하면 지금까지 보아 왔던 그 어떤 것보다 더 아름답고 방대한 인공 천개를 만들 수 있다. 천개의 높이는 철탑 가까운 곳은 500피트, 낮은 곳은 150피트로 한다. 바람이 불어올 때를 대비하여 천을 내부 공간의 양쪽에 막처럼 드리워야 한다. 비가 내리면, 빗방울은 천개의 지붕을 깨끗이 씻어 주며 떨어져 내리거나 아니면 철탑

꼭대기에서 분사하여 분수처럼 공중에서 흩어지게 한다. 천개의 낮은 틈새에서 떨어져 내린 빗방울은 일단 얕은 연못에 집수(集水)되었다가 천개 내부의 녹음 우거진 공원을 졸졸 흐르게 된다.

나무와 식물을 심어 놓은 수로와 이동로를 따라가면 개인 출품자들에게 배정된 구역까지 자연스럽게 이어진다. 개인 출품자들은 이같이 자유롭게 자신의 전시장을 세우고 마음껏 자신의 건축 철학을 선전할 수 있다. 옛날의 박람회 못지않게 관중들의 흥분을 자아낼 수 있을 것이다. 하지만 이런 시설의 도움으로 훨씬 세련된 현대의 관중을 전보다 더 화끈하게 흥분시킬 수 있다.

적절한 조명과 수력 발전 설비를 갖춘 이런 종류의 구조물은 표준화되었기 때문에 비용이 훨씬 덜 든다. 많은 건축가들이 참가하기는 했으되, 겉치레에만 신경 쓴 건물들로 박람회를 훼손하고 뚜렷한 주장은 없이 〈새롭다〉라는 꼬리표만 내건 현재의 시카고 세계 박람회보다는 한결 비용을 절감할 수 있다. 그렇게 하면 적어도 저 커다란 〈철탑〉을 레이크 프론트 파크의 조명 시설로 활용할 수 있다. 이에 비해 엉터리 자재에 그럴듯한 페인트칠을 해 예쁘게 꾸미기만 한, 사이비 모더니즘 건물들은 곧 쓰레기장으로 실려 가는 신세가 될 것이다.

아니면 더 낭만적인 시나리오를 원하는가? 그렇다면 이것은 어떤가?

〈현대적 계획 3〉
미시간 호수의 물살이 거칠어지면서 시카고 항구 주변은 물살로부터 잘 보호되어 있다. 이 항구를 박람회의 부지로 사용해 보면 어떨까? 사람들의 눈을 즐겁게 하는 축제가 될 것이다. 부잔교(浮棧橋) 축제는 안 된다는 법이 어디에 있는가?

밀봉된 진공의 금속 실린더를 뗏목처럼 만들어, 이것을 물에 떠 있는 기초로 활용한다. 가볍고 가느다란 튜브를 만드는데, 어떤 것은 크게 어떤 것은 크지 않게 만든다. 어떤 것은 길이는 가리지 않고 가느다랗게 만든다. 아주 가볍게 만들기 위해 펄프도 사용한다. 물에 젖어도 단단해지는 방수 제품으로 만든다. 이 〈갈대〉에 리드미컬한 유연성을 부여하고 그것을 한데 모아 가벼운 지붕띠*roof-webbing*를 떠받치는 기초가 되게 한다. 또한 금속 드럼통에 고정된 강철 밧줄을 이용하여 지붕 덮개를 만든다.

넓은 부잔교. 높은 빌딩. 기다란 빌딩. 정사각형 빌딩. 모든 것은 흥미진진한 부잔교와 연결되어 있다. 물에 뜬 정원도 빌딩에 연결되어 있다. 각 소 건물 단위를 서로 묶어 연결함으로써 전체 건물의 평면도가 나오게 되는데 이것 자체가 매력적인 특징이다. 이렇게 연결되어 있기는 하지만 각 단위에는 아무런 피해를 주지 않으면서 물위에 가볍게 떠 있게 된다.

투명한 색유리 튜브를 색색의 펄프 튜브 사이로 끌어들여라. 유리를 조명하고, 이번만은 완전히 합법적인 현대 구조물로서 수직으로 올라가는 공중의 건물을 〈뉴욕의 매력〉으로 삼아 보자.

얼룩덜룩한 투명과 반투명의 수직 구조물의 그림자가 물위에 비치면 건물은 실물 하나, 그림자 하나, 이렇게 두 개로 증가할 것이다. 압수 펌프를 통해 항구의 물을 대량으로 하늘 높이 뿜어 올려 다시 떨어지게 하면 비용을 얼마 들이지 않고도 힘 있고 강건한 분위기를 연출할 수 있다. 다시 그 분수를 전체적으로 조명하도록 한다. 이런 식으로 운영하면 박람회는 무지갯빛 물보라를 뿜어 올리는 반투명한 〈갈대들〉이 찬란하게 빛나는 축제가 될 것이다.

한 폭의 그림같이 아름다운 〈부잔교〉가 아니고 무엇인가.

현대의 장관이로구나, 이것은. 이건 정말로 그럴듯하지 않은가. 이렇게 하여 특별한 목적에 소용되는 공간을 손쉽게 창출할 수 있고 개별적 목적에 따라 그 공간을 알맞게 바꿀 수도 있다. 이 모든 단위는 서로 연결되어, 지속적이고 다양하며 눈부신 현대적 환경을 만들어 낼 수 있다. 박람회가 끝난 다음에는 이들 주택 중 필요한 단위를 떼어 내, 공원의 연못 혹은 수로의 정박지에 띄우고 레스토랑과 위락 시설로 사용할 수 있다.

만약 이 세 가지 시나리오를 현대 건축의 참신하고도 실용적인 아이디어라고 생각한다면 그것을 변형시켜 300가지의 새로운 아이디어를 개발할 수 있으리라.

나는 앞에서 내 입장이 거북하다고 말했는데 그런 상황에서 벗어나기 위해 최선을 다해 이런 대안을 제시해 보았다. 물론 절충주의자 그룹은 이 세 가지 시나리오를 모두 고려해 보았지만 적절치 않아서 채택하지 않았다고 말하리라. 하지만 그렇게 거부하는 것은 그들의 건전한 판단보다는 절충주의를 내세워야 하는 필요성 때문일 것이다.

알렉스의 초청으로 그 모임에 참석했던 〈박람회〉의 지지자는 반론을 펴기 위해 자리에서 일어섰다. 그는 자신의 반론을 뒷받침하기 위해서 한 가지 일화를 소개했다.

두 가지 정정 사항

첫 번째 정정(訂正) 사항은 그 〈박람회〉 지지자가 그날 모임에서 청중에게 이야기해 준 일화와 관련된 것이다. 나는 그 모임이 있기 얼마 전에 그 사람을 그의 집에서 만난 적이 있었다. 나는 그 방문을 대단히 즐겁게 생각했는데 다정한 친구를 발견한 것 같았기 때문이다. 우리가 칵테일을 두어 잔 마시자마자 건축가와 고객의 문제가 화제로 떠올랐다. 〈당신은 건물을 어떻게 짓습니까?〉라고 친구가 질문했다. 나는 이렇게 대답했다. 「음, 고객의 요구에 따라 일반적인 설계와 계획을 세웁니다. 제대로 했다고 만족하면 그것을 고객에게 보여 줍니다.」 그러자 그는 질문했다. 「하지만 고객의 마음에 들지 않으면 어떻게 하지요?」 나는 이렇게 대답했다. 「음, 그는 결국 내 설계를 받아들일 수밖에 없습니다.」

박람회 지지자는 그 이야기를 간단히 청중들에게 하더니 연단을 두드리면서 〈받아들일 수밖에 없습니다〉라는 내 말에 주의를 환기시켰다. 그는 청중들에게 내가 〈함께〉 일하기가 여간 까다로운 건축가가 아니라는 점을 강조하려고 했다. 그것이 그가 그 이야기를 꺼낸 이유였다. 그 사람이 그런 식으로 우리의 대화를 공개했으므로 비록 하찮은 것이지만 기억나는 대로 그와의 대화를 여기에 자세히 적어 보겠다.

박람회 지지자 프랭크, 나는 당신이 이 문제를 어떻게 생각하는지 잘 몰라요. 하지만 만약 고객이 문이나 창문을 이곳저곳에 달고 싶어 한다면 나는 그렇게 해줍니다. 만약 그가 이런저런 방을 여기저기에 적당한 크기로 만들기 원한다면, 나는 원하는 대로 해줍니다. 그렇게 모든 요구를 들어주고 나서 그 집을 건축물답게 만들 수 없으면 나는 전체를 눈가림합니다. 말하자면 집을 위장하는 거지요. (다음 날 그는 자기 사무실에서 그런 집의 모형을 내게 보여 주었다. 분홍색, 파란색, 푸른색의 삼각형이 집 전체를 분할하고 있었다.)

라이트 참 쉽네요. 하지만 그런 식으로 일한다면, 레이, 시공 업자도 고객을 위해 당신(건축가)의 일을 대신해 줄 수 있는 게 아닐까요. 어리석은 장식가도 눈가림 정도는 할 수 있으니까요. 그럴 경우 건축가로서 당신의 체면은 어떻게 되는 거지요?

박람회 지지자 좋아요. 그렇다면 당신은 어떻게 집을 짓습니까? 건축주에게 반드시 이러이러하게 해야 한다고 말합니까? 아니면 체면을 겁니까?

라이트 그래요, 나는 체면을 겁니다. 진실만큼 매혹적인 체면은 없어요. 나는 고객을 만나 이야기할 때 그가 지으려는 집의 진실을 말해 줍니다. 고객은 그것을 이해할 것입니다. 당신이 진실을 확실하게 알고 그것을 바탕으로 설계를 한다면, 고객은 그것을 알아보고 받아들인다는 겁니다.

박람회 지지자 하지만 고객이 그것을 〈받아들이려〉 하지 않는다면?

라이트 하지만 맹세코, 레이, 고객은 그것을 〈받아들일 겁니다〉.

위의 글은 실제로 오고간 대화 그대로이다. 고객이 〈받아들일 것이다〉라는 말은 〈받아들일 수밖에 없다〉라는 말하고는 확연히 다르다. 고객이 바보인가. 그 어떤 고객도 자신이 싫어하는 것을, 상대가 저명한 건축가라고 해서 무조건 받아들이지는 않는다. 고객에게 일방적으로 지시한다는 것은 곧 고객을 잃는 것이다.

두 번째 정정 사항은 또 다른 〈박람회〉 지지자가 나에 대해 공식적으로 언급한 말과 관련이 있다. 그것은 전날 저녁의 주인공, 〈시카고 세계 박람회〉의 예언자가 한 말이다. 「하지만 프랭크 로이드 라이트는 기존 노선을 따르지 않을 것입니다. 프랭크 로이드 라이트는 한 번도 기존 노선을 따른 적이 없으니까요.」 박람회 지지자 갑(위에 소개한 일화의 주인공)과 을이 나에 대해 지적한 내용은 어쩌면 그리도 비슷한가.

두 번째 박람회 지지자(을)는 평소 안면이 없는 사람이었다. 그러다가 지난 5월에 뉴욕 시의 건축 연맹 만찬 — 표면상 나를 환영하는 행사 — 에 참석했고 그때 서로 만났다. 그때 그곳에서 누구라 할 것 없이 〈다들 감격해하고 감동하면서〉 좋은 시간을 보냈다. 말이 나온 김에 하는 말이지만, 다른 박람회 지지자(갑)도 그 자리에 나와 있었는데 역시 나와는 그날이 첫 만남이었다. 두 사람은 아주 사근사근한 나를 발견하고 〈동료 중 한 사람〉 같은 느낌이 든다면서 깜짝 〈놀랐다〉고 했다. 왜 그런 느낌이 들었는지 나는 그 이유를 모른다.

자, 다시 을의 이야기로 돌아가 보자. 그의 노선 운운하는 말에 대해 나는 이렇게 정리하고 싶다. 나는 비록 대나무처럼 쪼개지는 한이 있더라도 결코 어떤 노선을 포기한 적이 없다.

기존 노선을 안 따른다고? 이런 외교적 수사에 대해 나의 실상은 어떠했는지 한번 살펴보자. 나는 6년 동안 충실히 〈기존 노선〉을 따르고 또 지켰다. 종종 뜻이 안 맞았던 스승(설리번)의 손안에 든 연필 노릇을 하면서 열심히 스승에게 봉사했다. 나는 지금도 스승에게 의리를 지키고 있다. 스승도 세상을 떠났을 때, 나에게 의리를 지켰다.

내가 설계한 모든 건물 중 세 채만 제외하고 상호 존중하는 가운데 고객과 〈함께〉 세웠다. 모두 합해 179채. 순전히 나 혼자 힘으로 건설했다. 나를 보호해 주거나 일거리를 물어 오는 파트너 없이 해냈다.

또 이런 말도 하고 싶다. 나는 지난 32년 동안 우리나라에 도움이 된다고 생각되는 이상과 원칙을 〈따르며〉 살아왔다. 절충주의자들이 의고전주의에서 포스트 모더니즘으로 흘러가는 동안 나는 일관되게 원칙의 〈노선〉을 지켰다.

물론 따르지 않은 것도 있었다. 시대를 희생시키는 〈세일즈맨 정신〉을 따르지 않았다. 구차하게 일을 찾아다니는 것이 아니라 나의 봉사가 필요하다고 생각하는 고객이 저절로 찾아오기를 기다렸다. 이게 정말 중요한 문제일까? 혹시 나는 이 문제를 너무 심각하게 생각하고 있는 것은 아닐까?

분명히 말하거니와, 그것은 나에게 중요한 문제이다. 과거에 고객을 만났을 때나 지금이나 장래에 고객을 만날 때, 그것은 나의 일관된 원칙이다. 하지만 나는 타협할 줄도 안다. 총명하고 수완 좋은 절충주의자 동료들을 만나기 좋아한다. 단지 절충주의가 곧 현대 건축이라는 그들의 주장을 억지로 정당화하기 위해, 나를 〈까다로운 인간〉으로 만드는 터무니없는 시도에 분노했을 뿐이다. 나는 분노와 함께 쓸쓸함을 느꼈다. 하지만 이런 감정은 곧 사라질 것이다.

건축에 관한 한, 나는 절충주의자들에게 예술적 양심이나 죄책감이 별로 없

다고 생각한다. 그들의 소행은 새뮤얼 버틀러의 친구 〈페스터스 존스〉의 행동과 비슷하다.[21]

타운 홀 모임에서 〈박람회〉 지지자(갑)는 나와의 개인적 대화를 소개하기에 앞서 〈비난받을 각오를 하고 이 모임에 나왔다〉라고 말했다. 하지만 알렉스 울콧은 그의 말을 이해하지 못했다. 〈그 신사는 모임 전에 곤란을 당하지 않게 해 달라고 전갈까지 보내 왔기 때문이다.〉 이렇게 해서 모임은 끝났고 나는 위에 적은 대화를 자세히 말할 기회를 잡지 못했다.

타운 홀 모임에서 제기된 또 다른 〈반박〉은 박람회를 평가하려면 더 많은 건축가들이 증인으로 나서야 한다는 주장이었다. 그 지적은 멈퍼드, 해스켈(둘 다 생활과 건축의 상관관계를 중시하는 평론가였다), 울콧 등을 겨냥한 것이었다. 그것은 그들이 직접 건축할 수 없다는 암시였다. 따라서 건축의 문제는 건축가가 더 잘 판단할 수 있고 또 판단해 주어야 한다는 것이었다.

나중에 똑같은 반박이 제기되자, 루이스 멈퍼드는 이렇게 답변했다. 「꼭 달걀을 낳아야만 달걀을 품평할 수 있습니까? 달걀을 못 낳아도 잘 검사하면 어떤 게 좋은 달걀인지 충분히 알 수 있습니다!」

박람회 지지자들의 주장에 따르면, 달걀을 낳는 암탉만이 좋은 달걀인지 아닌지 알 수 있다는 이야기였다.

다음 날인 목요일 저녁 나는 12번가에 있는 〈뉴 스쿨 어브 소시얼 리서치New School of Social Research〉를 찾아가 20세기 건축에 관한 강연을 했다. 앨빈 존슨 박사가 사회를 보았다.

헨리 처칠은 조 어번이 설계한, 아주 멋진 강당에서 나를 소개했다. 나는 조 어번이 설계한 〈뉴 스쿨 어브 소시얼 리서치〉 건물을 볼 때마다 감탄했다. 그것

---

21 Samuel Butler(1835~1902). 영국의 소설가. 라이트가 즐겨 사용하는 유소니아라는 말도 그가 만들어 낸 것이다. 페스팅 존스Festing Jones는 새뮤얼 버틀러의 절친한 친구로서 버틀러 사후에 6권에 달하는 개인 수첩을 임의로 선별해 발표했다. 위의 페스터스 존스는 페스팅 존스의 오기인 것으로 보이는데, 수정주의자들이 건축의 텍스트를 그들 멋대로 선별하는 태도를 꼬집기 위해 인용한 듯하다.

은 탁월한 건물로 뉴욕에 반드시 있어야 할 작품이었다. 조 어번은 오스트리아 빈 출신으로 올바른 길을 추구해 온 이 나라를 좋아하여 이민을 왔다. 조 어번의 설계 솜씨는 모차르트처럼 섬세한데 특히 그의 성격은 팔스태프[22]처럼 쾌활하고 유머가 풍부하다. 그는 내가 알고 있는 그 어떤 사람보다 장식에서 서정적 아름다움을 강조했다. 마침 유럽에 가 있었기 때문에 나는 그를 강연에 초대할 수 없었다. 실제로 현장에 가보니 그렇게 할 필요도 없었다. 강당은 사람들로 꽉 차 있었다. 내가 강당 출입구로 갔을 때 앨빈 존슨 박사는 입장을 기다리는 몇백 명에게 다음 기회에 다시 오라면서 돌려보내고 있었다. 사람들이 그처럼 진지하게 건축 강연을 듣고 싶어 하는데 좌석 관계상 안 된다니 마음이 아팠다. 몇 명은 좀 들어가게 해달라고 내게 간청했고 그래서 함께 데리고 들어왔.

강연의 주제가 즉흥 연설로 해결될 성질이 아니어서, 나는 20세기 건축에 관한 원고를 미리 준비했다. 진정한 쟁점이 어디에 있는지 짚어 나가면서 주제를 적절하게 다루려면, 깊이 생각하며 읽을 수 있는 원고를 준비하는 것이 가장 좋다.

이 자서전을 지금껏 읽어 온 독자는 현대 건축에 관한 나의 설명을 아직 듣지 못했다. 그래서 이 책의 독자를 위해 현대 건축의 주제를 간결하게 요약해야 할 시간이 되었다. 이 강연은 일관되게 논문 형식을 취하고 있으므로, 이것만으로도 별도의 책으로 만들 수 있다. 그렇게 하려면 이 〈강연〉을 자서전에서 다루지 않고 〈건너뛰어야〉 하리라. 하지만 나는 그렇게 하지 않겠다. 이 강연에서 나는 아주 압축된 형식으로 건축과 생활의 정수를 다루었을 뿐만 아니라 형태, 선, 자재, 상징의 철학 등을 두루 언급했기 때문이다. 다음은 그 강연의 전문이다.

20세기 건축

예전의 문명은 건축을 인간성의 표현으로 보았으며 그 본질을 〈생명〉[23]이라고 생각했다. 그러나 미국의 건축 업계에서, 건축은 남의 문화를 흉내 내는 절충주의적 〈취향〉의 시스템으로 널리 표현되고 있으며, 그런 쪽으로 약속이나 한 듯

---

22 셰익스피어의 『헨리 4세 King Henri VI』에 나오는 희극적 인물이다.
23 위의 〈생명〉의 원어는 life인데 이것은 〈생명〉, 〈생활〉, 〈삶〉, 〈생명 있음〉 등으로 번역될 수 있으며 문맥에 따라 적절히 번역했다.

실험이 진행되고 있다. 우리의 건축은 유행과 경쟁하면서 장식이 되고, 장식은 닦고 윤내는 일이 되었다. 독일인은 그것을 〈멋없는 기계적 사고방식〉이라고 부른다.

현재 미국에서 통하는 건축가는 완전히 절충주의의 추종자가 되었다. 그것에 대해 이렇게 물어볼 수 있다. 당신은 어떤 스타일을 선택하는가? 혹은 어떤 스타일을 취하는가?

절충주의의 세 가지 특징을 의인화하여 말해 보자면 플라스터빌트 부인, 아치를 보존하는 게이블모어 부인, 좀 더 개선된 플랫톱 양이다. 이 세 우아한 여인은 〈취향〉이라는 종자(從者)를 거느리고 있다.

그들에게 〈순수한〉 스타일이라는 게 있을까? 아마도 닥터 크램은 고딕주의자로, 닥터 베이컨은 그리스-로마 추종자로, 닥터 플라트는 이탈리아 모방자로 규정해 볼 수 있을 것이다. 지난 날, 스탠퍼드 화이트는 다양한 르네상스 건축에 정통한 권위자였고, 헌트는 샤토(성 또는 대저택)에 대한 당대 최고 전문가였고, 위대한 감상주의자 리처드슨은 로마네스크 양식의 달인이었다.

오늘날 유행을 따르는 수많은 건축가들이 손에 직각자와 삼각자를 들고, 여전히 토머스 제퍼슨의 무덤에 경배하면서 제퍼슨 못지않게 조지 양식[24]의 건축을 흉내 내고 있는데, 그 명분이라는 것이 궁색하기 짝이 없다. 제퍼슨이 조지 양식의 의상과 함께 주택을 미국에 도입한 것은 그 당시로서는 달리 선택의 여지가 없었기 때문이다.

혹은 당신은 캠던[25]이나 〈대학풍의 고딕 양식〉 지지자인가? 후자는 옥스퍼드 대학에서 나온 것인데 그 보수적인 건축 양식 때문에 게이블모어 부인의 선택을 받았다. 게다가 고딕 양식에는 예일 대학교의 영향으로 절충주의적 특징이 가미되었다.

아니면 더 낭만적인 경향에 끌려, 지중해 양식을 선호하는가? 혹은 라투르 신부를 통해 중기 로마네스크 양식을 받아들였는가? 또는 스페인 양식을 그리워한

---

24 영국에서 하노버 왕가의 첫 4명의 왕 통치기에 나타난 다양한 건축 장식 예술.
25 Camden. 런던 북부의 지역으로 여기서 활동한 캠던 아트 그룹을 가리킨다.

다면 그것을 손쉽게 당신의 스타일로 삼을 수 있다. 고딕 양식이 아닌 스페인 양식은 이탈리아에서 온 것이고, 멕시코 양식은 스페인에서 건너온 것이다. 우리는 후니페로 신부를 통해 멕시코에서 유행한 스페인 양식을 수입해 왔다. 아무튼 이처럼 다양하게 뒤섞인 스페인 양식을 당신은 얼마든지 선택할 수 있다. 절충주의라는 가게에서는 다양한 이름의 스타일을 판매하고 있다. 스페인 양식뿐만 아니라 세상의 모든 양식을 판매한다. 이것저것 막 뒤섞이다 보니 때로는 자신이 정말로 원하는 것이 무엇인지 헷갈리기도 한다. 이제 그런 것에 식상했다고? 그럴지도 모른다. 절충주의를 신나게 판매하던 조류(潮流)는 이제 썰물이다.

그럼에도 불구하고 플라스터빌트 부인과 그에 못지않게 고가인 게이블모어 부인은, 여전히 골동품을 좋아하는 미국의 교외 지역이나 준 교외 지역에서 고객들의 이런저런 비위를 맞춰 가면서 성업 중이다. 게다가 요즘에는 고속 열차가 있기 때문에 교외에 나가기가 한결 쉬워졌다.

플랫톱 양은 더 젊고 더 진보적이고 약간 대담한 현재의 스타인데, 지금은 〈현대적인 척하는 것*modernistic*〉을 선호한다. 현재 미국에서 가장 인기 높은, 최신의 도시 〈취향〉이다. 공교롭게도 모더니즘인 척하는 것이 너무 빨리 퍼지고 있어 걱정이다. 좋은 일인지 슬픈 일인지 모르겠으나, 대도시에서는 백화점에 가면 플랫톱 양을 만나볼 수 있고, 교외 지역이나 준 교외 지역에서는 실내 장식가의 가게에서 만나볼 수 있다. 파리를 본거지로 하는 세 부인이 미국에 건너와 이렇게 퍼진 것인데 특히 플랫톱 양의 전성시대이다. 이렇게 된 것을 플랫톱 양 탓으로 돌릴 수는 없다.[26]

하지만 조심할 것! 장식을 많이 사용했던 컬럼비아 박람회(1893년~1925년)가 수염을 말끔히 깎은 프로파간다 분자들(그들의 영혼이여 편히 쉬소서!)을 활용하여 장식집착증*ornamentia*을 선전했다면, 1925년의 파리 박람회 이후 장식의 수염을 기른 프로파간다 분자들이 직선과 평면을 내세우면서 장식공포증 *ornaphobia*을 선전하고 있다. 그들은 다가오는 시카고 세계 박람회에서 이런

---

[26] 파리에서 시작된, 장식이 많은 건축 양식인 아르누보를 세 부인으로 의인화하고 있으며, 모더니즘이 약간 가미된 아르누보를 플랫톱 양에 빗대고 있다.

피곤한 노릇을 지루한 줄도 모르고 계속하여 되풀이할 것이다.[27]

이제 그만! 당신도 알다시피 미국 건축계는 27년을 주기로 하여 〈낡은 건축과 손을 끊고, 새로운 건축을 시작하자〉라는 구호를 외쳐 왔다. 건물 표면의 장식이 변하면서 이런 쓸데없는 구호가 대중에게 널리 퍼져 나갔다. 27년의 주기를 3등분해 약 9년 단위로 새로운 건축 양식의 이름 세 가지가 나타났다가 사라져 갔다. 결국에는 그 나물에 그 밥인 절충주의자들이 모더니즘을 흉내 내는 동안, 이 새로운 건축 양식들은 절충주의의 햇빛 아래 황급히 한몫을 챙기고는 사라졌다.

하지만 유행을 좇는 절충주의자들이 건축 양식을 자발적으로 선택한 경우는 거의 없다. 왜냐하면 유행을 좇는 절충주의자나 강단(講壇)의 절충주의자들은 유행에 편승해 그 유행이 〈인기 있는 동안〉에 가능한 한 많은 이익을 챙겨야 하기 때문이다. 나는 이러한 현상이 바뀌었다고 생각하지 않는다. 현재는 파리에서 건너온 것이 최신 유행이다.

유행을 좇는 미국의 학문적 절충주의는 아직 〈문화를 의식한〉 것이 아니라 〈문화에 호기심을 갖고 있을〉 뿐이다. 그렇다고 해서 평범하거나 호기심 없는 일반 대중이 더 좋은 건축물을 얻게 되느냐 하면 그것도 아니다. 목수는 일을 기계 담당자에게 넘기고, 미장이는 신통찮은 실내 장식가(라기보다 실내 파괴자)의 말을 따르고, 석공은 골동품 애호가의 지도를 받기 때문이다. 정직한 기계공은 대중을 위한 미국의 건축가들이었으나 〈문화〉가 그들마저 오염시키고 말았다. 문화 때문에 그들은 시정(詩情)으로부터 멀어져 사이비로 전락했다. 이리하여 미국은 전통을 부끄럽게 여기고 환경을 저주하게 되었다.

자, 예의 바른 청중이여, 실은 플라스터빌트 부인, 게이블모어 부인, 플랫톱 양을 거세게 몰아붙일 이유가 없을지도 모른다. 그들은 우리가 고대한 스타가 아니다. 다시 말해 절충주의의 또 다른 도구일 뿐이다. 어쩌면 자신의 본질이 무엇인지 알았을 수도 있고 또 자신이 진정한 반역을 일으키고 있다고 생각할지도 모른다. 하지만 이렇게 타락한 혼용, 무책임하고 몰염치한 차용, 〈취향〉이라는

---

27 건축의 핵심인 내부 공간에 대한 배려 없이 건축물의 외부 장식을 붙였다 떼었다 하는 기존 미국 건축 업계의 유행 타기 혹은 절충주의를 비판하고 있다.

번드레한 미명 아래 저질러진 문화적 야만은 그 유례를 찾아보기 어려운 것이다. 정확히 말해 예전의 세상에서 이런 문화적 타락은 결코 없었다. 지금의 시대 못지않게 나빴던 저 문화적으로 애매모호했던 빅토리아 시대에도 이런 일은 벌어지지 않았다. 이런 황당무계한 타락은 둥근 아치가 뾰쪽한 아치로 대체되기 시작했던 때에도 발생하지 않았다.

영혼의 이런 타락은, 수십 만, 수백만 명의 이민자를 이 위대한 〈통합된 실험〉의 국가에 보낸 나라들, 그런 나라들에는 없는 것이었다. 현재 우리는 지구상의 모든 나라에서 이민 온 사람들로 구성된 국가이다. 그런 만큼 이민자들은 저마다 〈취향〉이라는 작은 문제를 갖고 있는데 그것은 결국 무지에서 생겨난 것이다. 무지의 소치라고 한 것은 〈취향〉이라는 것은 결코 개성이 아니기 때문이다. 〈취향〉은 단지 개인의 세련된 변덕에 지나지 않는다.

결국 자유 국가이고 국민이 자유롭게 선택할 수 있는 미국이라는 나라에서는, 〈취향〉이 이민자들의 원 국적에 따라 달라진다. 가령 영국계 미국인은 로코코 양식을 좋아하고, 프랑스계 미국인은 호피 인디언이나 흑인 양식을 선호하고, 독일계 미국인은 조지 양식이나 멕시코 양식을 더 좋아하고, 이탈리아계 미국인은 파리의 아르누보를 편하게 느끼고, 러시아계 미국인은 일관성을 지키기 위해 〈현대적〉인 것을 선호한다. 유대계 미국인은 유대 회당의 건설 문제가 아닌 한 위의 여러 나라 사람들의 취향을 조금씩 가져다가 전부 합치기를 좋아한다. 따라서 어디에나 있는 절충주의자들은 다양한 양식을 구사하면서 기웃거리지 않는 데가 없는 반면, 백 퍼센트 순수한 스타일을 기대하는 사람들은 이리저리 살피다가 어떤 〈우연한〉 스타일을 내놓게 되는데 그만 동양적인 것으로 매도를 당하고 만다. 건축계에서는 이제 유토피아라는 뚜껑이 열렸다. 건축가들은 고객을 상대로 〈부인, 당신은 어떤 스타일을 좋아하십니까?〉라고 물을 뿐, 그 이상은 묻지 않는다. 그래서 고객은 〈술술〉 부담 없이 자신이 선호하는 스타일을 말한다. 이게 유토피아가 아니고 무엇이랴.[28]

---

[28] 우연한 스타일이 동양적 스타일로 매도당한다는 말은, 라이트의 건축 스타일이 기존의 절충주의적인 스타일과는 전혀 달라서 동양의 것을 베낀 것이 아니냐고 매도당한 일을 가리킨다.

그런데 말이다. 〈사랑〉이라는 것도 알고 보면 〈욕정〉에서 시작되었다. 이렇게 볼 때 자유로운 〈건축〉이라는 것도 자신이 선호하는 스타일을 멋대로 말해 버리는 〈방종〉에서 나오는 것일까? 그걸 누가 알랴?

그럼 이렇게 한번 물어보자. 그런 스타일을 과연 삶이라고 할 수 있을까? 결코 아니다! 공사비를 지불하는 것 이외에는, 삶(생활)으로부터 그런 스타일이 나온 게 아니다. 그 스타일은 삶을 도와주는 것이 아니라, 삶 위에 올라타서 삶을 짓누르고 있다. 플라스터빌트 부인, 게이블모어 부인, 플랫톱 앙을 선택했다가는 할부로 이런 대가를 지불해야 한다.

삶을 짓누른다고? 그렇다면 그것은 가짜 건축이 아닌가? 그렇다. 당장 철폐해야 한다!

그것이 지금 현재의 미국 건축의 특징이란 말인가? 그렇다. 그것도 아주 현저한 특징이다. 인종의 〈도가니〉인 미국은 문명 세계의 각종 스타일을 낚아채 와서 그것을 조각낸다. 그 모든 조각을 하나씩 먹어 버린 뒤에는 빈껍데기를 현대적 기회, 현대적 방법, 현대인의 현대적 사상이라는 쓰레기 더미 위로 던져 버렸다. 우리는 이러한 절충주의적 쓰레기 더미를 미국의 건축이라고 부르고 있는 것이다!

미국은 해외의 문화를 진정 의식한 것이 아니라 그저 건성으로 호기심만 기울인 탓에, 해로운 선택을 했다. 그것이 미국의 이성(理性)을 해치고 〈취향〉이라는 이름으로 건전한 정신을 파멸시켰다. 진정한 〈다양성〉이 그 행위에 깃들어 있었다면 그것은 적어도 뭔가 중요한 것을 낳았을 것이다. 하지만 다양성이 깃들어 있지 않았다. 〈모노고리아〉라는 다양성 속의 단조로움은, 제 깐에는 〈차별화〉를 노린 미국의 절충주의가 가져온 필연적 결과였다. 허례허식으로 가득한 이 단조로움은 괴물의 단조로움보다는 차라리 낫다는 이유로 강단에서 옹호되었다.

여기서 말하는 괴물이란 무엇인가. 건축을 진지하게 생각하여 뭔가 배우려고 독창적으로 시도하다가 봉착하게 될지도 모르는 편벽(偏僻)됨 혹은 지방색을 가리키는 것이다. 강단의 설명은 이렇다. 과거에 목수들이 삼림을 남벌해 엉터리로 지은 수백만 채의 집에 낭비했는데 그것이 지방색이 아니고 무엇인가. 그런 실패의 전통에서 무엇을 배울 수 있다는 것인가. 그 말은 맞다. 사실 그동안 우리는 전통으로부터 별로 배우지 못했다.

하지만 그게 무어 대수이랴. 〈대 실험〉의 국가인 미국에서는 아직도 모든 것이 실험 단계에 있다. 미국인은 실수의 악덕도 〈발명〉의 계기로 삼는다. 미국인은 새로운 아이디어가 있으면 그 아이디어를 따라가기 좋아하고, 세계의 어떤 사람들보다 전통의 규제를 덜 받는다. 건축에 관한 진정한 아이디어가 대중의 차원까지 확산된다면 — 진정한 아이디어가 대중적인 것이 될 수도 있지 않겠는가? — 미국은 과거의 잘못에서 탈피할 수 있다. 우리가 〈건축〉이라고 부르는 것은 참으로 빨리 생겨나고, 때에 따라서는 어려움을 겪는다. 유기적 성장의 법칙은 무자비하고 냉혹하다. 우리가 지금 필요로 하는 〈도구〉(우리는 어차피 평생 기계적 도구를 다루어야 한다)는 정신적 성장을 촉진시켜 주는, 그런 기계 장치이다. 하지만 어떤 도구는 쓸모가 없고, 우리가 그동안 보호해 온 각종 인습적인 〈것들〉[29]은 결국 기계의 억세고도 당당한 리듬을 타고 전진하지 않으면 안 된다.

미국이 이렇게 앞으로 전진할 것이라고 생각한다면, 절충주의가 가져온 건축 업계의 일시적 후퇴를 그리 심각하게 여길 필요는 없다. 그건 건축 업계의 비극은 되지 못하고, 코미디 정도밖에 안 되는 것이므로 그냥 내버려 두자. 우리가 건축 업계의 최신 이슈를 다루려는 이 순간, 플랫톱 양은 순진하게도 혹은 자신의 소망사항을 섞어 가며 그 이슈를 〈현대적〉이라고 비난하고 있다. 여기서 잠시 걸음을 멈추고 왜 그렇게 악평을 하고 나서는지 그 이유를 함께 생각해 보자.

앞에서 목수들이 집을 지으면서 엄청난 목재를 낭비했다고 했는데, 건축 과정에서는 독창적인 것을 얻기 위한 시행착오가 있을 수밖에 없고 결국에는 그것이 중요해진다. 미국은 절충주의 건축으로는 20세기에 벌어지는 투쟁을 뚫고 나아갈 수 없다. 성장이란 무엇인가? 그것은 땅속에서 나와 〈빛〉으로 들어가는 과정이지, 인위적인 배경[30]을 통해 암중모색하다가 다시 어둠 속으로 빠져 들어가는 과정이 결코 아니다.

---

29 제도, 행정, 원칙 등을 말한다.
30 어설프게 수입한 문화를 말한다.

셀던 체니가 『신세계 건축New World Architecture』에서 올바로 지적했듯이, 우리 미국은 건축이라는 이 애매모호한 인간적 관심사와 관련된 세계적 비탈의 초입에 서 있다. 미국은 현재의 위치보다 더 밑으로 내려갈 수는 없다. 따라서 그 비탈이 우리에게 아무리 가파르거나 더디다 하더라도 이제 위로 올라갈 일만 남았다. 오늘날의 건축이 거짓되고 추한 물건이라고 한다면, 앞으로는 당연히 참되고 아름다운 건축이 등장할 것이다. 예술은 늘 국운의 융성과 불가분의 관계에 있다. 예술이 퇴보하여 골동품이 된 나머지 골동품 수집가나 거래상의 손에서 놀아나게 된다면, 그런 나라의 예술은 결코 성장할 수 없고 설혹 이미 성장했다고 하더라도 반드시 퇴보하기 마련이다.

정신적으로 건강하고 천진난만한 사람들이 자연스러운 과정을 통해 마치 아이를 출산하듯이 건전한 예술을 낳을 것이다. 그러므로 바로 지금, 우리는 결코 퇴보하지 않으리라고 다짐하면서 우리 자신을 위로하도록 하자. 우리는 퇴보할 수 없다. 왜냐하면 퇴보라고 하면 이미 어느 정도의 성취를 이룩하고 있다는 전제를 바탕으로 하는 것인데, 미국의 예술은 아직 〈생성〉이라는 단어를 모르고 있기 때문이다. 우리가 〈취향〉이라고 부르는 이 고약한 것은, 모든 것이 변하는 것처럼, 언젠가는 빛바래고 또 변할 것이다. 하지만 취향은 〈퇴보〉라는 말을 쓸 수 있을 정도로 높은 성취를 이룩한 적이 없었다.

그렇다. 미국은 아직 젊다. 그런데 유감스럽게도 미국의 건축이 자연스럽게 등장하는 것을 가로막는 장애물이 있다. 고대의 〈고전주의〉 혹은 〈의고전주의〉를 추종하는 미국 건축가들은 건축을 일종의 조각(彫刻)으로 생각하는 양식을 모방해 왔다. 말하자면, 의고전주의의 전통에서 모든 건물은 건축 자재를 〈조각한〉 대형 블록 덩어리였다. 왜 조각이라고 말하는가 하면, 돌이나 나무 같은 건축 자재를 외부로부터 파들어 가서 원하는 모양을 만들었기 때문이다. 따라서 건축의 사상과 의미는 건물의 외부가 표현해 준다고 믿었다. 이런 생각을 갖고 있었기 때문에 외부 역할을 하는 〈외부〉와 내부 역할을 하는 〈내부〉가 완전히 분리되어 있었다. 내부와 외부는 서로 무관하고 또 독립적이었다. 약간의 채광과 환기를 위해 블록 덩어리에 구멍을 팠다. 구멍이 깊게 보일수록, 즉 구멍의 측면이 두꺼울수록 — 건축가는 그 측면을 〈창틀reveal〉이라고 불렀는데 — 더 좋은 것이었다. 사람들이 드나드는 구멍의 겉치레에 아주 큰 관심을 기울였다. 이런 건물들은 성채를 닮았고 실제로 성채였다.

솔직히 말해 당시의 문명은 힘에 바탕을 두었기 때문 건물은 성채가 될 수밖에 없었다. 고전 시대와 봉건 시대의 주택은 까놓고 말하면 자그마한 석조 동굴이었다. 좀 더 규모가 크다면 암굴(暗窟)이었다.

외부에서 볼 때, 이 조각된 암석 덩어리에서 사람들이 살려면 어떻게 해야 할까? 돌덩어리의 내부에서 외부를 향해 구멍을 파내야만 사람이 살 수 있을 것이다. 그것이 바로 동굴 건축의 미학적 진상(眞相)이다.

자, 돌덩어리를 조각하여 외관을 그럴듯하게 꾸민다는 이 명예로운 고대 사상은 〈자유〉에 기초를 둔 우리 시대의 건축에게는 심각한 장애가 아닐 수 없다. 사실, 이 〈외부〉를 중시하는 이상이 살아남은 것 자체가 현대 미국에서 유익한 삶을 영위하는 것을 방해한다.

이 고대의 건축 사상은 르네상스 시대에 마지막 조명을 받았고 동시에 종말을 고하기도 했다. 위대한 조각가 미켈란젤로는 파르테논(그리스 건축)의 꼭대기에 판테온(로마 건축)을 올려놓음으로써(종합함으로써) 그 종말을 재촉했다. 이 위대한 이탈리아 조각가의 충동과 경솔한 행동이 빚어낸 건축물을 가리켜 사람들은 성 베드로 대성당이라고 한다. 세상 사람들은 건축이 발전의 정점에 도달했다고 하면서, 온갖 찬사를 동원하여 그 위대한 충동에 찬사를 보냈다. 하지만 전문가의 관점에서 볼 때 그 건물의 형태는 모방에 지나지 않는다.

미켈란젤로는 조각가였기 때문에 당연히 이탈리아 르네상스 건축에서 생각할 수 있는 최대의 조각상을 만들기 시작했다. 성 베드로 대성당의 새로운 돔은 교황의 삼중관(三重冠)을 상징한다는 것을 제외하고는 아무 의미도 없었다. 하지만 실제로 이 돔은 세속적 〈권위〉가 자신을 드러내는 상징물로서 간절히 고대해 온 그런 것이었다. 종교적 권위든 세속적 권위든 돔은 곧 모든 〈권위〉의 상징이 되었다.

미켈란젤로가 건축가로 변신하기 전에, 크고 작은 돔들은 엉덩이를 가지고 있었다. 돔은 일종의 아치이기 때문에, 돔의 〈추력thrust〉을 건물 내부에 두어야 했다. 성 소피아 대성당(아야소피아 또는 하기아 소피아라고도 불림)의 돔이 진정한 돔의 고상한 사례인데, 동로마 제국 시절에 세워진 것이다.

그런데 조각가 미켈란젤로는 건물에서 돔을 분리해 다른 모든 돔보다 훨씬 더 높이 들어 올렸다. 그는 버팀대를 이용하여 돔을 하늘 높이 솟구치게 했다. 그랬더니 훨씬 좋고 더 웅장해 보였다! 하지만 역사 기록에 따르면 돔의 기초에 균열이 생기기 시작했다. 지탱해 주는 힘이 약해지니까 무거운 석재 아치 — 돔은 아치이다 — 는 공중에서 온 사방으로 벌어지기 시작했다. 이렇게 하여 돔 자체와, 돔을 지탱하는 버팀대가 위태로워졌다. 대장장이들에게 급히 구조 요청 신호를 보냈다. 굵은 버팀대를 연결하는 대형 사슬이 필요했다. 이 웅장한 돔이 버팀대 위에 오래 서 있을 수 있도록, 대장간에서 열심히 사슬을 만들어 냈다.

대장장이의 사슬은 결국 대형 돔의 엉덩이(밑 부분)를 단단히 조였다. 원래의 자연스러운 하중을 무시하고 공중 높이 들어 올려 저 위대한 조각가의 명성을 영원한 것으로 만들어 준 돔! 그 엉성한 돔을 일 잘하는 유능한 대장장이가 단단하게 고정시켰을 때 조각가는 안도의 한숨을 내쉬며 침대로 뛰어들어, 한 번도 몸을 뒤척이지 않고 서른여섯 시간 동안 잠에 곯아떨어졌으리라. 이렇게 해서 돔은 간신히 체면을 세울 수 있었다.

그 결과 미국 국회의사당의 돔부터 주도(州都) 청사의 돔까지, 다음에는 카운티 청사의 더 작은 돔에서 다시 시청의 작은 돔까지 대장장이가 구해 준 덕분에 공인된 권위의 상징인 돔이 서 있다. 자유를 신봉하는 이 위대한 새로운 국가에서도 돔을 볼 수 있고, 미국은 충동적으로 경솔하게 행동한 조각가에게 큰 빚을 지고 있다. 다시 말해 미국은 이탈리아 르네상스 건축의 위대한 유산을 계승하고 있다. 이렇게 하여 장엄함을 선호하는 취향이 미국에 단단히 자리를 잡게 되었다.

영국을 대표하는 건축가 크리스토퍼 렌 경은 세인트 폴 대성당을 설계할 때 이탈리아 조각가의 돔을 모방하면서 현명하게도 대장장이의 사슬까지 모방했다. 재미있는 기록이 하나 있다. 영리한 크리스토퍼 렌 경은 석재 돔을 사슬 없이 올릴 것이라고 말했다! 하지만 말만 그렇게 했을 뿐 실천하지는 않았다. 그의 말만 들어 보면 유능한 건축가인 듯한데 실제 행동을 보면 조심성 많은 현실적 인물이었다.

하지만 돔을 숭배하는 유소니아의 건축가들은 크리스토퍼 렌 경보다 훨씬 더 약삭빨랐다. 미국의 대형 석조 돔들은 모두가 조각가(미켈란젤로)의 석조 돔을 모방하는 한편, 대장장이의 철 덮개를 갖고 있다.

따라서 〈대장장이〉가 등장했고 건축가는 사라졌다. 건축가가 휴식을 취하러 갔는지 아니면 휴가를 갔는지 알 수 없었고 그가 다시 되돌아올 것인지 아니면 아예 돌아오지 않을 것인지도 미지수였다. 누가 알랴, 그가 이 시대를 움직이는 힘을 예리하게 통찰하고, 대장장이의 철 덮개 따위는 결코 모방하지 않는 진정한 건축가로 거듭나서 되돌아올지.

위대한 조각가가 전공이 아닌 분야(건축)에서 장엄함만 너무 강조한 나머지 그것이 하나의 횡포가 되었다. 바로 이런 횡포로부터 현대판 마천루 — 우리 시대의 성 베드로 대성당 — 가 탄생한 것이다. 마천루는 마치 주변의 모든 것을 제압하겠다는 듯이 거드름을 피우면서 서 있다.

그렇다. 모방이란 이처럼 위험한 것이다. 권위가 합리성을 제멋대로 빼앗아 가도록 방치하는 것은 정말이지 비극이다. 이렇게 돔 — 실은 돔이 아니라, 부자연스러운 돌덩어리 물건을 복잡하게 모방한 철 제품 — 에 존경을 바치는 것은 이러한 사실을 강조할 뿐이다. 기념비적 성격을 지닌 모든 고대 건축물 이를테면 대성당, 신전, 궁전, 수도원 부속 성당 등은 조각과 비슷하다. 게다가 모든 인위적인 것은 곧 과잉에 이른다. 인공적인 것을 너무 강조하다 보면 결국 〈장엄집착증grando-mania〉, 노쇠함, 속된 말로 노망에 이르게 된다.

이것은 정말 어처구니없는 일이다. 위험하지도 사악하지도 않으면서 동시에 비겁하고 용만(冗漫)한 노쇠함이 이처럼 영향력을 발휘한다는 것은! 어떻게 죽은 것에 감상적으로 집착함으로써 살아 있는 것을 말살한단 말인가!

우리나라는 이제 감상적인 노쇠함과 힘찬 발전 중 어느 하나를 선택해야 하는 지점에 왔다. 후버 대통령은 공식적으로 노쇠함을 추천했다. 이런 어리석은 행동은 과거 지향적인 인사들이 예술계의 고위직을 차지하면서 발생하는 정치적 결과일 뿐이다. 만약 권위가 이처럼 불공정하게 행사된다면 그것은 합리성의 적으로 몰리게 될 것이다.

요약해 보자. 그것 하나밖에 없을 때에, 고대 조각(彫刻)의 질서는 영광스러

머리 위에서 본 표준 주유소(계획안), 1932. 입면도 스케치, 트레이싱지 위에 연필과 색연필, 42×50.

운 것이었다. 하지만 구 질서는 곧 (진정한 인간적 생활의) 배신이 되었다. 〈르네상스〉 혹은 〈재탄생〉이라는 아주 인위적인 문화 형태 속에서도 구 질서는 하나의 배신이었다. 이어 미국에 절충주의가 재탄생하면서 고대의 질서는 문화적 저주, 경제적 범죄, 공적 폐해가 되었다.

슈만은 베토벤 교향곡 제5번을 두고 이 교향곡 내부에서 혁명이 은밀하게 일어나도 경찰은 여전히 알 수 없다고 말했다. 좋은 〈취향〉이라는 흐리멍덩한 장기(瘴氣)를 뚫고 나아가면서, 직선과 평면을 대안으로 제시함으로써 흥청망청하는 건축계의 타락을 돌파하면서, 유기적 단순성의 깨끗하고 신속한 윤곽이 찾아왔다. 깊이를 지닌 새로운 감각이 나타났고 그것 자체가 새로운 완전성에 대한 요구가 되었다. 우리는 이 새로운 감각을 새로운 차원이라고 부른다. 이 새로운 차원은 정신의 제3 차원이다. 이것이 혁명이다! 이미 이런 제3 차원의 정신이 미국의 마을에 널리 퍼져 있는데도 미국 건축계는 그것을 알지 못했다. 그러나 이런 과격적인 건축 사상이 20세기 초반 우리 미국 땅에서 힘을 얻기 시작하고 있다. 이 새로운 사상은 결코 예전의 그런 강압적 〈권위〉를 추구하지 않을 것이고, 교황의 돔에서 볼 수 있듯이 쇠사슬 따위로 구조를 〈안정시키는〉 그런 시시한 작업은 하지 않을 것이다.

〈새로운 합리성〉에 대한 요구는 혁명적인 건축 감각을 가져왔다. 유소니아의 토양에서 싹튼 완전히 새로운 건축 감각은 나사렛 예수가 말한 자연스러운 단순성의 진실과 어깨를 나란히 한다. 또한 중국의 현인 노자의 유기적 철학처럼 자연스러운 것을 지향한다. 그렇다, 기능주의자여, 이 세상을 움직이는 힘에는 과학과 이성만 있는 게 아니다.

왜 사물의 핵심에 있는 힘을 제거하려고 하는가?

세상은 온갖 형태의 부정(否定)에 싫증을 낼 것이다. 앞으로 나아가는 세상은 야심적인 항의자가 어떻게 위장하더라도 그런 부정을 따분해할 것이다. 〈현대 건축〉의 본령이 무엇보다도 정신적 확신에 있다는 걸 고백하자. 남들이 아무리 그것을 깎아 내리고 훼손하고 왜곡한다고 해도 개의치 말자. 만약 이런 〈확신〉에서 비롯되는 원초적, 정신적 통찰력이 결핍되어 있다면, 그 어떤 건축도 — 비록 아무리 아름답다고 할지라도 — 결국은 기계 시대의 상투적인 발언을 중언부언하는 것에 지나지 않으리라.

현대 건축에게는 다소 아쉬운 일이지만, 어디서나 폭넓은 역할을 하는 기계 덕분에 많은 건물을 짓지 않아도 건축가 소리를 들을 수 있다. 시공 업자의 도움으로 건물을 하나 세우고, 그 건물에 관한 책을 쓰고 다음에는 그 책에 관한 또 다른 책을 출판하라. 잘 관리된 기계는 곧 당신을 건축가로 만들어 줄 것이고 시공 업자들은 계속 건물을 지어 줄 것이다.

이미 무익한 경쟁이 벌어졌고, 어떤 뚜렷한 목적의식을 구현하는 건물의 특징을 추구하는 것이 아니라 그럴듯한 건물의 외양을 갖추는 것이 대세가 되어 버렸다. 그러한 경쟁은 건물을 짓는 데 동원되는 기계 못지않게 기계적인 것이 되어 버렸다. 미래의 세대들은 이런 모방 작품들을 바퀴 위에 올려놓고 일사천리로 고속도로를 통해 널리 퍼트릴지도 모른다. 기계 설비는 양쪽으로 작용하여 진보를 가져올 수도 있고 반대로 그것을 가로막을 수도 있다. 우리는 이와 관련하여 저 위대한 낭만주의자(존 키츠)의 말을 믿어 보기로 하자. 〈모든 사람이 진실을 위해 일하든 혹은 그 반대를 위해 일하든 결국에는 똑같이 진실에 봉사한다.〉

오늘날 건축이라는 고상한 이념의 분야에서 기계 시대의 복지를 실현하자면 어떻게 해야 할까. 다시 말해, 기계에 힘을 부여하고 수많은 사람들에게 민주적 혜택을 주려면 어떤 수단이 있어야 할까. 먼저 하나의 위대한 새로운 완전성, 즉

현실의 내적인 감각이 있어야 한다. 그다음에는 네 가지 새로운 자원을 널리 활용해야 하는데 그 네 가지를 소개하면 다음과 같다.

첫째, 신소재인 유리.

둘째, 새로운 표준 수단인 항장력.

셋째, 자재의 성질에 대한 새로운 인식.

넷째, 자연스러운 패턴.

하나의 원칙과 네 가지 자원, 이 다섯 가지는 건물에 대한 새로운 이해를 만들어 내는 한편 20세기 건축에 새로운 의미를 요구한다. 이 다섯 가지 자원은 20세기 현대 건축을 위한 기반일 뿐만 아니라, 반드시 배워야 할 현대 생활의 유익한 교훈이다.

새로운 자재들이 개발되었고 건설 현장에 새로운 힘이 동원될 수 있기 때문에 현재의 탈선(절충주의)에도 불구하고 삶에 대한 인식은 깊어지고 있고 따라서 모든 것은 현대적 성격을 띠게 된다. 하지만 이런 의미와 자원이 새롭게 되려면 미국의 건축이 〈재탄생〉해야 한다. 지난 5세기 동안 유럽의 건축은 모방 작품을 또다시 모방해 왔기 때문에, 당연히 미국의 플라스터빌트 부인, 게이블모어 부인, 플랫톱 양도 무의미의 절정을 달리게 되었다. 그것은 건축이 아니라 경제적 범죄였다. 예술이 아니라 허세의 몸짓이었다.

당신이 조금만 참을성을 발휘해 준다면 — 과학자 아인슈타인은 긴급하지도 않고 실용적이지도 않은 상대성 이론을 설명하기 위해 우리에게 3일을 요구했다 — 우리는 다섯 손가락을 하나씩 꼽으면서 위의 다섯 가지 자원을 차례로 살펴볼 것이다.

먼저 엄지손가락에 해당하는, 위대한 완전성 — 현실 〈내부〉의 감각 — 으로부터 시작하자. 이 원칙은 엄지손가락이 나머지 네 손가락에게 중요한 것처럼 다른 네 가지 자원에게 중요한 사항이다. 그리고 이 다섯 가지 사항을 모두 파악한다면 건축을 새롭게 이해하게 될 것이다.

새로운 완전성은 지금까지의 이교도주의의 현실 감각보다 훨씬 깊고 또 친밀한 현실 감각을 말한다. 혹은 그리스도교의 현실 감각보다 더 깊고 넓은 것이다. 그것은 지난 2세기 동안 예수가 말한 자연스러운 단순성과, 노자의 무위사상 속

에서 보존되어 온 것이다.³¹

중국의 현인, 옹 지아오 키는 이렇게 말했다. 〈시는 마음의 소리이다.〉 음……이 새로운 감각의 건축은 시와 마찬가지로 〈내부〉의 소리로 그치는 것이 아니라 내부의 〈본질〉 그 자체이다.

건축은 현대적인 것으로서 이제 방 자체가 살기 좋은 내부 공간을 표현해야 한다. 〈방을 하나의 고정된 공간으로 생각하는 습관을 혁파해야 한다!〉 〈방〉 그 자체를 하나의 건축으로 보아야 하고 그렇지 않다면 건축이란 있을 수 없다. 우리는 더 이상 외부를 외부로 보지 않고, 내부를 내부로 보지 않으며 그 두 가지를 별도의 것으로 구분하지 않는다. 이제 외부는 내부로 들어올 수 있고, 내부는 외부로 나갈 수 있다. 둘은 서로 통한다.

이러한 내부 공간 개념은 새로운 의미를 창출하는 새로운 완전성의 첫 번째 기반이다. 이렇게 말하면 그것으로 충분하지만 여러분의 이해를 돕기 위해, 이런 설명을 보태 볼 수 있으리라. 현대 건물의 특성은 그 부지에서 생겨난다. 땅 ─ 건물의 본질적 일부 ─ 에서 솟아 나와 빛을 보는 것, 그것이 현대 건물인데 유기적 완전성을 그 이상으로 여긴다. 다시 말해 현대의 건물은 〈자연의 한복판에 우뚝 서 있는 나무〉처럼 고귀한 이상을 구현해야 한다.

이러한 건축의 새로운 이상은 문화 전반에 기여해야 한다. 이렇게 하여 현대의 건축물은 더 깊은 현실 감각을 구현하는 유기적 실체가 되어야 한다. 바로 이것이 자연스러움이다. 자연스러움의 사상은 우리가 다가오는 세기에 더욱 발전시켜야 하는 사상이다.

우리는 이제 네 가지 자원의 첫 번째인 유리를 다룬다. 이 첫 번째 자원은 새로운 감수성을 일깨우는 신소재이다. 유리는 고유한 특성을 갖고 있다. 만약 이

---

31 원문에는 *two centuries*로 되어 있으나 *twenty centuries*(2000년)의 오기인 듯하다. 예수의 단순성은 앞에서 나온 「마태오의 복음서」 6장 28절에 표현된 정신으로, 들판에 지천으로 피어 있는 야생 백합(들꽃)이 단순해 보이는 것은 선명한 디자인과 완벽한 의미가 배후에서 작동하고 있기 때문인데 그것들(들꽃)은 수고도 하지 않고 길쌈도 하지 않으면서도 자연스러운 단순성을 갖고 있다. 노자의 무위사상 역시 앞에서 언급된 것으로 『도덕경』 11장의 정신을 가리킨다.

자재가 고대에도 알려져 있었다면, 유리는 우리가 물려받은 고대 건축의 모습을 완전히 바꾸어 놓았을 것이다. 이 신소재는 하나의 기적이다. 공기를 빼내 주기도 하고 혹은 공기를 들여놓기도 하는 공기 안의 공기이며, 빛을 산란시키거나 반사하거나 굴절시키는 빛 속의 빛이다.

그렇다면 유리는 새로운 완전성의 주요한 실현 수단이 될 수 있다. 마당은 건물 안에 들여놓을 수 있고 건물 내부는 밖으로 뻗어 나가 마당과 사귈 수 있다. 환경에 개방된다는 점에 있어서, 땅과 건물은 긴밀한 관계를 맺게 되고, 새로운 완전성의 원대한 암시와 효과 — 유기적 내부 공간 개념 — 를 실현한다. 이 복잡한 시대에 생활의 질을 확보하려면 다양한 특징을 가진 건물을 건축해야 한다.

우리는 유리라는 수단을 통해, 북부에 살던 우리 조상들이 숲 속에서 맛보았던 자유로움을, 20세기의 생활 속에 구현할 수 있다. 이것은 고대와 중세의 사람들이 노예 혹은 동물적 노동에 바탕을 둔 환경에 순응하여 〈동굴 같은〉 주택에서 살았던 것과 비슷한 이치이다. 우리는 자유 국가에 사는 자유인이기 때문에 동물적 노동을 두려워할 필요 없이 밖으로 나와 빛을 볼 수 있다.

그렇다. 모든 다른 것보다 더 중요한 것은, 유리를 통해 스며든 햇빛으로 가득한 공간이 인간적 정신에서 나온 더 높은 질서를 구현한다는 점이다. 햇빛 속에서 살게 되면 자연히 청결함의 감각이 뒤따라 나오게 되어 있다. 건물을 지표면, 비탈, 정원 등과 잘 조화시켜 더 넓은 전망을 확보하게 되면, 이 새로운 청결함의 감각이 모든 건물에 확산될 것이다.

우리는 점점 더 햇빛을 원하게 될 것이다. 햇빛을 바랄수록 우리는 대지의 자유를 원하게 될 것이다. 새로운 공간-가치 *space-values* 가 우리의 삶의 이상 중 하나로 자리 잡을 것이고, 그 이상은 우리의 전반적 이상에 부합한다. 공간을 잘 활용하면 적체(積滯)라는 문제는 사라질 것이고, 〈임대를 위한 공간 제조자〉가 설자리는 사라질 것이다. 〈임대를 위한 공간 제조자〉 자신이 〈한물간 존재〉가 되어 찾아보기 어려울 것이다.

그리하여 적절한 내부 공간을 하나의 리얼리티로 인식하는 이 새로운 감각은 곧 기계 시대의 보편적 현상이 될 것이다. 그것은 유리의 새로운 특성 덕분에 가능해진다. 신소재인 유리는 과거의 동굴은 물론이고 현대 미국의 예쁘게 꾸민 동굴들로부터 벗어나도록 도와줄 것이다. 나아가 자연을 본뜬 단순성에 대한 우리의 욕망을 일깨울 것이다. 건축은 다시 한 번 자연을 닮으려는 본래의 기능을 회복하게 될 것이다.

이제 건축 행위 자체는 자연의 패턴으로 인식되어야 한다. 〈내부〉를 리얼리티로 보는 인식은 곧 〈자연〉 그 자체의 실현이다. 머지않아 유리 덕분에 정원이 곧 건물이 되고, 건물이 곧 정원이 될 것이다. 벽은 없어진다. 동굴은 사라진다.

벽 자체는 창문이 되고 우리가 알고 있는 창문은 더 이상 존재하지 않을 것이다. 천장은 종종 창문-벽이 될 것이다. 직물(織物)은 공간의 아름다운 옷으로 이용될 수 있고, 장식가들이 위장하는 도구가 아니라 건축의 속성이 될 수 있다. 현대적 기계 난방, 전체 조명, 표준화된 단위 위생 설비는 상자나 동굴 같은 건물을 철폐하려는 20세기 건축의 이상에 이바지할 것이다.

무의미한 겉치레와 거짓된 건물 덩어리는 현대 건축에 하나의 모욕이자 장애이다. 이것은 19세기의 미국 건축이 그러했듯이 현저한 낭비이자 횡포이다. 이제는 유리 덕분에 연속성의 원칙을 가로막는 거짓된 덩어리를 과감하게 제거할 수 있다. 여기서 잠시 나와 함께 〈엔지니어링〉에 대해 살펴보기로 하자. 이것은 현대 건축의 이해에 필수적 요소이다. 따라서 이것을 모른다면 현대 건축을 이해할 수 없다.

고전 건축은 기둥을 〈수직〉으로, 들보를 수직 위나 기둥에서 쉬고 있는 〈수평〉으로만 알았다. 두 가지는 서로 보완하는 존재였다. 고대 건축은 기둥과 들보 이 두 가지를 다양하게 활용하는 것이었다. 더 까놓고 말한다면 나무나 돌 같은 것을 세우고 그 꼭대기에 나무나 돌을 올려놓는 것을 중첩하는 행위였다.

그리스인들은 이 단순한 중첩을 좀 더 세련되게 발전시켰다. 로마의 건축은 그리스 건축을 잠시 잊어버리고 아치를 사용하여 들보의 활용 범위를 더욱 넓혔다. 하지만 이런 고전 시대의 건축적 특징은 다행스럽게 강철의 도래와 함께 일소되었다. 그럼에도 불구하고 고전 건축의 잔해가 아직 청산되지 않은 채 미국 전역에서 건축 발전의 장애가 되고 있다. 지탱하고(기둥) 지탱받는다(들보). 이 간단한 원칙은 늘 유효한 것이지만, 지탱함support과 지탱받음supported은 이제 용접 강철이나 밧줄 모양 강철에 의해 물리적 구조로 결합될 수 있다.

따라서 강철이 건축에 사용되면서 새로운 명령이 내려왔다. 내장된 밧줄 모양 강철로 기둥과 들보를 하나로 묶어 버리고, 혹은 강철과 강철이 만나는 곳은 전기로 용접하라는 것이다.

들보가 끝나면 기둥이 시작된다는 구 개념은 더 이상 존재하지 않는다. 고강도 강철 덕분에, 지탱함과 지탱받음이 서로 하나로 묶이게 되었다. 이것은 나무의 줄기와 가지의 관계와 비슷하다. 바로 이런 연결 관계로부터 내가 여기에서 〈연속성〉이라고 부르는 일련의 새로운 내부적, 물리적 반응이 생겨난다. 이리하여 가변성이라는 현대적 외관(혹은 미학)은 외관으로만 끝나는 것이 아니라 리얼리티의 정상적 용모가 된다. 밧줄 모양 강철 덕분에 구조를 확장할 수 있고, 이를 통해 자재를 절약하고 안전하게 건설할 수 있다. 그래서 외팔보를 나뭇가지라고 보아도 무방하다. 외팔보는 항장력이라는 두 번째 자원의 중요한 수단이다.

25년 전 미국 건축계에 도입되었으나 찬밥 신세였던 가변성의 개념은, 기둥과 들보의 이원적 정체성 — 의고전주의의 핵심 개념 — 을 완전히 불식시켰다. 이제 강철은 완벽한 가변성을 보장하고 있다. 가변성은 과거처럼 막연한 개념이 아니라 이제 구체적 〈리얼리티〉가 되었다.

이 가변성이라는 마술적인 단순화의 수단을 어떻게 예증하면 좋을까? 그것을 인간의 손이 구현하는 유연성으로 보면 어떨까? 손은 어째서 그토록 풍부한 표현력을 갖고 있을까? 인간의 손은 물 흐르듯이 이어지는 선과 연속적인 표면을 갖고 있다. 선은 〈손〉의 윤곽이고 평면은 〈손〉의 표면이다. 만약 이 손을 유기적인 기능으로 보지 않고, 그 손을 해부하여 각각의 뼈의 결합으로 본다면, 손이 갖고 있는 저 놀라운 가변성은 사라질 것이다. 그렇게 되면 고대 건축의 이음매, 갈라진 틈, 접합 부분, 불연속성 등만 남게 될 것이다. 따라서 가변성은 중첩의 반대 개념이다.

이런 의미의 가변성은 지난 27년 동안 그에 걸맞은 대접을 받지 못해 왔다. 기계 시대의 단순화 미학으로는 이 개념이 아주 적합한데도 충분히 대접받지 못했다. 의미 있는 윤곽과 표현력 풍부한 표면을 가진 가변성의 미학은, 이제 연속성을 구체화했다. 따라서 현대 건축의 구체적 몸뚱어리로서 최고의 대접을 받아야 한다.

물론 노골적인 구조를 가지고 속이는 것보다 가변성/단순성을 가지고 속이는 것이 더 쉽다. 그래서 교묘하게 모더니즘 건축을 흉내 내는, 현대의 풍경화 제작자에게 손쉬운 모방의 수단을 제공할 우려도 있다.

손의 유기적 선과 표면이 손의 〈구조〉를 명료하게 표현하듯이, 가변성이 건축물의 구조를 진짜로 풍부하게 표현할 때, 건축은 비로소 건축다운 것이 된다. 나는 후기 작품에 강철을 쓰기 시작하면서 처음으로 연속성의 원칙을 주된 원칙으로 적용시켰다. 이때 내가 고안한 콘크리트 철근 블록 시스템을 적절히 활용하여 건축 비용을 절약할 수 있었다.

외팔보의 형태 혹은 수평적 연속성을 구사한, 이 새로운 절약 공법은 1922년 대지진 때 도쿄의 데이코쿠 호텔로 하여금 지진을 이겨 내게 했다.

하지만 세인트 마크스 타워의 새 디자인에서 연속성의 원칙은 더 큰 위력을 발휘했다. 그것은 자재, 노동, 공간을 절약하고 건물의 구조에 현저한 안정성을 부여했다. 건물은 이제 과거의 엉성한 돌덩어리가 아니라, 의미 있는 윤곽과 구조의 패턴을 가진 건축 예술이 되었다.

물론 구질서에는 자재를 절약해야 한다는 생각은 전혀 없었다. 건물 전체가 육중하게 보일수록 더욱 좋았다. 하지만 이 기계 시대에 강철 밧줄의 항장력이 해방시킨 새로운 경제의 내부적 힘에 비추어 보면, 구질서는 부오나로티 돔[32]처럼 하중을 견디지 못하는 허약한 애물단지에 지나지 않는다. 허약하다고 말한 것은 지탱함과 지탱받음의 두 요소 사이에 서로 강화시키는 상관관계가 없기 때문이다.

그래서 이 항장력 — 건물 내부의 서로 잡아당기는 힘 — 이라는 두 번째 자원은 새로운 시대를 맞게 되었고, 존 뢰블링이 설계한 브루클린 다리에서 그 위력을 발휘하고 있다. 이런 자원은 분명 고대 건축에는 없었다. 기둥과 들보를 하

---

[32] 미켈란젤로의 성 베드로 대성당 돔.

나로 묶어 버리는 밧줄형 강철은 고대에는 아직 발명되지 않았던 것이다.

오늘날 연속성의 요소는 건물의 구조 형성에 들어가는 자원을 약 절반 정도 절감해 준다. 가변성이라는 단순화 원칙을 적용하여 불필요한 구조적 특징을 제거하면, 자원을 또다시 반의반으로 절감할 수 있다. 이와 관련하여 공장의 대량 생산을 활용함으로써 현대 건축의 절약 경제는 거의 완벽한 수준으로 향상시킬 수 있다. 그러한 절약 경제는 마치 잘 만들어진 기계처럼 작동하게 될 것이다.

이러한 대량 생산에 개재된 디자인의 문제로는 내가 앞에서 언급한 복잡한 반응들이 있었고, 건축 기사들은 그런 점에 대해서 아직 잘 모르고 있다. 하지만 그들은 곧 그 디자인을 시공하기 위한 계산 방법을 배우게 될 것이다.[33]

완전성의 원칙과 첫 두 자원이 건물의 내부적 본질에서 나온 것이라면, 세 번째 새로운 자원은 ─ 건물의 내부적 성질과 관련이 있는 만큼 ─ 자재의 성질에서 비롯된 것이다. 건물에 사용되는 다양한 자재에는 다양한 성질이 있으므로, 이러한 자재가 당연히 건축물의 형태를 제한, 수정, 결정하게 된다.

석조 건물은 철골 건물이 되지도 않을 것이고 그렇게 보이지도 않을 것이다. 흙벽돌 혹은 테라코타 건물은 결코 석조 건물처럼 보이지 않을 것이다. 목조 건물은 목재로 만들었기 때문에 목조 건물이며 결코 다른 건물과 닮지 않을 것이다. 강철과 유리로 만든 건물은 강철과 유리를 찬양할 것이며 결코 다른 건물을 선망하지 않을 것이다. 따라서 이용 가능한 자재의 목록을 열거해 보면 돌, 나무, 콘크리트, 금속, 유리, 직물, 펄프, 혼합된 안료 등이 있다. 이처럼 자재가 풍부하기 때문에 현대 건축을 고대 건축과 비교하는 것은 합리적이지도 못하고 현대 건축의 이해에 도움이 되는 일도 아니다.

따라서 세 번째 자원은 모든 자연적인 것의 자연적 원천으로 거슬러 올라가려는 노력이다. 새로운 〈유기적 건축〉을 낳기 위해, 건축가는 새로운 지평을 방해

---

[33] 앞에서 홀리혹 하우스의 시공과 관련하여 시공 업자들이 설계 도면을 잘 이해하지 못하겠다며 시공을 거부한 일이 있었다.

하는 절충주의의 쓰레기 더미에 과감히 등을 돌려야 한다. 우리는 우리 자신의 지평으로부터 건축을 발전시켜야 한다. 내 생각에 건축은 〈정신〉의 특징과 자질로서 인간의 행동에 개입하여 사회적 파장 효과를 갖게 되는데, 그런 효과는 처음에 사람들을 당황하게 만들거나 몹시 놀라게 할 수도 있다. 왜 그런 파급 효과를 두려워할까? 그 유일한 이유는 그것들이 굉장히 건설적이라는 것이다. 온갖 형태의 허위는 본능적으로 현실과 대면하기 싫어한다. 위선자는 과격한 것 혹은 근본적인 것을 싫어하기 마련이다.

세 번째 자원 — 〈자재〉의 〈성질〉 — 은 자재와 시공 방법에 대한 상식에 그 바탕을 두고 있다. 건축가는 〈자연〉에 따라 일을 시작하고, 당대의 〈인간적〉 감수성과 방법에 따라 필요한 자재를 합리적으로 사용한다는 뜻이다. 내가 〈자연〉이라고 말한 것은, 사물 그 자체에 깃들어 있는 완전한 디자인 즉 자연의 패턴을 구현하는 〈구조〉를 뜻한다. 자재의 내적 감각이 세 번째 새로운 자원으로 등장하여 현대 건축가의 마음을 사로잡고 있는 것이다.

일이 이렇게 되어 가는 것은 필연적이다! 기계 시대의 이 새로운 자원은 모든 건물이 서로 닮지 않을 것을 요구한다. 이 자원은 건물이 강철 건물, 콘크리트 건물, 유리 건물 이런 식으로 서로 구분되는 것을 바라지 않는다. 그것은 어리석은 낭비이다.

이 새로운 자원은 꼭 석재 덩어리를 사용해야만 아름다움의 건축적 속성을 얻을 수 있다고 보지도 않는다. 이 복잡한 시대에 다양한 건물을 세울 수 있다. 하지만 미국은 지상에서 각종 천연 자원이 가장 풍부한 땅이다. 따라서 각각의 자재에서 그 나름대로의 고유한 스타일 혹은 혼합 스타일을 찾아야 한다. 자재는 저마다 아름다운 것이다. 꼭 돌을 사용해야만 아름다운 것은 아니다.

나무. 돌. 강철. 흙. 콘크리트. 유리. 그렇다, 안료 못지않게 펄프도 중요하다. 〈내부〉가 곧 리얼리티라는 이 새로운 감각은 건물에 중요한 모티프를 제공했다. 그 때문에 건물을 만드는 데 사용되는 자재는 이제 모든 건물의 크기, 윤곽, 비례, 성격 따위를 결정할 것이다.

이상하지 않은가! 요즘 들어, 현대인에게 삶을 있는 그대로 보고 배우라고 요청하는 존재가 현대 건축이라는 사실이. 그리하여 현대인은 벽돌을 벽돌로 보고, 강철을 강철로 보며, 유리를 유리로 보는 것을 건축에서 배우고 있다. 현대의 사상은 현대인에게 요구해야 한다. 은행은 은행다워야 하며 고딕식 석조 기둥을 갖고 있어야만 수신고가 높아지는 것은 아님을 깨달아야 한다. 또 외관은 벌집처럼 보일지라도 사무실 건물은 사무실 건물다워야 한다. 현대인은 호텔이 호텔답게 보이고 기능해야 하며, 결코 사무실 건물을 닮아서는 안 된다고 요구해야 한다. 현대인은 철도역이 철도역다워야 하고 고대 신전이나 왕궁처럼 보여서는 안 된다고 선언해야 한다. 오페라가 현대 생활의 일부라고 한다면, 오페라 극장은 오페라 극장다워야 한다. 현대인은 주유소가 주유소답게 보이기를 원한다. 펌프(급유대)를 갖춘 식민지 풍의 자그마한 건물이 되기를 바라지 않는다. 현대인은 학교가 널찍한 운동장, 좋은 시간을 보낼 수 있는 장소, 자라나는 아이들이 쑥쑥 클 수 있도록 훌륭한 채광 장치를 갖춘 좋은 시설이기를 바란다. 현대 건축은 현대인이 살기에 좋은 주택을 요구하기를 바란다. 하루 종일 밖에서 열심히 일하고 돌아온 사람이 푸근하게 쉴 수 있는 그런 집을 요구하기를 바란다.

  30년 전 미국의 건축에서 이런 자원은 생소한 것이었다. 그 후 해외 건축에는 물론이고 국내 건축에도 조금씩 도입되기 시작했다. 이렇게 말하면 모욕적으로 들릴지 모르지만, 이 자원은 여전히 진기한 것으로 남아 있고 오늘에 와서야 겨우 약간 덜 이상해졌을 뿐이다.

  드디어 새로운 의미를 요구하는 네 번째 자원인 필수적 장식 — 건축의 자연스러운 패턴 — 에 이르렀다. 이 자원은 정신적 의미를 갖고 있어서 주관적 요소가 강한데 이 때문에 건축가들도 제대로 이해하지 못하는 것 같다. 이 마지막 자원은 사실 누구에게나 중요할 뿐만 아니라 예술적 기량과 상상력이 아주 풍부한 사람에게도 중요하다. 우리는 이제 드높은 상상력의 영역으로 들어섰다.

  많은 사람들이 시는 전혀 쓰지 못하면서도 좋은 산문은 쓸 수 있다. 공사 시방서를 작성하는 것이 하나의 유행이기 때문에 기능주의자들도 열심히 산문을 쓰고 있다. 하지만 그냥 무미건조한 산문보다는 시적인 산문이 더 바람직하다. 시인 척하지만 실은 산문인 그런 글은 묵과하기 어렵다.

새로운 건축에 필요한 네 번째 자원은 〈시처럼 완성된〉 장식이다. 여태까지 나는 혼란이나 편견을 피하기 위해 장식이라는 말 대신에 〈패턴〉이라는 단어를 사용해 왔다. 하지만 여기서는 장식이라는 본래의 단어를 쓰고자 한다. 장식은 〈인간의 상상력을 입혀 놓은 표면〉일 뿐만 아니라 구조에 자연스러운 패턴을 부여하는 상상력을 뜻한다. 어쩌면 이것만으로는 그 모든 것을 충분히 설명하지 못할 것이다. 완전한 장식이라는 자원은 인간의 상상력을 입힌 표면을 뜻할 뿐만 아니라 더 나아가서는 〈구조 자체에 자연스러운 패턴을 부여하는 상상력〉을 의미한다. 이것은 정말 새로운 의미이나 오래전에 그 자취를 감추어 버린 것이다.

패턴으로서의 구조와 자재의 성질은 정말 진지하게 고려되어야 할 자원이다. 예전에는 건축 일을 손으로 했다면 오늘날에는 이 두 자원을 기계가 좀 더 많이 맡아 주어야 한다. 그리하여 상상력의 더 높은 영역으로 들어가야 한다. 이 두 자원을 통해, 우리는 건물 전체에 구조적 실체와 인간적 의미를 부여할 수 있다. 아쉽게도 이러한 주장은 현재 이단의 진술로 여겨지고 있다. 그러니 언제 어떻게 받아들여질지 알 수가 없다.

영어로는 번역하기 어려운 에다부리(枝振り)라는 일본어 단어가 있는데 조형의 준비 혹은 나무나 풀의 줄기, 가지, 잎이 성장하는 습성을 뜻한다. 따라서 특별한 내적 계획이나 설계를 뜻하는 의미를 갖고 있다. 일본어로는 단 한 마디로 표현할 수 있는 전반적인 문제를 참으로 많은 구절을 사용하여 설명하려니 안타깝다. 그것은 소나무에는 소나무의 성격이, 버드나무에는 버드나무의 성격이, 작약에는 작약의 성격이 있도록 만드는, 특별한 내적 계획이나 설계라는 의미이다.

이런 맥락에서 중국의 현자 웅 지아오 키의 말, 〈시는 마음의 소리이다〉를 다시 음미해 볼 만하다. 완전한 장식이란 〈구조의 패턴 그 자체〉를 예리하게 표현하는 고도의 감각이다. 완전한 장식이란 〈가시적으로 구체화된 구조의 패턴〉이다. 이것은 나무나 작약의 정신이 나무나 작약의 외부에 분명하게 드러난 것과 같은 이치이다. 그것은 리듬이다. 그렇다면 지금 우리는 〈스타일〉을 이야기하는 것인가? 그렇게 볼 수도 있다. 지금 우리는 단순한 건물과 구분되는 〈본질적 건축〉을 이야기하고 있다.

완전한 장식은 유기적 단순성에 바탕을 두고 있다. 이것을 음악에 빗대어 설명하면 이렇다. 베토벤 교향곡 제5번은 휘몰아치는 당당한 음향의 대혁명이었지만, 실은 네 가지 음조 — 어린이가 한 손가락으로 피아노를 칠 수 있는 리듬 — 에 바탕을 둔 것이다. 최고의 상상력을 발휘해 베토벤은 단순한 네 음조를 반복해 위대한 교향곡의 시정(詩情)을 표현했고 음악의 세계에서 가장 고상한 사상의 체계를 구축했다.

의미 있고 아름다운 원칙을 더욱더 완벽하게 표현하는 건축의 발전을 위해 지금 당장 이런 경고를 해두고 싶다. 〈장식집착증〉에 걸려서 〈장식적〉 건물을 많이 짓다가 비참하게 죽기보다는 차라리 장식공포증에 걸려 지금 즉시 죽어 버리는 것이 더 낫다. 모든 과거 지향적 건물, 의고전주의 건물, 모더니즘을 흉내 내는 건물들은 객관적 관점에서 볼 때 장식 위주의 건물이다(모더니즘을 흉내 내는 건물을 지은 사람들은 그 사실을 의식하지 못하지만). 크든 단순하든 나름대로 모양을 내기 위해 자른 단순한 평면은, 그렇게 자르는 순간에 달걀 모양과 창 모양처럼 장식적이 되는 것이다. 이런 모든 건물은 구질서에 속한 건물과 마찬가지로 혐오스러운 장식적 건물이다. 이런 구질서와 유기적 건축을 구분해 주는 기준은 단 하나, 위대한 완전성의 본질을 무시하느냐 아니면 받아들이느냐, 그 차이다. 구질서는 네 가지 자원을 무시하고 기계 시대의 방법론을 경시한 나머지 시간, 공간, 현대 생활의 본질을 제대로 파악하지 못하고 있다.

미국 건축 업계는 새로운 경쟁 속에서 모더니즘 건축이 아니라 〈모더니즘인 척하지만 실은 사이비〉인 건축을 가지고 있을 뿐이다. 이 사이비 건축은 기계 시대의 방법론을 활용한다는 〈흉내〉만 내고 있을 뿐이다. 그들에게는 유기적 건축이 없고 새로운 피상적 건축 미학이 있을 뿐이다.

만약 우리가 진정한 현대적 건물을 지을 수 없다면, 현대적이지도 못하면서 현대적이라고 말하는 건축가보다는 차라리 노골적인 모방 기계를 확보하는 것이 나을 것이다. 우리가 유기적 건축을 확보할 때까지.

저 헛되고 무익한 19세기는 잘못 이해한 로맨스를 실현하기 위해 사람들의 생활을 노골적으로 감상주의로 몰아넣었다. 세상은 자칭 타칭 애국자들이 로마

화한 세상이 되어 버렸다.³⁴

왜 이렇게 되었을까. 그것은 약 3세기 동안 예술 측면에서 로마 문화가 그리스 문화와 경쟁하면서 그(로마) 문화가 희석된 사실에 눈을 감은 탓이었다. 그리스 문화를 모방한 로마 문화는 멋진 아치를 어떻게 처리해야 할지 몇 세기 동안 난감해했다. 로마 문화와 같은 사이비 문화는 새로운 아치를 뒷전으로 밀어 버리고 감추었던 반면, 그리스 〈문화〉는 상인방식 구조의 형태를 통해 그것을 당당히 〈내세웠다〉. 이리하여 로마 문화에는 천재성은 전혀 없는 평균적 〈제도〉에 지나지 않았고 늘 인공적이라는 꼬리표가 따라다녔다. 로마 문화가 그 놀라운 발명품인 아치를 가지고 죽을 쑨 것처럼, 우리 미국의 사이비 문화와 사이비 모더니즘은 오늘날의 위대한 발명품인 강철을 가지고 사이비 건축을 만들어 내고 있다. 자국(自國)의 토양을 고려하지 않고 남의 문화를 무조건 모방할 때, 구조에 대한 현실적 고려는 뒤로 밀리거나 거론하기 난처한 문제가 되어 버린다. 이것은 왜 그럴까? 그 이유는 바로 〈차용〉이라는 단어의 뜻에서 살펴볼 수 있다.³⁵

그래서 꼴사나운 골동품상과 비슷하게 되어 버린 우리는 자신을 기만하면서 이 기계 시대를 아름답게 꾸미려고 애쓴다. 저들은 혜택을 주는 사람인 척하면서 실은 나라의 문화를 거덜 내고 있다. 계속 이렇게 나간다면 우리는 아무것도 후손에게 물려줄 수 없을 것이다.

문화가 없이 힘만 강성한 곳은, 로마의 사이비 문화가 로마인을 피폐하게 만들고 파괴했던 것과 마찬가지로, 인간의 생활을 반드시 황폐하게 만든다. 우리는 그 구체적 증거를 보고 있다. 〈예술〉임을 강변하는 문화적 호기심은 미국의 젊음을 갉아먹는, 높은 이자를 지불해야 하는 문화적 부채이다.

여기서 생각난 김에 한마디 하자면, 로마 〈문화〉의 원조인 그리스인들도 대리석 형태의 신전을 만들면서 예전의 채색(彩色) 목조 신전을 모방했다. 우리의 현대적 이상에 비추어 보자면, 그리스인들의 이런 모방은 미신적 신정(神政) 문화를 그대로 가져다 베낀 행위에 지나지 않는다.

---

34 미국의 19세기 건축이 로마식의 석조 건물 일변도임을 꼬집은 말이다.
35 자기 것이 아닌 것을 자기 마음대로 고칠 수 없다는 의미이다.

이렇게 볼 때 영웅적인 그리스 건축 모델도 돌출한 나무 들보 끝, 나무못과 쇠시리, 나무 처마 장식 따위를 모방한 것임이 분명하다. 단지 그것을 고상한 재질을 가진 훌륭한 대리석으로 다시 단장했다는 점만 다를 뿐이다. 그리고 채색 목조 신전의 원래 형태를 유지하기 위해 대리석에 황금 채색을 가함으로써 이 고상한 자재의 탁월한 성질을 죽여 버렸다. 따라서 그리스인은 최초의 열등한 장식가였다.

유기적 건축의 이상에 비추어 보면, 순수한 그리스 건축 모델은 지적이거나 자유로운 모델이라고 하기 어렵다. 그리스 건축은 〈외부〉를 보다 복잡하고 세련되게 만든 것이다. 그런 면에서 볼 때 그리스 〈항아리〉가 아름답다는 점은 부인하지 않겠다. 하지만 〈우아한 해결〉을 낳은 탐구는 아니었고 그런 만큼 유기적 단순성의 현대적 이상과 동떨어진 것이다. 그럼 대안은 무엇인가. 유기적 단순성과 무위자연이 그것이다. 이제 나사렛 예수의 유기적 단순성과, 노자의 무위자연 철학이 점점 더 생생하게 살아 있는 이상으로 빛을 보고 있다. 현대적이고 자연스러운, 유기적 단순성의 이상은 로마 제국의 전철을 밟지 않도록 미국의 문화를 구해 낼 수 있다. 로마의 전철을 밟는다는 것은 곧 로마의 운명을 따라가는 것이다.

내가 위에서 설명한 위대한 완전성과 네 가지 자원은, 그리스인의 재주 많은 손과 마찬가지로, 새로운 기계 시대의 의미를 구현하는 강한 힘을 갖고 있다. 엄청나고도 깜짝 놀랄 만한 기계의 힘이 순기능적으로 동원되는 것이다. 오늘날 기계는 여러 분야에서 활용되고 있기 때문에 건축의 여러 측면에서도 새로운 가능성을 확인해 줄 것이다. 현대의 건축이 현대인에게 바라는 더 멋진 의미를 실현하기 위해서는 위대한 완전성과 네 가지 자원을 충분히 활용해야 한다. 머지않아 우리는 수평선의 새로운 자유를 만끽하게 될 것이다. 왜냐하면 수평선은 이제 위대한 건축적 고속도로가 되었기 때문이다. 평면은 이제 각 지역을 구분해 주는 들판이 되었다. 완전한 패턴은 〈미국적 마음의 소리〉가 되었다.

확장된 수평선은 곧 인간 생활의 지평선이다. 넓게 확장된 면은 인간에게 자유를 가져다준다. 유소니아의 지평선은 창조적인 손(기계)을 잘 활용함으로써 한없이 확장된다. 완전한 패턴에 대한 새로운 감각은 아름다움을 의식하는 정신을 일깨운다.

〈건축에 이바지하는〉 이 다섯 가지 새로운 수단을 통해, 인간의 두뇌가 만들어 낸 이 괴물 같은 힘(기계)을 인간에게 이롭게 사용할 수 있다. 절충주의자의 〈다양성 속의 단조로움〉은 완전성을 파괴하는 길이며, 대기업 경영자의 손에 넘어간 학문적 위선은 현대의 삶을 낭비시키는 수단일 뿐이다.

대기업 경영자는 기계를 오로지 경제 시스템을 움직이는 편리한 부(富)의 엔진으로만 보는 것 같다. 대기업 경영자들은 〈문화적 호기심〉을 가지고 있을 뿐, 기계의 힘을 선용하지 않는다. 이미 한물간 골동품 문화를 더 크게 더 낫게 모방하는데 기계의 힘을 낭비한다. 이것은 국가의 문화를 배신하는 행위이다.

적어도 〈취향〉의 천박한 수작에 싫증난 현대의 건축은 드디어 학문적 위선을 꿰뚫어 본다. 건축은 머리 위에서 날아다니는 비행기를 알아보고, 사이비에서 해방되고, 자유롭게 그 자신이 되고 그 자신에게 충실해진다. 건축은 바다 위를 날렵하게 떠가는 기선을 보고 그것이 아주 멋진 구조임을 알아본다. 실제로 그것은 뛰어난 구조이다. 건축은 자동차가 점점 더 마차의 모습에서 탈피해 그 자체의 자유를 가진 물건으로 발전해 나가는 과정을 지켜본다. 각종 현대적 기계 장비와 도구를 보면서 현대의 건축은 스스로 깨어나고 있다. 기계 시대가 점점 더 구조의 자유를 선언하는 광경을 본다. 그 구조의 목적은 기계적 장비와 도구의 형태에 대강 드러나 있다.

미국의 발전은 눈부시다. 앞으로 10년 안에 20세기 건축은 임대 공간 제조자가 고안해 낸 돌덩어리 건물이나 엉뚱한 유행을 추종하는 상자 모양의 현대적인 건물을 경멸하게 될 것이다. 그러면서 인간의 정신을 새롭게 수용하는 건축 철학을 제공할 것이다.

이러한 현대 건축의 새롭고 타당한 경제 기준 덕분에, 도시는 결과적으로 쇠퇴하게 될 것이다. 이는 기계의 원칙을 잘 활용한 현대인들이 도시를 안락사시키는 데 일조할 것이다. 19세기까지 기계적인 힘은 중앙 집중화를 선호했으나, 20세기에는 인간의 목적에 이로운 방향으로 기계의 힘을 사용함으로써 진정한 유기적 통합이 이루어지고 그리하여 탈 중앙 집중화가 가능해질 것이다. 20세기의 각종 장치, 가령 다양한 형태의 전화(電化) 사업은 탈 중앙 집중화의 예고편이다.

인간은 상상력을 돕는 범위 내에서 기계를 사용해야 하고 인간이 주도하는 범위 내에서 기계의 증대를 꾀해야 한다. 지금의 도시는 죽어야만 살아남을 수 있다. 도시는 결국 기계의 성공과 노동력 과잉으로 죽게 될 것이다. 기계 시대의 가장 멋진 이상은 인간성의 현양(顯揚)인데 이것이 도시를 매장하게 될 것이다.

하지만 우리는 조심해야 한다! 현대 생활의 멋진 완전성을 요구하는, 이 아이디어들의 덩어리는 계속 앞으로 나아가면서 자신들이 만들어 내는 상징을 거부할 것이니까. 리얼리티에 대한 이런 새로운 감각은, 옛날부터 전해 오는 〈추상적 관념들〉— 가령 그리스, 인도, 중국의 상징들 — 을 찬찬히 재검토하고 오늘날 그것이 더 이상 통하지 않음을 꿰뚫어 볼 것이다.

건축은 곧 생활이고, 생활은 곧 건축이다. 현대 생활에 대한 새로운 요구는 창조의 책(자연)을 찬찬히 읽음으로써 새롭게 교훈을 얻어야 한다. 수치와 공포로 얼룩진 삶을 살고 있는 모든 것을 경멸해야 한다. 자신의 본성을 적극적으로 표현하는 삶을 두려워하는 모든 것에 대해 젊은이답게 열정적으로 성토해야 한다. 그렇게 한다면 현대의 삶은 위대한 완전성의 원칙과 네 가지 새로운 자원을 충분히 표현하여, 위대한 삶이 곧 위대한 건축으로 이어지는 선순환(善循環)이 발생할 것이다.

미국은 두려워할 필요가 없다. 〈누가 자연을 지키기 위해 법을 무시한다면 그는 전혀 두려워할 필요가 없다. 그는 결코 무법자가 아니다.〉

마지막으로 네 가지 새로운 자원에 위대한 완전성을 합치면, 하나의 위대한 타당성이 생겨나 노쇠한 권위를 대신하게 될 것이다. 넘치는 힘을 가진 젊음이 생겨날 것이다. 20세기의 인간들은 그 젊음의 힘으로 열심히 일하여 자신과 타인의 자유를 창달할 것이다. 여기서 아주 오래되었으면서도 아주 새로운 젊음의 특성이 현저하게 드러날 것이다. 우리의 자녀들은 이 동터 오는 생생한 이상의 영역에서 마음껏 자유를 누릴 수 있을 것이다.

이집트인의 문화적 상징 — 연꽃.

그리스인의 문화적 상징 — 인동덩굴.
로마인의 문화적 상징 — 아칸서스.
유기적 성장을 바라는 미국인의 새로운 문화적 상징 — 나무.

연설이 끝나자 젊은이들이 연단 주위로 몰려들었다. 열성적인 표정의 젊은이 십여 명이 내 주위에 밀고 들어와 나는 꼼짝달싹할 수 없었다. 그들은 열심히 질문을 던졌다. 사려 깊은 질문들을. 나는 성실하게 답변했고 그들은 거기 서서 경청했다. 시간이 상당히 흘러도 사람들이 돌아가려 하지 않자 앨빈 존슨 박사가 강제로 돌려보내기 위해 홀의 전등을 껐다. 그래도 그들은 가려 하지 않았다.

청춘 남녀들은 강연을 계속하게 만드는 힘이었다. 내가 떠돌이 연사 노릇을 계속한 것도 그들이 용기를 북돋아 주었기 때문이다. 나는 그런 열성에 보답하기 위해 국내외의 여러 곳에 내 작품을 보내 전시회를 열었다. 내가 연사 활동 경험을 이렇게 자세히 이야기한 것은, 우리의 미래 세대가 얼마나 날카롭고 〈순수한지〉 보여 주기 위해서이다. 현재의 기성세대는 과거의 감상주의에 젖어 많이 마비되어 있지만 미래의 세대는 그렇지 않다. 미래 세대는 정감sentiment과 감상주의sentimentalism를 분명히 구분할 것이다. 보수반동과 강력한 상술이 판치는 이 시대에 그리 쉽지 않은 일이지만, 반드시 그렇게 해야 한다.

나는 낙관적인 생각을 갖고 있다. 내가 젊은이들과 접촉한 경험으로 미루어 볼 때, 미래 세대는 오늘날의 허세와 감상주의를 타도할 것이다. 그들은 진정한 정감을 가져다주는 자유의 길로 씩씩하게 나아갈 것이다. 그런 진정한 정감을 창출하는 선구자가 될 것이다. 다음 세대는 그 나름의 행동 강령을 갖게 될 것이다.

강연이 모두 끝나자 헨리 처칠은 나를 광장에 있는 자신의 아파트로 데리고 가서 올기반나와 만나게 해주었다. 마음 맞는 사람들만 있었기 때문에 분위기는 화기애애했다. 하지만 나는 몇 년 동안 만나지 못했던 내 딸 캐서린이 청중 속에 있었다는 이야기를 여동생 매기넬로부터 나중에 들었다. 딸은 열정적으로 질문해대는 젊은이들 뒤에서 아버지에게 말을 걸려고 기다리고 또 기다렸다고 한다.

하지만 캐서린의 집은 아주 멀리 있었고 기차가 떠날 시간이 가까웠기 때문에 딸아이는 나를 보지 못하고 강연장을 떠났다.

캐서린은 오크 파크 시절 고객이 찾아왔을 때 문간에 매달려서 장난을 쳤던 바로 그 악동 같은 딸이다. 그 당시에는 〈태피〉라는 애칭으로 불렸다. 푸른 눈을 가진 또 다른 사랑스러운 딸 프랜시스의 집도 아주 멀리 떨어진 곳에 있다. 아들 로이드는 로스앤젤레스에서, 존은 미시간에서 건축가로 활동하고 있다. 데이비드는 철강 회사에서 근무하고 있다. 류엘린은…… 그렇지, 변호사로구나!

스베틀라나는?

이오반나는?

자 서 전

나는 자서전 형식으로 내 자신에 대해 이만큼 써왔기 때문에 왜 모든 자서전의 핵심이 행간에 쓰여 있는지 알게 되었다. 무릇 모든 자서전은 틀림없이 그렇게 되고 말리라.

저자의 문장력이 아무리 뛰어나도 또 그의 문장이 아무리 빨리 내달린다고 할지라도, 저자의 필력은 행간의 암시를 따라잡지 못하고 저자의 의도를 백 퍼센트 살려 내지 못한다. 저자가 글을 쓸 때 변화의 법칙이 작용하고, 펜촉으로 단어들을 써놓는 그 순간에 상황은 그 밑에서 계속 변하면서 또 다른 형태와 의미로 빠져 나간다. 다만 어떤 특징적인 대목이 독자의 번득이는 지성을 사로잡거나 아니면 독자가 자서전의 행간에 숨어 있는 의미를 찾아내거나 할 뿐이다.

자서전은 행간의 암시라는 도움이 없으면 집필할 수 없다.

나는 마음에 사무치는 많은 경험을 간직하고 있다. 그것들은 두서없이 몰려와 내 마음의 문을 두드리면서 어서 발언하라고 재촉한다. 내가 그런 경험을 글로 표현해 놓으면, 그것들은 겨우 이것밖에 못 하느냐고 깔깔 비웃으며 사라진다.

삶 자체의 유동성은 그 어떤 것도 고정시켜 주지 않는가? 인간의 경험에는 고정시켜서 방향을 지정해 줄 수 있는 그런 것이 없는가? 인간 경험의 본질인 생명은 그예 빠져서 달아나 버리는 것인가? 자서전의 저자는, 해부대 위에서 시체를 해부할 수 있을 뿐 생명을 보지는 못하는 외과 의사처럼 무기력한 존재인가? 그가 만지는 것은 언제나 시체일 뿐 그 몸 속의 생명은 자꾸만 빠져서 어딘가로 달아나 버리는가?

그런 것 같다.

성장의 고통과, 감상주의의 고뇌란 무엇인가. 그것은 〈제도〉와 관습을 가지고 덧없이 달아나는 생명을 붙잡으려 하거나 또는 그 생명이 흘긋 포착되는 시간을 연장시키려는 것이다. 하지만 이러한 시도는 결국 심각한 비극으로 끝나 버린다. 제도와 관습은 생명의 제 1법칙인 유기적 변화의 법칙(자유)을 구속하려는 것인데 그 때문에 고통과 고뇌의 징벌을 받는 것이다. 그런데도 나는 기억하고 또 기록하려고 애썼다. 이제 그 나머지는 생명에 맡기련다.

나는 기억한다

오크 파크의 첫 번째 집을 처음 떠나고 3주가 흐른 어느 날, 파리 어딘가의 작은 카페에 들어갔다. 나는 너무나 비참했다. 그래서 먹을 생각도 마실 생각도 없이 관현악에 귀를 기울이고 있었다. 파리에는 우울한 장마철이 오랫동안 계속되고 있었고 강물이 센 강의 둑을 넘었다. 그리고 아주 늦은 밤이었다.

첼로 연주자는 활을 들고 시모네티의 「마드리갈Madrigale」을 연주하기 시작했다. 내 아들 로이드는 종종 그 곡을 연주하곤 했다. 나는 가끔 아들 옆에서 피아노를 치면서 반주를 했었다.

그 익숙한 곡을 듣는 순간, 나는 너무나 고통스러웠고 내 인생이 너무나 비참하다고 느꼈다. 내가 그 번민과 고뇌를 털어 버리고 다시 살아 나갈 수만 있다면 지금껏 살아 온 내 인생을 모두 포기할 수 있을 것 같았다.

그 옛날에 사랑했던 익숙한 가락을 더 이상 견디지 못하고 나는 카페를 박차고 나와, 파리의 어두운 거리를 무작정 방황했다. 내 마음속에서 그리움과 슬픔이 밤바다의 격랑처럼 울부짖었다. 나는 어디로 가고 있는지, 얼마나 오랫동안 걸었는지 의식하지 못한 채 한없이 방황했다. 그러다가 정신을 차리고 보니 한낮이었고 나는 생 미셸 거리의 화려한 간판 앞에 서 있었다.

나는 기억한다.

탤리에신에 정착해서 살기 시작한 첫 2년 동안, 일 관계로 시카고로 나갈 때마다 나는 야음을 틈타 몰래 내가 전에 살던 오크 파크의 집으로 갔다. 어둠 속에 몸을 숨기고 내 아이들이 잘 있는지 엿보았다.

나는 열린 창문에서 흘러나오는 빛을 보고 아이들의 목소리를 듣곤 했다.

어쩌면 피아노 연주 소리를.

어쩌면 노랫소리를.

어쩌면 서로 부르는 소리를.

모두가 편안한 듯했다. 그러면 나는 다시 시카고 시내로 들어왔다. 한결 안도한 채.

나는 기억한다.

가끔 내 아들 류엘린이 시카고의 콩그레스 호텔로 나를 찾아와, 만돌린을 꺼내들고 나를 위해 연주를 해주었다. 아들이 악기 케이스를 단정하게 접어 의자 위에 조심스럽게 올려놓고 침대에서 잠이 들면, 나는 그 모습이 그렇게 흐뭇할

탤리에신 III

수가 없었다. 나는 아이를 부드럽게 포옹해 주었다. 아, 내가 〈버린〉 내 아들.

나는 기억한다.
팁톱 인 식당에서 캐서린과 프랜시스와 함께한 저녁 식사. 이 숙녀들은 버림받은 내 딸들이다. 그들이 너무 〈어엿한 숙녀들〉이기 때문에 내 친구는 오해를 했다. 오직 한 여자만을 줄기차게 사랑하던 사람이 이제는 느닷없이 타락하여 젊은 여자 두 명을 동시에 사랑하는 것이 아니냐고.

나는 기억한다. 나는 기억한다. 하지만 책은 끝나야 하지 않는가. 시간에 맞추어 그럴듯하게. 두 가지 중 어느 하나를 포기해야 한다면 시간에 맞추지는 못하더라도 적절하게 끝을 맺어야 하는 것이 아닌가.

이것저것 기억나는 것은 많지만 그 대부분의 것을 잊어버리기로 했다. 내가 설계한 건물에 대해 이야기하면서도 과감한 생략을 시도했듯이, 내가 가장 쓰고 싶은 인생 이야기도 여기서 이 정도로 그치기로 한다. 따라서 이 페이지들에는 내 인생을 잘 드러낼 법하고 또 사람들의 흥미를 끌 만한 얼굴, 이름, 장소, 시간

탤리에신 III

이 기록되어 있지 않다. 하지만 따지고 보면 그런 변덕스러움이 삶의 매력이 아닌가.

우리가 아무리 용감하게, 섬세하게, 의식적으로 혹은 철학적으로 생활한다 해도, 이 덧없고 변덕스러운 인생은 고착을 거부하는 것이다.

자신의 인생을 손안에 넣고 완전히 장악한 사람이 있는가?

그렇게 할 수 있는 사람이 있다면 그는 불운한 사람일 뿐이다!

탤리에신 Ⅲ로의 복귀

탤리에신! 그곳을 떠났던 나는 되돌아왔고 집에 돌아오게 되어 기뻤다. 마치 고무줄을 늘였다가 그 끝을 놓자마자 원래대로 오그라들듯이.

지난 9월 말 동틀 무렵, 나는 또다시 맨발로 탤리에신의 언덕 꼭대기에 있는 정원으로 올라갔다. 거기서 자그마한 가족 예배당을 품고 있는 암녹색의 커다란 전나무 숲을 내려다보았다.

예배당에서 왼쪽으로 좀 더 가면, 내가 어린 시절 밤중에 잠이 오지 않을 때면 맨발로 산책하며 평화, 아름다움, 만족, 안식을 얻었던 언덕이 있다. 거기서 오른쪽으로 약간 더 가면 그 위쪽에 어린 시절 내가 아침에 방목한 암소 떼를 저녁에 찾으러 갔던 언덕이 있다. 가족 예배당에서 사람들이 열렬하게 불렀던 찬송가는 이 언덕까지 울려 퍼지곤 했었다. 그 언덕을 중심으로 하여 위아래로 굽이치는 들판이 펼쳐져 있다. 멍하니 백일몽에 빠져 넋 놓고 있던 나를 향해 제임스 외삼촌이 이렇게 소리치곤 했다. 「정신 차려, 프랭크, 정신 차려!」

가까운 등성이 너머에는 두 이모가 운영했던 힐사이드 홈 스쿨의 잔해가 남아 있다. 그 낡은 학교는 나를 비난하는가 하면 나를 아주 슬프게 한다.

로미오와 줄리엣은 여전히 학교 위 오른쪽 언덕 꼭대기에 서 있는데 새로운 바퀴를 필요로 하고 있다. 세 번째로 갈아 단 바퀴는 지독한 북서풍 때문에 탑에서 떨어져 나갔다. 외삼촌과 이모들, 조카와 질녀들은 모두 타지로 갔거나 아니면 세상을 떠났다. 가끔 소년 시절에 그랬던 것처럼 내게 멍한 순간이 찾아온다. 하지만 〈프랭크, 정신 차려. 정신 차려, 프랭크야!〉라고 말해 주는 소리는 더 이상 들리지 않는다. 현재라는 순간에는 시간, 공간, 이승과 저승을 자유롭게 넘나드는 회상만이 머문다. 회상의 노래가 저 넓은 대지를 감싸고 돈다.

미래를 꿈꾸는 순간도 많지 않느냐고? 고뇌의 순간은? 물론 그런 순간도 있다. 하지만 후회의 순간은 그리 많지 않다. 나는 점점 더 현재라는 영원을 즐기고 있다. 나는 깨달았다. 결국 영원은 지금 이 순간을 가리키는 것이며 그것이 어제와 내일을 구분해 줄 뿐이라는 사실을.

뭐라고 할까, 마음 속에서 끝없는 영화를 찍어 그것을 계속 완성시키면서 상영하고 있다. 하지만 그처럼 줄기차게 상영하는데도 똑같은 장면은 극히 드물다. 비록 같은 장면이라고 할지라도 관점과 구도가 다르면 아예 다른 장면이 되어 버린다. 어쩌면 그런 장면의 변화는 시점의 혼란에서 비롯된 것인지도 모른다. 광기의 발동일 수도 있고, 과거에 갇힌 사람의 환상일 수도 있다. 하지만 그 내면의 원칙, 혹은 인생을 움직이는 힘은 불변의 상태로 여기 그대로 있다.

두 번의 화재와 두 번의 복원을 겪고 세 번째로 이곳 탤리에신에 정착해 일과 이상이 안정된 몇 년 동안, 이곳에 근심 걱정이 조금도 없었다고 말하지는 않겠다. 하지만 — 슬픈 기억과 함께 — 행복함이 깃든 짧은 기간이었다. 희망은 결코 사라지지 않는다. 삶은 전보다 더 풍요로워졌다. 사람들이 늘 그렇게 말하듯이 〈어려운 시기〉는 우리 주위에 잠복해 있다. 아니, 탤리에신 가까운 곳에서 어른거리고 있다.

올기반나, 스베틀라나, 이오반나와 나는 이 특별한 9월 아침, 동틀 무렵에 일어났다. 그리고 서리가 내려 싸늘한 이슬이 많이 맺힌 곳을 맨발로 산책했다. 서리가 너무 싸늘한 탓에 우리는 잠깐 걸음을 멈추고 얼어 버린 발바닥을 다리오금에 대어 녹여야 했다.

아침 햇살이 비스듬히 내리쬘 때면, 정원 위쪽 언덕 꼭대기에 있는 붉게 타오르는 키 큰 초목에 아주 커다랗고 눈부신 거미줄이 매달려 있는 게 보인다. 무수한 이슬은 거미줄을 눈부시게 반짝거리게 만들었고, 그것을 빛의 기적으로 탈바꿈시켰다. 저 아름다운 건축(거미집)은 당연히 이 시대의 이상이 되어야 한다. 앞으로 우리가 이런 아름다움을 유소니아의 건물에 구현할 수 있을지도 모른다.

독일산 셰퍼드, 케이브가 늘 껑충껑충 뛰어다니면서 짖어 대고 우리의 맨발 뒤꿈치를 건드리는 동안, 우리는 저수지 아래의 언덕 기슭에 있는 수박 밭으로 갔다. 우리는 서리가 내린 아침의 기온 탓에 시원해진, 농익은 수박을 땄다. 무릎으로 수박을 깬 뒤, 검은 씨가 줄줄이 박혀 있고 수분이 많은 달콤한 붉은 과육을 먹었다. 그곳에 수박이 많았던 덕분에 우리는 고갱이만 먹었고 나머지 껍질은 새를 위해 남겨 두었다.

열매의 씨는 새와 짐승을 위해 만들어진 것임을, 이날 아침의 우리는 모두 잘 알고 있었다.

케이브는 밤이 되면 내 침대 옆에서 잠잔다. 혹은 아내의 곁에서. 개를 집 밖에 내놓고 재우려 하면 그놈의 항의와 비명을 견뎌 낼 재간이 없다. 할 수 없이 개를 방 안에 들여놓았고 케이브는 아침에 차가운 코를 우리 얼굴에 비비거나 따뜻한 혀로 우리 뺨을 핥아서 깨운다. 규칙적으로 울리는 아침 식사 종이 언덕 위에서 울리기 바로 몇 분 전에 기막히게 알아서 깨우는 것이다. 그러면 우리는 모두 일어나 거실로 간다. 왁스를 칠한 상당히 넓은 마루에서는 음악이 흘러나오고, 우리는 가벼운 아침 운동을 한다.

겨울 밤 — 집 밖은 눈이 내려 온통 흰색인데 — 우리는 침실의 대형 석조 벽난로에 장작을 넣어 불을 피우는 것을 좋아한다. 우리는 집의 내부 목조 덧문을 모두 닫고 드러누워서 책을 읽거나 이야기를 하다가 잠이 든다. 우리는 가끔 번갈아 소리 내어 책을 읽는데 이오반나의 동화책을 먼저 읽는다. 『백마 소녀와 녹색의 바람 소년 *The White-Horse Girl and the Blue Wind Boy*』은 당시 딸이 좋아했던 동화책이다. 그건 우리가 좋아하는 동화이기도 했다.

탤리에신에서의 생활은 소박했고 정겨웠다. 최근 몇 년 — 이오반나는 여섯 살이 다 되었다 — 은 변화무쌍한 성장의 순간이었고 그 각각의 순간은 아름다운 그림이 되었다. 곱슬곱슬한 머리카락, 사랑스러운 검은 눈동자, 유연하고 나긋나긋한 몸, 열성적인 마음, 활발한 행동은 한 폭의 아름다운 그림이 되고, 이오반나를 더욱 사랑스러운 존재로 만든다.

탤리에신에서의 생활은 단조롭지 않다. 나날은 끊임없이 변화하는 일과 놀이의 현장이다. 창문 밖 풍경도 마치 바다의 변화처럼 예측 불허이다. 아니 바다보다 더 자주 변한다. 고정된 습관이라는 것은 없고, 심지어 좋은 습관도 고정되어 있지 않다. 아침 식사를 알리는 언덕 위의 종소리가 유일한 붙박이 습관이다. 우리는 고정된 습관을 만드는 것을 가능한 한 피했다.

좋은 친구들이 가끔 도시로부터 이 멀리 떨어진 곳을 찾아오지만 그래도 우리는 여전히 멀리 떨어져 있다. 우리는 집과 워크숍에서 조용히 은둔하여 살고 있다. 날씨가 몹시 추워지면 일고여덟 개의 대형 석조 벽난로에 불을 피운다. 몇몇 벽난로에는 밤새 불을 피운다. 이러한 벽난로 덕분에 이웃의 장작 장수를 먹여 살리지만 벽난로는 사실 덤이다. 집 전체가 스팀으로 난방되고 자체의 수력 발전기로 전기를 끌어 쓰기 때문이다. 침대 곁의 전선을 잡아당기면 불이 켜져서 집 근처의 마당을 훤히 밝힌다.

우리는 눈 내린 경치를 좋아한다.

여름이 오면 행동반경이 다소 넓어지고 농장의 정원, 언덕, 숲, 들판, 길가로 나간다. 우리는 길가에서 열매가 달린 나뭇가지, 꽃, 산딸기를 따 먹는다. 집 아래의 넓은 저지대에는 모래톱을 이룬 넓은 위스콘신 강이 물결치면서 흘러가고 우리는 그 강에서 수영한다. 우리는 주변 환경을 적절히 이용할 줄 안다. 〈시골에서는 뭔가 재미있는 일이 늘 벌어진다.〉 우리는 아주 재미있는 일을 꾸민다.

음악은 탤리에신의 생활에서 필수적이다. 그랜드 피아노는 거실의 대형 벽난로 옆에 있고, 첼로는 움푹 들어간 공간에 기대어 세워져 있으며, 바이올린은 그 옆의 가장자리에 있다. 올기반나는 바흐, 베토벤, 러시아의 오래된 음악을 연주한다. 나는 가끔 영감이 떠오를 때, 아무런 악보도 없이 즉흥적으로 연주한다. 하지만 그 즉흥곡을 두 번 다시 똑같이 연주하지는 못한다. 올기반나는 내가 연주하는 소리를 듣기 좋아한다고 말한다. 용기를 북돋우는 관대한 영혼이 여기에 있고 그녀는 나의 자존심을 해치지 않으려 한다.

스베틀라나도 이제는 연주에 동참한다. 이오반나는 완벽한 자세를 자랑하며 연주한다. 딸의 손가락 동작은 완벽하지만 그 애가 선택하는 음표는 서로 완벽하게 맞아 떨어지지는 않는다. 딸아이는 그런 것을 개의치 않고 연주한다.

다섯 살 된 어린 딸과 나는 항상 이런저런 일을 꾸며 내는데 그중에는 게임을 만드는 것도 있다. 딸은 크기가 다른 갖가지 블록을 가지고 있다. 그중에는 잘 만든 일련의 큐브가 있다. 1인치짜리 정사각형 큐브는 적, 청, 황, 녹, 흑, 백의 아주 밝은 색으로 칠해져 있다. 어떤 큐브에는 대비되는 색채가 대각선으로 칠해져 있다. 누가 큐브를 다루든지, 일곱 개의 블록에는 반드시 두 개의 대각선 블록이 들어 있다. 이제 이오반나가 게임을 한다. 딸은 단색 블록(대각선 블록으로 시작하는 건 공평하지 않다)을 골라, 마룻바닥에 똑바로 놓는다. 그러면 나는 단색 블록을 집어 들고서, 딸의 블록에 그것을 딱 붙여서 놓는다. 다시 딸이 플레이할 차례이다. 딸은 머리를 갸우뚱거리면서 좀 생각한 뒤에, 드디어 자신이 선택한 곳에 블록을 놓으면서 아주 기하학적인 도형을 만들어 낸다. 상상력은 판단력을 압박하기 시작한다.

딸은 이제 도형을 마룻바닥에 놓지 않고, 내가 이미 〈플레이한〉 것 위에 블록을 올려놓는다. 마룻바닥 위의 도형이 점점 흥미진진해지면서, 〈3차원〉이 개입하고 도형은 공중으로 뻗어 올라간다. 일련의 블록은 건축물이 되기 시작한다. 나는 위아래로 딸의 블록 모양을 따라갈 수 있고, 색채 블록을 엇갈리게 놓을 수도 있다. 하지만 어떻게 플레이하든 나는 딸 못지않게 블록의 전체적 효과를 바꿔 놓기를 좋아한다. 가끔은 딸아이가 자기 〈차례〉에 도형을 망쳐 놓았음을 깨닫고 한 수 물려 달라고 부탁하기도 한다.

이제 열네 개의 블록을 모두 배열했으므로, 우리는 그 결과를 비판적으로 혹은 열광적으로 받아들인다. 이러한 형태와 색채의 훈련을 통해 〈현대 미술〉에서도 좋은 작품을 만들어 낼 수 있을 것이다. 사실 나는 그런 놀이 방식을 통해 딸아이에게 현대 미술을 가르치려 했다.

잠을 자고 깨어나면 텔리에신에서의 생활은 일련의 지속적인 활동으로 이루어진다. 행복한 리듬 속에서 깊은 잠이 들고 다시 웃으면서 놀기 시작하고 또 진지한 일에 몰두한다.

우리는 어디에서 일하든 놀든 항상 하루 내내 함께 지낸다. 이오반나는 우리가 어떤 일을 하든 거의 함께 다닌다. 딸의 절반쯤 고동색을 띠는 곱슬머리는 머리 위에 말려 있다. 곱슬머리는 작은 고리를 이루고 눈처럼 상대방을 바라본다.

탤리에신의 테라스에서 바라본 밸리.

딸의 이름은 외할아버지(이반 혹은 존)와 친할머니(애너)의 이름에서 유래한 것이다. 문자 그대로 존 애너John Anna, 조애너Johanna, 그래서 이오반나 Iovanna가 된다. 이 이름은 아내의 이름 올기반나Olgivanna(Olga Ivanovna의 약칭)와 잘 어울린다. 우리가 만나기 전에 낳은 그녀의 어린 딸의 이름은 스베틀라나Svetlana인데 러시아어로 〈빛〉을 뜻한다.

이오반나가 해주는 이야기들은 늘 우리를 놀라게 한다. 어린 딸은 최근에 다양한 형태의 불상(佛像)을 보고 붓다에 대한 생각을 많이 하더니 어느덧 붓다와 사랑에 빠졌다. 하지만 최근에는 또 다른 위대한 인물에게 관심을 쏟게 되었다. 다음은 딸아이의 새로운 관심사를 올기반나가 적어 놓은 것인데 한 자도 바꾸지 않은 것이다.

나는 그것을 아베 마리아라고 부른다. 이렇게 부르는 내가 감상적이라고 생각하는가?

아 베 마 리 아

「자, 이제는 잠자러 가야지, 넌 충분히 뛰어다니며 놀았으니까.」 나는 어린 딸 이오반나에게 말했다.

「잠깐만, 엄마. 하느님께 저녁 인사를 드리러 가야 해요.」

나는 이런 말을 처음 듣고 깜짝 놀랐다. 나는 딸의 뒤를 따라 거실로 갔다. 이오반나는 거실 한복판에 서서 머리를 들고 위를 보며 낭랑하게 말했다. 「안녕히 주무세요, 하느님.」 우리는 침실로 되돌아왔고 나는 침대에 누운 딸을 포옹했다.

「잠깐만, 엄마, 가지 말고 앉아 계세요. 엄마, 저는 하느님을 보고 싶어요. 마셜 필드 가게에서 날개를 사다 주세요. 그럼 하늘로 날아 올라가 하느님을 뵐 수 있지 않겠어요?」

「하지만 하느님은 하늘에만 계시지 않단다. 아빠가 뉴욕의 교회에서 말했지 않니? 하느님이 너의 가슴에 계신다고.」

「그래요, 엄마, 알고 있어요. 다만 제 가슴이 하느님에게 너무 작다고 생각할 뿐이죠. 엄마도 알고 있듯이 제 가슴은 너무 작아요. 날씨가 추울 때면 제 가슴에 계신 하느님도 추워요. 그러면 하느님은 하늘로 올라가 거기에서 커다란 모닥불을 피워서 몸을 따뜻하게 만들 거예요.」

「하지만 네 가슴이 불이란다. 네 가슴은 사랑이고 불꽃과 같지. 그것이 하느님을 따뜻하게 만들어요.」

「아, 아니에요, 엄마, 제가 말했듯이 제 가슴은 하느님에게 너무 작아요. 그분은 크고 제 가슴은 정말 작아요. 음, 엄마도 보다시피 모래알과 같지요.」

「하지만 세상에 있는 모든 가슴을 생각해 보거라. 어린이들의 가슴과 어른들의 가슴을. 모두 합치면 하느님에게 큰 모닥불을 안겨 드려 그분을 따뜻하게 만들 수 있어요.」

「아, 하지만 그분은 음식이 필요해요. 아니면 배가 고플 거예요. 우리는 그분에게 먹을 것을 가져다주어야 해요. 그분은 엄마도 알다시피 아주 친절해요. 우리는 그분을 돌봐야 해요.」

「그분은 먹지 않고 사랑으로 산단다. 그분은 충분한 사랑이 있기만 하면 배고

프지 않아요.」

「하지만 엄마, 우리는 그 비슷한 것을 보내야 해요. 그분을 위해 커다란 꽃다발을 만들어야 해요, 엄마도 알다시피 그분은 꽃을 좋아하니까요. 또 조개껍질도 좋아하지요. 그러니, 바다의 모든 조개껍질을 그분에게 가져다 드려야 해요. 그 외에 음식과 꽃과 필요한 모든 것을 그분에게 가져다 드려야 해요. 나는 그분에게 뭔가를 보내고 싶어요.」

「아버지와 어머니의 말씀을 잘 듣고 착한 어린이가 됨으로써 너의 사랑을 그분에게 보내거라. 너는 하느님의 마음을 기쁘게 해드리고 싶다면 그렇게 해야 한단다. 그리고 집안일도 열심히 해야 하고.」

「아, 저는 일하고 있어요. 거실을 청소하고 스베틀라나의 옷의 먼지를 털어 주고 매기넬 고모의 뻣뻣한 목을 주물러 드리지요. 저는 열심히 일해요. 엄마도 하느님의 말씀을 들어야 해요?」

「물론이고말고.」

「아빠는?」

「마찬가지란다.」

「하느님은 만약 엄마와 아빠가 착하지 않으면 벌을 줄까요?」

「하느님은 결코 벌하지 않아요, 우리가 자신을 벌할 뿐이지.」

「하느님은 만약 내가 착한 아이가 아니라면 벌을 줄까요?」

「아니, 하지만 내가 너한테 잘 대해 주었는데도 네가 제대로 행동하지 않으면 난 너를 벌주어야 해. 나는 벌주고 싶지 않지만 그럴 수밖에 없단다. 너의 가슴에 하느님이 따뜻하게 살아 계시게 하려면 말이다. 그분은 네가 착한 어린아이가 아니라면 몹시 춥고 슬프게 돼요.」

「그분은 지금 따뜻한가요?」

「그럼.」

「엄마, 저는 그분을 볼 수 있었으면 해요.」

방 안이 무척 조용했다. 어느 순간, 딸은 잠들어 있었다. 나는 허리를 구부려 자그만 금빛 곱슬머리에 키스했다.

이 책을 나의 어머니 애너에게 바친다. 그리고 올기반나라는 사랑스러운 딸을 낳아 준 이반(존)에게 바친다. 올기반나는 나를 아버지라고 부르는 막내딸 이오반나의 어머니이기도 하다. 마지막으로 이 책을 올기반나에게 바치고 싶다. 그녀가 없었더라면 이 책은 아예 집필되지 않았을 것이다.

포스트루드[36]

이곳 남부 위스콘신의 나지막한 언덕에서 삶과 일은 동의어이다. 우리의 회고 속에서 생명의 파노라마가 인간의 경험을 통해 펼쳐져 있다. 황금 실로 수놓은 이 생명의 태피스트리는 햇빛처럼 눈부시게 빛난다. 진실이 드러나고, 사랑이 고결한 개성에서 움터 나오고, 생명이 죽음보다 더 높게 솟구치는 곳에서 그 태피스트리는 화려하게 반짝거린다.

그 태피스트리는 패배를 모르는 신앙의 땅에서도 빛난다.

그것(생명)은 인간 본연의 충동인가?
나는 그 어떤 탐구에 있어서도 그 충동이 변하지 않았다고 생각한다. 그것은 충동이라기보다 진지하게 추구되어 왔으며 커다란 사랑을 받아 온 어떤 것, 어떤 원칙이다. 아니, 어쩌면 우리는 그것을 생명의 본질이라고 해야 하지

---

36 *postlude*. 최종 악장.

않을까? 어린 날, 밸리의 하얀 눈밭 위에서 존 외삼촌이 똑바로 걸어갈 때 그 뒤를 지그재그로 따라가던 소년이 희미하게 느꼈던 그 충동, 그 원칙이 아니었을까?

변화의 질서는 무한하고 심원하다. 나는 이 질서의 본성을 자연적 질서라고 생각하며 추구해 왔다. 나는 그것을 하나의 뚜렷한 특질이라고 생각했다. 이제는 그것을 원칙이라고 부른다.

변화가 자연적 성장의 법칙에 따라 발생한 것이라면 그 변화는 유익한 것이다. 유기적 변화는 결코 우연이 아니고 위협도 아니다. 이러한 현실에 바탕을 둔, 진정한 문화가 여기에 있다고 가정해 보자. 그러한 관점에서 보면 변화라는 필연은 자연적 질서의 다정한 친구가 된다. 그렇다면 많은 변화를 겪어 본 노년(老年)은 하나의 바람직한 자격이 된다.

이러한 자연스러운 변화와 성장은 인생의 축복이지 결코 저주가 아니다. 변화의 소멸(죽음), 그것이야말로 성장의 위기이다.

나는 생명과 일의 분야에서 난폭한 중단을 여러 번 겪었다. 나는 그런 중단을 하느님의 심판이라고 생각해 본 적이 한 번도 없었고 단지 인생의 상수(常數)라고 생각했을 뿐이다. 추수하는 들판에서 방울뱀을 만났을 때 그랬던 것처럼 그저 극복해야 할 대상이라고만 생각했다. 하지만 지금은 생각이 다르다. 그러한 변화를 존중할 줄 알게 되었다. 그런 변화를 긍정적으로 바라보면서 잘 대응해야만 인간의 생명이 보다 자유롭게 흐르는 순간을 앞당길 수 있다. 이처럼 상수와 변수를 함께 아우른다는 의미에서 나는 로맨스를 하나의 리얼리티로 받아들였다.

나는 이상적 삶과 이상적 건축을 추구해 왔다. 그것은 눈 내린 들판에서 존 외삼촌의 뒤를 쫓아가면서, 햇빛에 반짝이는 설원(雪原)의 푸른색 아라베스크 무늬와 어울려 해롱거리는 잡초를 발견하고, 그것을 잡아당기던 소년이 추구했던 꿈 바로 그 자체이다.

이렇게 생명은 영원한 원칙의 변화무쌍한 시험이었고 앞으로도 변함없이 그럴 것이다. 따지고 보면 생명의 모험이라는 것은 〈시간〉, 〈공간〉, 〈인간〉 이 3자가 벌이는 통렬한 로맨스이다. 이 3자가 함께 흐르면서 변화하는 세계를 만들어 내고 그리하여 구조적 무질서 없이 자연스러운 변화를 이루는 것, 그것이 바로 생명의 모험이다.

옮긴이의 말

　프랭크 로이드 라이트(1867~1957)는 르 코르뷔지에, 미스 반 데어 로에와 함께 20세기 3대 건축가로 꼽히는 미국의 대표적 건축가이다. 라이트는 르 코르뷔지에와 자주 비교되는데 후자가 험산준봉이 많은 유럽의 산맥에서 생겨난 봉우리라면 라이트는 아무것도 없는 신대륙에서 우뚝 솟은 고봉이라는 점에서 오히려 더 높이 평가되기도 한다. 그는 웨일스 출신 이민자 3세로 미국이 빠른 속도로 산업화되던 시대에 태어났다. 하지만 어린 시절에 7년 동안 외삼촌의 농장에서 농부 생활을 한 경험은 평생을 따라다니는 소중한 자산이 되었다. 농장에서 쌓은 경험은 인생의 고비마다 길을 안내해 주는 등대의 불빛이 되었는데, 가령 자신의 일관된 건축 철학을 눈밭 위에 곧게 걸어간 발자국에 비유한 것, 세상의 박해에도 불구하고 올곧게 일어서는 성장의 정신을 서리 맞은 꽃망울에 비유한 것, 불의의 운명에 맞서서 끝까지 싸우는 투지를 수확 들판에서의 방울뱀과의 싸움에 비유한 것 등이 그러하다. 라이트는 자연의 아름다움과 건축의 미학은 서로 통하는 것이라면서 이렇게 적고 있다.

나무들은 마치 다양한 모습의 아름다운 건물처럼 그 풍경 속에 서 있었는데, 이 세상의 건축물과는 또 다른 형태의 구조물이었다. 소년은 나중에 건축의 모든 스타일이, 결국 풍경 속에 서 있는 나무들의 스타일과 별반 다르지 않다는 것을 깨닫게 된다. (1부 58페이지)

라이트가 건축을 본격적으로 배우기 시작한 것은 대학을 중퇴하고 시카고로 나와 스승인 설리번 밑에서 건축가 수업을 받으면서부터였다. 여기서 6년 동안 실무를 익힌 라이트는 당시(1893년) 컬럼비아 박람회에 나온 건물들이 모두 의고전주의에 지나지 않는다고 판단했다. 그것은 신고전주의 건축에 대한 비판인데, 비근한 예를 들면 철거되어 없어진 중앙청(조선 총독부), 현재의 서울 시청, 고려대학 본관 같은 것이 크게 보아 신고전주의 건축물이다. 그런데 라이트는 이런 건물들이 모두 의고전주의라고 보았다. 그의 설명에 따르면 그것은 외부 단장에 치중하기 때문에 건축보다는 조각에 가깝다는 것이다. 그는 이제 기계 시대가 도래한 만큼 인간을 이롭게 하는 건축은 고전의 답습을 탈피해야 한다고 주장했다.

라이트는 외부를 중시하는 기존의 건물을 극도로 혐오했다. 외부보다 내부를 중시했고 더 나아가 외부와 내부가 유기적으로 통합되는 3차원의 건물을 지향했다. 건물에서 기둥과 들보의 고정된 형식을 없애고 외팔보와 연속성이라는 파격적 형식을 도입했다. 기둥과 들보를 없애면 건물의 네 귀퉁이를 마음대로 옮겨 놓을 수 있고 그리하여 내부 공간을 외부로 뻗어 나가게 할 수 있고 반대로 외부 공간을 내부로 들일 수 있다. 기존의 건축에서 대표적인 기둥 역할을 하는 것이 벽인데, 외팔보 공법을 사용하면 이 벽을 스크린으로 전환시켜 어느 것은 짧게 하거나 혹은 넓게 하고 아예 빼버리거나 때로는 없앨 수 있다. 이렇게 하여 그는 고정을 강조하는 고전 건축에 대비되는 가변의 현대 건축을 탄생시켰다. 이러한 3차원 공간의 창조에는 기계 시대의 특징인 새로운 자재, 가령 철강과 유리의 규격화가 큰 도움을 주었다.

실제로 그는 이러한 주장을 자신의 작품에 일관되게 적용했다. 가령 1936~1939년에 건설한 작품인 〈낙수장〉은 노자의 상선약수(上善若水)와 예수의 야생 들꽃론(論)을 반영한 현대 주택의 걸작으로 평가받고 있다. 노자의 『도덕경』11장에는 〈건물의 실체는 사방의 벽과 지붕에 있는 것이 아니라 그것들이 둘러싼 주거 공간에 있다〉라는 말이 나오는데 라이트는 이 빈 공간의 정신을 낙수장에서 구현했다. 예수의 야생 들꽃론은 「마태오의 복음서」 6장 28절에서 빌려 온 것으로 이를 통해 그는 유기적 단순성을 설명한다. 선명한 디자인과 완벽한 의미가 단순성의 배후에서 작동하기 때문에 〈들꽃은 수고도 길쌈도 하지 않으나 완벽한 아름다움을 갖고 있으며, 온갖 영화를 누린 솔로몬도 이 꽃 한 송이만큼 화려하게 차려입지 못한다〉는 것이다.

또 1915~1922년에 설계한 〈데이코쿠 호텔〉은 1923년에 도쿄 대지진이 일어났을 때 주변의 모든 건물이 붕괴되는 상황에서도 끄덕 없이 버티고 살아남아 모더니즘 건물도 얼마든지 실용성을 발휘할 수 있음을 증명했고 그 후 그의 명성은 더욱 높아졌다. 그는 자신의 유기적 단순성의 건축 이론을 설명하며 너도밤나무 이론을 내세운다. 〈너도밤나무는 너도밤나무일 뿐이다. 스스로 참나무가 되겠다고 나서지 않는다. 또한 소나무는 자작나무가 되겠다고 나서지 않는다. 그렇지만 각 나무는 서로 함께 있을 때 상대방을 더 아름답게 해주고 그러면서 숲 전체가 더욱 아름다워지는 것이다.〉

기존의 고전 건축 전통과 완전히 결별한 모더니즘의 건축 정신을 건축가 자신의 육성으로 들을 수 있다는 점이 이 자서전의 커다란 매력이다. 하지만 그에 못지않은 매력은 그의 사랑과 생활에 닥쳐온 시련과 그것이 해소되는 과정이다. 그는 생애에 네 여자를 만났고 목숨처럼 소중하게 여겼던 탤리에신에서 두 번이나 화재를 겪었고 두 번 압류를 당했다. 또한 여자 문제로 구치소에 들어가기도 했다. 이 자서전을 쓴 것도 아내의 압박을 받아 애인과 사랑의 도피행을 떠난 은둔 시절의 일이었다. 대자연의 아들로 성장해 온 그는 자신의 자유가 압박당하는 상황이 오면 늘 그것으로부터 떠났다. 이 점에 대해 라이트는 이렇게 말하고 있다.

내가 대학을 떠난 것, 그 뒤에 가출한 것, 그리고 마지막으로 실즈비를 떠난 것 등에는 모두 어떤 공통점이 있다. 나는 똑같은 이유로 그곳들을 떠났고 또 똑같이 고통을 당했다. 동일한 희망이 거기에 작용했다. 이미 그 당시에도 나의 내부에서 작동되고 있던 원칙에 충실했던 것이고, 이 글을 쓰는 지금까지도 그에 대한 대가를 치르고 있다. (1부 161페이지)

라이트는 평소 일, 사랑, 생활의 세 분야에서 자유를 누릴 수 있어야만 진정한 자유인이라고 입버릇처럼 말해 왔다. 하지만 세상은 그러한 생활 원칙에 제동을 걸어 왔다. 세상이 내놓은 제동의 사유는 이런 것이었다. 스무 살에 만나 19년 동안 같이 살면서 4남 2녀를 낳은 조강지처 캐서린을 버리다니 용납할 수 없다. 캐서린을 떠나와 두 번째로 만난 여인 마마 체니가 화재에 휩싸인 채 광인의 도끼에 맞아죽게 된 것도 따지고 보면 당신의 잘못이 아닌가, 세 번째 여자 미리엄 노엘이 조울증을 앓는 정신병자가 된 것은 결국 법적 지위 없이 동거 생활을 강요당한 탓이 아닌가, 마지막 여자 올기반나 힌젠베르크는 아직 정식 이혼도 하지 않은 당신과 어떻게 동거를 할 수 있나. 라이트는 그런 비난에 맞서서 자유는 진리이며, 진리는 생명이요, 생명은 아름다움이라면서 일관되게 저항해 나갔다. 그러면서 네 여자를 만나고 떠난 이야기를 자서전에서 담담하게 고백하고 있다. 그 고백은 자신의 감정을 솔직하게 털어놓은 것이긴 하지만, 일요판 주간지의 솔직함은 아니다. 그런 만큼 그 감정의 진정성 여부로 그것을 해석해야 할 것으로 보인다.

이러한 세상과의 갈등은 탤리에신의 파괴와 재건을 통해 해소되는 양상으로 발전한다. 그는 화재에 두 번씩이나 휩싸인 탤리에신을 보면서 자신이 이사야(〈너는 그런 천벌을 받아도 싸〉)와 싸우고 있다고 생각한다. 그러면서 탤리에신(라이트의 건축관과 인생관이 표현된 건물)은 그것을 두려워하지 않는다고 말한다. 자신에게는 세상에 맞서는 진리가 있는데, 탤리에신의 자비롭고 아름다운 노래, 자연의 생명을 칭송하는 몸짓이 곧 진리라는 것이다. 탤리에신이 결국 승리했다는 자신감은 자서전의 마지막 부분에서 탤리에신의 아름다움을 묘사하는 것으로 은근히 암시되어 있다.

여기서 우리는 라이트가 집과 자신을 동일시하고 자연과 건축을 동일시하며 나아가 여인과 자연을 동일시한다는 것을 알 수 있다. 그가 시련을 이겨 내는 과정을 살펴보면, 그의 자아가 단단하게 무장되어 있어서 그 어떤 비극적 사건도 그 갑옷을 뚫고 들어가지 못한다는 느낌을 준다. 사실 그는 처음부터 끝까지 행동하는 자유인으로 살았고 능동적 행동의 주체였지 수동적으로 끌려가는 경우가 거의 없었다. 이러한 태도를 루이스 멈퍼드 같은 문화비평가는 천재의 오만이라고 말하기도 했지만 좀 더 쉽게 말한다면 〈나는 내가 하고 싶은 대로 하겠다〉로 요약할 수 있다. 어쩌면 이런 완전한 자유가 그의 인생 전체를 관통하는 진정한 꿈이었는지도 모른다.

라이트는 자서전 쓰기란 결국 행간의 암시에 지나지 않는다고 했는데, 나는 그 암시가 실은 자서전 전편에 깔려 있는 그의 〈꿈〉을 헤아려 달라는 호소로 읽었다. 라이트는 그 꿈을 어떤 때는 감상주의에서의 탈피라고 했는가 하면 어떤 때는 상상력이라고 했으며 어떤 때는 로맨스라고 했다. 로맨스는 마음속에 느슨하게 깃들어 있는 것, 정신 속에 삐딱하게 자리 잡은 것, 환상적인 어떤 것, 실제적이지 않은 것, 비현실적인 것, 엄연한 현실의 압박으로부터 달아나려는 것, 현실 너머에 있다고 여겨지는 불가능한 세상을 추구하는 것 등으로 암시되어 있다. 이 모든 것을 한마디로 표현한다면 지금 여기에 만족하지 않고 보다 더 나은 어떤 곳으로 떠나고 싶다는 것이다.

셰익스피어의 햄릿은 이 세상에 좋거나 나쁜 것이 따로 정해져 있는 것이 아니라 단지 생각이 그렇게 만든다면서 자신이 좀 더 좋은 꿈을 꿀 수 있다면 존재의 감옥에서 벗어날 수 있을 것이라고 말했다. 『태풍 The Tempest』의 프로스페로는 인생이란 결국 꿈으로 이루어진 것이며 우리가 완전히 잠들 때까지 그 꿈은 결코 사라지지 않는다고 말했다. 이것은 사람들이 갖고 있는 꿈이 대개 비슷하다는 뜻이다. 가령 우리가 잠들면 눈꺼풀 위에 나타나는 꿈, 영화관의 불이 꺼지고 스크린 위에 떠오르는 꿈, 나비가 되어 채찍의 그림자를 보았다는 꿈, 느티나무 아래서 한끼 밥을 짓다가 잠시 빠져들게 된 꿈, 다단계 회사가 회원들에게 무상으로 나누어 주는 꿈, 이 모든 꿈이 실은 서로 다르지 않다는 것이다. 그러니 라이트의 꿈이 우리의 꿈과 다를 것이 무엇이랴. 그것은 우리의 〈떠나고 싶은〉 꿈에 강력히 호소한다.

이종인

찾아보기

ㄱ

가변성　240~242, 247~251, 588, 589, 590
가케모노　330
갤러리　265, 301
겐로쿠　294
구르디예프, 게오르게이 이바노비치　8, 454
국제주의 양식　385, 497, 540
그리스 건축　212, 579, 587, 596
금주법　297, 301, 313

ㄴ

내셔널 생명 보험 회사　418, 542
노엘, 미리엄　7, 10, 333, 334, 427, 449, 454, 458, 459, 464, 482, 487, 488, 553, 618
노자　249, 356, 372, 583~585, 596, 616, 617

ㄷ

다나 하우스　417

데이코쿠 호텔　249, 256, 323, 324, 336, 338, 339, 346, 354, 355, 358~361, 363, 365, 368~372, 379, 418, 424, 425, 434, 589, 617
『도덕경』　356, 585, 617
도시주의　535
돔　62, 119, 140, 236, 579, 580~582, 589
드루이드　9, 22, 450

ㄹ

라 미니아투라　390, 395, 396, 399, 400, 409, 412~415, 417
라이트, 이오반나　7, 455, 456, 458, 461, 474, 480, 507, 517, 600, 605~611
라킨 빌딩　9, 255, 256
램프, 로버트(로비)　63, 64, 97
로미오와 줄리엣　221, 222, 225, 227~231, 282, 604

로비 하우스　　　　　　　　64, 416
로지아　　　　　　264, 301, 322, 399
루트, 존　　　　　　　　210, 211, 440
르네상스　　136, 273, 407, 579, 580, 582
리버 포리스트　210, 215, 232, 235, 296, 416

ㅁ

마천루　　418, 420, 441, 505, 506, 520, 525,
　　　　　　　529, 530, 531, 533, 557~560,
　　　　　　　　　　　　　　562~564, 581
「마태오의 복음서」　　144, 207, 244, 585, 617
마틴, 다윈 D.　　　251, 323, 478, 485, 486
만 법　　　　　　　　　　　　　　　472
매튜스, 찰리　　　　　　　　　　299, 302
모노고리아　　　　232, 233, 236, 527, 576
모더니즘　199, 253, 340, 550, 555~557, 559,
　　　　　　　565, 569, 573, 574, 589, 594, 595, 617
모모야마, 아즈치　　　　　　　　　　295
목판화　　　　29, 65, 294, 325, 339~343, 346,
　　　　　　　　350, 351, 353, 354, 356, 477
무어, 네이션　　　　　　　　215~217, 253
뮬러, 폴　　　156, 162, 174, 256, 272, 298,
　　　　　　　　　　　　　　　299, 360, 361
미니애폴리스　　　7, 450, 461, 462, 464~467,
　　　　　　　　　　　473, 476, 477, 518, 547
미드웨이 가든　　9, 296, 298, 299, 301~306,
　　　　　　　　　　　　　　　310~315, 390
미술 공예 운동　　　　　　　　　　　274
미켈란젤로　　　　　62, 579, 580, 581, 589
밀러드, 앨리스　　　　395, 396, 400, 412, 413

ㅂ

바즈무트 출판사　　　　　　　　　323, 496
반스달, 앨라인　　10, 372, 373, 375, 377, 379,
　　　　　　　　　　　380, 385, 386, 387, 415
버넘, 대니엘 H.　　　　　　　　　210, 213
베토벤, 루트비히 판　　32, 70, 89, 266, 373,
　　　　　　　　　　　　　　383, 582, 594, 607
벤딩겐　　　　　　　　　　　　　　　496
볼켄크라버　　　　　　　　520, 558, 559

ㅅ

산 마르코스　　496, 500, 505, 515~517, 524
설리번, 루이스　162, 175, 177, 178, 183, 211,
　　　　247, 248, 252, 418, 431, 439, 441, 443,
　　　　　　　　　　　　　　445, 446, 520,
성 베드로 대성당　　　　　　579, 581, 589
세인트 마크스 타워　496, 519, 540, 542, 589
쇼지　　　　　　　　　　　　　328, 331
스크린　　　　237, 238, 239, 242, 249, 263,
　　　　　　　268, 269, 421, 422, 470, 616, 619
시카고 세계 박람회　　558, 559~562, 564,
　　　　　　　　　　　　　　　565, 568, 573
신고전주의　　　　　　　　306, 550, 616
신도(神道)　　　132, 134, 326~330, 332, 333
실즈비, J. L.　　　117, 120, 121, 124~126,
　　　　　　　129~131, 137, 142, 145, 154, 155,
　　　　　　　　157~162, 166, 171, 181, 222, 617

ㅇ

애들러, 당크마르　　165, 178, 183, 433, 440,
　　　　　　　　　　　　　　　　441, 520
애들러와 설리번 건축 사무소　　9, 154, 159,
　　　　162, 178, 181~183, 188, 207, 210, 231,
　　　　　　　232, 302, 431, 438, 440, 560
애리조나 빌트모어 호텔　　484, 498, 500,
　　　　　　　　　　　　　　　　502, 505
에도　　　　294, 339~346, 353, 354, 371
에들먼, 존　　　　　　　　　　175, 180, 440
에콜 데 보자르　　171, 173, 178, 210, 211, 213
엔지니어링 건축　　　　　　　　　221, 551
오디토리엄 빌딩　　　155, 159, 174, 175, 177,
　　　　　178, 180, 181, 183, 302, 431~433, 439,
　　　　　　　　　　　　　　440, 442, 520, 521

오카틸라　　　　　505, 507, 508, 510~514
오케스트라 박스　　　　301~303, 311
오쿠라 남작　　　　　　364, 365, 367
오크 파크　　138~140, 142, 144, 150, 157,
　　　176, 179, 182, 185, 195, 212, 215~217,
　　　231~233, 255~258, 273~275, 282, 283,
　　　292, 296, 325, 391, 392, 417, 447, 498,
　　　　　　　　　　　　　　548, 600~602
외팔보　　　　249, 260, 359, 418, 420, 422,
　　　　　424~496, 521, 563, 588, 589, 616
위고, 빅토르　　　　　　99, 133, 136, 505
위스콘신　　7, 20, 21, 27, 29, 63, 90, 97, 104,
　　　　　108, 118, 225, 285, 287, 289, 315, 319,
　　　　　360, 399, 459, 451, 461, 465, 471, 472,
　　　　　　　　　　　　482, 547, 607, 612, 616
윈슬로 저택　　　　210, 215, 216, 233, 237,
　　　　　　　240, 253, 416, 210, 232, 235
유니테리어니즘　　　　　　　　　　37, 38, 39
유니티 교회　　　　　9, 255~260, 263, 266,
　　　　　　　　　　　　　　268~270, 272, 417
유소니아　　　51, 65, 97, 209, 217, 260, 271,
　　　　　385, 391, 450, 455, 468, 496, 497, 518,
　　　　　525, 534, 536, 538, 540, 544, 547, 570,
　　　　　　　　　　　　581, 582, 596, 605
의고전주의　　　　199, 213, 253, 255, 385, 400,
　　　439, 442, 551, 555, 569, 578, 588, 594, 616
이사야　　　　　22~24, 27, 46, 283, 322, 427,
　　　　　　　　　　　428, 430, 449, 450, 618
일본 목판화　　　　　325, 339, 340, 341, 356
입체파　　　　　　　　　　　　　　　340, 526

ㅈ

자동차 유원지　　　　　　　　495, 538, 539
『장식의 문법』　　　　　　　　　　157, 158
전원주의　　　　　　　　　　　　　　　535
절충주의　　　239, 385, 388, 445, 505, 541,
　　　　　546, 550, 557, 559, 560, 562, 566, 569,
　　　　　　　　　　　571~577, 582, 584, 591, 597
존슨, A. M.　　　418, 419, 420~422, 424, 495,
　　　　　　　　　　　　　　　570, 571, 599

ㅊ

챈들러, 알렉산더　　　　　　　　　　　500
체니, 마마 보스윅　　　　　10, 278, 279, 281

ㅋ

캠던　　　　　　　　　　　　　　　　　572
컬럼비아 박람회　　　182, 199, 207, 211, 213,
　　　　　　　　　　430, 431, 442, 573, 562, 616
코윈, 세실　　　　　　　　　120, 124, 207, 209
쿤레이 저택　　　　　　　　　　248, 273, 416

ㅌ

탤리에신　　7, 108, 225, 230, 282, 286~295,
　　　　　296, 310, 315~324, 333, 335, 372, 376,
　　　　　391, 393, 413, 416, 418, 425~430,
　　　　　435~437, 447~451, 456, 458, 459, 461,
　　　　　463, 478, 482~486, 488, 495, 496, 498,
　　　　　500, 501, 517, 548, 602~609, 617, 618
탤리에신 I　　　　　　296, 317, 322, 430, 448
탤리에신 II　　　　　317, 319, 322~425, 430,
　　　　　　　　　　　　　　　447~449, 452
탤리에신 III　　　430, 446, 449, 451, 459, 488,
　　　　　　　　　　　　　　　　　602~604
토빈, 캐서린　　　135~137, 148~151, 154, 176,
　　　　　　　　　　　　　　183~185, 215, 548
트림　　　　　　　　　　　　　240, 241, 293

ㅍ

파사드　　　　　　　　　　　　　263, 522
파티오　　　　　　　　　　　　　　　399
프라 후니페로　　　　　　　　259, 398, 399
프랑케, 쿠노　　　　　　　　　　　274, 275
프레리　　　63, 231~234, 236, 238, 241,

	246, 274, 395, 400	헤타이라	353
피에솔레	278, 280, 283, 284	홀리혹 하우스	372, 373, 375~379,
			381~386, 388, 410, 415, 417, 590
ㅎ		화이트, 스탠퍼드	445, 572
하시엔다	385, 399	힌젠베르크, 올기반나	7, 453, 618
하야시, 아이사쿠	323, 324	힐사이드 스쿨	195, 222, 231, 282, 317, 416,
하프팀버	216, 217, 387		495, 604
항장력	389, 401, 520, 564, 584, 588, 589		

자서전 옮긴이 이종인은 1954년 서울에서 태어나 고려대학교 영문학과를 졸업했다. 한국 브리태니커 편집국장과 성균관대학교 전문 번역가 양성 과정 교수를 역임했다. 앤디 앤드루스의 『폰더 씨의 위대한 하루』, 줌파 라히리의 『축복받은 집』, 조셉 골드스타인의 『비블리오테라피』, 콜린 에번스의 『세계사의 흐름을 바꾼 역사상 10대 라이벌들의 음모와 집착의 역사』, 스티븐 앰브로스 외의 『만약에』, 너새네이얼 웨스트의 『미스 론리하트』, 윌 글레넌의 『파더링』, 파커 J. 파머의 『가르칠 수 있는 용기』, 사이먼 윈체스터의 『영어의 탄생』, 존 르카레의 『팅커, 테일러, 솔저, 스파이』 등 1백여 권을 번역했고, 번역 입문 강의서 『전문 번역가로 가는 길』을 펴냈다.

지은이 프랭크 로이드 라이트 옮긴이 이종인 발행인 홍지웅 발행처 미메시스 주소 경기도 파주시 교하읍 문발리 521-2 파주출판도시 내 대표전화 (031) 955-4000 팩스 (031) 955-4004 등록 1997년 9월 26일(제1997-106호) 한국어 판권 (C) 미메시스, 2006, *Printed in Korea*. ISBN 89-90641-11-X 03600 발행일 2006년 1월 15일 초판 1쇄

이 도서의 국립중앙도서관 출판시도서목록(CIP)은 e-CIP 홈페이지(http://www.nl.go.kr/cip.php)에서 이용하실 수 있습니다.(CIP제어번호: CIP2005002664)